공공정책의 자료해석과 상황판단

김 태 일 지음

法 文 社

머리말

본서를 집필하게 된 계기를 얘기하자면 2003년 말로 거슬러 올라간다. 필자의 소속과인 행정학과에서는 필자에게 고시 1차 시험이 PSAT로 바뀌는 데 따른 학과 차원의 대비 방안 강구를 요청하였다. 이후 PSAT에 대해 분석하고, 이에 대한 과목 개설을 준비하면서 필자가 느낀 점은 두 가지였다.

첫째는 고시 1차 과목이 PSAT로 바뀐 것은 잘된 것이라는 점이다. 이는 다음과 같은 이유들 때문이다.

공무원 선발시험의 목적은 지원자 중에서 상대적으로 더 우수한 공무원 자질을 갖춘 사람을 가려내는 데 있는데, 이를 위해서는 주로 지식의 암기 정도를 측정하는 기존 1차 시험보다는 적성 혹은 능력을 측정하는 PSAT가 더 유용하다.[1] PSAT가 측정하려는 것을 한마디로 말하면 문제해결능력이며, 이는 엘리트 공무원의 직무 수행에 필수적인 능력이기 때문이다.

또한 PSAT는 원칙적으로 적성(능력) 측정 시험이기 때문에 암기 위주인 기존 1차 시험에 비하여 시험 준비량이 적다. 따라서 수험생들의 부담을 줄여준다. 기존 시험보다 목적 달성에 적합하면서 수험생 부담도 줄여줄 수 있으니 이는 꿩 먹고 알 먹고, 일석이조 아닌가!

사실 PSAT는 순수한 적성 검사와는 달라서 학습을 통한 일정한 지식 습득이 필요하긴 하다. 하지만 분량이 훨씬 적을 뿐더러 내용도 기존 1차 시험이 요구하는 것들보다는 훨씬 공직 수행에 필요한 것들이다(이에 대해서는 1장에서 상세하게

1) 물론 이를 위해서는 PSAT가 공직 수행에 필요한 적성(능력)을 타당하게 측정한다는 것이 전제되어야 한다. 지금까지의 시험문제들을 보면, 절대적인 타당성 수준은 논하기 어렵지만 적어도 기존의 1차 시험 문제보다는 상대적으로 타당성이 높은 것으로 판단된다.

설명한다). 기왕에 시험공부를 할 바에야 직무 수행에 도움이 되는 공부를 하는 것이 더 좋을 것임은 물론이다.

두번째는 기존의 PSAT 대비 수험서들이 만족스럽지 못하다는 점이다. 필자의 전공 특성상 주로 자료해석 영역의 수험서들을 살펴보았는데, 전부가 문제집 위주였다.

PSAT가 객관식 시험이며, 원칙적으로 지식의 암기보다는 적성(능력)을 측정하고, 출제 범위가 정해져 있지 않다는 점을 고려하면 문제집 위주인 것은 당연하다고 할 수 있다. 하지만 PSAT를 충분하게 대비하려면 일정한 지식은 체계적으로 습득할 필요가 있는데 문제집만으로는 이를 충족시키지 못한다. 더구나 수록된 문제들을 보면 기출문제 이외에는 조악한 것들이 많으며, 기출문제에 대한 해설도 열악한 것들이 상당수 있었다.[2)]

이에 따라 기존 수험서들은 많은 문제를 풀어 봄으로써 PSAT 문제유형에 익숙해진다는 장점은 있지만(물론 이는 중요하다), 이것만으로는 PSAT가 측정하려는 본질, 즉 문제해결능력을 배양하는 데는 미흡하다.

이러한 인식 – 1차 시험이 PSAT로 바뀐 것은 바람직하지만 기존 PSAT 수험서들만으로는 PSAT의 도입 취지인 문제해결능력 배양에 부족하다 – 이 본서를 집필하게 된 기본 동기이다. 그리고 PSAT 대비 과목을 준비하고 가르친 것이 본서 구성에 큰 도움을 주었으며, 이를 위해 만든 강의 교재는 본서의 기초가 되었다.

본서는 자료해석 영역과 상황판단 영역 일부를 포괄하고 있으며, 교과서 형식을 취하고 있다(본서의 특징은 1장에서 상세하게 설명하고 있다). 개별 내용은 다양하지만, 본서의 일관된 주제는 (정책)문제해결능력의 배양이다. 일부 내용 중에는 현행 PSAT가 요구하는 수준을 넘는 것도 있지만, 모두가 엘리트 공무원에게 필요한 내용들이다. 사실, 이들을 포함한 데는 향후의 PSAT 출제 방향에 대한 한 기준을 제시하겠다는 의욕이 어느 정도 작용하였다. 즉, PSAT가 엘리트 공무원에게 요구되는 문제해결능력을 측정하고자 한다면, 어떤 내용들이 출제 범위에 포함되어야 하는가를 본서가 제공하고 싶었다. 이러한 바람이 얼마나 충족될 지는 두고 볼 일이다.

초고가 절반쯤 완성되었을 때, 대학원생에게 한 번 읽어보라고 했다. 학생의 대답은, 매우 좋은 책이고 정말 학생들에게 필요한 내용을 담고 있지만 수험생들이

2) 심지어 어떤 문제집은 문제의 이해 여부와 상관없이 정답을 찾는 요령(가령 선택지에 '반드시', '절대' 등의 단어가 들어가면 틀린 것이라는 등)에 대한 설명이 주요 내용으로 기술되어 있고, 이를 자랑스럽게 선전하고 있다. 물론 수험생의 입장에서는 이런 문제집을 더 선호할지도 모르겠다. 하지만 가르치는 선생 입장에서는 학생들이 이런 책으로 얄팍한 요령만을 익힌다고 생각하면 우울해진다.

얼마나 사 볼지는 잘 모르겠단다. 수험생들은 단기간에 점수 올리는 데 적합한 문제집을 선호하지, 본서 같은 시간이 걸리는 교과서는 인기가 없을 것이라나.

다소 실망스런 평이긴 하지만, 그렇다고 본서의 집필 방향을 바꿀 수는 없는 노릇이었다. 여전히 필자는 PSAT 대비를 위해서는, 그리고 유능한 공무원이 되기 위해서도, 문제해결능력을 키우는 것이 중요하며 이를 위한 교재가 필요하다고 믿는다. 또한 처음에는 시간이 걸리는 것 같아도 문제해결능력을 키우는 기본기(!)에 충실한 공부를 하는 것이 결국에는 보다 효과적일 것이라고 생각한다. 글쎄, 이러한 필자의 생각이 들어맞아서 본서가 많이 팔리면 좋겠다.

본서의 기초가 PSAT 대비 과목 강의교재였던 점에서 알 수 있듯이, 본서는 행정학과 강의교재로도 적합하다. 행정학과 교육의 핵심은 문제해결능력 배양이며, 이를 위한 다양한 교과목들(기초통계학, 조사방법론, 정책분석과 평가, 관리분석, 경영전략 등)이 개설되어 있다. 본서의 내용은 이러한 교과목들로부터 자료해석 및 상황판단에 필요한 내용들을 추출하여, 문제해결능력 배양이라는 관점에서 체계적으로 재구성한 것이다. 따라서 본서는 개별 전공 과목을 배우기 전의 개론 과목 교재로서 효과적이라고 생각한다.

좋은 공무원인 후배(9장에도 등장한다)가 내 연구실에 놀러 온 적이 있었다. PSAT 대비 수험서를 만든다는 말에 씩 웃으면서 "교수님의 첫 저서가 수험서네요"라고 했다. 그 웃음과 말에 담긴 뜻은 충분히 짐작할 수 있었다. 몇 마디 설명과 변명을 하자 또 하는 말이 "잘 만든 수험서가 질 낮은 연구서보다는 낫겠지요"이다. 끝내 좋은 연구서만큼 가치가 있다는 말은 안 나왔다.

이 책을 집필하면서 제법 많은 시간과 노력을 투자했다. 기회비용의 관점에서 보자면 잘한 것일까? 물론 그렇다고 생각해서 시작한 일이었다. 그리고 여전히 그렇게 믿고 있다. 하지만 정말 그런지는 독자들의 평가가 나온 뒤에야 확신할 수 있겠다.

이 책을 만드는 과정에서 여러분들이 도움을 주었다. 무엇보다 대학원생들의 도움을 빼놓을 수 없다. 조진희 양은 2장과 3장 집필에 절대적인 도움을 주었다. 이 부분의 내용은 조진희 양이 작성한 초고를 내가 수정한 것이다. 따라서 비록 기본체계 설정과 마무리는 내가 하였지만, 이 부분의 필자는 사실상 조진희 양이라고 할 수 있다. 이규선과 신소희 양은 10장의 내용 구성에 도움을 주었으며, 장덕희와 김학중 군은 연습문제 해설에 도움을 주었다. 도수관 군은 8장의 내용 구성과 연습문제 해설에 도움을 주었을 뿐만 아니라, 본서의 전반적인 편집을 도왔다. 이 학생들에게 다시 한 번 감사한 마음을 전한다.

다음으로 본서의 출판을 담당한 법문사의 여러 선생님들께 감사드린다. 그리고 표지를 디자인해 주신 박희영 씨(절친한 후배의 부인이다)께도 감사드린다.

애초의 예상보다 출간이 많이 늦어진 데는 필자의 게으름 탓이 절대적이다. 하지만 써 놓은 원고를 다시 읽을 때마다 미진한 부분이 눈에 띄어서 수정을 반복한 것도 한 요인이 되긴 했다. 여전히 아쉬운 부분이 많다. 더 첨가했으면 하는 내용도 제법 된다. 그러나 계속 수정 · 보완만 하다가는 언제 끝날지 모르고, 이 작업에만 줄곧 매여 있기도 어려운 노릇이라 일단 탈고를 결정했다. 아쉽고 미진한 부분들은 추후에 독자들의 평가도 반영하여 고칠 예정이다. 상당 기간 잡고 있던 원고를 마치고 나니 마음이 가볍다. 이제는 본연의 연구에 좀더 집중해야겠다.

2006년 7월

김 태 일

CONTENTS

차 례

Chapter 1

서론: 본서의 특성과 학습방법

본서는 공직적성평가(PSAT) 대비를 위한 수험서이다. 구체적으로는 PSAT의 세 영역인 언어논리, 자료해석, 상황판단 중에서 자료해석과 상황판단 영역 대비를 위한 수험서이다. 수험서의 가치는 그 책을 공부함으로써 얼마나 시험에서 고득점을 올릴 수 있는가에 있을 것이다(이를 행정학에서는 '효과성'이라고 한다). 그리고 기왕이면 그 책의 공부에 시간을 적게 투자하고 높은 점수를 얻을 수 있으면 좋을 것이다(이를 행정학에서는 '능률성'이라고 한다).

본서가 수험서인 이상에는 본서의 가치도 이러한 효과성과 능률성을 얼마나 잘 달성하는가에 있다. 이의 달성 정도에는 독자들의 자질과 노력(!)이 제일 중요하겠지만, 이는 저자의 통제 밖에 있는 일이다.[1] 저자가 할 수 있는 일로 가장 중요한 것은 물론 효과성과 능률성이 높도록 내용을 집필하는 것이 되겠다. 글쎄, 나름대로는 그렇게 내용을 집필했다고 생각하지만 결과에 대한 판단은 독자들의 몫이다.

교재 내용을 잘 만드는 것 말고, 저자가 할 수 있는 또 하나는, 이 책을 어떻게 공부하는 것이 좋겠는가를 잘 설명해 주는 것이 되겠다. 책마다 그 책에 맞는 효과적인 학습법이 있을 것이며, 똑같은 책을 공부해도 어떻게 공부했는가에 따라 성과는 달라질 수 있다.

본장에서는 이러한 취지에 따라서 본서의 학습법에 대하여 설명한다. 그리고 본론은 다음 장인 2장부터 시작된다. 그러니, 2장에 들어가지 전에 가벼운 마음으로 본장을 먼저 읽기를 권한다.

1) 이를 경제학에서는 '외생변수'라고 한다.

1. PSAT 자료해석과 상황판단 영역이란?

이 책의 독자들이라면 국가고시에 공직적성평가(PSAT)를 도입하게 된 배경, PSAT의 정의, 각 영역의 특성 등에 대한 대강의 내용들은 이미 알고 있을 것으로 생각된다. 하지만 본서의 학습법을 설명하려면 우선 PSAT 자료해석과 상황판단 영역의 특성에 대한 논의가 필요하다. 따라서 정부에서 제시한 두 영역의 특성을 다시 한 번 간략하게 살펴 본 다음, 본서의 학습법에 대한 설명으로 들어가자.

1) 자료해석 영역

(1) 영역 정의

중앙인사위원회의 'PSAT 준비서' 에서는 자료해석 영역의 정의를 다음과 같이 기술하고 있다. 「자료해석 영역은 도표나 그래프 기타 수치의 형태로 제시되는 자료를 정리하고 해석하여 필요한 정보를 추출하고, 그 정보를 종합하고 추리하는

[표 1-1] 자료해석 영역의 평가항목과 측정내용

평가항목	측정내용
이 해	• 이해는 의사전달의 내용이나 자료, 기호의 의미를 다른 소재와 관련짓지 않고도 파악할 수 있는 능력을 말한다. • 예를 들어, 도표를 보고 이것을 언어적인 형태로 표현하거나 도표 속의 내용을 말로 옮길 수 있는 능력 그리고 주어진 자료의 흐름을 알 수 있는 능력들이 여기에 속한다.
적 용	• 주어진 개념이나 방법, 절차, 원리, 법칙 그리고 일반화된 방법 등을 특수한 장면이나 구체적 장면에 사용할 수 있는 능력을 말한다. • 예를 들어, 법칙과 원리를 적용하여 문제를 해결하거나, 도표나 그래프를 작성하는 문제 그리고 자료수집의 방법과 절차를 바르게 사용하는 것이 여기에 속한다.
분 석	• 주어진 자료를 구성요소로 분해하고 그 구성요소 간의 관계와 그것이 조직되어 있는 외적인 현상 밑에 잠재되어있는 아이디어 혹은 조직을 찾아내는 능력이다. • 자료에서 가설과 증거 사이의 관계, 부분과 부분 사이의 관계, 결론을 지지하는 증거를 찾아내는 능력, 관계있는 자료와 관계없는 자료를 식별하는 능력 등이 분석력에 해당한다.
종 합 평 가	• 여러 개의 요소나 부분을 결합하여 하나의 새로운 전체를 구성하는 능력 및 주어진 결론을 도출하기 위한 절차를 판단하고, 자료를 통합하여 주장하는 바를 검증하는 능력이 여기에 포함된다. • 주어진 기준에 비추어 자료에서 얻어진 주장이나 결론 자체를 평가할 뿐만 아니라 그러한 주장이나 결론이 도출되는 과정 역시 평가하게 된다.

능력을 측정한다. 구체적으로 수치자료의 정리 및 분석능력, 수치자료를 통한 추론능력, 통계적 · 수리적 사고능력 등을 측정한다」. 그리고 이 영역의 평가항목과 측정내용에 대해 〈표 1-1〉과 같이 제시하고 있다.

〈표 1-1〉의 평가항목과 측정내용에 대한 설명은 추상적이어서 무슨 말인지 얼른 와 닿지는 않는다.[2] 이보다는 차라리 '자료해석'이라는 영역 이름이 주는 느낌이 더 명료한 것 같다. 어쨌든 정부에서 제시한 자료해석 영역 정의는 다음과 같이 정리할 수 있다.

'자료해석 영역은 도표나 통계수치 형태의 자료가 제공하는 정보를 제대로 이해하며, 이로부터 대상이 되는 사회현상을 올바르게 해석하는 능력을 측정한다.'

(2) 학습 방법

이번에는 정부에서 제시하는 학습 방법을 보도록 하자. 이는 다음과 같다.

- 자료해석 영역은 종래의 과목별 평가와 달리 특정 과목이나 해당 학문분야가 없다. 따라서 기존의 시험처럼 효과적 수험방법을 과목별로 일목요연하게 제시하기 힘들다. 그러나 아래의 항목별 기본 학습방법을 참작하여 준비한다면 시험을 치르는 데 상당히 도움이 될 것이다.
- 수치, 표, 그래프 그리고 통계치에 대한 이해와 분석능력이 자료해석 영역의 문제해결에 요구된다. 따라서 이러한 것들에 익숙한 사람들이 문제를 해결하기가 쉬울 것이다. 이를 위하여 통계학에 대한 구체적인 공부는 필요하지 않지만, 통계적 개념을 갖추고, 수치, 도표 통계자료 등에 관심을 기울이고 익숙해지려는 노력은 필요하다.
- 평소에 정부에서 발표되는 자료나 언론매체에서 보도되는 자료들을 주의 깊게 살펴보고 이러한 자료를 비판적으로 이해하고, 분석하고 평가하는 습관을 기르고 정보를 추출하는 능력과 언론매체에서 내린 결론이나 해설의 타당성을 판단하는 능력을 키워나가야 할 것이다. 제대로 작성된 논문이나 보고서에서 다양한 수치자료 및 표 그리고 그래프를 어떤 방식으로 해석하고 있는지를 잘 살펴보는 것도 좋다.
- 자료에서 주어진 조건대로 비율이나 백분율의 산출 등 자료를 직접 계산하고 조작하여 문제를 해결하는 데 필요한 값을 얻어낼 수 있는 훈련을 하여야 할

2) 민간기업도 그런 경우가 많지만, 정부에서 제시하는 설명서에는 이처럼 읽는 사람의 입장에서는 난해한 것들이 많다. 여러분이 나중에 공무원이 되어서 설명서를 작성하는 경우가 있으면, 제발 읽는 사람의 입장에서 쉽고, 명료하게, 그리고 친절하게 쓰기 바란다. 사실 이게 그리 쉽지는 않다. 쉬운 글 쓰는 연습은 중요하다!

것이다. 이 때 많은 계산을 하기보다는 자료 내에서 각 부분간의 관계를 파악하고 이에 맞는 규칙을 스스로 도출하는 능력을 길러야 한다.

- 복잡한 표나 그래프에서 원래 나타내고자 하는 의도 또는 핵심을 명확하게 파악하는 능력을 기르는 것이 좋다. 주어진 자료를 요약하여 표현할 수 있는 훈련이 필요하며, 자신의 주장을 뒷받침하기 위하여 자료를 어떻게 이용할지를 훈련하는 것이 필요할 것이다. 나아가 자료가 의미하는 바를 정확하게 기술하거나 또는 다른 형태로 기술할 수 있는 훈련, 자료가 가진 전체적인 경향을 읽어내는 훈련, 그리고 주어진 자료와 조건을 바탕으로 추정할 수 있는 상황을 예측해 보고 이 예측의 타당성을 평가하는 훈련을 하는 것이 좋다.
- 자료해석 영역의 경우 대부분 각 평가항목 간 그리고 문제유형 간 명확한 구분이 이루어지기 힘들며, 각 평가항목과 문제유형이 중첩 · 혼합되어 출제될 것이다. 그러므로 수험생들이 문제의 평가항목과 유형을 구분하여 각각 따로 대비하는 것은 의미가 없을 것이다.
- 대학교양 수준의 폭넓은 독서와 관심이 문제해결에 도움이 될 수 있다. 따라서 수험생들은 대학에서 이루어지는 교육과정을 충실히 따르고 이에 상응하는 다양한 분야의 상식을 가지려는 노력이 필요하다.

학습방법에 대한 설명 자체는 앞에서의 정의에 대한 설명보다 분명하다.[3] 하지만 그래서 구체적으로 뭘 준비해야 하는지는 다소 애매하다. 가령 맨 마지막 결론은 "대학에서 이루어지는 교육과정을 충실히 따르고 이에 상응하는 다양한 분야의 상식을 가지려는 노력이 필요하다" 라는 것이다. 어째 대학수능시험을 잘 보려면 "교과서 위주로 착실하게 학교수업을 따라가는 것이 최선"이라고 말하는 것이 연상된다. 어쨌든 자료해석 영역 학습방법에 대한 논의는 뒤에서 다시 하기로 하고, 다음은 정부에서 제시하는 상황판단 영역의 정의와 학습방법을 보기로 하자.

2) 상황판단 영역

(1) 영역 정의

다음은 정부에서 제시하는 상황판단 영역의 정의이다. 「구체적으로 주어진 상황을 이해 · 적용하여 문제점을 발견하는 능력 및 이러한 문제를 해결하기 위하여 다양한 가능성(대안)을 제시하고, 일정한 기준에 의해서 최선의 대안을 선택하는

3) '영역정의' 보다는 설명이 쉽지만, 어째 기술 방식이 좀 권위적이란 느낌이 든다. 같은 내용이라도 좀더 상냥하게 기술하면 어떨까?

[표 1-2] 상황판단 영역의 평가항목과 측정내용

평가항목	측 정 내 용
이해력	제시된 상황의 주요 쟁점 및 문제점을 이해할 수 있는 능력 및 주어진 개념/원리들을 새로운 상황이나 구체적인 사례에 적용할 수 있는 능력
추론력	상황을 대안으로 설정하기 위한 주요 요인을 추리하여 대안을 설정하고, 그 대안의 실행전략을 유추할 수 있는 능력
분석력	여러 형태의 대안을 비교분석하고, 그에 따른 결과를 예측하는 능력
평가력	문제해결을 위한 다양한 형태의 대안을 평가하는 기준을 설정하고, 비교 평가하여, 합리적 대안을 선택하는 판단 및 의사결정능력

능력을 측정한다. 상황판단 영역은 상황의 이해능력, 추론 및 분석능력, 문제해결능력, 판단 및 의사결정능력 등을 검정한다」. 그리고 이 영역의 평가항목과 측정내용에 대해서는 〈표 1-2〉와 같이 제시하고 있다.

상황판단 영역의 정의나 〈표 1-2〉의 평가항목과 측정내용에 대한 설명도 그다지 분명하지는 못하다. 그보다는 이 경우도 '상황판단'이라는 영역 이름이 좀더 명쾌하다. 즉, 상황판단 영역은 '문제로 제시된 상황을 올바르게 판단하며, 그에 적합한 의사결정을 하는 능력을 측정한다.'

(2) 학습 방법

다음은 정부에서 제시하는 상황판단 영역의 학습 방법이다.

- 상황판단 영역은 기본적으로 특정분야의 지식을 필요로 하지 않는다. 특정분야의 지식을 습득 · 암기하려고 하기보다는 정보와 지식을 자신의 논리적 · 비판적 사고력으로 판단 · 분석하여 문제를 해결하려는 능력을 함양하는 데 주력하는 것이 바람직하다.
- 이해력 항목은 주어진 정보 속에 숨어 있는 해결해야 할 문제와 그 문제의 본질을 찾는 것이다. 평소 우리 주변에서 일어나는 일들에는 어떤 것들이 있는지, 어떤 흐름으로 흘러가는지에 관심을 갖는다면 많은 도움이 될 것이다. 이는 공직자로서 마땅히 갖추어야 할 자세이기도 하다.
- 추론력 항목은 우리가 해결하기로 정한 문제의 대안을 찾아나가는 과정이다. 이 항목에서는 복합적인 문제가 주어졌을 때, 이를 해결하기 위해 고려해야 할 요인이 무엇이며, 어떠한 요인이 결과에 어떻게 영향을 미치는지를 추론하는 능력을 측정하게 된다. 이러한 능력을 기르기 위해서는 다양한 독서 등을

통해 정보 속에 숨어 있는 요인들을 끌어내고, 이들 간의 논리적 관계에 대한 추론을 통해 이를 모델화 하는 훈련을 반복해 보는 것이 좋다.

- 분석력 항목은 다양한 기법들을 통해 대안을 분석하고 이를 토대로 대안이 가져올 결과를 예측하여 최적(최선)의 대안을 선택하는 데 도움을 주는 정보를 제공하는 과정이다. 다양한 기법의 세부적인 내용은 모르더라도 기법에 대한 개념과 논리는 이해하는 것이 바람직하다. 또한 이러한 기법들이 주는 정보를 이해하고 이를 자신의 통찰력과 연결하여 미래를 예측하는 훈련을 반복해 보는 것이 좋다.
- 평가력 항목은 최종적으로 대안들을 비교 · 평가하여 최적(최선)의 대안을 도출해 내고 대안의 시행결과를 평가 · 환류하는 능력을 측정한다. 각 대안의 장점과 단점을 비교해 보고, 여러 기준을 통해 대안을 비교 · 평가하는 훈련을 할 것을 권한다. 이러한 훈련은 역시 타 항목과 마찬가지로 평소 주변의 현상에 대해 분석적 · 평가적인 시각에서 관심을 갖고 이해하려는 노력을 통해 이루어질 것이다.

상황판단 영역의 학습 방법 설명도 그럴듯하기는 하나, 구체적으로 뭘 어떻게 준비해야 하는지는 역시 좀 막연한 측면이 있다. 하지만, 따지고 보면 정부가 제시하는 자료해석 및 상황판단 영역의 학습방법이 모호하다고 해서 정부를 탓할 일은 아니다. 이는 PSAT의 특성이 명칭대로 공직(Public Service)에의 적성(Attitude)을 검사(Test)하는 것이기 때문이다. 적성이 타고나는 것인지 혹은 교육훈련에 의해 계발되는 것인지는 잘 모르겠다. 그러나 책 몇 권을 읽고 특정 지식을 습득한다고 해서 적성이 획기적으로 변하지 않을 것임은 분명하다. 그러니 학습 방법이라고 제시한 것이 "특정분야의 지식을 습득 · 암기하려고 하기보다는 정보와 지식을 자신의 논리적 · 비판적 사고력으로 판단 · 분석하여 문제를 해결하려는 능력을 함양하는 데 주력하는 것이 바람직하다"라든가 "대학에서 이루어지는 교육과정을 충실히 따르고 이에 상응하는 다양한 분야의 상식을 가지려는 노력이 필요하다"처럼 지당하지만, 별 도움이 안 되는 말들인 것도 이해할 수 있다.

그럼 어떡해야 하나? 아무런 준비없이 가벼운 마음으로, 평소 실력대로 시험을 치루면 되는 건가? 뭐, 그래도 괜찮을 수 있다. 정말 공직에의 적성이 높은 사람이라면 별다른 준비 없이도 높은 점수를 받을 수 있다.

하지만 모든 시험은 준비를 하면 더 높은 점수를 받을 수 있다. 심지어는 지능을 측정하는 IQ 테스트도 훈련을 하면 점수가 높아진다. 그리고 PSAT는 비록 공직에의 적성을 검사하는 것이라고 하지만 IQ 테스트나 고등학교 때 치룬 적성검사보다는 훨씬 일반적인 시험에 가깝다. 즉 필요한 지식을 갖추고, 유사한 문제를 많이 풀어서 익숙해지면 더 높은 점수를 받을 수 있다.

따라서 필요 지식을 습득하고, 이를 바탕으로 기출문제 및 연습문제를 많이 풀어 보는 것이 PSAT 공부 방법이다. 그런데 이는 모든 시험에 공통되는 것 아닌가! 역시 지당하지만 하나마나한 말. 중요한 것은 필요 지식이 무엇이며 이를 어떻게 습득할 것인가가 되겠다. 이하에서는 이에 대해 설명하고 있다.

2. PSAT 각 영역시험의 성격과 필요 지식

1) 자료해석과 상황판단 영역은 무엇을 평가하기 위한 것일까?

이 책을 읽는 독자들이라면 이미 PSAT 기출문제를 훑어 본 경험이 있을 것이다. 만일 아직까지 PSAT 문제를 한 번도 접해 보지 않았다면, 먼저 문제들을 살펴본 후에, 본장의 나머지 부분을 읽기 바란다. 그렇게 하는 편이 본장의 내용을 이해하는 데 용이하다.

PSAT를 통하여 평가하려는 공무원의 적성을 한마디로 요약하면 '문제해결능력'이라고 할 수 있다. 이는 중간 관리자급 이상의 공무원에게 가장 중요한 능력은 정책문제가 발생했을 때, 이를 해결하기 위한 적절한 대안을 제시하는 것이기 때문이다.

따라서 자료해석 영역의 목적은 도표나 수치자료를 활용한 문제해결 능력을 평가하는 것이라고 할 수 있다. 그리고 상황판단 영역의 목적은 진술문 등의 형태로 주어진 상황정보를 활용한 문제해결 능력을 평가하는 것이라고 할 수 있다.

정책문제를 해결하기 위하여 도표나 수치자료를 활용한다는 것은 무엇을 말할까? 진술문 등의 형태로 주어진 상황 정보를 활용한 문제해결 능력이란 무엇을 말할까? 이런 것들을 파악하기 위해서는 어떤 것을 평가할까?

정책문제가 발생했을 때 이를 해결해 가는 과정은 대략 네 단계로 구분할 수 있다. 이는 「문제규명(현황파악) → 원인진단 → 대안탐색 → 대안선택」이다. 자료해석 영역은 이 중에서 '문제규명(현황파악)'과 '원인진단' 단계에서 도표나 수치자료의 활용 능력을 평가한다. 즉, 도표나 수치 형태로 제공되는 정보로부터 ① 대상이 되는 사건의 실태를 파악하는 능력과 ② 사건 간의 인과관계를 파악하는 능력을 평가한다.

도표나 수치 형태로 제공되는 정보로부터 사건의 실태를 파악한다는 것은 예를 들면, 연령과 인구자료로부터 우리나라의 고령화 수준을 파악하고 향후 추세를 예측하는 것을 의미한다. 사건 간의 인과관계를 파악한다는 것은 예를 들면, 학력과 소득 자료로부터 학력 차이가 소득격차에 미치는 영향을 파악하는 것을 의미한다.

상황판단 영역은 '문제규명(현황파악)' 부터 '대안선택' 까지의 전 단계에서 진술문 등의 형태로 주어진 상황 정보를 활용하는 능력을 평가한다. 즉, 주어진 정보로부터 ① 쟁점이 되는 문제가 무엇인지를 명확히 규명하는 능력, ② 문제의 원인과 결과, 또는 문제와 대안과의 인과관계를 파악하는 능력(문제해결을 위한 인과관계 추론), ③ 대안선택을 위한 의사결정 능력을 평가한다.

자료해석 영역과 상황판단 영역에서 평가하는 내용을 비교하면, '문제규명' 과 '원인진단' 능력을 평가한다는 것은 동일하다. 다만 주어진 정보의 형태가 자료해석 영역은 '도표와 통계수치' 이며, 상황판단 영역은 '말' 이라는 점만 다르다. 하지만 이러한 정보 형태의 차이로 인하여 평가의 주안점은 달라진다.

한편 상황판단 영역은 '문제규명' 과 '원인진단' 뿐만 아니라 '대안탐색' 과 '대안선택', 즉 대안선택을 위한 의사결정 능력을 평가한다는 점에서 자료해석 영역과 중요한 차이가 있다. 대안선택을 위한 의사결정이 잘 이루어지려면 물론 문제규명과 원인진단이 올바르게 이루어지는 것이 중요하다. 그리고 문제규명 및 원인진단을 잘 할 수 있는 능력과 대안선택을 위한 의사결정을 잘 할 수 있는 능력은 상당 부분 중복된다. 하지만 의사결정 능력 평가에는 주어진 정보의 해석(현황파악과 인과관계 추론) 능력 평가에서는 제외되는 내용들이 포함된다. 그리고 이들의 많은 부분은 일정한 지식 습득이 필요하다.

지금까지의 설명을 통해 독자들은 자료해석과 상황판단 영역에서 무엇을 평가하려고 하는지에 대한 대강의 감은 잡았을 것으로 생각된다. 이제부터는 좀더 구체적으로 각 영역에서 평가하는 내용과 이를 대비하기 위하여 필요한 지식에 대하여 알아보도록 하자.

2) 자료해석 영역의 평가내용과 필요지식

앞에서 자료해석 영역은 도표나 수치 형태로 제공되는 정보로부터 ① 대상이 되는 사건의 실태 파악 능력과 ② 사건 간의 인과관계 추론 능력을 평가한다고 하였다. 이러한 정의에 맞추어 정부가 제시한 평가항목과 측정내용(표 1-1)을 재구성해서 나타내면 다음과 같다.

[표 1-3] 자료해석 영역의 평가항목과 측정내용2

평가항목	내 용
이 해	- 도표에 담겨있는 내용 파악하기 - 다양한 자료들 중 필요한 자료를 선별하여 재구성하기
적 용	- 단순계산 : 주어진 자료로부터 직접 계산하기 - 응용계산 : 필요 정보를 추출하기 위한 적절한 공식/지표 등을 선택하고, 이에 따라 주어진 자료로부터 계산하기 - 통합추리 : 다양한 자료를 통합하여 대상이 되는 사건(현상)의 경향과 추세 판단하기
분석 및 평가	- 사건들간의 인과관계 판단하기 - 자료 수집 과정 이해하기 - 통계 결과 해석하기

〈표 1-3〉은 정부가 제시한 내용보다는 좀더 이해하기 쉬울 것이다. 어쨌든 자료해석 영역의 문제들이 이러한 내용들을 담고 있다면, 이를 위하여 어떤 능력(혹은 지식)이 필요할까?

첫째, 우선 필요한 것은 각종 도표가 제시하는 정보를 빨리 파악하는 능력이다. 기출문제들을 보면, 제시되는 도표의 내용은 시간만 충분하면 누구나 이해할 수 있는 것들이 대부분이다. 그러나 한 문제당 주어진 시간은 2분인데, 이 시간 내에 문제를 풀려면, 도표 내용을 빨리 파악할 수 있어야 한다. 따라서 꺾은 선, 막대, 원 등 다양한 형태의 도표를 읽는 방법에 익숙해질 필요가 있다.

또한 도표를 빨리 파악하려면 도표를 읽는 방법뿐만 아니라 도표로 제시되는 각종 통계의 내용과도 친숙해지는 것이 좋다. 통계들이 평소에 알고 있는 내용들이라면, 아무래도 생소한 것보다는 손쉽게, 빨리 파악할 수 있을 것이기 때문이다. 기출문제에서 제시된 통계들에는 어떤 것들이 있을까? 이를 내용별로 정리하면 〈표 1-4〉와 같다.[4]

통계자료가 가장 많은 분야가 경제 분야이므로, 이 분야의 통계들이 많이 이용되는 것은 당연하다. 어쨌든 기출문제를 보면 다양한 분야의 통계들이 활용되고 있다. 워낙 다양한 통계들이 제시되기 때문에, 모든 분야의 통계들을 전부 살펴볼 수는 없으며, 그럴 필요도 없다. 다만 분야별로 대표적인 통계들이 무엇이며, 어떤 현상을 설명하는지를 살펴보는 것은 도움이 된다. 분야별 대표 통계의 내용에 친숙해지면, 비록 해당 분야의 다른 통계가 제시되더라도 좀더 쉽고 빠르게 내용을 파악할 수 있을 것이기 때문이다.

4) 한편 기출문제 자료의 출처를 보면 정부에서 발표하는 통계, 언론에서 보도되는 조사 결과, 논문에서 발표되는 자료, 출제자가 구성한 가상적 자료 등 매우 다양하다.

[표 1-4] 기출문제에서 제시된 통계들의 내용 분류

분 야		2004년 외시	2005년 행 · 외시	2005년 입법고시	총 계
교 육		3	4	3	10(8.3)
정 치		2	3	2	7(5.8)
인구 · 보건		5	2	5	12(10)
경 제	국내경제	7	1	6	14(11.7)
	국제경제	5	2	4	11(9.2)
	경 영	3	8	2	13(10.8)
	산 업	6	12	5	23(19.2)
	소 계	21	23	17	61(50.8)
기타정책		5	6	7	18(15)
여론조사		4	2	6	12(10)
총 계		40	40	40	120(100)

총계의 괄호 안의 수치는 백분율을 나타냄.
- 교육: 학생수, 수학능력시험 표준점수, 합격자 및 지원자 수, 교육비 지출액 등
- 정치: 선거 결과, 국제기구 현황, 후보지지율, 국제분쟁 등
- 인구 보건: 노령지수, 초혼연령, 인구추이, 연령구성비, 전출입 인구수, 출생아수, 혼인 및 이혼건수 등
- 기타정책: 여성권한지수, 여성개발지수, 상수접근율, 범죄율, 양성평등도, 화재건수 등
- 여론조사: 부패지수, 만족도조사, 정치성향 조사, 경제의식 조사 등
- 국내경제: 실업(취업), 물가, 경제성장, 소득분배, 가계수지, 정부지출, 조세부담률, 저축률, 경제전망지수 등
- 국제경제: 무역수지, 환율, 국내외전자상거래, 국가별 첨단기술수출액, 국가별 연구개발비, 국가별 해외직접투자 추이, 국가별 관광수입액 등
- 경영: 종업원수, 매출액, 당기순이익, 자산, 사업운영수익 및 소요비용, 현금보유비중 등 각종 기업 통계
- 산업: 정보산업, 반도체산업, 건설업, 영화산업, 지식산업, 통신산업, 금융업, 건설업 등 각종 산업 통계

둘째, 평균, 표준편차, 백분위수 등 기술통계(descriptive statistics)의 의미를 이해하고 주어진 자료로부터 계산할 수 있는 능력이 요구된다. 그리고 절대적 증가와 상대적 증가의 차이 등 기술통계의 해석에 필요한 기초적인 지식도 필요하다.

자료해석 영역은 특별히 배워야 알 수 있는 수준의 통계지식을 측정하지는 않는다. 가령 확률이론이나 가설검정기법 등을 알아야 풀 수 있는 문제는 나오지 않는다. 하지만 대학 재학 정도의 학력자라면 알고 있을 것으로 기대되는 정도의 기초적 통계지식 – 이들은 주로 평균, 중위수, 표준편차의 의미나 표준점수(Z점수)의 특징 등 기술통계에 해당된다 – 이 필요한 문제들은 출제된다.[5] 그리고 절대적 변화와 비율적 변화의 차이, 추세선의 의미 등 기술통계의 올바른 해석에 필요한 지식을 요구하는 문제들도 출제된다.

5) 물론 이 경우에도 공식을 외우고 있을 것을 요구하지는 않는다. 다만 이런 통계량들의 의미가 무엇인지 정도만을 알고 있으면 된다.

셋째, 기술통계의 해석과 관련하여 지수/지표의 특성을 이해하고, 다양한 지수/지표의 내용에 익숙해지는 것도 중요하다. 지수/지표(물가지수, 조출산 · 사망률, 부양지수, 지니계수, 십분위 분배율 등)를 이용한 문제의 경우 그에 대한 정의를 제시하도록 되어 있다. 하지만 기출문제들을 보면 매우 간략하게만 제시되어 있으며, 그 의미에 대한 설명은 불충분하다. 물론 이 경우도 곰곰이 생각해 보면 의미를 이해할 수 있고, 문제를 푸는 데 지장이 없다. 하지만 주어진 시간은 천천히 고민할 여유를 주지 않는다. 부족한 시간 속에 가급적 빨리 문제를 풀어야만 한다. 따라서 제시된 지수/지표의 특성과 의미를 미리 알고 있으면 훨씬 도움이 된다.

넷째, 주어진 자료들의 관계로부터 인과관계를 파악하는 능력이 필요하다. 앞에서 언급한 세 가지(도표 빨리 읽기, 기술통계 의미 알기, 지수/지표 이해하기)는 자료해석 영역의 두 가지 평가 내용인 문제규명(현황파악)과 원인진단 중에서 주로 문제규명을 위한 것이며, 원인진단을 위해서는 주어진 자료들 간의 인과관계를 파악하는 것이 중요하다. 대부분의 정책문제는 발생 원인이 다양하며, 여러 가지가 얽혀 있다. 이 때문에 정책문제를 둘러싼 인과관계를 올바르게 추론하는 것은 상당히 어렵다.[6] 6장에서 나오겠지만 인과관계의 성립을 위해서는 충족되어야 할 조건들이 있다. 따라서 어떤 경우에 이런 조건이 충족되고, 어떤 경우에 안 되는지를 명확히 이해하고, 다양한 사례마다 이를 적용할 수 있는 능력이 요구된다.

다섯째, 자료수집 과정에 대한 지식이 필요하다. 자료를 활용한 사회현상의 문제파악과 원인진단이 올바르게 이루어지려면, 전제 조건으로서 자료가 정확해야 함은 두 말할 나위가 없다. 이에 따라 측정과 설문조사 등 자료수집 과정의 타당성을 묻는 문제도 자료해석 영역의 일부에 포함된다. 대개는 건전한 상식과 통상적인 교양(!)을 지닌 사람이라면 풀 수 있는 수준이지만, 그래도 이에 대한 지식이 있는 경우에는 훨씬 용이할 것이다.

여섯째, 신뢰구간이나 회귀직선 등 기초적인 통계분석 결과에 대한 이해가 필요하다. 자료해석 영역의 목적은 통계지식을 측정하는 것이 아니므로, 가설검정 등의 통계기법을 적용해서 풀어야 되는 것은 제외된다. 하지만 이를 적용하여 분석한 결과를 제시하고, 그 의미를 묻는 것은 자료해석 영역에 포함된다. 물론 이 경우도 분석결과의 해석에 특별한 개념 지식이 요구된다면, 이에 대한 설명은 제공된다. 하지만 아주 간략해서 이것만으로 의미를 충분히 이해하고 타당한 해석을 하기는 쉽지 않게 되어 있다. 따라서 통계분석 결과해석에 필요한 기초적이지만 중요한 내용을 숙지하고, 이를 다양한 사례에 적용해 보는 것은 필요하다.

---

6) 정책현안 중 아무거나 선택해서, 문제의 원인을 따져 보면 무슨 말인지 금방 알 수 있을 것이다.

지금까지 자료해석 영역 준비를 위하여 필요한 능력(혹은 지식)에 대해서 설명했는데, 이를 정리하면 다음과 같다.

• 도표 빨리 읽기
• 기술통계 의미 알기
• 지수/지표 이해하기
• 인과관계 추론하기
• 자료수집과정 이해하기
• 통계분석결과 해석하기

3) 상황판단 영역의 평가내용과 필요지식

앞에서 상황판단 영역은 문제규명(현황파악) → 원인진단 → 대안탐색 → 대안선택으로 이어지는 정책문제 해결의 전 과정에서 '말'로 주어진 정보의 활용 능력을 평가한다고 했다. 즉, 자료해석 영역과 마찬가지로 주어진 정보로부터 '문제현황 파악'과 '문제 해결을 위한 인과관계 추론' 능력을 평가할 뿐만 아니라, 그에 더하여 '대안선택을 위한 의사결정' 능력을 평가한다고 했다. 그리고 상황판단 영역의 현황 파악과 인과관계 추론 능력 평가는, 정보 형태의 차이로 인하여 자료해석 영역과는 평가의 주안점이 달라진다고 했다.

상황판단 영역에서 '문제규명'과 '원인진단' 능력 평가는 정부가 제시한 평가항목(이해력, 추론력, 분석력, 평가력) 구분에 따르면 주로 이해력과 추론력 평가에 해당한다. 그런데 이에 해당하는 문제들을 보면 자료해석 영역보다는 언어논리 영역의 '이해력' 및 '논리적 사고력' 혹은 '추론력'의 평가 문제들과 유사하다.[7)][8)]

다만 상황판단 영역의 문제는 주로 공공정책을 사례로 하는 데 비해 언어논리 영역은 그렇지 않다는 차이가 있다. 그리고 언어논리 영역은 지문 자체의 논리적 분석만으로 추론이 가능한 데 비하여, 상황판단 영역은 주어진 제시문 이외에 일반적인 정책과정에 대한 이해가 요구되는 경우가 있다는 점도 다르다.

그렇다면 '문제규명'과 '원인진단' 능력 평가(혹은 '이해력'과 '추론력' 평가)에 대비하기 위하여 필요한 구체적인 능력이나 지식은 무엇일까? 사실 이게 좀

7) 정부가 제시한 PSAT 준비 안내서에는 언어논리 영역은 문장의 구성 및 이해능력, 논리적 사고력, 표현력, 추론 능력 등을 검정한다고 정의하고 있다.

8) 유형별로 내용을 정리하면, 주어진 정보로부터 상황 이해하기, 논거 강화/약화하는 것 찾기, 전제(근거) 제시하기, 반론하기, 결론 유도하기, 문제와 대안간의 인과관계 추론하기 등으로 구분할 수 있다.

막연하다. 일단 자료해석 영역 부분에서 설명한 바와 마찬가지로 인과관계 성립을 위한 조건을 이해하고, 이를 다양한 사례에 적용해 보는 것은 필요하다. 이는 정보 형태에 상관없이 공통되는 것이기 때문이다. 또한 초보적인 논리학 지식(예: 필요 · 충분조건, 명제간 관계 등)도 도움이 될 수 있다. 하지만 그 밖에 어떤 특정 지식이 특별히 중요하다고 하기는 어렵다. 그보다는 다양한 사례를 다루면서 논리적인 추론 능력을 키우는 것이 필요할 것이다.

한편 상황판단 영역에서 '대안선택을 위한 의사결정' 능력은 정부가 제시한 평가항목(이해력, 추론력, 분석력, 평가력) 구분에서 분석력과 평가력에 해당한다. 이에 대한 평가는 자료해석이나 언어논리 영역과는 차별화되는 상황판단의 고유한 영역이라고 할 수 있다. 그리고 이를 위하여 필요한 능력(지식)은 '문제규명'과 '원인진단'의 경우에 비하여 상대적으로 명확하다. 이는 정부가 제시한 분석력과 평가력 항목의 학습방법을 보더라도 알 수 있다. 정부가 제시한 학습방법을 다시 기술하면 다음과 같다.

"분석력 항목은 다양한 기법들을 통해 대안을 분석하고 이를 토대로 대안이 가져올 결과를 예측하여 최적(최선)의 대안을 선택하는 데 도움을 주는 정보를 제공하는 과정이다. 다양한 기법의 세부적인 내용은 모르더라도 기법에 대한 개념과 논리는 이해하는 것이 바람직하다. 또한 이러한 기법들이 주는 정보를 이해하고 이를 자신의 통찰력과 연결하여 미래를 예측하는 훈련을 반복해 보는 것이 좋다."

"평가력 항목은 최종적으로 대안들을 비교 · 평가하여 최적(최선)의 대안을 도출해 내고 대안의 시행결과를 평가 · 환류하는 능력을 측정한다. 각 대안의 장점과 단점을 비교해 보고, 여러 기준을 통해 대안을 비교 · 평가하는 훈련을 할 것을 권한다."

정부가 제시한 학습방법을 바탕으로 '대안선택을 위한 의사결정'을 위해 필요한 지식을 좀더 상세하게 알아보자.

첫째, 다양한 의사결정기법(예: PERT기법, 의사결정나무 등)에 대한 이해가 필요하다. 세부적인 내용까지 알 필요는 없지만 기본 개념과 논리를 이해하고, 관련된 사례들을 다루어봄으로써 기법들에 친숙해 지는 것은 도움이 될 것이다. 물론 PSAT의 특성상 대학생의 통상적 교양수준을 넘는 기법은 개념과 내용 설명이 제시된다. 하지만 이를 미리 알고 있는 사람이 처음 접하는 사람보다 훨씬 유리할 것임은 당연하다.

둘째, 경영전략기법(예: SWOT 분석)에 대한 이해가 필요하다. 경영전략기법도 조직의 의사결정을 돕기 위한 것이라는 점에서는 넓은 의미의 의사결정기법에 해당한다. 하지만 일반적으로 의사결정기법이라고 하면 관리분석기법을 의미하며, 이는 경영전략기법과는 다소 다르다. 관리분석기법이 수리모형에 의해 최적 의사결정 대안을 도출하는 것인데 비하여 경영전략기법은 의사결정에 필요한 정보를 알기 쉽게 정리함으로써, 의사결정자가 판단하는 데 도움을 주는 것이다. 경영전략기법 역시 기본 개념과 논리를 이해하고, 관련된 사례들을 다루어 보는 것이 필요하다.

셋째, 공공정책의 대안선택 기준과 비교 방법에 대한 이해가 필요하다. 관리분석기법과 경영전략기법은 민간기업을 다루는 경영학에서 발전한 기법들이다. 그런데 기업경영과 정부행정은 성격이 다르기 때문에 대안선택 기준과 비교 방법이 동일할 수 없다. 대표적으로 기업에서는 '효율성'이 가장 중요한 기준이지만 공공정책에서는 '효율성'과 함께 '형평성'이 중요한 기준이 된다. 따라서 공공정책의 의사결정 문제를 다루는 상황판단 영역에서는 '공공'이라는 특성으로 인하여 민간기업과 차별화 되는 의사결정 방식(예: 공공정책의 대안선택 기준, 비용편익분석기법)을 이해하는 것이 필요하다.

넷째, 경제학 이론 중에서 미시적 경제분석 방법에 대한 이해가 필요하다. 경제학에서 미시이론은 '제한된 자원하에서 최대의 만족을 얻기 위한 의사결정방법'을 탐구하는 것이라고 할 수 있다. 즉, 거의 모든 미시이론은 그 자체가 일종의 의사결정기법에 해당한다. 수요공급이론, 공공재와 외부경제, 정보비대칭 등이 좋은 예이다.

고시 분야 중에서 경제학이 2차 시험과목에 포함되어 있는 경우라면 상황판단 영역을 준비하기 위해 별도의 미시이론을 공부할 필요는 없다. 상황판단에 필요한 미시이론은 기초 수준 정도면 충분하기 때문이다. 하지만 그렇지 않은 경우라면 기초적인 미시경제이론에 대하여 어느 정도 준비해 두는 것도 좋을 것이다.

다섯째, 다양한 정책사례를 많이 접해 보는 것이 필요하다. '문제규명'과 '원인진단' 능력 평가의 경우도 그렇지만, '대안선택을 위한 의사결정' 능력 평가에서도 사용되는 지문은 대부분 정책사례에 대한 것이다. 따라서 자료해석 영역의 준비를 위하여 다양한 분야의 도표 및 통계에 익숙해 지는 것이 필요한 것처럼 상황판단 영역의 준비를 위해서는 다양한 정책사례에 익숙해 지는 것이 큰 도움이 된다.[9]

---

9) 참고) PSAT 시험과 대학수능시험 비교
대학수능시험에서 일부 영역의 문제는 PSAT 문제와 유사하다. 수능시험의 언어영역 중 「기본편」은 언어논리 영역과 상황판단 영역의 일부 문제 유형과 매우 유사하다. 그리고 사회탐구 영역의 선택 과목들(특히 「사회문화」, 「경제」)은 언어논리 영역, 자료해석 영역, 상황판단 영역의 일부 문제 유형과 매우 유사

4) 자료해석과 상황판단 영역의 필요지식과 본서의 구성

지금까지 자료해석 및 상황판단 영역 준비를 위하여 필요한 지식(혹은 능력)에 대해서 설명했는데, 이를 정리하면 〈표 1-5〉와 같다.

다시 말하지만 PSAT는 기본적으로 적성 혹은 능력을 측정하는 시험에 해당하며, 특정 지식을 평가하는 것은 아니다. 따라서 〈표 1-5〉에 제시한 필요지식이란 것은, 이런 내용을 알고 있으면 도움이 된다는 것이지, 이것들만 알면 100점을 맞을 수 있다거나 혹은 이것들을 모르면 문제를 못 푼다는 것은 아니다.

어쨌든 〈표 1-5〉에 제시된 것들이 자료해석과 상황판단 영역 대비를 위해 알아두면 도움이 될 지식이라면, 이제 이들이 본서에 어떻게 반영되어 있는가를 보자.

[표 1-5] 자료해석과 상황판단 영역의 필요지식

자료해석 영역	상황판단 영역
• 도표 빨리 읽기* • 기술통계 의미 알기 • 지수/지표 이해하기 • 인과관계 추론하기 • 자료수집과정 이해하기 • 통계분석결과 해석하기	• 초보적인 논리학 지식 • 정책과정에 대한 이해 • 인과관계 추론 • 정책사례의 이해
	• 의사결정기법(예: PERT기법, 의사결정나무) • 경영전략기법(예: SWOT 분석) • 공공정책의 대안선택 기준과 비교 방법(예: 형평성 기준, 비용편익분석) • 미시적 경제분석방법(예: 수요공급이론, 외부경제, 정보비대칭 등)

* 도표 빨리 읽기를 특정 '지식'이라고 하기는 어렵다. 하지만 연습을 하면 향상될 수 있다는 측면에서 포함시켰다.

[표 1-6] 자료해석과 상황판단 영역의 필요지식과 본서의 구성

자료해석 영역	상황판단 영역
• 도표 빨리 읽기 - 2장 • 기술통계 의미 알기 - 3장 • 지수/지표 이해하기 - 4장, 5장 • 인과관계 추론하기 - 6장 • 자료수집과정 이해하기 - 7장 • 통계분석결과 해석하기 - 7장	• 초보적인 논리학 지식 - 제외 • 정책과정에 대한 이해 - 제외 • 인과관계 추론 - 6장 • 정책사례의 이해 - 제외
	• 의사결정기법 - 8장 • 경영전략기법 - 10장 • 공공정책의 대안선택 기준과 비교 방법 - 9장 • 미시적 경제분석방법 - 제외

하다. 물론 PSAT 문제의 난이도가 조금 더 높기는 하다. 따라서 대학수능시험의 기출문제나 모의시험 문제 중 PSAT와 유사한 문제들을 풀어보는 것은 PSAT 대비의 한 방법이 될 것으로 생각된다.

〈표 1-6〉은 본서의 2장부터 10장까지 자료해석과 상황판단 영역의 필요지식들이 주제별로 설명되어 있음을 보여 준다. 대개 한 주제가 한 장을 구성하고 있지만, 한 주제를 두 개의 장이 설명하는 경우도 있고, 두 주제를 한 개 장에서 설명한 경우도 있다.

그런데 필요지식 중 일부에 대한 설명은 본서에 포함되어 있지 않다. 「초보적인 논리학 지식」은 언어논리 영역에서 더 중요하며, 언어논리 영역 준비를 통해 습득할 수 있으므로 제외하였다. 「정책과정에 대한 이해」는 정책을 수립하고 집행하는 과정에서 고려해야 할 특성들에 대한 이해를 의미하는데, 다양한 내용을 포괄하므로, 교과서의 한 장(chapter) 분량으로 정리하기는 곤란하다. 이에 따라 역시 제외하였다. 하지만 교양 수준의 행정학 혹은 정책학 지식이 있으면 충분하며, 별도의 준비는 없어도 될 것이다. 「정책사례의 이해」 역시 교과서의 한 장(chapter) 분량으로 정리하기에는 적합하지 않으므로 제외하였다. 행정학과 전공 교과목 중 '정책사례연습' 과 같은 과목을 들어 두면, 이의 준비에 도움이 될 것이다.[10] 「미시적 경제분석 방법」 역시 다양한 내용을 포괄하므로, 교과서의 한 장(chapter) 분량으로 정리하기는 곤란해서 제외하였다. 이 역시 교양 수준의 경제학 지식만 있으면 충분하다.

3. 기타: 당부 및 유의 사항

1) 당부 사항

수험서 유형을 교과서와 문제집으로 구분한다면 본서는 교과서에 해당한다. 이에 비해 기존의 PSAT 수험서는 거의 전부가 문제집 형식이다. 기존 교재들이 문제집 위주인 데는 두 가지 이유가 있다. 첫째는, PSAT의 특성상 비슷한 유형의 문제를 많이 풀어 보는 것이 효과적이기 때문이다. 두번째는, PSAT 문제는 출처가 광범위하고 포괄하는 내용이 다양해서 한 권(혹은 두 권)의 교과서로 정리하기가 어렵기 때문이다.

객관식 시험은 문제집을 풀어 보는 것이 도움이 된다는 것은 독자들도 수능시험 준비를 통해서 익히 알고 있을 것이다. 이는 PSAT도 마찬가지이다. 특히 자료

10) '정책사례연습' 에서 배우는 것은 거의가 실제 정책사례에 대하여 문제규명과 원인진단 그리고 대안선택까지의 과정을 분석하는 것이다. 즉, 상황판단 영역에서 측정하고자 하는 것을 연습한다.

해석 영역처럼 유형화된 내용(예: 도표 해석하기)에 익숙해지는 것이 필요한 경우는 더욱 그렇다.

하지만 문제를 많이 풀어 보는 것만으로는 부족한 점이 있고 그래서 교과서가 필요하다. 비록 PSAT는 특정 지식이 아닌 적성(능력)을 평가한다고 하지만, 많은 문제들은 일정한 지식을 바탕으로 만들어지기 때문에 해당 지식을 모르면 풀기 어려운 경우가 있다. 혹은 풀더라도 꽤 많은 고민과 시간이 소요된다.

본서는 PSAT 자료해석과 상황판단 영역 문제의 바탕이 되는 지식 중에서 알고 있으면 문제 푸는 데 도움이 되는 것들을 기술하였다. 그런데 〈표 1-6〉에 제시된 바와 같이, 필요 지식들의 내용과 범위는 매우 다양하고 광범위하다. 이들과 관련된 과목명 혹은 교과서명을 열거하면 기초통계학, 조사방법론, 관리분석, 정책분석, 정책평가, 경제원론(미시), 마케팅론 등이 있다.[11] 이처럼 자료해석과 상황판단 영역의 필요 지식은 다양한 교과목에 걸쳐 있기 때문에 이를 한 권의 교과서로 만드는 것은 꽤나 어렵다. 적절한 취사선택과 타당한 재구성이 요구되는 작업인데 그게 그리 만만하지 않다.

다행히 필자는 앞에서 열거한 교과목들을 대부분 가르쳐 본 경험이 있다. 그리고 PSAT 문제 특성에 대하여 연구할 기회가 있었다. 이에 따라 PSAT 자료해석과 상황판단 영역 문제의 바탕이 되는 지식 내용이 무엇이며, 이들을 어떻게 정리하면 효과적일지를 다른 사람들보다는 잘 알고 있다. 그래서 본서와 같은 교과서를 집필할 수 있었다.

〈표 1-6〉에 제시한 바와 같이 본서의 각 장은 특정 주제별로 구성되어 있다. 각 장은 먼저 해당 주제의 내용을 설명한 후, 예제를 통하여 이를 적용해 볼 수 있도록 구성하였다. 그리고 연습문제는 PSAT 기출문제 중에서 각 장의 주제에 관한 것들로 구성하였다. 기출문제들을 풀어봄으로써 각 장의 내용들이 어떻게 실제 문제에 적용되는지를 알 수 있을 것이며, 이를 통하여 해당 내용들을 더 잘 이해하게 될 것이다. 각 장의 내용을 이해하면 해당 기출문제를 푸는 데 별 어려움이

11) 여기에서 필자가 속해 있는 행정학과를 잠깐 PR하자. 앞에서 PSAT를 통해 평가하려는 것을 한 마디로 요약하면 '(정책)문제 해결능력'이라고 했다. 언어논리 영역도 그렇지만 자료해석과 상황판단 영역은 더욱 그렇다. 그런데 정책문제 해결능력을 키우는 것은 바로 행정학 교육의 중요한 목표이다. 이에 따라 행정학과 전공 교과목의 상당수는 정책문제 해결능력 배양에 도움이 되며, 특히 몇몇 과목들은 직접적으로 정책문제 해결능력 배양을 목적으로 한다. 가령 앞에서 열거한 교과목들은 대부분 행정학과의 전공 교과목들이다(가령 본교의 경우 기초통계학은 행정통계분석으로, 마케팅론은 경영전략분석이란 교과명으로 개설되고 있으며, 경제원론은 교양필수로 듣게 되어 있다. 그리고 그 밖의 과목들은 동일명의 교과목으로 개설되어 있다). 한편, 행정학과 이외에 경제학과 과목들 중에도 문제해결능력을 키우는 데 도움 되는 것들이 다수 있다. 특히 경제원론 중 미시경제 이론은 매우 중요하다. 그리고 통계분석이나 조사방법론은 사회학 등 다른 사회과학 분야에서도 전공으로 가르치고 있는 경우가 많다.

없을 것으로 생각된다. 하지만 독자들의 편의를 위해서, 아주 쉬운 문제들을 제외하고는, 기출문제에 대한 해설을 달아 놓았다.

본서를 공부할 독자들에게 가장 당부하고 싶은 말은 본서의 내용을 암기하려 하지 말고 이해하도록 하라는 것이다.

댄스교본의 목적은 교본대로 연습함으로써 멋진 춤을 출 수 있게 하는 데 있다. 아무리 춤의 역사, 종류, 스텝의 순서 등 교본 내용을 달달 암기한다고 한들 정작 춤을 출 수 없다면 무슨 소용이 있겠는가. 물론 교본을 암기하면 춤추는 데 다소 도움이 될 수는 있다. 하지만 그 시간에 교본의 동작을 이해하고 따라하는 것이 훨씬 효과적이다.

본서의 목적은 문제해결능력을 배양함으로써 PSAT 자료해석과 상황판단 문제를 잘 풀도록 하는 데 있다. 아무리 본서에 밑줄 긋고 형광펜 칠하면서 암기한다고 해도 정작 그 내용을 바탕으로 문제를 해결할 수 없다면 무슨 소용이 있겠는가. 물론 본서의 내용을 암기하면 문제 푸는 데 도움이 되기는 할 것이다. 하지만 이는 지극히 비효율적이다. 그냥 본서를 천천히 읽어 가면서 내용을 이해하도록 하라. 그리고 이를 제시된 사례(예제 및 기출문제)에 적용해 보라. 물론 한 번 읽어서 이해가 안 되면 두 번, 세 번 읽어야 할 필요는 있다. 하지만 암기하려고 애쓰지는 말라.

댄스 강사가 될 게 아닌 한, 교본대로 춤 출 수 있으면 됐지 동작의 명칭 등을 외울 필요까지는 없다. PSAT 강사가 될 게 아니라면, 본서의 내용을 이해해서 문제를 풀 수 있으면 그만이지, 세세한 내용을 암기할 필요는 없다. 다시 말하지만, PSAT는 문제해결능력을 측정하지, 해당 지식의 암기 수준을 측정하지 않는다.

기출문제를 통해서 PSAT에 필요한 지식수준을 판단한다면, 본서 내용 중 일부는 그보다 좀더 깊게 나간 감도 있다. 하지만 그런 부분도 뛰어 넘지 말고 모두 공부하기 바란다. PSAT 출제가 계속 되다 보면, 응시자들이 기존 문제에 익숙해지기 때문에, 지금보다는 문제 난이도가 높아질 수 있다. 따라서 기출문제보다는 좀 더 높은 수준의 준비가 필요할 것이다. 그리고 그 내용들은 PSAT뿐만 아니라 행정학, 경제학, 정책학, 조사방법론 등의 2차 시험 준비에도 도움이 된다. 기왕 공부하는 김에 조금 더 깊게 해서 2차 시험에도 도움 받을 수 있다면 일석이조 아니겠는가.

끝으로 노파심에서 한 마디 덧붙이면, 본서만으로는 PSAT 대비에 충분하지 않다. 본서는 교과서이기 때문에 기출문제만 수록하였으며, 별도의 모의문제를 제시하지 않았다. 하지만 전술하였듯이 PSAT 대비를 위해서는 비슷한 문제를 많이 다루어서 익숙해지는 것이 매우 중요하다. 따라서 시중에 나와 있는 문제집들 중에서 좋은 것을 택해서 본서 공부와 병행하는 것이 반드시 필요하다.

2) 유의 사항: 본서에서 참고한 교재들

본서의 내용은 통계분석, 조사방법론, 관리분석, 마케팅 등 다양한 분야를 포괄하고 있다. 이에 따라 본서를 집필하면서 다양한 분야의 교과서를 참고하였다. 참고한 내용들은 본문 각주 등에 출처를 명시하고 있으나, 그 중의 몇몇은 여기에서 다시 명시할 필요가 있다. 이들은 통상적인 참고 수준을 넘어서서 내용의 상당 부분을 인용한 것들로서, 다음과 같다.

- **노화준(1989), 「행정계량분석」, 서울: 법문사**

4장과 6장의 '비와 지수' 및 '교차표 분석' 내용의 상당 부분은 노화준 저 「행정계량분석」의 설명을 인용하였다. 비의 의미 및 교차표 분석은 기술통계 해석에서 매우 중요하며, 이에 따라 PSAT 자료해석 영역에서도 자주 출제된다. 그런데 기존 통계학 교재들은 대부분 이에 대한 설명이 빈약하다. 이에 비하여 「행정계량분석」은 설명이 친절하게 잘 되어 있다. 이에 따라 '비와 지수' 그리고 '교차표 분석'을 이해하기 쉽게 설명하려면, 「행정계량분석」의 설명 방식을 따르는 것이 가장 좋을 것으로 판단하였다. 그래서 이 부분의 설명은 「행정계량분석」의 설명을 상당 부분 발췌하여, 수정 인용하였다.[12]

- **안문석(2002), 「계량행정론」, 서울: 박영사**

8장 의사결정기법 중 PERT, 불확실성하의 의사결정기법 등에 대한 설명은 안문석 저 「계량행정론」 교재의 설명을 수정 인용하였다. 이 부분은 관리분석에 해당하는데, 필자가 검토한 관리분석 교재 중에서는 이 교재가 가장 이해하기 쉽게 설명되어 있었다. 이에 따라 본서에서도 「계량행정론」 설명 방식을 참고하여 기술하였다.

12) 「행정계량분석」의 개정판은 필자가 공동저자로 참여할 예정이다. 사실 이 부분의 원고는 필자가 「행정계량분석」의 개정판을 위하여 준비했던 내용이다. 그런데 개정판 출간이 늦춰지면서, 이 원고가 본서에 먼저 포함된 것이다.

• **Fleisher & Bensoussan 저, 강영철 · 김은경 · 소자영 외 공역(2003), 「전략 · 경쟁 분석」, 서울: 3mecca.com**

10장 경영전략기법 설명 중 상당 부분은 「전략 · 경쟁 분석」의 설명을 수정 인용하였다. 이 부분은 마케팅 분야인데, 본서에서 필자가 가장 취약한 분야이다. 필자가 해당 분야 교재를 여러 권 검토한 결과 이 교재의 설명이 비교적 이해하기 쉬웠다. 이에 따라 본서에 해당 부분은 「전략 · 경쟁 분석」의 설명을 상당 부분 인용하였다.

이상의 세 권은 본서에서 특별히 많이 참고 또는 인용한 교재이다. 물론 이 밖에도 다양한 교재를 참고하였으며, 이들은 본문에서 출처를 밝히고 있다.[13)]

13) 하지만 다른 교재의 내용이 기술되어 있는데, 인용 출처가 제시되지 않은 경우도 있을 것이다. 이는 대개가 해당 교재를 참고하지 않고, 필자가 알고 있는 내용을 기술한 것이지만, 동일한 내용이 해당 교재에도 소개되어 있는 경우에 해당한다. 이 책의 내용은 거의가 보편적인 것들이다. 이에 따라 비록 필자의 독자적인 설명이라고 해도, 동일한 내용에 대한 것이면 다른 교재 저자의 설명과 유사할 수 있다.

Chapter 2

도표에 의한 자료 요약

1. 자료 요약의 의의

구슬이 서말이라도 꿰어야 보배인 것처럼, 아무리 많은 정보를 담고 있는 자료가 있더라도 이의 내용을 쉽게 효과적으로 전달하지 못한다면 그 가치는 떨어진다. 자료를 정리하여 그 내용을 쉽게 효과적으로 전달하는 것, 이것이 자료 요약의 핵심이다. 이를 위해서는 어떻게 해야 할까?

초등학교 혹은 중 · 고등학교 때 독후감을 쓰면서 책의 내용을 요약해서 줄거리를 썼던 경험을 생각해 보자. 잘 요약된 줄거리는 짧으면서도 핵심적인 내용을 담고 있어야 한다. 자료 요약도 마찬가지다. 많은 양의 자료에 포함된 정보를 간결하게 정리하면서도 우리가 알아야 하는 특징들을 담아낼 수 있도록 하는 것이 중요하다.

보기 좋게 정리하여 제시하는 데는 그림이나 표를 이용하는 것이 좋을 것이다. 그리고 자료에 담겨있는 정보의 핵심 내용을 몇 개의 수치로 나타낼 수 있다면 효과적일 것이다.

잘 요약된 도표와 통계수치는 현상을 쉽게 파악할 수 있게 해 주며, 이에 대한 올바른 해석은 문제 진단과 장래 예측에 큰 도움을 줄 수 있다. PSAT에서 자료의 해석이 하나의 독립된 영역인 것도 그만큼 자료를 적절하게 요약하고, 요약된 자료를 올바르게 해석하는 것이 중요하기 때문이다.

본 장에서는 자료의 요약 중에서 도표를 통한 요약에 대하여 설명하며, 수치에 의한 요약은 3장에서 다루기로 한다.

자료를 요약하려면 먼저 자료의 형태를 알아야 한다. 따라서 먼저 자료의 형태에 대하여 설명한 후, 자료의 형태와 사용 목적에 따른 적절한 도표의 작성 및 이의 해석에 대하여 설명하겠다.

2. 자료의 형태

우리가 일상생활에서 자주 대하는 다음과 같은 자료들의 형태를 생각해보자.

A	소득, 키, 강수량, 학교로부터의 거리, 출퇴근에 걸리는 시간, 환율 가족 수, 홈페이지 방문자 수, 교통사고 건수, 농구경기에서의 득점
B-1	혈액형, 성별, 버스노선번호, 로또복권의 당첨숫자, 지지하는 정당 고용 상태, 출신지역
B-2	제품사용만족도(만족, 보통, 불만), 계층의식(상, 중, 하) 건강상태(매우 건강, 건강, 보통, 허약, 아주 허약)

위의 그룹 A와 B간에는 어떤 차이가 있는가? 여러분이 금방 눈치 챌 수 있듯이 A에 속한 자료들은 가능한 결과들이 수치로 나타나며, 연봉 3,000만원, 키 170cm 등과 같이 표현되는 숫자 자체가 수량을 나타내는 의미를 갖는다. 이러한 자료를 수치자료 혹은 양적 자료라고 한다. 수치자료는 측정치의 사칙연산이 가능하므로, 우리는 종종 평균 연령, 평균 키, 연간 교통사고 건수 등과 같은 요약치를 사용한다. 수치자료는 다시 둘로 나눌 수 있는데 A그룹의 윗줄은 연속형 자료, 아랫줄은 이산형 자료이다. 연속형 자료는 키 175.3cm와 같이 측정 간격이 계속 쪼개질 수 있는 것인 데 비하여, 이산형 자료는 가족 수 2명, 3명 등과 같이 측정 간격이 일정하게 벌어져 있는 것을 의미한다.

이제 그룹 B-1을 보자. B-1은 A와는 달리 그 특징이 직접 수치로 표현될 수 없는 자료들이다. '버스노선번호' 나 '복권의 당첨숫자' 같은 경우는 자료의 표현 형태는 숫자이지만 이는 단지 구분을 위한 명목적인 의미를 가질 뿐이다. 자료의 특성을 식별하기 위해 숫자를 사용한 것에 불과하며, 숫자의 크기 자체가 의미를 갖지 않기 때문에 크기 비교가 불가능하다. 따라서 우리는 A의 경우와는 달리 '서울시 버스노선 번호의 평균은 947.3이다' 라고 말하지 않는다. 가령 성별의 경우도 '여자일 때는 0, 남자일 때는 1'과 같은 식으로 숫자로 표현할 수 있지만, 역시 식별을 위한 기능만을 할 뿐 숫자의 크고 작음이 어떤 의미를 지니지는 않는다. 이러한 자료를 범주형 자료 혹은 질적 자료라고 한다. 범주형 자료는 '혈액형 : A형, 성별 : 여자, 고용상태 : 실업' 등과 같이 각 항목에 속하는 범주로써 표현된다.

다음은 그룹 B−2를 보자. 이 그룹도 범주형 자료(또는 질적 자료)인 것은 B−1과 마찬가지이다. 그런데 B−1과는 다른 것이 숫자가 절대적인 크기를 나타내지는 않지만 상대적인 순서를 보여 준다. 무슨 말인가? 예를 들어, 사성전자의 재잘 냉장고 소비자들을 대상으로 제품사용 만족도를 '만족', '보통', '불만'의 세 범주로 구분하여 조사하는데 만족은 3점, 보통은 2점, 불만은 1점의 수치를 부여했다고 하자. 3점은 2점보다, 2점은 1점보다 만족도가 더 높은 상태를 의미한다. 즉, 숫자의 크기가 만족도 높낮이 순서를 나타내고 있다.

하지만 주의할 것은 3, 2, 1이라는 수치가 만족도 크기에 대한 절대적인 의미를 갖는 것은 아니라는 점이다. 즉, 3과 2의 만족도 크기 차이가 2와 1의 만족도 크기 차이와 동일하다는 의미는 아니며, 3이 1에 비하여 3배의 만족도를 갖는 것도 물론 아니다. 이처럼 수치의 크기 자체가 절대적인 의미를 갖는 것은 아니므로 양적 자료와는 구별된다. 수치의 크기가 상대적 의미만 갖기 때문에 서열자료에는 순서만 일정하면 어떤 수치를 부여해도 상관없다. 가령 만족에 10, 보통에 5, 불만에 1이라는 수치를 부여해도, 더 큰 숫자가 더 높은 만족도를 의미하는 한 상관없다. 3, 2, 1이라는 일련의 수치를 부여하는 것은 단지 편의를 위한 것뿐이다. 그리고 만족 = 1, 보통 = 2, 불만 = 3과 같이 거꾸로 수치를 부여해도 상관없다. 이 경우는 숫자가 클수록 불만족도가 높음(만족도가 낮음)을 의미한다는 것만 분명히 하면 된다.

범주형 자료(또는 질적 자료) 중에서 그룹 B−1처럼 자료의 범주에 순서가 없으면 명목 자료, 그룹 B−2 같이 강도에 따라 범주가 순서대로 배열될 수 있으면 서열 자료라고 한다.

보기 2.1

살인사건 7, 8월 최다, '여름경계령'

서울지역에서 장기 미제 살인사건이 잇따르는 가운데 '여름철 살인사건 경계령'이 내려졌다. 특히 통계분석결과 7~8월 한여름에 살인사건이 가장 많이 발생하는 것으로 밝혀져 경찰을 바짝 긴장시키고 있다.

경찰청이 7일 밝힌 '1999년부터 5년간 월별 살인사건 발생 현황'에 따르면 여름철, 특히 7~8월에 살인사건이 많이 발생하고 겨울철에는 상대적으로 적은 "하고동저(夏高冬低)" 현상이 뚜렷했다. 살인사건 발생이 가장 많은 달은 7월로 5년간 월평균 99건의 살인사건이 있어났으며 8월이 96.8건으로 그 뒤를 이었다. 이는 5년간 총 60개월의 평균 살인사건 발생 건수인 월 82건을 훨씬 뛰어넘는 수치다. 연도별로 보면 2001년과 2003년에는 7월에 살인사건 발생이 가장 많았고 1999, 2000, 2002년에는 8월이 가장 많았다.

반면 겨울철 살인사건 발생건수는 평균을 크게 밑돌았다. 2월이 66.6건으로 연중 살인사건 발생건수가 가장 적었고, 1월(72.2건), 12월(73.6건) 등도 평균(82건)에 못 미쳤다.

경찰 관계자는 여름철에 살인사건이 많이 발생하는 이유에 대해 "야간 시간대에 유흥가 유동인구가 급증하고 바닷가나 계곡 등 피서지에서 강도 · 강간 등 강력 사건이 많이 일어나기 때문으로 보인다"고 말했다. [서울=연합뉴스 2004.07.07 06:59:39] 안승섭 기자

위의 기사에는 여러 가지 형태의 자료가 등장한다. 각각의 살인사건이 발생한 연도(1999년~2003년), 달(1월~12월), 계절(봄, 여름, 가을, 겨울)은 범주형 자료(명목자료)에 해당한다.[1)] 한편 연도별, 월별, 계절별 살인사건 발생 건수는 수치 자료(이산형 자료)에 해당한다. 이 기사는 지난 5년간 7월과 8월의 범주에 속하는 살인사건 발생 건수라는 수치 자료가 다른 달에 발생한 살인 건수를 훨씬 뛰어넘는 수치이므로 여름철 강력 범죄에 주의하라는 정보를 주고 있다.

보기 2.2

아시안컵 국가대표 명단(2004.7.14)

위 치	번 호	이 름	생년월일	체격(cm/kg)	소 속	A매치:(경기/득점)
GK	1	이운재	73.04.26	182/82	수원 삼성	61/-55
GK	23	김용대	79.10.11	189/83	부산 아이콘스	14/-5
GK	30	차기석	86.12.26	191/83	서울체고	0/0
DF	15	이민성	73.06.23	183/73	포항 스틸러스	60/2
DF	25	박요셉	80.12.03	183/75	FC 서울	3/0

1) 연도나 달이 명목자료라는 설명에 의아해 하는 독자들도 있을 것이다. 사실 이는 연도나 달이 어떤 목적으로 사용되었느냐에 따라 명목자료일 수도 있으며, 서열 혹은 양적 자료일 수도 있다. 본문에서 명목자료라고 한 것은 연도나 달의 용도가 단지 기간을 구분하기 위한 목적으로만 사용된 것으로 간주했기 때문이다. 만일 발생 순서, 혹은 시간적 차이를 구분하기 위한 목적으로 사용된 것이라면 서열 혹은 양적 자료로 해석할 수 있을 것이다.

DF	28	김진규	85.02.16	183/78	전남 드래곤즈	1/0
DF	3	박재홍	78.11.10	184/80	전북 현대	19/0
DF	4	최진철	71.03.26	187/80	전북 현대	42/2
DF	7	김태영	70.11.08	180/73	전남 드래곤즈	100/3
MF	10	현영민	79.12.25	179/73	울산 현대	14/0
MF	12	이영표	77.04.23	176/67	아인트호벤	66/3
MF	13	이을용	75.09.08	176/70	FC 서울	42/2
MF	14	정경호	80.05.22	179/70	울산 현대	13/3
MF	17	김정겸	76.06.09	176/70	전남 드래곤즈	6/0
MF	2	박진섭	77.03.11	179/68	울산 현대	32/5
MF	21	박지성	81.02.25	178/70	아인트호벤	45/4
MF	5	김남일	77.03.14	180/75	전남 드래곤즈	48/1
FW	16	차두리	80.7.25	183/75	프랑크푸르트	27/3
FW	18	김은중	79.04.08	184/72	FC 서울	14/5
FW	19	안정환	76.01.27	177/71	요코하마 M.	44/12
FW	20	이동국	79.04.25	185/80	광주상무	33/10
FW	9	설기현	79.01.08	184/73	안더레흐트	52/11

출처 : 대한축구협회(www.kfa.or.kr)

이 표는 아시안 컵에 출전한 국가대표 축구선수 22명의 명단이다. 어떤 것이 수치자료이고 어떤 것이 범주형 자료인가? '선수의 위치, 번호, 이름, 소속' 은 모두 범주형 자료(명목 자료)에 속한다. 반면 '체격(키와 몸무게), A매치 출전 경기 및 득점 수' 는 수치자료이면서 앞의 것은 연속형 자료이고, 뒤의 것은 이산형 자료임을 알 수 있다. 마지막으로 선수들의 '생년월일' 은 어떤 자료로 보아야 할까? 이는 선수들의 나이를 알려주기 위한 자료이므로 수치자료(연속형 자료)라고 볼 수 있다. 그러나 만일 선수들이 태어난 달 혹은 계절이 우리의 관심사라면 질적 자료로서 취급하게 된다.

지금까지 자료의 유형을 양적 자료(또는 수치자료)와 질적 자료로 구분하고, 질적 자료는 다시 서열 자료와 명목 자료로 구분하였다. 그런데 질적 자료 중에서 명목 자료는 비교적 쉽게 양적 자료와 구분되지만, 서열 자료는 양적 자료와 구분이 애매한 경우가 종종 있다. 보다 명확하게 말하면, 사실은 서열 자료이지만 양적 자료인 것처럼 간주하고 사용하는 경우가 많다. 예를 들어보자. 대전시 행정서비스에 대한 만족도를 조사하기 위하여 대전 주민 1,000명을 대상으로 20문항을 만들어서 5점 만점(매우 만족 = 5, 만족 = 4, 보통 = 3, 불만 = 2, 아주 불만 = 1)으로 응답하게 했다고 하자.

이에 대한 응답자료는 서열 자료이다. 왜냐하면 5점보다는 4점이, 4점보다는 3점이 만족도가 높음을 의미하기는 하지만, 이 수치는 상대적인 순서로서의 의미만을 지니지, 절대적인 크기가 의미를 갖지는 않기 때문이다.[2] 서열 자료는 각 수치들의 절대적 크기는 의미를 갖지 않으며, 상대적인 순서만 의미를 갖기 때문에 사칙연산이 불가능하다. 따라서 평균을 구할 수 없다(평균을 구하려면 더하기와 나누기를 해야 하므로).

그런데 언론 등에서 행정 서비스만족도 조사결과를 발표할 때 보면, 5점 만점에 평균 3.15라든가, 작년에 비하여 만족도 평균이 0.3점 상승해서 행정서비스가 개선되었음을 보여 준다든가 등등 만족도의 평균을 구하고 이 값을 비교하고 있다. 이는 물론 서열 자료는 평균을 낼 수 없다는 원칙에 위배된다. 하지만 만족도 점수 평균을 낼 수 없다면, 평균적인 만족도 수준이 어떠한지를 파악하거나, 결과의 연도별 혹은 집단별 비교 등이 상당히 불편해질 것이다. 이 경우는 매우 만족 7%, 만족 12%, 보통 30% 등과 같이 각 점수별 빈도분포만을 보일 수 있는데, 이걸 보고 만족도 수준 및 변화를 파악하려면 조금 골치 아프지 않겠는가.

따라서 원칙적으로는 서열 자료여서 평균을 구할 수 없지만, 편의상 양적 자료인 것처럼 간주하고 평균을 구해서 사용하는 것뿐이다.

글쎄, 이렇게 사용하는 것이 크게 문제가 될 것은 없을 것이다. 하지만 이 경우 원래는 서열 자료라는 것을 감안해서 조심해야 함은 물론이다.[3]

---

2) 다시 한 번 설명하면, 절대적인 크기가 의미를 갖는다는 것은 가령 5점과 3점의 만족도 차이는 4점과 2점의 만족도 차이와 동일하며, 2점과 1점의 만족도 차이의 두 배에 해당한다는 뜻이다. 하지만 이 수치들은 단지 주관적 만족도 높낮이의 순서를 구분하기 위하여 수치를 부여한 것일 뿐이며, 그 크기가 절대적 의미를 갖지는 않는다. 예컨대 5, 4, 3, 2, 1의 수치 대신에 매우 만족 = 15, 만족 = 10, 보통 = 6, 불만 = 4, 매우 불만 = 1과 같은 수치를 부여한다고 해도, 더 큰 숫자가 더 높은 만족도를 나타낸다는 원칙만 지켜지고 있으면, 상관은 없다.

3) 한편 조사방법론 교과서들을 보면 양적 자료의 유형을 등간과 비례로 세분하기도 한다. 둘 다 자료의 수치가 절대적 의미를 지녀서, 숫자의 차이와 크기의 차이는 비례한다. 다만 두 유형의 다른 점은 비례 자료는 (아무 것도 없음을 의미하는) 절대적인 0이 존재하지만 등간 자료는 이를 가정하지 않는다는 데 있다. 무슨 말인가? 소득과 온도를 생각해 보자. 소득이 200만원인 사람은 소득이 100만원인 사람보다 2배의 소득을 갖는다. 그리고 소득이 없는 사람은 소득이 0이다. 40℃와 20℃의 온도 차이는 20℃와 0℃의 온도 차이와 동일하다. 하지만 40℃가 20℃보다 2배 덥다는 것을 의미하지는 않으며, 0℃라는 것 역시 온도 수준을 나타내는 것이지 온도가 없다(?)는 의미는 아니다. 그런데 개념적으로는 이와 같이 등간과 비례 자료의 유형 구분이 가능하지만 실제로 이들을 구분할 실익은 적다.

생각해 보기

대학교 학점은 어떤 자료에 속할까? 명목 자료는 아닐 것이므로 양적 자료 아니면 서열 자료일 것이다. 둘 중에 어떤 걸까?

대학교 학점은 A^+, B^0, F 등과 같이 매긴다. 그리고 A^+는 4.5, B^0는 3.0 등과 같이 일정한 수치를 부여한다. 대학교 학점이 양적 자료가 되려면 A, B, C와 같은 각 등급의 간격이 동일해야 한다. 즉, A학점을 받은 학생과 B학점을 받은 학생의 시험 점수 차이(보다 엄밀하게는 실력의 차이)는 B학점과 C학점을 받은 학생의 시험점수 차이와 동일해야 한다.

학점 등급은 통상 교수에 따라서 기준이 서로 다르다. 절대평가를 하기도 하고 상대평가를 하기도 하며, 그 안에서도 후하게 매기는 교수와 박하게 매기는 교수가 있다(많은 독자들도 학점 후한 교수 강의를 찾아다닌 경험이 있을 것이다).

이러 저러한 사정을 고려하면 학점은 서열 자료라고 봐야 할 것 같다. 다만, 편의상 양적 자료인 것처럼 간주해서 평균을 내는 것으로 이해하는 게 옳을 것 같다. 따라서 평균학점만을 갖고 대학 성적의 우열을 논할 때는 주의할 필요가 있다. 실제로 국내외의 많은 대학원에서는 지원자의 학부 성적을 평가할 때, 평균학점 외에 A학점을 받은 과목 수와 과목 성격을 함께 고려한다.

3. 자료요약의 기본방법

1) 도수분포표

자료를 도표로 요약하는 기본적인 방법은 도수분포표를 만드는 것이다. 도수분포표는 자료들을 특성에 따라 몇 개의 항목 또는 계급으로 분류하여 정리한 것이다. 그리고 자료의 특성을 한눈에 더 쉽게 파악할 수 있도록 도수분포표를 이용하여 다양한 그림들을 그릴 수 있다.

아래에는 각각 범주형 자료(서열자료), 이산형 수치자료, 연속형 수치자료의 도수분포표 세 개가 제시되어 있다.

도수분포표를 작성하기 위해서는 자료들을 몇 개의 범주나 구간으로 나눈 다음 각 구간에 속하는 관측치의 수를 기록해야 한다. 먼저 〈표 2-1〉과 〈표 2-2〉를 보자. 범주형 자료와 이산형 자료는 모두 가능한 결과의 개수를 셀 수 있기 때문에 도수분포표를 작성하기가 쉽다. 표의 가장 왼쪽 열(column)에는 각각 두려움의 정도, 보유 자동차 대수와 같이 자료의 가능한 결과들이 순서대로 나열되어 있으

[표 2-1] 범죄 피해에 대한 두려움

두려움	비율(%)
매우 느낌	15.6
약간 느낌	41
보통이다	26.1
별로 느끼지 못함	13.8
전혀 느끼지 못함	3.5
합 계	100

출처: 통계청, 한국의 사회지표 12-4.

[표 2-2] 자동차 보유대수별 가구 수 (시점 : 2000년)

자동차수	가구 수	비율(%)
0	5,974,483	41.7
1	7,230,426	50.5
2	994,546	7.0
3대 이상	109,161	0.8
합 계	14,308,616	100

출처: 통계청, 인구총조사.

[표 2-3] 연령별 실업자의 수 (단위 : 천명)

연 령	2003년 실업자 수	비율(%)
15 ~19세	37	4.76
20~24세	176	22.65
25~29세	169	21.75
30~34세	103	13.26
35~39세	78	10.04
40~44세	71	9.14
45~49세	57	7.34
50~54세	35	4.50
55~59세	31	3.99
60세 이상	20	2.57
합 계	777	100

출처: 통계청, 경제활동인구조사.

며, 그 오른쪽 열에는 각각의 경우에 해당하는 빈도수가 절대도수 혹은 상대도수(백분비)로 표시되어 있다. 절대수를 표시해 주면 자료가 주는 정보가 얼마나 많은 관측치를 바탕으로 한 것인지를 알 수 있다(관측치가 너무 작다면 그 결과를 믿기는 어려울 것이다). 그러나 총관측치 수가 서로 다른 두 자료에 대하여 각 범주별 분포를 비교하려면 상대도수로 나타내주는 것이 이해하기에 편리하다.

범주형 자료를 정리할 때 범주가 너무 많고 자세하여 좀더 간결하게 할 필요가 있으면 몇 개의 범주를 묶어서 하나로 표현하기도 한다. 가령 〈표 2-1〉에서 '별로 느끼지 못함'과 '전혀 느끼지 못함'을 합쳐서 '느끼지 못함'으로 표시할 수 있다. 이산형 수치자료인 경우도 마찬가지로 할 수 있다.

연속형 자료의 도수분포표를 작성하는 방법도 어렵지 않지만, 약간의 과정이 추가로 필요하다. 연속형 자료의 경우 어떤 실수 구간에 속하는 모든 값이 관측값이 될 수 있기 때문에 각각의 관측값을 개별 범주(구간)로 정하다가는 자료 요약이라는 의미가 없다(가령 300명의 키를 측정했는데 서로 다른 300개의 결과가 나왔다고 생각해보라!). 따라서 연속형 자료에 대한 도수분포표를 작성할 때는 이 자료들을 분류할 계급을 결정하여 그 구간에 속하는 값의 빈도를 표시한다. 위의 〈표 2-3〉의 경우는 나이를 15세부터 5세 간격으로 모두 10개의 계급으로 나누어서 실업자 777천명을 분류하였다.

계급을 결정할 때는 일반적으로 계급의 수와 폭, 한계를 고려해야 한다. 먼저, 계급의 수는 자료의 특징을 꿰뚫어 볼 통찰력을 잃지 않으면서도 자료를 요약하는 효과가 있도록 너무 적거나 많지 않게 한다. 다음으로 〈표 2-3〉에서는 계급의 폭을 모두 동일하게 했지만 반드시 그래야 할 필요는 없다. 현실에서 자료가 모든 구간에 걸쳐 비슷한 밀도로 분포되어있기보다는 특정 구간에서 집중적으로 분포하고, 그 구간에서 멀어질수록 더 빈도수가 희박해지는 경우가 많다. 이 때 일률적인 계급폭을 정하게 되면 자료가 밀집되어 있는 부분에서는 자료 분포의 특성을 알기가 어렵고, 자료가 희박한 곳에서는 요약의 효율성이 떨어질 수 있다. 따라서 자료가 밀집된 부분에서는 계급폭을 더 작게 하고 자료가 희박한 구간에서는 계급폭을 더 크게 정하는 것이 자료의 특징을 더 효과적으로 나타내는 방법이 될 것이다. 가령 어떤 지역 거주가구의 월소득을 조사한다고 할 때 계급의 폭을 50만원씩으로 정했는데 500만원을 넘어가면서부터 빈도가 매우 희박해진다면 500만원 이상에서는 계급의 폭을 100만원 등으로 조정할 수 있다. 다만 이 경우 분석을 하거나 히스토그램을 그릴 때 약간의 주의가 요구되는데 이는 뒤에서 알아볼 것이다. 마지막으로 계급의 한계, 즉 경계값을 정할 때는 계급의 중간점이 그 계급에 속하는 도수의 평균과 거의 일치하게 선택하는 것이 바람직하다. 도수분포표에 근거하여 작성되는 평균 등의 여러 가지 대표값이 각 계급의 중간점에 의해 이루어지기 때문이다.

보기 2.3

축구선수들의 키

182	183	187	176	185	183
189	179	180	176	184	184
191	183	179	179	178	
183	184	177	176	180	

보기 2.2의 축구 선수들의 키를 가지고 연속형 자료의 도수분포표를 만드는 연습을 해 보자.

22명의 키 측정치의 범위는 176에서 191로 15이다. 계급의 폭을 3으로 하고, 각 계급에 속하는 도수의 평균이 계급의 중간점과 거의 일치되게 하기 위해서는 175를 시작점으로 하는 것이 바람직하다.

그러면 우리는 오른쪽과 같이 여섯 개의 계급으로 자료를 정리한 도수분포표를 얻을 수 있다. 빈도는 각 계급 구간에 속하는 측정치의 개수를 세서 구하고, 상대도수는 빈도를 전체 빈도수(22)로 나누어서 계산한다. 오른쪽 표를 보면 22명 중에서 11명, 즉 50%의 선수의 키가 178~184 사이에 있음을 알 수 있다.

축구선수들 키의 도수분포표

키(cm)	빈 도	상대도수	계급중앙값
175 이상 ~ 178 미만	4	0.18	176.5
178 이상 ~ 181 미만	6	0.27	179.5
181 이상 ~ 184 미만	5	0.23	182.5
184 이상 ~ 187 미만	4	0.18	185.5
187 이상 ~ 190 미만	2	0.09	188.5
190 이상 ~ 193 미만	1	0.05	191.5
합 계	22	1.00	

다음은 이산형 수치자료의 도수분포표를 만드는 연습을 해 보자. 어떤 대학 학생 중 임의로 50명을 뽑아서 '지난해에 읽은 책의 권 수'를 조사했더니 아래표와 같았다. 독서권수는 이산형 자료이지만 자료의 범위가 1~41로 비교적 넓게 퍼져 있으므로 연속형 자료처럼 계급을 나누어서 그 구간에 속하는 빈도수를 세서 정리하면 된다. 아래의 자료를 잘 살펴보면 24권 이상에서는 빈도수가 희박해지므로 계급의 폭을 다르게 하여 아래와 같이 도수분포

표를 작성할 수 있다. 이 경우 계급의 구분이 마치 연속형과 같이 되어 있지만 실제의 자료는 이산적이라는 것과, 24권 이상의 계급에서는 그 아래 계급과 같은 빈도수를 가지더라도 구간이 더 넓기 때문에 자료가 더 희박하게 분포되어 있다는 점을 염두에 두어야 한다.

독 서 권 수

16	3	2	24	41
18	23	28	3	6
19	1	37	15	17
20	20	4	17	11
2	24	4	30	10
34	7	30	12	12
23	2	8	15	14
8	17	14	8	11
14	13	5	14	3
9	20	9	30	12

독서권수의 도수분포표

권 수	빈 도	비율(%)
0~4 미만	7	14
4 이상~8 미만	5	10
8 이상~12 미만	8	16
12 이상~16 미만	10	20
16 이상~20 미만	6	12
20 이상~24 미만	5	10
24 이상~32 미만	6	12
32 이상~42 미만	3	6
합 계	50	100

2) 원형그래프(pie chart)와 막대그래프(bar graph)

이제 위에서 작성한 도수분포표를 이용하여 다양한 그림(그래프)을 그려보자. 그림을 그리는 목적은 표로 제시하는 것보다 더 쉽게 알아보기 위함이다. 만화가 소설보다 쉽게 읽히듯이, 그림은 통계표보다 보기 편하다. 따라서 그림의 가치는 요약된 정보를 일목요연하게 보여 주는 데 있다. 만일 그래프로 제시하는 것이 표로 제시하는 것보다 이해하기에 더 어렵다면 그런 그래프는 그리지 않느니만 못하다.

원형그래프와 막대그래프는 질적 자료의 요약에 자주 쓰이는데, 이산형 수치 자료의 경우에도 자료의 범위가 넓지 않은 경우에는 흔히 사용된다. 원형그래프는

【그림 2-1】 범죄 피해에 대한 두려움

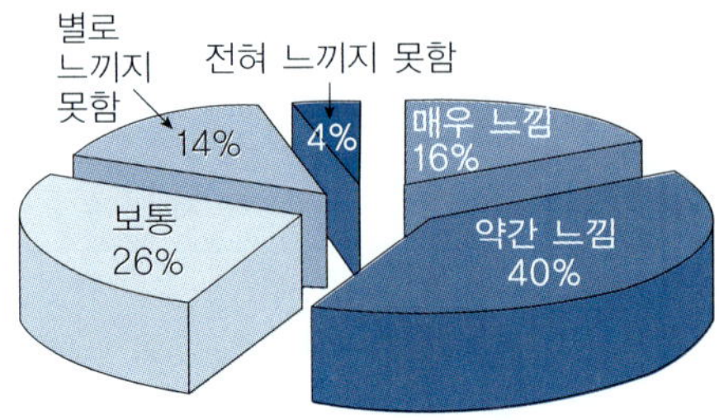

도수분포표의 상대도수를 이용하여 중심각이 '360° 상대도수'가 되는 부채꼴로 각 범주에 속하는 자료의 비중을 나타낸 것이다. 따라서 원형그래프에서는 각 부채꼴의 넓이를 통해 전체를 구성하고 있는 자료의 분포를 한눈에 파악할 수 있다. [그림 2-1]은 〈표 2-1〉을 원형그래프로 나타낸 것이다. 구체적인 수치를 보지 않더라도 범죄 피해에 대한 두려움을 느끼는 사람들(매우 느낌 + 약간 느낌)이 전체의 반을 넘는다는 것을 쉽게 알 수 있다.

막대그래프는 가로축에는 범주를 표시하고 세로축에는 상대도수나 절대도수를 표시한다. 각 범주에 해당하는 자료의 도수를 한눈에 볼 수 있어서 범주간의 크기 비교가 용이하고, 어떤 특성에 따라 구분한 후, 이 특성의 차이에 따라 분포가 어떻게 다른가를 비교할 때도 편리하다. 예를 들면, [그림 2-2]는 '범죄피해에 대한 두려움'에 대하여 남녀를 구분하여 막대그래프로 나타낸 것이다. 성별에 따라 분리하여 두려움을 느끼는 정도를 살펴봐도 남녀 모두에서 전체적인 자료 분포의

【그림 2-2】 범죄 피해에 대한 두려움

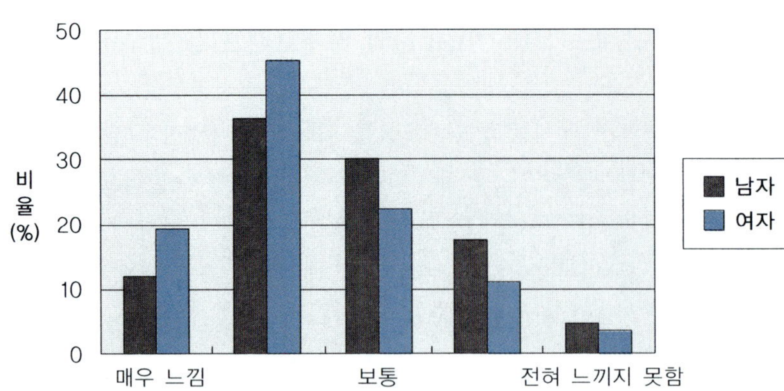

【그림 2-3】 자동차보유대수별 가구수(2000년) (단위: 십만)

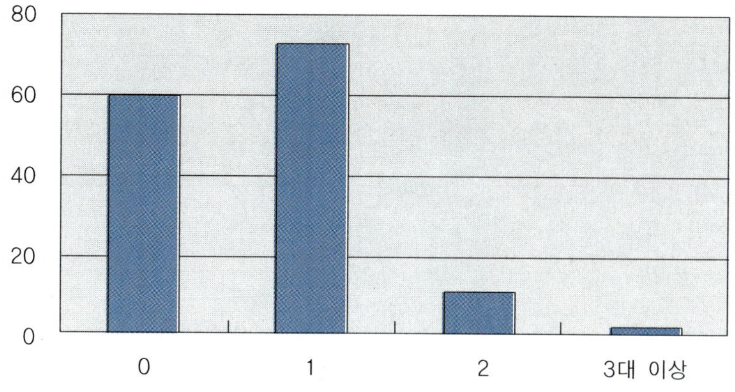

경향은 비슷하게 나타난다. 그러나 남자는 '매우 느낌'과 '약간 느낌'을 합해도 50%가 안 되지만 여자는 60%를 넘는 등 여자가 두려움을 훨씬 더 많이 느끼고 있음을 알 수 있다.

원형그래프는 상대도수를 이용해서만 그리는 데 비하여 막대그래프는 [그림 2-3]과 같이 절대도수를 사용할 수도 있다. 그렇다면 원형그래프가 막대그래프보다 좋은 점은 무엇일까? [그림 2-1]과 [그림 2-2]를 비교해 보면 알 수 있겠지만, 각 범주에 속하는 자료가 전체에서 차지하는 비중을 한눈에 파악하기는 막대그래프보다 원형그래프가 더 용이하다.

3) 히스토그램(histogram)

양적 자료의 도수분포표는 히스토그램으로 나타낼 수 있다.[4] [그림 2-4]는 〈표 2-3〉 연령별 실업자 수의 히스토그램이다. 65세 이상의 실업자 수는 무시해도 좋을 만큼 적기 때문에 표시하지 않았다. 막대그래프에서는 막대의 폭 자체는 별 의미가 없으며 막대의 높이로서 해당 범주의 자료의 수를 알 수 있다. 그러나 히스토그램에서는 막대의 높이가 아니라 면적이 그 구간에 속한 자료의 상대적인 양을 보여준다. 만일 모든 계급의 폭을 일정하게 정했다면 막대의 밑변이 모두 같은 길이이므로 막대그래프를 그리는 방법과 똑같이 히스토그램을 그리면 된다. 가로축에는 연속적 변수를 나눈 계급의 경계값(또는 계급의 중간값)을 순서대로 써

4) 원칙적으로는 양적 자료 중에서도 연속형 자료의 경우에 히스토그램을 그릴 수 있다. 하지만 이산형 자료도 간격이 조밀한 경우는 연속형인 것으로 간주하고 히스토그램을 그려도 되겠다.

【그림 2-4】 연령별 실업자 수 (단위: 천명)

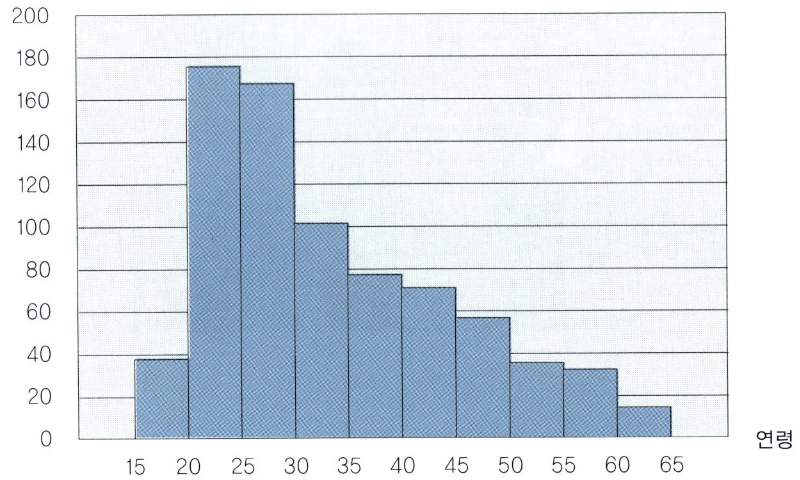

주고, 세로축에는 절대도수나 상대도수를 표시한다. 다만 히스토그램에서는 가로축의 변수가 연속적이므로 막대그래프의 경우와는 다르게 막대간의 간격이 없다. 이처럼 그린 [그림 2-4]를 보면 20대의 실업자 수가 가장 많고 30대 이후로는 실업자 수가 점차 줄어들고 있음을 쉽게 알 수 있다.

생각해 보기

[그림 2-4]를 보면 연령대별 실업자 수는 20대에 가장 많다. 이를 보고 우리나라의 '청년실업' 문제가 심각하다고 말할 수 있을까? 글쎄, 사실 '청년실업'이 심각한 문제이긴 하다. 하지만 이 그림만을 보고서 그런 판단을 내리는 것은 곤란하다. 왜 그럴까? 우선은 연령대별 실업의 심각성을 판단하려면 절대수가 아닌 실업률을 비교하는 것이 더 적합하다는 것을 들 수 있다. 연령대별 경제활동인구 규모는 서로 다르므로, 절대수의 차이가 실업률의 차이를 반영하지는 않기 때문이다. 다음으로 실업률의 경우도 20대가 30대 이상보다 높은 것이 '당연할 수 있다'는 점을 생각해 보자. 대개 20대는 학교를 졸업하고 처음 사회에 진출하여 첫 직장을 잡으려고 하는 시기이다. 대부분 첫 직장을 잡기 전까지 여러 군데 원서를 내고 탈락되는 과정을 거치기 마련이다. 혹은 아주 우수해서 여러 군데서 오라고 손짓하는 사람이라도 이것 저것 따져 본 후에 선택하는 것이 일반적이다. 또는 장기적으로 근무할 직장을 선택하기 전까지 몇 군데를 입사했다가 퇴사하는 과정을 반복하기도 한다.

이러 저런 이유로 인하여 20대의 실업률(또는 구직률)은 30대 혹은 그 이상의 연령대에 비하여 높기 마련이다. 따라서 단지 20대의 실업률이 30대 이상에 비하여 높다는 사실 자체만으로 그것이 사회문제 혹은 정부가 해결해야 할 정책문제라고 할 수는 없다. 그보다는 통상 기대되는 20대의 실업률에 비하여 얼마나 높으며, 그 수준이 사회적인 문제가 될 정도로 심각한가를 따져 보아야 할 것이다.

이제 계급의 폭이 다른 경우에는 어떻게 히스토그램을 그리는지 알아보자. 위에서 말했듯이 히스토그램에서 막대의 면적은 그 구간에 속하는 자료가 전체에서 차지하는 비율을 나타낸다. 위에서는 밑변의 길이가 모두 일정했지만 이제 밑변의 길이가 달라졌으므로, 밑변의 길이에 반비례하여 높이를 조절해 주어야 올바른 히스토그램을 그릴 수 있다. 예를 하나 들어보자.

〈표 2-4〉는 보기2.3에서 만들었던 독서권수의 도수분포표이고 이것을 히스토그램으로 나타낸 것이 [그림 2-5]이다. 수치자료는 숫자가 양적인 의미를 지니기 때문에 세로축에 계급구간을 쓸 때 간격을 맞추어서 계급의 폭과 막대의 폭이 비례하도록 한다. 즉 24~32 구간에서는 계급의 폭이 그 앞에 비해서 두 배로 넓기 때문에 히스토그램의 막대의 폭도 두 배 넓도록 그려주었다. 32~42 구간도 마찬가지이다.

그러면 이제 막대의 높이는 어떻게 정해주어야 할까? 계급의 폭이 4로 일정한 24권 미만의 계급에서는 앞에서와 마찬가지로 도수를 그대로 표시해 준다. 24~32 구간에서는 밑변이 2배로 늘어났기 때문에 도수를 2로 나누어서 12% 대신에 6%가 되도록 높이를 정해준다. 32~42구간에서는 밑변이 2.5배로 늘어났기 때문에 도수를 2.5로 나누어서 6%가 아니라 2.4%가 되도록 높이를 조정해주면 된다. 어렵게 생각할 필요가 없다. 기준이 되는 계급의 폭(이 경우에는 4권)을 하나의 단위로

[표 2-4] 독서권수의 도수분포표

권 수	비율(%)
0~4 미만	14
4 이상~8 미만	10
8 이상~12 미만	16
12 이상~16 미만	20
16 이상~20 미만	12
20 이상~24 미만	10
24 이상~32 미만	12
32 이상~42 미만	6
합 계	100

【그림 2-5】〈표 2-4〉의 히스토그램

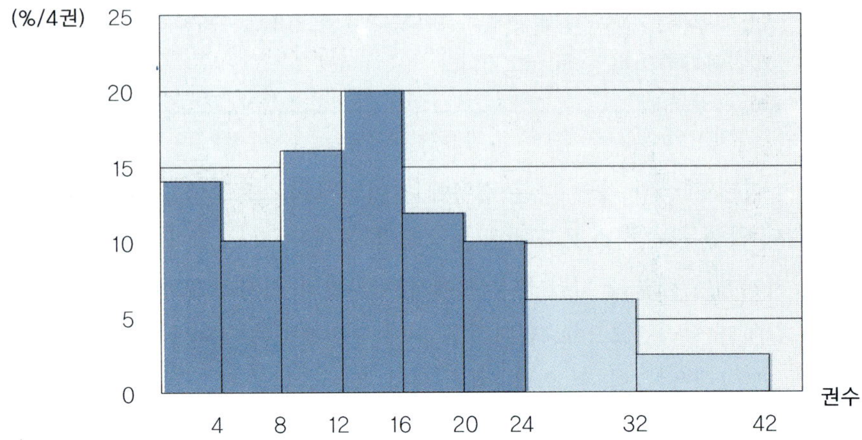

하여 거기에 해당하는 자료의 비율을 따져준다고 생각하면 쉽다. 가령 24~32구간은 24~28, 28~32의 두 계급을 합친 것에 해당하기 때문에 도수를 반으로 나누어 6%씩 되도록 그림을 그려준 것이다.

이런 식으로 그림을 그리기 때문에 히스토그램에서는 그냥 막대의 높이가 아니라 단위 구간당 자료의 비율, 즉 단위 구간당 막대의 높이를 모두 더해 주어야 전체가 100%가 된다. 이의 의미를 좀더 명확하게 하기 위하여 잘못 그려진 히스토그램을 보자. 이는 [그림 2-6]에 제시되어 있다. [그림 2-6]과 같이 그리면 24~32와 32~42구간에도 매우 높은 빈도로 자료가 분포하는 것처럼 과장되게 된

【그림 2-6】 잘못 그려진 히스토그램

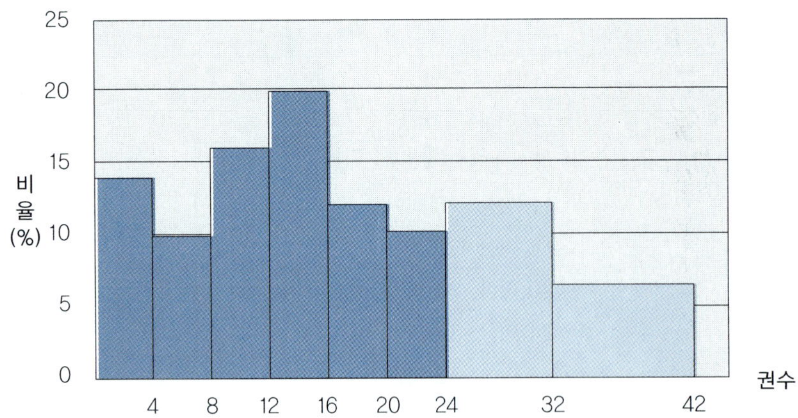

다. 기억을 더듬어보면 처음에 우리가 〈표 2-4〉를 만들면서 이들 구간의 계급 구간을 더 넓게 해 준 이유는 바로 이 구간에 자료가 듬성듬성 있었기 때문이다.

올바로 그린 [그림 2-5]의 히스토그램에서는 24~32구간의 넓이가 20~24구간의 넓이보다 더 넓기 때문에 24~32구간에 속한 전체 자료의 양이 20~24구간의 자료 양보다 더 많다는 것을 확인할 수 있다. 동시에 기준이 되는 단위구간 4권당 속한 자료의 수는 20~24구간에서는 10%이지만, 24~32구간에서는 6%로 20~24구간에 자료가 좀더 빽빽하게 분포하고 있다는 사실을 알려준다. 정리하면, 히스토그램에서 막대의 넓이는 그 구간에 속한 자료의 비중을 나타내고 높이는 단위 구간 당 자료의 비율, 즉 밀도를 나타내는 것이다.

보기 2.4

지일이네의 월소득은 약 279만원이다. 지일이는 자기 마을에서 자신의 가정보다 더 높은 소득을 얻는 집이 얼마나 되는지 알고 싶어 하던 중, 친구 승목이로부터 아래와 같은 자료를 얻었다.

지일이네 마을의 월소득계층별 가구분포

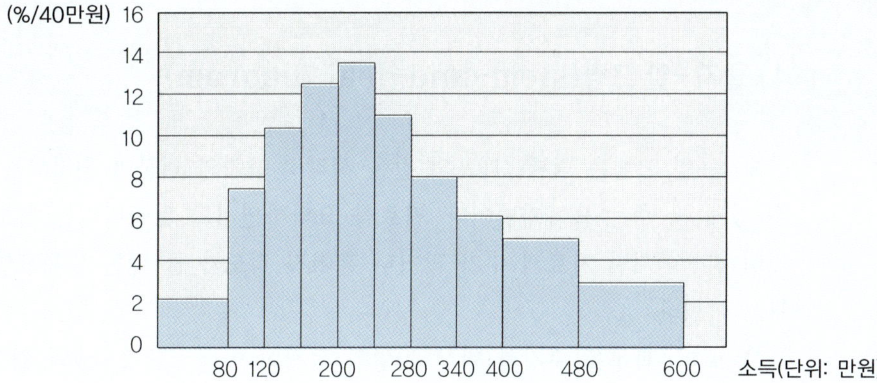

월소득계층별 가구분포

소득(단위: 만원)	비율(%)
80 미만	[illegible]
[illegible]	[illegible]
[illegible]	[illegible]
[illegible]	12.5
200 ~ 240 미만	13.5
240 ~ 280 미만	11

여러분이 보듯이 히스토그램은 잘 그려져 있지만, 불행히도 도수분포표는 심하게 훼손된 상태이다. 승목이는 이 히스토그램을 보여주면서 마을에서 지일이보다 더 높은 소득 계층에 속하는 사람들이 전체의 40%쯤 된다고 말해주었다. 그러나 히스토그램을 어떻게 그리는지 배운 적이 없는 지일이가 보기에는 280만원 이상에 속하는 사람들은 8 + 6 + 5 + 3 = 22%밖에는 되지 않는다. 누구의 계산이 옳은 것일까?

자, 280만원 이상에 속하는 사람들이 얼마나 되는지 알기 위해서는 막대의 높이를 그냥 더해주어서는 안 된다. 밑변의 길이가 바뀌면서 높이도 조정해 주었다는 사실을 잊지 말자. 도수분포표에서 240~280 미만 계급의 상대도수가 11%로 표시되어 있는데, 여기에 해당되는 막대의 높이가 똑같이 11%인 것과 히스토그램의 세로축 단위가 (%/40만원)임을 보고 우리는 기준이 되는 계급의 폭이 40만원이라는 것을 확인할 수 있다. 이제 히스토그램을 그릴 때 높이를 조정해 주었던 과정을 거꾸로 반복하기만 하면 된다. 280~340, 340~400의 구간은 폭이 60이므로 막대의 높이에 1.5를 곱해주어야 그 계급에 속한 자료의 상대도수를 구할 수 있다. 이렇게 계산하면 각각 12%, 9%라는 비율을 얻는다. 마찬가지로 400~480구간의 막대 높이×2 = 10%, 480~600구간의 막대 높이×3= 9%와 같이 계산할 수 있다. 따라서 지일이네보다 높은 소득 계층에 속하는 가구는 12 + 9 + 10 + 9 = 40%, 즉 전체의 40%에 해당한다.

4) 줄기-잎 그림(stem-and-leaf diagram)

줄기-잎 그림은 막대그래프와 같은 시각적 효과와 더불어 원자료를 그대로 볼 수 있게 해 주는 요약기법이다. 자료를 요약하면서도 잃어버리는 정보가 없다는 것이 장점이지만 자료의 수가 많거나 흩어진 정도가 클 때는 일목요연하게 살펴보기 어렵다.

'통계학' 과목을 수강한 학생 30명의 성적이 아래 〈표 2-5〉와 같을 때, 이를 줄기-잎 그림으로 나타낸 것이 [그림 2-7]이다.

[그림 2-7]에서 왼쪽의 색으로 표시된 부분이 줄기이고 오른쪽의 숫자 하나하

[표 2-5] **'통계학' 기말시험성적**

55	32	58	55	69	87
56	30	60	64	70	95
66	35	53	68	75	67
65	45	58	62	78	69
47	40	50	65	83	72

【그림 2-7】 〈표 2-5〉의 줄기-잎 그림

3	0	2	5							
4	0	5	7							
5	0	3	5	5	6	8	8			
6	0	2	4	5	5	6	7	8	9	9
7	0	2	5	8						
8	3	7								
9	5									

나가 하나의 케이스를 나타내는 잎이 된다. 줄기-잎 그림을 그리기 위해서는 우선 관측치의 수치를 자료의 흩어진 정도에 맞게 앞부분과 뒷부분으로 나누어서 앞부분은 줄기 부분에, 뒷부분은 잎 부분에 써 준다. [그림 2-7]의 경우 줄기는 두 자리의 시험 성적 중에서 십의 자리를 떼어 내서 왼쪽에 세로로 순서대로 써 준 것이고, 잎은 일의 자리를 역시 순서대로 나열한 것이다. 예를 들어 [그림 2-7]의 첫째 줄에는 30, 32, 35라는 성적이 정리되어 있다.[5)]

[그림 2-7]을 보면 마치 각 범주별로 빈도수를 나타낸 막대그래프를 옆으로 뉘어놓은 그림 같다. 여러분은 막대그래프에서처럼 한눈에 60점대에 가장 많은 성적이 몰려있다는 것과 90점대에는 한 사람밖에 없다는 것을 알 수 있을 것이다. 줄기-잎 그림에서는 이에 더해서 최하 점수가 30점이고 최고점수가 95점이라는 것도 알 수 있고, 특정 점수의 위치도 정확하게 파악하기가 쉽다.

줄기-잎 그림은 개별 관측값들의 크기를 알 수 있기 때문에 도수분포표나 히스토그램 등 다른 자료요약 방법에 비하여 더 많은 정보를 제공한다. 하지만 이 방법은 자료의 수가 적을 때만 유용하며, 자료 수가 많아지면 적용이 어렵다는 한계가 있다. 생각해 보라. 자료 수가 1,000개가 넘을 때 이를 줄기-잎 그림으로 나타낸다면 어떻겠는가!

5) 도수다각형(Frequency Polygon)

도수다각형은 히스토그램에서 각 계급구간의 막대 상단의 중앙점을 직선으로 연결하여 그린다. 가령 지일이네 마을 히스토그램 위에 도수다각형을 그리면 [그림 2-8]과 같이 된다.

5) 만일 시험 성적이 한자리 수면 어떻게 할까? 이 경우는 줄기에 0을 써 주고, 잎에다 각 점수를 써 주면 된다.

【그림 2-8】 지일이네 마을의 월소득계층별 가구분포의 히스토그램과 도수다각형

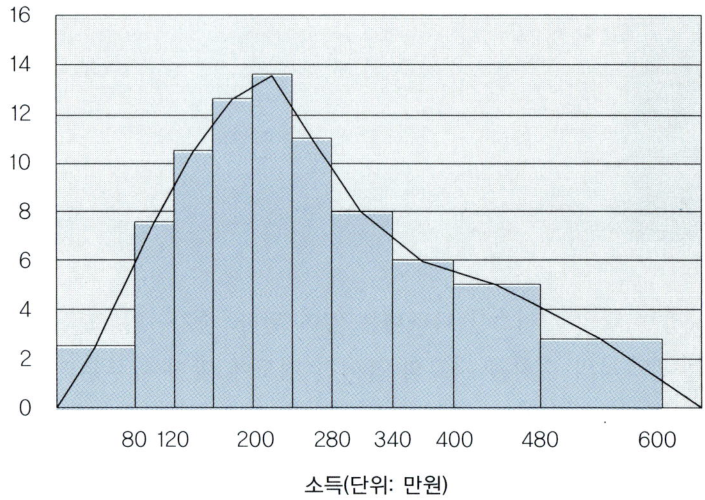

도수다각형은 히스토그램에 비하여 몇 가지 장점을 지닌다. 우선 도수다각형은 여러 개의 자료들을 비교하는 데 유용하다. [그림 2-9]를 보자. A는 지일이네 마을 소득분포 도수다각형을 그대로 가져 온 것이다. B는 다른 마을, 가령 순이네 마을의 소득분포 도수다각형이라고 하자. 두 마을의 소득분포를 중첩해서 히스토그램으

【그림 2-9】 월소득계층별 가구분포

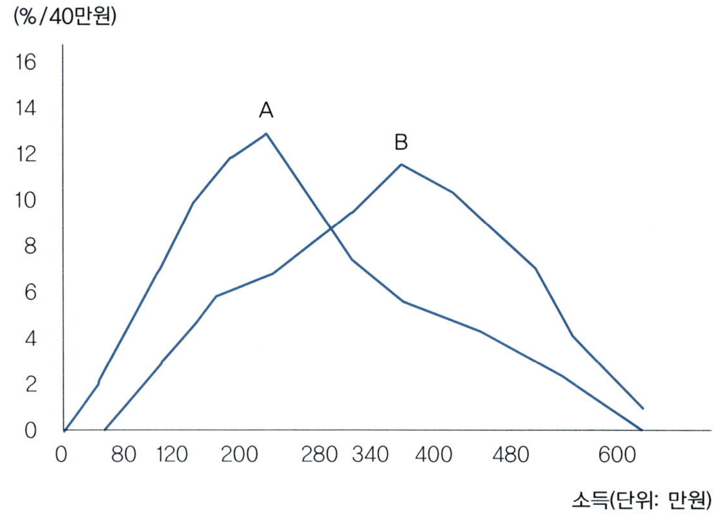

로 그렸다면, 보기에 복잡하고 헷갈릴 것이다. 하지만 도수다각형으로 그리니까 보기에도 깔끔하고, 두 마을 소득분포 차이를 한눈에 파악할 수 있지 않은가!

도수다각형은 이처럼 복수 자료의 비교에 편리할 뿐만 아니라, 하나의 자료만을 본다고 해도 히스토그램에 비하여 자료의 분포 형태를 파악하는 데 더 편리하다. [그림 2-9]의 A하고 보기 2.4의 히스토그램을 비교해 보자. 지일이네 마을 소득분포 형태를 한눈에 알아보기에는 도수다각형으로 나타낸 A가 히스토그램으로 나타낸 것보다 더 편리함을 느낄 것이다.

이처럼 도수다각형은 자료의 분포 형태를 나타내는 데 적합하다. 하지만 자료의 분포 형태를 파악하기 위해서는, 많은 경우에 도수다각형보다는 좀더 부드러운 곡선 형태로 제시하는 방법을 사용한다.

[그림 2-8]에서 도수다각형은 꺾은 선들로 이어져 있다(따라서 꺾은 선 그래프라고 하기도 한다). 하지만 실제로 지일이나 순이네 마을 사람들의 소득 분포가 이처럼 꺾은 선 형태는 아닐 것이다. 다만 도수다각형을 그리는 바탕이 된 히스토그램의 계급 구간이 40만원, 60만원 등과 같이 정해져 있기 때문에 그렇게 나타난 것뿐이다. 만일 계급 구간이 1만원으로 촘촘하다면, 꺾은 선이 훨씬 많아지고, 도수다각형은 좀더 부드러운 모습이 될 것이다. 그리고 이는 실제의 분포 형태를 좀더 잘 반영할 것이다. 즉, 연속형 자료이고 관찰값의 수가 충분하다면, 꺾은 선보다는 부드러운 곡선 형태가 좀더 실제의 분포 형태와 부합한다고 할 수 있다. 이에 따라 자료의 분포 형태를 나타낼 때는 꺾은 선보다는 곡선 형태를 더 많이 사용한다.[6]

또한 곡선 형태로 나타내는 것은 자료 분포 형태를 단순화하여 자료의 특성을

【그림 2-10】 꺾은 선 및 곡선 형태로 나타낸 자료의 분포

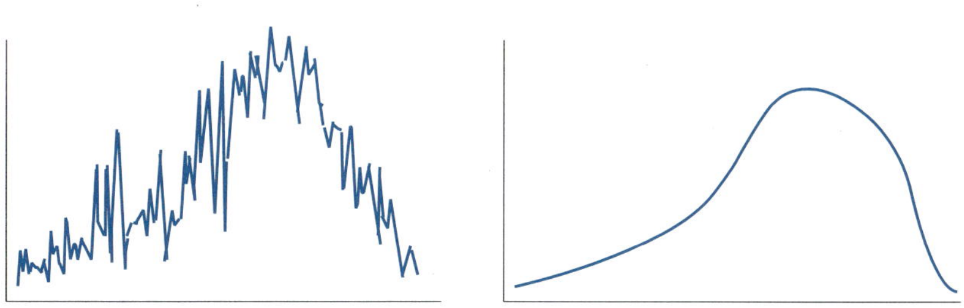

6) 도수다각형, 즉 꺾은 선은 이산형 자료의 경우에도 사용될 수 있다. 그러나 곡선형태는 연속형 자료에만 사용하는 것이 원칙이다.

좀더 일목요연하게 제시하려는 목적으로도 사용된다. [그림 2-10]의 왼쪽과 오른쪽을 비교해 보자. 왼쪽은 계급 구간을 촘촘하게 잡은 도수다각형이고 오른쪽은 곡선 형태로 나타낸 것이다. 더 설명할 필요도 없이, 오른쪽이 왼쪽보다 자료의 개괄적인 특성을 보다 쉽게 파악할 수 있다.

4. 그림에 의한 다양한 표현 방법들

지금까지 도표를 통한 자료 요약 방법에 대하여 설명하였다. 이들은 가장 기본적인 것들이며, 실제의 도표를 통한 자료의 요약 제시에는 이들을 응용한 다양한 형태의 도표들이 사용된다. 이하에서는 이러한 도표들에는 어떤 것들이 있는가를 알아보자.

다양한 도표들의 예는 2004년도와 2005년도에 출제된 PSAT 문제를 중심으로 구성하였다.

1) 복수의 자료집단 간의 비교

앞에서 히스토그램에 대한 도수다각형의 장점으로서 자료집단 간의 비교가 용이하다는 것을 들었다. 도표를 통한 자료의 요약 제시에서는 자료집단 간의 비교를 하는 경우가 흔하다. 이에 따라 도수다각형이 널리 쓰인다. 그런데 이산형 자료의 경우에는 도수다각형 이외에 막대그래프나, 방사형 도표 등도 널리 쓰인다. 그리고 때로는 막대그래프와 꺾은 선 그래프를 혼합하여 사용하기도 한다. 이제 복수의 자료집단 간의 비교에 사용되는 다양한 형태의 그래프들을 보기로 하자.

복수의 자료집단 간의 비교라는 것은 집단 내의 비교와 집단 간의 비교가 동시에 이루어짐을 의미한다. 구체적인 도표의 형태는 자료의 형태, 비교의 목적에 따라 달라진다. 중요한 것은 가능하면 알기 쉬운, 이해하기 편리한 형태로 제시하는 것이다.

(1) 혼합 도수다각형 그림

혼합 도수다각형 그림은 [그림 2-11]과 같이 서로 연관된, 그러나 다른 통계를 나타내는 복수의 도수다각형을 하나의 그래프로 제시한 것이다. 이 경우 각각의 통계들을 구분하기 위하여 각 꼭지점마다 서로 다른 표시를 하거나, 컬러인 경우는 색깔을 달리 하기도 한다.

【그림 2-11】 저축률과 투자율 추이

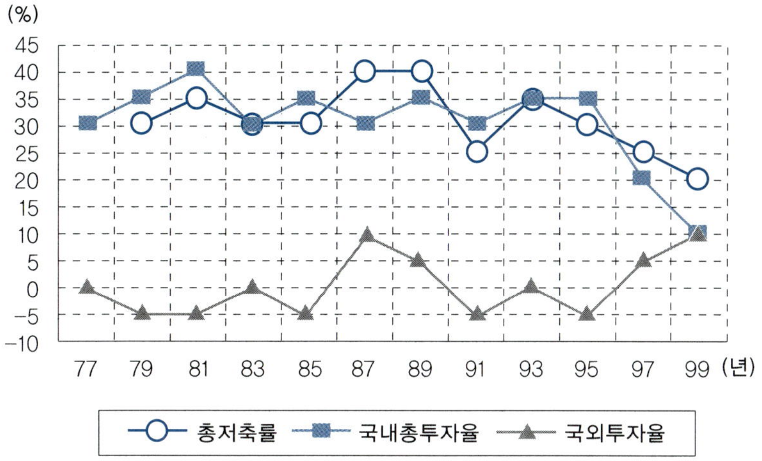

• 총저축률 = (총저축/국민총처분가능소득)×100
• 국내총투자율 = (국내총투자/국민총처분가능소득)×100
• 국외투자율 = (국외투자/국민총처분가능소득)×100
• 총투자율 = (총투자/국민총처분가능소득)×100 = 국내총투자율 + 국외투자율

(2) 방사형 도표

방사형 도표는 복수의 대상(통상 2개) 간에 여러 항목을 비교할 때, 어떤 항목의 격차가 더 큰가(혹은 작은가)를 쉽게 파악할 수 있게 해 준다. 가령, [그림 2-12]를 보면 통신부분은 우리나라가 미국에 비하여 더 발전하였으며, 타 부문에 비

【그림 2-12】 1999년 한국과 미국의 정보화 관련 지수 비교

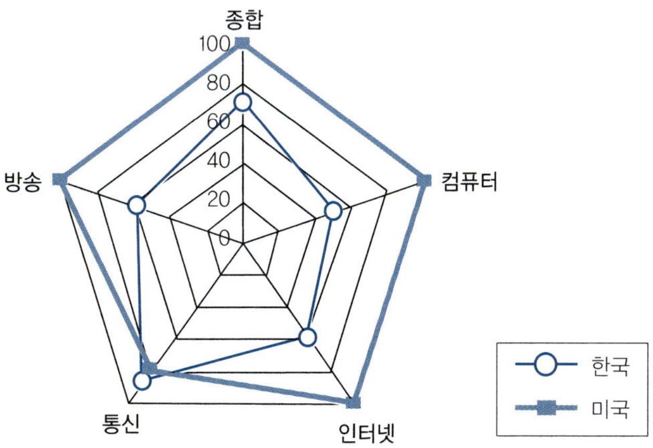

【그림 2-13】 우리나라의 부문별 정보화 국제 순위 추이

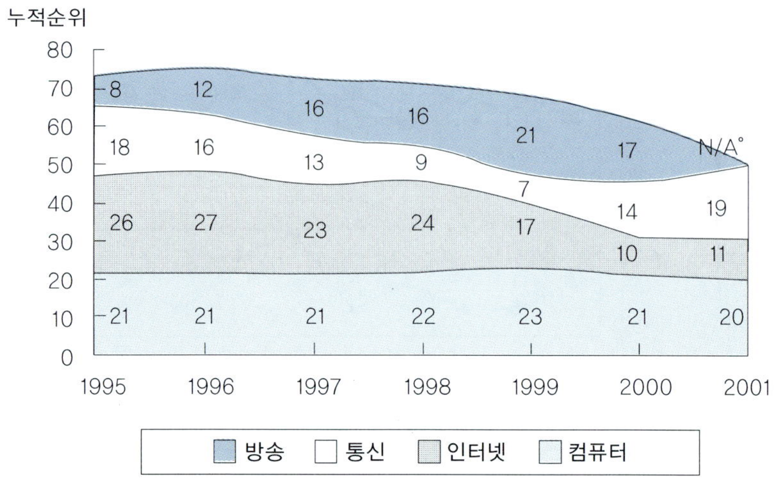

• 방송의 경우 2001년2도에 발표된 순위자료가 없음.
• 숫자는 국제 순위를 나타냄.

하여 컴퓨터 부문의 한-미 격차가 더 크다는 것을 알 수 있다.

(3) 누적면적도표

누적면적도표는 어떤 대항목을 구성하는 하위항목의 특성값(비중, 순위 등)이 시기나 장소 등에 따라 어떻게 변화하는가를 서로 비교하는 데 편리한 도표이다. [그림 2-13]의 경우는 방송, 통신, 인터넷, 컴퓨터 분야의 정보화 순위가 1995~2001년 기간 동안 어떻게 변화해 왔는가를 보여 준다. 길이가 짧을수록 순위가 높은 것(좋은 것)이 된다. 전체 높이가 최근으로 올수록 낮아지므로 전체적인 순위는 올라가고 있음을 알 수 있다. 그리고 분야별로는 인터넷 분야의 순위가 타 분야에 비하여 상대적으로 더 상승하였음을 알 수 있다.

2) 기타 유형

(1) 혼합 막대그래프

이에 대해서는 긴 설명이 필요치 않을 것이다. 그냥 도표만 봐도 무엇을 나타내는지 쉽게 알 수 있을 것이다. [그림 2-14]는 한국과 다른 나라의 분야별 정보화 지표의 증가율을 비교하기 위하여 혼합 막대그래프를 사용하였다.

【그림 2-14】 정보화 지표의 증가율 비교(1999년 대비 2000년)

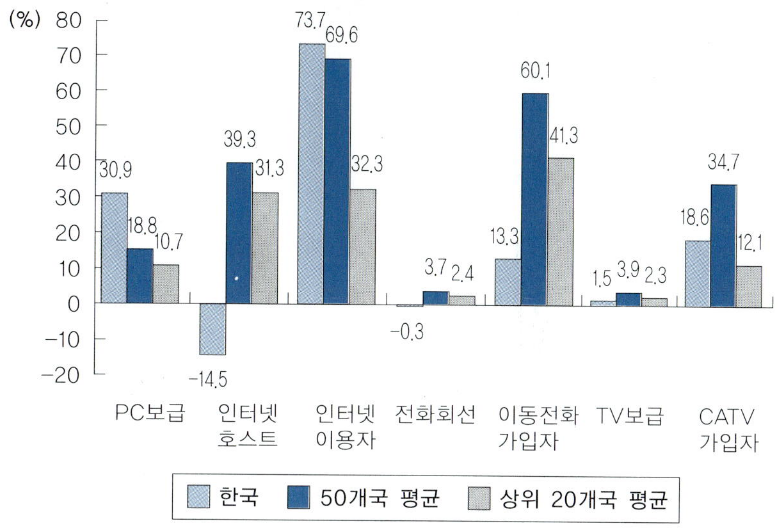

(2) 혼합 꺾은 선-막대그래프

때로는 [그림 2-15]와 같이 꺾은 선과 막대그래프가 혼합되어서 하나의 도표로 제시되기도 한다. 이 경우는 꺾은 선과 막대그래프들이 서로 다른 통계 유형을 제

【그림 2-15】 성별 출생아 수 및 성비

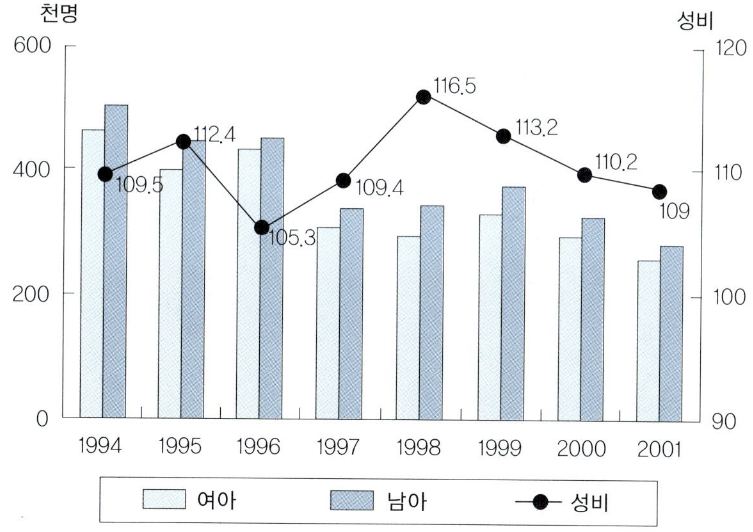

시하는 경우가 많다. 항목만 다른 동일한 통계 유형을 제시한다면 구태여 복잡하게 서로 다른 그래프를 사용할 실익이 별로 없을 것이다. 이 그림에서는 막대그래프는 남아와 여아의 출생아 수를 나타내며, 꺾은 선은 이로부터 계산한 성비를 제시하고 있다.

(3) 산점도

지금까지는 하나의 변수에 대한 통계량(규모, 비율, 지수, 순위 등)을 다양한 도표로 제시하는 경우를 보았다. 이에 비하여 아래에 제시된 산점도는 두 개의 변수에 대한 통계량을 제시하고 있다.

[그림 2-16]은 5개 국가에 대하여 인터넷이용자비율과 인터넷뱅킹이용자비율이라는 두 변수의 통계값을 보여 준다. 그림에서 C국가는 인터넷이용자비율과 인터넷뱅킹이용자비율이 모두 높은 데 비하여 다른 네 국가 사이에는 하나의 비율이 높으면 다른 하나의 비율이 상대적으로 낮은 경향을 보여 주고 있다(사실 인터넷이용자비율과 인터넷뱅킹이용자비율 사이에 역의 관계가 존재하지는 않을 것이다. 이는 단지 가상 사례이다!). 이처럼 산점도는 각 사례(자료)에 대한 두 변수값(통계값)을 동시에 보여 주기 때문에, 각 사례들의 두 변수값 자체를 파악하는 것 이외에, 두 변수 간에 어떤 관계가 있는가를 파악하는 데도 유용하게 사용된다.

【그림 2-16】 여러국가의 인터넷 활용 비율 비교

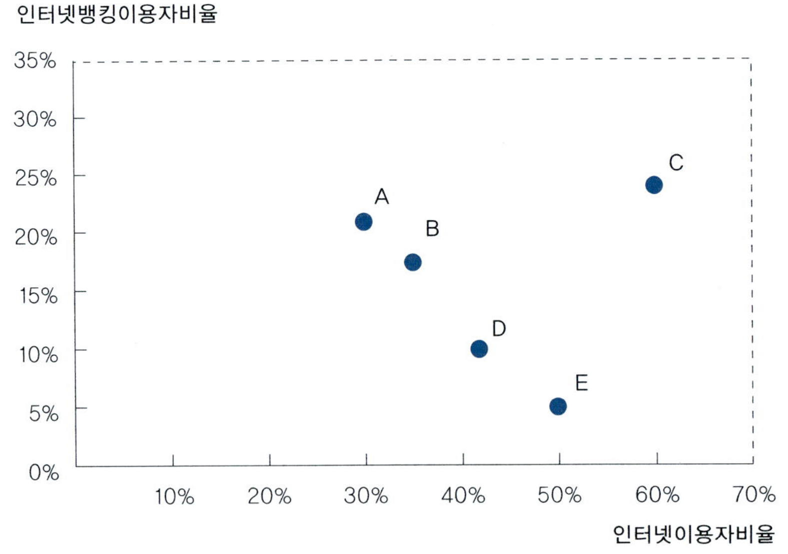

【그림 2-17】 동 · 읍 · 면별 평균 초혼 연령의 분포

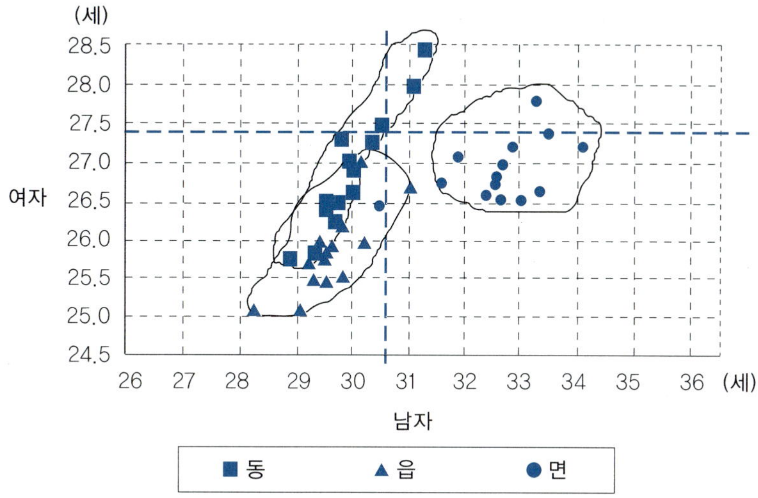

• ■, ▲, ● 기호는 행정구역으로 구분된 동 · 읍 · 면 중 하나를 나타냄.
• 점선은 전국 남녀 평균 초혼 연령을 나타냄.
• 단위구간은 여자의 경우 0.5세, 남자의 경우 1.0세임.

[그림 2-17]은 동, 읍, 면들의 남자와 여자의 평균 초혼연령을 보여 주고 있다. 필자가 이 산점도를 봤을 때 우선 눈에 띄는 현상들은 다음과 같은 것들이다. ① 남자의 초혼연령은 면이 가장 높다. ② 여자의 초혼연령은 동별로는 많은 차이가 있으나 면에 따라서는 상대적으로 차이가 적다. ③ 동과 읍의 경우는 남자와 여자의 평균초혼연령이 대체로 정비례하는 관계가 있지만, 면의 경우는 일정한 비례 관계가 있다고 보기 어렵다. 그 밖에도 좀더 찬찬히 살펴보면 여러 가지 정보를 얻을 수 있을 것이다. 어떤가? 산점도라는 것이 다양한 정보를 보여 주는 데 상당히 유용하지 않은가?

(4) 시도표(time plot)

시계열자료(time series data)는 연도별, 분기별, 월별과 같이 시간의 흐름에 따라 관측된 자료를 말한다. 그리고 이와 같이 관측시간의 흐름에 따라 관측값을 그린 것을 시도표(time plot)라고 한다.[7]

종합주가지수, 물가지수, 국민총생산, 환율, 강우량 등 다양한 경제사회자연 현

7) 이 부분의 설명은 김기영 외, 통계적 탐구(2002), 169-171을 참고한 것이다.

【그림 2-18】 근로자 가구당 분기별 평균 전기요금 현황

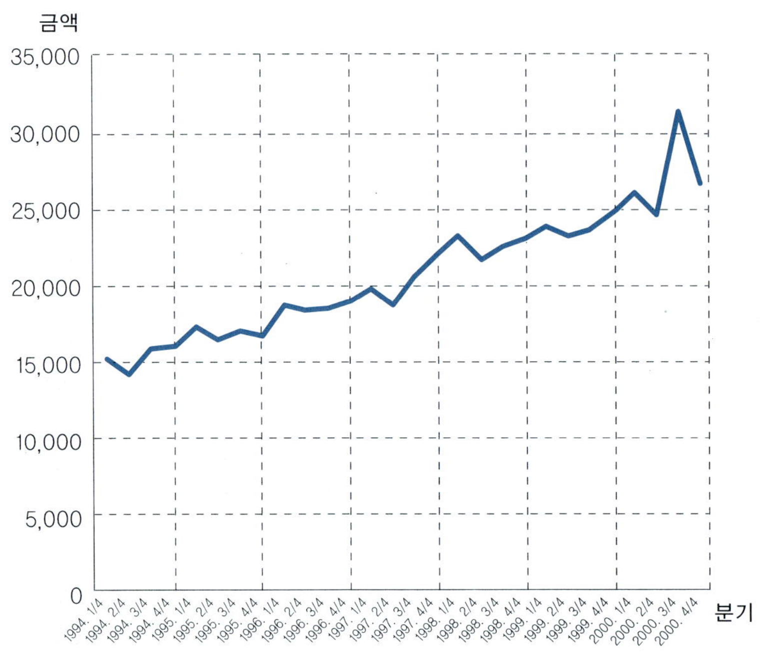

상의 경우, 어느 한 시점에서 관측된 값은 그 이전까지 이루어진 경과에 의존하게 된다. 따라서 과거 자료들을 분석하면, 이로부터 어떤 경향을 파악할 수 있고 미래에 대한 예측도 가능해 진다.

일단 사례를 보면서 설명하도록 하자.

[그림 2-18]은 1994년 1월부터 2000년 12월까지 근로자 가구당 분기별 평균 전기요금 현황을 분기별로 나타낸 시도표(time plot)이다.[8] 이 그림을 보면 평균 전기요금이 시간에 따라 일정한 경향을 보임을 알 수 있다. 어떤 경향을 발견할 수 있을까?

일단 1994년부터 2000년까지 7년간의 기간으로 본다면 평균 전기요금 규모는 증가하는 추세임을 알 수 있다. 그리고 1년씩 끊어서 본다면, 분기별로 일정한 증감 추세를 볼 수 있다. 대체적으로 2분기에는 1분기에 비해 전기요금이 줄어들었다가 3분기, 4분기, 다음해 1분기로 갈수록 늘어나는 추세이다.

이처럼 시계열 자료를 시도표로 나타내면 관측값들이 보이는 일정한 경향들을

8) 통계청 홈페이지(http://kosis.nso.go.kr)에 제시된 시계열데이터를 그래프로 나타낸 것임.

발견할 수 있는데, 이러한 경향에는 일반적으로 계절변동(seasonal variation), 추세(trend), 순환변동(cycle variation) 등이 있다.

• **계절변동(seasonal variation)**

이는 일 년 내에 보다 짧은 기간을 주기로 반복되는 규칙적인 변화를 말한다. [그림 2－18]에서 일 년 내에 분기별로 순환하는 것이 그 예이다. 계절상품(아이스크림, 수영복, 찐빵 등등) 등과 같이 자료의 특성상 시기별로 증감이 뚜렷한 것들에서 발견할 수 있다.

• **추세(trend)**

이는 장기간에 걸쳐 점진적으로 상승 또는 하강하는 경향을 나타낸다. 연도별 GDP의 변화, 고령화 추세 등이 그 예이다. [그림 2－18]에서 7년 동안 전기요금 액수가 상승하는 경향을 갖는 것이 이러한 추세에 해당하겠다.

• **순환변동(cycle variation)**

이는 경기순환(business cycle)에 따라 일정 기간에 상승과 하락을 반복하는 주기적인 변동을 나타낸다. 순환의 주기가 몇 년인가에 대한 정해진 것은 없다. 자료에 따라서 3~4년부터 9~10년까지 다양할 수 있다. 물론 순환변동이 없는 경우도 많다.

지금까지 설명한 계절변동, 순환변동, 추세는 규칙적인 변화를 보여 준다. 그런데 시계열자료에서 개개의 관측값에는 이러한 규칙적인 변화로는 설명하기 어려운 변동이 있다. 가령 갑자기 자연재해나 IMF 경제위기 때와 같은 돌발적인(!) 상황이 발생할 수도 있고, 그 밖에도 명확히 설명하기 어려운 요인에 의하여 변동이 발생할 수 있다. 이러한 변동들을 뭉뚱그려서 불규칙변동(irregular variation)이라고 한다.

통상의 시계열자료는 2~3개의 규칙적인 변화 및 불규칙변동을 갖고 있다. 어떤 시계열자료의 계절변동은 어떤 특성을 갖고 있고, 순환변동은 어떤 모습이고, 장기적인 추세는 무엇인가를 파악하는 것은 해당 시계열자료의 특성을 이해하고, 미래의 변화를 예측하는 데 중요할 것이다. 그런데 각 관측값에는 다양한 규칙적 · 불규칙적 변동들이 모두 포함되어 있기 때문에, 각각을 분리하는 것이 그리 쉬운 것은 아니다. 이러한 방법에 대해서 알고 싶은 독자는 시계열분석에 대한 교과서를 참조하기 바란다.

보기 2.5

앞에서 살펴 본 산점도는 X축과 Y축으로 이루어진 평면상에 개별 사례값들을 점으로 찍음으로써, 두 변수 간에 어떤 관계가 있는가를 실증적으로 파악하고 있다. 이에 비하여 실제 관찰값을 사용하지 않고, 단지 두 변수 간의 이론적인 관계를 평면상에 나타내는 경우도 흔하다. 경제학 교과서에서 제시되는 수요 · 공급곡선이라든가 무차별곡선 등이 이에 해당한다. 이 경우도 해석은 산점도와 유사하다. 즉, 이 곡선들은 무수히 많은 사례값(점)들로 이루어진 것으로 간주할 수 있으며, 단지 실제값이 아닌 이론값이기 때문에 매끈한 곡선으로 연결되어 있을 뿐이다. 실제 관찰값을 이용하여 그린다면 이론값으로 이루어진 곡선과 유사한 추세를 보이면서 그 주변에 불규칙한 변동을 포함하여 분포하고 있을 것이다.

PSAT의 자료해석에서는 실제 관찰값을 이용한 그림뿐만 아니라 이론적인 관계를 나타내는 그림도 출제된다. 따라서 이러한 이론 그림의 해석에 익숙해지는 것도 필요한데, 이를 위해서는 경제원론에 등장하는 각종 이론 그림들의 의미를 이해하는 것이 좋은 방법이 될 수 있다. 참고로 아래의 그림은 '05년도 PSAT에 출제되었던 그림이다.

【그림 2-19】 각 공정 개선비용과 수율

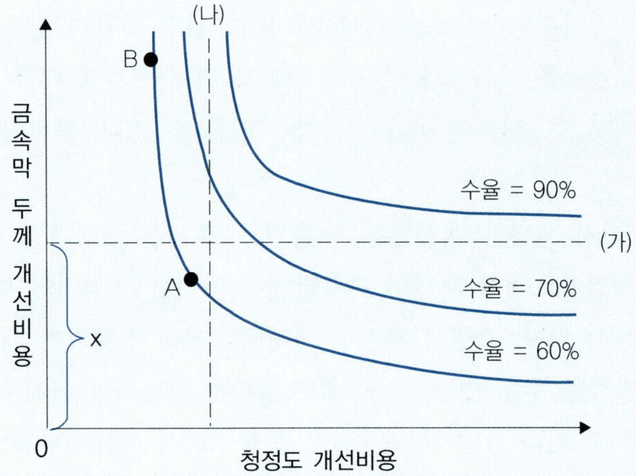

• 이 그림은 반도체 공정에서 금속막 두께 및 생산라인 청정도 개선에 따른 수율(제조공정에서 정품이 생산되는 비율)변화를 나타낸다. 가로축과 세로축은 각각 청정도 및 금속막 두께 개선비용을 나타내며, 가로축과 세로축 상의 같은 거리는 동일한 비용을 의미한다. 0점(원점)은 수율이 50%인 현재의 공정상태를 나타내며, 점선 (가)와 (나)는 '수율 = 90%' 곡선과 만나지 않는다.

이 그림은 경제원론 교과서에 제시되어 있는 등생산량 곡선의 유추에 해당한다. 두께 개선과 청정도 개선이라는 두 변수에 대한 투입의 증가가 수율상승이라는 품질 향상을 가져 오는 것을 보여준다. 일반적인 등생산량 곡선과 마찬가지로 이 곡선도 ①우하향, ②원점에서 멀수록 더 높은 품질, ③다른 곡선과 교차 안함, ④원점에 대하여 볼록 등의 특징을 갖고 있음을 알 수 있다.

기 • 출 • 예 • 제

01 { 06 행 · 외시 } 다음은 각 국가들이 동일한 총생산량을 산출하기 위해 투입한 노동량과 자본량을 그림으로 나타낸 것이다. 총생산량, 노동량 및 자본량은 달러 단위로 환산한 것이다. 다음 [그림]에 대한 해석으로 옳지 않은 것은?

자본투입량과 노동투입량

1) 자본생산성 = $\frac{\text{총생산량}}{\text{자본투입량}}$

2) 노동생산성 = $\frac{\text{총생산량}}{\text{노동투입량}}$

3) 한 국가가 다른 국가보다 생산성이 높다는 것은 자본생산성과 노동생산성이 모두 높은 경우를 의미함.

① A국은 B국보다 생산성이 높다.
② A국은 C국보다 자본생산성이 높다.
③ 노동생산성이 가장 낮은 국가는 E국이다.
④ B국과 C국 가운데 어느 국가가 생산성이 더 높은지 알 수 없다.
⑤ 생산성이 가장 낮은 국가는 E국이고, 가장 높은 국가는 A국이다.

02 { 06 행 · 외시 } 다음 [그림]은 각 산업의 부가가치율, 연구개발투자율 및 연구개발투자규모를 나타낸 그래프이다. | 보기 |의 설명 중 옳은 것을 모두 고르면?(단, 원의 크기와 숫자는 연구개발투자규모를 나타내며 숫자 단위는 10억원임)

산업별 연구개발투자규모

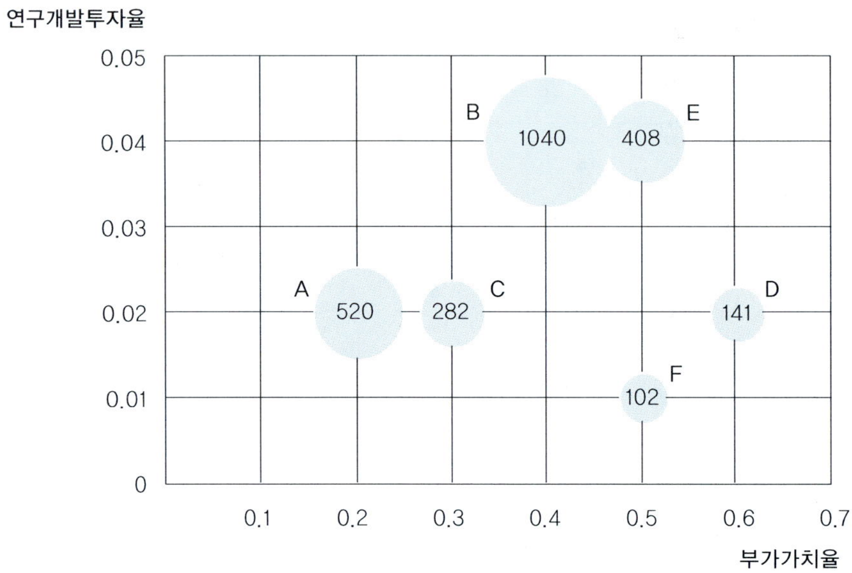

1) $\text{부가가치율} = \dfrac{\text{부가가치}}{\text{매출액}}$

2) $\text{연구개발투자율} = \dfrac{\text{연구개발투자규모}}{\text{매출액}}$

보 기

ㄱ. A산업보다 B산업의 부가가치가 더 크다.
ㄴ. C산업의 매출액보다 D산업의 매출액이 작으나, 부가가치는 D산업이 C산업보다 더 크다.
ㄷ. E산업과 F산업의 부가가치는 서로 동일하다.
ㄹ. C산업의 연구개발투자규모가 520으로 증가하여 A산업과 같아진다면, A산업과 C산업의 부가가치가 서로 동일해진다.

① ㄱ, ㄴ ② ㄱ, ㄷ ③ ㄴ, ㄷ ④ ㄷ, ㄹ ⑤ ㄱ, ㄷ, ㄹ

03 { 06 행 · 외시 } 다음은 유비쿼터스 사회 발전 현황에 대한 보고서의 일부이다. 〈보고서〉의 내용을 작성하는데 직접적인 근거로 활용되지 않은 자료는?

〈 보고서 〉

한국은 경제가 빠르게 발전하면서 2000년대 들어 인구 100명당 초고속 인터넷 이용자수가 세계에서 가장 많은 국가가 되었다. 또한 1999년에 한국의 이동전화 가입자수는 유선전화 가입자수를 추월하여 2005년 현재 전 인구의 3/4이 이동전화를 사용하고 있다. 2000년 이후 전 세계적으로도 이동전화 가입자수가 급속히 증가하여, 현재는 많은 국가에서 이동전화 가입자수가 유선전화 가입자수를 추월하였다.

이동전화로 시작된 모바일 통신서비스혁명은 단말기 한 대로 세계 어느 곳에서도 통화가 가능한 시대를 열어놓고 있다. 또한 무선인터넷 이용도 점차 일상화되고 있으며, 전체 인터넷 이용률에서 차지하는 비중도 2004년 12월 22.7%에서 2005년 6월 27.9%로 증가하였다. 경제활동 분야에서는 특히 금융거래의 온라인화 및 전자상거래의 약진이 돋보이는데, 1977년에 도입된 인터넷뱅킹의 비중이 2005년 들어 창구서비스 비중에 육박할 정도로 성장하였다.

① 국내 인터넷 이용자 현황

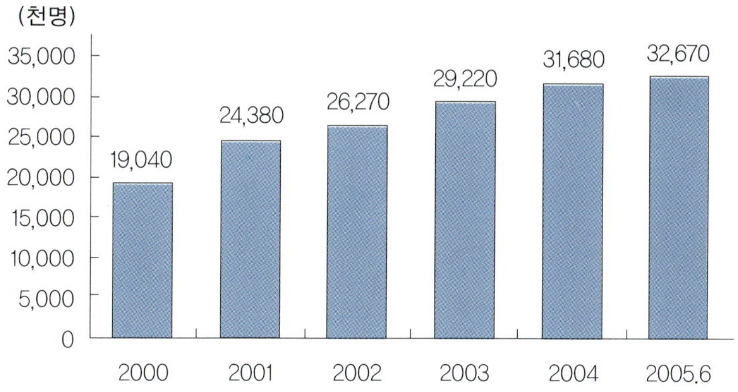

② 국내 금융 서비스 채널별 업무처리 비중의 변화

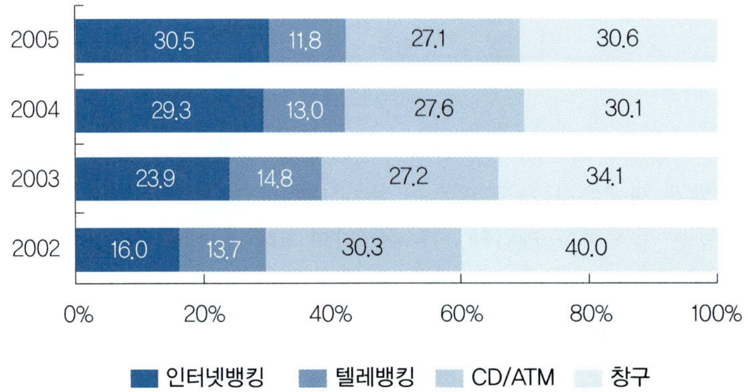

③ 국내 무선인터넷 이용률의 증가

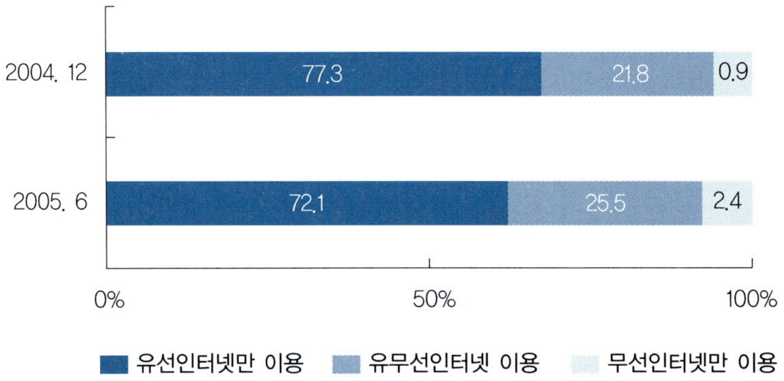

④ 이동전화의 DTJS전화 가입자수 추월시점

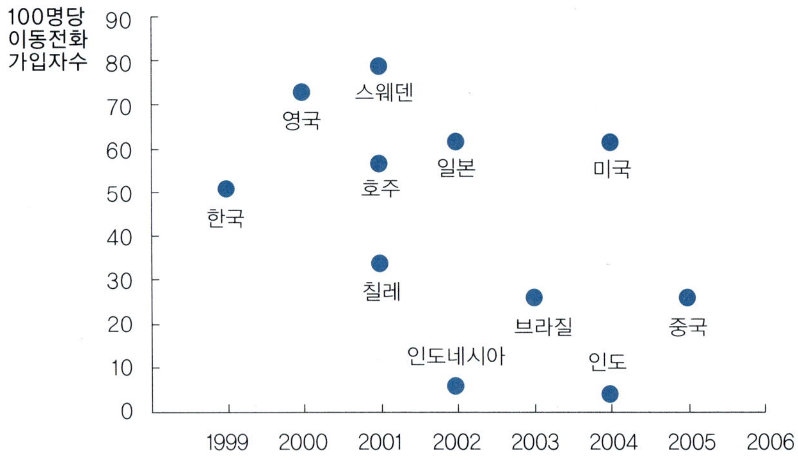

⑤ 한 · 미 · 일 100명당 초고속 인터넷 이용자수 비교

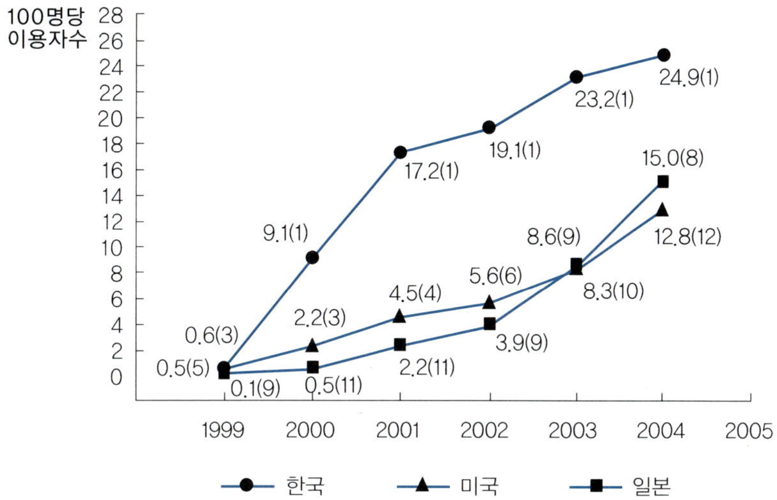

※ (　)안의 숫자는 세계순위임.

04 { 06 행 · 외시 } 정부는 낙도(落島) 보조항로를 지정하여 그 항로를 운행하는 사업자에 대하여 보조금을 지급하고 있다. 다음 〈표〉와 [그림]은 낙도 보조항로를 운행하는 선박에 대한 통계 자료이다. 이 자료에 대한 | 보기 |의 설명 중 옳은 것을 모두 고르면?

2004년도 지역별 낙도 보조항로 현황

구분 / 지역	선박수(척)	총선박톤수(톤)	총취항거리(마일)	수송인원 일인당 보조금액(원)	수송인원(명)
인 천	3	221	80	161	41,489
대 산	4	182	25	139	49,766
군 산	4	438	80	160	70,136
목 포	12	1,271	500	266	109,369
여 수	1	51	20	250	678
마 산	4	218	80	73	70,923
제 주	1	36	10	51	31,524
전국합계	29	2,417	795	–	373,885

연도별 낙도 보조항로 총수송인원 변화추이

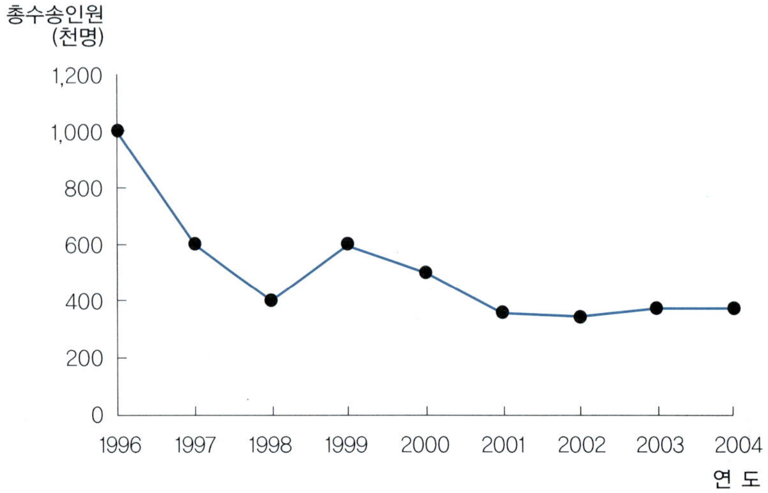

보 기

ㄱ. 낙도 보조항로를 운행하는 선박 중에서 인천 지역 선박들의 평균 선박톤수는 대산 지역이나 마산 지역보다 크지만 전국 평균보다는 작다.

ㄴ. 수송인원 일인당 보조금액이 가장 적은 지역은 수송인원 일인당 취항거리도 가장 짧다.

ㄷ. 전년대비 가장 큰 비율로 총수송인원이 변한 때는 1997년이다.

ㄹ. 1999년 각 지역별 수송인원의 비율이 2004년과 동일했다면 1999년 마산 지역 수송인원은 10만 명 이상이었을 것이다.

① ㄱ, ㄴ　② ㄷ, ㄹ　③ ㄱ, ㄴ, ㄷ　④ ㄱ, ㄴ, ㄹ　⑤ ㄴ, ㄷ, ㄹ

05 {06 행·외시} 다음 〈표〉는 시도별 지가변동률과 순전입인구 및 주택건설실적 관련 자료이다. 이에 대한 설명으로 | 보기 | 중 옳지 않은 것을 모두 고르면?

〈표 1〉 시도별 지가변동률

(단위: %)

구 분	1996	1997	1998	1999	2000	2001	2002
전 국	0.95	0.31	−13.60	2.94	0.67	1.32	8.98
서 울	0.94	0.29	−16.25	2.66	0.05	1.89	15.81
부 산	0.40	−0.90	−16.52	1.24	−0.53	0.49	3.28
인 천	0.78	0.28	−13.79	3.51	1.07	1.77	11.51
광 주	1.16	0.67	−10.25	1.30	−0.31	−0.37	1.03
경기도	1.20	1.65	−14.65	4.52	1.92	1.91	13.06

※ 지가변동률은 전년대비임.

〈표 2〉 시도별 순전입인구

(단위: 명)

구 분	1996	1997	1998	1999	2000	2001	2002
서 울	−211,237	−178,319	−134,013	−81,122	−46,939	−113,949	−106,421
부 산	−47,245	−44,437	−40,921	−33,357	−43,694	−41,188	−49,442
인 천	12,338	27,040	20,811	1,810	13,165	1,117	230
광 주	90	7,425	2,513	2,853	−14	−121	4,355
경기도	252,669	213,748	122,488	174,134	184,026	248,947	315,782

※ 순전입인구 = 전입자 − 전출자

〈표 3〉 시도별 주택건설실적

(단위: 호)

구 분	1996	1997	1998	1999	2000	2001	2002
전 국	592,132	596,435	306,031	404,715	433,488	529,854	666,541
서 울	104,801	70,446	28,994	61,460	96,936	116,590	159,767
부 산	42,600	35,468	21,125	17,319	21,603	38,580	66,400
인 천	27,232	19,671	9,042	9,253	20,471	54,547	55,008
광 주	16,920	28,311	7,113	6,777	7,935	9,582	20,835
경기도	139,894	139,253	110,633	166,741	123,578	133,259	141,473

보 기

ㄱ. 서울의 지가변동률은 전국의 지가변동률보다 매년 낮았다.
ㄴ. 2000년 이후 서울, 부산, 인천, 광주, 경기도의 지가는 매년 상승하였다.
ㄷ. 1996년부터 2002년까지 서울, 부산, 인천, 광주, 경기도의 연도별 순전입인구의 합은 항상 0보다 컸다.
ㄹ. 1999년 이후 경기도의 순전입인구당 주택건설실적은 지속적으로 감소하고 있다.

① ㄱ　② ㄴ　③ ㄱ, ㄴ　④ ㄱ, ㄴ, ㄷ　⑤ ㄴ, ㄷ, ㄹ

06 {06 입법고시} 다음 〈표〉는 통계청에서 발표한 1995년부터 2004년까지의 자살로 인한 사망자수와 질병으로 인한 사망자수를 나타낸 통계 자료이다. 이 〈표〉에 대한 해석으로 옳은 것을 | 보기 |에서 모두 고르면?(단, 사망자수의 단위는 명이며, 사망률은 5세 이상 인구 10만명당 평균 사망자수를 나타낸다.)

시 점	자 살		질 병	
	사망자수	사망률	사망자수	사망률
1995	4,840	11.8	34,132	75.4
1996	5,856	14.1	34,368	75.1
1997	6,022	14.1	32,459	70.5
1998	8,569	19.9	32,011	68.9
1999	7,075	16.1	29,947	63.5
2000	6,460	14.6	28,874	60.7
2001	6,933	15.5	28,736	60.0
2002	8,631	19.1	28,834	59.9
2003	10,932	24.0	31,558	65.3
2004	11,523	25.2	30,567	63.0

보 기

ㄱ. 자살로 인한 사망자수는 1998년까지 증가하였다가 이후 감소하였지만 2001년부터 다시 증가 추세에 있다.
ㄴ. 자살이나 질병으로 인한 사망 추세에 대한 분석은 인구 증가율과 함께 고려되어야 하지만 〈표〉의 자료는 인구 증가율을 함께 고려하고 있지 않으므로 "ㄱ"의 주장은 왜곡될 가능성이 있다.
ㄷ. 질병으로 인한 사망률은 1995년 이후 감소하다가 2003년에 증가하였다.
ㄹ. 2001년과 비교하여 2002년의 질병으로 인한 사망에서 사망자의 수는 증가하였으나 사망률이 감소한 원인은 5세 이상 인구의 증가로 인한 것이다.

① ㄱ, ㄷ ② ㄴ, ㄷ ③ ㄱ, ㄴ, ㄷ ④ ㄱ, ㄷ, ㄹ ⑤ ㄴ, ㄷ, ㄹ

07 { 06 입법고시 } 다음 [그림]은 최근 국제유가상승이 우리나라의 주요산업별 산업간 연관계수지표(영향력계수와 감응도계수)의 변화에 미친 영향을 나타낸 것이다. 이에 대한 분석 중 적절하지 않은 것을 | 보기 |에서 모두 고르면?

최근 국제유가 10%상승의 산업간 연관계수 조정효과

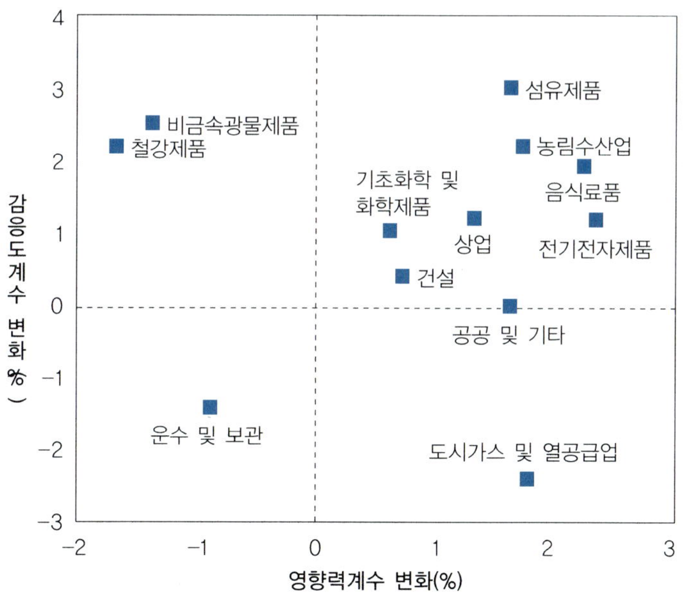

1) 영향력계수는 어떤 산업에 대하여 수요 1단위가 발생할 때 전 산업부문에 미치는 영향을 나타낸 계수로 어떤 특정 산업이 다른 산업의 생산물을 중간재로서 얼마나 수요하느냐의 정도를 의미하며 후방연쇄효과라고도 한다.
2) 이에 비하여 감응도계수는 어떤 특정 산업의 생산물이 타 산업에 얼마만큼 판매되느냐를 계수로 나타낸 것으로 전방연쇄효과라고도 한다. 감응도계수가 높다는 것은 다른 산업의 중간재로 많이 사용됨을 뜻하므로 여러 산업에 미치는 파급효과가 크다는 것을 의미한다.

보 기

ㄱ. 최근의 유가상승은 우리나라 공공 및 기타 산업부문의 전방연쇄효과에는 거의 영향을 미치지 않은 반면, 후방연쇄효과에는 약 6.1%의 유의한 효과를 미쳤다.
ㄴ. 도시가스 및 열공급업의 경우 철강제품이나 비금속광물제품 산업부문과 비교하여 볼 때 유가상승에 따른 효과가 감응도계수 변화와 영향력계수 변화에 있어서 서로 상반되게 나타났다.
ㄷ. 음식료품 산업의 경우 우리나라 산업 중 영향력계수와 감응도계수 자체가 상당히 큰 그룹에 속하는 것으로 나타나고 있다.
ㄹ. 유가상승으로 운수 및 보관 산업의 전 · 후방연쇄효과가 모두 약화되는 것으로 평가된다.
ㅁ. 전기전자제품은 철강제품과 더불어 후방연쇄효과의 변화가 큰 산업으로 분류할 수 있다.

① ㄱ ② ㄱ, ㄷ ③ ㄱ, ㄹ ④ ㄴ, ㅁ ⑤ ㄱ, ㄷ, ㅁ

08 { 05년 모의평가 } 다음 [그림]은 특허청에서 제공한 특정분야의 연도별 출원인에 대한 출원동향 자료이다. 다음 [그림]에 대한 분석 중 옳은 것을 | 보기 |에서 모두 고르면?

연도별 출원일별 출원동향

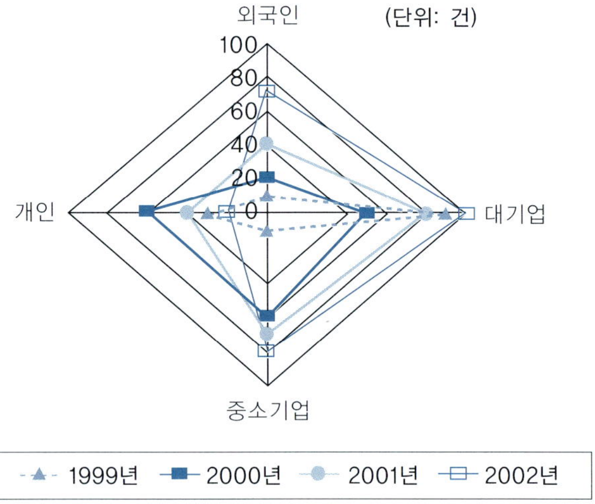

보 기

ㄱ. 전체 출원건수는 2000년에 가장 적었다.
ㄴ. 중소기업의 출원건수는 1999년부터 2002년까지 계속 증가하고 있다.
ㄷ. 1999년부터 2002년까지의 출원건수 총합은 대기업이 가장 많았다.
ㄹ. 2001년에는 외국인과 개인의 출원건수가 가장 적었고, 중소기업의 출원건수가 가장 많았다.

① ㄱ, ㄴ　② ㄴ, ㄷ　③ ㄷ, ㄹ　④ ㄱ, ㄴ, ㄷ　⑤ ㄴ, ㄷ, ㄹ

09 { 05년 모의평가 } 다음 [그림]은 1970년과 1980년의 한국과 주요국 간 공업제품의 수출입에 관한 것이다. 이 [그림]에 대한 설명으로 적절한 것을 | 보기 |에서 모두 고르면?

한국과 주요국 사이의 수출입액

(단위: 백만 달러)

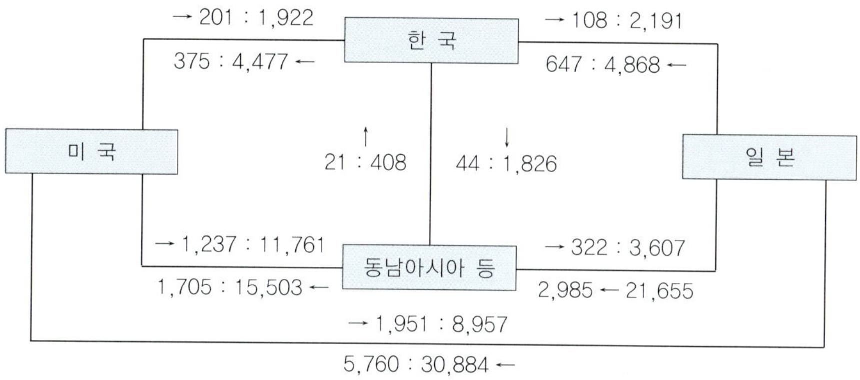

1) 'A→B'는 A국의 B국에 대한 수출을 의미하고 수치는 수출액이다.
':' 앞의 수치는 1970년, ':' 뒤의 수치는 1980년의 수출액이다.
2) 그림에 나타나지 않은 국가와의 무역은 없는 것으로 본다.
3) '무역수지 = 수출액–수입액'이며, '수출액 > 수입액'이면 무역수지 흑자, '수출액 < 수입액'이면 무역수지 적자라고 한다.
4) 수입의존도(%) = (특정 국가로부터의 수입액/총수입액) × 100

보 기

ㄱ. 1970년의 한국의 대일 수입의존도는 50%를 넘는다.
ㄴ. 1980년의 한국의 대일 수출액은 1970년에 비해 10배 이상이 되었다.
ㄷ. 한국의 대미 무역수지는 1970년과 1980년 모두 적자이다.
ㄹ. 1980년의 한국의 대일 무역수지 적자는 30억 달러를 넘는다.

① ㄱ, ㄴ　② ㄱ, ㄷ　③ ㄴ, ㄷ　④ ㄴ, ㄹ　⑤ ㄷ, ㄹ

10 {05년 모의평가} 다음 [그림]은 어느 대학의 통계학과 행정학에 대한 수강자 성적의 줄기-잎 그래프이다. 이 [그림]에 대한 해석으로 옳은 것을 | 보기 |에서 모두 고른 것은?

※

줄기	잎
5	56888

인 경우 55점 1명, 56점 1명, 58점 3명이라는 것을 의미한다.

과목별 수강자 성적

과목 : 통계학 (줄기 간격: 5, 잎 단위: 1)			과목 : 행정학 (줄기 간격: 5, 잎 단위: 1)		
A	줄기	잎	A	줄기	잎
1	5	3	1	3	5
3	5	79	2	4	0
6	6	123	3	4	5
10	6	5678	3	5	
16	7	012344	8	5	56888
( )	7	578	9	6	2
( )	8	14	13	6	5567
( )	8	56779	17	7	0024
( )	9	134	( )	7	579
( )	9	8	( )	8	03334
			( )	8	7
			( )	9	22
			( )	9	59

보 기

ㄱ. 행정학 점수의 분산이 통계학 점수의 분산보다 더 크다.

ㄴ. 과목당 성적이 하위 10% 이하인 학생을 과락시키는 경우, 통계학의 과락기준점수가 행정학의 과락기준점수보다 높다.

ㄷ. 두 과목 모두 60점대의 학생수가 70점대의 학생수보다 더 많다.

ㄹ. A는 '누적학생수'를 나타낸다.

ㅁ. 행정학을 수강한 학생의 수가 통계학을 수강한 학생의 수보다 5명이 많다.

① ㄱ, ㄴ, ㄹ ② ㄱ, ㄴ, ㅁ ③ ㄱ, ㄷ, ㄹ ④ ㄴ, ㄷ, ㅁ ⑤ ㄷ, ㄹ, ㅁ

11 { 05년 입법 } 다음은 한 리서치 회사에서 성인 남 · 여 각 20명을 대상으로 직업피로도를 조사한 결과이다. 이에 대한 해석으로 옳지 않은 것은? (그림에서 M은 남성, F는 여성을 나타낸다)

직업피로도

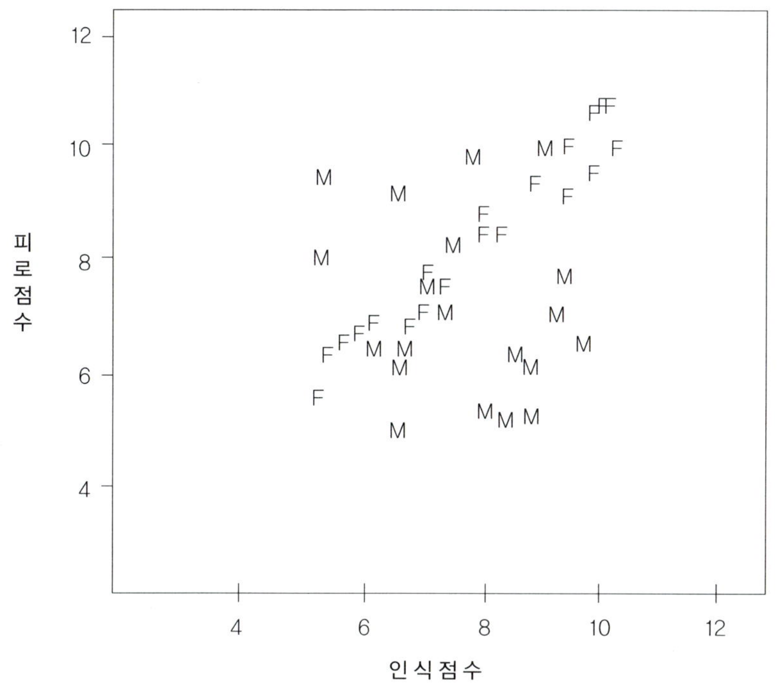

- 인식점수 : 직업 피로도를 유발하는 요인에 대한 인식수준의 점수
- 피로점수 : 직업 피로도에 대한 인식수준의 점수

① 여성의 경우, 인식점수가 높을수록 피로점수도 높은 경향이 있으며 피로점수가 8점 이상인 경우가 전체의 50%를 상회한다.

② 인식점수가 10점인 여성의 경우 피로점수 역시 10점에 가까울 것으로 예측할 수 있다.

③ 남성의 경우, 피로점수가 인식점수보다 낮은 사례의 수가 피로점수가 인식점수보다 높은 사례의 수보다 많다.

④ 인식점수와 피로점수가 모두 8점 미만인 남성의 비율이 동일한 조건의 여성의 비율보다 높다.

⑤ 인식점수와 피로점수의 관계는 여성의 경우가 남성의 경우보다 강하다.

12 { 05년 입법 } 다음 [그림]은 한국사회의 주요 사회기관에 대한 신뢰도를 완전신뢰를 100으로, 완전불신을 −100으로 하여 측정한 지수를 보여주고 있다. 다음 중 [그림]에 대한 해석으로 가장 옳지 않은 것은?

1996년 및 2000년의 기관별 신뢰도 지수

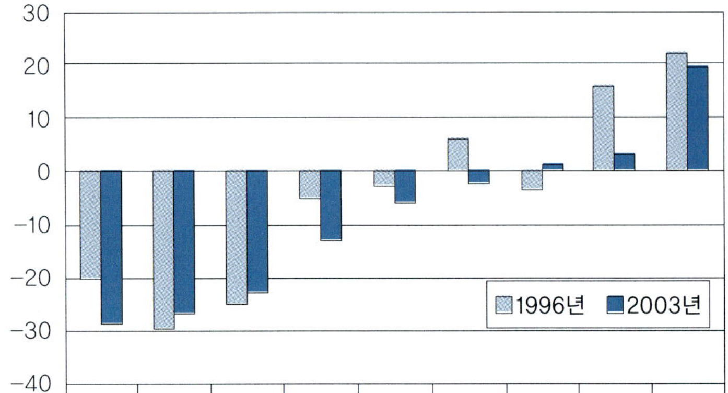

	사법부	정 부	대기업	언론기관	종교단체	노동조합	군	대학	시민단체
1996년	-20.07	-29.64	-24.86	-5.2	-2.87	5.94	-3.73	15.96	22.02
2003년	-28.42	-26.65	-22.83	-13.21	-6.13	-2.29	1.04	3.09	19.39

① 1996년 조사와 2003년 조사를 비교할 때 기관별 신뢰도는 순위 변동이 있었다.
② 2003년 조사는 1996년 조사에 비해 사회기관에 대한 신뢰도가 대체로 향상되었음을 보여주고 있다.
③ 1996년 조사와 2003년 조사를 비교할 때 대학에 대한 신뢰도의 하락폭이 가장 크다.
④ 1996년 조사와 2003년 조사를 비교할 때 군에 대한 신뢰도 상승폭이 가장 크다.
⑤ 1996년 조사와 2003년 조사에서 모두 신뢰를 받는(양의 신뢰도 지수)기관은 대학과 시민단체뿐이다.

13 { 05년 입법 } 다음 [그림]은 통계청이 발표한 인구관련 자료의 실적치와 예측치에서 도출한 우리나라의 70년(1980년~2050년)에 걸친 총인구수, 인구증가율, 연령집단별 인구구성비를 보여주고 있다. [그림]을 토대로 우리나라의 인구전망을 서술한 진술 중 가장 옳지 않은 것은?

[그림 1] 우리나라의 총인구와 인구증가율, 실적치와 추계치(1980년~2050년)

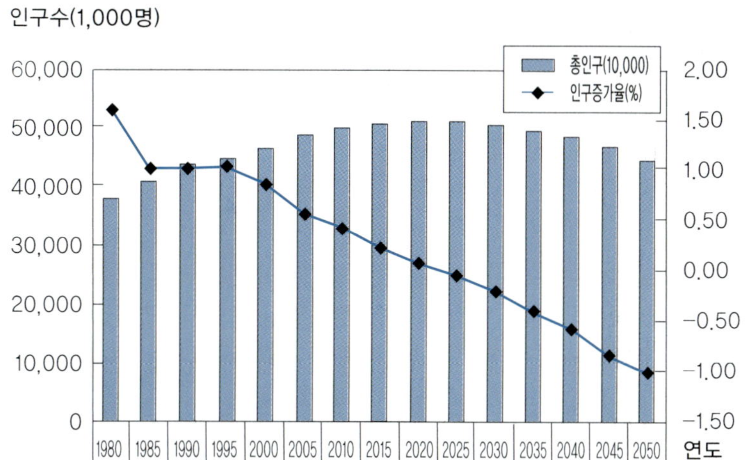

	1980	1985	1990	1995	2000	2005	2010	2015	2020	2025	2030	2035	2040	2045	2050
총인구(10,000)	37.43	40.44	43.41	44.60	46.13	48.46	49.59	50.35	50.65	50.64	50.29	49.48	48.20	46.47	44.33
인구증가율(%)	1.57	0.99	0.99	1.01	0.84	0.54	0.41	0.22	0.06	-0.05	-0.21	-0.41	-0.6	-0.86	-1.01

[그림 2] 우리나라의 연령집단별 인구구성, 실적치와 추계치(1980년~2050년)

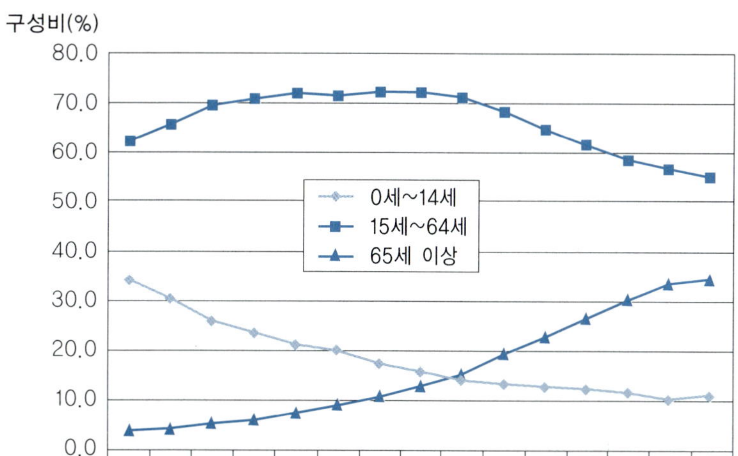

	1980	1985	1990	1995	2000	2005	2010	2015	2020	2025	2030	2035	2040	2045	2050
0세~14세	34.0	30.2	25.6	23.4	21.1	19.8	17.2	15.3	13.9	13.0	12.4	12.0	11.5	10.0	10.5
15세~64세	62.2	65.6	69.3	70.7	71.7	71.4	72.1	72.1	71.0	67.9	64.6	61.4	58.4	56.7	55.1
65세 이상	3.8	4.2	5.1	5.9	7.2	8.8	10.7	12.6	15.1	19.1	22.8	26.6	30.1	33.3	34.4

① 우리나라의 인구증가율이 영(零)에 근접하거나 마이너스 수준으로 떨어지면서, 65세 이상 노인인구의 비율은 계속적으로 증가한다.
② 1980년에서 2045년 사이에 0세~14세의 유소년인구가 차지하는 비율은 계속적으로 줄어들고 있다.
③ 1990년~2020년의 약 30년 동안은 우리나라 총인구 중에서 0세~14세의 유소년인구가 차지하는 비율은 줄어들어도, 15세~64세의 생산가능인구가 차지하는 비율은 상대적으로 크게 변화하지 않는다.
④ 우리나라에서 인구감소가 일어나는 시기에는 65세 이상 노인인구의 비율이 상대적으로 안정되어 있다.
⑤ 우리나라의 총인구가 영(零)의 성장을 경험하는 경우에 0세~14세의 유소년 인구수는 감소할 것으로 예상된다.

14 { 05년 행시 · 외시 } A연구소는 해외바이어와 국내 수출기업을 대상으로 국산 제품의 경쟁요소별 강점과 약점에 대한 설문조사를 실시하였다. 다음 [그림]은 이 설문조사 결과로부터 도출한 경쟁요소별 경쟁력 지수를 나타낸 것이다. 이 [그림]에 대한 분석 중 적절한 것을 | 보기 |에서 모두 고르면?

국산 제품의 경쟁요소별 경쟁력 지수

※ 경쟁력 지수는 강점이라고 평가한 응답자의 백분율에서 약점이라고 평가한 응답자의 백분율을 뺀 값임.

보 기

ㄱ. 품질에 대하여 해외 바이어의 약 22%가 강점이라고 평가하였다.
ㄴ. 해외 바이어가 평가한 경쟁력 지수와 국내 수출기업이 평가한 경쟁력 지수 간의 차이가 가장 큰 것은 가격이다.
ㄷ. 제품 다양성에 대하여 해외 바이어보다 국내 기업의 평가가 상대적으로 더 좋은 것으로 나타나고 있다.
ㄹ. 디자인과 가격은 국내 기업보다 해외 바이어가 평가한 경쟁력 지수가 더 높다.
ㅁ. 국내 수출기업은 신속 대응력과 신뢰성을 약점이라고 평가하는 반면에 해외 바이어는 강점이라고 평가하였다.

① ㄱ, ㄷ ② ㄱ, ㅁ ③ ㄴ, ㄹ ④ ㄷ, ㄹ ⑤ ㄴ, ㄷ, ㅁ

15 { 05년 행시 · 외시 } 다음 중 자료와 그에 대한 해석이 옳게 짝지어진 것은?

① 다음 [그림]은 양복과 코트의 월별 판매량을 나타낸 것이다.

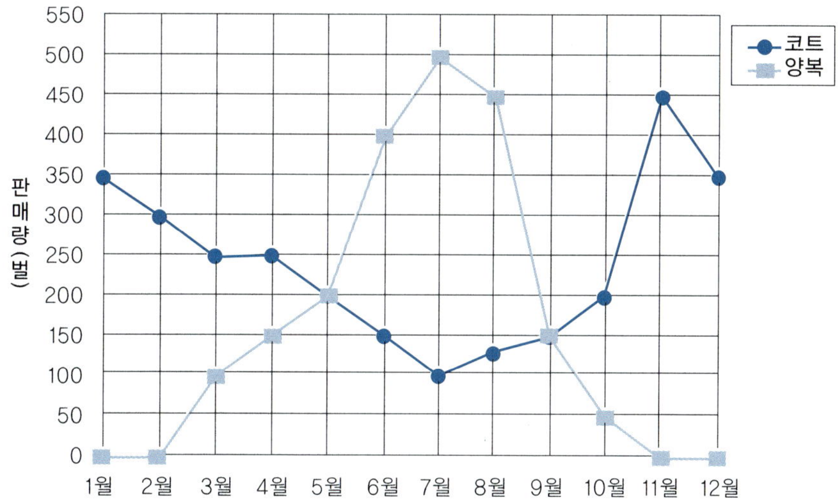

해석 일년 중 양복과 코트의 판매량 차이가 가장 많이 나는 달은 7월이다.

② 다음 [그림]은 학생들의 통학 시간을 나타낸 것이다.

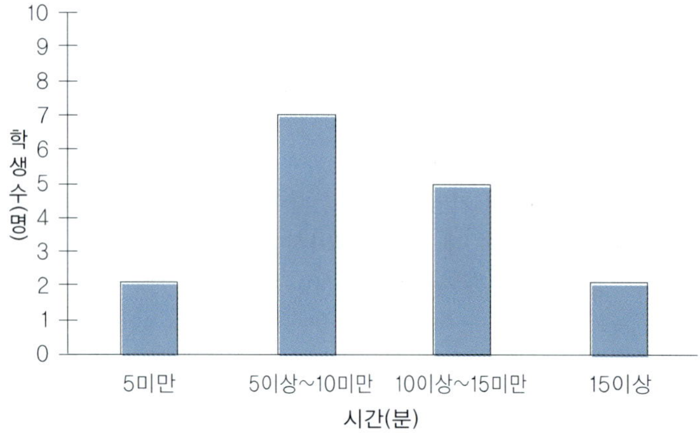

해석 통학시간이 10분 미만인 학생수는 전체 학생수의 절반보다 적다.

③ 다음 〈표〉는 어느 도시의 들국화길과 코스모스길에 있는 주택의 수를 나타내고 있다.

도로명	주택의 수(채)
들국화길	30
코스모스 길	21

위의 〈표〉에 나타난 주택의 수를 그림으로 나타내면 다음과 같다.

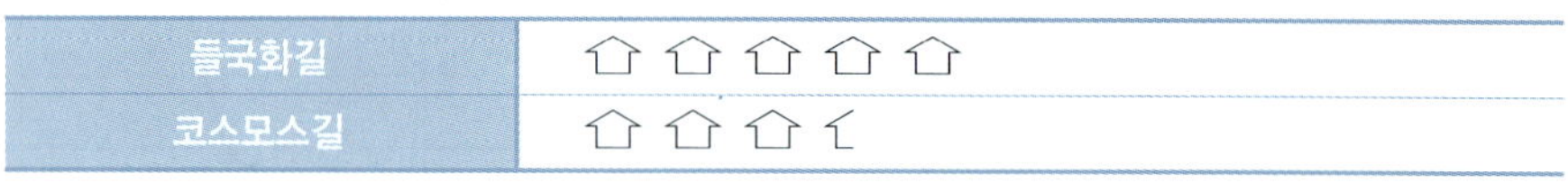

해석 한 개의 이 나타내는 주택의 수는 5채이다.

④ 철수는 다음 월간지 중 하나를 골라 24개월분을 신규 구독하려고 한다. 철수는 두 종류의 월간지에 대한 다음과 같은 광고를 읽었다.

잡지명: 청소년 생활 24개월분 처음 4개월은 무료 그 후부터는 권당 3,000원	잡지명: 청소년 소식 24개월분 처음 6개월은 무료 그 후부터는 권당 3,500원

해석 24개월분에 대한 구독료는 '청소년 생활'이 '청소년 소식'보다 더 싸다.

⑤ 다음 [그림]은 진자가 20번 흔들리는 데 걸리는 시간을 줄의 길이에 따라 나타낸 것이다.

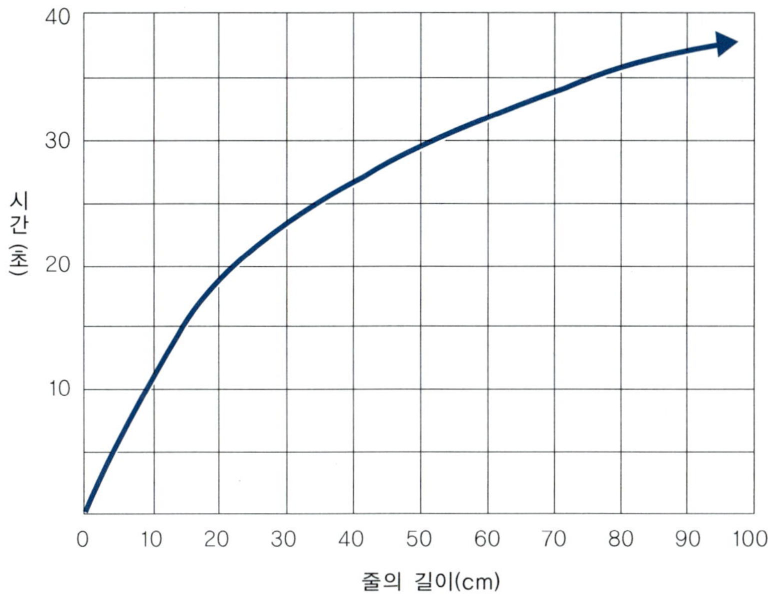

해석 줄의 길이가 90cm일 때, 진자가 20번 흔들리는 데 걸리는 시간은 30초와 35초 사이이다.

16 { 05년 행시 · 외시 } 다음 그림은 반도체 공정에서 금속막 두께 및 생산라인 청정도 개선에 따른 수율변화를 나타낸다. 가로축과 세로축은 각각 청정도 및 금속막 두께 개선비용을 나타내며, 가로축과 세로축 상의 같은 거리는 동일한 비용을 의미한다. 다른 조건이 일정하다고 할 때, [그림]에 대한 설명으로 옳은 것을 | 보기 |에서 모두 고르면?

각 공정 개선비용과 수율

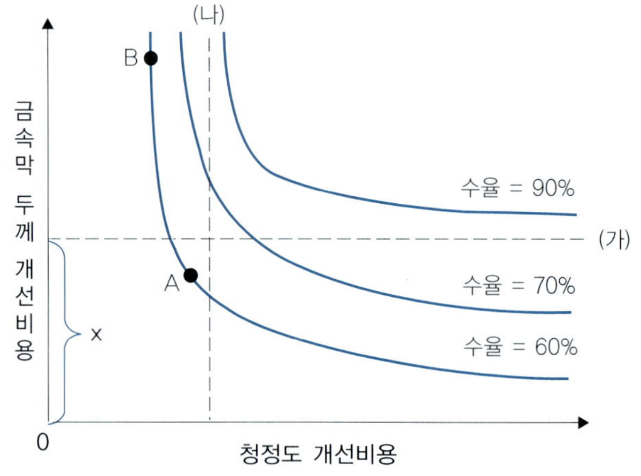

1) 수율: 제조공정에서 정품이 생산되는 비율.
2) 점선 (가)와 (나)는 '수율 = 90%' 곡선과 만나지 않음.
3) 0점(원점)은 수율이 50%인 현재의 공정상태임.

보 기

ㄱ. 금속막 두께 개선에 X만큼의 비용을 투자하고 청정도 개선에 충분한 비용을 투자한다면 수율 90%를 달성할 수 있다.

ㄴ. 현재 상태에서 수율 60%를 달성하기 위해서는 B점보다 A점을 선택하는 것이 개선비용이 적게 든다.

ㄷ. 현재 상태에서 수율 70%를 달성하기 위한 최소 개선 비용은 수율 60%인 B점을 선택하는 개선비용보다 크다.

① ㄱ　② ㄴ　③ ㄷ　④ ㄱ, ㄴ　⑤ ㄴ, ㄷ

17 { 05년 행시 · 외시 } 다음은 4개 국가(A, B, C, D)의 연도별 인구증가율과 상수접근율의 도 · 농 간 비교를 [그림]으로 나타낸 것이다. 이 자료에 대한 설명으로 옳은 것을 | 보기 |에서 모두 고르면?

국가별 인구증가율과 상수접근율

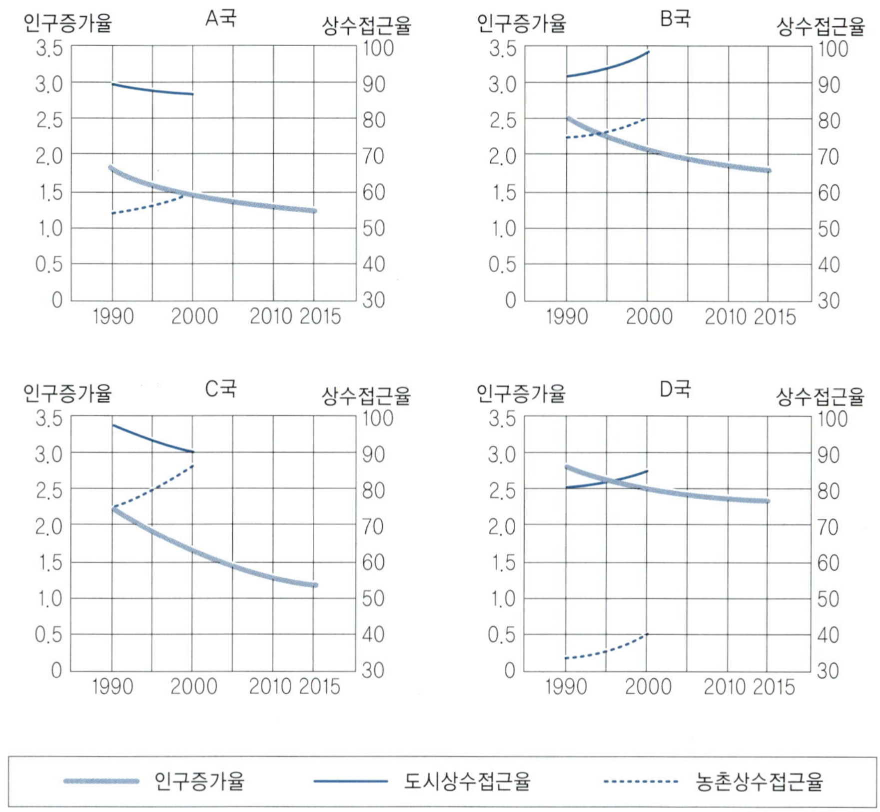

※ 상수접근율 : 총인구 중 안전한 상수공급원에 접근 가능한 인구 비율.

보 기

ㄱ. 각 국가에서 농촌 및 도시의 상수접근율이 상승하고 있다.
ㄴ. 2015년에 인구증가율이 가장 높을 것으로 전망되는 곳은 D국가이다.
ㄷ. 2000년을 기준으로 도시와 농촌 간 상수접근율의 차이가 가장 작은 국가는 C이고 가장 큰 국가는 D이다.
ㄹ. 인구증가율이 높은 국가일수록 농촌의 상수접근율이 높다.

① ㄱ, ㄴ ② ㄱ, ㄹ ③ ㄴ, ㄷ ④ ㄴ, ㄹ ⑤ ㄴ, ㄷ, ㄹ

18 {04년 외시} 어느 공무원 교육기관은 매년 상 · 하반기에 500명의 공무원을 대상으로 정기적인 교육을 시행하고 있다. 매번 교육내용은 인터넷 교육, 서비스 교육, 환경교육의 세 과목으로 구성되어 있다. 교육시행 후 수료생들을 대상으로 '교육에 대한 만족도'와 '직무수행에 도움이 되는 정도'를 질문하여, 다음과 같은 결과를 얻었다. 다음 [그림]들에 대한 | 보기 |의 해석 중 적절한 것을 모두 고른 것은?

[그림 1] 교육만족도

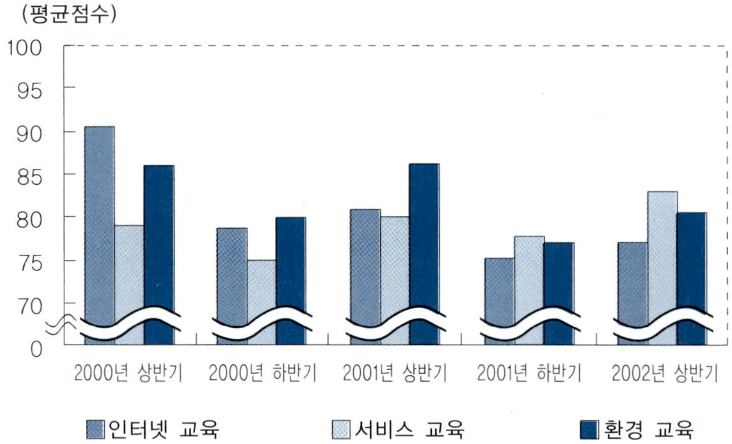

[그림 2] 직무수행 도움정도

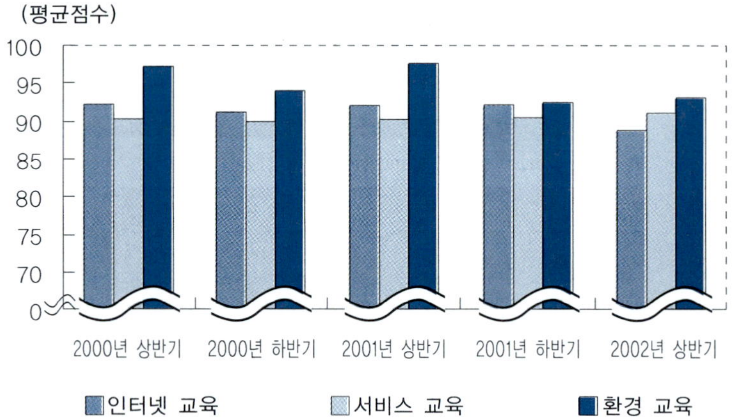

보 기

ㄱ. 2002년 상반기의 교육만족도 평균은 2001년 하반기 조사에 비해 향상되었으나, 인터넷 교육은 다른 교육에 비해 상대적으로 만족도가 낮다.

ㄴ. 2002년 상반기의 설문조사 결과, 교육내용이 직무수행에 도움이 된다는 응답

이 같은 기간의 교육만족도에 비해 평균적으로 높은 점수를 받았다.
ㄷ. 상반기에 비해 같은 해 하반기에 교육만족도가 낮아지는 경향이 있어 하반기 교육에 보다 많은 노력을 기울여야 할 필요가 있어 보인다.
ㄹ. 분석결과, 세 종류의 교육과정 중에서 공무원 직무수행에 가장 도움이 된다는 평가를 받은 것은 인터넷 교육이다.

① ㄱ, ㄴ ② ㄱ, ㄴ, ㄷ ③ ㄱ, ㄴ, ㄹ ④ ㄱ, ㄷ, ㄹ ⑤ ㄴ, ㄷ, ㄹ

19 { 04년 외시 } 다음은 OECD 국가 여성들의 교육수준별(최종졸업학교 기준) 취업률에 관한 자료이다. 이 [그림]에 대한 해석으로 잘못된 것은?

OECD 국가의 교육수준별 여성 취업률(1997년)

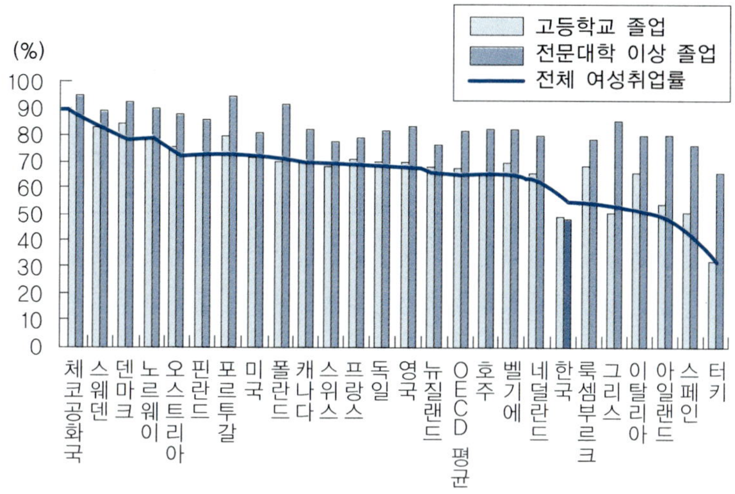

① OECD 국가들 가운데 전체 여성 취업률이 가장 낮은 나라는 한국이다.
② 한국여성의 경우에는 교육수준이 높을수록 취업률이 높다고 할수 없다.
③ 스페인은 중졸 이하 여성들에 비해 고등학교 졸업 이상 여성들의 취업률이 높을 것이다.
④ 이탈리아에서는 전문대학 이상을 졸업한 여성의 취업률이 중졸 이하 여성의 취업률보다 높을 것이다.
⑤ 한국을 제외하고 [그림]에 나타난 모든 OECD 국가에서 전문대학 이상 졸업 여성의 취업률이 고등학교 졸업 여성의 취업률보다 높다.

20

{ 04년 외시 } A, B, C 세 국가들의 금속소비량은 다음의 〈가설〉을 따른다고 한다.

가 설

한 국가의 일인당 금속소비량은 일인당 소득수준이 10,000 달러 이하에서는 일인당 소득이 상승할수록 증가하다가, 10,000달러를 넘어서면 일인당 소득이 상승할수록 감소한다.

A, B, C 세 국가들은 20년 전에는 GDP로 본 일인당 국민소득이 5,000달러 이하였으나, 현재는 15,000달러를 상회하고 있다. 또한 이 국가들은 지난 20년간 GDP가 일정한 속도로 증가해 왔으나 인구는 변화가 없었다. 아래의 그래프 중 이 국가들의 지난 20년간의 추세를 나타낸 그래프가 될 수 없는 것을 모두 묶어 놓은 것은? (단, 그래프에서 M은 연간 금속소비량, T는 연도, POP는 인구를 나타냄)

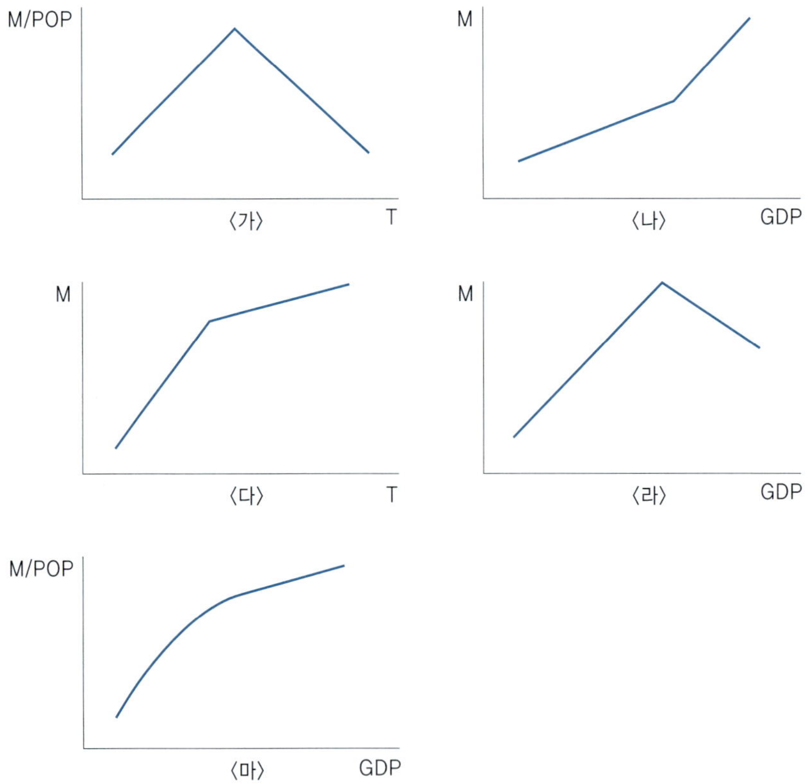

① 가, 라 ② 다, 마 ③ 가, 다, 라 ④ 나, 다, 라 ⑤ 나, 다, 마

21 { 03년 6월 모의평가 } 다음 그림을 보고 알 수 있는 사실을 | 보기 |에서 고르면?

[그림 1] 연도별 인터넷 이용자 수

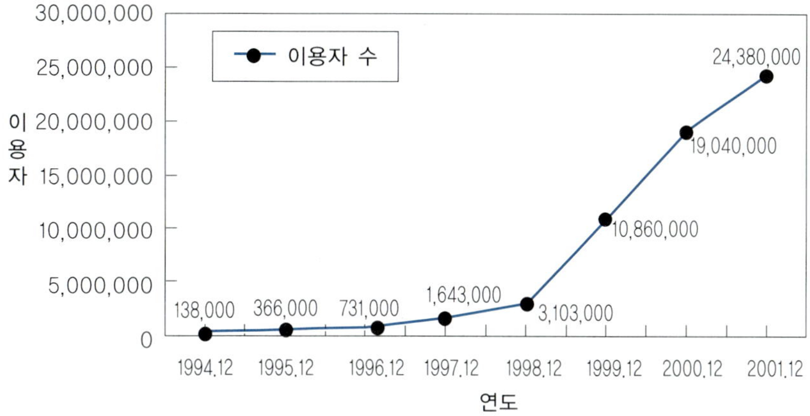

[그림 2] 성별 인터넷 이용률

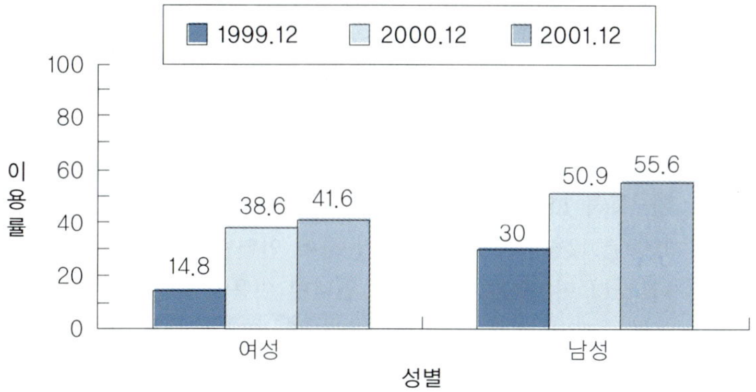

[그림 3] 연령별 인터넷 이용률

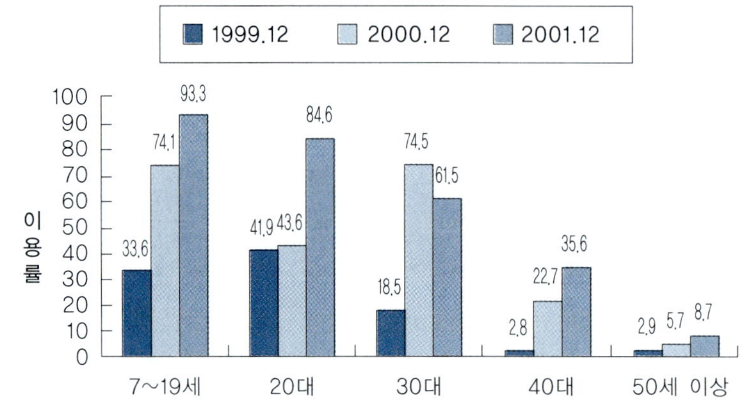

※ 이용률 = $\frac{\text{인터넷이용자수}}{\text{인구수}} \times 100$

보 기

ㄱ. 1999년 여성의 인터넷 이용률은 남성 이용률의 절반에도 못 미쳤으나 2001년 12월에 여성이 전체 인터넷 이용자의 41.6%에 이르고 있다.

ㄴ. 1998년 이후 전체 인터넷 이용자 수가 급격히 증가한 것은 20대 이하 인터넷 이용자들이 증가하였기 때문이라고 추정할 수 있다.

ㄷ. 1999년 이후 전체 인터넷 이용자 수의 증가는 10대 이하 인터넷 이용률의 증가, 특히 10대 남성의 인터넷 이용의 증가 때문이라고 추정할 수 있다.

ㄹ. 1999년 12월부터 2001년 12월 사이 인터넷 이용의 증가율은 20대가 가장 낮게 나타났으며, 같은 기간 전체 인터넷 이용자 수는 2배 이상 증가하였다.

ㅁ. 2000년 12월 전체 인터넷 이용자 중 30대가 가장 많고, 여성의 이용률은 38.6%로 나타났다.

① ㄱ, ㄷ　② ㄱ, ㅁ　③ ㄴ, ㄷ　④ ㄴ, ㄹ　⑤ ㄹ, ㅁ

Chapter 3

수치에 의한 자료 요약

2장에서 도표에 의한 자료 요약은 자료의 분포 특징을 쉽게 직관적으로 파악할 수 있게 해 줌을 확인하였다. 그런데 자료를 요약하는 데는 도표 이외에 자료의 특성을 나타내는 여러 가지 수치들이 사용된다. 이러한 수치들 중에서 가장 널리 쓰이는 것은 자료의 중심위치와 퍼진 정도를 나타내는 수치들이다. 자료의 특성을 보여주는 수치들을 모수(parameter) 또는 통계량(statistic)이라고 한다. 모수와 통계량은 요약하는 자료가 모집단(population)인가 표본(sample)인가에 따른 구분이다. 모집단의 특성을 요약한 것이면 모수라고 하며, 표본의 특성을 요약한 것이면 통계량이라고 한다. 모집단과 표본이 무엇인지는 고등학교 때 배워서 알고 있을 것이다. 하지만 다시 한 번 정리하면 관심 대상 전체의 자료를 모집단이라고 하고, 모집단의 일부를 표본이라고 한다.

도표에 의하여 자료의 분포 형태를 파악하는 것은 쉽고 편리하지만, 눈대중으로 파악하는 것이라서 주관적이고, 개략적인 형태를 넘어선 정확한 특징을 알기는 어렵다. 이에 비하여 수치에 의한 자료 요약은 주어진 자료들로부터 일정한 공식에 따라 계산되는 것이므로 자료의 분포 형태를 한눈에 알아보기는 어렵지만, 자료의 특징을 객관적으로 명확하게 나타내준다.

1. 중심위치의 척도

자료의 중심위치를 나타내는 수치를 대표값이라고 하는데, 이에는 평균(mean), 중위수(median), 최빈값(mode) 등이 있다. 자료를 대표하는 값으로 평균, 중위수,

최빈값 중에서 어느 것이 더 적절한지는 상황에 따라 다르지만 평균이 가장 널리 사용된다. 이미 고등학교 때 다 배운 개념들이겠지만, 복습하는 셈 치고 이들을 계산하는 방법과 그 특징들을 알아보자.

1) 평균(mean)

평균은 수치자료의 중심위치를 나타내는 데 가장 널리 사용되는 대표값이다. 평균은 관측치의 값들을 모두 합한 다음 이것을 관측치의 총 개수로 나누어 구한다. 모든 관측치의 크기를 똑같이 고려하여 계산되는 값이기 때문에 평균은 관측치 값의 크기의 중심이라고 할 수 있다. 우리에게 N개의 자료 X_1, X_2, X_3, …, X_N가 있을 때 평균은 다음과 같이 계산된다.

$$\bar{X} = \frac{1}{N}(X_1 + X_2 + X_3 + \cdots + X_N) = \frac{1}{N}\sum_{i=1}^{N} X_i$$

예를 들어, 대학생 8명이 한 달 동안 아르바이트로 버는 돈의 액수가 각각 30, 30, 30, 35, 40, 40, 45, 50만원이라면, 이들 대학생의 월평균 소득은 (30 + 30 + 30 + 35 + 40 + 40 + 45 + 50)/8 = 37만 5천원이다.

평균이 대표값으로서 가장 널리 쓰이는 까닭은 계산이 용이하고 수리적인 조작이 편리하며 모집단의 특성을 추론하는 데 유용하기 때문이다. 그러나 평균은 모든 값의 크기를 다 고려하기 때문에 양 극단값의 영향을 많이 받는다. 따라서 극단적인 값이 포함된 자료의 경우 대표치로 평균을 쓰는 것이 적절하지 않을 수 있다. 가령, 프로운동선수들의 연봉수준, CF광고의 모델료 수준 등을 알아보고자 할 때 평균을 대표치로 사용한다면 실제보다 과장될 가능성이 많다. 왜 그럴까? 예를 들어서, 미국 프로농구(NBA)의 어느 팀이 한 명의 초특급 스타와 9명의 별 볼일 없는 선수들로 구성되어 있다고 하자. 초특급 스타 한 명의 연봉은 9,730만불이고, 나머지 9명의 연봉은 30만불이라고 하자. 이 경우 이 팀에 속한 선수들의 평균 연봉은 1,000만불($\frac{9730 \times 1 + 30 \times 9}{10} = 1000$)이다. 그렇다고 이 1,000만불이 이 팀에 속한 선수들의 연봉 수준을 잘 나타내 준다고, 대표한다고 할 수 있을까?

평균을 구할 때는 각 관찰값에 가중치를 두어 가중평균을 구하는 경우도 있다. 가중평균은 다음과 같이 정의된다.

$$\bar{X}_w = \frac{\sum w_i X_i}{\sum w_i}$$

단, w_i는 항목 X_i의 가중치이고, $\overline{X}_w$는 가중평균이다.

예를 들어서, 어느 학생이 중간고사에서 80점, 학기말고사에서 95점을 받았다고 하자. 이 학생 성적의 평균은 87.5점이다. 그런데 학기말고사 성적의 비중을 중간고사성적의 2배로 한다면 성적의 가중평균은 얼마일까? 이 경우는 $\{(80 \times 1) + (95 \times 2)\}/(1 + 2) = 90$점이 된다. 통상의 평균, 즉 가중치를 부여하지 않은 평균을 가중평균과 구분하기 위하여 (단순) 산술평균이라고 부르기도 한다.

보기 3.1

극단값의 영향을 많이 받는 평균의 단점을 보완하기 위해 때때로 절사평균(trimmed mean)이 사용된다. 절사평균은 극단에 위치한 일부 관측치를 제외한 나머지 값들의 산술평균으로 계산된다. 만일 양 끝의 10%씩의 관측치를 제외하고 가운데 남은 80%의 관측치만으로 평균을 계산한 경우 10% 절사평균이라고 부른다.

> 올림픽에서는 2명의 기술심으로 이뤄진 A패널, 6명의 실시심으로 이뤄진 B패널 등 2개 패널이 선수의 연기를 채점한다. 기술심은 선수의 연기내용에 근거해 선수가 받을 수 있는 최대 점수(스타트 점수)를 설정하고, 실시심은 동작 하나하나에서 발생하는 감점사항을 기록한다. 실시심은 기술심이 내놓은 스타트 점수에서 자신이 기록한 점수를 빼는 방식으로 점수를 도출하는데, 6개의 점수 중 최고점과 최저점 하나씩을 뺀 나머지 4개 점수의 평균이 선수의 최종 성적이 된다. 문화일보 2004-08-06

위의 신문기사는 올림픽에서 체조를 채점하는 방식에 대한 것이다. 극단값의 영향을 크게 받는 평균의 단점을 보완하여 보다 공정한 채점을 하고자 절사평균을 사용한다는 것을 알 수 있다. 일상생활에서 예술분야의 채점이라든지, 여러 가지 선발을 위한 면접심사 등 주관이 개입될 여지가 있는 평가에서 공정성을 높이기 위해 절사평균을 최종 성적으로 사용하는 경우가 많다.

2) 중위수(median)

중위수란 모든 관측치를 크기 순으로 늘어놓았을 때 한가운데 오는 값을 말한다. 평균이 크기의 중심이라면, 중위수는 순서의 중심에 해당한다. 자료의 개수가 홀수인 경우에는 한가운데 오는 관측치가 존재하므로 그 관측치의 값이 중위수가 된다. 만일 자료의 개수가 짝수인 경우에는 자료의 가운데 오는 값이 두 개가 되므로 이 때는 가운데 오는 두 관측치의 평균을 중위수로 하게 된다.

가령 위에서 말한 대학생 8명의 소득 30, 30, 30, 35, 40, 40, 45, 50만원에서 중위수는 4번째 관측치 35만원과 5번째 관측치 40만원의 평균인 37만 5천원이다. 37.5만원보다 작은 값을 갖는 관측치도 4개이고 더 큰 값을 갖는 관측치도 4개라는 것을 확인할 수 있다.

평균이 모든 값을 고려해서 계산되는 것과는 달리 중위수는 중앙에 위치한 관측치의 값만이 관심사이기 때문에 극단값에 영향을 받지 않는다. 따라서 극단적인 이상치(outlier)가 존재하는 경우 중위수가 대표값으로서 선호된다. 가령 졸업을 앞두고 취업을 준비하며 적당한 회사를 찾고 있는 사람에게는 회사의 평균 연봉보다 중위수가 더 유용한 자료가 될 수 있다. 평균 연봉이 높더라도 소수 임원들이 받는 고액연봉의 영향으로 인한 것이라면 오히려 평균연봉이 더 낮더라도 중위수가 더 큰 회사가 유리할 수 있기 때문이다. 중위수는 자료의 중앙에 위치해 있기 때문에 중위수의 아래 위에 각각 50%의 관측치가 위치한다는 점을 기억하자.

3) 최빈값(mode)

최빈값은 가장 빈도가 높은 관측치를 말한다. 평균이나 중위수는 수치자료에서만 사용되는 요약치인 데 비해 최빈값은 수치자료에도 사용되지만 질적 자료의 분석에 더 많이 이용된다. 질적 자료의 분석은 주로 빈도분석이 주를 이루기 때문이다. 위에서 예로 든 대학생들의 소득 30, 30, 30, 35, 40, 40, 45, 50만원에서는 30만원이 최빈값이다. 질적 자료인 '〈표 2-1〉 범죄피해에 대한 두려움' 에서는 '약간 느낌' 이 최빈값이 된다.

연속형 수치자료가 몇 개의 계급으로 된 도수분포표로 요약되어 있는 경우에는 가장 빈도수가 많은 계급을 최빈구간 또는 최빈계급이라 하고, 이 최빈계급의 중앙값을 최빈수로 한다. 도수분포표에서 최빈계급이 두 개가 있는 경우도 있는데 이 때는 이들 두 개 계급의 중앙값들을 각각 최빈값으로 보아야 한다. 가령 보기 2.3의 축구선수들 키의 도수분포표에서는 가장 높은 도수를 갖는 '178 이상~181 미만' 구간이 최빈구간이며, 이 구간의 중앙값인 179.5가 최빈값이 된다.

자료의 수가 적은 경우에는 평균보다는 최빈값이나 중위수가 대표치로서 더 적합할 수도 있다. 자료의 수가 제한적일 때는 운이 나빠서 극단적인 값이 관측됐을 가능성도 있기 때문이다. 한편 모자나 기성복을 만드는 의류업자에게도 평균보다는 최빈값이 더 매력적인 대표값이 될 수 있다(왜 그런지는 조금만 생각해 보면 알 수 있다). 회사와 연봉협상을 할 때에도 최빈값은 안전한 전략을 구사하는 데 중요한 정보를 제공할 것이다. 이와 같이 각 특성치는 상황에 따라 적절하게 사용될 수 있다.

4) 히스토그램을 통한 대표값들의 성질 비교

당연한 말이지만, 각 대표값의 위치는 자료의 분포 형태에 따라 달라진다. 2장에서 배운 히스토그램을 통해 각 대표값의 위치와 특성을 알아보자.

[그림 3-1]은 연령별 농가인구의 히스토그램이다. '농촌에 청년이 없다'는 말을 여러분도 들어보았을 것이다. 위의 히스토그램은 이러한 농가 인구의 특징을 잘 보여주고 있는데, 전체적으로 자료가 고연령층, 즉 오른쪽에 더 많이 분포되어 있음을 알 수 있다.

자료가 오른쪽에 더 많이 분포되어 있고 왼쪽으로 꼬리가 긴 모양(이걸 영어로 left skewed라고 한다)일 때 평균, 중위수, 최빈값은 각각 어디에 위치할까? 위의 그림에는 세 개의 화살표가 표시되어 있다. 각각의 화살표가 표시하는 값은 어떤 대표값일지 생각해보라.

[그림 3-1] 연령별 농가인구

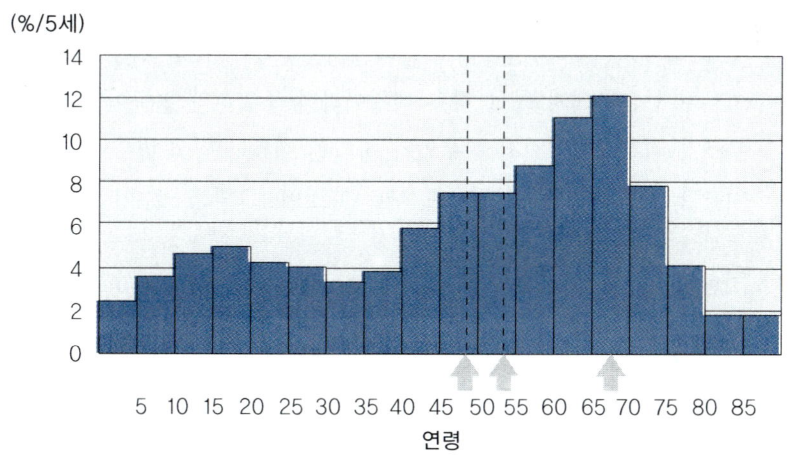

중위수는 순서의 중심이기 때문에 중위수를 중심으로 왼쪽과 오른쪽에 똑같은 양의 자료가 분포해야 한다. 히스토그램에서 막대의 면적은 자료 개수의 상대적인 양을 나타내기 때문에 중위수는 바로 히스토그램의 면적을 양분하는 값이 된다. 그림에서 가운데 화살표가 바로 이 히스토그램의 넓이를 반으로 나누는 중위수에 해당된다.

평균은 크기의 중심이므로 자료가 한쪽으로 편중되어 있을 때는 자료의 가운데 위치하지 않는다. 또한 평균은 극단값의 영향을 받기 때문에 중위수에 비하여 극단값 쪽, 즉 꼬리 쪽으로 끌어당겨져 위치한다. 위의 그림처럼 왼쪽으로 꼬리가 늘어진 분포(다른 말로 하면 오른쪽으로 편중된 분포)에서는 평균은 중위수 왼쪽에 위치하게 되므로 더 작은 값을 갖는다. 그리고 꼬리가 길수록 이 차이는 커진다.

예를 들어서, 8명의 선수로 이루어진 농구팀 연봉의 평균값과 중위수는 동일하게 5천만원이라고 하자. 이 팀이 2명의 선수를 새로 보강했는데, 한 명은 연봉이 4,000만원이며, 다른 한 명은 연봉이 3억 6천만원이라고 하자. 이제 이 팀 연봉의 평균값과 중위값은 어떻게 변하겠는가? 중위값인 5천만원보다 연봉이 작은 선수와 큰 선수가 각각 1명씩 추가되었으므로 중위값에는 변함이 없다. 하지만 평균값은 8천만원(10명 선수의 총연봉이 8억이므로)으로 크게 증가하게 된다.

최빈값은 가장 빈도수가 많은 계급의 중앙값으로 정의된다. [그림 3-1]에서 65~70구간에 가장 많은 자료가 분포되어 있으므로, 이 계급의 중앙에 최빈값이 위치한다. 가장 오른쪽 화살표가 최빈값이다.

만약에 자료가 오른쪽이 아니라 왼쪽으로 편중되어 있다면, 다시 말해 오른쪽으로 꼬리가 긴 형태라면 위와 반대가 될 것이다. 또한 만일 자료가 어느 한쪽으로 치우쳐서 분포되지 않고 좌우 대칭이라면 중위수와 평균이 일치하게 된다. 자료의 분포가 좌우대칭이면서 봉우리가 하나인 형태라면, 중위수 평균 최빈값이 모두 일치한다. 이런 관계를 그림으로 나타낸 것이 [그림 3-2]이다.

[그림 3-2] 분포의 모양과 대표값의 관계

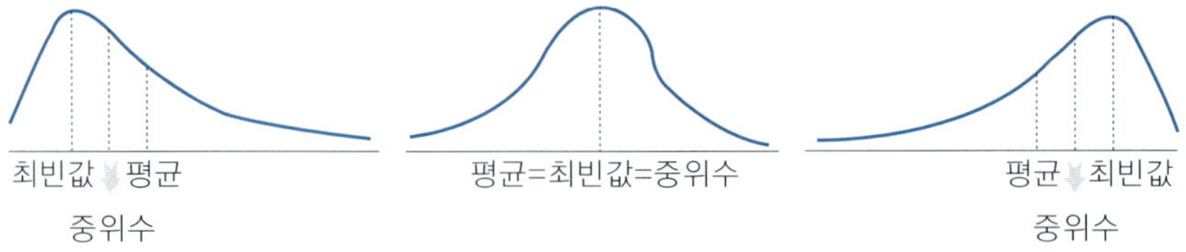

보기 3.2

펜의 곡선-1인당GDP의 의미

우리나라의 1인당GDP는 2003년에 13,000불 정도였다고 한다. 환율을 1,000원으로 잡으면 대략 1,300만원쯤 된다. 1인당 1,300만원이면 4인가족 기준으로는 5,200만원이 된다. 즉, 우리나라 가구의 평균소득은 4인 가구 기준으로 5,200만원이라는 얘긴데, 어째 체감하는 평균소득보다 상당히 높다는 생각이 들지 않는가? 이는 평균소득이라는 것이 중간 정도 계층의 소득이라는 의미와는 다르기 때문이다. 소득의 분포 형태는 오른쪽으로 매우 긴 꼬리를 갖는데, 이 경우 평균이 중위수보다 더 크다는 것은 우리가 이미 아는 사실이다. 한 번 소득분포를 그려 봐라. 0부터 평균소득인 5,200만원까지를 5cm 정도로 나타낼 경우, 소득이 50억, 100억인 경우를 나타내려면 오른쪽으로 얼마나 뻗어 나가야 하겠는가!

히스토그램을 통하여 대충 감을 잡았으면, 이제는 다른 방식으로 소득의 분포 형태를 표현한 예를 살펴보자. 이 예는 펜이라는 네덜란드 경제학자가 소득분배(1971)라는 책에서 제시한 방법을 다소 각색한 것이다.[1)]

하나의 가상적인 행렬을 꾸며 보자. 이 행렬에는 소득을 가진 모든 개인이 참가한다. 이 행렬의 특징은 참가자의 키가 그 사람의 소득에 비례한다는 것이다. 즉, 소득이 0인 사람의 키는 0m(몸 전체가 바닥에 밀착되어 있는 모습?!)이며, 평균소득인 사람의 키는 우리나라 성인의 평균신장인 1.7m가 된다. 물론 평균소득의 두 배에 해당하는 소득을 갖는 사람의 키는 평균신장의 두 배인 3.4m가 된다. 이처럼 각자의 키는 자신의 소득을 반영하게 되며, 행렬은 키의 순서대로 이루어져 있다고 하자. 그리고 이 행렬이 올림픽 메인 스타디움에 나타나는데, 처음부터 끝까지 행렬 전체가 등장하는 데 걸리는 시간은 1시간이라고 하자.

맨 먼저 나타나는 사람은 땅 속에 머리를 파묻고 거꾸로 나타나는데 이 사람은 파산한 사업가(소득이 마이너스)이다. 그 다음에는 파트타임으로 몇 시간 일하는 학생, 주부 등의 소인국 사람들이 출연한다. 이런 사람들이 5분 정도 계속해서 지나간다. 한참 뒤에 등장하는 사람들은 아직도 키가 1미터가 채 안 되는 난장이들인데 이들은 연금생활을 하는 노인, 실업급여를 타는 실업자, 장사가 안 되는 가게주인 등 다양한 직업을 갖고 있다. 그 다음에는 1미터가 조금 넘는 청소부, 건물 수위실 경비원 등 저임금 노동자들이 출현한다. 시간이 흐르면서 완만하게 키가 증가한다. 하지만 계속해서 난장이들만 나오고 정상적인 키를 가진 사람들은 좀처럼 나오지 않는다. 물론 키는 조금씩 커지지만 아주 서서히 커질 뿐이다. 이제 기술을 가진 생산직도 나오고 사무직 노동자들도 지나간다. 행렬이 시작한 지 얼마나 되면 평균 신장을 가진 사람이 나올까? 30분? 천만의 말씀. 45분이 지나서도 평균 신장은 되지 않는다. 정확히 말한다면 행렬이 끝나기 12분쯤 남았을 때 비로소 성인의 평균신장을 가진, 즉 평균소득을 가진 사람이 나타난다. 이것은 중위소득(30분 후 출현)에 비해 평균 소

1) 이 내용은 이정우, 소득분배론(1997)에 소개된 내용을 수정한 것이다.

득이 얼마나 높은가를 잘 보여주며, 바꾸어 말하면 그 사회의 "보통 사람"의 소득은 평균 소득보다는 중위 소득으로 측정하는 것이 더 타당하리라는 것을 시사한다.

평균 소득이 지나가고 나면 키는 급속도로 변한다. 마지막 6분을 남겨 두고, 즉 소득순위로 최고 10%에 해당하는 사람들이 나타나는데 이들은 3미터 가까운 키를 가진 대졸사원, 교사 등이다. 그 후 키는 빠르게 상승하며, 그리 성공하지 못한 변호사, 대학교수들(주로 이 공계!)의 키는 5미터 정도이다. 마지막 1분을 남기고 8미터의 금융자산운용가, 투자 및 신용분석가가 등장하며, 평범한 의사, 한의사는 9미터, 문화 · 예술 · 디자인 · 방송 관련 관리자는 12미터이다. 또한 수입 좋고 소위 잘나가는 회계사, 의사, 변호사들도 출연하기 시작하는데 이들의 키는 거의 20미터이다.

마지막 몇 십초는 정말로 굉장한 거인들이 등장한다. 이들은 주로 연예인 스타들이거나 대기업 중역들이다. 가수 보아의 키는 거의 70미터이고, 탤런트 배용준의 키는 100미터, 우리나라에서 가장 돈을 많이 버는 기업인 삼성전자 모 중역의 키는 150미터이다. 행렬의 마지막에 등장하는 사람들은 머리가 구름 위에 있기 때문에 미터 단위보다는 킬로미터로 측정하는 편이 더 나을 듯하다. 이들은 대부분 재산을 물려받은 부자들이거나 성공한 벤처기업가들이다. 드디어 행렬의 맨 마지막을 장식하는 사람은 구름 위에 있는 재벌그룹 오너 회장이다.

이 행렬을 보고 난 다음 사람들은 이런 사실들을 알게 될 것이다. 첫째, 평균 신장을 가진 사람이 아주 늦게 나타난다는 점이다. 이는 평균 이하의 소득을 가진 사람이 인구의 절반을 훨씬 넘는다는 뜻이다. 물론 그 이유는 행렬의 끝에 나오는 고소득층이 평균 소득을 한참 끌어올리는 역할을 하기 때문이다.

둘째, 이 행렬은 처음에는 그 차이를 육안으로는 분별하기 어려울 만큼 아주 서서히 키가 커지지만, 뒤로 갈수록 변화가 빨라지며, 마지막 1분은 어지러울 정도로 키가 쑥쑥 커진다

펜의 곡선

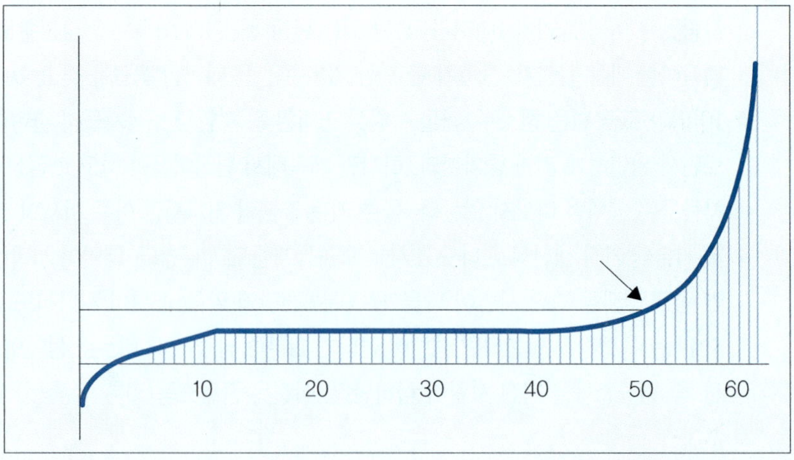

는 점이다. 뒷부분의 직업은 주로 관리직, 전문직이 많으며, 이들의 소득은 높은 급여에 기인한다. 하지만 마지막 순간은 거의 재산소득(부동산, 주식 등)으로 이루어진다.

셋째, 이 행렬의 첫 머리 부분은 그 사회의 극빈층인데 이들은 특별한 사회적 관심과 정책을 필요로 하는 계층이다. 여기에는 마이너스의 소득을 가진 사람부터 근로능력이 없는 장애인, 노인, 그리고 저임금 근로자들이 포함된다.

이와 같은 특징을 갖는 펜의 행렬을 나타낸 것이 위의 그림이다. 여기서 가로축은 0에서부터 60분까지의 시간을 표시하고, 세로축은 소득을 나타낸다. 처음에는 마이너스의 소득에서 시작하여 아주 완만히 소득이 증가하며, 평균은 30분보다 훨씬 뒤에 나타남을 알 수 있다. 그리고 마지막에는 대단히 빠른 속도로 소득이 증가하고 있다.

2. 퍼진 정도의 척도

자료의 중심위치를 아는 것은 매우 중요하지만 그것만으로는 충분치 않다. 가령 6, 7, 8, 9, 10과 1, 3, 8, 12, 16은 평균과 중위수가 모두 같지만, 분명히 서로 다른 분포이다. 어떻게 다른가? 두번째 자료의 흩어진 정도가 첫번째 것보다 더 크다. 이와 같이 자료의 퍼진 정도를 모르면 중심위치만으로는 분포 상태에 대해 매우 부분적으로밖에 알 수가 없고, 서로 다른 분포를 비교하기도 힘들다. 퍼진 정도를 측정하는 대표적인 방법으로 범위, 분산, 표준편차, 변이계수, 백분위수, 사분위수 등에 대해 살펴보도록 하자.

1) 범위(range)

범위란 측정 자료들 가운데 최소치와 최대치간의 차를 말한다. 이것은 다음과 같은 식으로 표시된다.

$$R = X_m - X_n$$

단, X_m은 최대치이고, X_n은 최소치이다.

아래 〈표 3-1〉은 2002년 현재 서울특별시의 구별 병원 및 영화관의 수를 나타낸 것이다. 병원 수와 영화관의 수 각각에 대하여 범위를 구해보자.

[표 3-1] 서울시 구별 병원 및 영화관 수

	면적(㎢)	인구(명)	병원 수	영화관 수
서울특별시	605.52	10,280,523	12,396	249
종로구	23.91	184,224	472	27
중구	9.96	141,603	483	46
용산구	21.87	245,218	251	10
성동구	16.85	343,018	314	1
광진구	17.05	388,478	384	–
동대문구	14.22	384,356	611	–
중랑구	18.5	443,246	406	10
성북구	24.57	446,968	452	–
강북구	23.6	362,906	363	2
도봉구	20.8	373,086	281	–
노원구	35.42	643,585	533	9
은평구	29.72	471,873	414	3
서대문구	17.6	368,001	426	10
마포구	23.87	378,777	459	7
양천구	17.4	486,350	444	7
강서구	41.4	530,169	474	1
구로구	20.11	415,789	361	10
금천구	13	264,004	236	1
영등포구	24.57	412,152	568	5
동작구	16.35	404,872	422	6
관악구	29.57	524,560	537	4
서초구	47.16	393,583	724	10
강남구	39.54	540,813	1,551	46
송파구	33.89	649,888	706	28
강동구	24.58	483,004	524	6

출처 : 서울시 홈페이지 통계 자료실(www.seoul.go.kr).

병원의 수는 금천구가 236개로 가장 적으며, 강남구가 1,551개로 가장 많다. 따라서 범위 R은 1,551 − 236 = 1,315가 된다. 한편 영화관의 경우는 광진구, 동대문구, 성북구, 도봉구가 0개로 가장 적으며, 강남구는 46개로 가장 많다. 따라서 범위 R은 $46 - 0 = 46$이 된다.

범위는 최소값과 최대값 이외에는 전혀 고려하지 않기 때문에 잃어버리는 정보가 많고, 평균과 마찬가지로 양 극단값의 영향을 많이 받는다는 것이 결점이다. 또한 어떤 조사집단의 자료 수가 많아지면 범위 또한 이의 영향을 받아 더 커지게 될 가능성이 있다.[2)]

2) 분산과 표준편차

표준편차(standard deviation)는 개별 관측치들이 평균으로부터 얼마나 멀리 떨어져 있는가 하는 정도를 나타내 주는 수치이다. 관측치들이 평균으로부터 더욱 멀리 흩어져 있을수록 표준편차의 값은 커지고, 평균을 중심으로 집중되어 있을수록 표준편차의 값은 작아진다. 한편 분산(variance)은 표준편차를 제곱한 값이다. 어떤 n개의 자료 $X_1, X_2, \cdots, X_n$가 있을 때 표준편차 S는 다음과 같이 계산한다.

$$S = \sqrt{S^2} = \sqrt{\frac{\sum(X_i - \overline{X})^2}{n-1}}$$

분산은 편차(개별 관측치가 평균으로부터 떨어진 정도) 제곱의 합을 $n-1$로 나누어 준 값($= S^2$)이고, 이것의 양의 제곱근이 표준편차이다. 평균은 크기의 중심이므로 개별 관측치가 평균에서 떨어진 정도를 모두 합하면 + 차이와 − 차이가 서로 지워져서 당연히 0이 된다($\sum(X_i - \overline{X}) = 0$). 편차의 합이 0이 되면 자료의 퍼진 정도를 측정할 수 없으므로 제곱을 한 후, 다시 제곱근을 취한 것이다.[3)]

3) 변이계수

표준편차는 자료의 절대적인 분산도를 측정하는 수단이기 때문에 자료의 단위나 크기의 영향을 받는다. 이에 따라 측정단위가 다른 자료 집단들 사이의 퍼진 형태를 비교하기에는 적당하지 않다. 무슨 말인가? 가령 1, 2, 5, 7, 10의 관찰값을 갖는 자료의 평균은 5, 표준편차는 3.7이다. 이 자료에 10을 곱하면 10, 20, 50, 70, 100이 되는데, 이의 평균은 50, 표준편차는 37이 된다. 그런데 표준편차가 10배라고 해서 10을 곱한 자료의 분포 형태가 원래 자료의 분포 형태에 비하여 더 퍼져

---

2) 이런 결점들이 있음에도, 손쉽게 계산할 수 있다는 장점 덕분에 품질관리 등에 널리 쓰이고 있다.

3) 사실은 좀더 복잡한 이유가 있지만, 일단은 이 정도의 설명에 만족하자.

있다고 할 수 있겠는가? 물론 아닐 것이다. 이는 단지 단위가 달라졌을 뿐, 모든 관찰값이 동일한 비율로 증가하였으므로, 자료의 분포 형태는 동일하기 때문이다.

이처럼 표준편차는 절대적인 분산도를 나타내기 때문에 관찰값의 단위나 크기가 다른 자료집단들의 퍼진 정도를 비교하기에는 부적절하다. 이를 위해서는 절대적인 분산도보다는 상대적인 분산도를 측정하는 것이 필요한데, 상대적인 분산도를 측정하는 수단이 변이계수이다. 변이계수(coefficient of variation)는 비교하려는 집단들의 평균이 같다면 표준편차가 얼마나 차이가 나는지를 보여 준다. 어떤 집단 자료의 평균이 $\overline{X}$, 표준편차가 S일 때, 변이계수 $C.V.(X)$는 다음과 같이 계산한다.

$$C.V.\ (X) = \frac{S}{\overline{X}} \times 100(\%)$$

집단의 표준편차를 평균으로 나누어 준다는 것은 각 집단의 평균을 1로 전환함을 의미한다. 각 집단의 평균값이 모두 1로 동일하므로, 이 때의 표준편차의 차이는 집단들의 퍼진 정도의 차이를 보여 준다고 할 수 있다.

아까의 예에서 1, 2, 5, 7, 10의 평균은 5, 표준편차는 3.7이며, 10, 20, 50, 70, 100의 평균은 50, 표준편차는 37이었다. 그런데 두 집단의 변이계수를 구하면 모두 74%로 동일하다.

각 집단의 자료들이 얼마나 퍼져있는가를 비교할 수 있게 해 주는 변이계수는 다양한 용도로 사용된다. 변이계수의 용도 중에서 대표적인 것으로 불평등도의 측정을 들 수 있다. 예를 들어서, 각각 10명으로 구성된 두 집단 A, B가 있다고 하자. A집단 구성원의 월소득의 변이계수는 80%이고, B집단 구성원의 월소득의 변이계수는 50%라고 하자. 이는 B집단 구성원들 사이의 소득격차는 A집단 구성원들 사이의 소득격차보다 상대적으로 작다는 것을 나타낸다. 따라서 A집단의 소득불평등 정도가 B집단보다 더 높다고 할 수 있다.

4) 백분위수와 사분위수 범위

백분위수와 사분위수는 순서에 의해 자료의 퍼진 정도를 측정하는 개념이다. 백분위수에는 제1백분위수부터 제99백분위수까지 99개의 백분위수가 있다. 자료를 크기 순서대로 작은 것부터 일렬로 세워놓았을 때 처음 1%에 해당되는 위치에 있는 값이 제1백분위수가 된다. 즉, 자료가 작은 것부터 순서대로 1,000개가 배열되어 있다면 10번째 관측치가 바로 제1백분위수이다. 어떤 관측치가 제70백분위수라

【그림 3-3】 분포의 모양과 백분위수

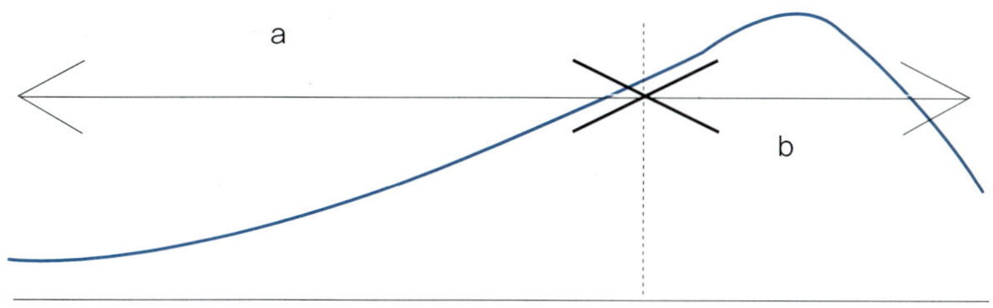

면, 이는 그 관측치보다 더 작은 값의 자료가 70% 존재하며, 그보다 더 큰 값의 자료가 30% 존재한다는 것을 의미한다. 앞에서 배운 중위수도 사실은 제50백분위수에 해당한다. 즉, 제50백분위수인 중위수를 중심으로 더 작은 자료가 50%, 더 큰 자료가 50% 존재하는 것이다. 백분위수의 성격을 이해하기 위해 [그림 3-3]을 보자. 여러분이 보기에는 제20백분위수와 제10백분위수 간 관측치의 차이와 제80백분위수와 제70백분위수 간 관측치의 차이 중에서 어느 쪽이 더 클 것 같은가?

백분위수는 순서에 의한 개념이기 때문에 분위수의 차이와 실제 관측치 간 차이의 크기가 비례하지 않는다. 자료의 분포형태를 보면 a영역에서는 자료들이 더 듬성듬성하게 위치하고, b영역에서는 더 촘촘히 밀집되어 있음을 알 수 있다. 따라서 b영역에 속하는 자료들끼리는 a영역에 비해 백분위수의 차이가 동일하다면 관측치의 크기 차이는 더 작을 것임을 알 수 있다. 문제를 다시 내겠다. [그림 3-3]에서, 25백분위수, 50백분위수, 75백분위수는 각각 어디쯤 위치할까? 어렵지 않다. 각자 생각해 보자.

백분위수가 전체 자료를 크기 순서에 의하여 100개의 구간으로 나눈 것임에 비하여, 사분위수는 4개의 구간으로 나눈 것이다. 이 때 처음 25%에 해당하는 위치의 값이 제1사분위수, 50%에 해당하는 위치의 값이 제2사분위수, 75%에 해당하는 위치의 값이 제3사분위수가 된다. 따라서 백분위수 중에서 제25백분위수는 사분위수로는 제1사분위수(Q_1), 제50백분위수는 제2사분위수(Q_2), 제75백분위수는 제3사분위수(Q_3)가 된다. 그리고 제3사분위수와 제1사분위수간의 차이를 사분위수 범위라고 한다.

사분위수범위 = 제3사분위수 − 제1사분위수

범위가 양 극단값의 영향을 많이 받는 데 비하여 사분위수 범위는 양 극단값의 영향을 배제할 수 있다는 장점을 가지고 있다. 사분위수 범위는 전체 범위에서 아래 위 25%씩이 제거된 것이므로, 중간 50%의 범위를 보여준다고 할 수 있다.

〈표 3-1〉에서 서울시 구별 병원수의 사분위수와 사분위수 범위를 구해보자. 총 구의 숫자가 25개이므로 먼저 제2사분위수(중위수)는 13번째 관측치인 452이다. 다음으로 중위수 밑에 있는 12개의 자료에서 다시 중위수를 찾으면 제1사분위수 373.5를 얻을 수 있다. 마지막으로 중위수 위에 있는 12개의 자료에서 중위수를 찾으면 제3사분위수 535를 얻는다. 사분위수범위를 계산해보면 $Q_3 - Q_1 = 535 - 373.5 = 161.5$가 된다.

5) 상자그림(box plot)

상자그림은 다섯 숫자 요약(five-number summary)을 그림으로 시각화 한 것이다. 다섯 숫자는 각각 최소값, 제1, 2, 3사분위수, 최대값을 말한다. 상자그림을 통해 우리는 자료의 분포 형태와 중앙위치(중위수), 흩어진 정도(범위, 사분위수 범위), 자료의 이상치(out-lier)를 알 수 있다.

위에서 구한 서울시 구별 병원수의 사분위수와 최소치 236, 최대치 1,551을 이용하여 상자그림을 그려보자. 먼저 제1, 2, 3사분위수를 차례로 표시한 다음 제1사분위수와 제3사분위수를 연결하여 상자를 그리고 제2사분위수(중위수)의 위치에 직선을 긋는다. [그림 3-4]를 보면 373.5와 535가 상자로 연결되어 있고, 452의 위치에 직선이 그어져 있음을 확인할 수 있다. 그 다음에는 최소치와 최대치를 표시하고, 각 위치와 상자를 직선으로 연결하면 된다. 상자그림을 통하여 우리는 자료의 범위, 사분위수 범위, 중위수 등을 알 수 있으며, 따라서 개략적인 자료의 분포 형태를 파악할 수 있다.

[그림 3-4]에서 제1, 2, 3사분위수의 간격이 일정해서 사분위수 범위 내에서는 자료가 비교적 고르게 분포되어 있음을 알 수 있다. 이에 비하여 최대값과 제3사분위수, 최소값과 제1사분위수의 간격은 더 넓어서 이 구간에는 중간 50%에 비하여 자료들이 더 퍼져 있음을 알 수 있다.

특히 최대값에서 상자 윗면(제3사분위수)까지의 간격이 최소값에서 상자 아래면(제1사분위수)까지의 간격에 비하여 굉장히 넓다는 점을 주목할 필요가 있다. 따라서 상위 25% 내에는 하위 25% 내에서보다 자료값들이 듬성듬성 퍼져있음을 알 수 있다. 어쩌면 상위 25% 내에는 극단값이 존재하기 때문에 상위 25%의 간격이

【그림 3-4】 서울시 구별 병원수의 상자그림 1

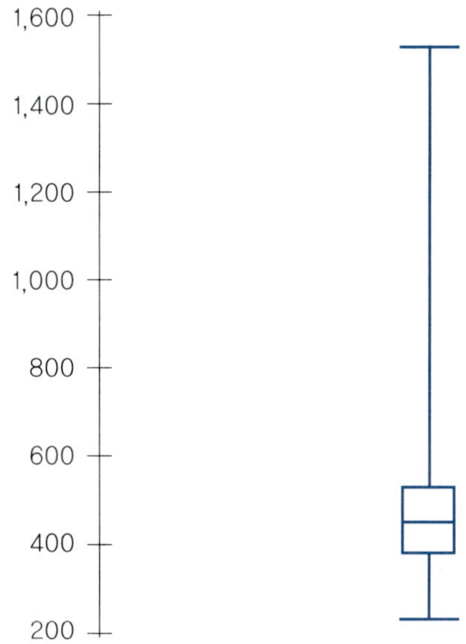

커졌을 수도 있을 것이다.

상자그림에서 상위 25% 또는 하위 25%의 간격이 극단값에 의하여 얼마나 영향을 받았는지 여부를 알 수 있는 방법은 없을까? 물론 있다. 최대값과 최소값을 직접 상자에 연결하는 대신에, 어떤 기준을 정해서 그 기준에 해당하는 값들 중에서 최대와 최소값을 상자에 연결하고, 벗어나는 것은 별도로 표시하면 된다.

예를 들어서, 상자의 위와 아래에 연결하는 각 직선 길이를 상자 길이(즉, 사분위수 범위)의 1.5배 이내로 제한한다는 기준을 세운다고 하자. 이 기준에 따르면 앞의 구별 병원수 사례의 경우 1사분위수는 373.5, 3사분위수는 535, 사분위수 범위는 161.5이므로 상한값은 $535 + (161.5 \times 1.5) = 777.25$가 되며, 하한값은 $373.5 - (161.5 \times 1.5) = 131.25$가 된다.

상한값과 하한값을 결정했으면, 이 범위 안에 있는 최소값과 최대값의 위치를 표시한 다음에 상자에 직선으로 연결한다. 우리의 예에서 이 범위 안의 최소값은 236, 최대값은 724이다. 그 다음에 이 범위에 포함되지 않는 값을 *로 표시해 준다. *로 표시된 값은 일종의 이상치(out-lier)로 볼 수 있는 극단적인 값이다. 이렇게 나타낸 것이 [그림 3-5]이다. 구별 병원수에서는 강남구는 다른 구보다 훨씬 많은 숫자인 1,551개의 병원이 있기 때문에 이상치로 표시되어 있다.

【그림 3-5】 서울시 구별 병원수의 상자그림 2

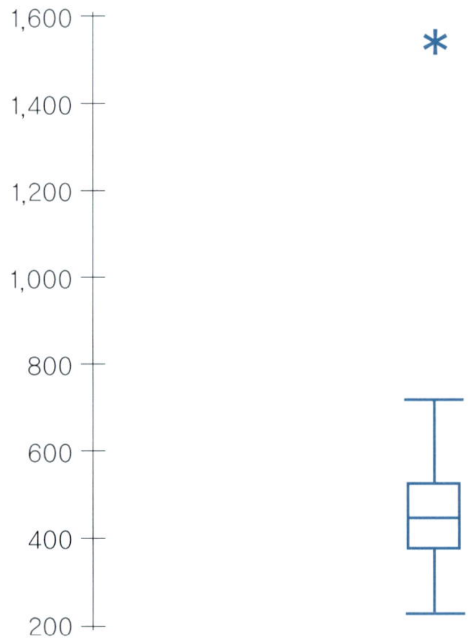

[그림 3-4]에 비하여 [그림 3-5]에서는 상한값에서 상자윗면(3분위수)까지의 간격이 대폭 줄었다. 따라서 [그림 3-4]에서 상위 25%의 간격이 넓었던 이유는 하나의 극단값(강남구)의 영향 때문이었음을 알 수 있다.

상자그림은 하나의 자료를 분석할 때도 편리하지만, 집단간 자료를 비교하는 데에 더욱 유용한 도구이다. 예를 들어보자.

[그림 3-6]은 2001년 3/4분기부터 2002년 3/4분기까지의 시도별 지가변동률을 상자그림으로 나타낸 것이다. 모든 분기의 그림에서 제1사분위수로부터 중위수까지의 거리가 제3사분위수와의 거리보다 좁은 것으로 보아 제1사분위수와 중위수 사이에 자료가 조밀하게 분포하고 있다. 원자료를 보면 이 자료들은 모두 단봉형 분포(봉우리가 하나, 즉 최빈치가 하나만 존재한다)를 이루고 있는데, 상자그림에서 중위수 밑 부분의 길이가 짧고, 윗부분의 길이가 길다는 것은 지가상승률의 분포모양이 오른쪽으로 긴 꼬리를 갖는 모양(right skewed)이라는 것을 예상하게 한다.

특기할 만한 것은 2002년 1/4분기에 제3사분위수로부터 상자그림의 상한값까지의 길이가 길어서 그 부분에 낮은 밀도로 자료가 분포한다는 것을 보여주고 있는데, 2/4분기와 3/4분기에는 상한값까지의 거리가 짧아진 대신 아예 극단적인 값이

【그림 3-6】 2001년 3/4분기~2002년 3/4분기의 전국 시도별 지가변동률

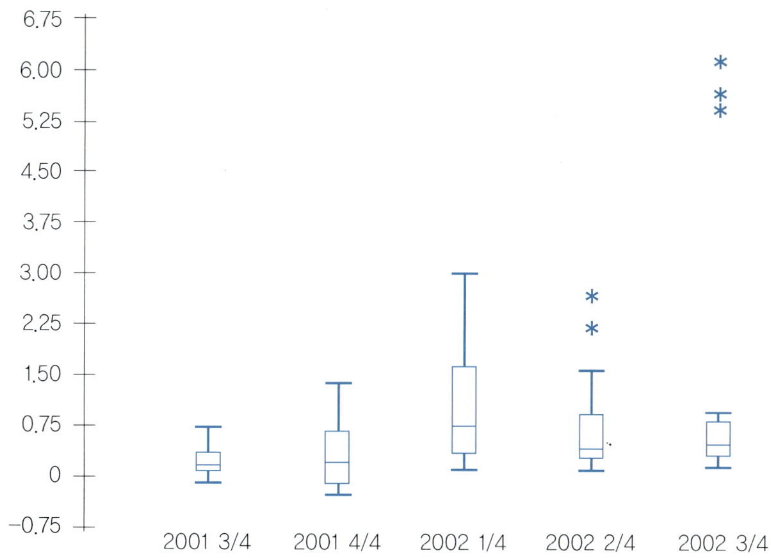

두 세 개 존재하고 있다는 것이다. 2002년 1/4분기의 중위수가 크고 상자 길이가 긴 것으로 보아, 다른 기간에 비해서 많은 지역에서 전체적으로 지가가 상승한 동시에 지역간 지가상승률의 차이가 컸음을 예상할 수 있다. 그러나 2002년 2/4분기와 3/4분기에는 극단값의 영향으로 전국적인 평균지가상승률은 높았겠지만, 소수 몇 개 지역의 지가가 크게 상승했을 뿐 그 밖의 지역에서는 지가가 비교적 안정적이었을 것이라는 사실을 납작한 상자와 그 위에 표시된 이상치가 말해주고 있다. 실제로 2002년도 3/4분기의 전국평균 지가상승률은 3.33%로 위에 표시된 기간 중에 가장 높았는데, 서울 5.44%, 인천 6.17%, 경기 5.65%로서 세 지역을 뺀 나머지 지역의 평균 지가상승률은 0.46%에 불과했다.

이처럼 상자그림은 여러 집단자료를 비교하는 데 편리한 도구인데, 한 가지 유의할 것은 집단간 비교에서는 모든 집단 상자그림의 단위가 동일해야 한다는 점이다(너무 당연한가?).

보기 3.3

분포의 형태와 상자그림

앞에서도 잠깐 언급했듯이 상자그림을 이용하면 자료의 분포형태(즉, 히스토그램의 형태)를 어느 정도 짐작할 수 있다. 아래에는 흔히 볼 수 있는 네 가지 분포형태와 그에 상응하는 상자그림에 제시되어 있다. 이를 통하여 각 분포형태에 따라 상자그림의 모습이 어떻게 달라지는가를 보기로 하자.

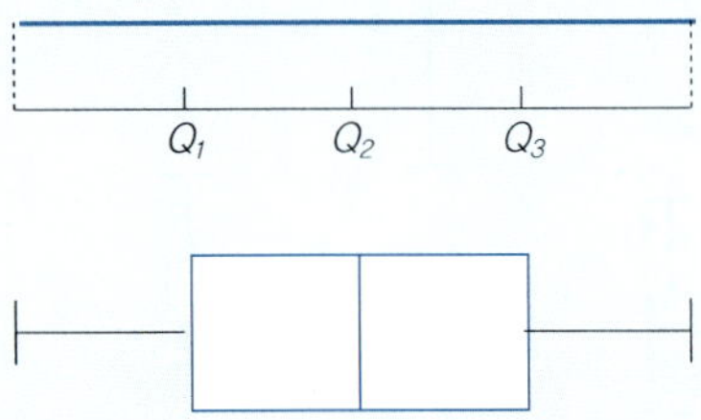

(a) 균등분포

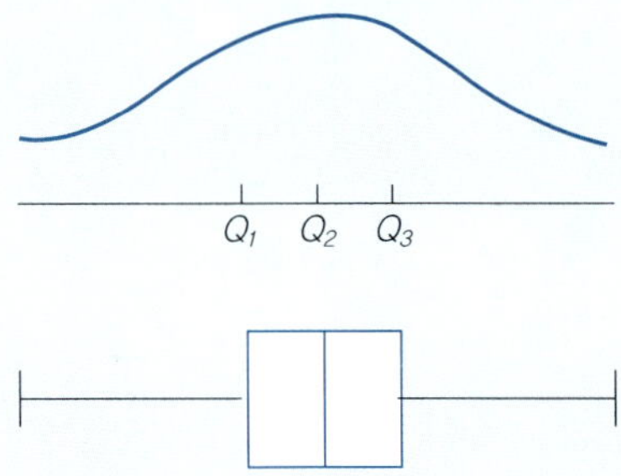

(b) 종형분포

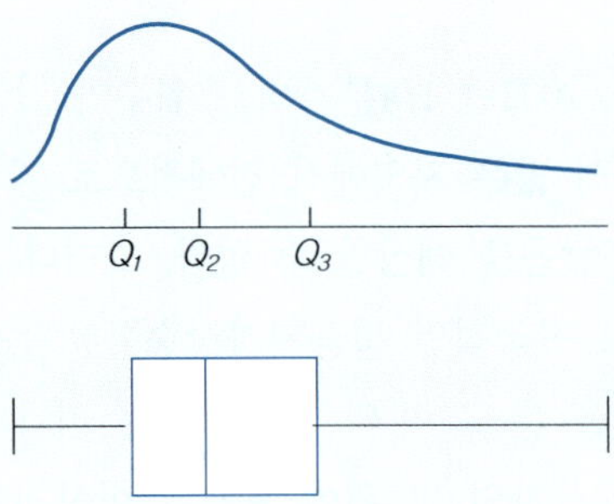

(c) 오른쪽 긴꼬리 분포

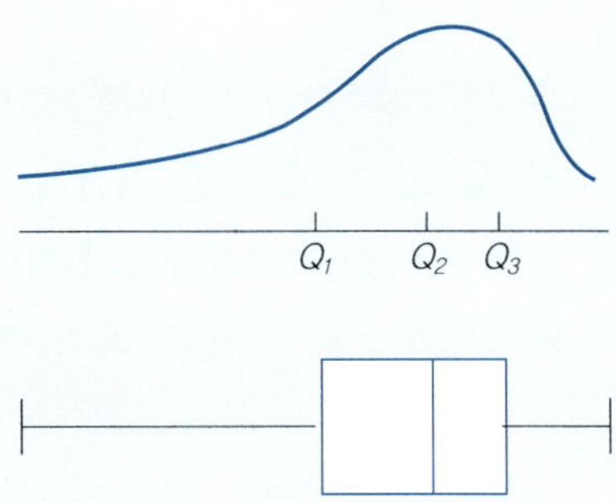

(d) 왼쪽 긴꼬리 분포

상자그림을 통하여 자료의 분포형태를 파악하는 것은 자료수가 적을 때보다는 많을 때 유용하다. 자료수가 적을 때는 상자그림을 통하여 분포형태를 짐작하는 것이 그리 믿을 만하지 못하다. 자료수가 적을 때는 상자그림보다는 줄기-잎 그림을 이용하는 것이 분표형태를 파악하는 데 더 유용하다.

6) 표준 점수(standard score, Z점수)

사회 현상을 파악할 때는 서로 다른 단위를 갖는 통계치들을 비교하거나, 이들을 합하여 하나의 통계치로 만들어야 하는 경우가 종종 발생한다. 예를 들어서,

각 도시들이 얼마나 살기 좋은가를 평가한다고 하자. 도시가 살기 좋은 정도를 평가하는 데는 교통이 얼마나 편리한가? 집값이 어느 정도인가? 상하수도가 얼마나 잘 갖추어져 있는가? 근린공원이 얼마나 있는가? 공기가 얼마나 맑은가? 치안이 얼마나 잘 되어 있는가? 등등 많은 것들이 기준이 될 수 있을 것이다.

이제 다양한 조건들 중에서 핵심적인 10개의 항목(이를 지표라고도 하는데 이에 대해서는 5장에서 상세하게 설명한다)을 선정하고 이들의 통계값을 합산하여 각 도시의 살기 좋은 정도를 평가한다고 하자. 가령 집값 지표는 25평형 아파트 가격이 지표값이고, 맑은 공기 지표는 대기오염수준을 나타내는 것(ppm 등)을 지표값으로 하고, 치안 지표는 인구 1,000명당 연간 범죄건수로 측정할 수 있다. 그렇다면 이처럼 서로 다른 내용을 다른 단위로 측정한 지표값들을 어떻게 합하여 총점을 구할 수 있을까?

서로 다른 단위를 가진 변수들의 크기를 비교하거나 이들을 더하려면 우선 공통된 단위(척도라고도 한다)로 전환해야 할 것이다. 이를 위한 일반적인 방법은 각 변수 내에서 특정 관찰값의 크기를 그 변수의 모든 관찰값들 중에서의 상대적인 크기로 나타내는 것이다. 각 관찰값의 절대적인 크기는 변수의 단위에 따라 다르지만 상대적인 크기는 단위에 상관없이 공통된 척도를 가질 것이기 때문이다.

무슨 말인가? 상대적인 크기를 나타내는 것 중에서 가장 손쉬운 방법으로는 등수를 매기는 것이 있다. 즉, 100개의 도시를 평가한다면 각 지표마다 1등부터 100등까지 순위를 매기고 이들을 종합하여 종합순위를 매기는 것이다. 그런데 등수를 매기는 것은 상당한 정보의 손실을 가져온다. 해당 지표 내에서 각 관찰값들의 절대적인 크기에 대한 정보가 손실되기 때문이다. 예를 들어서, 5개 도시의 25평 아파트 값이 A:1억원, B:1억 1백만원, C:1억 2백만원, D:2억 9천 9백만원, E:3억원이라고 하자. 이 5개 도시의 아파트 값에 대한 순위를 매기면 A:1등, B:2등, C:3등, D:4등, E:5등이 된다(아파트 값이 싼 게 살기 좋은 거라고 가정하자). 그런데 이 도시들의 집값을 보면 A, B, C는 서로 유사하며, D, E도 서로 유사하다. 그리고 (A, B, C)와 (D, E) 사이에는 엄청난 차이가 있다. 하지만 등수로만 나타내면 이러한 차이들이 반영되지 못한다.[4] 그럼 어떻게 하면 좋을까? 다음과 같은 변환을 한 번 보자.

$$\text{변환된 값} = \frac{\text{관찰값} - \text{최소값}}{\text{최대값} - \text{최소값}}$$

5개 도시 집값의 경우 최대값은 3억원이고 최소값은 1억원이다. 이 값들을 대입

4) 뿐만 아니라 지표에 따라 관찰자료수가 다르다면, 등수로 나타내는 것은 일관된 비교가 되지 못한다.

하고, 관찰값에 5개 도시의 집값을 대입하면 변환된 값이 나온다. 5개 도시 집값의 변환된 값은 A:0, B:0.005, C:0.01, D:0.995, E:1이 된다. 즉 최소값은 0, 최대값은 1이 되며, 5개 도시의 변환된 집값 지표는 원래값들의 크기에 비례하여 0과 1 사이의 어느 값이 된다. 원래의 관찰값이 어떤 단위, 어떤 크기의 값이든지 상관없이 이 변환된 값은 단위는 없어지고, 항상 0과 1 사이의 값이 된다.[5] 따라서 서로 다른 지표값들이 동일한 기준의 값으로 전환되기 때문에 크기를 비교하거나, 더하는 것이 가능하다. 그리고 등수와는 달리 원래값들의 상대적인 격차가 그대로 유지된다.

또 다른 방법을 보자. 상대적인 크기로 전환하는 방법 중에서 가장 널리 쓰이는 것은 표준점수(Z 점수)로 나타내는 것이다(가장 대표적인 방법이기 때문에 '표준'이라는 명칭이 붙었다!). 표준점수란 원래의 값에서 평균을 빼 주고 이를 다시 표준편차로 나누어 준 값이다. 즉, 변수(또는 지표) X에 대한 관찰값들의 평균이 $\bar{X}$, 표준편차가 s일 때, 특정 관찰값 X_i의 표준화 점수는 $Z_i = \dfrac{X_i - \bar{X}}{s}$이 된다. 이 식을 잘 살펴보면, 표준점수란 하나의 관찰값이 평균으로부터 어느 쪽으로 얼마나 멀리 떨어져 있는가를 표준편차를 단위로 하여 나타낸 것이라고 할 수 있다. 하나의 관찰값이 평균으로부터 어느 쪽으로 얼마나 멀리 떨어져 있는가는 $X_i - \bar{X}$에 의하여 측정하게 되고, 이를 표준편차 단위로 나타낸다는 것은 표준편차인 s로 나누어 줌을 의미한다. 이 때 관측치의 단위는 표준편차의 단위와 같으므로 분자, 분모에서 측정단위가 서로 상쇄된다는 것을 알 수 있다. 그러므로 다른 측정단위 간에도 표준점수로 변환해주면 서로 비교가 가능해지는 것이다. 그리고 위 식에 따라 표준점수로 변환할 경우 원래의 평균과 표준편차가 어떤 값이든 상관없이 표준점수로 전환된 값의 평균은 항상 0이며, 표준편차는 1이 된다.

생각해 보기

왜 표준점수의 평균이 항상 0이고 표준편차는 1이 될까? 이는 평균과 분산의 성질 때문이다. X_i의 평균이 $\bar{X}$, 표준편차가 s일 때, $aX_i + b$의 평균과 표준편차는 무엇일까?

이는 각각 $a\bar{X} + b$와 as가 된다. 즉, 모든 관찰값에 일정 수를 곱하거나 더하면 평균도 일정 수를 곱하거나 더한 것만큼 변하지만, 표준편차는 곱할 경우만 똑같이 변하고, 더할 때는 변하지 않는다. 정말? 의심나면 아무거나 사례를 만들어서 직접 계산해 보라. 뭐, 이렇게까지 안 해도 조금만 생각하면 너무 당연한 일이라는 걸 깨달을 수 있다.

어쨌든 $Z_i = \dfrac{X_i - \bar{X}}{s} = \dfrac{1}{s}X_i - \dfrac{1}{s}\bar{X}$인데 $a = \dfrac{1}{s}$에 해당하며, $b = -\dfrac{1}{s}\bar{X}$에 해당한다.

---

5) 점수가 높을수록 좋은 거라면 (1 − 변환된 값)을 사용하면 되겠다.

따라서 Z_i의 평균은 $\frac{1}{s}\overline{X}-\frac{1}{s}\overline{X}=0$이 되며, 표준편차는 $\frac{1}{s}s=1$이 된다.

평균이 0이므로 평균보다 작은 값들은 항상 −, 큰 값들은 +의 값을 갖게 된다. 또한 표준점수가 2 이상이라면 평균보다 2 표준편차 이상 큰 값이므로 다른 관찰값들에 비하여 특이하게 큰 값이라는 것을, −2 이하라면 평균보다 2 표준편차 이하로 작은 값이므로 다른 관찰값들에 비하여 특이하게 작은 값임을 짐작할 수 있다. 표준점수의 범위는 원자료의 분포에 따라 달라지지만, 대부분의 경우는 ±3 이내의 값을 갖는다.

한편, 표준점수는 중앙경향(평균)과 퍼진 정도(표준편차)를 동일하게(어떤 분포라도 표준점수로 바꾸면 평균 0, 표준편차 1이 된다!) 맞추는 변환이기 때문에, 서로 다른 단위의 통계치들을 비교할 때도 널리 쓰이지만, 단위가 같더라도 절대적 크기 및 퍼진 정도가 다른 경우 이를 조정하기 위한 목적으로도 사용된다. 무슨 말인가?

'행정학개론' 과목의 학점을 중간고사와 기말고사 성적을 50:50으로 반영하여 매긴다고 하자. 즉, 중간고사와 기말고사 모두 100점 만점으로 하고, 이 두 시험의 평균점수에 의하여 학점을 매길 수 있다. 그런데 중간고사는 평균이 50점이고 표준편차는 30점이라고 하자. 중간고사 점수가 너무 나쁜 데 충격을 받은 교수가 기말고사를 아주 쉽게 출제해서, 기말고사는 수강생들의 평균이 90점이고 표준편차는 3점이 되었다고 하자. 중간고사는 학생들 간의 점수편차가 큰 데 비하여 기말고사는 거의 편차가 없다. 이 경우 중간고사와 기말고사 점수의 단순평균으로 학점을 매긴다면 학점은 대부분 중간고사 점수에 의하여 좌우될 것이다. 즉, 학점에 대한 중간고사와 기말고사의 실제 반영 비율은 중간고사가 훨씬 높게 된다. 그렇다면 중간시험 때의 부진을 만회하기 위하여 열심히 공부하여 기말고사에서 1등을 한 만복이는 너무 불쌍하지 않은가?

물론 이처럼 심하지는 않더라도 중간고사와 기말고사의 실제 반영 비율이 달라지는 경우는 흔히 발생한다. 이럴 경우 어떻게 할까? 그냥 재수려니 하고 넘어갈까? 글쎄, 내 경우는 중간고사와 기말고사의 표준점수를 구하여 이의 평균값을 사용한다. 이처럼 평균과 표준편차의 차이를 조정하기 위하여 표준점수를 사용하는 예는 흔히 볼 수 있다.

그렇다면 단위가 다르거나, 평균과 표준편차의 차이가 심한 경우 원래의 통계값 대신 표준화된 값을 사용하기만 하면 아무 문제가 없는 걸까? 물론 아니다. 표준점수라는 것도 나름대로의 문제점이 있기 때문에 이를 적용하고, 그 값을 해석할 때는 그 의미를 잘 생각해서 신중하게 해야 한다. 표준점수의 적용에서 발생하는 문제의 본질은 절대값이 아닌 상대적인 값을 보여 준다는 데 있다. 이게 무슨 말인지는 다음의 대학수학능력 사례를 보면 보다 잘 이해할 수 있을 것이다.

보기 3.4

표준점수의 이해 – 대학수학능력시험

표준점수가 어떤 의미를 갖는가? 원점수를 비교하는 것과 표준점수를 비교하는 것은 어떤 차이가 있는가 등을 보다 잘 이해하고자 하는 독자들은 아래에 제시된 대학수학능력 시험의 예를 잘 읽어 보도록 하자. 약간 복잡하기는 하지만, 천천히 생각하면서 읽으면 별로 어려운 내용은 아니다. 지식 습득을 떠나서, 대부분의 독자들이 경험했을 대학수학능력시험 점수산정 방식의 문제점을 알아보는 것도 재미있지 않겠는가?

대학수학능력시험의 성적표에는 원점수뿐만 아니라 백분위, 표준점수 및 변환표준점수와 같은 여러 가지 점수가 기재된다.[6] 백분위는 어떤 학생의 원점수보다 낮은 점수를 받은 학생이 전체 학생 중 몇 %가 있느냐를 나타내며, 변환표준점수는 표준점수에 각 과목의 원점수 배점에 따른 가중치를 곱해준 값이다. 왜 원점수 외에도 이런 점수들이 기재되는 것일까? 원점수만으로는 각 영역 및 과목간 난이도의 차이로 인해 발생하는 문제들을 해결할 수 없기 때문이다. 많은 대학에서 백분위는 특차 지원자격으로 이용되고 있으며, 전형에 직접 반영되는 점수로는 원점수보다 변환표준점수가 더욱 많이 활용되어 왔다.

쉽게 이해하기 위해서 먼저 다음과 같은 경우를 생각해보자. 어느 해 수능에서 수리영역은 매우 어렵게, 외국어 영역은 매우 쉽게 출제되었다고 하자. 외국어 영역에서 70점을 맞은 학생과 수리영역을 70점을 맞은 학생 중의 어느 학생의 백분위가 더 높겠는가? 당연히 수리 영역에서 70점을 받은 학생의 백분위가 더 높을 것이고, 외국어 영역에서 70점을 받기보다 수리 영역에서 70점을 받기가 더 어려울 것이다. 그러나 원점수로 총점을 낼 경우, 그러한 난이도의 차이는 전혀 고려되지 않은 채 수학이든 영어든 70점은 그대로 70점으로 합산되고 만다.

한편, 영역 간 난이도 차이의 문제 외에도 서로 다른 선택과목의 성적을 비교할 때 발생하는 문제도 있다. 가령 어느 해에 사회탐구영역의 선택과목 중에서 세계사는 매우 쉽게 출제되었고 경제는 매우 어렵게 출제되었다면, 원점수를 기준으로 비교하는 경우 세계사를 택한 집단이 절대적으로 유리하게 될 것이다. 앞의 경우에는 모두가 같은 문제를 풀고 원점수로 평가를 받았으니 그래도 덜 억울하겠지만, 서로 다른 문제를 풀고 일률적으로 원점수로 비교한다면 억울하기 그지없는 일이다.

이러한 문제들을 완화하기 위해 표준점수를 도입하여 수능 총점을 계산할 때 4개 영역의

6) 2005학년도부터는 원점수나 변환표준점수가 아닌 표준점수와 백분위만이 표시되도록 하였다.

성적이 난이도에 따라 공평하게 반영되도록 하고, 어렵게 출제된 과목을 선택한 학생들이 일방적으로 불리하거나 쉽게 출제된 과목을 선택한 학생들이 일방적으로 유리하지 않도록 하는 것이다. 그렇다면 원점수가 아니라 표준점수로 비교하기만 하면 문제가 해결되는 것일까?

수능에서는 표준점수로서 T점수라는 것을 사용하는 것인데 이는 Z점수를 선형변환한 것으로서 본질적으로는 Z점수와 동일한 성격을 갖는다.[7)]

$$\text{표준점수(T점수)} = [\frac{X-\overline{X}}{SD}] \times 10 + 50$$

위 식에서 알 수 있듯이 T점수는 Z점수(= $\frac{X-\overline{X}}{SD}$)에 10을 곱하고 50을 더해 줌으로써, 평균 = 0, 표준편차 = 1인 Z점수를 평균 = 50, 표준편차 = 10인 분포로 전환한 것이다. 이제 다음의 그림과 표를 보자.

[그림 3-7] 언어영역 계열별 점수 분포

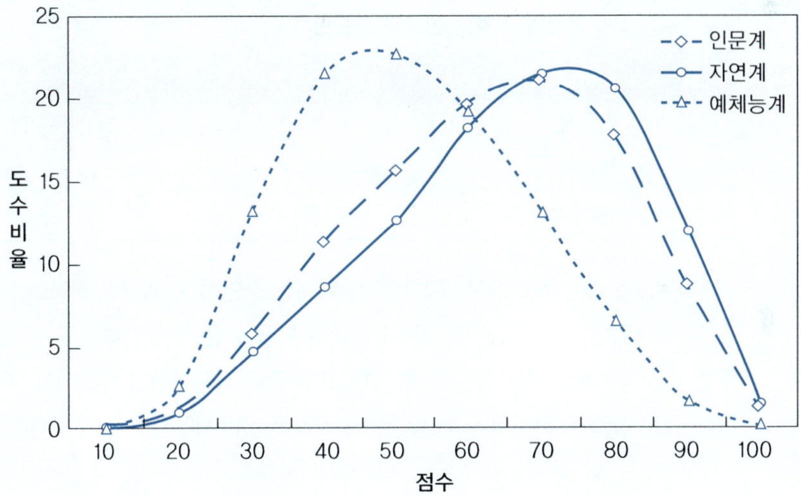

[표 3-2] 언어영역 계열별 평균과 표준편차

언어영역	평 균	표준편차
인문계	57.4	17.1
자연계	60.3	17.2
예체능계	46.3	15.6

7) 원래의 값에다가 임의의 수치를 더하거나 곱해 주는 것을 선형변환이라고 한다.

【그림 3-8】 외국어영역 계열별 점수 분포

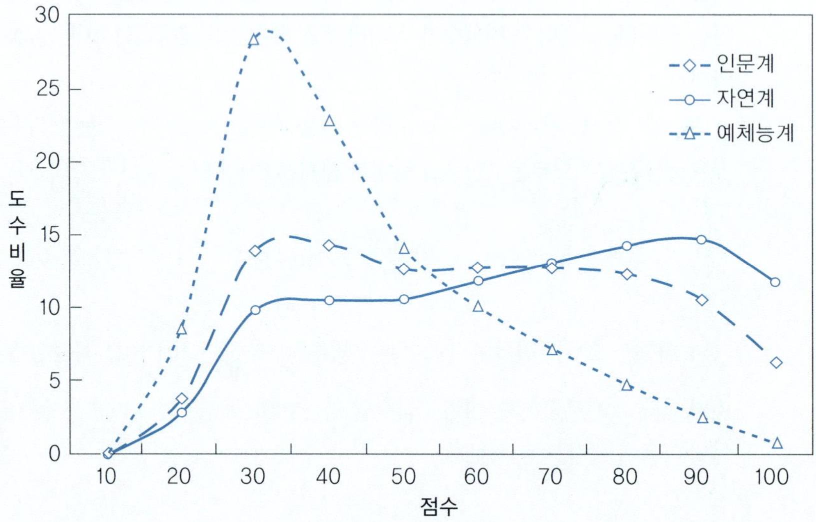

[표 3-3] 외국어영역 계열별 평균과 표준편차

외국어영역	평 균	표준편차
인문계	54.3	22.8
자연계	60.6	23.4
예체능계	39.3	18.1

위 그림과 표는 2003학년도 대학수학능력시험의 언어 및 외국어 영역의 성적(원점수) 분포 및 요약치이다.[8] 우리는 위 그림에서 같은 시험문제를 풀었음에도 불구하고 집단별로 상이한 분포가 나타난다는 점을 알 수 있다. 또한 같은 집단이라고 하더라도 과목에 따라 분포의 모양은 다르게 나타난다. 즉, 당연한 말이지만 어떤 사람들이 어떤 문제를 풀었는가에 따라서 분포가 달라진다. 그렇다면 각 영역 만점자들의 표준점수를 계열별로 계산해 보자.

[표 3-4] 계열별 만점자의 표준점수

	언어영역	외국어영역
인문계	74.9	70.1
자연계	73.0	66.8
예체능계	84.5	83.5

8) 언어영역과 외국어영역의 배점이 다르기 때문에(언어 120점, 외국어 80점) 그림 및 표는 각 영역 원점수를 100점 만점으로 환산하여 나타냈다.

〈표 3-4〉를 보면 동일한 100점 만점자라도 영역과 계열에 따라서 표준점수는 서로 다르게 나타남을 알 수 있다. 표준점수를 만드는 공식에서 알 수 있듯이, 표준점수는 동일한 원점수라도 평균과 표준편차가 작을수록 커진다.

그런데 언어영역과 외국어영역 만점자의 표준점수를 비교하면 모든 계열에서 언어영역 만점자의 표준점수가 외국어영역 만점자의 표준점수보다 높기 때문에 언어영역을 잘하는 학생이 외국어영역을 잘 하는 학생보다 유리해 질 수 있다(반대로 언어영역을 0점 맞은 학생과 외국어영역에서 0점을 받은 학생의 표준점수는 어떻게 될지 생각해보자). 이는 물론 두 영역의 평균과 표준편차값이 다르기 때문이다. 예를 들어서, 두 영역의 표준점수 차이가 가장 큰 자연계를 보자. 자연계의 언어영역 원점수 평균과 표준편차는 각각 60.3과 17.2인데 비하여 외국어영역은 60.6과 23.4로서 평균은 거의 같지만 표준편차는 언어영역이 상당히 작다. 이에 따라 언어영역 만점자의 표준점수가 더 높게 나온 것이다.

이처럼 표준점수로 평가하는 경우, 난이도 차이에 따른 유불리를 완화할 수는 있지만 쉽게 출제된 영역을 잘하는 학생들, 가령 각 영역 내에서 쉽게 출제된 선택과목에서 만점을 받은 학생들의 경우는 실력을 제대로 평가받을 기회를 원천적으로 봉쇄당한 셈이 된다.[9]

한편, 표준점수로 평가하는 경우, 우수 집단의 학생들이 그렇지 않은 집단의 학생들에 비해 불리해 질 수 있다. 〈표 3-2〉, 〈표 3-3〉, 〈표 3-4〉에서 각 계열별로 평균과 표준편차를 비교하면, 언어와 외국어영역 모두 평균과 표준편차의 크기는 자연계 > 인문계 > 예체능계의 순서이며, 특히 예체능계와 다른 두 계열의 격차가 큰 편이다. 이에 따라 동일한 만점자라도 표준점수는 예체능계 > 인문계 > 자연계 순으로 나타났으며, 특히 예체능계 만점자의 표준점수가 다른 두 계열 만점자에 비하여 높게 나타났다.

2003학년도에 계열 교차지원을 허용한 대학 중에 166개 대학이 표준점수를 활용하였는데, 인문계 학생이 자연계로 교차지원했을 경우를 생각해 보자. 두 학생이 모두 언어영역과 외국어영역에서 같은 점수를 받았다고 하더라도 인문계 학생이 훨씬 유리할 것이다. 더 낮은 점수를 받은 인문계 학생은 합격하고, 더 높은 점수를 받은 자연계 학생이 불합격하는 사태가 벌어질 수 있다.[10]

앞에서 선택과목의 난이도가 다를 때 표준점수를 이용하면 난이도에 따른 차이를 보정하기 때문에 원점수로 평가하는 것보다 공평할 수 있다고 하였다. 그런데 만일 두 선택과목의 평균점수 차이가 난이도 차이 때문이 아니라 각 선택과목을 택한 학생들의 실력 차이 때문이라면? 이 경우는 표준점수를 이용하여 두 선택과목의 점수분포 차이를 없애는 것이(즉, 평균과 표준편차가 동일하게 만드는 것이) 오히려 불공평할 수 있을 것이다.

9) 이러한 문제점이 발생하는 이유는 표준점수를 산출하여 성적을 비교할 경우 기본적으로 각 집단에서 평균점수를 받은 학생들의 실력이 동일하며, 집단 내 상대적인 점수 차이가 실력차이를 반영한다고 가정하기 때문이다.

10) 이런 현상은 실제로 발생하였다. 이 문제 때문인지는 모르겠지만, 그 이후 교차지원을 허용하지 않는 쪽으로 방침이 바뀌었다.

기 • 출 • 예 • 제

01 { 06 행 · 외시 } 다음 〈표〉는 2002～2004년 사이의 소득분포에 관한 자료이다. 〈표〉에 대한 | 보기 |의 설명 중 옳은 것을 모두 고른 것은?

도시근로자가구의 소득 5분위별 소득분포

(단위: 천원, %)

구 분	Ⅰ분위		Ⅱ분위		Ⅲ분위		Ⅳ분위		Ⅴ분위	
	평균 소득	소득 점유율	평균 소득	소득 점유율	평균 소득	소득 점유율	평균 소득	소득 점유율	평균 소득	소득 점유율
2002	1,069	7.7	1,775	12.7	2,387	17.1	3,192	22.9	5,537	39.6
2003	1,093	7.4	1,939	13.2	2,556	17.4	3,406	23.2	5,703	38.8
2004	1,118	7.2	2,028	13.0	2,729	17.5	3,637	23.4	6,054	38.9

※ 전체 조사가구를 소득 순으로 5등분하여 각 분위별 평균값을 집계함.

보 기

ㄱ. Ⅴ분위 계층의 평균소득은 2004년이 2002년, 2003년보다 각각 크다.

ㄴ. 소득 상위 2개 분위 계층의 소득이 전체에서 차지하는 점유율은 2002~2004년 기간에 60% 이상을 유지하고 있다.

ㄷ. 2003년에 소득점유율의 전년대비 증감률이 가장 큰 것은 Ⅱ분위이다.

ㄹ. 전년에 비해 2004년도에 소득 상위 3개 분위 계층의 평균소득은 증가하였으나 소득 하위 2개 분위 계층의 평균소득은 감소하였다.

ㅁ. 소득 최하위 분위 계층의 소득이 전체에서 차지하는 점유율은 2003년부터 감소하였다.

① ㄱ, ㄷ, ㄹ ② ㄴ, ㄹ, ㅁ ③ ㄱ, ㄴ, ㄷ, ㅁ
④ ㄱ, ㄴ, ㄹ, ㅁ ⑤ ㄱ, ㄷ, ㄹ, ㅁ

02 {06 행 · 외시} 다음 〈표〉는 학력과 성에 따른 월평균임금의 추이를 나타내고 있다. 이에 대한 해석으로 옳은 것을 | 보기 |에서 모두 고르면?

월평균임금 추이

(단위: 천원)

구분 \ 연도	1975년	1980년	1985년	1990	1995년	2000년
전 체	47	151	269	502	928	1,314
남 자	60	193	328	588	1,050	1,474
여 자	25	86	158	324	628	954
중졸 이하	32	113	204	408	782	1,042
남 자	42	149	259	498	932	1,217
여 자	22	77	138	285	540	755
고 졸	56	156	257	465	861	1,186
남 자	62	181	300	538	976	1,328
여 자	38	100	167	326	614	886
대졸 이상	120	338	552	812	1,264	1,789
남 자	124	349	565	833	1,298	1,882
여 자	77	211	412	594	986	1,396

보 기

ㄱ. 1975년 대비 2000년의 대졸 이상자 월평균임금의 상승률은 고졸자 월평균임금의 상승률보다 낮다.

ㄴ. 1975년 대비 2000년의 여자 월평균임금의 상승률은 남자 월평균임금의 상승률보다 낮다.

ㄷ. 2000년의 경우 고졸자와 대졸 이상자 사이의 월평균임금 차이는 남자가 여자보다 크다.

ㄹ. 1975년부터 2000년까지 5년 단위로 보면 전체 월평균임금의 상승률이 가장 큰 기간은 1985~1990년이다.

① ㄱ, ㄴ　② ㄱ, ㄷ　③ ㄱ, ㄹ

④ ㄴ, ㄷ　⑤ ㄷ, ㄹ

03 { 06 행 · 외시 } 다음은 어느 중학교 3학년 2개 반의 국어, 영어, 수학 과목 시험 성적에 관한 〈표〉이다. 이에 대한 내용으로 옳은 것을 | 보기 |에서 모두 고르면?

반별 · 과목별 시험성적

(단위: 점)

구 분	평 균				과목별 총점
	1반		2반		
	남학생 (20명)	여학생 (10명)	남학생 (15명)	여학생 (15명)	
국 어	6.0	6.5	A	6.0	365
영 어	B	5.5	5.0	6.0	320
수 학	5.0	5.0	6.0	5.0	315

※ 각 과목의 만점은 10점임.

보 기

ㄱ. A는 B보다 크다.
ㄴ. 국어 과목의 경우 2반 학생의 평균이 1반 학생의 평균보다 높다.
ㄷ. 3개 과목 전체 평균의 경우 1반의 여학생 평균이 1반의 남학생 평균보다 높다.
ㄹ. 전체 남학생의 수학 평균은 전체 여학생의 수학 평균보다 높다.

① ㄱ, ㄴ　② ㄱ, ㄷ　③ ㄴ, ㄹ
④ ㄱ, ㄷ, ㄹ　⑤ ㄴ, ㄷ, ㄹ

04 {06 입법고시} 다음 〈표〉는 국회사무처가 20명의 응시자를 대상으로 하여 지도력(Q1), 선견성(Q2), 책임감(Q3), 그리고 발표력(Q4)을 각각 상 · 중 · 하로 나누고 상은 5점, 중은 3점, 하는 1점을 부여하여 평가한 항목별 점수이다. 그리고 국회사무처는 Q1, Q2, Q3, Q4의 항목에 대해 각각 W1, W2, W3, W4의 가중치를 부여하여 가중평균함으로써 각 응시자의 종합평점을 계산한 다음, 각 응시자의 최종 면접점수를 10 + (1 − 1/종합평점) × 10으로 구하고자 한다. 예를 들어, 각 항목의 가중치가 W1 = 0.1, W2 = 0.3, W3 = 0.2, W4 = 0.4라면 〈표〉에 있는 응시자 A의 종합평점은 (0.1 × 1) + (0.3 × 3) + (0.2 × 5) + (0.4 × 5) = 4.0이므로 최종 면접점수는 10 + (1 − 1/4.0) × 10 = 17.5이다. | 보기 |와 같이 각 항목에 가중치를 부여하여 응시자 20명의 최종 면접점수를 계산하였을 때, 응시자 K의 최종면접점수가 단독 1위가 되는 가중치 부여방법을 모두 묶은 것은?

항목 / 응시자	Q1	Q2	Q3	Q4	Q5
A	1	3	5	5	14
B	3	3	5	1	12
C	5	1	3	5	14
D	5	5	1	3	14
E	1	3	1	5	10
F	3	1	5	5	14
G	5	3	1	5	14
H	5	1	1	5	12
I	1	5	5	3	14
J	5	1	3	3	12
K	1	5	3	5	14
L	1	3	3	5	12
M	5	3	1	3	12
N	3	5	5	1	14
O	1	1	5	5	12
P	5	1	5	3	14
Q	5	3	3	1	12
R	1	5	5	1	12
S	5	5	3	1	14
T	3	1	3	3	10

보 기

ㄱ. W1 = 0.1, W2 = 0.2, W3 = 0.3, W4 = 0.4
ㄴ. W1 = 0.2, W2 = 0.3, W3 = 0.2, W4 = 0.3
ㄷ. W1 = 0.1, W2 = 0.4, W3 = 0.2, W4 = 0.3
ㄹ. W1 = 0.2, W2 = 0.3, W3 = 0.3, W4 = 0.2
ㅁ. W1 = 0.25, W2 = 0.25, W3 = 0.25, W4 = 0.25

① ㄴ, ㄷ ② ㄷ, ㄹ ③ ㄱ, ㄴ, ㄷ
④ ㄴ, ㄷ, ㄹ ⑤ ㄴ, ㄷ, ㅁ

05 { 05년 모의평가 } 조달청에서 추정가격이 400억원인 공사에 대한 입찰공고를 낸 결과 5개업체가 입찰 제안서를 제출하였고 업체별 입찰가격은 〈표〉와 같다. 입찰가격 평가방식이 아래와 같을 경우 B업체와 D업체의 입찰가격 평점의 차이는 얼마인가?

업체별 입찰가격

업체명	A	B	C	D	E
입찰가격	390억원	360억원	330억원	300억원	270억원

평가방식

입찰가격 평점은 총점 100점을 기준으로 $[\frac{\text{입찰자 중 최저입찰가격}}{\text{입찰가격}} \times 100]$과 같이 산정한다. 단, 입찰가격이 추정가격의 100분의 80 미만인 경우에는 획득 평점에서 $[\frac{\text{추정가격의 80\%상당가격} - \text{입찰가격}}{\text{추정가격}} \times 100]$만큼을 감점한다.

① 5점 ② 7.5점 ③ 10점 ④ 12.5점 ⑤ 15점

06 { 05년 입법 } 30가구로 구성된 어떤 마을의 가구당 연간소득을 조사하여 마을의 연간 소득 수준을 설명하려 한다. 다음 자료는 가구당 연간소득의 평균값, 중앙값, 최빈값이다. 이 〈표〉에 대한 설명으로 옳은 것을 | 보기 |에서 모두 골라 배열한 것은?

가구당 연간소득

(단위: 백만원)

평균값	중앙값	최빈값
45.5	35.2	34.0

※ 최빈값은 구간 간격을 2백만원으로 하는 도수분포표를 이용하였음.

보 기

ㄱ. 평균값이 중앙값과 최빈값에 비해 큰 것은 연간소득이 평균값 이상인 가구수가 평균값 이하인 가구수보다 많다는 의미이다.
ㄴ. 3천 4백만원 이상의 연간소득을 올리는 가구는 15가구 이상이다.
ㄷ. 다수의 자료에 비해 아주 작거나 아주 큰 값이 존재하는 자료를 요약할 때 평균값은 치우친 값들에 대해 매우 안정적이다.

① ㄴ ② ㄷ ③ ㄱ, ㄴ ④ ㄱ, ㄷ ⑤ ㄴ, ㄷ

07 { 05년 입법 } 다음은 어느 수험생의 영어성적표 중 일부이다. 점수에 대한 해석으로 옳은 것을 | 보기 |에서 골라 배열한 것은?

구 분	듣기영역 (110점 만점)	말하기 영역 (90점 만점)	읽기 영역 (80점 만점)	쓰기 영역 (50점 만점)
원점수	91	64	71	41
T Score	50	67	48	52

※ T Score = {(원점수 − 응시집단 전체평균)/표준편차} × 10 + 50

보 기

ㄱ. 이 수험생은 듣기 영역에서 원점수가 가장 높지만 듣기 영역이 다른 영역에 비하여 우수하다고 말할 수는 없다.
ㄴ. 듣기 영역의 응시집단 전체 평균점수는 90점보다 낮다.
ㄷ. 이 수험생의 쓰기 영역의 점수는 해당 영역의 응시집단 전체 평균점수보다 높다.
ㄹ. 이 수험생의 읽기 영역의 점수는 해당 영역의 응시집단 전체 평균점수보다 높다.

① ㄱ, ㄴ ② ㄱ, ㄷ ③ ㄱ, ㄹ ④ ㄴ, ㄷ ⑤ ㄴ, ㄹ

08

{ 05년 행시 · 외시 } 한 공장이 새로운 생산 라인이 생기면서 1개월마다 한 명씩 새로운 사원이 배치되었다. 이 라인에 A 사원이 첫번째로 배치되었고, 이후 4개월 동안 B, C, D, E 4명의 사원이 차례로 충원되었다. 다음 [그림]은 사원수의 변화에 따른 이 라인의 1인당 월간 생산량을 표시한 것이다. 이 라인에서 월간 생산량이 가장 많은 사원과 가장 적은 사원은 각각 누구인가?

사원수에 따른 1인당 월간생산량

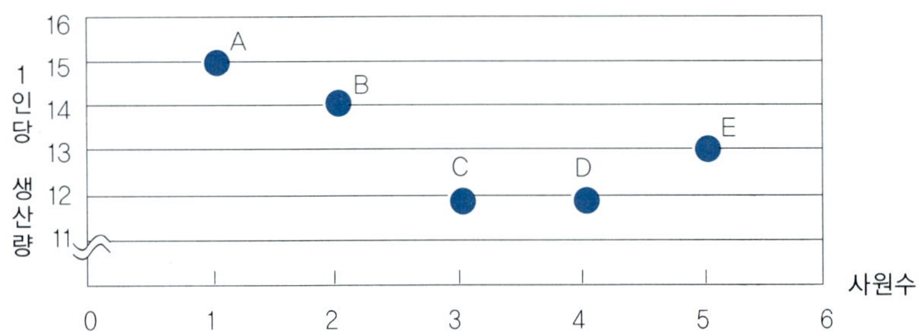

※ 다른 조건은 일정하며 각 사원별로 월간 생산량은 측정 기간 동안 변하지 않았다고 가정함.

① A, C ② A, E ③ B, D ④ E, C ⑤ E, D

09

{ 05년 행시 · 외시 } 한 학생의 종합능력은 서로 다른 시험과목 A, B, C에 대하여 원점수의 총점 Q_1 또는 표준점수의 총점 Q_2로 측정된다. 표준점수는 해당 학생의 해당 과목에서의 상대적인 능력을 나타낸다. 3학년 1반 학생에 대한 아래의 〈표〉를 토대로 한 | 보기 |의 설명 중 옳은 것을 모두 고른 것은?

〈표 1〉 3학년 1반 전체 원점수의 평균 및 표준편차

과 목	평 균	표준편차
과목 A	15	4
과목 B	30	8
과목 C	10	4

〈표 2〉 3학년 1반 세 학생의 원점수 및 표준점수

과 목	원점수			표준점수		
	영희	철수	종미	영희	철수	종미
과목 A	19	19	11	+1.0	+1.0	( )
과목 B	34	26	38	+0.5	−0.5	+1.0
과목 C	6	( )	( )	−1.0	+1.5	+1.0

※ $\text{표준점수} = \dfrac{\text{원점수} - \text{평균}}{\text{표준편차}}$

보 기

ㄱ. Q_1은 종미가 철수보다 더 높다.
ㄴ. 학생별로 각 과목에서의 상대적 능력을 평가할 때, 철수와 영희는 세 과목 중에서 과목 B를 가장 잘했고, 종미는 과목 A를 가장 못했다.
ㄷ. Q_2는 철수가 가장 높고, 그 다음은 종미, 영희의 순이다.

① ㄱ ② ㄴ ③ ㄱ, ㄴ ④ ㄱ, ㄷ ⑤ ㄴ, ㄷ

10 { 04년 외시 } 수학능력시험의 표준점수제는 선택영역이나 과목별 난이도에 따라 표준점수를 계산한다. 표준점수란 수험생 개인이 받은 원점수에서 영역(과목)별 전체 응시생의 원점수 평균을 뺀 값을 해당과목 표준편차로 나누는 과정을 통해 구한다. 다음 중 '가'와 '나'에 대한 답으로 옳게 짝지어진 것은?

평가 방식

언어 · 수리 · 외국어영역

$$\text{표준점수} = \left[\frac{\text{원점수} - \text{응시집단 전체평균}}{\text{표준편차}}\right] \times 20 + 100$$

사회탐구 · 과학탐구영역 · 제2외국어 · 한문

$$\text{표준점수} = \left[\frac{\text{원점수} - \text{응시집단 전체평균}}{\text{표준편차}}\right] \times 10 + 50$$

가. 사회탐구영역 응시생 전체 원점수의 평균이 46점이고 표준편차가 2점이라고 하자. A학생의 원점수가 48점이라면, A학생의 표준점수는 얼마인가?

나. 수리영역 응시생 전체 원점수의 평균이 50점일 때 B학생의 원점수가 75점이라면, 다음 중 점수가 어떠한 분포를 나타낼 때 가장 높은 표준점수를 얻게 되겠는가?

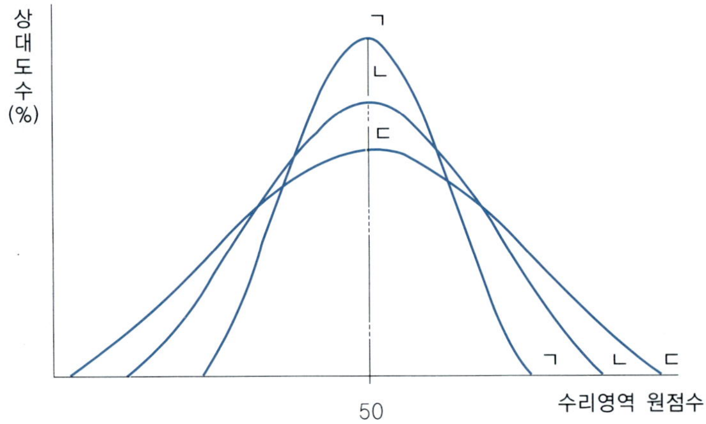

	가	나
①	표준점수 = 60	그래프 'ㄱ'
②	표준점수 = 60	그래프 'ㄴ'
③	표준점수 = 60	그래프 'ㄷ'
④	표준점수 = 120	그래프 'ㄱ'
⑤	표준점수 = 120	그래프 'ㄷ'

11 {03년 6월 모의평가} 사원에게 3~6천만원의 연봉을 주고 있는 어느 회사에 대한 진술 중 맞는 것을 | 보기 |에서 모두 고르면?

보 기

ㄱ. 모든 사원의 연봉을 동일하게 500만원씩 인상해 준다고 가정하면, 사원들의 연봉에 대한 평균값은 인상 전보다 500만원이 증가할 것이다.
ㄴ. 모든 사원의 연봉을 동일하게 500만원씩 인상해 준다고 가정하면, 사원들의 연봉에 대한 분포는 인상 전의 분포보다 더 넓게 퍼질 것이다.
ㄷ. 모든 사원의 연봉을 5%씩 인상해 준다면, 사원들의 연봉에 대한 분포는 인상 전의 분포보다 더 넓게 퍼질 것이다.
ㄹ. 모든 사원의 연봉을 5%씩 인상해 준다면, 사원들의 연봉에 대한 평균값은 인상 전보다 5% 증가할 것이다.

① ㄱ, ㄴ ② ㄱ, ㄷ ③ ㄷ, ㄹ ④ ㄱ, ㄴ, ㄷ ⑤ ㄱ, ㄷ, ㄹ

12 {02년 10월 PSAT 예제집} (1-2) 다음의 자료는 모 대학 입학시험에서 제2외국어(불어, 독일어, 일어, 중국어, 서반아어, 한문)의 난이도에 대한 학생들의 반응 중 '어려웠다'는 비율과 채점 후 학교측이 발표한 과목 평균과 표준편차이다.

제2외국어의 난이도에 대한 의견과 채점결과

	'어려웠다' 반응	평 균	표준편차
불어(N=125)	4.0	87.5	11.4
독어(N=231)	8.9	75.1	16.5
일어(N=320)	21.0	65.0	11.9
중어(N=178)	26.9	64.4	11.2
서어(N=54)	38.9	77.3	8.6
한문(N=129)	47.1	57.7	12.6

제2외국어의 '어려웠다'는 비율과 평균점수의 그림

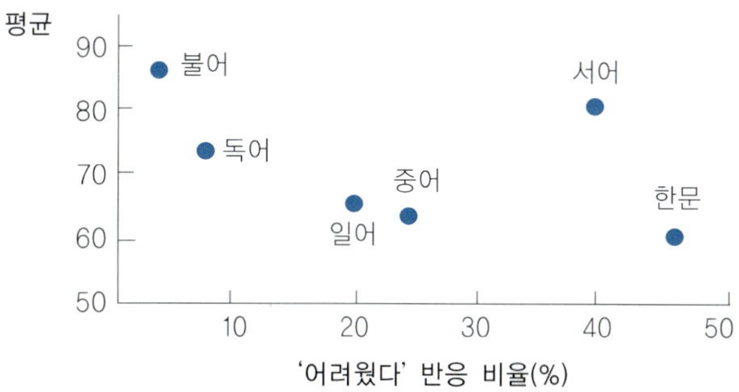

1) 위 표에 대한 아래의 설명 중 바른 것만 묶어둔 것은?

가. 어려웠다고 느끼는 학생들의 비율이 작을수록 과목평균점수가 올라가는 경향이 있다.
나. 표준편차가 제일 작은 서어(서반아어)는 이 과목에 대한 학업 능력이 비슷한 학생들이 상대적으로 적었음을 의미한다.
다. 일어와 중어(중국어)의 난이도는 평균과 표준편차를 볼 때 유사하다고 볼 수 있다.

① 가 ② 가, 나 ③ 다 ④ 가, 다 ⑤ 나, 다

2) 위 그림에 대한 설명으로 옳은 것은?

① 그림에서 표준편차의 의미를 알 수 있다.
② 서반아어는 실제평균과 '어려웠다' 는 의견 사이에 나타나고 있는 경향에서 벗어난 과목이다.
③ 중국어는 제일 어렵다고 한 학생들의 비율과 실제 평균점수가 모두 높았다.
④ 불어는 가장 어려운 과목이었다.
⑤ 일어는 서반아어에 비해 쉬운 과목이었다.

Chapter 4

비(比)와 지수

1. 비와 지수의 의의

앞에서 공부한 다양한 통계수치는 자료의 특성을 요약하여 보여줌으로써 우리가 관심을 갖는 대상의 현상과 문제점을 파악하는 데 도움을 준다. 그런데 관심대상 집단의 현 상황이 어떠하며, 그것이 문제인지 아닌지를 파악하기 위해서는 다른 집단과의 비교가 필요한 경우가 많다. 가령 우리나라 초중고생의 학력 수준은 높은 편인가 낮은 편인가를 판단하려면, 다른 나라의 초중고생과 비교하는 것이 필요하다. 우리나라의 부패 문제가 심각한가를 판단하려면 다른 나라의 부패 수준과 비교하는 것이 필요할 뿐만 아니라, 과거에 비하여 나아지고 있는가 아니면 더 악화되고 있는가를 아는 것도 필요하다.

어느 집단의 통계를 다른 집단과 비교하려면 비교 기준이 동일해야 하며, 비교 목적에 적합한 기준을 사용해야 한다. 예를 들어 보자. 인도와 스웨덴 중에서 어느 나라가 더 잘 살까? 이를 알기 위하여 두 나라의 GDP 수준을 비교한다고 하자. 2000년도 인도의 GDP는 4,611억불인 데 비하여, 스웨덴의 GDP는 2,378억불로서 인도의 GDP가 더 높다. 그렇다면 인도가 스웨덴보다 더 잘 살까? 물론 아닐 것이다. 이는 단지 인도의 인구가 스웨덴에 비하여 월등히 많기 때문에 그런 것뿐이다. 어느 나라가 더 잘 사는가를 비교하려면 GDP 자체보다는 이를 인구수로 나누어 준 1인당GDP를 비교하는 것이 더 적절할 것이다. 2000년도의 1인당GDP는 인도가 453불, 스웨덴이 26,852불로서 스웨덴이 인도보다 훨씬 높다.[1)]

1) 독자들 중에는 1인당GDP가 과연 잘 살고 못 사는 것을 나타내 주는 데 적절한 통계인가라고 의문을 제기하는 사람도 있을지 모르겠다. 사실 구체적으로 따지고 들어가면, 1인당GDP는 잘 살고 못사는 정도를

비교를 위한 통계수치는 1인당GDP, 교수 1인당 학생 수, 인구 1,000명당 의사 수 등과 같이 기준을 동등하게 해 주기 위하여 비(比, ratio)의 형태를 취하는 경우가 많다. 1인당GDP는 인구 대비 GDP(즉, GDP/인구)라는 비이며, 인구 1,000명당 의사 수는 인구 대비 의사 수라는 비이다. 물가지수나 노령화 지수 등 사회현상을 파악하는 통계수치로서 흔히 사용되는 각종 지수와 지표도 비의 일종이다.

이처럼 통계수치를 '비'의 형태로 제시하고, 이를 잘 해석하는 것은 현상을 파악하고 문제를 진단하는 데 상당히 유용하다. 이에 따라 본 장에서는 비(比) 분석의 기본적 방법과 이의 일종인 지수에 대하여 살펴보고, 5장에서는 자주 쓰이는 다양한 지표들을 알아보기로 한다.[2)]

2. 비의 작성과 활용

1) 통계적 비의 작성

통계수치로서의 비는 분모 변수의 기준단위당 분자 변수의 단위 수로 표현된다. 우리가 알고자 하는 변수는 분자가 되며, 분자 크기 비교가 타당하기 위하여 통제해야 하는(즉, 비교하는 집단 간에 크기를 동일하게 해 주어야 하는) 변수가 분모가 된다. 이 때 분모의 기준단위는 보통 10의 배수로서 분자를 너무 크거나 작게 만들지 않도록 정한다. 무슨 말인가? 예를 들어 보자.

2002년도 산업재해보상보험법 적용사업장에 종사하는 근로자 10,571,279명 중에서 4일 이상 요양을 요하는 재해자가 81,911명 발생하였는데 이 중 사망자는 2,605명이었다. 우리나라의 산재로 인한 사망자 수가 많은 편인가 적은 편인가? 외국과 비교하거나 혹은 과거 연도와 비교하려면 비의 형태로 제시해야 한다. 이 경우 분자는 물론 사망자 수가 될 것이며, 분모는 근로자 수가 되는 것이 타당할 것이다. 이 $\frac{\text{사망자수}}{\text{근로자수}}$의 '비'를 비교한다는 것은 근로자 수가 동일할 때 사망자수를 비교하는 셈이 된다. $\frac{2,605}{10,571,279} = 0.000246$이므로 근로자 1인당 사망자수는 0.000246명이다. 그런데 0.000246은 0이 많아서 읽기도 불편하고, 너무 작은 수치라

나타내는 통계라고 하기에는 미흡한 면이 상당히 많다. 이의 문제점에 대해서는 웬만한 경제원론 교과서에서 대부분 다루고 있으므로 이들을 참고하기 바란다. 어쨌든 현재로서는 이보다 더 낫다고 할 만한 게 마땅하지 않으므로 이를 사용하고 있다.

2) 본 장의 설명은 노화준, 행정계량분석(1989) 3장의 내용에 크게 의존하였다.

서 얼른 감이 오지도 않는다. 따라서 이를 그대로 사용하는 것보다 여기에 10^n을 곱해서 근로자 1,000명당 사망자수 또는 근로자 10,000명당 사망자수와 같이 나타내면 훨씬 이해하기 좋다. 이러한 관계를 다음과 같이 식으로 표현해 보자.

$$X = \frac{2,605}{10,571,279} \times 10^n$$

n을 어떤 값으로 하는가에 따라 다음과 같은 다양한 사망자의 비를 얻을 수 있다.

① $n=2$일 때 : 100명당 0.0246명의 사망자
② $n=3$일 때 : 1,000명당 0.246명의 사망자
③ $n=4$일 때 : 10,000명당 2.46명의 사망자
④ $n=6$일 때 : 1,000,000명당 246명의 사망자

n이 2나 3인 경우는 비가 너무 작아서 이해가 쉽지 않다. 이보다는 n이 4, 5, 6일 때가 더 이해하기 쉽다. 통상은 n이 4로서 분모의 기준단위가 만명인 경우를 사용한다. 분모의 기준단위가 만명인 경우를 만인율이라고 한다. 위의 예에서 사망 만인율은 2.46이 된다.

비를 작성할 때 우리가 알고자 하는 변수를 분자, 이의 비교가 타당하기 위해 통제해야 하는 변수를 분모로 한다고 했는데, 때로는 이러한 구분이 혼동될 수도 있다. 가령 화재 피해의 심각성을 알고자 하는데 이를 위한 통계로서 화재 건수와 그로 인한 사망자 수가 주어져 있다고 하자. 이 경우 무엇을 분자로 하고 무엇을 분모로 해야 할까? 하나의 팁(tip)은 두 변수가 인과관계에 있는 경우 원인에 해당하는 변수를 분모로 한다는 것이다. 2003년도 총화재건수는 31,372건이었고, 화재로 인한 사망자는 744명이었다. 원인이 되는 변수는 화재건수이므로 적절한 화재건수를 분모로 하여 비를 구하면 된다. 가령 1,000건을 분모의 기준단위로 하면 비는 23.7이 되어서 '화재 1,000건당 사망자 수는 23.7명'이 된다.

또한 전체에 대한 부분의 크기를 알려고 할 때는 전체가 분모가 된다는 점도 기억해 두자. 이의 대표적인 예가 백분비(%)이다. 백분비는 전체(분모)를 100으로 할 때 부분(분자)이 차지하는 크기를 나타낸 것이다. 백분비는 어떤 변화나 문제의 소재를 파악하는 데 유용하다. 이에 대한 다음의 보기를 보자.

보기 4.1

다음은 2003년도와 2004년도의 휴대전화 세계시장 점유율을 나타낸 것이다. 세계 시장에서 판매된 휴대폰 매 100대당 각 회사의 제품이 차지하는 비율, 즉 백분비(%)의 분포에는 어떤 변화가 있었는가?

휴대전화 세계시장 점유율 추이(%)

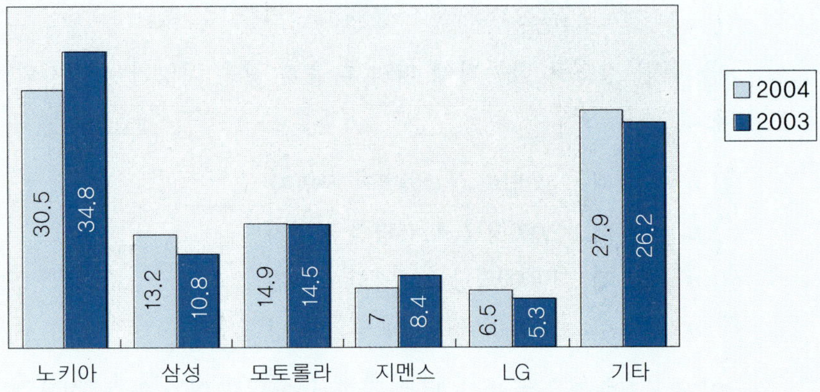

출처: 중앙일보 2005년 1월 10일

일단 위 그림을 보고 알 수 있는 것은 전체 휴대폰 시장의 70% 이상을 5대 기업이 차지하고 있다는 점이다. 또한 2004년도에는 전년도에 비하여 5대 기업 중 우리 기업인 삼성과 LG의 약진이 두드러졌음도 알 수 있다. 5대 기업 중 노키아와 지멘스의 시장 점유율이 감소하였으며 특히 노키아의 점유율은 2004년도의 경우 전년도에 비하여 4.3%포인트(34.8%에서 30.5%로) 감소하였다. 이에 비하여, 삼성은 2.4%포인트, LG는 1.2%포인트씩 증가하였다(독자들 중에서 혹시 %포인트가 무슨 말인지 모르는 사람도 있을 것이다. 걱정마라. 이에 대해서는 곧 나온다).

2) 비 분석에 적합한 함수관계

비의 형태를 잘 생각해 보면, 비를 통하여 현상을 해석하고 비교하는 것은, 원칙적으로 분자와 분모가 정비례하는 관계가 성립할 때 적합하다는 것을 알 수 있다. 즉, 어떤 한 변수 X를 분모로 하고 다른 한 변수 Y를 분자로 하여 비를 작성하는 것은 대체로 $Y = a \cdot X$의 관계가 성립한다고 할 수 있을 때 적합하다.[3] 만일 그렇지 않은 경우에 비의 분석을 적용하면 잘못된 해석을 할 수 있다. 무슨 말인

3) 이 때 a는 X 한 단위에 대한 Y의 비($a = \frac{Y}{X}$)를 나타낸다.

[표 4-1] 작업량과 소요시간

창 고	처리한 작업량	소요된 작업시간(人時)
A	100	450
B	400	900
C	200	600
D	300	750

가? 다음의 예를 보면 쉽게 이해할 수 있을 것이다.[4)]

김 과장은 회사의 네 군데 지점에 있는 창고 운용을 효율적으로 하기 위한 작업표준을 마련하려고 한다. 그는 먼저 일정 기간 동안에 네 개의 창고에서 처리한 작업량과 이에 소요되었던 작업시간에 관한 자료를 수집하였는데, 이는 〈표 4-1〉과 같았다.

여러분이 보기에는 가장 효율적으로 운영되고 있는 창고는 어디인가? 비 분석에 대해 알고 있는 김 과장은 창고마다 작업량 한 단위당 작업시간을 계산했다. 그는 A, C, D 창고는 단위당 각각 4.5, 3, 2.5 인시(人時)가 소요된 반면, B창고는 (900/400) = 2.25 인시만 사용되었다는 계산 결과에 따라 B창고가 가장 효율적이라는 결론을 내리고, 작업 단위당 인시의 표준은 다음과 같이 되어야 한다고 믿게 되었다.[5)]

작업표준 : 소요된 시간(인시) = 2.25 × 작업 단위

위의 작업 표준에 따르면, 창고 A는 225 인시, 창고 C는 450 인시, 그리고 창고 D는 675 인시만을 사용하여야 한다. 이것은 바로 [그림 4-1]의 굵은 실선에서 보는 바와 같이 원점을 지나는 직선이다. 이 원점을 지나는 직선은 작업수준에 관계없이 한 단위의 작업당 2.25 인시를 요한다는 것을 말해주고 있다. 이 표준에 의하여 김 과장은 B를 제외한 다른 모든 창고들은 비능률적으로 운용되고 있다는 결론을 내린 것이다.

그러나 창고에서 처리하는 작업량에 관계없이 각 창고는 기본적으로 고정된 일정량의 작업시간 소요가 있다고 하자. 이에 따라 처리되는 작업량과 소요되는 인시와의 실제 관계는 다음과 같다고 하자.

4) 이 예는 노화준, 전게서 68-70쪽에 제시된 사례를 다소 수정한 것이다.

5) 인시(人時)라는 것은 1인 기준으로 몇 시간 소요되었는가를 나타낸 것이다. 가령 5인이 4시간 일을 하였다면 20인시가 된다.

$$\text{소요된 시간(인시)} = 300 + (1.5 \times \text{작업 단위})$$

[그림 4-1]의 점선이 이러한 관계를 나타낸다. 각 창고에서 작업에 소요되는 인시는 고정된 값 300에서부터 시작되며, 그 이후 작업단위당 1.5 인시가 추가로 소요된다. 이 경우 네 개의 창고는 동일한 직선에 위치함으로써, 모두 동등한 정도의 효율성을 나타내고 있음을 알 수 있다. 즉, 김 과장은 고정된 값을 무시함으로써 단위 작업당 소요되는 인시를 과대 추정하였으며, 실제로는 모든 창고가 동등하게 효율적으로 운영되고 있었음에도 불구하고 잘못된 결론을 내렸음을 알 수 있다.

이와 같이 비 분석을 통하여 어떤 표준에 대한 함의를 얻기에 적합한 함수관계는 원점을 지나는 직선관계이다. 이러한 전제가 성립되지 않는 경우에 비 분석을 적용하면 이는 실제의 변수간 관계를 과대 혹은 과소 추정하게 된다.[6]

독자들은 그냥 '아하 그렇구나' 하고 별 생각 없이 넘어갈 수도 있지만, 실제로 많은 경우에 주의하지 않으면 이런 오류를 범하기 쉽다. 가령 기초자치단체들 간

[그림 4-1] 작업단위와 소요된 시간의 가정된 관계와 실제 관계

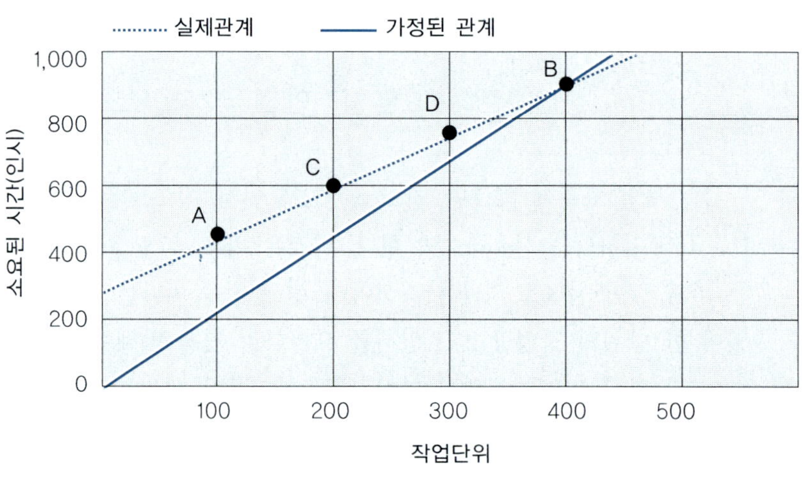

6) 이 예에서는 산출(작업량)당 투입(인시)으로 비를 작성하였다. 그런데 앞에서 설명하기를 일반적으로 원인에 해당하는 것을 분모로, 결과에 해당하는 것을 분자로 비를 작성한다고 했다. 이에 따르면 투입은 원인, 산출은 결과에 해당하므로 투입당 산출로 비를 작성해야 한다. 하지만 원인은 분모, 결과는 분자라는 것은 그렇게 하는 경우가 많다는 것이지 꼭 그래야 한다는 것은 아니다. 목적에 따라 얼마든지 바뀔 수 있다. 물론 투입당 산출로 비를 작성하더라도 이 사례에서의 분석을 행할 수 있다. 이렇게 투입 당 산출로 작성해서 동일한 분석을 해 보는 것도 유용할 것이다. 이 경우 [그림 4-1]은 어떻게 바뀔까?

의 공무원 수를 비교하는 경우를 생각해 보자. 이의 비교를 통하여 어느 자치단체가 상대적으로 더 많은 공무원 수를 보유하고 있으며, 어느 자치단체가 더 적은 공무원 수를 보유하고 있는가를 파악하려 한다고 하자. 자치단체마다 인구 규모는 천차만별이므로, 공무원 수의 많고 적음을 비교하려면 인구 차이를 통제하여 인구당 공무원 수를 비교하는 것이 타당할 것이다. 즉, '주민 천 명당 공무원 수'와 같은 비를 계산하여 비교하는 것이 타당할 것이다. 그런데 이를 비교해 보면 농어촌지역일수록 공무원 수가 많으며, 도시지역, 그것도 인구밀도가 높은 대도시지역일수록 공무원 수가 적은 것으로 나타난다. 왜 그럴까? 이 결과를 토대로 도시지역일수록 행정이 효율적이며, 농어촌지역일수록 비효율적이라고 할 수 있을까? 또는 도시지역은 공무원 수를 더 늘려야 하고, 농어촌지역은 감축해야 한다고 할 수 있을까?

이런 현상이 나타나는 것은 행정서비스의 제공에는 일종의 규모의 경제가 작용하기 때문이다. 예를 들어, 편지 배달 서비스를 생각해 보자. 집배원 1인당 하루에 배달하는(또는 배달할 수 있는) 편지 통수는 대도시와 산간벽지가 같을 수 없다. 도시는 좁은 지역에 사람들이 밀집해 있지만 산간벽지는 사람들이 띄엄띄엄 살기 때문에 집배원 1인당 배달하는 (또는 배달할 수 있는) 편지 통수가 다를 수밖에 없다. 즉, 아무리 인구가 적은 자치단체라도 일정 수준 이상의 행정서비스를 제공하기 위해서는 기본 행정인력이 필요하며, 대체로 인구가 증가하는 비율보다는 공무원 수가 덜 증가해도 충분히 늘어난 행정수요를 감당할 수 있다.

따라서 인구당 공무원 수를 비교하는 것은 어느 자치단체가 인력을 비효율적으로 운용하고 있는가, 또는 어느 자치단체에 인력이 더 필요하며, 어느 자치단체가 인원감축이 필요한가를 판단하는 데 적절한 기준이 되기는 어렵다. 하지만 이런 식의 부적절한 비교는 현실에서 자주 발생하고 있다. 특히 언론 등에서 외국과 우리나라의 상황을 비교할 때는 이런 식의 오류를 흔하게 발견할 수 있다.

생각해 보기

전술한대로 "인구당 ○○" 같은 통계수치의 국제간 혹은 연도별 비교를 통해 우리나라 상황을 판단할 때는 과연 비 형태가 적절한가에도 유의해야 하지만, 그보다 더욱 중요한 것은 해당 통계수치가 동일한 기준에 의하여 작성되었는가이다.

어떤 비교가 타당하려면 동일한 기준에 의해야 한다는 것은 지극히 상식적인 말이지만, 이 상식이 간과되는 경우가 너무나 흔하게 발생한다. 예를 들어서, 장애인비율의 국제비교 결과를 보면 우리나라는 소위 선진국들에 비하여 매우 낮다. 우리나라의 2000년 기준 장애인비율은 3% 정도인 데 비하여, 비슷한 시기에 미국은 18%, 독일은 8.4%, 일본은 4.8%인 것으로 조사되었다. 정말 우리나라의 장애인 비율이 다른 나라에 비하여 낮은 걸까? 물론 아니다. 이는 단지 각국의 장애인 기준이 서로 다르기 때문이다.[7] 우리나라는 장애인 기준이 협소한 반면에 미국 등에서는 암, 소화기장애, 알콜중독 등도 장애 범주에 포함된다고 한다. 참고로 WHO에서는 전 세계 장애 인구를 대략 10%로 잡고 있다.

우리나라의 실업률도 선진국들에 비하여 크게 낮은 것으로 나타나고 있는데, 이 역시 실업자나 경제활동인구의 정의와 기준이 서로 다르기 때문이다. 보다 자세한 내용은 직접 찾아보자.

3) 비의 활용

지금까지 비의 작성 방법과 의미에 대하여 설명하였다. 이제는 본격적으로 이의 활용에 대하여 알아보자. 앞에서 설명하였듯이 비는 관심집단의 어떤 상황을 다른 집단과 비교하는 데 가장 널리 사용된다. 즉, 1인당GDP, 인구 만 명당 의사 수 등이 그 예이다. 그런데 이 밖에도 비의 활용도는 매우 다양하고 광범위하다.

이하에서는 그 중에 몇 개의 특징적인 사례를 살펴봄으로써 비가 어떤 경우에 어떻게 유용한 분석도구가 될 수 있는가를 알아보도록 하자.

(1) 변수들 간의 상호관계를 검토하는 데 있어서의 비의 활용

일련의 상호 관련된 비들은 변수들 간의 상호관계를 연구하는 데 사용될 수 있다. 무슨 말인가? 다음과 같은 가상 사례를 보자.[8]

휴대폰 부품을 생산하는 K사의 2001년부터 2003년까지의 순이익과 투자액 및 매출액은 〈표 4-2〉와 같다. 이 표에서 볼 때 연간 순이익은 매년 증가되었다. 그러나 단순히 이익의 증가만 가지고 회사 운영의 효율성이 매년 향상되고 있다고 속단하는 것은 위험하다. 〈표 4-2〉를 보면, 순이익뿐만 아니라 투자액(연간 예산)과 매출액 역시 증가한 것을 알 수 있다. 회사 운영의 효율성을 판단하고 원인을

[표 4-2] K사의 연간 순이익, 투자 및 판매액 (단위: 10,000원)

연 도	순이익	투자액(연간 예산)	매출액
2001	5,600	74,670	112,000
2002	6,120	89,470	136,000
2003	7,000	116,000	174,000

7) 그 밖에 우리 나라의 경우 장애인임을 밝히기를 꺼려하는 것도 한 원인이 될 것이다.

8) 이 예는 노화준, 전게서 71-73쪽에 제시된 사례를 다소 수정한 것이다.

진단하기 위하여 다음과 같은 세 가지 비를 활용해 보자.

투자수익률 : 매 100원 투자당 순이익(순이익 대 총투자액의 비)

판매수익률: 매 100원 판매당 순이익(순이익 대 매출액의 비)

회전율: 1원의 투자가 가져올 수 있는 판매액(매출액 대 총투자액의 비)

투자수익률과 판매수익률, 그리고 회전율은 상호 관련된 비들로서 순이익과 투자액 및 매출액의 상호관계를 검토할 수 있도록 해 준다. [그림 4-2]는 이들의 관계를 도식화한 것이다.

그러면 먼저 순이익 대 투자액의 백분비, 즉 투자수익률을 구해보자. 2001년의 경우 그 값은 다음과 같이 계산할 수 있다.

$$\text{투자수익률} = (5{,}600 \div 74{,}670) \times 100 = 7.5(\%)$$

같은 방법으로 2002년 및 2003년의 투자수익률을 구하면, 〈표 4-3〉과 같다. 〈표 4-3〉을 보면 투자수익률은 2001~2003년 기간 동안 매년 하락하여 왔음을 알 수 있다.

투자수익률이 매년 감소되는 이유는 무엇일까? 나머지 두 개의 비를 통해 판매

[그림 4-2] 세 개의 비 간의 관계

$$\text{판매수익률} \times \text{회전율} = \text{투자수익률}$$

$$\updownarrow \qquad\qquad \updownarrow \qquad\qquad \updownarrow$$

$$\frac{\text{순이익}}{\text{판매액}} \times 100 \times \frac{\text{판매액}}{\text{투자액}} = \frac{\text{순이익}}{\text{투자액}} \times 100$$

[표 4-3] K사의 투자수익 변동 (단위: %)

연 도	투자수익률
2001	7.5
2002	6.8
2003	6.0

[표 4-4] 판매수익률과 회전율

연 도	판매수익률	회전율
2001	5	1.50
2002	4.5	1.52
2003	4.0	1.50

액과 순이익 및 투자액의 관계를 검토하면 유용한 정보를 얻을 수 있다. 2001년도의 경우 판매수익률은 (5,600/112,000)×100 = 5(%)이었고, 회전율은 (112,000/74,670) = 1.50이었다. 같은 방법으로 2002년도와 2003년도에 대해서도 계산하면 〈표 4-4〉와 같다.

〈표 4-4〉에서 볼 때 회전율은 거의 일정하게 유지되고 있으나 판매수익률은 매년 감소되어 왔음을 알 수 있다. 이러한 정보는 [그림 4-2]와 같은 세 개의 비간 관계를 볼 때 매우 중요한 의미를 갖는다. 즉, 회전율이 일정하게 유지되고 있기 때문에 투자수익률의 감소는 판매수익률의 감소에 따른 것임을 알 수 있다. 이와 같이 우리는 변수들 간의 비의 관계를 분석함으로써 문제의 소재를 파악하는데 도움을 얻을 수 있다.

(2) 기준시점으로부터의 상대적 변화

어떤 기준시점으로부터의 상대적 변화를 파악하는 데도 비가 사용된다. 기준시점을 특정시점으로 고정하여 나머지 시점 변수의 상대적 크기를 비교할 수도 있고, 또는 기준시점을 바로 전 시점으로 정하여 각 시점마다 전 시점에 비해 얼마나 변화가 있었는지를 알아볼 수도 있다. 기준이 되는 기간이 연도일 때, 하나의 기준연도를 정하여 나머지 연도의 변수 크기를 기준연도에 대한 백분비로 표시한 것을 백분상대비라고 하고, 바로 전년도를 기준시점으로 하여 각 연도의 변수 크기를 전년도에 대한 백분비로 표시한 것을 연계상대비라고 부르기도 한다(이런 명칭을 기억하려고 애쓸 필요는 없다. 그냥 그런가 보다 하고 넘어 가자).[9]

〈표 4-5〉는 1993년도부터 2002년도 사이의 우리나라 상품류 수출 가운데 전기전자제품과 승용차의 수출실적을 나타내고 있다. 이 기간 동안에 전기전자제품과 승용차의 수출액은 크게 증가하였다. 이들 두 가지 상품류의 수출증가율은 1993년 이후 동일한 비율로 이루어졌는가? 여기에 대한 답을 얻기 위해서는 1993년을 기준연도로 하는 백분상대비를 구하여 비교하여야 한다.

9) 이 부분의 설명은 노화준, 전게서 74-76쪽에 제시된 설명을 다소 수정한 것이다.

[표 4-5] **상품류별 수출**

연 도	수출액(백만$)		백분상대비(%)		연계상대비(%)	
	전기전자제품	승용차	전기전자제품	승용차	전기전자제품	승용차
1993	19,780.5	3,372.2	100.0	100.0	-	-
1994	25,189.2	3,838.9	127.3	113.8	127.3	113.8
1995	35,016.5	6,551.2	177.0	194.3	139.0	170.7
1996	34,021.4	8,254.7	172.0	244.8	97.2	126.0
1997	36,744.9	8,634.6	185.8	256.1	108.0	104.6
1998	34,284.4	8,167.1	173.3	242.2	93.3	94.6
1999	45,806.7	9,416.7	231.6	279.2	133.6	115.3
2000	62,043	11,101.6	313.7	329.2	135.4	117.9
2001	47,359.7	11,450.8	239.4	339.6	76.3	103.1
2002	56,116.5	13,322.3	283.7	395.1	118.5	116.3

출처: 통계청(작성기관 : 관세청 통관지원국 수출통관과) 자료에 의거 작성.

〈표 4-5〉에서 백분상대비를 보면 1993년을 100으로 했을 때, 2002년도의 경우 전기전자제품은 283.7이며, 승용차는 395.1이다. 따라서 1993~2002년 기간 동안 전기전자제품의 수출은 183.7(= 283.7 - 100)%가 증가하였으며 승용차의 수출은 295.1(= 395.1 - 100)%가 증가하여, 전기전자제품보다 승용차 수출의 증가율이 더 높았음을 알 수 있다.[10)]

한편, 전년대비 증가율을 나타내는 연계상대비를 보면 97년 말 외환위기로 인해 98년도의 수출액이 두 품목 모두 감소하였음을 알 수 있다. 전기전자제품의 경우에는 98년도 외에도 96년도에 2.8%, 2001년에는 무려 23.7%의 감소를 보인 반면, 95년과 99년, 2000년도에는 모두 30%가 넘는 증가율을 보이고 있다. 이에 비해 승용차의 경우는 98년도를 제외하면 항상 전년도보다 수출액이 꾸준하게 증가해왔으며, 특히 95년도에는 전년도에 비해 70.7%나 증가했다는 것을 알 수 있다.

이와 같이 한 변수의 두 시점 간 변화 정도를 파악하기 위하여 백분비 변화를 사용하면 상당히 유용하다. 백분비 변화는 다음과 같은 식으로 표시할 수 있다. 가령, 2002년도 승용차의 백분상대비는 395.1%였으므로, 여기에서 100을 빼주면 295.1%라는 백분비 변화를 구할 수가 있다.

$$\text{백분비 변화} = \left(\frac{\text{비교시점의 변수 크기}}{\text{기준시점의 변수 크기}} \times 100\right) - 100$$

10) 비교대상이 기준에 비하여 '몇 배이다'는 것과 '몇 배가 증가하였다'는 것을 확실히 구별하도록 하자. 기준이 100, 비교대상이 300이라면 비교대상은 기준에 비하여 3배이다. 그리고 이는 기준에 비하여 2배(200%)가 증가한 것이다.

백분비 변화를 표시할 때 퍼센트 포인트 변화와 퍼센트 변화를 잘 구분해야 한다는 점에 주의하자. 퍼센트 포인트는 기준과 비교 대상 간 백분비의 절대적인 격차를 의미한다. 이에 비하여 퍼센트 변화는 백분비의 상대적인 격차, 즉 위의 식에서의 백분비 변화를 의미한다. 예를 들어, 1994년도 행정고시 합격생 중에서 여성의 비율은 10%였는데, 2004년도에는 25%였다고 하자. 이 경우 여성의 비율은 10년간 15%포인트가 증가한 셈이다. 하지만 이는 여성 합격생의 비율이 10년 동안 15% 증가하였음을 의미하는 것은 아니다. 여성 합격생의 비율은 10년간 150(= 25/10 × 100 − 100)%가 증가하였다.

% 포인트 변화: 기준과 비교대상 간 %의 절대적인 격차
% 변화: 기준 대비 비교대상의 상대적인 % 변화

보기 4.2

보기 4.1에서는 휴대전화의 세계 시장 점유율의 변화를 알아보았다. 점유율 변화란 곧 세계시장에서 판매된 전체 휴대전화에서 각 회사의 제품이 차지하는 비중이 얼마나 변했는가를 말하는 것이므로 퍼센트 포인트의 변화로 설명된다. 이번에는 2004년 한 해 동안의 휴대전화 판매 증가율을 살펴보자.

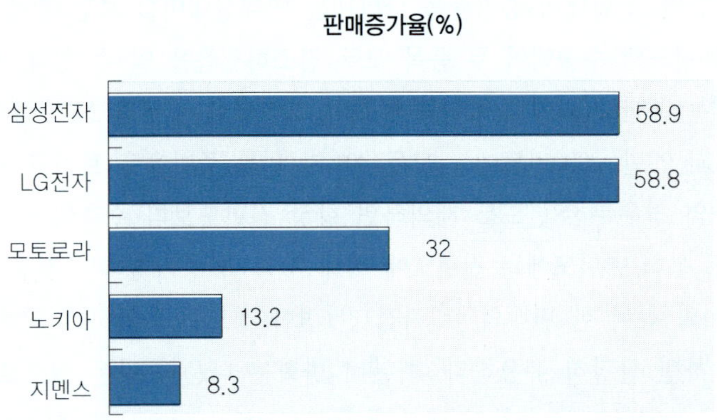

출처: 시티은행 · 스트래티지 애널리스틱스, 중앙일보 2005.1.10에서 재인용.

위의 그래프는 각 회사의 2003년 판매량을 100이라고 했을 때 2004년도에 얼마나 더 많은 휴대전화를 판매하였는지를 보여준다. 이는 전년대비증가율, 즉 연계상대비를 구한 것으로서 각 회사 판매량의 퍼센트 변화로 설명된다. 가령 삼성전자는 2004년 한 해 동안 2003년도 판매량의 1.59배를, 노키아는 2003년도의 1.13배를 판매한 것이다. 다른 말로 하면 삼성전자의 휴대전화 판매량은 2003년도에 비하여 2004년도에 59% 증가하였으며, 노키아는

13%가 증가한 것이다. 그런데 이러한 판매 증가율은 자기 회사의 전년도 판매량을 기준으로 한 것이기 때문에 이것만 가지고는 어떤 회사가 시장 점유율이 가장 높은지, 혹은 시장 점유율이 얼마나 변하였는지 등의 정보는 알 수 없다는 점에 주의해야 한다.

보기 4.3

애니콜지수

여러분은 '빅맥지수(Big Mac index)'를 들어본 적이 있을 것이다. 영국의 경제전문지 《이코노미스트 The Economist》가 매년 발표하는 빅맥지수는 각국에서 판매되고 있는 맥도널드 빅맥 햄버거의 자국 화폐가격과 미국에서의 달러 가격을 비교하여 각국의 물가수준과 구매력을 비교하고 평가하는 기준으로 활용된다. 당연히 이런 비교가 가능하기 위해서는 빅맥과 같이 전 세계에 보편적이고 표준화된 제품이 기준이 되어야 한다.

위의 보기들에서 나타났듯이 우리나라 휴대폰의 세계 시장 판매 약진은 애니콜 지수를 탄생시켰다. 홍콩에서 발행되는 《아시안월스트리트저널(AWSJ)》이 2005년 3월 4~6일자에 삼성전자(주) 휴대폰 애니콜 SGH-E800 모델의 국가별 가격을 소개할 때 함께 사용한 용어로, 빅맥지수처럼 각국의 물가수준과 구매력을 비교 평가하는 데 활용되기 위한 것이다. 한국 브랜드의 제품이 이 코너에서 지수로 사용된 것은 이 때가 처음으로, 아시안 월 스트리트 저널 측은 아시아 전역에서 널리 사용되는지 여부 등을 기준으로 제품을 선택하고 있다. 애니콜 SGH-E800은 2004년 출시된 뒤 전 세계에서 500만 대 이상 판매되었다.

'SGH-E800'이 등장한 '애니콜 지수'에 따르면 소비자 가격이 가장 높은 도시는 호주 시드니(683달러)로 조사되었으며 가장 낮은 도시는 말레이시아 쿠알라룸푸르(398달러)였다. 중국의 상하이는 573달러로 세번째로 가격이 높았으며, 싱가포르(483달러), 홍콩(465달러) 등이 그 뒤를 이었다. 일본의 도쿄는 428달러로 8위를 기록했다.

4) 비 분석의 주의점

앞에서 비 분석에 대하여 설명하면서, 비를 통하여 현상을 해석하고 비교하는 것은 분자와 분모가 정비례하는 관계에 있을 때 적합하다고 하였으며, 그렇지 않을 때는 잘못된 해석을 할 수 있다고 하였다. 하지만 그 밖에도 비의 분석에서는 주의할 점이 여러 가지 있다. 이에 대하여 몇 가지 알아보자.

비는 어떤 기준에 대한 상대적인 크기를 보여 주기 때문에 절대적인 크기가 다른 대상 간의 비교에 적합하다. 하지만 절대적인 크기가 아닌 상대적인 크기만을 보여 준다는 바로 이 특성 때문에 종종 현상을 잘못 해석할 수가 있다. 예를 들어 보자.

최근 정부에서 고위직 공무원(3급 이상) 중 여성 비율을 증가시키기 위하여 목표할당제를 시행하는 등 다양한 정책을 시행하고 있다. 이에 따라 여성 고위직이 얼마나 증가하였는가에 의하여 각 부처의 양성 평등 정책 성과를 평가한다고 하자. 이 때 다음과 경우를 생각해 보자.

A부처는 2002년에 3급 이상 여성공무원은 1명이었으나, 2004년에는 2명이 되었다.

B부처는 2002년에 3급 이상 여성공무원은 20명이었으나, 2004년에는 28명이 되었다.

C부처는 2002년에 3급 이상 여성공무원은 20명이었으나, 2004년에는 30명이 되었다.

이 경우 2002~2004년간 여성 고위직 증가 정도를 평가할 때 어느 부처에게 가장 높은 점수를 주어야 할까?

증가율을 계산하면 A부처는 100%가 증가하였으며, B부처는 40%, C부처는 50%가 증가한 것이다. 하지만 그렇다고 해서 A부처에게 가장 높은 점수를 주는 게 타당할까? 대부분은 아니라고 할 것이다. 절대규모 증가의 차이가 너무 크기 때문에 A부처보다는 B와 C부처에게 더 높은 점수를 부여하는 게 타당하다고 할 것이다. A부처는 비록 100%가 증가하였다고 하지만 이는 기준이 1명으로 너무 작기 때문에 증가율이 크게 나온 것이며, 실제로는 1명 더 증가한 것에 불과하기 때문이다. 즉, 기준의 절대규모가 너무 작을 때는 상대적인 크기를 보여 주는 비가 갖는 의미를 해석할 때 주의해야 한다.

다음과 같은 가상의 예를 보자. “치안예산을 증액받고 싶어 하는 A군의 경찰서장은 지난 한 해 동안 A군의 살인사건이 전년도에 비하여 100% 증가하였다고 시의회에 보고하였다. 100%의 증가!!! 엄청난 증가율이다. 하지만 실상을 보면 1건에서 2건으로 전년도에 비하여 1건 더 증가한 것이며, A군의 인구당 살인사건수는 여전히 전국에서 가장 낮다.”[11] 이 예에서처럼 현상을 과장하기 위하여 비를 사용하는 경우가 있는데, 이는 현상을 호도하기 위하여 통계수치를 사용하는 전형적인 유형에 속한다. 속지 않도록 주의하자.

다시 아까의 예로 돌아가자. A부처가 아니라면, B와 C부처 중에서는 어느 부처에게 더 높은 점수를 주어야 할까? 증가율로 보나 절대규모로 보나 B부처보다는

---

11) 김진호, 우리가 정말 알아야 할 통계상식 100가지(1997)의 사례를 변형한 것임.

C부처가 더 많이 증가했다고 할 수 있다. 하지만 만일 3급 이상 공무원의 전체규모가 B부처는 2002년도와 2004년도 모두 50명으로 동일한 데 비하여, C부처는 2002년도에는 50명이었지만 2004년도에는 75명으로 증가하였다고 하자. 이 경우 전체 3급 이상 공무원 중 여성비율의 변화를 보면 B부처는 40%에서 56%로 증가한 데 비하여, C부처는 2002년도와 2004년도 모두 40%로 동일하다. 따라서 C부처보다는 B부처에 더 높은 점수를 주는 것이 타당할 것이다. 이처럼 어떤 현상을 해석하기 위하여 비를 사용할 때는, 당연한 말 같지만, 목적에 적합한 비를 사용하였는가가 매우 중요하다.

비가 어떤 기준에 대한 상대적인 크기를 보여 준다는 것 때문에 해석에서 혼동할 수 있는 경우를 좀더 생각해 보자. 이의 하나가 100%가 넘는 감소율에 대한 것이다. 가령 다음과 같은 광고를 보자.

> **점포정리 폭탄세일! - 200% 할인 판매**
> **지금 10,000원에 세일하는 △△구두의 정상가격은 30,000원입니다**

이 광고가 맞는가? 설마 그렇다라고 답하는 독자는 없으리라고 믿는다. 3만원짜리를 2만원 할인해서 1만원에 판다면 할인율은 $\frac{2\text{만원}}{3\text{만원}} \times 100(\%) = 66.6(\%)$가 된다. 즉, 기준은 할인 후의 가격인 1만원이 아닌 할인 전의 가격인 3만원이 되어야 한다. 어떤 경우든 감소율은 100%를 넘을 수 없다. 감소율이 100%라면 남는 것은 아무 것도 없다는 말 아닌가!

이와 연관된 문제를 하나 더 보자. A기업에서 2004년도에는 경기가 너무 안 좋아서 임금을 전년대비 40% 삭감했다가, 2005년도에 경기가 회복되어 전년대비 50%를 인상했다고 하자. 이 기업의 2005년도 임금은 2003년도에 비하여 얼마나 인상되었을까? 언뜻 생각하면 10% 정도 인상되었을 것 같다. 하지만 실제로는 10% 감소되었다. 왜 그럴까?

계산의 편의상 2003년도 임금수준을 100이라고 하면, 2004년도에는 40% 감소하였으므로 60이 되며, 2005년도에는 전년대비 50% 증가하였으므로 90이 된다. 따라서 2005년도 임금은 2003년도에 비하여 10%가 감소한 셈이 된다. 이처럼 비의 해석에서는 기준의 크기 변화에 따라 비의 크기가 변한다는 점에 주의해야 한다.

보기 4.4

우리나라의 R&D 투자수준은 어느 정도나 될까?

한 국가의 연구개발에 대한 투자 수준은 그 나라의 미래 경쟁력을 결정하는 데 매우 중요하다고 한다. 그런데 우리나라의 R&D 투자수준은 어느 정도나 될까? 다른 나라와 비교해서 높은 편일까, 낮은 편일까? 소위 선진국들로 구성된, 그래서 흔히 비교 대상이 되는 OECD 국가들 내에서 우리나라의 R&D 투자수준을 보기로 하자.

그런데 R&D 투자수준을 보려면 어떤 지표를 사용해야 할까? 우선 생각해 볼 수 있는 것이 (1년간의) 연구개발비총액이다. 말 그대로 연구개발비총액은 그 나라가 연구개발에 얼마나 투자했는가를 보여준다. 따라서 나라별 연구개발 투자수준을 비교하는 데 적합한 지표라고 할 수 있다.

그런데 나라별 연구개발비총액은 그 나라가 R&D 투자에 얼마나 열심인가를 보여 주는 데는 미흡한 면이 있다. 이는 연구개발비총액은 절대규모이므로 큰 나라일수록, 그리고 경제수준이 높을수록 크게 나타날 것이기 때문이다. 가령 원래부터 작은 나라는 아무리 그 나라 GDP에 비추어 큰 액수를 R&D에 투자한다고 해도, 절대규모로는 크고 잘사는 나라보다 작을 것이기 때문이다.

이런 문제점을 피하기 위하여 우선 나라간 규모 차이를 통제하자. 이것을 위해서 흔히 사용되는 방법은 총투자액을 인구수로 나누어준 1인당 R&D 투자액을 비교하는 것이다.[12] 그런데 1인당 R&D 투자액의 경우 규모 차이는 통제했지만 경제수준 차이의 문제는 여전히 존재한다. 1인당 GDP가 5천불인 A나라가 5백불을 투자하고, 1인당 GDP가 2만불인 B나라가 8백불을 투자한다고 하자. 이 경우 비록 1인당 투자액은 B나라가 더 많지만 그렇다고 B나라가 A나라보다 R&D 투자에 더 열심이라고 하기는 어려울 것이다.

규모 차이에 더해서 경제수준의 차이도 통제하려면 1인당 R&D 투자액을 다시 1인당 GDP로 나누면 될 것이다. 그런데 $\frac{\text{1인당 연구개발비}}{\text{1인당 }GDP} = \frac{\text{연구개발비}}{GDP}$가 된다. 즉, GDP 중의 연구개발비 비중은 규모 차이와 경제수준의 차이를 통제한 상태에서 각 나라의 연구개발비 차이를 보여주므로, 각 나라가 R&D 투자에 얼마나 열심인가를 보여주는 지표가 될 수 있다.

이제 연구개발비총액, 1인당 연구개발비, $\frac{\text{연구개발비}}{GDP}$라는 세 지표를 갖고 우리나라의 R&D 투자수준이 OECD 국가들 중에서 어느 정도나 되는지 알아보자. 이는 다음 표에 제시되어 있다.

12) 물론 본 장의 앞부분에서 논의한 것처럼 '1인당 ...' 하는 지표가 규모를 통제하는 데 늘 타당한 방법은 아니다. 하지만 간편하고 직관적이며, 그래서 제일 많이 쓰이는 것임에는 분명하다.

비교기준별 연구개발투자 순위(2001년)

(단위 : PPP $)

순 위	총연구개발비(백만불)		1인당 연구개발비(불)		GDP대비 연구개발비 비중(%)	
	국 가	금 액	국 가	금 액	국 가	%
1	미국	274,758	스웨덴	1,149	스웨덴	4.27
2	일본	103,846	미국	965	핀란드	3.41
3	독일	52,562	핀란드	900	일본	3.07
4	프랑스	36,047	아이슬랜드	888	아이슬랜드	3.06
5	영국	29,205	일본	816	한국	2.92
6	한국	22,009	덴마크	702	미국	2.74
7	캐나다	18,465	독일	638	독일	2.51
8	이탈리아	16,351	캐나다	594	덴마크	2.40
9	스웨덴	10,221	프랑스	592	프랑스	2.23
10	네덜란드	8,683	벨기에	589	벨기에	2.17
11	스페인	8,193	노르웨이	586	캐나다	2.03
12	벨기에	6,053	오스트리아	546	오스트리아	1.92
13	핀란드	4,668	네덜란드	541	네덜란드	1.89
14	오스트리아	4,384	영국	495	영국	1.86
15	덴마크	3,758	한국	465	노르웨이	1.60
16	멕시코	3,565	아일랜드	342	체코공화국	1.30
17	노르웨이	2,644	이탈리아	282	뉴질랜드	1.18
18	폴란드	2,590	뉴질랜드	250	아일랜드	1.15
19	체코공화국	1,978	스페인	204	이탈리아	1.11
20	포르투갈	1,557	체코공화국	194	헝가리	0.95
21	아일랜드	1,317	포르투갈	151	스페인	0.95
22	헝가리	1,258	헝가리	124	포르투갈	0.85
23	그리스	1,210	그리스	111	그리스	0.65
24	뉴질랜드	978	슬로바키아공화국	73	폴란드	0.64
25	슬로바키아공화국	392	폴란드	67	슬로바키아공화국	0.64
26	아이슬랜드	253	멕시코	36	멕시코	0.39

출처 : OECD, Main Science and Technology Indicators, May 2004 재구성.

위 표를 보면 무엇을 기준으로 하는가에 따라 각 나라들의 순위가 상당히 바뀐다는 것을 알 수 있다. 우리나라는 OECD 26개국 중에서 연구개발비총액으로는 6위, 1인당 연구개발비로는 15위, $\frac{\text{연구개발비}}{GDP}$로는 5위이다. 이 세 지표 중에서 어떤 지표가 우리나라의 R&D 투자수준을 평가하는 데 적합할까? 각자 생각해 보자.[13)]

이 사례를 통하여 독자들이 이해했으면 하는 것은, 통계값을 사용하여 어떤 현상을 올바르게 파악하려면, 해당 통계가 무엇을 의미하는가, 현상의 어떤 측면을 보여 주는가를 잘 따져 봐야 한다는 점이다.

생각해 보기

또 다른 경우를 생각해보자. 각 나라의 교통사고 심각성 정도를 평가하려면 어떤 통계를 사용해야 할까? 이 경우는 규모 차이를 통제해야 하므로 연간 교통사고건수 같은 것은 적당하지 않겠다. 그런데 규모 차이를 통제하는 경우도 여러 가지가 가능하다. 가령 인구 1만 명당 교통사고건수, 자동차 1천대당 교통사고건수, 주행거리 10만km당 교통사고건수 등등을 생각해 볼 수 있다. 이 중에서 어떤 통계를 사용하는 것이 타당할까? 각 나라의 자동차 보급 수준, 자동차 이용의 활성화 정도에 따라서 각 통계들의 순위는 달라질 것이다.

3. 지수의 작성과 활용

1) 지수의 유용성

지수는 어떤 변수가 시간이나 장소, 또는 기타 어떤 특성에 따라 변동하는 모습을 파악하기 위한 통계수치이다. 주로 어떤 기준(특정연도, 지역 등)에 대하여 비교대상(비교연도, 비교지역 등)의 변수값이 얼마나 다른가, 즉 상대적인 격차를 파악하는 데 목적이 있기 때문에 대부분 '비'의 형태를 취한다. 이 때 일반적으로 기준을 100으로 하는 백분비를 사용하지만 반드시 그런 것은 아니다. 지수를 이용한 비교는 물가지수, 주가지수, 지능지수, 불쾌지수, 생산지수 등 일상생활에서 흔히 사용된다.

지수는 현상을 파악하기 위한 통계로서 여러 가지 측면에서 유용성을 지닌다.

13) 필자 생각에는 연구개발비총액과 $\frac{\text{연구개발비}}{GDP}$는 각각 절대수준과 상대수준을 보여 주는 것으로서 나름대로의 의의를 지닐 것 같다. 따라서 이 두 지표를 보면 우리나라의 R&D 투자수준은 절대적으로나 상대적으로나 OECD 26개국 중에서 5~6위 정도로 꽤 괜찮은 수준이라고 할 수 있겠다.

우선 지수는 상대적인 크기를 나타내기 때문에, 동일변수의 변동을 파악하는 데뿐만 아니라 서로 다른 변수들의 변동 정도를 비교하는 데도 유용하다. 예를 들어서, 생산지수와 물가지수를 사용하면, 생산량의 변화 정도를 물가의 변화 정도와 비교할 수 있다. 큰 숫자의 변동을 보다 이해하기 쉬운 작은 숫자의 변화로 전환시켜준다는 것도 지수의 장점이라고 할 수 있다. 가령, 2001~2002년 사이에 국민총생산이 5,500,144억원에서 5,968,812억원으로 증가하였다는 것보다는, 100에서 108.5로 증가되었다고 말하는 것이 훨씬 알기 쉬울 것이다.[14)]

또한 지수는 여러 항목들을 통합하여 전체로서 하나의 현상을 파악할 수 있게 해 준다. 예를 들어, 소비자 물가지수는 주택, 식료품, 의류 및 기타 여러 가지 상품들의 가격 변화를 통합하여 전체로서 '소비자 물가' 의 변동을 알 수 있게 해 준다.

여러 항목들을 통합하여 하나의 현상을 보여 준다는 것은 지수의 용도 중에서 특히 중요하다. 그리고 이 경우에는 물가지수처럼 객관적인 현상을 보여 주는 것도 있지만, 주관적 또는 추상적인 현상을 보여 주는 지수들도 많다. 예를 들어서, 필자는 최근 우리나라 국민들의 정보능력을 측정하기 위한 '정보역량지수' 라는 것을 만든 적이 있다. 그리고 우리나라 행정기관의 부패 수준을 측정하기 위하여 '청렴도지수' 라는 것을 만드는 데 관여하기도 하였다. 개인의 정보역량이나 행정기관의 청렴도는 추상적이며 복합적인 개념이다. 즉, 이들을 나타내는 객관적인 또는 단일의 통계수치는 존재하지 않는다. 따라서 각각 정보역량과 청렴도를 보여준다고 생각되는 복수의 변수들을 선정하고, 이들을 적절하게 가중평균함으로써 개인의 정보역량 정도를 보여주는 정보역량지수와 기관의 부패정도를 보여주는 청렴도지수라는 것을 만들었다. 이처럼 주관적 추상적인 현상을 지수를 통하여 파악할 때는 과연 그 지수가 정말 대상이 되는 현상을 제대로 측정하고 있는가(이를 측정의 타당성이라고 한다)가 무지하게 중요하다. 이에 관해서는 할 얘기가 많지만 여기에서는 생략한다. 관심있는 독자들은 일반적인 조사방법론 교재들을 참고하면 되겠다.

2) 지수의 작성 사례

이제는 지수 작성 방법을 사례를 통하여 알아보도록 하자. 다소 헷갈리고 지루

14) 반대로 지수는 아주 작은 숫자를 보다 이해하기 쉬운 큰 숫자들로 변환시킬 수도 있다. 이는 설명 안 해도 알 것으로 믿는다.

할 수도 있지만, 참고 읽기 바란다. 나중에는 도움이 된다.

(1) 개별지수(Individual index number)

개별지수란 단일 항목의 기준값 대비 비교값의 변화를 비율(통상 백분비)로 나타낸 것이다. 가령 어떤 품목의 시간에 따른 가격 변화를 파악하기 위한 개별 가격지수는 다음과 같이 구할 수 있다. 개별 가격지수는 그 자체로 활용되기도 하지만, 종합 물가지수를 산출하는 기초자료의 목적으로 사용되기도 한다.

$$\text{개별 가격지수} = \frac{\text{비교시점 가격}}{\text{기준시점 가격}} \times 100$$

〈표 4-6〉은 서울과 6개 광역시의 전월세 개별 가격지수(2004년 12월 시점)를 계산한 것이다. 전월세는 단일 품목이면서도 서민 생활에 큰 영향을 미치는 사항이기 때문에 개별 가격지수 자체로도 중요하게 활용된다.

〈표 4-6〉을 보면 모든 도시에서 전세가 월세보다 상대적으로 더 많이 올랐다는 것을 알 수 있다. 서울의 전세는 2000년을 기준으로 했을 때 26.1%가, 월세는 6.4%가 상승하였다. 전월세의 상승폭이 가장 작은 곳은 광주광역시로, 각각 6.2%, 1.9% 상승하였다. 그러나 이 가격지수들은 모두 각 도시의 2000년도의 전월세액을 기준으로 한 것이며, 각 도시마다 전월세액은 다르므로, 지수가 크다는 것이 곧 전월세액의 절대액이 크다는 의미는 아니라는 것에 주의하자.

〈표 4-7〉은 97년도부터 2003년까지의 배추의 생산지수이다. 이는 개별 물량지

[표 4-6] 2004년 12월 전월세의 가격지수(기준연도 2000=100)

	서울특별시	부산광역시	대구광역시	인천광역시	광주광역시	대전광역시	울산광역시
전세	126.1	110.8	114.3	117.5	106.2	117.4	116.3
월세	106.4	104.4	103.6	108.1	101.9	104.5	104.3

출처 : 통계청.

[표 4-7] 배추의 생산지수(1999~2001=100)

연 도	1997	1998	1999	2000	2001	2002	2003
배추(노지재배 Field Grown)	93.4	94.0	86.2	108.1	105.7	80.6	92.7
배추(시설재배 Greenhouse Grown)	89.1	113.1	93.7	112.0	94.3	71.0	87.4

출처 : 농림부.

수로서 기준시점의 생산량을 100이라고 했을 때 각 연도의 생산량이 얼마나 되는지를 알려준다. 특기할 만한 것은 특정 시점이 아니라 1999년도부터 2001년도까지의 3개년의 평균 생산량을 기준으로 하여 물량지수를 작성했다는 점이다. 농작물의 생산은 홍수나 가뭄과 같은 통제 불가능한 상황 등에 영향을 크게 받으므로 특정 연도의 흉작과 같은 영향을 배제하기 위하여 이와 같이 기준기간을 수개년도로 정한 것이다.

1999년도부터 2001년도가 기준기간이므로, 이 기간 동안의 지수를 모두 더하여 평균하면 100이 됨을 확인할 수 있다. 2003년도의 배추 생산은 노지와 시설재배 모두 기준기간보다 각각 7.3%, 12.6% 감소하였다.

(2) 종합지수(Composite index number)

어떤 현상에 관련된 개별지수들이 많은 경우에는, 개별지수들의 변동을 각각 보는 것보다는 이들의 변동을 적절하게 종합하여 하나의 수치로 나타내는 것이, 이해하는 데 훨씬 용이할 것이다. 가령 작년에 비해 금년에는 물가가 얼마나 상승했는지 알고 싶다면, 각종 식료품과 의류, 의약품 등의 개별 가격지수들을 나열하는 것만으로는 종합적인 판단을 내리기가 어렵다. 따라서 다양한 품목의 가격변동을 종합해서 하나의 수치, 즉 물가지수로 나타내는 것이 필요하다.

그런데 각 상품의 개별 가격지수들을 종합해서 하나의 지수로 나타낼 때, 이들을 단순 평균하면, 각 상품들이 물가에 미치는 영향의 상대적인 중요성 차이를 고려하지 못하게 된다. 가령 쌀이나 쇠고기 가격이 50% 올랐다는 것과 소금 가격이 50% 올랐다는 것은 주부들의 장바구니 물가에 미치는 영향이 판이할 것이다. 따라서 개별지수들을 종합하여 하나의 종합지수로 나타낼 때는 개별지수의 상대적인 중요성에 따라 다른 가중치를 두어서 평균하는 것이 필요하다.

물가지수는 대표적인 가중 종합지수이다. 물가지수를 구하기 위하여 개별 가격지수를 평균할 때는 각 품목의 소비액(또는 판매액)을 가중치로 사용한다. 개별 물품의 가격 인상이 전체 소비 또는 판매액의 변화에 미치는 영향은 해당 물품의 소비액(또는 판매액)에 비례할 것이므로 이를 가중치로 삼는 것은 합당하다. 그런데 이 경우에도 기준연도의 금액을 사용하는가 아니면 비교연도의 금액을 사용하는가에 따라 가중치는 다소 달라질 것이다. 둘 중에서 어떤 것이 맞다는 정답은 없다. 물가지수의 유형에 따라 어느 하나를 사용하거나, 평균한 것을 사용한다.

① 라스파이레스(Laspeyres) 지수 : 기준연도의 가중치를 가진 지수

라스파이레스(Laspeyres) 물가지수는 가중치가 기준연도의 양(q_0)에 의하여 결정되는 가중 종합 물가지수이다. 이해를 돕기 위해 간단한 예를 들어보자. 가령 기준연도 2000년도에 사과와 오렌지가 모두 800원이었고 준영이는 일년 동안 사과 50개와 오렌지 30개를 소비하였다. 그런데 2004년도에 사과는 1,000원, 오렌지는 900원으로 가격이 상승했다면, 물가가 얼마나 상승했다고 봐야 하는가? 준영이는 사과를 오렌지에 비해 훨씬 많이 소비하기 때문에 오렌지의 가격 상승보다는 사과의 가격 상승이 생활에 더 큰 영향을 미칠 것이다. 이러한 상대적인 중요도를 반영하는 것이 바로 가중치이다. 이 때 기준연도의 구입량을 가중치로 이용한다는 것은 가격이 상승한 비교연도에도 기준연도에 구입했던 것과 '똑같은 양'의 사과와 오렌지를 구입한다면, 기준연도 구입비용의 몇 %가 되겠는가를 알아본다는 의미가 된다. 이를 공식으로 나타내면 다음과 같다.

기준연도를 0으로 한 비교연도 n의 라스파이레스 물가지수 $L_{n/0}$는

$$L_{n/0} = \left(\frac{\sum p_n q_0}{\sum p_0 q_0}\right) \times 100$$

단, n은 비교년도, 0은 기준연도, P_n:비교연도 가격, P_0: 기준연도 가격, q_0: 기준연도 물량

우리의 예에서 $L_{2004/2000}$은 다음과 같이 계산된다.

$$L = \frac{(1000 \times 50) + (900 \times 30)}{(800 \times 50) + (800 \times 30)} \times 100 = 120.3$$

라스파이레스 물가지수는 120.3으로 물가가 2000년도보다 20.3% 상승하였다. 다시 말해서 2004년도에 2000년도와 같은 양의 사과와 오렌지를 구입하려면 비용이 20.3% 더 든다.[15)]

각종 물가지수(소비자, 생산자, 수출 등), 산업생산지수, 생산자제품재고지수 등

15) 앞에서 개별 물품의 가격지수를 가중평균하여 물가지수를 구할 때, 가중치는 각 물품의 소비(판매) 금액(가격 양)이 된다고 하였는데, 여기서는 양이 가중치로 사용된다고 하였다. 이랬다 저랬다 해서 혼란스러울 수 있겠다. 뭐가 맞을까? 사실은 둘 다 맞다. 위의 물가지수 공식은 아래와 같이 나타낼 수 있다.

$$L_{n/0} = \left(\frac{\sum p_n q_0}{\sum p_0 q_0}\right) \times 100 = \frac{\sum[(p_n/q_0)(p_0 q_0)]}{\sum p_0 q_0} \times 100$$

맨 오른쪽 항은 물가지수가 앞에서의 설명대로 금액을 가중치($\frac{p_0 q_0}{\sum p_0 q_0}$)로 하는 개별 가격지수($\frac{p_n}{p_0} \times 100$)의 가중평균임을 보여 준다.

은 이 라스파이레스 방식으로 계산된다. 그런데 라스파이레스 방식은 실제보다 과대추정하는 경향이 있다는 비판을 받기도 한다. 왜 그럴까? 이는 가격이 변하면 소비량도 변하기 때문이다. 일반적으로 소비자들은 가격이 많이 오른 상품의 소비를 줄이고 가격이 내린 상품의 소비는 늘릴 것이다. 가령 어느 해에 배추 값이 크게 오르고 무 값은 내렸다면, 소비자들은 그 해에 다른 해보다 배추김치를 적게 소비하고 깍두기를 더 많이 소비할 것이다. 이 때 기준연도의 소비량을 가중치로 사용하면 가격이 많이 오른 항목에 실제보다 큰 가중치를 부여하는 셈이 되며, 반대로 가격이 떨어진 항목에는 실제보다 작은 가중치를 부여하는 셈이 된다. 그리고 이는 물가지수를 실제보다 과대추정하게 한다(왜 그런지는 각자 생각해 보자).

② 파셰(Paasche) 지수: 비교연도의 가중치를 가진 지수

파셰(Paasche) 물가지수는 가중치가 비교연도의 양(q_n)에 의하여 결정되는 가중종합 물가지수이다. 역시 아까의 예를 다시 한 번 생각해보자. 2000년도에 사과와 오렌지 가격은 모두 800원이었고, 준영이는 사과 50개와 오렌지 30개를 소비하였다. 2004년도에는 사과와 오렌지가 각각 1,000원과 900원으로 가격이 상승하였고, 준영이는 이 해에 사과 35개와 오렌지 40개를 소비하였다. 이 때 비교연도의 양을 가중치로 사용한다는 것은, 2004년도의 사과와 오렌지 구입 비용이 가격이 변하기 전인 2000년도에 똑같은 것을 샀다면 들었을 비용의 몇 %가 되겠는가를 알아본다는 의미이다. 이 때문에 라스파이레스 물가지수와는 달리 파셰 지수에서는 비교연도가 달라짐에 따라 매년 가중치가 바뀌게 된다. 파셰 지수를 공식으로 나타내면 다음과 같다.

기준연도를 0으로 한 비교연도 n의 파셰의 물가지수 $P_{n/0}$는,

$$P_{n/0} = \left(\frac{\sum p_n q_n}{\sum p_0 q_n}\right) \times 100$$

이제 준영이의 예에서 파셰 물가지수를 구하면 다음과 같다.

$$P_{2004/2000} = \frac{(1{,}000 \times 35) + (900 \times 40)}{(800 \times 35) + (800 \times 40)} \times 100 = 118.3$$

준영이가 상대적으로 가격이 더 많이 오른 사과의 소비를 줄이고 덜 오른 오렌지의 소비를 늘렸기 때문에 앞에서 구한 라스파이레스 지수보다 값이 작게 나온 것을 확인할 수 있다. 파셰 방식으로 계산되는 지수의 예로는 GDP deflator나 수출입 단가 지수 등이 있다.

보기 4.5

소비자 물가지수(Comsumer Price Index: CPI)는 가계가 소비하는 재화와 용역의 가격 변동을 종합하여 하나의 지수로 측정한 것으로서 대표적인 라스파이레스 물가지수이다. 소비자 물가지수는 소비자의 입장에서 일상생활에 필요한 상품과 서비스의 가격 변화를 보는 것이므로 소매상의 소매물가지수 또는 도매상의 도매물가지수와는 차이가 있다.

라스파이레스 물가지수는 기준연도의 수량을 가중치로 하는데, 연도가 지나갈수록 물가 변동 및 가계 소비구조의 변동에 따라 기준시점의 가중치가 현실(즉, 비교연도)로부터 유리되는 현상이 발생할 수 있다. 이를 보정하기 위하여 우리나라에서는 1955년 이후 매 5년마다 기준시점과 가중치를 재조정하고 있다.

지수품목의 선정기준은 품목별 지출액이 총소비지출액 중에서 차지하는 비중이 1/10,000 이상인 것으로서, 동종 상품의 가격변동을 대표할 수 있고 동질적인 품질이 지속되어 연속성이 있는 가격을 수집하도록 하고 있다. 이렇게 선정된 상품 및 서비스는 총 516개 품목인데, 이들은 식료품비, 주거비, 광열 · 수도비, 가구집기 · 가사용품비, 피복 및 신발비, 보건의료비, 교육 · 교양 · 오락비, 교통 · 통신비, 기타 잡비 등 9대 비목으로 분류된다. 참고로 2000년도 기준의 가중치는 다음과 같다.

비목별 가계지출 구성비

비 목	2000년 기준
총소비지출	1,000.0
식료품비	271.2
주거비	156.4
광열 · 수도비	58.0
가구집기 · 가사용품비	37.1
피복 및 신발비	56.5
보건의료비	43.9
교육비	114.6
교양 · 오락비	53.6
교통 · 통신비	159.3
기타 잡비	49.4

보기 4.6

소비자 물가지수(Consumer Price Index: CPI)가 대표적인 라스파이레스 물가지수라면, GDP deflator는 가장 대표적인 파셰 물가지수이다. CPI가 516개 품목만을 반영하여 일반 소비자 가구의 소비생활에 미치는 영향을 계측하는 반면, GDP deflator는 국민소득에 영향을 주는 모든 물가요인을 포괄한다.

GDP deflator는 명목GDP를 실질GDP로 나누어 산출된다.

$$GDP\ deflator = \frac{명목GDP}{실질GDP} \times 100$$

그렇다면 명목GDP와 실질GDP는 어떤 개념인가? GDP는 우리 경제 내에서 일정기간 동안 생산된 모든 최종재의 시장가치(수량×가격)를 계산한 것이기 때문에 그 크기는 생산량이 변해도 달라지고 시장가격이 변해도 달라진다. 그런데 우리가 보통 한 경제의 규모나 성장을 측정하기 원한다면 물가요인에 의해서 늘어난 GDP가 아니라 생산능력의 성장에 의한 GDP의 크기를 아는 것이 필요하다. 이 때 가격을 특정년도의 가격으로 고정시켜두고 GDP를 계산한다면 기준연도에 비해서 늘어난 GDP는 바로 생산량의 변화에 의한 것이라는 사실을 알 수가 있다. 즉, 한 경제 내에서 그 해에 생산된 모든 최종재의 시장가치를 당해 연도의 가격으로 계산한 것이 명목GDP이고, 특정기준연도의 가격으로 계산한 것이 실질GDP이다. 당해연도의 가격을 P_n, 기준연도의 가격을 P_0이라고 하면 명목GDP와 실질GDP는 다음과 같이 나타낼 수 있다.

$$명목GDP = \sum p_n q_n \ ,\ 실질GDP = \sum p_0 q_n$$

따라서 $GDP\ deflator = \dfrac{\sum p_n q_n}{\sum p_0 q_n} \times 100$가 되며, 비교연도의 양($q_n$)을 가중치로 한 파셰 물가지수임을 알 수 있다.

GDP(국내총생산)는 모든 경제활동단계에서 산출된 부가가치를 포괄하여 추계되므로 GDP deflator는 소비자물가, 생산자물가, 수출입물가, 임금 및 환율의 변동 등 경제 전반에 걸친 가격요인에 의해 영향을 받게 된다.

(3) 물가지수와 구매력

우리가 물가지수에 관심이 있는 이유는 소득이 변하지 않더라도 물가가 변하면 실질소득, 즉 구매력이 변하기 때문이다. 예를 들어서, 준영이는 2000년 한 달 평균 200만원의 수입이 있었는데, 2004년에는 한 달에 평균 230만원의 수입이 있다고 가정해 보자. 준영이의 명목상의 소득은 2000년에 비해서 2004년에는 30만원, 즉 15%가 더 높아진 셈이 된다. 그러나 2000년의 소비자 물가지수를 100으로 할 때 2004년의 소비자 물가지수가 120.3이라면, 2004년의 실질소득을 구하기 위해서는 월평균 소득 230만원을 소비자 물가지수인 120.3으로 나누어 주어야 한다. 따라서 2004년의 월평균 실질소득은 (2,300,000원/120.3)×100 = 1,911,887원이다. 다시 말하면 2004년에 있어서 준영이의 월평균 실질소득은 2000년에 비해서 88,113원이 감소하였으며, 구매력은 더 낮아진 셈이 된다. 소득이 15% 상승했지만 같은 기간에 물가는 20.3% 상승했기 때문이다.

$$\text{실질소득} = \frac{\text{명목소득}}{\text{물가지수}} \times 100$$

(4) 기준연도의 변경

때때로 우리는 두 개의 서로 다른 기준연도를 가진 지수들에 나타난 변화를 비교하고자 하는 경우가 있다. 이러한 경우 기준연도가 동일한 새로운 지수를 작성하지 않고 두 개의 변수계열을 그냥 그대로 사용하여 퍼센트 포인트의 상승을 비교한다면 이러한 비교는 잘못된 비교가 된다. 지수를 해석할 때는 항상 지수의 크기는 기준에 대한 상대적인 크기일 뿐이라는 점에 주의해야 한다.

〈표 4-8〉의 제1열과 제3열에는 각각 다른 연도를 기준으로 하여 작성된 미국의 소비자 물가지수와 일본의 소비자 물가지수가 제시되어 있다. 우리가 만일 같은 기간 동안 어느 나라의 물가가 더 많이 상승하였는지를 비교하기 원한다면, 이들을 직접 비교하는 것은 타당하지 않다. 물가지수는 기준연도의 물가에 대한 퍼센트 변화를 표시한 것이기 때문이다. 따라서 우리의 목적을 위해서는 먼저 기준시점을 동일하게 하여 새로운 소비자 물가지수의 계열들을 작성하여야 한다.

예를 들어, 미국 소비자 물가지수의 기준시점을 2003년 7월로 바꾸어서 다시 작성한다고 하자. 그렇다면 새로운 기준인 2003년 7월의 물가지수는 당연히 100으로 정해질 것이다. 그런 다음에는 다른 시점의 물가지수에 대해서 비(比) 관계를 적용하여 새로운 물가지수를 계산할 수 있다. 즉, '2003월 7월의 물가지수 120.7을 100으로 놓는다면, 2003년 8월의 물가지수 121.1은 X_1과 같다'는 다음과 같은 비 관계를 설정하면 된다.

$$120.7 : 100 = 121.1 : X_1, \quad \frac{121.1}{120.7} = \frac{X_1}{100}, \quad X_1 = 100.3$$

〈표 4-8〉에는 동일한 연산과정을 거쳐서 구한 2003년 7월을 기준시점으로 하는 새로운 물가지수 계열이 나타나 있다.

[표 4-8] 2003년 7월에서 10월 사이의 미국과 일본의 물가변동의 비교

	미국 소비자 물가지수 (1995년 기준)	2003년 7월 기준 (미국)	일본 소비자 물가지수 (1990년 기준)	2003년 7월 기준 (일본)
2003년 7월	120.7	100.0	106.4	100.0
2003년 8월	121.1	100.3	106.6	100.2
2003년 9월	121.5	100.7	106.7	100.3
2003년 10월	121.4	100.6	106.7	100.3

2003년 7월을 기준시점으로 하는 미국과 일본의 소비자 물가지수들의 변화를 볼 때 같은 기간 동안에 미국의 물가상승 속도가 더 빨랐음을 확인할 수 있다.

연 • 습 • 문 • 제

01 아래 그림은 우리나라의 해외 투자 추이를 나타낸 것이다. 그림을 보고 다음 질문에 답하여라.

해외투자추이(제조업 순 투자기준)

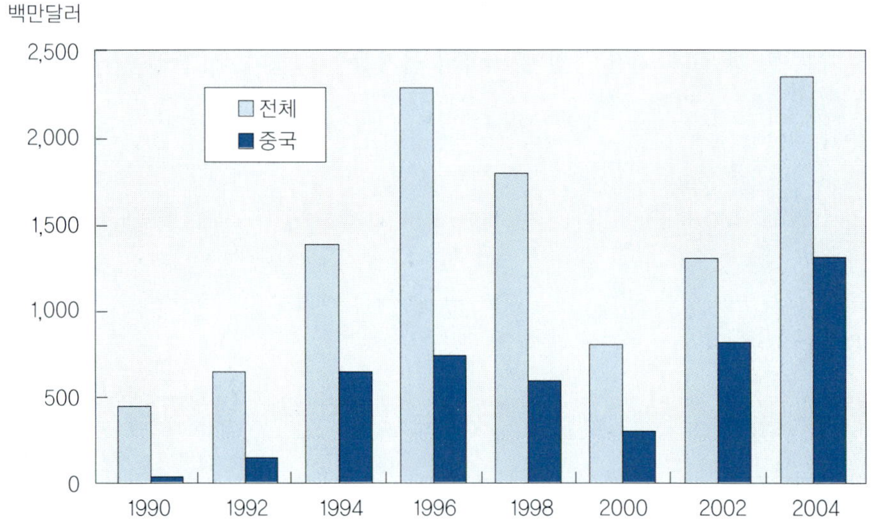

(1) 2000년도에서 2002년도의 중국 투자 증가액은 약 500백만 달러로 2002년도에서 2004년도의 중국 투자액 증가분과 같다. 투자액의 상승률은 2000~2002년 기간과 2002~2004년 기간 중 어느 기간이 더 높겠는가?

(2) 전체 해외 투자 중에서 중국 투자액의 비중이 가장 높은 해는?

(3) 1996년도에서 1998년도의 전체 해외투자액은 약 22% 하락하였고, 중국 투자액은 약 20% 하락하였다. 이 기간에 전체 해외투자액에서 중국 투자액이 차지하는 비중은 증가하였겠는가? 아니면 감소하였겠는가?

해설

(1) 증가액이 같으므로, 기준이 되는 연도의 절대액수가 더 작은 해의 상승률이 더 높다. 즉, 2000년도에서 2002년도의 상승률이 더 높게 나타난다.

(2) 중국 투자액의 비중이 가장 높은 해는 2002년도로 전체의 약 60%를 차지하고 있다.

(3) 전체 투자액의 하락폭이 더 크기 때문에, 중국 투자액이 전체에서 차지하는 비중은 약간 상승한다.

02 다음 표는 2002년부터 2004년까지 각 분기별 신선과일 물가지수를 나타낸 것이다. 이 표에 대한 다음의 설명이 옳은지 판단하고, 만일 옳지 않다면 그 이유를 설명하라.

신선과일 소비자 물가지수(2000=100)

		사과	배	복숭아	포도	감	밤	귤	오렌지	바나나	참외
2002	1/4	157	114	119	97	119	108	123	139	121	105
	2/4	180	124	119	97	137	116	173	136	139	182
	3/4	181	127	118	110	137	118	173	110	108	109
	4/4	128	98	119	106	115	115	139	133	105	117
2003	1/4	129	106	119	106	120	127	93	104	114	117
	2/4	125	104	119	106	118	128	98	117	124	170
	3/4	126	128	133	120	118	129	98	114	115	142
	4/4	142	133	133	124	128	166	174	130	104	155
2004	1/4	166	157	133	125	139	185	135	112	110	155
	2/4	193	165	133	125	154	185	159	105	121	170
	3/4	194	163	150	134	154	166	159	125	105	135
	4/4	202	125	160	166	133	102	162	128	108	140

(1) 2003년도 4/4분기의 전년도 동분기 대비 배 가격의 상승률은 같은 기간 귤 가격의 상승률과 같다.

(2) 2004년도 4/4분기의 사과 가격은 2000년도보다 두 배 이상 올랐다.

(3) 2004년도 4/4분기의 오렌지, 귤, 바나나 가격은 모두 전분기보다 3% 상승하였고, 이 중에서 가격 상승률이 가장 높은 것은 귤이다.

(4) 2003년도 1/4분기를 새로운 기준시점으로 하여 2004년도 4/4분기의 물가지수를 재작성하면, 모든 과일 중에서 사과의 물가지수가 가장 높다.

해설

(1) 퍼센트 포인트의 변화는 같지만, 퍼센트 변화, 즉 상승률은 배의 경우가 더 높다.

(2) 사과 가격은 기준년도의 2.02배로 상승하였다.

(3) 지수값은 모두 3점이 상승했으나 기준되는 지수값 즉 3/4분기 지수값이 100이 아니므로 지수값 3점 상승이 3% 상승을 의미하지는 않는다.

(4) 2003년도 1/4분기를 새로운 기준시점으로 하여 2004년도 4/4분기의 물가지수를 재작성하면, 사과의 물가지수는 156.4, 귤의 물가지수는 174.4로, 귤의 물가지수가 가장 높다.

기 • 출 • 예 • 제

01 { 06 행 · 외시 } 다음은 흡연 여부에 따른 폐암 발생 현황을 〈표〉로 정리한 것이다. 〈표〉와 〈참고〉에 근거한 설명으로 ㅣ 보기 ㅣ에서 옳은 것을 모두 고르면?

흡연 여부에 따른 폐암 발생 현황

(단위: 명)

구 분		폐암 발생 여부		계
		발생	비발생	
흡연여부	흡 연	300	700	1,000
	비흡연	300	9,700	10,000
계		600	10,400	11,000

참 고

$$\text{기여율} = \frac{A - B}{A} \times 100$$

(위험요인에 노출된 사람 중에서 질병발생률 중 몇 %가 위험요인에 기인한 것인가를 나타냄)

A = 위험요인에 노출된 사람 중에서 질병발생률(%)

B = 위험요인에 노출되지 않은 사람 중에서 질병발생률(%)

보 기

ㄱ. 흡연자가 비흡연자보다 폐암발생률이 10배 높다.

ㄴ. 흡연자 100명에서 폐암이 발생할 사람 수는 비흡연자 100명에서 폐암이 발생할 사람 수보다 27명 더 많다.

ㄷ. 흡연의 폐암발생 기여율은 90%이다.

ㄹ. 조사 대상의 전체 인구 중 폐암 발생자 비율이 조사 대상의 전체 인구 중 흡연자 비율보다 높게 나타난다.

① ㄱ, ㄴ ② ㄴ, ㄷ ③ ㄷ, ㄹ

④ ㄱ, ㄴ, ㄷ ⑤ ㄱ, ㄴ, ㄹ

02 {06 행·외시} 다음 〈표〉는 우리나라의 국가물류비 관련 자료이다. 이에 대한 설명 중 옳은 것을 | 보기 |에서 모두 고르면?

〈표 1〉 연도별 국가물류비와 GDP 대비 비율

(단위: 10억원, %)

구분 \ 연도	1996	1997	1998	1999	2000	2001
국가물류비	52,766	56,514	56,161	62,180	66,695	67,456
GDP 대비 비율	12.6	12.5	12.6	12.9	12.8	12.4

〈표 2〉 국가물류비의 구성

(단위: 10억원, %)

연도 \ 구분	총계	수송비	재고유지 관리비	포장비	하역비	물류 정보비	일반 관리비
2000	66,695 (100.0)	42,792 (64.2)	13,752 (20.6)	1,739 (2.6)	1,144 (1.7)	3,591 (5.4)	3,677 (5.5)
2001	67,455 (100.0)	44,941 (66.6)	12,339 (18.3)	1,848 (2.7)	1,139 (1.7)	3,529 (5.2)	3,659 (5.4)

〈표 3〉 수송비의 구성

(단위: 10억원)

연도 \ 구분	총 계	도로화물 수송비	철도화물 수송비	수상화물 수송비	항공화물 수송비	화물운송 대행료
2000	42,792	40,491	664	711	36	890
2001	44,941	42,859	701	729	38	614

※ 수송비 = 단위당 수송비 × 수송량

〈표 4〉 2001년도 물류비 총액 대비 수송비 비중의 국가간 비교

(단위: %)

구 분	합 계	도 로	철 도	수 상	항 공	기 타
한 국	66.6	63.5	1.0	1.1	0.1	0.9
일 본	64.8	57.9	0.4	5.9	0.1	0.5
미 국	61.8	50.9	3.9	2.9	2.5	1.6

보 기

ㄱ. 위 〈표〉에서 1997년에서 2001년 사이 우리나라의 GDP 증감률을 알 수 있다.
ㄴ. 국가물류비 구성요소 중 2000년 대비 2001년에 가장 큰 비율로 감소한 항목은 재고유지관리비이다.
ㄷ. 2001년의 경우 단위당 철도화물 수송비가 단위당 도로 화물 수송비의 1/3이라면 도로화물 수송량이 철도화물 수송량의 20배를 넘지 않는다.
ㄹ. 2001년도 물류비 총액 대비 수송비 비중의 경우 기타를 제외한 부문별 수송비 비중의 순위는 한국, 일본, 미국 모두 동일하다.

① ㄱ, ㄴ　② ㄱ, ㄷ　③ ㄴ, ㄹ
④ ㄱ, ㄴ, ㄷ　⑤ ㄴ, ㄷ, ㄹ

03 {06 행 · 외시} 다음 〈제시문〉은 2004년 한 해 동안 어느 자치 단체의 종합민원실에 20세 이상의 민원인이 제출한 민원 현황을 서술한 것이다. 이 〈제시문〉을 토대로 한 | 보기 |의 물음에 대한 답을 옳게 짝지은 것은?

제시문

- 종합민원실에 민원을 제출한 20세 이상의 민원인은 150명이었다.
- 연령별로 보면 40~59세가 60명으로 가장 많았으며 그 다음으로는 20~39세가 50명이었다.
- 민원을 제출한 민원인 중 100명은 남성이었고 그 중 20~39세가 30명, 60세 이상이 30명이었다.
- 민원을 제출한 민원인 중 종합민원실의 행정처리 결과에 만족한 사람은 60명이었으며 행정처리 결과에 만족한 사람의 50%가 남성이었다.

※ 행정처리 결과에 대한 민원인의 응답은 '만족'과 '불만족'으로만 나뉨.

보 기

가. 민원을 제출한 20~39세의 여성민원인의 수는?
나. 민원을 제출한 여성민원인 중 종합민원실의 행정처리결과에 만족하지 못한 민원인의 비율은?
다. 민원을 제출한 60세 이상의 민원인의 수는?

	가	나	다		가	나	다
①	20명	40%	30명	②	20명	40%	40명
③	20명	50%	50명	④	30명	40%	30명
⑤	30명	50%	40명				

04 { 06 행 · 외시 } 다음 〈표〉는 P마을 주민들을 대상으로 오염된 우물물을 마셨는지의 여부와 질병이 발생했는지의 여부를 조사한 결과이다. 〈표〉에 근거한 해석 중 옳은 것을 | 보기 |에서 모두 고르면?

오염된 물을 마셨는지 여부와 질병발생 여부

사람번호	오염된 물을 마셨는지 여부	질병발생 여부
1	아니오	예
2	아니오	예
3	아니오	예
4	예	예
5	아니오	아니오
6	예	예
7	아니오	아니오
8	예	예
9	아니오	아니오
10	예	예

※ 조사된 10명은 P마을을 대표한다고 가정함.

보 기

ㄱ. 질병발생자의 비율이 오염된 물을 마신 사람의 비율보다 크다.
ㄴ. 오염된 물을 마신 사람 중에서 질병에 걸린 사람 비율은 오염된 물을 마시지 않은 사람 중에서 질병에 걸린 사람 비율의 2배이다.
ㄷ. P마을 인구가 100명이라면 오염된 물을 마신 사람 중 질병에 걸린 사람은 오염된 물을 마시지 않은 사람 중 질병에 걸린 사람보다 10명 더 많다.

① ㄱ ② ㄱ, ㄴ ③ ㄱ, ㄷ
④ ㄴ, ㄷ ⑤ ㄱ, ㄴ, ㄷ

05 { 06 행 · 외시 } 다음 [그림]은 고졸자와 대졸자 간의 임금비와 고용비를 나타낸 것이다. [그림]을 해석한 내용 중 옳은 것을 | 보기 |에서 모두 고르면?

임금비와 고용비 추이

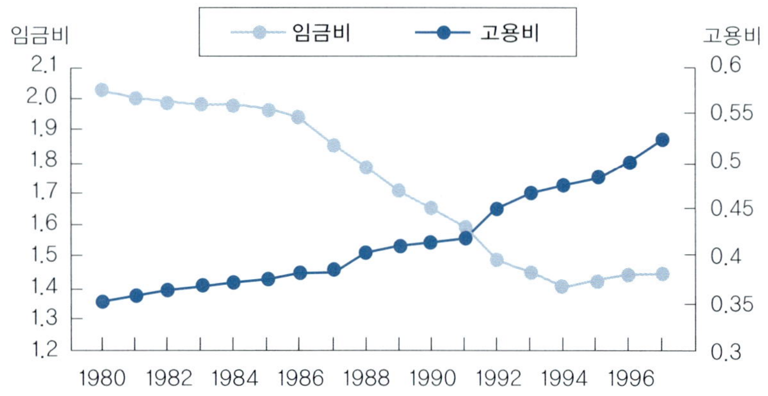

1) 임금비 = $\frac{\text{대졸자 임금}}{\text{고졸자 임금}}$

2) 고용비 = $\frac{\text{대졸취업자수}}{\text{고졸취업자수}}$

3) 고졸취업자수와 대졸취업자수는 1980년 이후 지속적으로 증가함.

보 기

ㄱ. 1980년 고졸자 임금의 총액은 대졸자 임금의 총액보다 많다.
ㄴ. 임금비의 하락은 고졸자 임금하락과 대졸자 임금상승을 의미한다.
ㄷ. 1980년 0.35수준이었던 고용비의 지속적 상승은 고졸 취업자수 대비 대졸 취업자수의 비가 지속적으로 증가했음을 의미한다.
ㄹ. 1980년 이후 1994년까지 고용비와 임금비는 반대 방향으로 변화하였으나, 1994년 이후 같은 방향으로 변화하였다.
ㅁ. 1996년에는 대졸취업자수와 고졸취업자수가 동일하다.

① ㄱ, ㄴ　② ㄷ, ㄹ　③ ㄱ, ㄷ, ㄹ
④ ㄱ, ㄷ, ㅁ　⑤ ㄴ, ㄹ, ㅁ

06 { 06 입법고시 } 다음 〈표〉는 지난 10여년간 국내 도시가스 소비 추이를 용도별로 나타낸 것이다. 이에 대한 설명으로 옳은 것을 | 보기 |에서 모두 고르면?

용도별 도시가스 소비 추이

(단위: 백만㎥)

구 분	가정용	상업용	산업용	합 계	도시가스용 LNG 소비량
1992년	1,250(59.2)	504(23.8)	359(17.0)	2,114	1,544
1995년	3,481(65.3)	1,025(19.2)	822(15.4)	5,327	4,219
1998년	5,076(62.0)	1,391(17.0)	1,726(21.1)	8,194	7,708
2001년	7,168(55.7)	2,261(17.6)	3,429(26.7)	12,859	12,645
2003년	8,124(54.3)	2,869(19.2)	3,978(26.6)	14,972	14,784
증가율(%)	18.5	17.1	24.4	19.5	22.8

※ ( )는 점유율(%), 증가율(%)은 1992년 ~ 2003년 기간 중 연평균 증가율임.

보 기

ㄱ. 지난 10여년간 도시가스 소비는 연평균 22.8%의 높은 신장세를 나타내고 있다.
ㄴ. 1990년대 초반에 도시가스 소비를 주도한 것은 가정용과 산업용이라고 할 수 있다.
ㄷ. 지난 10여년간 도시가스 소비에서 LNG 소비가 차지하는 점유율은 높아졌다.
ㄹ. 지난 10여년간 다른 용도에 비해 가정용의 소비량 증가율이 높아 가정용 소비의 점유율이 높아지고 있다.
ㅁ. 상업용 소비의 점유율은 1992년에 23.8%였으나, 다른 용도에 비해 소비량의 증가율이 낮아 2003년에는 소비 비중이 낮아졌다.

① ㄱ, ㄴ　② ㄱ, ㄷ　③ ㄴ, ㄷ
④ ㄷ, ㅁ　⑤ ㄷ, ㄹ, ㅁ

07 { 06 입법고시 } 다음 〈표〉는 전 세계에서 남아프리카공화국이 차지하는 광물 보유량의 비중(A) 및 생산량의 비중(B)과 미국의 남아프리카공화국 광물 수입 의존도(C)를 나타낸 것이다. 다음 〈표〉에 근거해서 얻을 수 있는 추론 중 옳은 것은?

남아프리카공화국 광물 현황

구 분	다이아몬드	백 금	크 롬	바나듐	망 간	우라늄	금
전 세계 광물 보유량 중 남아프리카공화국 광물 보유량(A)	67%	67%	56%	38%	33%	24%	자료없음
전 세계 광물 보유량 중 남아프리카공화국 광물 생산량(B)	7%	81%	84%	47%	71%	14%	55%
미국의 남아프리카공화국 광물 수입의존도(C)	15%	자료없음	42%	15%	15%	15%	47%

① 남아프리카공화국은 망간 수출로 가장 많은 수입을 얻는다.

② 미국은 남아프리카공화국으로부터 가장 많은 다이아몬드를 수입한다.

③ 남아프리카공화국의 금 생산량은 세계에서 가장 많다.

④ 남아프리카공화국이 생산하는 크롬의 반을 미국이 수입한다.

⑤ 미국이 남아프리카공화국에서 수입하는 망간의 양은 우라늄의 양과 같다.

08 { 05년 모의평가 } 다음 〈표〉는 1997년부터 2002년까지 3/4분기 명목소득과 실질소득을 나타낸 것이다. | 보기 |의 설명 중 옳은 것을 모두 고르면?

명목소득과 실질소득 추이

(단위: 천 원, %)

구 분	1997 3/4	1998 3/4	1999 3/4	2000 3/4	2001 3/4	2002 3/4
명목소득 (증가율)	2,321.9 (7.0)	2,072.1 (−10.8)	2,246.3 (8.5)	2,442.7 (8.6)	2,743.9 (12.0)	2,863.4 (4.7)
실질소득 (증가율)	2,674.4 (2.9)	2,137.8 (−20.1)	2,304.6 (7.8)	2,430.6 (5.5)	2,612.1 (7.5)	2,666.1 (2.1)

1) 증가율은 전년 동기대비임.
2) 실질소득 = (명목소득/물가지수) × 100
3) 물가지수는 상품과 서비스가격의 변화를 알아볼 수 있도록 기준년도의 물가수준을 100으로 하여 지수화한 것임.

보 기

ㄱ. 1999년 3/4/분기의 물가지수는 100보다 낮다.
ㄴ. 각 연도의 3/4분기 중 물가지수가 가장 낮았던 해는 1998년이다.
ㄷ. 1998년 3/4분기에는 전년 동기대비 명목소득, 실질소득, 물가지수 모두 감소하였다.
ㄹ. 1997~2002년 중 3/4분기의 물가지수가 100보다 높았던 해는 2001년과 2002년 뿐이다.
ㅁ. 전년 동기에 대비하여, 명목소득 증가율이 실질소득 증가율보다 큰 3/4분기에는 예외없이 물가지수가 증가했다.

① ㄱ, ㄴ ② ㄱ, ㅁ ③ ㄴ, ㄷ ④ ㄷ, ㄹ ⑤ ㄹ, ㅁ

09 { 05년 모의평가 } 아래 〈표〉는 2004년 1월부터 2004년 6월까지의 특허 심사건수 및 등록률에 대한 자료이다. 이 〈표〉에 대한 설명 중 올바르지 않은 것은?

〈표 1〉 특허 심사건수 및 등록률 추이

(단위: 건, %)

구 분	2004.1	2004.2	2004.3	2004.4	2004.5	2004.6
심사건수	840	860	920	945	1,000	1,225
등록률	55.0	51.5	58.0	61.0	63.0	67.5

〈표 2〉 특허 심사건수 증감 및 등록률 증감추이(전년동월 대비) (단위: 건, %)

구 분	2004.1	2004.2	2004.3	2004.4	2004.5	2004.6
심사건수증감	125	100	130	145	190	325
등록률	1.3	-1.2	-0.5	1.6	3.3	4.2

※ 등록률 = (등록건수/심사건수)×100

① 2004년 3월의 심사건수 및 등록률은 각각 전월대비 60건, 6.5% 증가하였다.

② 2003년 1월부터 6월까지의 기간 중 등록률이 가장 낮았던 시기는 1월이고, 가장 높았던 시기는 6월이다.

③ 2004년 6월의 심사건수는 1,225건으로 전월대비 22.5% 증가하였고, 등록률은 67.5%로 전월대비 4.5% 증가하였다.

④ 2003년 1월의 심사건수는 715건, 등록률은 53.7%이고, 이 등록률은 2003년의 6월에 비하여 9.6% 낮은 수치이다.

⑤ 2004년 5월의 등록률은 전년동월대비 3.3% 상승한 63.0%이고 등록건수는 630건이다.

10 { 05년 모의평가 } 다음 〈표〉는 1991년에서 2000년까지 주요 교통수단별 인구 10만명당 교통사고 사망자 수를 나타낸 자료이다. 〈표〉에 대한 해석 중 옳은 것을 | 보기 | 에서 모두 고르면?

교통수단별 인구 10만명당 교통사고 사망자 수 변화 추이 (단위: 명)

교통수단 \ 연도	1991년	1992년	1994년	1996년	1998년	1999년	2000년
A	31.5	30.0	28.2	25.5	23.3	24.0	24.3
B	24.5	23.5	22.0	21.4	20.0	20.7	21.3
C	14.1	17.0	18.9	19.4	21.6	22.1	24.4
D	4.2	4.5	5.5	6.7	7.3	7.9	8.9
E	1.5	1.7	2.0	2.2	2.1	2.4	4.9
F	5.0	7.2	7.0	6.5	5.3	3.8	5.6
합계	81.0	83.9	83.6	81.7	79.6	80.9	89.4

보 기

ㄱ. C에 의한 사고의 경우 인구 10만명당 사망자 수는 지속적으로 증가하고 있으며, 2000년과 1991년의 인구 10만명당 사망자 수의 절대적인 차이는 다른 교통수단에 의한 것보다 크다.

ㄴ. 1998년까지 A, B에 의한 교통사고 건수는 점차 감소하는 추세를 보이고 있다.
ㄷ. 1991년에 비해서 2000년 인구 10만명당 사망자수가 증가한 교통사고는 C, D, E, F에 의한 것이다.
ㄹ. 2000년의 교통수단별 교통사고 사망자 중 A에 의한 사망자 수가 가장 많다.

① ㄱ, ㄴ ② ㄱ, ㄷ ③ ㄴ, ㄷ ④ ㄴ, ㄹ ⑤ ㄱ, ㄷ, ㄹ

11 { 05년 모의평가 } 다음 〈표〉는 1998년 미국의 기부금 순위 상위 10개 기업의 기부현황을 나타낸 것이며, [그림]은 미국의 기부금총액과 기업기부금총액을 나타낸 것이다. 다음 중 자료를 잘못 해석한 것은?

1998년 미국의 기부금 순위 상위 10개 기업 (단위: 억 달러, %)

순 위	기업명	총기부금	현금기부율	순 위	기업명	총기부금	현금기부율
1	A	2.21	16.7	6	F	1.05	24.5
2	B	1.76	28.8	7	G	1.01	41.1
3	C	1.24	25.2	8	H	0.91	100.0
4	D	1.21	25.8	9	I	0.73	91.5
5	E	1.16	31.9	10	J	0.71	71.0

※ 현금기부율(%) = $\frac{\text{현금기부금}}{\text{총기부금}} \times 100$

미국의 연도별 기부금 추이

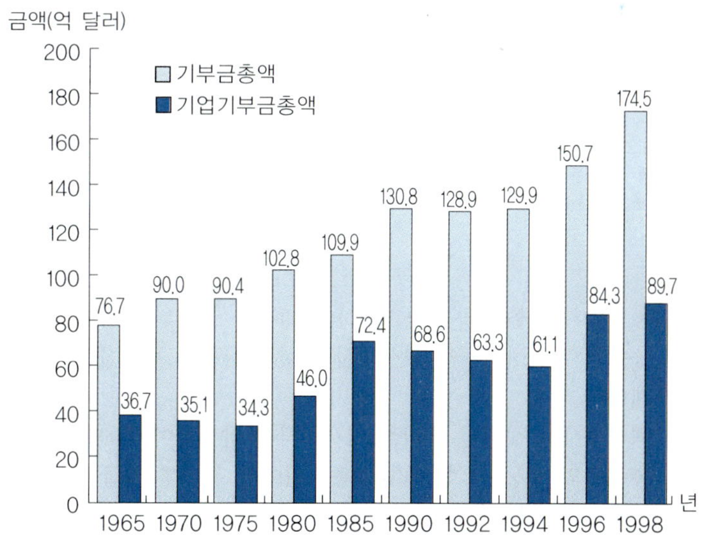

① 1998년에 현금기부금이 가장 많은 기업은 H이다.

② 1998년 기부금 순위 상위 10개 기업의 기부금총액은 1998년 미국 기부금총액의 40%를 넘는다.

③ 기부금총액 대비 기업기부금총액의 비중이 가장 높은 해는 1985년이다.

④ 기부금총액 대비 기업기부금총액의 비중이 가장 낮은 해는 1975년이다.

⑤ 1998년에는 기업 G가 기업 A보다 현금기부금이 많다.

12

{ 05년 모의평가 } '갑'이라는 택시회사는 택시기사에게 [그림]과 같은 A, B, C 세 가지 유형의 급여체계를 고려하고 있다. 이 급여체계에 대한 | 보기 |의 설명과 [그림]의 유형(A, B, C)이 바르게 짝지어진 것은?

총수입과 급여의 관계

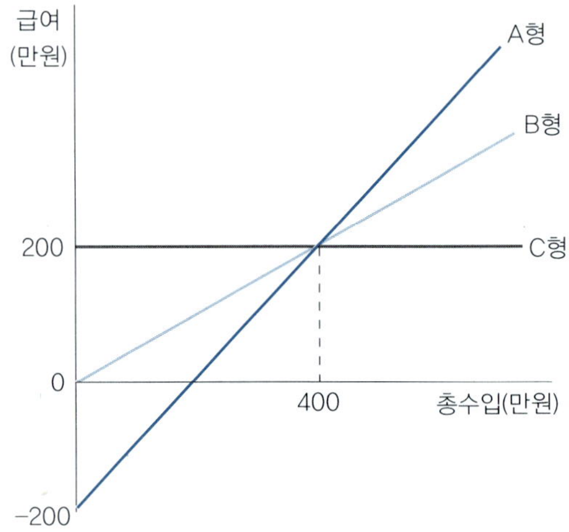

1) 총수입 : 택시기사가 택시운행을 통하여 벌어들인 수입총액
(단, 택시기사는 벌어들인 수입총액 모두를 택시회사에 입금한다고 가정함).
2) 급여: 총수입에 따라 택시회사가 택시기사에게 지급하는 금액.

보 기

ㄱ. 총수입의 변동에도 불구하고 택시기사가 급여의 변동이 없는 급여체계이다.
ㄴ. 총수입의 일정비율을 택시회사가 갖고 나머지 비율을 택시기사가 갖는 급여체계이다.
ㄷ. 택시기사가 정해진 금액을 택시회사에 납부하여야 하는 급여체계이다.
ㄹ. 총수입의 변동이 있을 경우 총수입에서 급여를 지급하고 남은 액수의 변동이 가장 심한 급여체계이다.

① ㄱ–C, ㄴ–A , ㄷ–B ② ㄱ–B, ㄴ–A , ㄹ–C ③ ㄱ–C, ㄴ–B , ㄹ–A
④ ㄴ–B, ㄷ–A , ㄹ–C ⑤ ㄴ–A, ㄷ–B , ㄹ–C

13 { 05년 모의평가 } 다음은 '네트워크로 연결된 좁은 세상'이라는 사실을 증명한 실험 결과이다. 〈표〉는 '출발지(출발 인물)에서 최종 목적지(목표 인물)에 도달한 비율'을 나타내며, [그림]은 '출발지(출발인물)에서 목적지(목표 인물)에 도달하는 데 거친 단계수와 빈도'를 나타낸다. 구체적인 실험내용은 다음과 같다. 아래의 〈표〉와 [그림]으로부터 직접 도출할 수 없는 것은?

> 3종류의 집단(네브래스카의 일반인, 네브래스카의 증권맨, 보스턴의 일반인)에서 무작위로 뽑은 217명에게 편지를 건네주고, 이들과 전혀 모르는 관계인 보스턴에 사는 증권맨 A씨에게 한 달 안에 편지를 전달하라고 하였다. 이들은 A씨를 잘 알고 있다고 생각하는 사람에게 편지를 보내고 이 편지를 받은 사람은 다시 A씨를 알고 있을 만한 다른 사람에게 편지를 보내는 과정을 반복한다. 이는 A씨를 전혀 모르는 다른 사람으로부터 출발한 편지가 몇 단계를 건너 주어진 기간 안에 A씨에게 전달되는가를 알아보는 실험이다.

출발지에 따라 목적지에 도착한 빈도 및 비율

출발지(출발인물)	네브래스카(일반인)	네브래스카(증권맨)	보스턴(일반인)	계
도착	18(24%)	24(31%)	22(35%)	64(29%)
미도착	58(76%)	54(69%)	41(65%)	153(71%)
계	76(100%)	78(100%)	63(100%)	217(100%)

목표 인물에 도달하는 데 소요된 단계수와 빈도

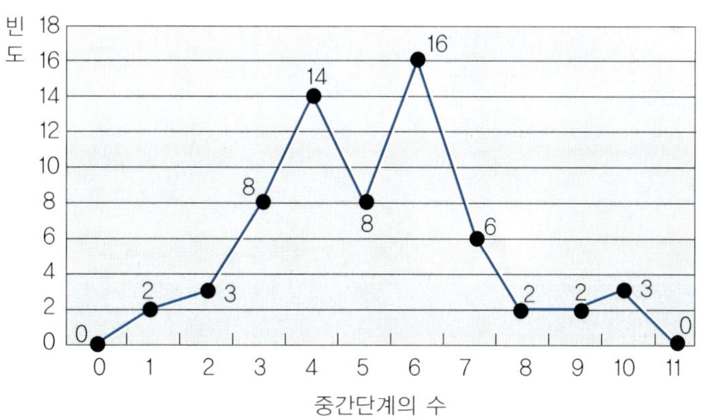

① A씨와 직업이나 거주지가 같은 출발인물을 통하는 경우가 직업과 거주지가 모두 다른 경우보다 편지의 도착비율이 더 높았다.

② 9단계 이상의 중간단계를 거친 사람들은 목표인물에 도달한 사람들 중 10%를 넘지 않았다.

③ 출발인물이 목표인물과 동일직업인인 경우보다 동일지역 거주자인 경우 목표인물에 도달하는 비율이 더 높았다.

④ 목표인물에 도달한 사람들 중 중간단계의 수가 4, 5, 6에 속하는 사람들의 비율은 50%가 넘었다.

⑤ A씨와 직업과 거주지가 모두 같은 출발인물을 통하는 경우 편지의 도착비율이 가장 높았다.

14

{ 05년 입법 } 다음은 10가구(총가구원 25명)의 가구소득에 대한 가상적인 자료이다. 주어진 〈공식〉과 〈표〉를 토대로 | 보기 | 중 옳은 것을 모두 고르면?

공 식

① 일반적으로 빈곤지위의 판정은 가구소득과 가구규모별 빈곤선을 비교하여 이루어진다. 즉, 가구의 소득이 빈곤선보다 낮으면 빈곤하다고 판정하는 것이다.

② 한편, 빈곤율은 다음의 공식을 통해 계산한다.

$$(\text{개인})\text{빈곤율} = \frac{\text{빈곤한 사람의 수}}{\text{전체사람의 수}} \times 100 \quad (\text{가구})\text{빈곤율} = \frac{\text{빈곤한 가구의 수}}{\text{전체가구의 수}} \times 100$$

〈표 1〉 가상적인 10가구의 가구소득 자료

가구번호	가구소득	가구원	가구번호	가구소득	가구원
1	65만원	2명	6	80만원	4명
2	70만원	2명	7	20만원	2명
3	25만원	1명	8	150만원	4명
4	100만원	3명	9	20만원	2명
5	125만원	3명	10	10만원	2명

〈표 2〉 가구 규모별 빈곤선

가구규모	빈곤선	가구규모	빈곤선
1인 가구	35만원	4인 가구	100만원
2인 가구	60만원	5인 가구	120만원
3인 가구	82만원	6인 가구	135만원

보 기

가. 이 자료를 통해 추정한 개인빈곤율은 50%이다.
나. 빈곤한 가구의 평균 가구원수는 빈곤하지 않은 가구의 평균 가구원수보다 적다.
다. 이 자료를 통해 추정한 개인빈곤율은 가구빈곤율보다 높다.

① 가 ② 나 ③ 다
④ 가, 나 ⑤ 나, 다

15 { 05년 행시 · 외시 } 사무관 A는 다음 〈표〉를 토대로 교과목별 실제 필요교실수를 제안하려고 한다. 단, 교실의 효율적 이용을 위해 최소한의 필요교실수를 제안하되 이용률이 70%를 넘지 않도록 해야 한다. 또한 모든 교실은 월요일부터 금요일까지 매일 오전 9시부터 오후 5시까지 1시간 단위로 주당 총 40시간 단위가 가동된다. 다음 | 보기 |의 'ㄱ', 'ㄴ'에 대한 답으로 옳게 짝지어진 것은?

교과서별 수업 관련 자료

교과목	예상 수강학생수	주당 수업시간수	수업당 적정학생수
소비와 경제	450명	8	30명
확률과 통계	330명	8	30명
생태와 환경	220명	4	20명

1) 이용률 100%시 소요교실수 = $\frac{\text{예상 수강학생수}}{\text{수업당 적정학생수}} \times \frac{\text{주당 수업시간수}}{\text{주당 교실가동시간수}}$

2) 이용률 = $\frac{\text{이용률 100\%시 소요교실수}}{\text{실제 필요 교실수}} \times 100$

보 기

ㄱ. 이용률 100%시 소요교실수가 가장 적은 교과목은?
ㄴ. '소비와 경제'의 실제 필요교실수는?

	ㄱ	ㄴ
①	소비와 경제	4개
②	확률과 통계	4개
③	확률과 통계	5개
④	생태와 환경	4개
⑤	생태와 환경	5개

16

{ 05년 행시 · 외시 } 다음 자료는 A국 제조업체의 현금보유비중과 재무지표 추이를 보여주고 있다. 이 자료로부터 유추할 수 있는 것을 | 보기 |에서 고르면?

현금보유비중 및 현금보유액 추이

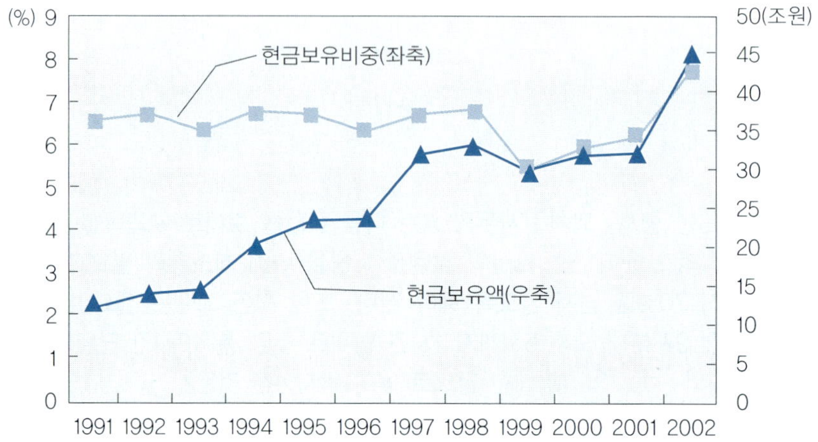

주요 재무지표 추이

(단위 : %)

구분 \ 연도	1991	1992	1993	1994	1995	1996	1997	1998	1999	2000	2001	2002
유형자산 증가율	20.9	11.0	13.2	13.2	19.0	18.2	13.7	17.2	0.0	2.4	-2.5	-1.8
매출액 증가율	17.4	10.3	9.9	18.2	20.4	10.3	11.0	0.7	8.0	15.2	1.7	7.5
매출액 영업이익률	6.6	6.6	7.0	7.7	8.3	6.5	8.3	6.1	6.6	7.4	5.5	7.4

※ 매출액 영업이익률 = $\frac{\text{영업이익}}{\text{매출액}} \times 100$

보 기

ㄱ. 현금보유비중은 1991년부터 1998년까지 6%대를 유지하다가 1999년 5%대로 낮아진 후 지속적인 상승세를 보이고 있다.
ㄴ. 2002년 총자산규모는 약 450조원이다.
ㄷ. 1999년에 비해 2002년의 매출액은 증가하였지만 유형자산은 감소하였다.
ㄹ. 2002년에는 매출액 증가율이 매출액 영업이익률을 소폭 상회한 것으로 나타났으므로 영업이익은 전년 대비 감소하였음을 알 수 있다.

① ㄱ, ㄷ ② ㄴ, ㄹ ③ ㄱ, ㄴ, ㄷ ④ ㄱ, ㄷ, ㄹ ⑤ ㄴ, ㄷ, ㄹ

17 { 05년 행시 · 외시 } 다음 〈표〉와 같이 지하층이 없고 건물마다 각 층의 바닥 면적이 동일한 건물들이 완공되었다. 이 건물들 중에서 층수가 가장 높은 것은?

건물정보

건물명	건폐율(%)	대지면적(m^2)	연면적(m^2)	건축비(만원/m^2)
A	50	300	600	800
B	60	300	1,080	750
C	60	200	720	700
D	50	200	800	750
E	70	300	1,260	700

1) 건폐율 = $\frac{\text{건축면적}}{\text{대지면적}} \times 100$

2) 건축면적: 건물 1층의 바닥 면적.

3) 연면적: 건물의 각 층 바닥 면적의 총합.

① A ② B ③ C ④ D ⑤ E

18 { 05년 행시 · 외시 } 다음은 주요 국가들의 어느 해 연구개발 활동을 국가명의 가나다순으로 정리한 자료이다. 이 자료에 대한 해석으로 옳지 않은 것을 | 보기 |에서 모두 고르면?

주요 국가들의 연구개발 활동 현황

국가명	절대적 투입규모		상대적 투입규모		산출규모	
	총 R&D 비용 (백만 달러)	연구원수 (명)	GDP대비 총 R&D 비용 (%)	노동인구 천 명당 연구원수(명)	특허 등록수 (건)	논문수 (편)
독일	46,405	516,331	2.43	13.0	51,685	63,847
미국	165,868	962,700	2.64	7.4	147,520	252,623
스웨덴	4,984	56,627	3.27	13.1	18,482	14,446
아이슬랜드	663	1,363	1.33	9.5	35	312
아일랜드	609	7,837	1.17	5.6	7,088	2,549
영국	20,307	270,000	2.15	9.5	43,181	67,774
일본	123,283	832,873	2.68	8.0	141,448	67,004
프랑스	30,675	314,170	2.45	12.5	46,213	46,279
한국	7,666	98,764	2.22	7.3	52,900	9,555

보 기

ㄱ. 연구원수와 특허등록수의 국가별 순위는 서로 일치한다.
ㄴ. 스웨덴이 아일랜드보다 노동인구가 많다.
ㄷ. 총 R&D 비용 대비 특허 등록수가 가장 많은 국가는 한국이다.
ㄹ. 프랑스는 독일보다 GDP가 더 크다.

① ㄱ, ㄴ ② ㄱ, ㄷ ③ ㄷ, ㄹ
④ ㄱ, ㄷ, ㄹ ⑤ ㄴ, ㄷ, ㄹ

19 { 05년 행시 · 외시 } 다음 〈표〉는 어느 나라의 농가와 비농가의 소득에 관한 자료이다. 이 자료에 대한 | 보기 |의 설명 중 옳은 것을 모두 고르면?

〈표 1〉 원천별 가구당 농가소득

(단위: 백 달러)

연도 \ 구분	농가소득(A+B)	농업소득(A)	농업외 소득(B)
1971	106	41	65
1981	244	64	180
1991	572	122	450
2001	881	163	718

〈표 2〉 농가와 비농가의 소득

(단위: 백 달러)

연도 \ 구분	가구당 소득		1인당 소득	
	농 가	비농가	농 가	비농가
1971	106	135	17	30
1981	244	319	44	70
1991	572	737	124	181
2001	881	1,136	224	321

보 기

ㄱ. 농가소득 중 농업소득의 비중은 지속적으로 증가하였다.
ㄴ. 2001년 비농가의 가구당 인구수는 1971년에 비해 감소하였다.
ㄷ. 2001년 농가의 가구당 인구수는 비농가의 가구당 인구수보다 더 많다.
ㄹ. 농가와 비농가 간의 가구당 소득의 차이는 계속 감소하였다.

① ㄱ, ㄴ ② ㄱ, ㄷ ③ ㄴ, ㄷ ④ ㄴ, ㄹ ⑤ ㄷ, ㄹ

20 {05년 행시 · 외시} 다음 〈표〉는 국내 담배시장 전체의 판매량과 담배 상표 중 A, B의 판매량을 지역별로 집계한 후 그 비율을 정리한 것이다. 담배시장에는 A, B, C 3개 상표만이 존재한다고 가정할 때, 이 자료에 대한 분석으로 옳은 것을 | 보기 |에서 모두 고르면?

지역별 담배 시장 현황

지역	인구비율(%)	전체 담배 판매량의 지역별 비율(%)	A상표 판매량의 지역별 비율(%)	B상표 판매량의 지역별 비율(%)
가	35	30	25	40
나	30	30	35	20
다	25	15	20	15
라	10	25	20	25
계	100	100	100	100

1) 지역: 전국을 4개 지역으로 분할한 것임.

2) 각 지역별 인구비율 = $\frac{\text{해당지역인구수}}{\text{전국인구수}} \times 100$

3) 전체 담배 판매량의 지역별 비율 = $\frac{\text{해당 지역총판매량}}{\text{전국총판매량}} \times 100$

4) 각 상표 판매량의 지역별 비율 = $\frac{\text{각 상표의 해당 지역판매량}}{\text{각 상표의 전국판매량}} \times 100$

5) 각 지역에서 판매되는 담배는 모두 그 지역 주민들이 구입한다고 가정함.

보 기

ㄱ. '나' 지역에서는 A 상표가 B 상표보다 더 많이 팔린다.
ㄴ. '다' 지역에서는 C 상표 판매량의 지역별 비율은 15%보다 낮을 것이다.
ㄷ. '라' 지역 주민들의 1인당 담배 구입량은 다른 지역 주민들에 비해 많다.

① ㄱ ② ㄴ ③ ㄷ ④ ㄱ, ㄷ ⑤ ㄴ, ㄷ

21 {05년 행시 · 외시} 다음 〈표〉는 4개 국가의 산술적 인구밀도와 경지 인구밀도를 조사한 자료이다. 이 자료에 근거한 진술로 옳지 않은 것은?

국가별 인구밀도

(단위: 만 명, 명/㎢)

국 가	인구수	산술적 인구밀도	경지 인구밀도
A	1,000	25	75
B	1,500	40	50
C	3,000	20	25
D	4,500	45	120

1) 산술적 인구밀도 = $\frac{\text{인구수}}{\text{국토 면적}}$

2) 경지 인구밀도 = $\frac{\text{인구수}}{\text{경지 면적}}$

3) 경지율 = $\frac{\text{경지 면적}}{\text{국토 면적}} \times 100$

① 국토 면적은 C국이 가장 넓다.

② 경지 면적은 B국이 가장 좁다.

③ B국의 경지율은 D국보다 높다.

④ 경지율이 가장 낮은 국가는 A국이다.

⑤ 인구 1인당 경지 면적이 가장 넓은 국가는 C국이다.

22

{ 05년 행시 · 외시 } 다음 〈표〉는 우리나라 어업의 6개 업종별로 지난 1년 동안 어선 1척당 어업비용과 경상이익을 조사한 결과이다. 다른 조건이 동일하다고 가정할 때, 이 〈표〉에 근거하여 연료비 상승의 효과를 바르게 설명한 것을 | 보기 |에서 모두 고르면?

우리나라 어업의 업종별 수익구조(어선 1척 기준)

업 종	어업비용 (천원)	연료비 (천원)	어업비용 중 연료비 비중(%)	경상이익 (천원)
대형기선저인망	1,832	530	28.9	160
대형트롤	1,942	428	22.0	144
대형선망	6,311	1,095	17.4	841
기선권현망	1,462	225	15.4	102
근해안강망	292	51	17.5	10
근해자망	182	16	8.8	9
평균	1,600	320	20.0	159

※ 평균은 6개 업종 내 어선의 수를 고려하여 계산한 수치임.

보 기

ㄱ. 연료비가 20% 상승하면 6개 업종 내 모든 어선의 어업비용 평균은 4% 증가한다.

ㄴ. 연료비가 50% 이상 상승하면 6개 업종 내 모든 어선의 경상이익의 합은 '0'(零)보다 작아진다.

ㄷ. 연료비가 20% 상승하면 어업비용 중 연료비의 비중이 높은 대형기선저인망 어업은 경상적자로 전환된다.

① ㄱ ② ㄴ ③ ㄷ ④ ㄱ, ㄴ ⑤ ㄴ, ㄷ

23 { 04년 외시 } 다음 기사는 한 경제신문에서 발췌한 빅맥지수에 대한 설명이다. 스위스에서 빅맥 가격이 6.4스위스프랑이고, 같은 날 미국에서 빅맥 가격은 2.13달러라고 하자. 그리고 같은 날 실제 환율이 달러당 2스위스프랑이라고 하면 빅맥지수로 환산한 환율을 기준으로 실제 환율을 평가할 때 다음 중 맞는 설명은?

> 〈빅맥지수(The Big Mac Index)〉
>
> 빅맥지수란 일정 시점에서 각 국의 빅맥(미국 맥도널드사의 햄버거제품) 가격을 달러로 환산한 후 미국 내 가격과 비교한 지수이다. 세계적으로 값이 거의 일정한 빅맥 가격을 비교해 보면 각 국의 통화가치가 어떤 상태인지를 알 수 있다. 이는 '환율은 두 나라에서 동일한 상품과 서비스의 가격이 비슷해질 때까지 움직인다'는 일물일가(一物一價)의 법칙에 근거한 것이다.
>
> 1998년 조사 때 한국의 빅맥 가격은 3,000원이었다. 같은 날 미국의 빅맥 가격은 3달러였다. 따라서 미국의 소비자가 한국에서도 같은 돈을 내고 빅맥을 살 수 있으려면 원화 환율이 달러당 1,000원이어야 한다. 이 수준이 빅맥 가격을 기준으로 한 적정환율이다. 그러나 조사 당일 원화의 실제 환율은 달러당 1,200원이었다. 결국 원화가 20% 저평가되어 있다는 것이 조사의 결론이었다.

① 스위스프랑은 약 33% 고평가되어 있다.
② 스위스프랑은 약 50% 고평가되어 있다.
③ 스위스프랑은 약 33% 저평가되어 있다.
④ 스위스프랑은 약 50% 저평가되어 있다.
⑤ 스위스프랑은 약 67% 저평가되어 있다.

24 { 04년 외시 } 다음은 국내외 전자상거래 시장 전망을 나타낸 것이다. 〈표〉의 해석으로 맞는 것을 모두 고르면?

국내외 전자상거래 시장 전망

구 분		2005년	2010년	증 가 율
세계시장 (억 달러)	B to B 부문	1,540	3,000	94.8%
	B to C 부문	660	1,000	51.5%
국내시장 (억 원)	B to B 부문	700	3,000	328.6%
	B to C 부문	1,300	2,900	123.1%

※ 〈표〉에서 전자상거래 시장은 B to B(기업간 거래)부문과 B to C(기업과 소비자간 거래)부문만 존재하고, 환율은 고정되어 있는 것으로 가정한다.

보 기

ㄱ. 국내 전자상거래 시장의 규모가 세계시장에서 차지하는 비중은 2005년에 비해 2010년에 더 커질 것으로 전망된다.
ㄴ. 2010년에는 B to B 부문에서의 세계시장 대비 국내시장 비율이 B to C 부문에서의 세계시장 대비 국내시장 비율보다 높을 것이다.
ㄷ. 2010년 세계시장의 경우 B to B 부문이 전체 전자상거래 규모의 75%를 차지할 것으로 전망된다.
ㄹ. 2005년 대비 2010년 세계시장 규모는 약 73% 증가하고, 국내시장 규모는 약 226% 증가할 것으로 전망된다.

① ㄱ, ㄴ ② ㄱ, ㄷ ③ ㄱ, ㄹ ④ ㄴ, ㄷ ⑤ ㄷ, ㄹ

25 { 04년 외시 } 다음은 미국 통계청이 발표한 세계 인구의 추이와 전망에 대한 자료이다. 주어진 자료 이후의 기간에는 [그림]에서 전망된 추세가 지속된다고 가정할 때 옳은 주장으로만 묶인 것은?

[그림 1] 연간 세계 인구 증가수(1950~2050년)

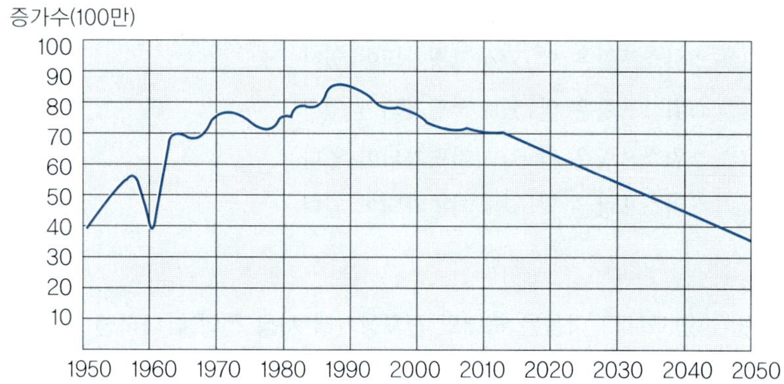

[그림 2] 연간 세계 인구 증가율(1950~2050년)

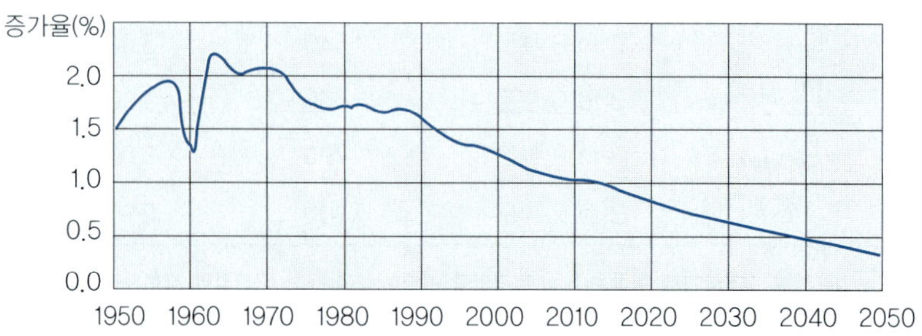

[그림 3] 세계 총인구수(1950~2050년)

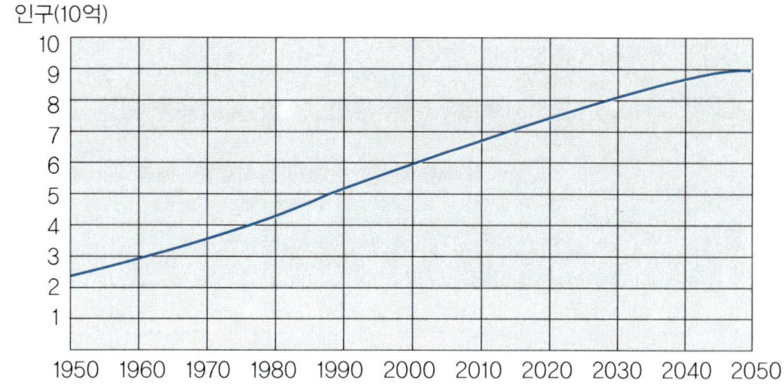

보 기

ㄱ. 2005년 이후 10년간 연간 세계 인구 증가수는 다른 기간에 비해 일정할 것으로 예상된다.
ㄴ. 2005년 이후 10년간 연간 세계 인구 증가율은 높아질 것이다.
ㄷ. 1950년부터 30년간 증가한 세계 총인구수는 2020년부터 30년간 증가할 수보다 클 것이다.
ㄹ. 2050년부터 2060년까지 연간 세계 인구 증가수는 매년 상승할 것으로 예상된다.
ㅁ. 2060년 연간 세계 인구 증가율은 0.5%보다는 높을 것으로 예상된다.
ㅂ. 2060년 세계 총인구수는 100억보다 적을 것으로 예상된다.

① ㄱ, ㄷ, ㅁ ② ㄱ, ㄷ, ㅂ ③ ㄱ, ㄹ, ㅁ ④ ㄴ, ㄷ, ㅂ ⑤ ㄴ, ㅁ, ㅂ

26 { 04년 외시 } 다음에 제시된 일선 세무서의 연도별 체납정리에 관한 자료에서 알 수 없는 것은?

연도별 체납정리

구분 연도	담당 직원수	직원당 체납건수	직원당 체납자수	체납자당 체납액	총정리 비율	현금정리 비율
2000	16	1,052	952	38,037천원	62%	37.2%
2001	17	1,127	984	37,984천원	68%	35.4%
2002	15	974	901	38,354천원	65%	39.3%

1) 체납: 부과 또는 고지된 세금 중 납기를 넘긴 것.
2) 현금정리비율: 총정리액 대비 현금정리액 비율.
3) 체납발생비율: 총세액 대비 체납액 비율.
4) 현금정리: 체납된 세금 중 현금으로 징수한 것.
5) 총정리비율: 총체납액 대비 총정리액 비율.

① 총체납액　② 체납자 1인당 체납건수　③ 체납 1건당 체납액
④ 총현금정리액　⑤ 체납발생비율

27 { 04년 외시 } 다음 자료로부터 추론할 수 없는 내용을 모두 고르면?

지역별 1인당 소매점(음식료품) 매출액 비교

구 분	1인당 매출액(원)			상대적 비율 (소형점/대형점)
	전 체	대형점	소형점	
전체 평균	767,824	583,661	184,163	0.316
특별시 · 광역시 평균	1,016,257	845,199	171,058	0.202
9개도 평균	534,489	338,017	196,472	0.581
대전광역시	995,200	824,321	170,879	0.207
충청남도	425,053	200,377	224,676	1.121

※ 1인당 매출액=매출액/인구수

보 기

ㄱ. 대형점에서의 음식료품 1인당 매출액의 경우, 특별시 · 광역시 평균이 9개도 평균보다 크다.
ㄴ. 충청남도의 경우 음식료품 1인당 매출액은 소형점이 대형점보다 크다.
ㄷ. 9개도 각각의 인구수만 알면 9개도 각각의 대형점과 소형점의 매출액을 산정할 수 있다.
ㄹ. 각 도에 거주하는 소비자는 음식료품을 구입할 때에 대형점보다 소형점에 대한 선호도가 크다.

① ㄷ　② ㄹ　③ ㄱ, ㄴ　④ ㄴ, ㄷ　⑤ ㄷ, ㄹ

28 { 04년 외시 } 이상적인 정보시스템은 이용자가 필요한 정보를 탐색할 때 원하는 정보가 모두 검색되고, 또 불필요한 정보가 전혀 나오지 않는 것을 말한다. 그러나 현실적으로 이러한 시스템을 만드는 것은 쉽지 않다. 다음은 정보검색시스템 내의 여러 정보 간의 관계를 나타낸 [그림]이다. | 보기 | 중 틀린 것을 모두 고르면?

- 잡음률(noise ratio): 검색된 모든 정보 중에서 부적합정보가 차지하는 비율
- 누락률(omission ratio): 시스템의 모든 적합 정보 중에서 검색되지 않은 적합 정보의 비율
- 재현율(recall ratio): 시스템의 모든 적합 정보 중에서 검색된 적합 정보가 차지

하는 비율
• 정확률(precision ratio): 검색된 모든 정보 중에서 적합정보가 차지하는 비율

정보검색시스템 내 여러 정보 간의 관계

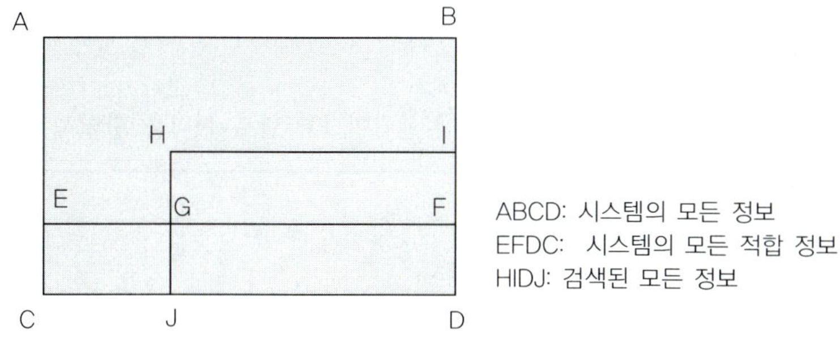

보 기

ㄱ. 잡음률 = $\frac{HIFG}{ABDC}$　　ㄴ. 누락률 = $\frac{EGJC}{EFDC}$

ㄷ. 재현율 = $\frac{GFDJ}{EFDC}$　　ㄹ. 정확률 = $\frac{GFDJ}{HIDJ}$

① ㄱ　② ㄱ, ㄴ　③ ㄱ, ㄹ　④ ㄴ, ㄹ　⑤ ㄱ, ㄷ, ㄹ

29 { 03년 11월 모의평가 } 다음 [그림]을 바탕으로 한 설명 중 옳은 것으로만 묶은 것은?

의사 1인당 인구와 병상당 인구

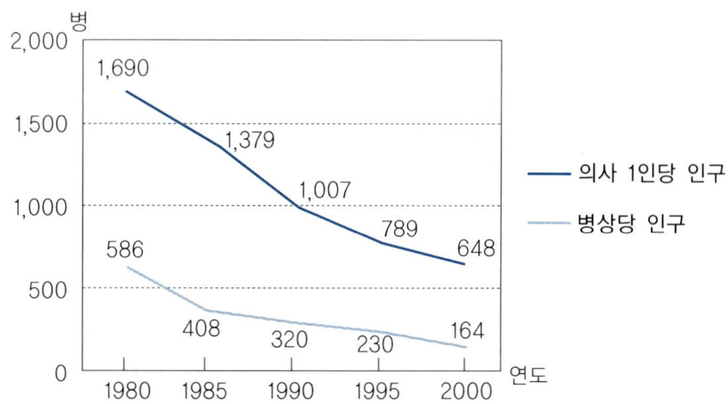

ㄱ. 병원과 의사의 비율은 일정하게 유지되어 왔다.
ㄴ. 1980년도부터 2000년까지 병원의 입원시설 증가가 인구증가보다 빨랐다는 것을 알 수 있다.
ㄷ. 1990년에 의사 1인이 100명을 담당했다고 가정하면 2000년에는 약 65명을 담당하는 셈이 된다.
ㄹ. 1990년대는 1980년대에 비교하여 인구증가 정도에 비해 의사배출 정도가 줄었다고 할 수 있다.
ㅁ. 인구에 비하여 볼 때 병원설립이 1985년부터 더욱 활발해졌음을 알 수 있다.

① ㄱ, ㄹ ② ㄷ, ㄹ ③ ㄱ, ㄹ, ㅁ ④ ㄴ, ㄷ, ㄹ ⑤ ㄴ, ㄷ, ㅁ

30

{ 03년 11월 모의평가 } 다음 〈표〉에 대한 설명 중 옳은 것으로만 묶은 것은?

〈표 1〉 연도별 소비자물가지수, 소득 및 실질소득 (단위: 천 원, 전년대비 %)

구 분 / 연 도	소비자물가지수		소득		실질소득
		증감률	금액	증감률	금액
1998	97.0	7.5	2,133	-6.7	( )
1999	97.8	0.8	1,225	4.3	( )
2000	100.0	2.3	2,387	7.3	( )
2001	104.1	4.1	2,625	10.0	( )
2002	106.9	2.7	2,792	6.4	( )

1) 소비자물가지수: 2000년 물가(100)를 기준.

2) 실질소득 = $\frac{\text{소득}}{\text{소비자물가지수}} \times 100$

〈표 2〉 2002년 맞벌이 가구와 비맞벌이 가구의 소득 및 가계지출 (단위: 천 원, %)

가 구 / 구 분	맞벌이 가구			비맞벌이 가구		
	금액(A)	구성비	증감률	금액(B)	구성비	증감률
소득	3,393	100.0	4.7	2,637	100.0	5.7
가구주 근로소득	( )	60	5.1	( )	70	8.2
기타 소득	( )	40	4.1	( )	30	-1.3
가계지출	2,393	-	2.0	2,137	-	3.3

〈표 3〉 연도별 처분가능소득, 소비지출, 흑자액, 평균소비성향 및 흑자율 (단위: 천 원, %)

구 분 연 도	처분가능소득 (C)	소비지출 (D)	흑자액 (E=C-D)	평균소비성향 (D/C)	흑자율 (E/C)
2001	2,319	1,752	568	( )	24.5
2002	2,483	1,827	667	( )	26.4

ㄱ. 2000년을 기준으로 그 이전에는 실질소득이 소득보다 크고 그 이후에는 실질소득이 소득보다 적다.
ㄴ. 2001년과 2002년의 평균소비성향은 각각 75.5%, 72.6%이다.
ㄷ. 가계지출을 제외한 나머지 소득을 모두 저축한다고 했을 때 단위 소득당 저축금액은 맞벌이 가구가 비맞벌이 가구보다 많다.
ㄹ. 맞벌이 · 비맞벌이 가구의 가계지출은 모두 가구주 근로소득 금액보다 많다.

① ㄱ, ㄴ ② ㄱ, ㄷ ③ ㄱ, ㄴ, ㄷ
④ ㄱ, ㄷ, ㄹ ⑤ ㄴ, ㄷ, ㄹ

31 { 03년 6월 모의평가 } 다음은 우리나라의 최근 5년간 특허권, 실용신안권, 의장권, 상표권의 권리별 출원권수와 전년대비 증감률을 나타낸 것이다. | 보기 |의 설명을 참고하여 다음 표의 A, B, C, D에 해당하는 것을 순서대로 바르게 나열한 것은?

최근 5년간 권리별 출원현황 (단위: 건, %)

연 도 권리별	1996	1997	1998	1999	2000
A	86,822 (15.0)	45,809 (△33.4)	28,896 (△36.9)	30,650 (6.1)	37,163 (21.2)
B	90,326 (15.1)	92,734 (2.7)	75,188 (△18.9)	80,642 (7.3)	102,010 (26.5)
C	85,062 (18.4)	87,065 (2.4)	57,393 (△34.1)	87,332 (52.2)	110,073 (26.0)
D	29,859 (△0.4)	28,491 (△4.6)	23,732 (△16.9)	32,404 (36.5)	33,841 (4.4)
계	274,069 (14.1)	254,099 (△7.3)	185,209 (△27.1)	231,028 (24.7)	283,087 (22.5)

※ ( )안의 수치는 전년대비 증감률을 나타냄.

보 기

- 2000년을 기준으로 권리별 충원 증가율이 가장 높은 것은 특허로 전년에 비해 가장 큰 폭으로 증가한 것으로 나타난다.
- 1998년도 실용신안의 출원감소율이 컸고, 2000년에는 실용신안 출원건수 증가율은 의장보다는 높았다.
- 1998년도에 출원이 감소한 상표는 1999년도에 출원건수가 50% 이상으로 대폭적인 증가가 나타났다.
- 2000년 의장의 출원건수는 특허의 약 $\frac{1}{3}$수준이며, 최근 5년간의 출원건수가 타 권리출원 건수보다 전반적으로 낮다.

	A	B	C	D
①	의장권	특허권	실용신안권	상표권
②	실용신안권	특허권	의장권	상표권
③	특허권	실용신안권	상표권	의장권
④	실용신안권	특허권	상표권	의장권
⑤	의장권	상표권	특허권	실용신안권

32

{ 03년 6월 모의평가 } 다음 자료는 연도별 자동차 사고 발생상황을 정리한 것이다. 다음의 자료로부터 추론하기 어려운 내용은?

연도별 자동차사고 발생상황

구분 / 연도	발생건수(건)	사망자수	10만명당 사망자수	차 1만대당 사망자수	부상자수
1997	246,452	11,603	24.7	11	343,159
1998	239,721	9,057	19.3	9	340,564
1999	275,938	9,353	19.8	8	402,967
2000	290,481	10,236	21.3	7	426,984
2001	260,579	8,097	16.9	6	386,539

① 연도별 자동차 수의 변화　② 운전자 1만명당 사고 발생건수
③ 자동차 1만대당 사고율　④ 자동차 1만대당 부상자 수
⑤ 자동차 사고의 사망률

Chapter 5

다양한 지표들

앞장에서는 지수(index)에 대하여 공부하였다. 그런데 지수와 유사한 개념으로서 지표(indicator)라는 것이 있다. 지표는 어떤 상황(일반적으로는 경제 사회분야)을 파악하기 위한 통계수치이다. 예를 들면, 실업률, 1인당 GDP 등은 경제 상황을 파악하기 위한 경제지표이며, 범죄율, 교통사고율 등은 사회의 안전 수준을 파악하기 위한 사회지표이다.

이처럼 어떤 현상을 파악하기 위한 통계수치라는 점에서는 지표와 지수는 동일하다. 굳이 구분하자면, 대체로 지표는 단일 항목에 대한 통계수치인 경우가 많은데 비하여 지수는 복수 항목에 대한 종합적인 통계수치인 경우가 많다고 할 수 있다. 예를 들면, 대학의 질을 평가하는 지수는 교수 1인당 학생수, 학생 1인당 도서구입비, 교수 1인당 논문수 등 다양한 하위지표들의 가중합으로 계산된다. 하지만 단일 항목으로만 이루어진 지수도 있으며, 복수 항목으로 이루어진 지표도 있다. 실제로도 이 두 용어는 서로 혼용하여 사용되는 경우가 많다. 따라서 지표와 지수라는 용어를 엄격히 구분하여 사용할 이유는 별로 없다. 다만 어떤 현상을 파악하기 위한 통계수치를 지표 또는 지수라고 한다는 정도로만 이해해도 되겠다. 중요한 건 명칭을 외우는 것이 아니라, 실제로 어떤 현상을 파악하는 데 이를 이용할 줄 아는 것이다!

지표는 무엇을 파악하려는가에 따라 경제지표, 사회지표, 정책지표 등과 같이 구분하기도 한다. 경제지표는 말 그대로 경제 상황을 파악하기 위한 지표인데 미국에서 1932년 경제공황에 대처하는 데 필요한 정보를 얻기 위해 작성하면서 공식적으로 사용되기 시작하였다고 한다. 이후 경제지표는 경제상황을 이해하고 경제정책을 수립하는 데 많은 기여를 하였다. 한편 사회지표는 국민들의 건강, 교육

등 복지에 대한 관심이 높아짐에 따라 국가가 이에 대한 적극적인 정책 수립의 필요성을 인식하여 1960년대부터 개발되어 사용되었다. 사회지표가 널리 사용됨에 따라 점차 세부영역별로 분화되어 환경지표 · 문화지표 · 정보통신지표 등 다양한 영역별지표들이 개발 사용되고 있다.

우리나라에서는 1979년에 처음으로 정부에서 '한국의 사회지표' 로서 128개 지표를 작성하여 공표하였으며, 그 이후 매년 사회지표를 작성하여 공표하고 있다. 현재의 사회지표는 인구, 가족, 소득 · 소비, 노동, 교육, 보건, 주거 · 교통, 정보 · 통신, 환경, 복지, 문화 · 여가, 안전, 사회참여의 13개 항목과 국제비교 항목으로 구성되어 있으며, 지표수는 500개가 넘는다. 우리나라의 사회지표에 관하여 알고 싶으면 통계청 홈페이지(www.nso.go.kr)에 들어가 보면 된다. 이 중에서 주요 지표에는 다음과 같은 것들이 있다.

- 인구 : 총인구, 국민평균연령, 시 · 도별 인구 구성비, 부양비
- 가족 : 총가구수 및 가구원수별 가구분포, 가족의 세대수별 분포
- 소득과 소비 : 1인당 GNI, 월소득 계층별 가구분포, 민간최종소비지출
- 노동 : 피고용률, 여성취업에 관한 태도, 직업선택요인, 실업률
- 교육 : 국민의 학력구성비, 학생의 기대교육 수준, 학생의 기대교육 목적
- 보건 : 연령별 기대여명, 흡연인구비율, 건강관리방법, 의료인력 현황
- 주거와 교통 : 주거 공간, 현 거주지 선택이유, 현 거주지 만족도 및 불만 이유
- 정보와 통신 : 컴퓨터 사용능력, 컴퓨터 및 PC통신 사용시간, PC통신 및 인터넷의 사용용도, 정보화의 영향에 대한 인식
- 환경 : 음용식수, 농약오염에 대한 불안, 환경오명 방지노력
- 복지 : 기초생활보장대상자 비율, 의료급여 수급자 비율, 공적연금 적용률, 장애인 취업자 비율
- 문화와 여가 : 잡지구독률, 독서인구비율, 신문의 관심비율, 신문보도에 대한 만족도 및 불만 이유, TV시청 시간
- 안전 : 준법수준, 공중질서 수준, 사회 안전에 대한 인식도, 전화폭력 경험여부
- 사회참여 : 주관적 계층의식, 종교인구 비율, 정부예산의 기능별 구성

[출처: www.nso.go.kr '통계적 탐구(2002)' 에서 인용]

사회지표의 작성방법은 객관적 지표와 주관적 지표로 구분할 수 있다. 객관적 지표는 통계청 및 각 부처의 통계작성기관에서 작성한 통계자료를 재분류하거나 가공하여 작성한다. 이에 비하여 직업만족도, 환경문제에 대한 관심도 등과 같은

주관적 지표는 사회통계조사를 실시하여 자료를 수집, 작성한다. 객관적 지표도 올바르게 측정하는 것이 쉽지는 않지만, 주관적 지표의 경우는 더더욱 어렵다.

경제지표, 사회지표 등 다양한 지표들은 정부의 정책수립에 중요한 정보로 활용된다. 지표들은 현상을 파악하는 정보로 사용될 뿐만 아니라 정부가 달성해야 할 정책목표로 사용되기도 한다. 가령 실업률을 몇 % 이하로 줄이겠다든가, 여성 고위직의 비율을 몇 % 이상으로 늘리겠다든가와 같은 것들이 그 예이다. 이처럼 정책목표로 사용되는 지표들을 정책지표라고 부르기도 한다.

각종 지표들이 정부의 정책수립에 중요한 정보로 활용되는 만큼, 지표를 통하여 현상을 정확히 이해하고, 문제점을 올바르게 진단하는 능력은 관료에게 매우 중요하다. 이에 따라 PSAT에서도 지표를 이해하는 문제들이 많이 출제된다.

본 장에서는 중요한 경제사회 지표 및 기존에 PSAT에 출제되었던 다양한 지표들의 의미를 설명하고, 이를 통하여 해당 경제사회현상을 이해하는 연습을 하도록 한다.

1. 인 구

1) 노령화 지수

노령화 지수는 노령인구(65세 이상)대 유소년인구(0~14세)의 비율을 보여 준다. 노령화 지수가 100이면 노령인구와 유소년인구가 같다는 것을 의미하고, 100보다 크면 노령인구가 유소년인구보다 많다는 것을 뜻한다. 한편 (노년층인구 + 유소년인구)를 총부양인구라 하고, 이를 청장년인구로 나눈 것을 총부양비라고 한다.

- 노령화지수 = $\dfrac{\text{65세 이상(노년층) 인구}}{\text{0~14세(유소년) 인구}} \times 100$
- 총부양비 = $\dfrac{\text{0~14세 인구} + \text{65세 이상 인구}}{\text{15~64세 인구(청장년)}} \times 100$

이제 〈표 5-1〉을 보자. 노령화지수와 부양비의 의미를 이해했다면, 이 표를 보고 몇 가지 사실들을 생각해볼 수 있다.

일단 〈표 5-1〉을 보고 알 수 있는 것은 노령인구의 비중이 늘어가고 있다는 사실이다. 노년부양비는 '생산가능인구 1명당 노인 수×100'으로서 노인 1명당 생

[표 5-1] 노년부양비 및 노령화지수

	1970	1980	1990	1994	2004
노년부양비(%)	5.7	6.1	7.4	8.1	12.1
노령화지수(%)	7.2	11.2	20.0	23.9	43.3
노인 1명당 생산가능인구(명)	17.7	16.3	13.5	12.4	8.2

출처 : 통계청, 「장래인구추계」, 2001.
1) : 노년부양비 = (65세 이상 인구 / 15~64세 인구) × 100
2) : 노인 1명당 생산가능인구 = (15~64세 인구 / 65세 이상 인구)

산가능인구의 역수에 100을 곱한 것과 같다. 노인 1명을 부양할 수 있는 생산가능인구가 점점 줄어가고 있다는 것은, 다시 말하면 생산가능인구 1명이 부양해야 하는 노인의 수가 점점 늘어가고 있다는 것이다. 그런데 다시 한 번 생각해보아야 할 것은 노년부양비의 증가세 혹은 노인 1명당 생산가능인구의 감소세보다 훨씬 빠른 속도로 노령화지수가 증가하고 있다는 사실이다. 노령화지수는 70년도부터 2004년도까지 무려 7배가량 증가하였다. 이는 고령화 사회로의 진입이 급격한 출산율 저하로 인하여 가속화되고 있다는 사실을 보여준다. 즉, 노인인구비중이 늘어가는 반면, 유소년 인구비중은 그보다 더 빠른 속도로 줄어들고 있는 것이다. 그렇다면 같은 기간 동안 총부양비는 어떻게 변하였을까? 노년부양비와 노령화지수의 관계를 이용하면, 위의 표로부터 각 연도의 총부양비를 쉽게 계산해낼 수 있다.[1] 각 연도의 총부양비를 계산하면, 70년도부터 순서대로 각각 84.9, 60.6, 44.4, 42, 40로서 점차 완만하게 감소하고 있음을 알 수 있다.

2) 출산율

출산율의 지표로는 연령별 출산율과 합계 출산율을 들 수 있다. 연령별 출산율은 특정년도의 15~49세까지 여자의 연령별로 태어난 출생아 수를 당해 연령의 여자인구로 나눈 비율의 1,000분비로서, 한 사회에서 각 연령층에 따라 출산수준에 어떤 변화가 있는가를 파악하는 데 유용하다.

한편 합계출산율은 한 여자가 가임기간(15~49세) 동안 평균 몇 명의 자녀를 낳는가를 나타내며, 출산력 수준 비교를 위해 대표적으로 활용되는 지표이다. 개념

1) '총부양비 = 유년부양비 + 노년부양비' 이므로, 유년부양비를 구하면 총부양비를 계산할 수 있다. 유년부양비는 유소년인구를 청장년 인구로 나눈 것으로서, 노령부양비와 노령화 지수의 관계를 이용하면 '유년부양비 = $\frac{\text{노년부양비}}{\text{노령화지수}}$ × 100' 임을 쉽게 알 수 있다.

적으로는 한 여자가 가임기간 동안 평균 몇 명의 자녀를 낳는가를 의미하지만, 실제로 이를 측정하는 방법은 각 연령의 연령별 출산율을 합하는 방식을 취한다. 즉 아래와 같다.

$$\bullet\ \text{연령별 출산율}(ASFR) = \frac{\text{여자의 연령별로 발생한 출생아수}}{\text{당해 연령별 여자인구}} \times 1{,}000$$

$$\bullet\ \text{합계출산율}(TFR) = \frac{\sum_{i=15}^{49}(ASFR)_i}{1{,}000}$$

〈표 5-2〉에는 연령별 출산율 및 합계출산율이 제시되어 있다. 단순히 표를 읽고 구체적인 수치를 비교하는 문제도 자주 출제되지만, 이 지표들의 의미를 제대로 이해하고 있는지를 묻는 문제도 출제될 수 있다. 예를 들어, 아래 표를 보고 2002년도의 출생아수는 1970년도의 출생아수의 약 26%($= \frac{1.17}{4.53} \times 100$)에 불과하다고 말할 수 있을까? 답은 물론 그렇지 않다는 것이다. 같은 기간 동안 산모의 수 역시 증가했을 것이며 연령대별 구성비도 변화했을 것이기 때문이다. 연령별 출산율은 단지 각 연령대 여성 1,000명이 낳는 출생아의 수를 의미하며, 합계출산율은 연령별 출산율의 단순합임을 기억하자. 그렇다면, 45세 이상 산모가 출산한 아이의 절대수는 90년도 이후로 일정하게 유지되고 있는 것일까? 이 아이들이 전체 출생아수에서 차지하는 비중은 어떻게 변화되었을까? 각자 생각해보자.

[표 5-2] 연령별 출산율 및 합계출산율

	연령별 출산율							합계 출산율
	15~19	20~24	25~29	30~34	35~39	40~44	45~49	
1970	19.3	192.8	320.1	205.4	105.8	46.0	13.1	4.53
1980	12.9	141.4	244.1	106.6	30.6	8.5	2.0	2.83
1990	4.2	83.2	169.4	50.5	9.6	1.5	0.2	1.59
1992	4.7	82.8	188.9	65.1	12.6	1.8	0.2	1.78
1995	3.6	62.9	177.1	69.6	15.2	2.3	0.2	1.65
2000	2.5	39.0	150.6	84.2	17.4	2.6	0.2	1.47
2001	2.2	31.6	130.1	78.3	17.2	2.5	0.2	1.30
2002	2.6	26.6	111.3	75.0	16.7	2.4	0.2	1.17

출처 : 통계청, 『인구동태통계연보』.

2. 소득 · 소비 · 국민계정

1) 로렌츠곡선과 지니계수

로렌츠(Lorenz)곡선은 가구의 누적비율을 횡축, 소득의 누적비율을 종축으로 하는 사각형에 계층별 소득분포를 표시한 곡선이다. [그림 5-1]의 로렌츠곡선에서는 대략 가로축의 20과 세로축의 9가 만나고 가로축의 40과 세로축의 21이 만난다. 이는 소득계층별로 하위 20%의 가구가 전체가구소득의 9%를 점유하고 있으며, 하위 40%의 가구는 전체가구소득의 21%를 점유하고 있음을 나타낸다. 만일 모든 가구의 소득이 동등하다면 가구비율과 소득비율은 동일할 것이며, 이 때의 로렌츠곡선은 대각선인 OA가 될 것이다(이를 완전평등선이라고 한다). 따라서 대각선에 접근할수록 분배 상태는 공평해지고 멀어질수록 불공평해진다고 할 수 있다. 로렌츠곡선은 소득분배상태를 직관적으로 척 보고 이해하기에는 좋다. 하지만 눈대중으로 파악하는 것이므로 정확한 수치표시가 곤란하며 두 집단 간 로렌츠곡선이 교차할 경우는 어느 경우의 분배상태가 더 양호한 것인지를 판단하기 어렵다는 한계를 지닌다.

이러한 로렌츠곡선의 단점(불평등도의 수치화 곤란)을 보완하기 위한 것이 지니(Gini)계수이다. 지니계수는 완전균등분배를 나타내는 대각선과 실제의 분배를 나타내는 로렌츠곡선 사이의 빗금친 부분의 면적을 직각삼각형 OAB의 면적으로 나

【그림 5-1】 로렌츠곡선

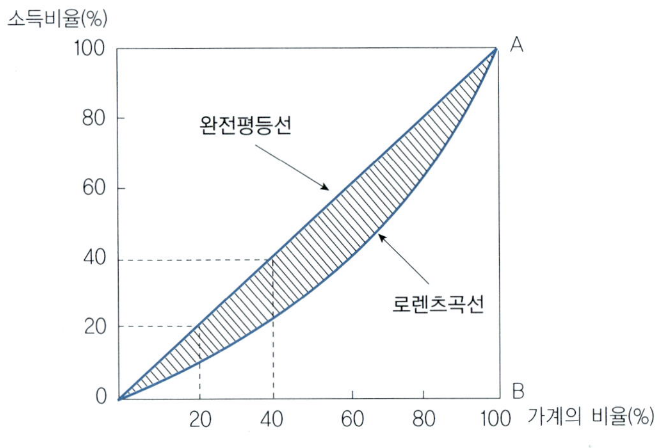

[표 5-3] 연도별 2인 이상 도시근로자가구의 지니계수

연 도	지니 계수	연 도	지니 계수
1986년	0.307	1994년	0.284
1988년	0.302	1996년	0.291
1990년	0.295	1998년	0.316
1992년	0.284	2000년	0.317

눈 값을 의미한다. 로렌츠곡선이 대각선과 멀어질수록 빗금친 면적이 커지므로, 지니계수값이 커질수록 분배상태가 악화됨을 나타낸다고 할 수 있다.

ⓐ 지니계수 =  / ΔOAB

ⓑ 소득분배가 완전 평등한 경우 … 지니계수 = 0
   소득분배가 완전 불평등한 경우 … 지니계수 = 1

ⓒ 0 ≤ 지니계수 ≤ 1

〈표 5-3〉을 보면 우리나라의 지니계수는 86년부터 94년까지 꾸준히 개선되다가 96년 이후로 악화되고 있음을 알 수 있다.

생각해 보기

다음은 2005년 행시 · 외시 PSAT 언어영역 문제이다. 이를 풀어본 후, 답에 대하여 함께 생각해 보자.

다음 글에 근거하여 우리나라의 2000년도 소득분배 상황을 바르게 이해한 것은?

> 한국조세정책연구원의 소득불평등도 국제 비교에 관한 최근 연구발표에 따르면, 2000년도 우리나라의 시장소득불평등도를 나타내는 지니(Gini)계수는 0.374이고 가처분소득불평등도를 나타내는 지니계수는 0.358이었으나 미국의 경우는 각각 0.411과 0.335로 나타났다. 지니계수는 0에 가까울수록 소득불평등도가 낮은 것을 의미하며, 반대로 1에 가까울수록 소득불평등도가 높은 것을 의미한다. 그리고 시장소득이란 정부가 세금을 거두어 그 재원을 바탕으로 공적이전(公的移轉)을 시행하는 정부의 소득재분배 기능이 빠진 상태에서의 소득 개념이다. 따라서 시장소득불평등도는 공적이전과 직접세 납부 이전의 소득에 대한 불평등도이다. 한편 가처분소득불평등도는 시장소득에 공적이전이 더해지고 사회보장 부담금과 직접세의 조세 항목을 차감한 소득의 불평등도이다. 따라서 시장소득과 가처분소득의 불평등도를 분리하여 비교하는 것은 세전 및 세후 그리고 공적이전 등의 포함 여부에 따른 소득불평등도의 비교를 통해 정부의 소득재분배에 대한 역할을 추정할 수 있기 때문에 의미가 있다.

① 우리나라의 공적이전과 사회보장부담금 및 직접세제도는 미국보다 소득재분배 기능이 약한 것으로 추정된다.
② 성장과 분배는 경제가 성장할수록 상호보완적인 관계가 되므로 정부는 성장과 분배가 조화를 이룰 수 있도록 정책목표를 설정하여야 한다.
③ 우리나라의 시장소득은 미국보다 더 불평하게 분배된 것으로 나타났으므로 우리나라 시장의 분배 기능이 미국보다 더 공정하게 이루어졌다고 할 수 없다.
④ 우리나라의 가처분소득은 미국보다 더 불평등하게 분배된 것으로 나타났으므로 시장의 분배기능이 더 공정하게 이루어질 수 있도록 정부의 노력이 필요하다.
⑤ 우리나라는 경제위기 이후 정부가 사회안전망을 강화하면서 저소득계층 지원 및 소득격차 완화 정책을 지속적으로 추진하였으나 2000년 현재까지 소득불평등도가 경제위기 이전수준을 회복하지 못한 것으로 나타났다.

이 문제에 대한 정답은 물론 1번일 것이다. 나머지는 전혀 논리적으로 맞지 않으므로… 그런데 우리나라의 소득재분배 기능이 미국보다 정말 약한 걸까? 물론 그럴 수 있다. 하지만 한 가지 짚고 넘어갈 것은 공적이전의 재분배기능에 대한 것이다. 미국의 공적이전 중에 가장 규모가 큰 것은 국민연금이다. 노인계층의 경우 소득의 상당 부분을 연금급여가 차지한다. 연금급여를 제외한 시장소득만으로는 상당수의 노인계층이 빈곤층에 해당하지만, 연금급여를 포함하면 얘기가 달라진다. 이에 비하여 우리나라는 아직 국민연금제도를 시행한 지 얼마 지나지 않았기 때문에 연금수급권자가 적어서 대부분의 노인계층은 연금급여를 받지 못하고 있으며, 이에 따라 노인 빈곤층이 매우 많다. 시간이 좀더 흘러서 대부분의 노인이 수급권자가 되면, 우리나라 역시 가처분소득의 불평등도는 시장소득의 불평등도에 비하여 상당히 완화될 것이다. 따라서 제도 자체가 재분배기능이 약하게 설계된 것이 아니라, 아직 제도가 성숙하지 않았기 때문으로 해석하는 것이 타당하지 않을까? 제도로만 본다면 우리나라가 미국보다 재분배기능이 그리 약할 것 같지 않다(미국은 아직 전 국민 의료보험도 없다!).[2]

2) 10분위분배율

10분위분배율이란 하위 40% 가구가 점유하는 소득과 상위 20% 가구가 점유하는 소득의 비율을 말한다. 10분위분배율이 커질수록 하위 40%와 상위 20% 계층의 소득 점유율 차이가 작아지므로 보다 균등한 분배상태를 나타낸다고 할 수 있다.

2) 참고로 우리나라 국민연금제도의 재분배기능에 가장 큰 문제는 광범위한 사각지대의 존재이다. 노후에 연금소득이 절실한 빈곤계층일수록 수급권을 갖지 못한 경우가 많은데, 이는 국민연금의 재분배기능을 크게 약화시킨다. 또한 연금급여 성숙 전까지는 공공부조 등을 통하여 노령빈곤을 완화하기 위하여 힘써야 함도 물론이다.

[표 5-4] 우리나라 소득 10분위별 소득분포 및 소득집중도(지니계수) (단위 : %)

	1985			1993			1996			2000		
	전국	시	군	전국	시	군	전국	시	군	전국	시	군
1분위	2.59	2.26	3.18	2.75	2.90	2.46	2.75	2.98	2.20	2.17	2.29	1.98
2분위	4.37	4.05	4.91	4.72	4.80	4.61	4.92	5.05	4.43	4.05	4.13	3.99
3분위	5.48	5.21	6.04	5.95	6.01	5.94	6.20	6.28	6.07	5.37	5.44	5.42
4분위	6.47	6.16	7.05	7.00	7.04	7.05	7.29	7.30	7.30	6.61	6.60	6.80
5분위	7.57	7.25	8.12	8.08	8.07	8.16	8.32	8.37	8.45	7.70	7.66	8.06
6분위	8.73	8.48	9.32	9.27	9.20	9.41	9.45	9.40	9.62	8.94	8.87	9.45
7분위	10.10	9.92	10.55	10.57	10.49	10.86	10.68	10.62	10.84	10.40	10.29	11.04
8분위	11.97	11.94	12.28	12.37	12.25	12.76	12.37	12.28	12.75	12.20	12.08	12.90
9분위	15.10	15.53	14.96	15.04	14.93	15.48	14.84	14.68	15.36	14.96	14.76	15.60
10분위	27.62	29.40	23.59	24.25	24.31	23.28	23.17	23.06	22.99	27.59	27.89	24.75
소득 집중도	0.3449	0.3694	0.2969	0.3097	0.3063	0.3101	0.2954	0.2892	0.309	0.352	0.350	0.338

• 10분위분배율 = $\dfrac{\text{하위 40\% 소득점유율}}{\text{상위 20\% 소득점유율}}$

이제 연습 삼아 〈표 5-4〉에서 1985년도와 1996년도 및 2000년도의 10분위분배율을 각각 계산하여 비교해보자.

1985년도의 10분위분배율은 $\dfrac{2.59 + 4.37 + 5.48 + 6.47}{27.62 + 15.10} = \dfrac{18.91}{42.72} = 0.443$로 계산할 수 있고, 마찬가지 방법으로 1996년도는 $\dfrac{21.16}{38.01} = 0.557$, 2000년도는 $\dfrac{18.2}{42.55} = 0.428$이 된다. 따라서 지니계수나 10분위분배율 중 어느 것을 기준으로 해도, 96년의 분배상태가 가장 공평하고, 2000년의 분배상태가 가장 불공평하다는 것을 알 수 있다. 한편, 군지역보다는 시지역의 소득집중도가 심하며, 2000년도에는 시 군 모두의 분배상태가 크게 악화되었지만 특히 군 지역의 하위 40%의 소득점유율이 크게 낮아졌음을 알 수 있다.

3) 각종 물가지수

먼저 GDP 디플레이터 및 소비자물가지수(CPI : Consumer Price Index)는 이미

4장에서 설명한 바 있으므로 여기서는 자주 쓰이는 그 밖의 물가지수를 소개하도록 하겠다. 먼저 생활물가지수는 일상생활에서 소비자들이 자주 많이 구입하는 생활필수품을 대상으로 작성된 소비자물가지수의 보조지표이다. 품목은 쌀, 배추, 쇠고기 등 소비자들의 구입 빈도가 많은 156개 생필품을 대상으로 하고 있어, 소비자의 구입 빈도와 관계없이 516개 품목으로 작성되는 전체 소비자물가지수에 비해 소비자들이 체감하는 물가지수로 이용이 가능하다. 보통 소비자물가지수보다 높은 수치를 나타낸다.

다음으로 생산자물가지수는 생산자 판매가격에 의한 물가지수를 말한다. 물가를 경제순환의 어느 단계에서 파악하느냐에 따라 물가지수는 여러 가지로 산출되는데, 생산자물가지수는 생산자 판매가격(공장도가격)에 입각하여 작성된다. 이는 국내시장의 제1차 거래 단계에서 기업 상호간에 거래되는 상품과 서비스의 평균적인 가격변동을 측정하기 위하여 작성되는 물가지수이다. 대상품목의 포괄범위가 넓어 전반적인 상품과 서비스의 수급 동향이 반영된 일반적인 물가수준 변동을 측정할 수 있기 때문에 국민경제계산의 디플레이터로도 이용된다.

수출입물가지수는 수출입 상품의 가격 변동을 파악하고 그 가격변동이 국내물가에 미치는 영향을 사전에 측정하기 위하여 작성되는 지수이다. 이는 수출입관련 업체들의 수출채산성 변동 및 수입원가부담 등을 파악하는 한편 수출입 물가지수의 상호비교를 통하여 가격 측면에서의 교역조건을 측정하는 데에 이용된다.

이러한 지수들을 해석하는 방법은 4장에서 이미 자세히 설명하였다. 복습삼아 〈표 5-5〉[3]를 이해해보자.

[표 5-5] 소비자물가지수 (기준연도 : 2000년=100)

구 분	품목수(개)	가중치	2002년 8월 지수	2002년 8월 상승률(%) 전월비	2002년 8월 상승률(%) 전년동월비	2002년 8월 상승률(%) 전년동기비(1~8월)	2003년 8월 지수	2003년 8월 상승률(%) 전월비	2003년 8월 상승률(%) 전년동월비	2003년 8월 상승률(%) 전년동기비(1~8월)
〈총지수〉	516	1,000.0	107.4	0.7	2.4	2.5	110.6	0.5	3.0	3.6
• 상 품	357	450.3	106.9	1.1	1.9	2.3	109.0	0.9	2.0	3.2
(농축수산물)	71	107.4	115.2	4.6	3.2	6.3	117.6	3.3	2.1	4.0
(공업제품)	286	342.9	104.3	0.1	1.5	0.9	106.3	0.2	1.9	3.1
• 서 비 스	159	549.7	107.8	0.2	2.8	2.8	112.0	0.1	3.9	3.7
(집 세)	2	131.4	110.9	0.3	5.7	5.8	114.5	0.2	3.2	3.9
(공공서비스)	45	150.9	105.5	0.0	−1.9	−1.2	109.1	−0.3	3.4	2.5
(개인서비스)	112	267.4	107.5	0.2	3.9	3.5	112.4	0.2	4.6	4.4

기준연도에 비해 2003년 8월 현재 물가가 가장 많이 오른 부문은 농축수산물로 약 17.6%가 상승하였고, 가장 적게 오른 부문은 공업제품으로 약 6.3%가 상승하였다. 만일 상품의 물가가 6% 오르고, 서비스의 물가가 8% 오른다면, 소비자 물가상승률은 몇 %쯤 되겠는가? 이는 가중치를 이용하여 계산할 수 있다. 즉, $(6\% \times \frac{450.3}{1,000}) + (8\% \times \frac{549.7}{1,000}) = 7.0994$로 소비자 물가상승률은 약 7.1%쯤 된다는 것을 알 수 있다. 마지막으로 2003년 8월의 소비자물가 총지수가 전년 동월에 비해 3%가 상승했다는 것은 전년 동월의 소비자물가 총지수가 얼마라는 것을 의미하는가? 4장에서 배운 퍼센트 변화를 생각해보면, $110.6 \times \frac{100}{103} = 107.38$로 쉽게 계산된다.

4) 평균소비성향과 흑자율

평균소비성향이란 한 가구의 처분가능소득(소득－비소비지출)에서 소비지출이 차지하는 비율을 말한다. 한편, 흑자율은 처분가능소득에서 소비지출을 제외한 금액(흑자액)이 차지하는 비율을 말한다. 따라서 흑자율과 평균소비성향을 더하면 100이 된다는 것을 쉽게 알 수 있다.

- 평균소비성향 $= \frac{\text{소비지출}}{\text{가처분소득}} \times 100$
- 흑자율 $= \frac{\text{흑자액}}{\text{가처분소득}} \times 100$

$$= \frac{\text{가처분소득} - \text{소비지출}}{\text{가처분소득}} \times 100$$

$$= \left[\frac{\text{가처분소득}}{\text{가처분소득}} \times 100\right] - \left[\frac{\text{소비지출}}{\text{가처분소득}} \times 100\right]$$

$$= 100 - \text{평균소비성향}$$

다음은 도시근로자 가구와 농가의 가계수지 추이를 표로 정리한 것이다.[4]

표를 보면, 1980년 이후 도시근로자 가구가 농가보다 월평균 소득은 지속적으로 많았지만, 월평균가처분 소득은 그렇지 않다. 평균소비성향은 어떤가? 설마 $\frac{\text{소비지출}}{\text{가처분소득}} \times 100$의 산식으로 평균소비성향을 계산하는 독자는 없으리라고 믿

3) 제38회 외무고등고시 기출.

4) 2003년 공직적성평가 상반기 실험평가 기출.

[표 5-6] 도시근로자 가구의 월평균소득 및 가계지출 추이 (단위 : 천원, %)

구 분 연 도	월평균 소득	가처분소득	소비지출	흑자율
1980	234.1	224.5	174.0	22.5
1990	943.3	870.2	650.0	25.3
1995	1,911.1	1,732.5	1,230.6	29.0
1999	2,224.7	1,967.7	1,473.5	25.1
2000	2,386.9	2,113.5	1,614.8	23.6

[표 5-7] 농가 월평균 소득 및 가계지출 (단위 : 천원, %)

구 분 연 도	월평균 소득	가처분소득	소비지출	흑자율
1980	224.4	214.9	178.2	17.1
1990	918.8	913.8	685.69	25.0
1995	1,816.9	1,802.4	1,231.8	31.7
1999	1,860.2	1,842.0	1,426.9	22.5
2000	1,922.7	1,903.2	1,500.3	21.2

는다. 평균소비성향은 100에서 흑자율을 뺀 것과 같으므로, 평균소비성향은 농가의 흑자율이 가장 높은 1995년도를 제외하고는 모두 도시의 경우가 더 작다는 것을 알 수 있다.

3. 무역 · 외환 · 국제수지

1) 환 율

환율은 본국통화와 외국통화의 교환비율, 즉 달러를 예로 들면 1달러에 해당하는 우리 돈이 얼마인가를 의미한다. 따라서 환율이 상승한다는 것은 외국통화의 값이 오르는 것이고 다시 말하면 원화의 가치가 떨어짐을 의미한다. 환율은 외환시장에서 외환의 수요 · 공급에 의해 결정되는데, 이는 단기적으로는 외환거래자의 예상이나 기대, 중앙은행의 외환시장개입에 의해서도 영향을 받지만 장기적으로는 물가 또는 국가 간의 이자율 격차 등 경제적 요인에 의해서 주로 영향을 받는다.

[표 5-8] 주요 통화의 외국환율고시표 (단위 : 원)

2월 26일

국가명	통화명	현 찰		매매 기준율	미국 달러와의 환산율
		고객이 살 때	고객이 팔 때		
미국	달러	1,208.79	1,167.21	1,188.00	1.0000
일본	100엔	1,029.32	993.92	1,011.62	0.8515
유럽	유로	1,302.45	1,251.39	1,276.92	1.0748
영국	파운드	1,908.52	1,833.68	1,871.10	1.5750
홍콩	달러	155.37	149.29	152.33	0.1282
호주	달러	733.18	704.44	718.81	0.6051

2월 27일

국가명	통화명	현 찰		매매 기준율	미국 달러와의 환산율
		고객이 살 때	고객이 팔 때		
미국	달러	1,207.26	1,165.74	1,186.50	1.0000
일본	100엔	1,031.85	996.37	1,014.11	0.8547
유럽	유로	1,306.62	1,255.38	1,281.00	1.0796
영국	파운드	1,920.03	1,844.75	1,882.39	1.5865
홍콩	달러	155.18	149.10	152.14	0.1282
호주	달러	735.51	706.67	721.09	0.6077

1) 매매기준율 : 외환시장에서 거래되는 가격. 은행에서 환매수수료를 부과하기 전에 사용되는 기준율이므로 고객들은 이 기준율로 거래할 수 없음.
2) 미국 달러와의 환산율 : 당일의 해당 통화 매매기준율 / 당일의 미국 달러 매매기준율(미국 통화를 1로 봤을 때 다른 통화의 비율)

본국통화가치가 하락하면(환율상승) 일반적으로 수출채산성이 호전되어 수출은 증가하고 수입상품의 가격이 상승하여 수입은 감소하므로 경상수지는 개선된다. 한편 본국통화의 가치하락은 수입원자재가격의 상승을 통한 인플레이션을 초래할 수 있으며, 원화환산의 외채상환부담을 증가시키게 된다.

이제 외환거래를 통해 이익을 얻고 싶어하는 투자자의 입장에서 시중은행의 이틀간 외국환율고시표를 분석해보자.[5)]

먼저 '미국달러와의 환산율'은 미국 통화를 1로 봤을 때 다른 통화의 비율, 즉 환산율만큼의 달러로 다른 통화(100엔, 1유로, 1파운드, 1홍콩달러, 1호주달러)를 구입할 수 있음을 의미한다. 따라서 미국달러와의 환산율이 1보다 큰 유로화와 파

5) 38회 외무고등고시 기출.

운드화는 미국달러보다 가치가 높다고 볼 수 있다. 한편, 26일에 구입해서 27일에 매도할 경우 이익을 볼 수 있는 화폐는 하나도 없다. 예를 들어, 시중은행에서 26일 100유로를 구입한 사람은 130,245원을 내야하고, 27일에 100유로를 매도할 때는 125,538원을 받게 되므로 4,707원을 손해보게 된다.

2) 빅맥지수

영국의 경제 전문지 「이코노미스트 The Economist」는 분기마다 1번씩 세계 각국 도시 물가와 통화가치를 비교하기 위해 빅맥지수를 발표하고 있다. 미국 맥도널드사의 햄버거 제품인 '빅맥'은 세계적으로 가장 널리 퍼진 보편적인 제품이기 때문에, 각국의 빅맥가격을 달러로 환산한 후 미국 내 가격과 비교한 빅맥지수는 여러 나라의 물가수준과 구매력 등을 비교, 평가하는 지수로서 활용되고 있다. 이는 동일한 제품은 어느 나라에서나 같은 가격을 가진다는 일물일가(一物一價)설에 기반한다. 예를 들어, 미국에서의 빅맥의 가격이 3$이고 같은 날 우리나라의 빅맥가격이 3,000원이라면, 적정환율은 1,000원/$이 되어야 한다는 것이 일물일가설의 논리이다. 그렇다면, 어느 해의 조사에서 스위스의 빅맥가격이 6.4스위스프랑이고, 같은 날 미국에서 빅맥가격이 2.13달러였다고 하자. 그리고 같은 날 실제 환율이 달러당 2스위스프랑이었다면, 빅맥지수로 환산한 환율을 기준으로 실제 환율을 평가할 때 어떤 결론을 내릴 수 있을까?[6] 실제 환율로 따진 스위스에서의 빅맥가격은 4.26스위스프랑(2.13 × 2)이어야 한다. 그런데 스위스에서의 실제 빅맥가격은 6.4스위스프랑이므로 현재 환율은 스위스프랑을 약 33%($= \frac{2.14}{6.4} \times 100$) 고평가하고 있다고 볼 수 있겠다.

3) 국제수지

국제수지는 대외거래의 종합기록표로서 국제수지표란 일정기간 동안 자기나라와 다른 나라 간에 일어난 경제적 거래를 종합적으로 기록한 통계표를 말하는데, 여기에는 경상수지와 자본수지가 있다.

먼저 경상수지는 상품, 서비스, 소득거래 및 경상이전수지를 말한다.

6) 38회 외무고등고시 기출.

ⓐ 상품수지 = 상품의 수출 – 상품의 수입
ⓑ 서비스수지 = 대외서비스 수입 – 대외서비스 지급
ⓒ 소득수지 = 대외투자소득 및 임금수입 – 외국인의 국내투자소득 및 임금수입
ⓓ 경상이전수지: 거주자와 비거주자 간에 아무런 대가 없이 주고받은 거래의 수지차

자본수지는 민간기업, 금융기관, 정부 등이 외국으로부터 차입 등의 방식으로 돈을 빌리거나 이와는 반대로 외국에 신용공여 등의 방식으로 돈을 빌려줌으로써 발생하는 외화의 유출입차를 말하며, 이는 투자수지와 기타자본수지로 구분된다. 자본수지가 (+)이면 자본거래 결과 발생한 자금유입이 유출보다 많은 것을 의미한다.

〈표 5-9〉는 1997년 하반기에 발생한 외환위기를 맞은 아시아국가들의 주요 거

[표 5-9] 아시아 국가들의 주요 거시경제지표 (단위 : 십억불, %)

구 분		태 국	인도네시아	말레이시아	한 국
경제성장률	1997	-1.3	4.7	7.7	5.0
	1998	-9.4	-13.7	-6.7	-5.8
	1999	4.0	-0.8	2.4	9.0
물가	1997	5.6	6.6	2.7	4.5
	1998	8.1	59.6	5.3	7.5
	1999	0.5	22.7	3.0	0.9
경상수지(십억불, 괄호 안은 GDP비중)	1997	-3.0(-2.0)	-4.9(-4.0)	-5.0(-5.1)	-8.2(-1.5)
	1998	14.3(12.8)	4.0(4.6)	9.2(12.90)	40.6(12.6)
	1999	11.6(8.8)	4.3(3.2)	9.0(11.7)	23.0(5.6)
재정수지 (GDP비중)	1997	-0.9	-1.1	2.6	0.03
	1998	2.6	-2.0	-1.5	-3.2
	1999	3.0	-5.8	-3.8	-4.0
환율수준 (각국통화/달러, 연말 종가)	1996	25.58	23.63	2.53	844.90
	1997	56.11	65.51	4.66	1,695.00
	1998	36.54	79.74	3.79	1,204.00
	1999	37.15	70.55	3.77	1,138.00
국가채무	1999	37.0	72.7	57.1	23.0

시경제지표를 보여주고 있다.[7] 외환위기가 각국의 경상수지에 어떤 영향을 미친 것으로 볼 수 있을까?

외환위기는 환율상승을 초래하여 수입원자재 가격 상승 등으로 인한 물가상승을 가져온 반면, 수출의 가격경쟁력을 높여 주어 상품 수지의 개선으로 인한 경상수지 개선을 가져온다. 환율이 상승되었다는 것은, 즉 자국의 화폐가치가 하락했다는 의미이다. 아시아 외환위기는 그동안 경상수지 적자에 시달리던 나라에 경상수지 흑자를 안겨 주었고 경제규모와 대비하여 볼 때 인도네시아의 경상수지 개선폭이 가장 적다고 할 수 있겠다.

4) 무역특화지수

무역특화지수는 한 상품의 총수출액과 총수입액, 그리고 전체 무역액을 이용해 상품의 비교우위를 나타내는 지표로서 그 산식은 다음과 같다.

$$\text{무역특화지수} = \frac{\text{상품의 총수출액} - \text{총수입액}}{\text{총수출액} + \text{총수입액}}$$

이 지수가 0인 경우 비교우위는 중간정도이며 1이면 완전 수출특화상태를 말한다. 무역특화지수가 1이라는 것은 총수입액이 0으로서 수입은 전혀 하지 않고 수출만 한다는 뜻이기 때문이다. 또 −1이면 완전수입특화상태이다. 수출물량이 전혀 없을 뿐만 아니라 수입만 한다는 뜻이다.

이 지수는 국제경쟁력 지수로 사용되기도 한다. 이럴 경우 0 이상 1 이하이면 그 제품이나 산업이 무역흑자를 기록해 국제경쟁력이 강한 것을 뜻하고 −1에 가까울수록 국제시장에서 경쟁력이 약하거나 수출을 하지 못하는 것으로 볼 수 있겠다.

〈표 5-10〉은 중국의 주요 품목별 수출비중 추이 및 무역특화도지수 추이표이다.[8] 수출특화가 두드러지는 분야는 어디인가?

1990년대 중반 이후 전기 · 전자 제품의 수출비중이 크게 상승하고 있지만, 무역특화지수는 0.02로서 아직도 많은 양을 수입하고 있음을 알 수 있다. 한편, 의류와 신발류는 수출비중은 줄어들고 있지만, 무역특화지수는 0.9 이상으로 증가하는 추

7) 2002년 12월 실험평가 기출.

8) 2003년 6월 모의평가 기출.

[표 5-10] 주요 품목별 수출비중 추이 및 무역 특화도지수 추이

구분 / 연도 / 품목	수출비중 추이				무역특화도지수 추이			
	1995	1998	1999	2000	1995	1998	1999	2000
〈1차 상품〉								
농수산품	9.2	7.3	6.6	6.0	0.18	0.31	0.29	0.22
석유제품	3.6	2.8	2.4	3.1	0.02	-0.13	-0.32	-0.45
〈경공업제품〉								
섬유류	24.0	21.7	21.2	19.8	0.39	0.46	0.50	0.50
직물	7.5	5.4	5.3	5.2	-0.12	-0.14	-0.09	-0.08
의류	14.2	14.4	14.0	13.0	0.92	0.92	0.93	0.93
신발류	4.5	4.6	4.4	4.0	0.90	0.93	0.93	0.94
고무 및 타이어	0.5	0.6	0.6	0.6	-0.14	-0.05	-0.11	-0.10
완구 등	4.4	5.0	4.7	4.3				
잡제품	8.0	7.9	8.2	7.9				
〈중화학공업제품〉								
전기 · 전자제품	12.7	20.7	23.4	25.7	-0.01	0.07	0.03	0.02
컴퓨터	-	5.7	6.1	6.7	-	0.30	0.25	0.25
무선통신기기	-	1.1	1.3	2.3	-	-0.33	-0.27	0.01
유선통신기기	-	1.0	1.2	1.3	-	-0.10	-0.09	-0.13
가전제품	-	4.3	4.7	4.9	-	0.76	0.75	0.78
반도체	-	1.0	1.6	1.8	-	0.55	-0.53	-0.59
기계류 및 정밀기기	8.8	6.6	6.7	6.8	-0.42	-0.33	-0.33	-0.31
기계류	5.8	3.2	3.4	3.5	-0.52	-0.53	-0.51	-0.46
정밀기기	1.6	2.4	2.4	2.5	-0.15	0.03	-0.03	-0.07
자동차	1.2	1.2	1.4	1.8	-0.19	0.04	0.07	0.11
선박	0.6	1.0	0.8	0.7	-0.11	0.82	0.73	0.66
철강 · 금속제품	8.1	6.9	6.4	6.7	0.00	0.00	-0.09	-0.11
철강제품					-0.03	-0.08	-0.16	-0.11
금속제품					0.04	0.10	-0.01	-0.11
화공품	8.0	4.0	7.8	7.2	-0.21	-0.20	-0.36	-0.29

세에 있어, 대부분 수입하지 않고 수출하고 있음을 나타낸다. 가전제품 역시 무역특화지수가 0.75를 넘어서 높은 국제경쟁력을 보여주고 있다.

5) 무역지수 · 교역조건

수출입 단가는 파셰식(비교연도의 가중치를 가짐)에 의하여 직접 산출된 지수이며, 물량지수는 금액지수를 단가지수로 나누어 간접적으로 산출한다. 이렇게 계산된 수출입단가와 수출물량지수를 가지고 순상품교역조건과 소득교역조건을 다음

【그림 5-2】 순상품교역조건 및 소득교역조건 추이

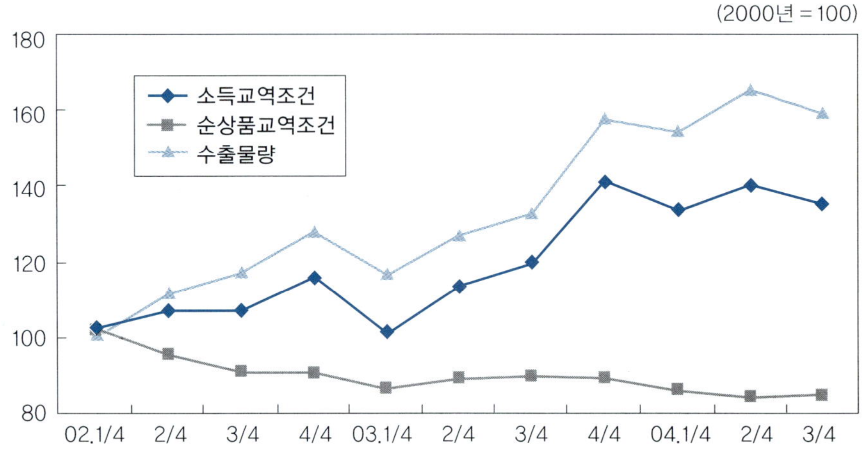

과 같은 산식에 의하여 작성할 수 있다.

- 순상품교역조건지수 = (수출단가지수 ÷ 수입단가지수) × 100
- 소득교역조건지수 = (순상품교역조건 × 수출물량지수) ÷ 100

식을 살펴보면, 순상품교역조건지수는 수입단가지수에 대한 수출단가지수의 비율로서 1단위 수출대금으로 수입할 수 있는 물량을 나타낸다. 한편, 소득교역조건지수는 순상품교역조건지수에 수출물량을 곱하여 구하므로 총수출대금으로 수입할 수 있는 물량을 의미한다.

[그림 5-2]에서 확인할 수 있듯이, 02년도 3/4분기나, 04년도 1/4, 2/4분기와 같이 순상품교역조건이 하락하더라도 수출물량이 그보다 더 크게 증가했을 경우에는 소득교역조건지수가 상승하게 된다.

4. 경기 · 소비자전망

1) 종합주가지수

종합주가지수는 증권거래소에 상장된 전 종목의 주가변동을 종합한 우리나라의 대표적인 주가지수이다. 1983년 1월 3일부터 기준시점의 시가총액과 비교시점의 시가총액을 비교하는 시가총액식 주가지수로 증권거래소가 산출하는데, 1980년 1월 4일을 기준시점으로 하여 이날의 종합주가지수를 100으로 정하고 이에 대비한 매일의 주가지수가 발표되고 있다. 따라서 종합주가지수는 증권시장에 상장된 상장기업의 가치가 기준시점과 비교시점을 비교하여 볼 때 얼마나 변동되었는가를 나타내는 지표라 할 수 있다. 한편 신규상장, 유상증자, 전환사채의 주식전환 등 일반적인 주가변동 이외의 요인에 의하여 시가총액에 증감이 생기는 경우에는 주가지수의 연속성을 유지하기 위해 기준시가총액을 수정하게 된다.

2) 경기종합지수

경기종합지수는 국민경제 전체의 경기동향을 쉽게 파악하기 위하여 경제부문별(생산, 투자, 고용, 소비 등)로 경기에 민감하게 반영하는 주요 경제지표들을 선정한 후 이 지표들의 전월대비 증감률을 합성하여 작성한다. 개별 구성지표들의 증감률 크기에 의해 경기변동의 진폭까지도 알 수 있어 우리나라의 대표적인 종합경기지표로 널리 활용되고 있다. 경기종합지수에는 선행(Leading), 동행(Coincident), 후행(Lagging) 종합지수가 있다. 선행종합지수는 앞으로의 경기동향을 예측하는 지표로서 입직자/이직자비율, 설비투자, 추계지수, 건축허가면적, 총유동성 등과 같이 앞으로 일어날 경제현상을 미리 알려주는 9개 지표들의 움직임을 종합하여 작성한다. 동행종합지수는 현재의 경기상태를 나타내는 지표로서 산업생산지수, 제조업가동률지수, 도소매판매액지수, 비농가취업자수 등과 같이 국민 경제 전체의 경기변동과 거의 동일한 방향으로 움직이는 7개 지표로 구성된다, 후행종합지

[표 5-11] 2004년 10월 3일 주가지수

국내지수			외국지수		
종합지수	878.28	△ 32.27	다우	10,192.65	△ 112.38
KOSPI200	113.64	△ 4.22	나스닥	1,942.20	△ 45.36
KOSPI선물	114.30	△ 4.65	S&P500	1,131.50	△ 16.92
KOSDAQ	371.73	△ 6.08	니케이	11,279.36	△ 294.19
KOSDAQ50	53.77	△ 1.19	항생	13,369.26	△ 249.23
KOSDAQ선물	53.77	△ 2.26	나스닥100	1,465.50	△ 9.00
			S&P500선물	1,137.00	△ 3.80

[표 5-12] 경기종합지수

선행종합지수	2004. 10월	11월	12월	2005. 1월	2월	3월P	4월P	5월P
- 전월비(%)	0.0	-0.2	-0.1	0.5	0.4	0.4	-0.3	0.3
- 전년동월비(%)	1.9	1.2	0.8	1.0	1.3	1.5	1.1	1.3
(전월차,%P)	-0.4	-0.7	-0.4	0.2	0.3	0.2	-0.4	0.2
동행종합지수	124.0	124.8	125.1	126.1	125.9	126.7	126.3	127.2
- 전월비(%)	0.2	0.6	0.2	0.8	-0.2	0.6	-0.3	0.7
- 순환변동치	97.8	97.8	97.5	97.8	97.1	97.2	96.4	96.6
(전월차, P)	-0.2	0.0	-0.3	0.3	-0.7	0.1	-0.8	0.2

3월P와 같이 월 뒤에 P가 붙은 것은 예측값임을 의미함.

수는 경기의 변동을 사후에 확인하는 지표로서 생산자제품재고지수, 회사채유통수익률, 가계소비지출 등과 같은 6개 지표로 구성된다.

〈표 5-12〉를 보면, 2005년 5월에 향후의 경기전환 시기를 예고해 주는 선행지수 전년 동월비는 1.3%로 전월에 비해 0.2%P 증가하였으며, 현재의 경기를 보여주는 동행지수 순환변동치는 96.6으로 전월보다 0.2P 증가하였음을 알 수 있다.

3) 재고지수(inventory index)

재고지수는 광공업이나 상업 등의 제 산업이 보유하는 제품재고 수준을 나타내는 통계이다. 생산자가 보유하고 있는 원재료, 반제품, 재공품과 유통업자의 재공품은 제외된다. 주요지수로는 생산자제품 재고지수, 판매업자 재고지수, 원재료 재고지수 등이 있는데, 우리나라에서는 통계청 통계조사국에서 생산자제품 재고지수를 기준시 고정산술평균(Laspeyres) 산식을 이용하여 매월 작성 · 발표하고 있다. 이것은 생산 · 출하지수와 함께 경기전망을 하는 데 중요한 경제지표가 된다.

4) 시장집중도

시장집중도(CR)는 경제 활동이 소수 기업에게 집중되어 있는 독점력의 정도를 측정하는 개념으로서, CR_i는 출하액 점유율이 가장 높은 i개 기업의 시장 점유율을 나타낸다. 예를 들어, CR_3은 출하액의 점유율이 가장 높은 3개 회사의 출하액

[표 5-13] 우리나라의 산업별 시장 집중도(CR)

업 종 \ 구 분	기업수(개)	출하액 (10억원)	CR_3	CR_5
담배제품	1	3,473	1.000	1.000
일반 여객 화물 자동차	13	20,939	0.764	0.903
석유 화학계 유기 화학물	15	5,591	0.679	0.850
강성 건조 수리업	134	15,014	0.843	0.946
컴퓨터	151	9,132	0.887	0.918
조제 동물 사료	169	4,422	0.288	0.374
피복 절연 케이블	225	3,887	0.627	0.682
합성수지	311	10,172	0.324	0.519
방송 수신기, 영상음향기기	921	6,526	0.459	0.536
견인조 섬유 직물 제조	1,129	5,889	0.112	0.145

합계가 전 시장 매출액에서 차지하는 비율이다.

이제 〈표 5-13〉을 보자.[9] 먼저 각 산업별 기업수와 시장집중도를 살펴보면, 기업의 개수와 큰 관계없이 산업의 성격에 따라 시장집중도가 달라진다는 것을 알 수 있다.

담배제품은 기업의 수가 1개로 완전독점산업이며, 강성건조수리업과 컴퓨터 산업의 경우가 그 뒤를 이어 소수의 기업이 시장의 대부분을 점유하고 있다. 시장집중도가 가장 낮은 산업은 견인조 섬유 직물 제조로 위의 산업들 중에서 가장 완전경쟁에 가까운 산업이라고 할 수 있다. 위에서는 CR_3과 CR_5의 차이가 합성수지 산업의 경우 가장 컸고, 컴퓨터 산업의 경우에 가장 작았다. 어떤 경우에 CR_3와 CR_5의 차이가 크며, 어떤 경우에 차이가 작을지를 각자 생각해 보자.

5) 소비자동향지수(CSI : Consumer Survey Index)

소비자동향지수는 '소비자의 경제상황에 대한 인식 및 향후 소비지출 계획 등을 지수로 나타낸 것' 또는 '소비자의 현재와 장래의 재정상태, 소비자가 보는 경

9) 2003년 6월 모의평가 기출.

제 전반의 상황과 물가, 구매조건 등에 대해 설문조사를 하고 이를 지수화한 것'이라고 정의할 수 있다. 소비자의 경기에 대한 인식은 앞으로의 소비형태에 영향을 미치므로 경기 동향의 파악과 예측에 유용한 정보가 된다. 한국은행이 분기별로 작성해 발표하는 '소비자동향지수' 이외에 아래에 소개한 통계청이 월별로 작성하는 '소비자평가지수'와 '소비자기대지수'도 일반적으로 소비자동향지수라고 통칭한다.

한국은행의 '소비자동향지수' 작성 현황을 보면 지난 1995년 3·4분기부터 전국의 2,500여 소비가구를 대상으로 현재의 생활형편, 앞으로 6개월 동안의 소득 및 소비계획을 물어 분기별로 지수화해 발표하고 있다. 주요 기대지수는 경기·가계생활·소비지출·내구소비재 및 외식·오락·문화 등이며, 다시 소득계층 및 연령대별로 분석해 작성한다. 각 질문에 대해 아주 좋아질 것이라는 응답에는 1.0 가중치를, 약간 좋아질 것이라는 응답에는 0.5 가중치를 부여하고 반대의 대답에는 마이너스 가중치를 부여한다. 각각을 더한 후 전체 응답자 수로 나눈 백분비를 구하고 여기에 상수 100을 더하여 소비자동향지수를 산출한다.

이를 공식으로 나타내면 다음과 같다.

$$\text{CSI} = \frac{(\text{N1} \times 1.0 + \text{N2} \times 0.5 - \text{N3} \times 0.5 - \text{N4} \times 1.0)}{\text{전체응답가구수}} \times 100 + 100$$

N1 : 매우 좋아질 것이라고 응답한 응답자수
N2 : 다소 좋아질 것이라고 응답한 응답자수
N3 : 다소 나빠질 것이라고 응답한 응답자수
N4 : 매우 나빠질 것이라고 응답한 응답자수

따라서 경기전망을 낙관적으로 보는 응답자들이 많으면 100을 넘어서고, 비관적인 응답자들이 많을 경우 지수는 100보다 낮아진다. 만일 모든 응답자들이 매우 나빠질 것이라고 응답한다면 소비자동향지수는 0이 될 것이다. 소비자동향지수는 소득계층별로 생활형편 및 소비계획을 조사해 나온 각종 지수를 포함하고 있어 이를 통해 부자와 가난한 사람들이 느끼는 체감경기를 짚어볼 수 있다는 점에서 가계수지와 함께 중요한 지표로 활용되고 있다.

〈표 5-14〉의 소비자동향지수 추이를 보면,[10] 경기와 생활형편에 대한 소비자들의 평가는 2000년 4/4분기에 가장 부정적이고, 2002년 1/4분기에 가장 긍정적임을

10) 2003년 공직적성평가 상반기 실험평가 기출.

[표 5-14] 소비자동향지수 추이

구분 \ 연도 / 분기	2000				2001				2002		
	1/4 분기	2/4 분기	3/4 분기	4/4 분기	1/4 분기	2/4 분기	3/4 분기	4/4 분기	1/4 분기	2/4 분기	3/4 분기
경기전망지수	99	100	71	59	66	87	71	94	123	119	115
생활형편전망지수	95	97	83	68	82	90	85	94	105	103	101

알 수 있다.

한편, 경기전망지수와 생활형편전망지수는 같은 방향으로 변화하고 있지만, 그 변화폭은 경기전망지수의 경우가 더 크다는 것을 알 수 있다.

6) 소비자전망지수(소비자평가지수 및 기대지수)

소비자평가지수는 6개월 전과 비교해 현재의 경기 · 생활형편 등에 대한 소비자들의 평가를 나타내고, 소비자기대지수는 현재와 비교하여 6개월 후의 경기 · 생활형편 · 소비지출 등에 대한 소비자들의 기대심리를 나타내며, 5점 척도를 사용하여 조사한 뒤 아래와 같은 방법으로 작성한다.

* 가중치: 매우 좋음=2, 조금 좋음=1.5, 동일=1, 조금 나쁨=0.5, 매우 나쁨 =0

$$\text{소비자전망지수} = \frac{\text{(매우 좋은 가구수×2.0)+(조금 좋은 가구수×1.5)+(동일가구수×1.0)+(조금 나쁜 가구수×0.5)+(매우 나쁜 가구수×0.0)}}{\text{총응답수}} \times 100$$

따라서 소비자전망지수는 모든 조사대상자가 '매우 좋다' 고 응답하면 200, '매우 나쁘다' 고 응답하면 0으로 나타나며, 100을 넘으면 긍정적인 응답자가 더 많다는 뜻이다. 〈표 5-15〉를 보면, 2004년 4월부터 이후로는 소비자기대지수와 평가지수 모두 100보다 작아서 소비자들이 경제적 어려움을 느끼고 있다는 것을 알 수 있다. 그러나 평가지수보다는 기대지수가 높은 수치를 나타내고 있으므로 소비자들이 현재 체감하는 상황보다 미래를 낙관적으로 전망하는 경향이 있다고 하겠다.

[표 5-15] 소비자기대 및 평가지수

소비자기대 및 평가지수	2004.04	2004.05	2004.06	2004.07	2004.08
소비자기대지수	**99.9**	**94.8**	**92.2**	**89.6**	**87**
경기	103.6	93.2	86.1	80.6	77.5
생활형편	102.2	98.3	96.7	93.2	92.3
소비지출	103.2	99.7	99.5	98.5	95.1
내구소비재 구매	90.2	88.7	87.9	88	84.8
외식, 오락, 문화	91.3	87.4	85	84.1	81.7
소비자평가지수	**74.9**	**70.7**	**67.3**	**66.2**	**63.1**
경기	68.1	61.8	56.4	54.7	51.3
생활형편	81.7	79.7	78.2	77.7	74.9

5. 노 동

1) 경제활동인구와 비경제활동인구

경제활동인구는 만 15세 이상 인구 중 조사 대상 주간 동안 상품이나 서비스를 생산하기 위하여 실제로 수입이 있는 일을 한 취업자와 일을 하지 않았으나 구직활동을 한 실업자를 말한다. 비경제활동인구(Not economically active population)는 만 15세 이상 인구 중 경제활동인구를 제외한 나머지 즉, 조사대상 주간에 취업도 실업도 아닌 상태에 있는 사람을 말하는데, 여기에는 다음과 같은 범위에 속하는 사람이 포함된다. ㉠ 자기 집에서 가사를 돌본 사람, ㉡ 공사립학교 및 학원에 다닌 사람, ㉢ 재산소득 · 투자소득 · 연금 · 특허권 사용료 등 불로소득자, ㉣ 연로자 · 교도소 수감자 · 요양원 수용자, ㉤ 자선사업 · 종교단체에 자발적으로 관여한 자, ㉥ 구직단념자 등이다.

경제활동인구 = 취업자 + 실업자

2) 경제활동참가율

경제활동참가율은 만 15세 이상 인구 중 경제활동인구가 차지하는 비율을 말한다. 전 인구에 대한 경제활동인구의 비를 조참가율이라 하고, 15세 이상 인구에 대한 경제활동인구의 비를 순참가율이라 한다. 현재 국제노동기구 통계연감에서는 조참가율을 사용하고 있다.

$$\text{경제활동참가율} = \frac{\text{경제활동인구}}{\text{만 15세 이상 인구}} \times 100$$

3) 실 업 률

실업률은 경제활동인구에서 실업자가 차지하는 비율인데, 이 때 실업자란 15세 이상 인구 중 조사주간인 1주일 동안 다음의 세 가지 기준을 동시에 만족시키는 사람을 말한다. 즉, ㉠ 1주일간 전혀 일을 하지 못하고 있었으나, ㉡ 항상 취업이 가능하며, ㉢ 적극적으로 구직활동을 한 경우이다. 첫째 기준은 경제활동인구 중 취업과 실업을 구분하는 기준이며, 두번째와 세번째 기준은 실업자와 비경제활동인구를 구분하는 데 사용된다. 노동력 조사의 활동원칙에 따라 구직기준은 객관적으로 판단할 수 있는 적극적인 구직활동을 말한다.

$$\text{실업률} = \frac{\text{실업자수}}{\text{경제활동인구}} \times 100$$

【그림 5-3】 경제활동인구 및 실업률

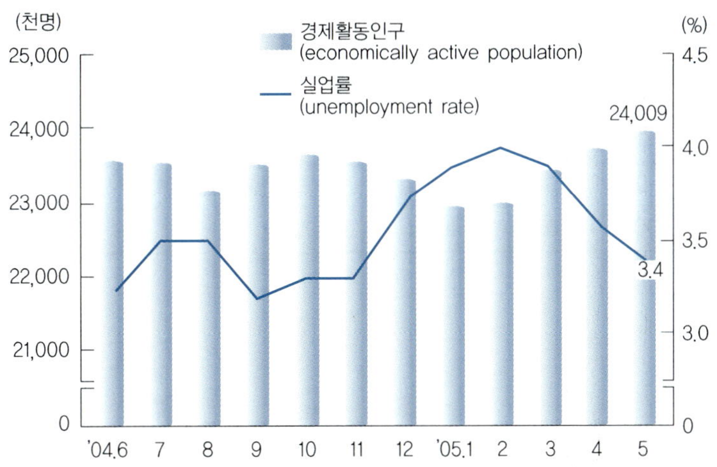

출처 : 통계청.

[그림 5-3]을 보면, 2004년 6월부터 2005년 5월까지의 경제활동인구와 실업률을 알 수 있다. 실업률은 2005년 2월에 가장 높았다가 그 이후로 계속해서 하락하는 추세에 있다. 경제활동인구도 월별로 변하는 만큼, 실업률이 같다고 해서 실업자의 수가 같다고 볼 수 없고, 마찬가지로 실업자의 수가 같아도 실업률이 같지 않을 수 있음을 주의하자. 2005년 5월의 실업자수를 계산해보면, 816,306명(=24,009,000 × 0.034)이 된다.

6. 주 거

1) 주택가격지수 : 주택매매가격지수와 전세가격지수

주택가격지수는 기준시점에 대한 비교시점의 주택 가격의 비율을 나타낸 개별 가격 지수로서 기준시점에 비해 주택가격이 몇 % 상승 또는 하락했는지를 알 수 있다. 〈표 5-16〉의 주택가격지수 해석에서 주의해야 할 점은 각 항목의 지수값은 95년도 12월 가격을 기준으로 한 것이기 때문에 가격의 절대값의 크기에 대해서는 알 수 없다는 것이다. 가령 2001년도에 연립주택 매매가격이 단독주택보다 더 비싼지 그렇지 않은지 위의 자료만 가지고는 알 수 없다.

[표 5-16] 주택 매매가격지수 및 전세가격지수(1995. 12=100)

	매매가격지수 Housing Purchase Price Indices				전세가격지수 Chonse Price Indices			
	계	단독	연립	아파트	계	단독	연립	아파트
1998	90.7	88.1	89.2	93.7	87.6	86.0	86.7	89.4
1999	93.8	86.8	87.5	101.7	102.3	89.0	100.0	113.3
2000	94.2	85.6	88.2	103.1	113.7	96.3	113.4	127.1
2001	103.5	88.4	95.2	118.1	132.4	106.8	130.1	152.5

7. 국제비교

1) 정보화지수

정보화지수는 한 국가의 정보화 수준을 다른 국가들과 비교할 수 있도록 몇 가지 지표를 종합하여 간단명료한 수치로 나타낸 것이다. 현 시점의 정보화 수준을 총체적으로 파악하고 변화 추이를 예측함으로써 시의적절한 정보화 수립 방향을 제시할 수 있다는 점에서 효과적인 정책 자료가 된다. 이러한 취지에서 한국전산원이 매년 작성 · 발표하는 「국가정보화지수」는 세계 50개 주요 국가 간 비교를 통해 우리나라의 정보화현황 및 수준을 파악하고 있다.

[표 5-17] 2003년 국가정보화지수 구성 지표

구 분	개별항목	산출공식
컴퓨터	PC보급	(PC보급대수/인구)×100
인터넷	인터넷 이용자 초고속인터넷 가입자 국제인터넷대역폭 보안서버 수	(인터넷 이용자 수/인구)×1,000 (초고속인터넷 가입자/가구)×100 (국제인터넷 대역폭/인구)×1 (보안서버 수/인구)×1,000,000
통 신	전화회선 이동전화 가입자	(전화회선 수/인구)×100 (이동전화 가입자 수/인구)×100
방 송	TV보급 CATV 가입자	(TV보급대 수/가구)×100 (CATV가입자 수/가구)×100

【그림 5-4】 우리나라의 부문별 정보화 국제 순위 추이

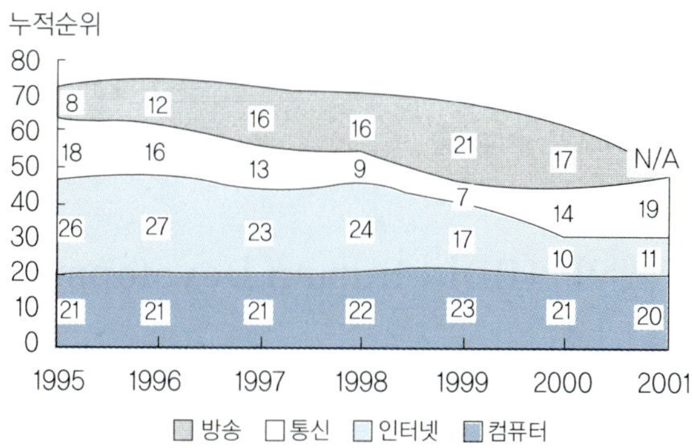

1) 방송의 경우 2001년도에 발표된 순위자료가 없음. 2) 숫자는 국제 순위를 나타냄.

[그림 5-4]는 우리나라의 부문별 정보화 순위 추이를 누적면적도표로 나타낸 것으로 이미 2장에서 살펴본 바 있는 그림이다. 전반적으로 우리나라 정보화 국제 순위는 개선되고 있는 추세이며, 특히 인터넷의 순위가 올라가고 있는 반면, 통신 분야의 순위는 최근 들어 낮아지고 있음을 알 수 있다.

2) 여성개발지수(GDI : Gender-related Development Index)와 여성권한지수(GEM : Gender Empowerment Measures)

여성개발지수는 평균수명, 문자 해독률, 교육수준, 소득 및 의료수준, 남녀소득 차 등 삶의 질 전반적인 면에서의 남녀평등도를 나타낸 지수이다. 유엔개발계획(UNDP)의 '2001년 인간개발보고서'에 따르면 한국의 여성개발지수는 146개국 중 29위로 나타났다.

한편, 여성권한지수는 각국 여성들이 정치, 경제활동과 정책과정에 얼마나 참여하고 있는지를 계량화한 지수이다. 국회의원이나 고위행정 · 관리직, 전문기술직 등에서 여성이 차지하는 비율 등에 근거해 산출되는 이 지수는 고위직에서의 남녀평등 정도를 가늠하는 척도가 된다. 2001년도 보고서에 따르면, 총 64개국 중 노르웨이 1위, 아이슬란드 2위, 스웨덴 3위, 핀란드 4위, 캐나다가 5위를 차지했고, 아시아에서는 일본 31위, 싱가폴 35위, 말레이시아 38위, 필리핀 46위이며, 한국은 61위로 나타났다.

이처럼 여성개발지수에 비해 여성권한지수가 낮은 것은 사회의 투자와 개인의 노력을 통해 개발된 여성의 능력이 사회에서 충분히 발휘되고 있지 못한 현실을 보여준다. 우리나라는 여성권한지수가 상위권인 국가들에 비하여 의원 및 고위직에서의 여성 비율이 매우 낮다. 상위권 국가들의 경우 여성의원 비율이 노르웨이(36.4%), 호주(25.4%), 미국(13.8%), 일본(10.8%), 네덜란드(32.9%) 이지만, 한국은 5.9%이며, 고위직에서의 여성비율 역시 노르웨이(31%), 호주(25%), 스웨덴(29%), 미국(45%), 일본(9%), 영국(33%)에 비해, 한국은 5%였다.

3) 인간개발지수(HDI : Human Development Index)

국제연합개발계획이 매년 문자해독률과 평균수명, 1인당 실질국민소득 등을 토대로 각 나라의 선진화 정도를 평가하는 수치를 말한다.

[표 5-18] 인간개발지수

	출산시 기대수명(세)	성인문자 해독률(%)	조취학률(%)	1인당 실질 GDP(PPS$)	인간 개발지수	인간개발지수 순위
한국	74.9	97.8	90	17,380	0.882	27
일본	81.0	99.0	82	26,755	0.933	9
싱가포르	77.6	92.3	75	23,356	0.885	25
호주	78.9	99.0	116	25,693	0.939	7
프랑스	78.6	99.0	94	24,223	0.928	12
독일	77.7	99.0	94	25,103	0.925	17
스웨덴	79.7	99.0	101	24,277	0.941	2
영국	77.7	99.0	106	23,509	0.928	13
미국	77.0	99.0	95	34,142	0.939	6
캐나다	78.8	99.0	97	27,840	0.940	3

1) 성인 문자 해독률은 15세 이상 인구 기준.
2) 조취학률은 해당 연령그룹 대비 초등, 중등, 고등교육기관에 취학한 학생 수의 비.

4) 부패지수(Corruption Perceptions Index)와 뇌물공여지수 (Bribe Payers Index)

부패지수와 뇌물공여지수는 국제투명성기구가 매년 발표하며, 한 국가의 청렴도를 재는 주요 잣대로 사용된다. 부패지수는 세계은행(IBRD) 등 7개 독립기구가 실시한 국가별 공직자의 부패정도에 관한 설문조사를 종합 분석해 평가하며, 뇌물공여지수는 해당 국가의 기업이 해외 시장에서 상대국의 공무원 혹은 기업인 등에게 어느 정도 뇌물 공여 행위를 하는가를 나타낸다. 즉, 부패지수는 공무원, 즉 뇌물을 받는 쪽에 초점을 두는 반면에, 뇌물공여지수는 뇌물을 주는 쪽, 즉 기업에 초점을 둔다. 지수가 높을수록 국가청렴도도 높게 나타난다.

〈표 5-19〉에는 2002년도의 부패인지지수와 뇌물공여지수가 제시되어 있는데,[11] 반드시 한 나라의 두 지수 크기가 서로 비슷하지는 않음을 알 수 있다. 가령, 홍콩과 싱가포르는 부패인지지수는 비교적 높은 반면 뇌물공여지수는 상대적으로 낮으므로, (만일 통계가 정확하다면!)[12] 국내적인 부패 문제는 없으나 자국 기업이 국외시장에서 뇌물 공여 행위를 많이 한다고 볼 수 있겠다.

11) 2003년 6월 모의평가 기출.
12) 그런데 이 지수들이 얼마나 정확하게 측정되었을까?

[표 5-19] '국제투명성기구'의 부패인지지수와 뇌물공여지수(2002년)

국가명	부패인지		뇌물공여		국가명	부패인지		뇌물공여	
	순위 (102개국 중)	부패인지지수	순위 (21개국 중)	뇌물공여지수		순위 (102개국 중)	부패인지지수	순위 (21개국 중)	뇌물공여지수
스웨덴	5	9.3	2	8.4	벨기에	20	7.1	6	7.8
싱가포르	5	9.3	9	6.3	일본	20	7.1	13	5.3
캐나다	7	9	5	8.1	스페인	20	7.1	11	5.8
네덜란드	7	9	6	7.8	프랑스	25	6.3	12	5.5
영국	10	8.7	8	6.9	대만	29	5.6	19	3.8
호주	11	8.6	1	8.5	이탈리아	31	5.2	17	4.1
스위스	12	8.5	2	8.4	말레이시아	33	4.9	15	4.3
홍콩	14	8.2	15	4.3	한국	40	4.5	18	3.9
오스트리아	15	7.8	4	8.2	중국	59	3.5	20	3.5
미국	16	7.7	13	5.3	러시아	71	2.7	21	3.2
독일	18	7.3	9	6.3					

기 • 출 • 예 • 제

01 { 06 행 · 외시 } 다음 〈표〉에 대한 설명으로 옳은 것을 | 보기 |에서 모두 고른 것은?

〈표 1〉 성별 노인 인구 추이

(단위: 천명)

구 분	1990	1995	2000	2005	2010	2020	2030
전 체	2,195	2,657	3,395	4,383	5,354	7,821	11,899
남 자	822	987	1,300	1,760	2,213	3,403	5,333
여 자	1,373	1,670	2,095	2,623	3,141	4,418	6,566

1) 노인 인구: 65세 이상 인구
2) 성비: 여자 100명당 남자의 수

〈표 2〉 노년부양비와 노령화지수

(단위: %)

구 분	1990	1995	2000	2005	2010	2020	2030
노년부양비	7.4	8.3	10.1	12.6	14.9	21.8	37.3
노령화지수	20.0	25.2	34.3	47.4	66.8	124.2	214.8

1) 노년부양비 = $\frac{\text{65세 이상 인구}}{\text{15~64세 인구}} \times 100$

2) 노령화지수 = $\frac{\text{65세 이상 인구}}{\text{0~14세 인구}} \times 100$

보 기

ㄱ. 2005년 노인 인구의 성비는 10년 전보다 낮아졌다.
ㄴ. 2005년에는 15~64세 인구 7.9명이 노인 1명을 부양할 것이다.
ㄷ. 2020년의 0~14세 인구 100명당 노인 인구는 1990년의 0~14세 인구 100명당 노인 인구의 6배 이상이다.
ㄹ. 2005년 노년부양비는 10년 전에 비해 4.3%P 증가하였고, 2005년에 비해 2020년에는 9.2%P 증가할 것이다.

① ㄱ, ㄴ　② ㄴ, ㄷ　③ ㄷ, ㄹ
④ ㄱ, ㄴ, ㄷ　⑤ ㄴ, ㄷ, ㄹ

02

{ 06 행 · 외시 } 다음 〈표〉는 3개 지역의 인구수와 부양비를 조사한 자료이다. 이에 대한 | 보기 |의 설명 중 옳은 것을 모두 고르면?

지역별 인구수와 부양비

(단위: 명,%)

지 역	총인구수	총부양비	유년부양비
A	4,000	60	30
B	6,000	20	15
C	3,500	40	20

1) 총부양비 = $\frac{\text{0~14세 인구 + 65세 이상 인구}}{\text{15~64세 인구}} \times 100$

2) 유년부양비 = $\frac{\text{0~14세 인구}}{\text{15~64세 인구}} \times 100$

3) 노년부양비 = $\frac{\text{65세 이상 인구}}{\text{15~64세 인구}} \times 100$

4) 노령화지수 = $\frac{\text{65세 이상 인구}}{\text{0~14세 인구}} \times 100$

보 기

ㄱ. A지역의 15~64세 인구는 3,000명이다.
ㄴ. 노년부양비가 큰 지역부터 순서대로 나열하면 A지역, B지역, C지역이다.
ㄷ. 총인구수가 작은 지역일수록 총부양비가 크다.
ㄹ. A지역과 C지역의 노령화지수는 같다.
ㅁ. A지역 노년부양비는 B지역 노년부양비의 6배이다.

① ㄱ, ㄴ　② ㄱ, ㅁ　③ ㄴ, ㄷ
④ ㄷ, ㄹ　⑤ ㄹ, ㅁ

03 { 06 입법 } 다음은 한국의 인구구성비 및 부양비의 추이를 〈표〉로 제시한 것이다. 〈표〉에 대한 설명 중 옳지 않은 것을 모두 고르면?

한국의 인구 구성비 및 부양비의 추이

구분	총인구	유년인구 (0~14세)	생산가능 인구 (15~64세)	노년인구 (65세 이상)	노년인구 구성비 (%)	총 부양비 (%)	유년 부양비 (%)	노년 부양비 (%)
1992	43,747,962	10,791,426	30,610,680	2,345,856	(　)	42.9	35.3	7.7
1994	44,641,540	10,653,446	31,445,602	2,542,492	5.7	42.0	33.9	8.1
1996	45,524,681	10,403,277	32,326,522	2,794,882	6.1	40.8	32.2	8.6
1998	46,286,503	10,091,517	33,125,933	3,069,053	6.6	39.7	30.5	9.3
2000	47,008,111	9,911,229	33,701,986	3,394,896	7.2	39.5	29.4	10.1
2002	47,615,132	9,725,532	34,110,668	3,778,932	7.9	39.6	28.5	11.1
2004	48,082,163	9,417,397	34,482,994	4,181,772	8.7	39.4	27.3	12.1
2006	48,497,166	9,026,009	34,873,924	4,597,233	9.5	39.1	25.9	13.2
2008	48,877,252	8,522,506	35,334,209	5,020,537	10.3	38.3	24.1	14.2
2010	49,219,537	8,012,990	35,852,347	5,354,200	(　)	(　)	(　)	(　)
2012	49,509,512	7,541,068	36,205,397	5,763,047	11.6	36.7	20.8	15.9
2014	49,724,180	7,126,218	36,367,430	6,230,532	12.5	36.7	19.6	17.1
2016	49,862,489	6,720,959	36,495,586	6,645,944	13.3	36.6	18.4	18.2

1) 인구는 2000년까지는 확정인구이며, 2001년 이후는 다음 인구추계시 바뀔 수 있음.
2) 부양비 : 생산가능인구(15~64세)가 부양해야 할 유년인구(0~14세)와 노년인구(65세 이상)의 비율 (부양비 = 유년부양비 + 노년부양비)
3) 유년부양비 = (유년인구 / 생산가능인구) × 100
4) 노년부양비 = (노년인구 / 생산가능인구) × 100

보 기

ㄱ. 2010년의 노년부양비는 약 15%이다.
ㄴ. 1992년부터 2016년 사이에 한국에서는 유년인구와 생산가능인구의 구성비는 각각 감소하고, 노년인구 구성비는 증가할 것이다.
ㄷ. 노년인구 구성비는 2016년에는 1992년보다 약 8%P 증가할 것으로 추정된다
ㄹ. 1992년 이래 유년부양비와 노년부양비의 변화추세로 볼 때, 2016년 이후로도 한국의 총부양비는 계속 감소할 것이다.

① ㄱ, ㄴ　② ㄱ, ㄷ　③ ㄴ, ㄷ
④ ㄴ, ㄹ　⑤ ㄷ, ㄹ

04 { 06 입법 } A 나라는 어떤 기간 동안 매년 인구증가량이 양수 값으로 일정하고 매년 조사망률이 일정했다고 한다. [그림 1]과 [그림 2]는 전년대비 인구증가율을 연도별로 나타낸 그림이고, [그림 3]과 [그림 4]는 조출생률을 연도별로 나타낸 그림이다. 다음 〈정보〉를 이용하여 4개의 그림 중 A 나라의 그 기간 동안 인구 관련 통계에 부합되는 것을 모두 고르면?

정 보

- 국적변동으로 인한 인구변화는 없다고 가정한다.
- 인구증가량 = 해당연도의 인구수 − 전년도의 인구수
- 전년대비 인구증가율(%) = (인구증가량 / 전년도의 인구 수) × 100
- 조출생률 = 한 해 인구 천명당 출생자 수
- 조사망률 = 한 해 인구 천명당 사망자 수

[그림 1]

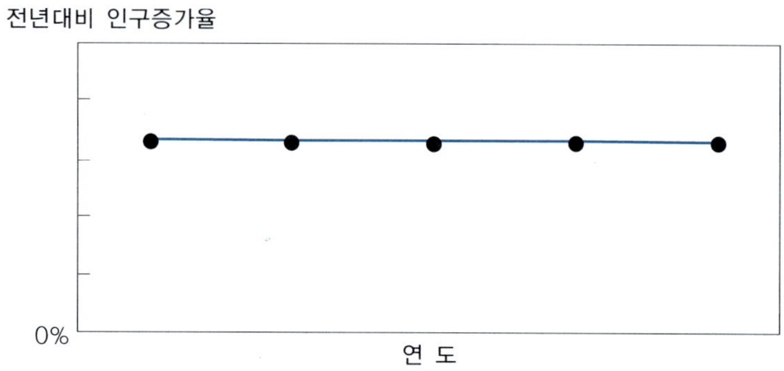

[그림 2]

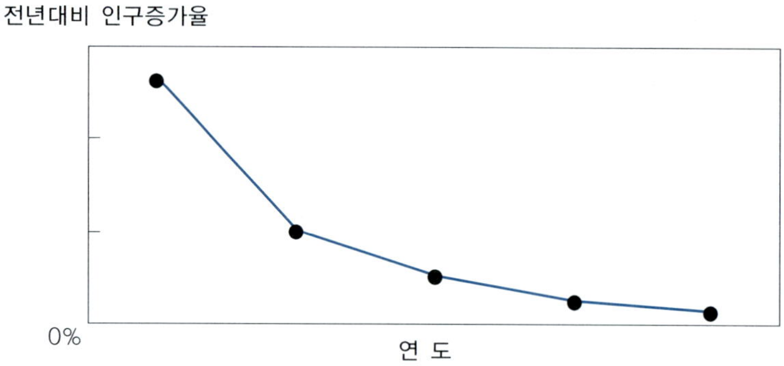

[그림 3]

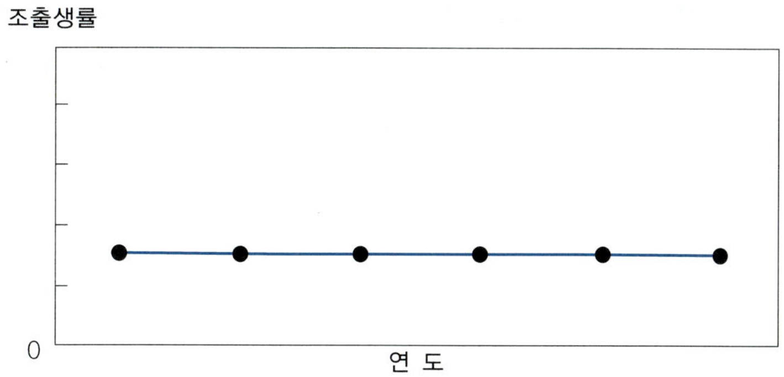

[그림 4]

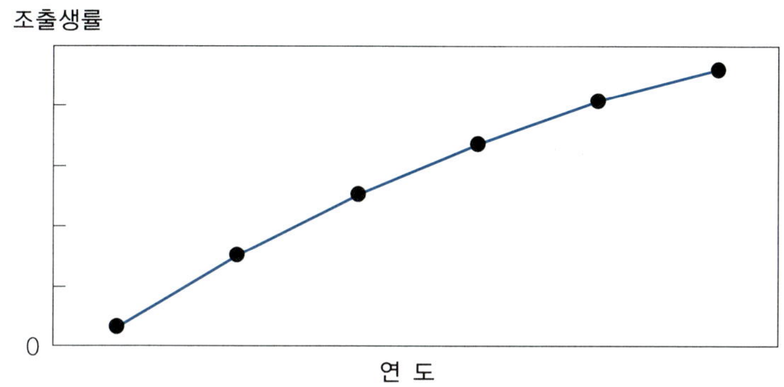

① [그림 2]
② [그림 1], [그림 3]
③ [그림 1], [그림 4]
④ [그림 2], [그림 3]
⑤ [그림 2], [그림 4]

05 {05년 모의평가} 다음은 우리나라의 연령별 출산율 변화를 나타낸 자료이다. 〈표〉에 대한 |보기|의 설명 중 옳은 것을 모두 고른 것은?

연령별 출산율 추이(1996년~2001년)

(단위: 명)

연 도	합계 출산율	연령별 출산율(해당 연령 여자 인구 천명당)						
		15~19	20~24	25~29	30~34	35~39	40~44	45~49
1996	4.53	19.3	193.1	320.6	205.7	105.9	46.0	13.1
1997	2.83	12.4	135.9	242.7	114.0	40.2	15.1	5.6
1998	1.59	4.2	83.2	169.4	50.5	9.6	1.5	0.2
1999	1.47	2.6	43.5	148.1	72.9	15.4	2.4	0.2
2000	1.42	2.5	39.0	150.6	84.2	17.4	2.6	0.2
2001	1.30	2.2	31.6	130.1	78.3	17.2	2.5	2.5

※ 합계출산율이란 여자 1명이 가임기간 동안에 출산한 평균 출생아 수를 의미함.

보 기

ㄱ. 1996년에서 2001년까지 합계출산율은 매년 꾸준히 감소하였다.
ㄴ. 35~39세 출산율은 1999년에 비해 2000년에 증가하였다.
ㄷ. 매년 20~24세의 출산율이 30~34세의 출산율에 비해 높았다.
ㄹ. 전년대비 출산율의 연도별 증감 방향은 20~24세와 25~29세에서 동일하였다.

① ㄱ, ㄴ ② ㄴ, ㄷ ③ ㄴ, ㄹ ④ ㄷ, ㄹ ⑤ ㄱ, ㄴ, ㄷ

06 {05년 모의평가} 다음 〈표〉는 청소년(15~24세)의 혼인에 대한 자료이다. 〈표〉에 대한 |보기|의 설명 중 옳은 것을 모두 고른 것은?

연도별 총혼인건수 및 청소년 혼인 구성비

혼인 / 연도	총혼인건수 (건)	청소년 혼인 구성비(%)			
		남편기준		아내기준	
		15~19세	20~24세	15~19세	20~24세
1970	295,137	3.0	25.0	20.9	55.9
1980	392,453	1.7	20.6	9.5	57.5
1990	399,312	0.8	14.7	4.5	48.5
2000	334,030	0.6	7.5	2.5	25.8

1) 총혼인건수는 당해연도에 발생한 전체 혼인건수임.
2) 청소년 혼인이란 남편 또는 아내가 청소년인 경우를 의미함.

보 기

ㄱ. 1970년 이후 20~24세 청소년 혼인 구성비는 남편 기준과 아내기준 모두 지속적으로 감소하고 있다.
ㄴ. 남편기준 15~19세 청소년 혼인 구성비는 아내기준 20~24세 청소년 혼인 구성비보다 항상 낮다.
ㄷ. 1980년 이후 남편기준 20~24세 청소년의 혼인 구성비가 10년 전에 비해 가장 큰 폭으로 감소한 해는 2000년이다.
ㄹ. 1970년에 비하여 2000년이 아내기준 15~19세 청소년 혼인 구성비는 20% 이상 감소하였다.

① ㄱ, ㄴ ② ㄱ, ㄷ ③ ㄴ, ㄷ ④ ㄴ, ㄹ ⑤ ㄷ, ㄹ

07 { 05년 모의평가 } 다음 〈표〉는 각 소비항목별로 가구원수에 따른 균등화지수를 나타낸 것이다. 〈표〉에 대한 | 보기 | 의 해석 중 타당한 것을 모두 고르면?

소비항목별, 가구원수별 균등화지수

소비항목 \ 가구원수	2인	3인	4인	5인	6인
식료품비	1.0	1.6	2.0	2.3	2.5
의료비	1.0	1.3	1.5	1.6	1.6
교육비	1.0	1.8	2.5	3.0	3.3
기타 소비지출	1.0	1.4	1.7	1.9	2.0

1) 균등화지수(Equivalence Scale)는 가구원수가 서로 다른 가계들 사이의 생활수준을 비교하기 위한 지수임.
2) 가구원수별 균등화지수는 소비항목별로 기준 가계(2인 가구)의 소비지출액을 1.0으로 했을 때 해당 가구의 소비지출액을 표시함.

보 기

ㄱ. 5인 가구는 2인 가구보다 총소비지출액이 2배 이상이다.
ㄴ. 4인 가구의 경우 총소비지출액 중 교육비 지출액이 가장 많을 것이다.
ㄷ. 6인 가구의 기타 소비지출액은 2인 가구 기타 소비지출액의 2배이다.
ㄹ. 가구원수 증가에 따른 소비지출액 증가율이 가장 높은 소비항목은 교육비이다.
ㅁ. 4인 가구의 경우 교육비 지출액이 식료품비 지출액보다 25%가 많다.

① ㄱ, ㄴ ② ㄴ, ㄷ ③ ㄷ, ㄹ ④ ㄹ, ㅁ ⑤ ㄷ, ㄹ, ㅁ

08 { 05년 입법 } 다음 〈표〉는 1999년부터 2003년까지 소비자물가지수를 나타낸 것이다. 이에 대한 설명으로 옳지 않은 것은?

1999년 ~ 2003년 소비자물가지수

	1999년	2000년	2001년	2002년	2003년
총지수	97.8	100	104.1	106.9	110.7
식료품	99.1	100	103.5	107.7	112.4
곡류	95.8	100	100.9	98.8	101.9
육류	92.3	100	108.8	123.1	132.1
낙농품	101.7	100	103.4	103.1	103.9
어패류	99.4	100	105.5	109.8	112.4
채소 · 해초	93.6	100	101.7	108.4	129.7
과실	116.7	100	113.4	130.1	124.1
유지 · 조미료	107.5	100	106.8	105.8	111.5
빵 · 과자	100.0	100	105.3	106.8	107.6
차 · 음료	104.3	100	100.6	100.9	103.0
주류	98.4	100	98.4	99.5	104.2
외식	99.2	100	101.7	105.1	109.0
식료품 이외	97.2	100	104.3	106.7	110.1

① 소비자물가지수는 2000년을 기준으로 작성되었다.

② 총지수를 계산할 때, 식료품의 가중치가 식료품 이외의 가중치보다 높게 반영되었다.

③ 1999년의 물가와 비교하면, 2003년 과실의 물가상승률이 어패류의 물가상승률보다 낮다.

④ 2003년의 물가를 전년도(2002년) 물가와 비교하면, 상승률이 가장 낮은 품목은 과실이다.

⑤ 1999년부터 2003년 중에서 낙농품의 가격이 가장 낮은 해는 2000년이다.

09 { 05년 입법 } 다음은 우리나라의 조세부담률과 지니계수를 나타낸 〈표〉와 간접세 대비 직접세 비중을 보여주는 [그림]이다. 이 〈표〉와 [그림]을 보고 아래 | 보기 | 의 설명 중 옳게 진술된 것을 모두 고르면?

조세부담률과 지니계수 추이

	1996	1997	1998	1999	2000	2001	2002
조세부담률	19.7	19.5	19.1	19.5	21.8	22.2	22.7
지니계수	0.312	0.317	0.326	0.324	0.319	0.329	0.332

1) 조세부담률 = [(국세수입 + 지방세수입)/명목GDP] × 100
2) 지니계수는 소득불평등도를 나타내는 수치로, 값이 작을수록 소득분배가 평등함을 의미한다.

간접세 대비 직접세 비중 추이

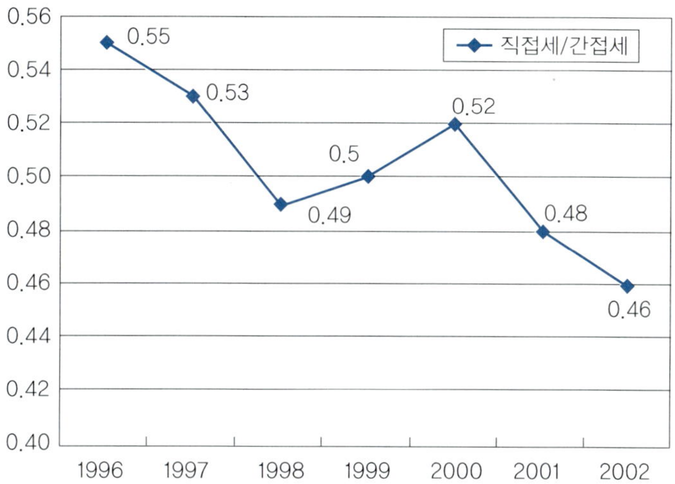

보 기

가. 조세수입이 가장 크게 증가한 기간은 1999년~2000년이다.
나. 2000년 이후 조세부담률은 상승하는 추이를 보인다.
다. 소득분배가 가장 불평등한 해는 2002년이다.
라. 직접세에 비해 간접세의 비중이 클수록 소득분배는 평등한 것으로 나타난다.
마. 직접세 수입이 가장 크게 증가한 기간은 2000년~2001년이다.

① 가, 나 ② 가, 다 ③ 나, 다 ④ 나, 다, 라 ⑤ 다, 라, 마

10 { 05년 입법 } 다음 〈표〉들은 북미자유무역협정(NAFTA)에 가입한 멕시코의 가입 전과 가입 후의 경제상황을 나타낸 것이다. 이에 대한 설명으로 가장 옳지 않은 것은?

〈표 1〉 NAFTA 가입 직전까지의 멕시코 주요 경제지표

	1990년	1991년	1992년	1993년
경제성장률(%)	5.2	4.5	3.5	1.9
수출(10억 달러)	40.7	42.7	46.2	51.9
수입(10억 달러)	41.6	50.0	62.1	65.4
경상수지(10억 달러)	-7.5	-14.6	-24.4	-23.4
소비자물가상승률(%)	26.7	22.7	15.5	9.8
실업률(연평균, %)	7.4	7.7	8.2	9.3
외채(10억 달러)	104.3	116.6	117.6	131.5
환율(페소/달러)	2.840	3.022	3.095	3.115

〈표 2〉 NAFTA 가입 이후 멕시코 주요 경제지표

	1994년	1995년	1996년	1997년	1998년	1999년
경제성장률(%)	4.5	-6.2	5.1	6.8	4.9	3.7
수출(10억 달러)	60.9	79.5	96.0	110.4	117.5	136.4
수입(10억 달러)	79.3	72.5	89.5	109.8	125.4	142.0
경상수지(10억 달러)	-29.7	-1.6	-2.5	-7.7	-16.1	-14.0
소비자물가상승률(%)	7.0	35.0	34.4	20.6	15.9	16.6
실업률(연평균, %)	9.7	11.2	10.5	9.9	10.0	10.1
외채(10억 달러)	142.1	169.6	163.6	152.8	162.1	164.4
환율(페소/달러)	3.4	6.4	7.6	7.9	9.2	9.6

① NAFTA 가입 이후 교역량이 지속적으로 증가하고 있다.
② 실업률은 NAFTA 가입 전보다 가입 후에 높아졌다.
③ 멕시코 화폐인 페소화로 표시된 외채는 1997년이 1995년보다 높은 수준이다.
④ NAFTA 가입 이후 경상수지 적자와 경제성장률은 정비례관계에 있다.
⑤ 소비자물가는 NAFTA 가입 이후에도 안정세를 보이지 못하고 있다.

11 { 05년 입법 } 다음 〈표〉는 우리나라의 혼인 및 이혼 동향을 나타낸 것이다. 이에 대한 설명으로 옳지 않은 것을 모두 고르면?

우리나라의 혼인 및 이혼 동향

연도	혼인		이혼						
	혼인 건수 (1,000건)	조혼인율	이혼 건수 (1,000건)	조이혼율	동거기간별 이혼건수(1,000건)				
					0 ~4년	5년 ~9년	10년 ~14년	15년 ~19년	20년 이상
1990	399.3	9.3	45.7	1.1					
1991	416.9	9.6	49.2	1.1					
1992	419.8	9.6	53.5	1.2					
1993	402.6	9.0	59.3	1.3					
1994	393.1	8.7	65.0	1.4					
1995	398.5	8.7	68.3	1.5					
1996	434.9	9.4	79.9	1.7					
1997	388.6	8.4	91.2	2.0					
1998	375.6	8.0	116.7	( )	36.8	28.0	22.7	18.2	10.8
1999	362.7	7.7	118.0	2.5	24.5	26.9	22.3	18.4	16.0
2000	334.0	7.0	120.0	2.5	35.2	26.7	22.4	18.4	17.2
2001	320.1	6.7	135.0	2.8	38.1	31.1	25.7	20.0	20.1
2002	306.6	6.4	145.3	3.0	39.1	33.8	28.2	21.4	22.8
2003	304.9	6.3	167.1	3.5	41.0	38.6	32.8	24.9	( )

1) 조혼인율 = 연간 혼인건수 ÷ 총인구 × 1,000
2) 조이혼율 = 연간 이혼건수 ÷ 총인구 × 1,000

보 기

가. 1998년 우리나라에서 조이혼율은 약 2.5이다.
나. 2003년도에 결혼한 부부의 55% 정도가 이혼을 하였다.
다. 1993년 우리나라에서는 인구 100명당 9명이 혼인을 하였다.
라. 1998년과 2003년을 비교할 때, 이혼건수의 증가비율을 동거기간별로 보면 '20년 이상' 집단이 가장 큰 증가를 보이고 있다.

① 가, 나 ② 가, 다 ③ 나, 다 ④ 나, 라 ⑤ 다, 라

12 { 04년 외시 } 다음은 소득 5분위별 가구당 소비지출과 처분가능소득에 관한 자료이다. 이를 바탕으로 분석 및 추론한 것으로서 | 보기 | 중 타당하지 않은 것으로만 묶인 것은?

〈표 1〉 소득 5분위별 가구당 소비지출 및 구성비 (단위 : 천원, %)

구 분	1분위	2분위	3분위	4분위	5분위
소 비 지 출	1,059.4	1,427.5	1,796.0	2,150.6	2,743.2
구 성 비					
식 료 품	31.8	30.1	27.9	26.2	25.3
주 거	4.7	4.4	3.5	3.0	2.1
광 열 수 도	4.7	4.0	3.3	2.9	2.6
가구가사용품	3.1	3.5	3.6	4.0	4.3
피 복 신 발	4.4	4.5	4.8	4.5	5.0
보 건 의 료	5.1	4.1	3.7	5.0	3.9
교 육	9.5	10.9	11.4	15.0	13.5
교 양 오 락	4.3	4.5	5.2	5.8	5.8
교 통 통 신	18.3	18.6	19.5	16.2	17.4
기타소비지출	14.2	15.4	17.0	17.3	20.1
계	100.0	100.0	100.0	100.0	100.0

〈표 2〉 소득 5분위별 가구당 처분가능소득 (단위 : 천원)

구 분	1분위	2분위	3분위	4분위	5분위
처분가능소득	992.7	1,663.9	2,227.7	2,954.9	4,890.2
흑 자 액	−66.7	236.4	431.7	804.3	2,147.0

1) 전체 조사가구를 소득순으로 5등분하여 각 분위별 평균값을 집계함. 1분위에서 5분위로 갈수록 소득수준이 높아짐.

2) 소득5분위배율 = $\frac{\text{5분위계층 처분가능소득의 평균값}}{\text{1분위계층 처분가능소득의 평균값}}$

3) 평균소비성향 = 소비지출/처분가능소득

보 기

ㄱ. 하위소득계층일수록 식료품비, 주거비, 광열수도비 지출비중이 높은 경향을 보인다.

ㄴ. 소득5분위 배율은 2.58로 나타난다.

ㄷ. 상위소득계층일수록 평균소비성향이 낮게 나타난다.

ㄹ. 상위소득계층일수록 가구가사용품 및 교통통신비의 비중이 높게 나타난다.

ㅁ. 1분위계층의 소비지출은 평균적으로 처분가능소득을 초과한다.

① ㄱ, ㄴ ② ㄴ, ㄷ ③ ㄴ, ㄹ ④ ㄷ, ㄹ ⑤ ㄹ, ㅁ

13 { 04년 외시 } 다음은 최근 몇 년간 우리나라의 모든 특별시 · 광역시별 실업률과 연령별 실업률을 조사한 〈표〉이다. 다음 중 제시된 〈표〉에서 도출 가능한 것은? (단, 연령별 실업률 분포는 전국적으로 동일하다고 가정한다)

〈표 1〉 특별시 · 광역시별 실업률

(단위 : %)

연도 / 도시	1996	1997	1998	1999	2000	2001
서울	2.5	2.7	7.6	7.0	4.8	4.5
부산	3.5	3.9	8.9	9.1	6.5	5.2
대구	3.1	3.8	7.9	7.1	4.7	4.6
인천	2.4	3.4	8.4	7.9	4.9	4.2
광주	2.7	3.1	7.7	7.7	5.6	4.6
대전	2.7	2.9	7.1	6.4	4.5	4.1
울산	–	–	7.4	6.4	4.2	3.9
전국	2.0	2.6	7.0	6.3	4.1	3.8

〈표 2〉 연령별 실업률

(단위 : %)

연도 / 연령	1996	1997	1998	1999	2000	2001
15~29세	4.6	5.7	12.2	10.9	7.6	7.5
30~59세	1.2	1.6	5.6	5.2	3.3	2.9
60세 이상	0.4	0.8	2.4	2.3	1.3	1.1
전 체	2.0	2.6	7.0	6.3	4.1	3.8

① 1997년에서 1998년 사이 실업률이 가장 큰 폭으로 증가한 연령층은 60세 이상이다.
② 실업률이 가장 높은 도시에서 15~29세 인구비율도 가장 높다.
③ 특별시 · 광역시보다 그 외 지역의 실업률이 대체적으로 더 낮다.
④ 1996년에서 2001년 사이 모든 특별시 · 광역시의 실업률은 1998년에 최고치에 달했다.
⑤ 60세 이상의 실업률이 낮은 것으로 보아 노년노동인구가 많음을 알 수 있다.

14 { 04년 외시 } 다음은 2001년 1/4분기부터 2002년 4/4분기까지의 주요 경제지표의 추이를 보여주고 있다. 다음 〈표〉에 대한 | 보기 | 의 설명 중 옳지 않은 것으로만 묶어 놓은 것은?

주요 경제지표 추이

(단위 : %, 원/달러)

주요경제지표 \ 연도/분기	2001					2002				
	1/4	2/4	3/4	4/4	연간	1/4	2/4	3/4	4/4	연간
GDP성장률 (전년동기대비)	3.7	2.9	1.9	3.7	3.0	5.8	6.4	5.8	6.5	6.2
소비자물가상승률 (전년동기대비)	3.6	5.0	4.2	3.4	4.1	2.5	2.7	2.6	3.3	2.7
근원인플레이션율 (전년동기대비)	3.3	3.9	3.7	3.6	3.6	2.9	3.0	2.9	3.1	3.0
임금상승률* (전년동기대비)	7.8	4.1	4.2	4.6	5.1	8.4	11.0	11.2	11.4	10.5
아파트매매가상승률 (전기말월대비)	1.6	3.3	6.7	2.3	14.5	11.0	2.0	7.4	1.0	22.8
원화환율 (기간중 평균)	1,272	1,305	1,294	1,292	1,291	1,320	1,269	1,197	1,220	1,251

* 전 산업, 상용근로자 5인 이상 기준.

보 기

ㄱ. 2002년의 전년동기대비 임금상승률은 2001년에 비해 높았다.

ㄴ. 아파트매매가로 본 부동산가격이 2001년에는 오름세를 보였으나, 2002년에는 오름세가 둔화되었다.

ㄷ. 2002년초 원화환율은 달러당 1,300원을 상회하였으나 3/4분기부터 하락하기 시작하여 그 이후 대체로 1,200원 내외에서 안정됨으로써 연평균 환율이 전년에 비해 하락하였다.

ㄹ. 2002년의 분기별 전년동기대비 근원인플레이션율은 2001년에 비해 항상 낮은 상태이며, 2002년 물가안정목표(3% ± 1%) 내에서 유지되었다.

ㅁ. 전년에 비해 2002년에는 GDP성장률은 더 높고 물가상승률은 완화되었으나, 임금상승률이나 아파트 매매가로 본 부동산가격 상승률은 더 높았다.

① ㄱ, ㄴ ② ㄴ, ㄷ ③ ㄴ, ㄹ ④ ㄴ, ㅁ ⑤ ㄷ, ㄹ

15 { 04년 외시 } 다음은 남녀평등도를 나타내는 두 가지 지수에 대한 설명이다. GDI를 직접적으로 개선시킬 수 있는 정책대안이 아닌 것은?

> 여성권한지수(Gender Empowerment Measures : GEM)란 각국 여성들이 정치, 경제활동과 정책과정에 얼마나 참여하고 있는지를 계량화한 지수이다. 국회의원이나 고위행정, 관리직, 전문기술직 등에서 여성이 차지하는 비율 등에 근거해 산출되는 이 지수는 고위직에서의 남녀평등 정도를 가늠하는 척도가 된다.
>
> 반면 여성개발지수(Gender-related Development Index : GDI)는 평균수명, 문자해독률, 교육수준, 소득 및 의료수준, 남녀소득차 등 삶의 질 전반적인 면에서의 남녀평등도를 나타낸 지수이다.
>
> 유엔개발계획(UNDP)의 '2001년 인간개발보고서'에 따르면 한국의 GEM은 64개국 중 61위, GDI는 146개국 중 29위로 나타났다.

① 주부를 위한 한글교실을 운영한다.
② 혼자 자식을 기르는 저소득층의 어머니에게 세제혜택을 준다.
③ 고위공무원선발시험에 여성할당제를 도입한다.
④ 전국 보건소에서 노인여성을 위한 건강관리 프로그램을 운영한다.
⑤ 같은 일을 하는 남성보다 여성에게 적은 임금을 주는 기업에 대해 시정명령을 내린다.

16 { 03년 11월 모의평가 } 다음 〈그림〉에 대한 설명으로 가장 옳은 것은?

도시 근로자 가구당 월평균 가계수지

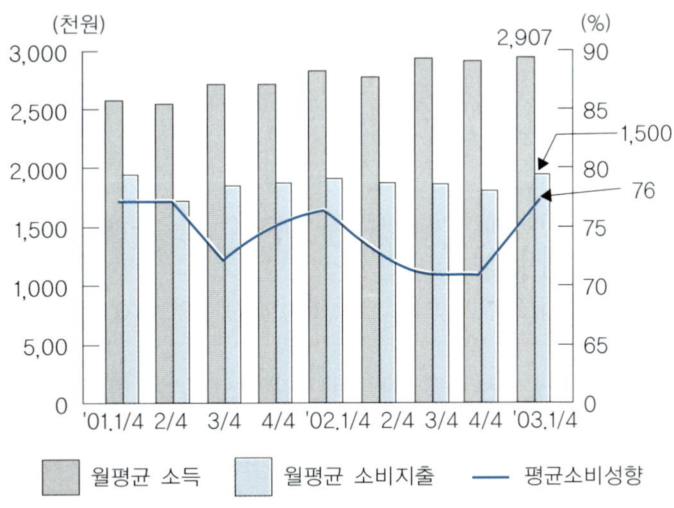

※ 평균소비성향 = $\frac{\text{월평균 소비지출}}{\text{월평균 소득}}$

① 소득이 증가할수록 소비지출도 소득에 비례하여 증가하였다.
② 월평균 소득과 평균소비성향은 서로 반비례적인 관계를 보인다.
③ 우리나라 도시 근로자 가구는 대개 소득의 75~80% 정도를 지출하고 있다.
④ 분기별 월평균 소비지출은 지속적으로 증가하는 추세이다.
⑤ 매년 1/4분기에는 동일 연도 다른 분기에 비해 소득에서 더 많은 부분을 소비하였다.

17 { 03년 11월 모의평가 } 다음 [그림]에 대한 설명으로 옳은 것을 모두 고르면?

소비자의 경기 전망 조사결과

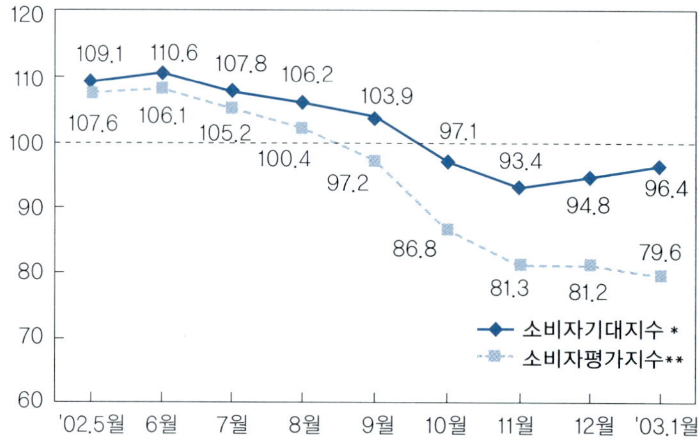

* 소비자기대지수: 6개월 후의 경기, 생활형편 등에 대한 소비자들의 기대심리를 나타내는 지표.
** 소비자평가지수: 6개월 전과 비교하여 현재의 경기, 생활형편 등에 대한 소비자들의 평가를 나타내는 지표.
※ 소비자기대(평가)지수가 100 이상인 경우는 긍정적 평가 가구 비중이, 100 이하인 경우는 부정적 평가 가구 비중이 상대적으로 큰 경우를 나타냄.

ㄱ. '03년 상반기의 경기전망을 부정적으로 보는 소비자가 긍정적으로 보는 소비자보다 더 많다.
ㄴ. '02년 11월을 기점으로 향후 경기에 대하여 낙관적인 시각이 우세를 보이고 있다.
ㄷ. '02년 하반기부터 소비자들이 체감하는 경기가 점차 하락하는 경향을 보이고 있다.
ㄹ. 소비자들은 미래의 경기를 현재 체감하는 경기보다 낙관적으로 전망하는 경향이 있다.

① ㄱ, ㄷ　② ㄱ, ㄹ　③ ㄷ, ㄹ　④ ㄱ, ㄴ, ㄹ　⑤ ㄴ, ㄷ, ㄹ

18 {03년 6월 모의평가} 다음 자료는 통계청에서 발표한 2002년 한국의 사회지표 내용의 일부이다. 이 자료에서 | 보기 | 의 세 가지 수치를 작은 수에서 큰 수의 순으로 알맞게 배열한 것은?

- 2002년 7월 현재 우리나라 총인구는 4,764만명이며 성비는 101.4이다
- 2001년의 조출산율(인구 천 명당 출생아수)은 전년도의 13.4명에서 1.8명 감소하였다.
- 2002년도의 총인구를 3계층으로 구분하면 0~4세 인구는 20.6%, 15~64세 인구는 71.5%, 65세 이상 인구는 7.9%를 차지하고 있다.

보 기

ㄱ. 2002년 7월 현재 남자 100명당 여자의 수
ㄴ. 2001년의 인구 만 명당 출생아수
ㄷ. 2002년의 노인부양비(比)백분율의 10배수

1) 성비: 여자 백 명당 남성수.
2) 노인부양비: 65세 이상 인구/15~64세 인구

① ㄱ, ㄴ, ㄷ　② ㄱ, ㄷ, ㄴ　③ ㄴ, ㄱ, ㄷ　④ ㄴ, ㄷ, ㄱ　⑤ ㄷ, ㄱ, ㄴ

19 {03년 6월 모의평가} 다음의 자료는 도시근로자의 가계수지에 대한 자료이다. 다음 〈표〉를 통해 볼 때 | 보기 | 에 제시된 업소 중 전년도에 비해 불황을 겪었을 가능성이 높은 업소들로만 묶인 것은?

○○년도 도시근로자 가구주 연령별 가계수지의 항목별 증감률(전년대비) (단위: %)

구분 \ 연령	24세 이하	25~29	30~34	35~39	40~44	45~49	50~54	55세 이상
소비지출전체	9.9	12.6	7.9	4.9	0.7	3.1	4.0	−0.3
식료품	6.7	6.7	4.5	4.4	4.7	3.6	3.7	2.1
주 거	−32.6	10.2	10.4	−7.5	−0.1	12.5	22.5	9.7
광열/수도	8.3	−4.0	4.4	3.4	1.3	−0.8	0.1	4.7
가구 가사용품	99.3	−2.0	21.0	3.1	11.1	−4.7	36.0	−13.2
피복/신발	12.8	13.5	3.9	4.6	1.6	5.3	8.6	−3.0

보건/의료	-6.4	13.7	5.8	3.7	4.5	1.2	-8.0	-6.0
교 육	29.6	11.5	22.9	9.6	7.9	5.2	-9.4	-11.5
교양/오락	28.7	9.9	7.9	4.6	-1.9	-6.3	-11.2	21.7
교통/통신	9.8	41.0	4.6	-4.3	0.4	-3.7	7.7	-1.3
기타 소비	16.5	7.2	10.6	12.8	-3.3	3.9	5.8	-1.0
잡 비	22.3	4.9	13.1	14.7	-5.6	4.7	5.7	-0.1

보 기

ㄱ. 초등학생 대상 학원
ㄴ. 중년층이 주고객인 음악 까페
ㄷ. 젊은 층 대상의 옷가게
ㄹ. 노인용 의료기기 판매점

① ㄱ, ㄴ ② ㄱ, ㄹ ③ ㄴ, ㄷ ④ ㄴ, ㄹ ⑤ ㄷ, ㄹ

20 { 03년 6월 모의평가 } 다음 〈표〉는 00년의 각 국의 HDI 순위와 일인당 국민소득 순위와의 관계를 나타낸 것이다. 다음 〈표〉를 보고 유추할 수 있는 것을 | 보기 | 에서 모두 고르면?

HDI 순위와 일인당 국민소득 순위와의 관계

국 가	HDI 순위	일인당 국민소득순위 − HDI 순위	국 가	HDI 순위	일인당 국민소득순위 − HDI 순위
캐 나 다	1	7	사우디아라비아	76	-43
미 국	2	-1	중 국	111	12
영 국	18	5	콩 고	122	-21
코스타리카	28	32	파키스탄	128	-28
한 국	31	7	방글라데시	146	-5
싱 가 폴	35	-19	르 완 다	156	9
브 라 질	63	1	모잠비크	167	6
터 키	66	-1	이디오피아	171	3

※ 인간개발지수(HDI)는 국민소득, 교육정도, 평균수명을 종합하여 각 국의 발전정도를 측정하고자 UNDP에서 발표하는 개발지수이다.

보 기

ㄱ. 일인당 국민소득이 가장 낮은 국가는 이디오피아다.
ㄴ. 한국의 일인당 소득수준은 코스타리카에 비하여 높다.
ㄷ. 한국의 평균수명과 교육수준 모두 코스타리카에 비하여 낮다.
ㄹ. 일인당 국민소득만 보고 각 국가의 발전정도를 단언할 수는 없다.
ㅁ. 일인당 국민소득 수준과 HDI의 격차가 가장 큰 국가는 사우디아라비아, 파키스탄, 콩고 순이다.

① ㄱ, ㄴ, ㄹ ② ㄱ, ㄷ, ㄹ ③ ㄴ, ㄷ, ㄹ ④ ㄴ, ㄹ, ㅁ ⑤ ㄷ, ㄹ, ㅁ

21 { 03년 6월 모의평가 } 다음 〈표〉는 2000년 1/4분기에서 2002년 3/4분기까지의 소비자동향지수 추이를 나타낸 것이다. 이에 근거한 진술 중 맞지 않는 것은?

소비자동향지수 추이

구분 \ 연도 분기	2000				2001				2002		
	1/4 분기	2/4 분기	3/4 분기	4/4 분기	1/4 분기	2/4 분기	3/4 분기	4/4 분기	1/4 분기	2/4 분기	3/4 분기
경기전망지수	99	100	70	59	66	87	71	94	123	119	115
생활형편 전망지수	95	97	83	68	82	90	85	94	105	103	101

1) 소비자동향지수란 현재의 경기나 생활형편이 6개월 후 어떻게 변할 것인가에 대한 소비자들의 평가를 나타내는 지수인데 표의 각 지수는 다음과 같은 공식에 따라 계산한다.

2) $경기전망지수 = \frac{n_1 \times 1.0 + n_2 \times 0.5 - n_3 \times 0.5 - n_4 \times 1.0}{전체응답가구수} \times 100 + 100$

3) $생활형편전망지수 = \frac{n_1 \times 1.0 + n_2 \times 0.5 - n_3 \times 0.5 - n_4 \times 1.0}{전체응답가구수} \times 100 + 100$

n_1: 매우 좋아질 것이라고 응답한 응답자 수
n_2: 다소 좋아질 것이라고 응답한 응답자 수
n_3: 다소 나빠질 것이라고 응답한 응답자 수
n_4: 매우 나빠질 것이라고 응답한 응답자 수

① 경기와 생활형편에 대한 소비자들의 평가는 2000년 4/4분기에 가장 부정적이다.
② 경기를 긍정적으로 보는 소비자가 경기를 부정적으로 보는 소비자보다 많아지는 것은 2001년 1/4분기부터이다.
③ 생활형편전망지수는 경기전망지수보다 변화폭이 크지 않다.
④ 경기전망지수와 생활형편전망지수는 같은 방향으로 변화한다.
⑤ 모든 응답자들이 경기나 생활형편이 매우 나빠질 것이라고 응답한다면 그 때의 소비자동향지수는 0이다.

22 { 02년 12월 실험평가 } 다음은 경기, 생활형편 등에 대한 소비자들의 주관적인 인식을 파악하여 현재 또는 향후의 경제상황을 판단하거나 예측하는 자료작성을 목적으로 하는 소비자기대지수와 소비자평가지수에 관한 자료이다. 이 자료의 설명 중 틀린 것은?

연월 (2002)	소비자기대지수						소비자평가지수		
		경기	생활 형편	소비 지출	내구재 소비	외식 오락		경기	생활 형편
1	106.7	114.1	106.0	110.1	95.7	97.1	97.4	100.6	94.2
2	107.7	116.0	106.5	111.2	96.5	97.9	100.5	105.5	95.4
3	109.7	122.1	107.2	111.4	97.6	99.0	105.9	114.8	97.0
4	109.4	120.7	107.3	110.2	99.3	100.0	107.2	116.4	98.1
5	109.1	118.8	107.6	109.9	99.2	101.3	107.6	116.4	98.8
6	110.6	122.7	109.3	110.5	98.7	101.1	108.1	117.2	99.1
7	107.8	116.5	106.2	109.9	97.4	100.0	105.2	112.6	97.9
8	106.2	110.3	106.0	109.6	97.4	100.4	102.1	108.0	96.1

1) 소비자기대지수: 현재와 비교하여 6개월 후의 경기, 생활형편, 소비지출 등에 대한 소비자들의 기대를 나타냄.
2) 소비자평가지수: 6개월 전과 비교하여 현재의 경기, 생활형편 등에 대한 소비자들의 평가를 나타냄.
3) 소비자기대(평가)지수 > 100: 긍정적, 소비자기대(평가)지수 < 100: 부정적

보 기

가. 8월중 소비자기대지수와 소비자평가지수는 지난달과 마찬가지로 현재 또는 향후 경제상황을 부정적으로 보는 것으로 나타났다.
나. 4월중 경기에 대한 기대지수는 향후 경기가 좋아질 것이라고 생각하는 소비자들이 줄어들어 전월에 비해 경제상황을 부정적으로 보는 것으로 나타났다.
다. 6월중 소비지출에 대한 기대지수는 향후 소비지출을 줄이려는 소비자들이 증가하여 전월에 비해 경제상황을 긍정적으로 보는 것으로 나타났다.
라. 7월중 경기에 대한 평가지수는 6개월 전보다 경기가 좋아졌다고 인식하는 소비자들이 증가하여 전월에 비해 경제상황을 긍정적으로 보는 것으로 나타났다.
마. 8월중 현재의 생활형편에 대한 평가지수는 6개월 전보다 생활형편이 나아졌다고 인식하는 소비자들이 감소하여 전월에 비해 경제상황을 부정적으로 보는 것으로 나타났다.

① 가, 마
② 가, 나, 다
③ 가, 다, 라
④ 나, 다, 라
⑤ 나, 다, 라, 마

Chapter 6

인과관계와 교차분석

1. 사회과학에서 인과관계의 의의

사회과학 연구에서 통계 분석을 하는 목적은 대체로 다음의 두 가지로 구분할 수 있다. 하나는 미지의 특성 자체를 알고자 하는 것이다. 가령 1인당GDP는 얼마인지, 1분기실업률은 얼마인지, 우리나라의 정보화 수준은 다른 나라에 비하여 어떤지 등을 파악하는 것이 이에 해당한다. 그리고 다른 하나는 특성들 간의 인과관계, 즉 어떤 특성이 다른 특성에 미치는 영향력을 규명하는 것이다. 첫번째 목적도 중요하지만, 일반적으로 사회과학에서 통계분석을 이용한 실증연구를 한다고 하면 두번째 목적인 특성들 간의 인과관계를 규명하기 위한 경우가 많다.

예를 들어, 필자는 개인들 간의 임금 격차에 영향을 미치는 요인들은 무엇인가를 규명하는 데 관심이 많다. 이 주제는 조금 말을 바꾼다면 우리 사회에서 학력 차이에 기인한 임금 격차는 어느 정도인가? 학력에 따른 임금 격차는 지난 30년간 더 증가했는가? 우리 사회에 존재하는 성차별로 인하여 여성은 남성보다 어느 정도 임금에서 불이익을 받는가? 노조의 유무가 임금에 어떤 영향을 미치는가? 공무원과 민간기업 종사자의 임금 격차는 어느 정도인가?와 같은 다양한 연구 주제가 된다.

교육학 분야라면 학생들의 학업 성취도에 영향을 미치는 요인이 무엇인가를 규명하는 것에 관심을 가질 수 있을 것이다. 이 주제는 다시 지능의 차이가 학업 성취도에 미치는 효과는 어느 정도인가? 과외 공부 여부가 대입 수능 점수에 미치는 영향은 어느 정도인가? 부모의 교육수준이 학업 성취도에 미치는 효과는 어느 정도인가? 평준화 여부가 학업 성취도에 미치는 효과는 무엇인가? 학교장의 리더십이 학업 성취도에 미치는 효과는 어느 정도인가? 등과 같은 다양한 연구과제로 표현될 수 있다.

또 조직학 분야에서는 조직성과의 영향요인은 무엇인가에 관심을 가질 수 있을 것이며 이 주제는 상관과 부하의 신뢰가 조직성과에 미치는 효과, 조직에의 만족도가 조직성과에 미치는 효과, 조직구조의 차이가 조직성과에 미치는 효과 등과 같은 다양한 연구주제들로 나타낼 수 있다. 독자들이 각자의 전공 분야에서 실증분석에 의한 학위논문이나 학술지 발표 논문들을 훑어보면 대부분이 인과관계를 규명하는 논문임을 알 수 있을 것이다.

참, 독자 중에는 개인들 간의 임금 격차에 영향을 미치는 요인들의 규명이라는 주제 중에서 마지막으로 열거한 '공무원과 민간기업 종사자의 임금 격차 조사'에 대해서 '이게 왜 인과관계를 규명하는 것인가, 단지 공무원의 임금수준은 어느 정도이며, 민간기업의 임금수준은 어느 정도인가를 파악하는 것이 아닌가?' 라는 의문을 갖는 사람이 있을 지도 모르겠다. 그러나 이 주제도 인과관계의 규명에 해당한다. 그 이유는 공무원과 민간기업 종사자의 임금 격차가 어느 정도인가에 관심을 갖는 이유가 단지 두 집단의 평균 임금 차이가 얼마인가를 밝히는 데 있는 것은 아니기 때문이다. 이는 동일한 능력과 조건을 갖추고 유사한 업무에 종사하는데 단지 한 사람은 공공부문, 다른 사람은 민간부문에 근무한다는 차이로 인하여 발생하는 임금 격차는 어느 정도인가를 규명하려는 것이기 때문이다. 즉, 같은 대학을 졸업하고 거의 동일한 능력과 조건을 갖추었다고 생각되는 두 친구가 한 명은 공무원이 되고 또 한 명은 민간기업에 취직했다고 했을 때, 공공과 민간부문이라는 '직장 차이'가 원인이 되어 발생한 두 사람의 '임금 격차'라는 결과를 규명하려는 것이기 때문이다.

이 경우 왜 단순히 두 집단의 평균 임금만을 파악하는 것으로는 불충분할까? 이는 물론 두 집단 평균 임금의 차이에는 공공과 민간부문이라는 직장의 차이 이외에 다른 많은 요인이 작용하기 때문이다. 가령 공무원은 주로 고졸자로 충원되는 데 비하여 민간기업은 주로 대졸자로 충원된다고 하자. 이 경우 두 집단의 임금 격차에는 공공과 민간부문이라는 차이 이외에 학력 차이의 영향이 반영되어 있다. 따라서 두 집단의 임금 격차 중에서 학력 차이에 기인한 임금 격차를 제외해야만 공공과 민간부문이라는 차이가 원인이 되어 발생한 결과로서의 임금 격차를 알 수 있을 것이다.

따라서 공무원과 민간기업 종사자의 임금 격차를 규명하는 것은 단순히 두 집단의 평균임금이 얼마나 차이가 있는가를 알고자 하는 것이 아니라, 공공과 민간이라는 차이가 임금 차이에 미치는 영향을 규명하는 것, 즉 인과관계를 분석하는 것이다. 이처럼 얼핏 보기에는 인과관계를 규명하는 것과 관계없는 것처럼 보이는 연구 주제들도 실상은 인과관계를 분석하고 있는 것들이 많다.

사회과학 연구에서도 그렇지만, 정부가 정책을 수립, 집행, 평가하는 과정에서도 인과관계를 파악하는 것은 매우 중요하다. 어떤 정책 문제에 대한 적절한 대안을 제시하려면, 이 문제가 왜 발생했는가(또는 무엇이 이런 문제를 가져왔는가)를 올바르게 이해하는 것, 즉 결과인 정책문제와 이를 발생시킨 원인 간의 인과관계를 파악하는 게 우선 이루어져야 하기 때문이다. 또한 이 문제를 해결하려면 어떤 정책 수단을 사용해야 하는가, 즉 어떤 수단을 사용하면 우리가 원하는 정책결과를 가져올 수 있는가라는 정책수단(즉 원인)과 정책결과 간의 인과관계를 파악하는 것이 필수적임은 물론이다.

그런데 정책 현상을 가져오는 요인들은 매우 다양하며, 서로 복잡하게 얽혀 있기 때문에 정책 현상을 둘러싼 복잡한 인과관계를 올바르게 추론하고, 특정 정책수단을 사용했을 때 어떤 정책 결과를 가져올 것인가(혹은 가져 왔는가)를 판단하는 것은 상당히 어려운 작업이다.[1] 요새 중요한 관심 대상이 되는 정책 문제를 몇 가지만 생각해 보면, 왜 이런 문제가 발생했으며, 어떤 방법을 사용하면 해결할 수 있는가를 판단하는 게 쉽지 않다는 것을 금방 알 수 있을 것이다.

중간관리자급 공무원의 핵심 역할은 타당한 정책분석과 평가를 통하여 적절한 정책대안을 개발하는 것인데, 이에는 정책변수들 간의 올바른 인과관계를 파악하는 것이 핵심이 된다. 이에 따라 PSAT에서도 주어진 자료를 통하여 변수들 간의 인과관계를 파악하는 문항들이 출제된다. 물론 PSAT의 특성상 자세한 분석기법을 묻지는 않는다. 그보다는 인과관계 추론의 기본원리를 이해하고 있는가를 묻는다.

본 장의 논의는 이와 같은 인과관계 추론의 기본원리를 이해하는 데 중점을 두고 있다. 다소 길게 설명하는 감이 있지만, 천천히 읽어보기 바란다. 비단 PSAT 대비를 위해서뿐만 아니라, 나중에 공무원 또는 학자가 되어서도 도움이 될 것이다.

2. 인과관계 추론에 적합한 연구–실험연구

사회과학이 아닌 자연과학의 주제들, 그 중에서도 실험이 가능한 경우는 인과관계 추론이 비교적 쉽다. 가령 어떤 생화학자가 살 빼는 데 탁월한 효과가 있는 신

1) 또한 정책 문제를 일으킨 원인 또는 정책 변화를 가져올 수 있는 요인들이 무엇인가를 안다고 해도, 그 것들이 정부가 사용할 수 있는 것들이 아니라면 정책수단이 될 수 없다. 따라서 어떤 정책 문제 해결을 위한 타당한 정책수단을 찾는 것은 참으로 힘든 작업이다.

약 '날씬이' 를 개발한 후, 이 약의 효과를 검증한다고 하자. 즉, '날씬이의 복용' 이라는 원인이 '살이 빠진다' 라는 결과를 가져오는가, 그렇다면 그 크기는 어느 정도인가라는 인과관계를 추론한다고 하자. 일단 실험용 쥐를 대상으로 검증한다고 하자. 어떻게 할까?

기본적인 방법은 이렇다. 가령 실험용 쥐가 40마리 있다면, 이들을 20마리씩 두 집단으로 구분한다. 이 두 집단 중의 한 집단에는 '날씬이' 를 투약하고, 다른 한 집단에는 투약하지 않는다. 그리고 일정기간 후 두 집단의 몸무게 변화 차이로 '날씬이' 의 효과를 추정한다. 이 경우 약을 투여한 집단을 실험집단, 투여하지 않은 집단을 통제집단 또는 비교집단이라고 한다.

이제 이 방법을 좀더 자세히 알아보자. 이 방법의 첫번째 단계이면서 가장 중요한 것은 두 집단으로 구분할 때, 무작위 배정을 해야 한다는 것이다. 무작위로 배정한다는 것은 각 집단에 배정될 가능성은 동등하며, 우연에 의하여 어느 한 집단에 배정된다는 것을 뜻한다. 가령 40마리 쥐에게 1번부터 40번까지 번호를 매긴 다음, 추첨에 의하여 집단을 정하는 것은 무작위 배정의 한 방법이 될 수 있다. 또는 나이, 몸무게, 성별 등이 비슷한 쥐를 두 마리씩 짝을 지은 후, 두 마리 중에 하나는 앞면, 또 하나는 뒷면이라는 라벨을 붙인 다음, 동전 던지기를 하여 두 마리의 쥐를 각각 다른 집단에 배정할 수도 있다. 첫번째 방법은 완전무작위설계(completely randomized design)라고 하고, 두번째 방법은 무작위블록설계(randomized block design) 또는 짝짓기설계(matched pair design)라고 부르기도 한다.[2)]

무작위 배정이 왜 중요할까? 그리고 첫번째와 두번째 방법의 차이는 무엇일까? 친구들끼리 축구시합 할 때(농구 시합도 상관없다!) 편 가르는 방식을 생각해 보면 쉽게 이해가 될 것이다. 가령 10명이 5명씩 두 편을 가른다고 할 때, 10명이 다 함께 손바닥을 내밀어 손등이 위를 향한 5명과 손바닥이 위를 향한 5명끼리 각각 같은 편이 되는 방법을 써 본 적이 있을 것이다. 이렇게 하면 누가 누구와 한 편이 될지 알 수 없으며, 우연에 의하여 편이 정해진다. 이렇게 우연에 의하여 편을 정하는 것이 공평하다고, 즉 두 편의 실력이 엇비슷해진다고 생각했기 때문에 이 방법을 사용하였을 것이다. 그런데 이 방법 말고 또 흔히 사용했던 방법이 있다. 이는 서로 실력이 비슷하다고 생각하는 사람끼리 둘씩 짝을 지은 다음에 가위바위보를 해서 「이긴」, 「진」이라는 두 편으로 가르는 방법이다. 필자의 경우는

2) 보다 엄격하게는 무작위블록설계(randomized block design)와 짝짓기설계(matched pair design)는 다소 다른 방법이다. 둘의 차이를 알고 싶은 독자는 일반적인 조사방법론 책을 참고하면 되겠다.

이 방법을 더 많이 사용했다. 그 이유는 첫번째 방법은 우연에 의하여 편이 정해지기는 하는데, 반드시 두 편의 실력이 비슷해진다는 보장이 없기 때문이다. 이에 비하여 두번째 방법은 일단 실력이 비슷한 사람들을 다른 편으로 갈라놓기 때문에 두 편의 실력이 대체로 비슷해진다. 그리고 자기가 어느 편이 되는가는 역시 우연에 의하여 정해진다.

축구시합을 할 때, 우연에 의하여 편이 정해지도록 하는 이유는 그렇지 않은 경우 잘하는 애들끼리 짜고서 한 편이 되려고 할 수도 있기 때문이다. 또는 고의는 아니라고 해도 어느 한 편이 잘 하는 친구들로만 구성되면 그런 시합은 하나마나 결과가 뻔해서 재미가 없기 때문이다. 마찬가지로 신약 '날씬이'의 효과 추정에서 무작위 배정이 중요한 것은, 그렇지 않고 연구자가 집단을 배정할 경우 연구자는 결과가 잘 나오도록 집단 배정을 할 수도 있기 때문이다. 가령 뚱뚱할수록 신약 효과가 더 크게 나타난다면 살찐 쥐들을 실험집단에 더 많이 배정할 수도 있을 것이다. 설사 연구자가 고의로 그런 것이 아니라도, 이렇게 배정된다면 연구의 타당성이 약화될 것이다.

첫번째 방법과 두번째 방법의 차이는 첫번째 방법은 비록 무작위로 배정한다고 해도 우연에 의해서 어느 한 쪽이 유리하게 배정될 수도 있는 반면에, 두 번째 방법은 그럴 가능성이 상대적으로 낮다는 점이다. 가령 몸무게 차이에 따라 신약 효과가 다르게 나타난다고 하자. 첫번째 방법에 의해서는 (우연에 의하여!) 한 집단은 상대적으로 뚱뚱한 쥐들이, 다른 집단은 상대적으로 날씬한 쥐들만 배정될 수도 있다. 이 경우 어느 쪽이 실험집단(신약 투여한 집단)이 되더라도, 실험집단과 통제집단의 몸무게 변화 차이가 신약의 효과를 올바르게 보여 준다고 하기는 어려울 것이다. 이에 비하여 두번째 방법에 의해서는 두 집단의 몸무게 분포가 유사할 것이므로 몸무게 차이로 인한 효과는 배제할 수 있다.

그렇다고 첫번째 방법, 즉 완전무작위 배정이 잘못된 방식이라는 것은 아니다. 두 집단에 배정되는 쥐의 수가 많다면, 완전무작위 배정을 했는데 어느 두 집단의 몸무게가 크게 차이가 날 가능성은 적다.[3] 그리고 유사한 특성끼리 짝짓기를 한다는 것이 실제로는 상당히 어렵다. 따라서 실제의 연구에서는 첫번째 방법이 흔히 사용된다.

두 집단, 즉 실험집단과 통제집단의 배정이 끝나면, 두 집단에 속한 쥐들의 몸무게를 측정한 후, 실험집단에만 신약 '날씬이'를 투여한다. 그리고 실험집단에만

3) 가령 10마리의 쥐를 5마리씩 두 집단으로 배정하는 경우는 살 찐 쥐들이 어느 한 집단에 우연히 몰려 있을 수 있다. 하지만 100마리의 쥐를 50마리씩 두 집단으로 배정하는 경우에, 어느 한 집단에만 살찐 쥐들이 몰려있기는 어려울 것이다.

'날씬이'를 투여하고 통제집단은 투여하지 않았다는 것 이외에 쥐의 몸무게에 영향을 줄 수 있는 다른 조건들, 가령 먹이, 운동, 취침 등은 두 집단에게 동일하게 적용한다. 그리고 약효가 날 수 있는 일정 기간이 지난 후 각 집단에 속한 쥐들의 몸무게를 다시 측정한다. 이 때 '날씬이'를 투여한 실험집단의 쥐들은 몸무게가 빠졌는데 투여하지 않은 통제집단의 쥐들은 몸무게가 그대로라고 하자. 그러면 실험집단의 몸무게가 빠진 것은 '날씬이'의 효과라고 간주해도 별 무리가 없을 것이다. 즉, 〈표 6-1〉에서 실험집단의 투약 이후와 이전의 몸무게 변화인 $O_2 - O_1$을 a라 하고, 같은 기간의 통제집단의 몸무게 변화인 $O_4 - O_3$를 b라고 하면, a−b만큼의 몸무게 변화를 '날씬이'의 효과로 간주할 수 있을 것이다.

이러한 추론이 가능한 것은 실험집단과 통제집단의 '날씬이' 투여 이전의 조건이 동일하며, '날씬이' 투여 이후에도 이 약의 투여 여부 이외에 몸무게에 변화를 줄 수 있는 다른 조건들은 두 집단 사이에 동일하게 유지하였기 때문이다. 날씬이 투여 여부를 제외한 다른 모든 조건이 일정하므로 두 집단의 몸무게 차이는 '날씬이' 때문이라고 할 수 있는 것이다.

물론 이러한 '날씬이'의 효과에 대한 인과적 추론은 실험용 쥐를 대상으로 한 것이며, 같은 효과가 사람에 대해서도 나타날 것이라고 단정할 수는 없다. 이를 위해서는 사람을 대상으로 다시 실험을 해야 할 것이다. 사람에 대한 실험은 실험용 쥐에 대한 실험보다 훨씬 어렵겠지만 이에 대해서는 고민하지 말자. 이거야 신약 개발하는 사람들이 알아서 하겠지.

어쨌든 이처럼 무작위배정으로 실험집단과 통제집단을 구성할 수 있고, 실험집단에만 특정한 처리(원인)를 하고, 결과에 영향을 줄 수 있는 다른 조건들은 두 집단 사이에 유사하게 유지할 수 있다면 인과관계를 추론하는 것이 쉽다. 이 때는 두 집단의 차이만으로도 인과관계를 파악할 수 있기 때문이다. 이와 같은 연구방법(두 집단에 무작위배정, 처리효과 이외의 영향요인통제)을 실험설계에 의한 연구라고 한다.

하지만 불행히도 정책문제가 되는 거의 대부분의 사회현상의 연구에서는 이러한 실험설계가 불가능하다. 거의 모든 정책 현상은 실험집단과 통제집단을 무작위

[표 6-1] **'날씬이'의 효과측정**

	사전 몸무게	신약투여	사후 몸무게
실험집단	O_1	X	O_2
통제집단	O_3		O_4

[표 6-2] **직업훈련 프로그램의 효과 측정**

	사전취업률(또는 소득)	프로그램실시	사후취업률(또는 소득)
프로그램참여집단(실험집단)	O_1	X	O_2
비참여집단(통제집단)	O_3		O_4

로 배정하는 것이 불가능하며, 실험집단에만 특정한 조치를 취하고 그 밖의 조건은 동등하게 유지한다는 것도 현실성이 없다.

예를 들어서, 노동부에서 실업자 또는 저소득취업자를 대상으로 하는 직업훈련 프로그램을 운영하고 있는데, 이의 효과를 측정하려 한다고 하자. 이 프로그램은 실업자 또는 저소득취업자라면 누구라도 신청해서 참여할 수 있으며 무료 또는 아주 실비로 운영되고 있다. 이 효과를 어떻게 측정할까? 이 프로그램에 참여한 실업자 또는 저소득취업자들 중에서 일부를 선발하여 실험집단을 구성하고, 이 프로그램에 참여하지 않은 다른 실업자 또는 저소득취업자 중에서 일부를 선발하여 통제집단을 구성할 수 있을 것이다. 그리고 살 빼는 약 '날씬이'의 효과를 추정한 것과 같은 절차로 두 집단의 프로그램 참여 전후의 취업률 또는 소득 변화의 차이를 직업훈련의 효과로 간주할 수 있을 것이다. 이 과정을 '날씬이' 효과추정과 마찬가지로 표로 나타내면 〈표 6-2〉와 같다.

위의 표에서 O_i를 취업률 또는 소득이라고 하면 직업훈련 프로그램으로 인한 취업률이나 소득의 변화는 실험집단의 프로그램 참여 이후와 이전의 차이인 $O_2 - O_1$에서 통제집단의 동 기간의 차이인 $O_4 - O_3$를 차감한 $\{(O_2 - O_1) - (O_4 - O_3)\}$가 된다. 가령 소득을 대상으로 한 경우에 $O_2 = 200$만원 $O_1 = 120$만원, $O_4 = 140$만원 $O_3 = 110$만원이라면, 50만원을 직업훈련에 의한 소득증대 효과로 간주하는 것이다.

여러분이 보기에 이러한 추론이 그럴 듯 해 보이는가? 얼핏 보기에는 앞에서 다룬 날씬이 효과 추정과 동일한 구조를 가지고 있으므로 타당해 보일 수도 있다. 하지만 좀더 꼼꼼히 따져 보면 문제가 있음을 알 수 있다. 뭐가 문제일까? 실험집단의 이후이전 변화에서 통제집단의 이후이전 변화를 차감한 것을 직업훈련의 효과로 간주한다는 것은 다른 말로 하면 실험집단이 프로그램에 참여하지 않았을 경우의 취업률 또는 소득의 변화는 통제집단의 변화와 동일하다고 간주함을 의미한다. 그런데 과연 그럴까? 실험집단이 프로그램에 참여하지 않았다면 이전이후 기간 동안 통제집단과 동일한 변화를 보였을까?

필자는 회의적이다. 비록 실험 · 통제집단을 구성하고, 두 집단의 사전사후변화 차이를 측정한다는 외형상의 틀은 동일하지만 기본적으로 실험 · 통제집단의 구성에서 무작위배정이 이루어지지 않았기 때문이다.

여기서의 실험 · 통제집단은 자발적인 훈련참여 여부로 결정되었다. 그런데 왜 같은 실업자(또는 저소득자)면서 누구는 직업훈련에 참가하고 누구는 참가하지 않았을까? 직업훈련의 참가가 그토록 취업이나 소득증대에 큰 효과를 가져온다면 왜 모든 실업자(또는 저소득자)가 직업훈련에 참여하지는 않을까? 아마도 취업(또는 소득증대)에 대한 필요성 혹은 열망이 상대적으로 더 강한 사람들(또는 좀더 부지런한 사람들)이 프로그램에 참여하였을 것 같다. 즉, 실험집단과 통제집단 사이에는 필요성이나 열망(즉, 성취동기) 또는 근면함에서 차이가 있지 않을까? 그런데 이러한 성취동기나 근면함의 차이는 직업훈련에 참여하지 않더라도 그 자체로서 취업이나 소득에 차이를 가져올 수 있으며, 직업훈련에 참여할 경우 효과성에 차이를 가져올 수 있다. 즉, 실험집단에 속한 사람들이 설사 직업훈련에 참여하지 않았다고 해도 그들은 통제집단보다는 성취동기가 강한(또는 부지런한) 사람들이므로 동일한 기간 동안 취업이나 소득증대가 더 컸을 수 있다. 반대로 통제집단에 속한 사람들을 설사 강제로 직업훈련에 참여시킨다고 해도 그들의 취업률이나 소득증대는 통제집단에 비하여 작을 수 있다.

이런 내 추론이 좀 쫀쫀해 보일지 모르지만, 실제로 이런 일은 흔하게 발생한다. 이는 실험집단과 통제집단의 결과(취업이나 소득)에 영향을 미치는 다른 특성들이 동질적이 아니기 때문에 발생한다. 두 집단을 동질적으로 만들려면 강제로 배정해야 하는데 사회정책 문제의 경우는 대부분 그렇게 하기가 힘들다.[4]

위의 사례는 실험집단과 통제집단을 구성하고, 사전사후 측정을 할 수 있는 경우이다. 하지만 사실은 어떤 정책의 인과성을 파악할 때 이처럼 할 수 있는 경우는 드문 편이다. 대부분의 경우 사전 측정이 불가능하며, 많은 경우는 실험 · 통제집단을 구성하는 것도 어렵다. 이런 경우 올바른 인과관계를 파악하는 것이 더욱 어려움은 물론이다.

4) 이에 덧붙여서 두 집단의 사전사후 기간 동안 처리효과(직업훈련 참여) 이외에 결과 차이를 가져올 수 있는 다른 영향요인의 효과는 통제하지 않았다는 것도 문제가 될 수 있다. 그런데 이에 대한 논의에서는 조금 유의할 것이 있다. 직업훈련 전후 기간 사이에 취업이나 소득에 영향을 줄 수 있는 요인은 다양할 것이다. 그런데 이 요인들이 실험집단과 통제집단 사이에 무작위로 영향을 미친다면, 이는 별로 문제가 안 된다. 문제가 되는 것은 두 집단 사이에 체계적으로 다른 영향을 미칠 때이다. 이 영향이 무작위인가 아니면 집단 사이에 체계적으로 다른가는 대부분 두 집단이 무작위로 배정되었는가 여부에 달려 있다. 가령 직업훈련 참여집단은 서울지역 거주자로 구성하고, 비참여집단은 전북지역 거주자로 구성하였는데, 두 지역의 경기 상황이 다르다고 하자. 지역경기 상황은 결과에 영향을 줄 수 있는 다른 영향요인에 해당할 것이며, 이 차이는 직업 훈련 여부에 관계없이 두 집단의 취업률이나 소득액 변화에 영향을 미칠 수 있다. 그런데 이런 효과가 생기는 것은 결국 두 집단의 무작위 배정이 안 되었기 때문이다. 정리하면, 사회과학의 인과관계 추론에서는 무작위 배정이 안 되었다는 것이 타당한 인과관계 추론을 어렵게 하는 핵심 이유라고 할 수 있다.

생각해 보기

고교평준화제도가 고교생의 학업성취도에 미치는 효과 혹은 사교육(과외)이 학업성취도에 미치는 효과를 측정한다고 하자. 어떻게 할 수 있을까? 이 때 예상되는 어려움은 무엇일까?

보기 6.1

다음은 2004년도 외무고시 PSAT 언어논리 영역 기출문제이다. 인과관계를 올바르게 추론한다는 것은 논리적 추론에서 매우 중요하다. 이에 따라 인과관계 추론 문제는 자료해석과 상황판단 영역뿐만 아니라 언어논리 영역에서도 빈번하게 출제되고 있다. 앞에서의 논의를 바탕으로 다음 문제를 풀어 보자.

통계적으로 불완전한 다음의 논증을 보완하여 논증의 설득력을 높이고자 한다. 이 때 고려해야 할 지적 사항으로 가장 부적절한 것은?

> 급발진이 보고된 차량 중 100대를 조사해 본 결과 1998년 이후에 생산된 차량이 70%를 차지하고 있는 것으로 드러났다. 최근에 생산된 차량의 경우 급발진 가능성이 높은 것으로 판단된다.

① 표본의 크기가 적절하지 않을 수 있다.
② '최근에 생산된 차량'의 개념이 모호하다.
③ 표본의 추출 방법이 적절하지 않을 수 있다.
④ 1998년 이전에 생산된 차량의 급발진 보고를 조사하지 않았다.
⑤ 이제까지 운행된 전체 차량의 생산 연도별 분포에 대한 자료가 빠져 있다.

이 문제는 생산연도의 차이(1998년 전후)가 급발진사고에 미치는 영향을 파악하는 방법에 대한 것이다. 답은 물론 ④번이다. ④번 지문이 워낙 생뚱맞아서 틀렸다는 것을 쉽게 알 수 있다. 하지만 여기서 그치지 말고 다른 지문의 내용도 검토해 보자. 100대를 조사한 게 충분한가의 여부는 본질적으로 생산연도에 따른 차이가 얼마나 심한가에 달려 있다. 1998년 전후의 사고율 차이가 워낙 심하다면 100대만을 조사해도 충분할 수 있으며, 사고율 차이가 작다면 100대만으로는 불충분할 수 있을 것이다. 따라서 ①은 틀린 것은 아니다. ②의 경우 '최근 생산'이라는 것이 언제 생산된 것을 지칭하는지 모호한 것은 맞다. 가령 '최근'이 03년도 이후를 지칭한다면, 제시문의 추론이 엉뚱해진다. ③의 경우 제시문에서는 100대를 어떻게 선정한 것인지, 즉 표본추출방법이 설명되어 있지 않은데, 표본추출이 적절하지 않다면 추론의 타당성이 떨어지는 것은 물론이다. 가령 급발진 보고가 차종별로 구분 정리되어 있는데, 그 중의 특정 차종에서 100대를 선정하였으며, 그 차종은 1997년부터 생산되기 시작한 것이라면, 그 100대 중에는 1998년 이후 생산된 것이 더 많을 게 당연할 것이다.

①, ②, ③의 주장이 모두 제시문 추론의 타당성을 높이기 위하여 필요한 것이기는 하지만, 가장 중요한 것은 ⑤이다. 급발진 보고된 차량 중의 생산연도별 분포만을 보고서, 최근(1998년 이후로 가정하자) 생산된 차의 급발진 가능성이 더 높다는 판단을 할 수는 없다. 무슨 말인지 얼른 이해가 안 된다면 이 상황을 다음과 같이 교차표로 구성해 보자. 교차표의 의미, 활용에 대해서는 뒤에서 다루고 있지만 일단 먼저 만들어 보자.

생산시기와 급발진발생 간의 교차표

	급발진차량	전체운행차량[5)
1998년 이전	30%	㉠
1998년 이후[6)	70%	㉡
조사차량대수	100대	–

만일 ㉠이 10%라고 하자(따라서 ㉡은 90%가 된다). 전체운행차량 중에서 1998년 이전 차량비중이 10%인 데 비하여, 급발진차량 중에서 1998년 이전 차량 비중이 30%라면 이는 1998년 이전 차량 중 급발생 비율이 1998년 이후 차량 중 급발생 비율보다 훨씬 높다는 것을 의미하며, 이는 제시문의 주장과는 정반대가 된다. 반면에 ㉠이 50%라면, 제시문의 주장이 타당하다고 할 수 있다.[7) 즉, 전체운행차량이라는 비교대상에 대한 정보가 없이 급발진차량만 조사해서는 제시문의 주장과 같은 판단은 당연히 할 수 없다.[8)

---

5) 뒤에서 설명하지만 전체운행차량 대신 급발진이 발생하지 않은 차량을 조사하는 것이 교차표 분석의 논리에 더 적합하기는 하다. 하지만 전체운행차량을 조사하더라도 조금만 유의하면 결과는 동일하다(전체운행차량은 급발진과 비급발진 차량을 모두 합한 것인데 급발진차량에 대한 정보는 이미 있으므로, 이들로부터 비급발진차량에 대한 정보를 얻을 수 있다). 그리고, 전체운행차량 중에서 급발진차량은 극히 일부일 것이므로 사실상 전체나 비급발진차량이나 큰 차이는 없을 것이다.

6) 혹시 1998년 이전과 이후로 구분하는 경우 1998년은 어디에 해당하는 것일까로 고민하는 독자가 있을지 모르겠다. 글쎄, 나도 잘 모르겠다. 그냥 이후에 포함되는 것으로 생각하자.

7) 물론 이 경우도 엄격히 하면 교란요인의 통제 여부 등 따질 것이 많다. 이런 문제들에 대해서는 뒤에서 상세하게 다룬다.

8) 여기서는 급발진차량이 실험집단, 전체운행차량이 비교집단인 셈이지만 이는 인과관계 추론을 위한 통상적인 실험·비교대상 선정 방식과는 다름에 유의하자. '생산연도의 차이'라는 원인이 '급발진'이라는 결과에 미치는 영향을 파악하려는 경우, 일반적인 방식은 각 연도별로 일정 규모의 표본을 추출한 다음 각 연도별 집단의 급발진 사고율을 비교하는 것이다. 즉, 원인에 따라 실험·비교 집단을 구성하고 이 집단들의 결과 차이를 비교하는 것이다. 하지만 어떤 방식을 취하든 논리적인 타당성만 갖춘다면 상관은 없다.

보기 6.2

내친 김에 하나만 더 보자. 이는 2005년도 행시 · 외시 PSAT 언어논리 영역 기출문제이다.

다음은 복통 발생과 그 원인에 대한 기술이다. 복통의 원인이 생수, 냉면, 생선회 중 하나라고 할 때, 아래의 진술 중 반드시 참인 것은?

보 기

ㄱ. 갑돌이는 생수와 냉면, 그리고 생선회를 먹었는데 복통을 앓았다.
ㄴ. 을순이는 생수와 생선회는 먹지 않고 냉면만 먹었는데 복통을 앓지 않았다.
ㄷ. 병돌이는 생수와 생선회는 먹었고 냉면은 먹지 않았는데 복통을 앓았다.
ㄹ. 정순이는 생수와 냉면은 먹었고 생선회는 먹지 않았는데 복통을 앓지 않았다.

① ㄱ, ㄴ의 경우만 고려한다면 냉면이 복통의 원인이다.
② ㄱ, ㄴ, ㄹ의 경우만 고려한다면 냉면이 복통의 원인이다.
③ ㄱ, ㄷ, ㄹ의 경우만 고려한다면 생수가 복통의 원인이다.
④ ㄴ, ㄷ, ㄹ의 경우만 고려한다면 생선회가 복통의 원인이다.
⑤ ㄱ, ㄴ, ㄷ, ㄹ 모두를 고려한다면 생수가 복통의 원인이다.

④번이 답임을 어렵지 않게 알 수 있을 것이다. 이 문제는 복통이라는 결과가 발생한 후에 그 원인이 무엇인지를 추론하는 것으로서 선후관계가 다소 다르지만 기본적인 인과관계 추론 논리는 앞에서 설명한 것과 동일하다. 즉, 음식 → 복통의 인과관계를 가정하고, 복통을 앓은 사람(실험집단)과 앓지 않은 사람(통제집단)에 대하여 그 결과의 차이가 어떤 처리(먹은 음식의 차이)의 차이 때문인가를 규명하는 것이다. 물론 이러한 추론이 타당하려면 복통 발생 여부는 오직 먹은 음식의 차이에 기인하며 그 밖의 다른 원인은 없다는 전제가 성립해야 한다.

3. 인과관계 성립을 위한 조건

앞에서 실험설계에 의한 인과관계 추론에 대하여 설명하면서, 사회현상에 대한 인과관계 추론은 매우 어렵다고 하였다. 이제 이 논의를 좀더 연장해서 어떤 경우에 인과관계 추론이 타당하다고 할 수 있는가에 대하여 알아보자.

일반적으로 어떤 변수들 사이에 인과관계가 성립한다고 하려면 다음과 같은 세 가지 조건이 충족되어야 한다(이는 J. S. Mill이라는 사람이 주장한 것이라고 한다).

(조건 1) 원인은 결과보다 시간적으로 앞서야 한다(시간적 선행성의 원칙).
(조건 2) 원인과 결과는 공동으로 변화해야 한다(공동 변화의 원칙).
(조건 3) 결과는 원인변수에 의해서만 설명되어져야 하고, 다른 변수에 의한 설명 가능성은 배제되어야 한다. 또는 다른 변수의 영향이 모두 제거되어도 추정된 원인과 결과의 관계가 유지되어야 한다(허위적 관계의 배제 원칙).

조건 1인 원인이 결과보다 선행되어야 한다는 것은 당연한 말이 되겠다. 아까의 예를 보면, 원인으로서 '날씬이' 라는 약을 투약한 후 결과로서 몸무게의 변화가 발생하는 것이며, 원인으로서 '직업훈련' 을 받은 후 결과로서 취업률이나 소득의 증가가 발생하는 것이다.

조건 2인 원인과 결과는 공동으로 변화해야 한다는 것도 이해할 수 있는 말이다. 여기서 공동으로 변화해야 한다는 것은 시간적으로 동시에 변화해야 한다는 것은 아니고, 다만 원인되는 현상이 발생하면, 그의 영향으로 결과에 해당하는 현상이 발생해야 한다는 것이다. '날씬이' 라는 약을 투여하면, 몸무게의 변화가 발생해야 하며, '직업훈련' 을 받으면 취업률이나 소득변화가 발생해야 한다는 것이다. 즉, '날씬이' 를 투약해도 몸무게의 변화가 없다면, '날씬이' 투약과 체중 사이에 인과관계는 없다고 할 수 있을 것이며, '직업훈련' 을 받아도 취업률이나 소득에 변화가 없다면 '직업훈련' 과 취업(또는 소득) 사이에는 인과관계가 없다고 할 수 있을 것이다. 그런데 사회현상의 인과관계 성립에서 공동변화의 조건을 이해할 때는 한 가지 주의할 게 있다. 이는 공동변화가 모든 경우에 빠짐없이 일어나야 한다는 것은 아니고, 그런 경향이 존재한다는 정도를 의미한다는 점이다. 즉, '날씬이' 를 투약했을 때 20마리 모두의 몸무게가 감소하지 않더라도, 혹은 '직업훈련' 참가자의 100%가 취업 또는 소득증가를 경험하지 않더라도 다수에서 이러한 변화가 발생했다면 공동변화가 존재한다고 할 수 있다.

조건 3인 허위적 관계 배제 원칙의 성립 여부는 사회현상의 인과관계 추론에서 핵심이 된다. 이는 시간적 선행성과 공동 변화 여부는 판단이 비교적 용이한 편이지만, 허위적 관계의 배제 원칙이 성립하는가는 쉽게 알기 어렵기 때문이다.

'직업훈련' 의 효과 추정에서 조건 3이 충족되려면 직업훈련 참가자의 (비참가자와 비교한) 상대적인 취업 또는 소득의 증가가 순전히 '직업훈련' 때문이라고 할 수 있어야 한다. 하지만 앞에서 논의하듯 성취동기, 근면성, 기타 다른 이유들로 인하여 이 차이가 전적으로 '직업훈련' 에 기인한 것이라고 하기는 어렵다. 즉, 결과인 취업 또는 소득의 증가를 가져온 원인으로서 '직업훈련' 이외의 다른 변수의 설명 가능성이 배제되지 않으므로 조건 3은 충족되지 않는다. 이처럼 사회 현상에서는 두 변수 *X*와 *Y*사이의 인과관계를 파악하려고 할 때, 이에 영향을 미치는 제3의 변수 *Z*가 존재하는 경우가 대부분이며, 이 때문에 제3조건 충족이 어렵다. 이러한 제3의 변수 중에서 대표적인 것이 허위변수와 교란변수이다.

허위변수(spurious variable)는 *X*와 *Y* 두 변수 모두에 영향을 미치며, 이들 간의 공동변화를 모두 설명하는 변수를 의미한다. 즉, *X*와 *Y* 사이에는 실제로는 인과관계가 없으나 있는 것처럼 보이게 하는 변수를 말한다. 그리고 교란변수(confounding variable)는 *X*와 *Y* 두 변수 모두에 영향을 미치나, *X*와 *Y* 사이에도 인과관계가 존재할 경우를 의미한다. 따라서 교란변수의 존재는 *X*와 *Y* 사이의 인과관계의 크기를 실제보다 크거나 작은 것으로 보이게 한다. 앞에서 예로 든 직업훈련의 효과추정에서 성취동기(또는 근면성)는 교란변수에 해당할 것이다. 직업훈련의 효과는 존재하겠지만 참가자와 비참가자 사이의 성취동기나 근면성의 차이는 직업훈련의 효과를 실제보다 과대추정하게 할 것이기 때문이다. 만일 직업훈련 자체는 전혀 효과가 없고, 전적으로 성취동기나 근면성 등의 차이로 인하여 참가자와 비참가자 사이에 취업률이나 소득격차가 발생한 것이라면 이 때는 성취동기나 근면성은 허위변수의 역할을 한 셈이다. 종종 허위변수와 교란변수는 구분이 애매하며, 실제로는 서로 혼용하여 사용된다. 어쨌든 두 변수의 의미를 그림으로 나타내면 [그림 6-1]과 같다.

그렇다면 앞에서 예로 든 '날씬이' 의 효과 추정에서는 제3조건이 충족되었다고 할 수 있을까? 답부터 말하면 그렇다. 왜 그럴까? 이 연구에서는 먼저 무작위 배정을 통하여 두 집단의 동질성을 확보한 후, 실험집단에만 '처리' 를 하였다. 그

[그림 6-1] 허위변수와 교란변수

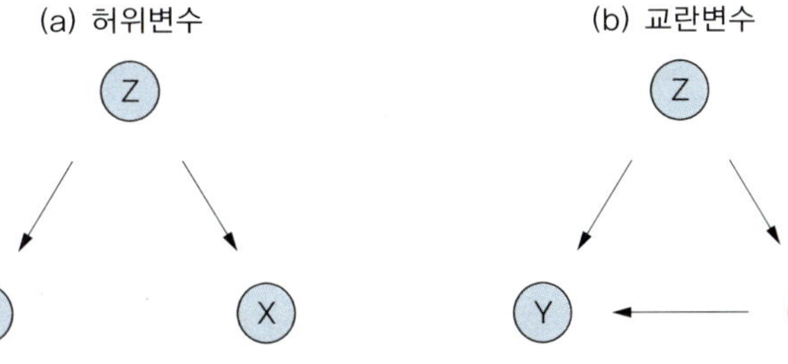

【그림 6-2】 실험설계

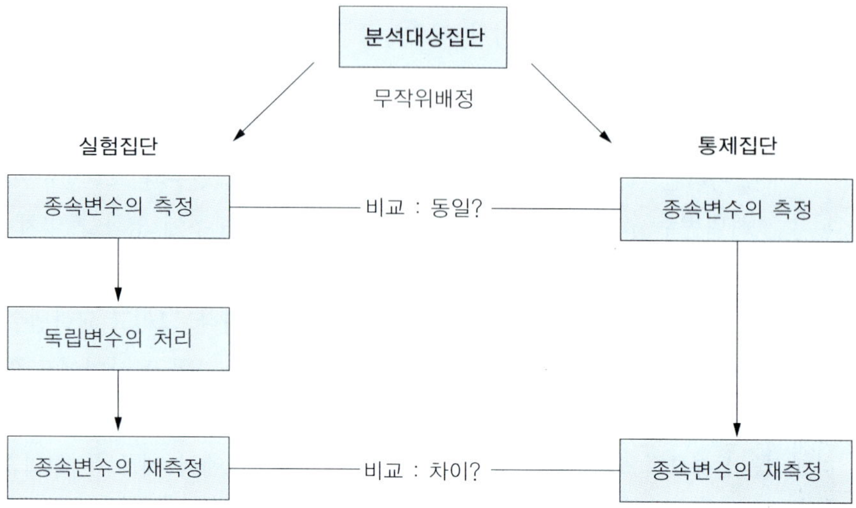

남궁근(2003), 213쪽 [그림 7-1]을 수정하였음.

다음에 결과인 몸무게에 영향을 줄 수 있는 다른 요인들은 두 집단에 동일하게 유지하였다. 이에 따라 다른 요인들의 영향으로 인한 몸무게 변화는 실험집단과 통제집단에 동일하게 나타났을 것이다. 따라서 두 집단의 몸무게 차이는 '날씬이' 투약 때문이라고 할 수 있는 것이다.

이처럼 실험설계라는 것은 인과관계 성립을 위한 세 가지 조건을 충족하는 연구설계라는 의미이기도 하다. 실험설계에서는 어떻게 이들 조건이 충족되나? 아까의 과정을 다시 한 번 생각해 보자. 우선 실험집단에 원인인 '처리'를 한 후, 결과의 변화를 보기 때문에 시간적 선행성이 충족된다. 그리고 실험집단과 통제집단의 차이가 발생한다는 것은 '처리' 여부(원인의 변화)에 따라 결과의 변화가 발생한 것이므로 공동변화 조건이 충족된다. 또한 무작위배정으로 두 집단의 동질성을 확보하고 '처리' 이외의 다른 조건은 두 집단에 동일하게 유지함으로써, 두 집단의 차이는 순전히 '처리'의 효과 때문이라고, 즉 제3조건이 충족된다고 할 수 있는 것이다. 이러한 과정을 그림으로 나타내면 [그림 6-2]와 같다.

원인을 낳는 변수(즉, 처리가 이루어지는 변수)를 독립변수라고 하고, 결과가 발생하는 변수를 종속변수라고 한다. 원인 행위가 독립적으로 이루어지면 그에 의하여(종속되어) 결과가 발생한다는 의미에서 각각 독립변수, 종속변수라고 부르는 것이다. [그림 6-2]에서는 실험집단의 사후-사전 차이에서 통제집단의 사후-사전 차이를 차감한 것이 결과가 되겠다.

거듭 말하지만 정책문제가 되는 사회현상은 대부분 실험설계에 의한 연구가 불가능하다. 가령 사교육의 학업증진 효과를 추정하기 위하여 학생들을 무작위로 배정해서, 한 집단에만 사교육을 받게 하거나, 받지 못하게 할 수 있겠는가? 실험설계에 의한 연구가 불가능하므로 인과관계 성립을 위한 제3조건은 충족되기 힘들고, 따라서 올바른 인과관계의 추론이 어렵다.

보기 6.3

K시의 소방서장은 관할서의 소방차 수를 늘리고 싶어 한다. 그는 시청의 예산 담당자를 효과적으로 설득하기 위하여 부하직원인 L계장에게 최근 5년간 관할 지역에서 발생한 화재에 대하여 매 화재 때마다 출동한 소방차대수와 화재피해액 간의 관계를 조사해 보라고 하였다. 아마도 소방차가 많이 출동할수록 화재진압이 잘 되어서 화재피해액이 감소함을 보이고 싶었으리라.

이에 L계장은 그 동안 발생한 화재 100여건에 대하여 출동한 소방차대수를 X 좌표로, 화재피해액을 Y 좌표로 하여 아래와 같은 산점도를 작성하였다.

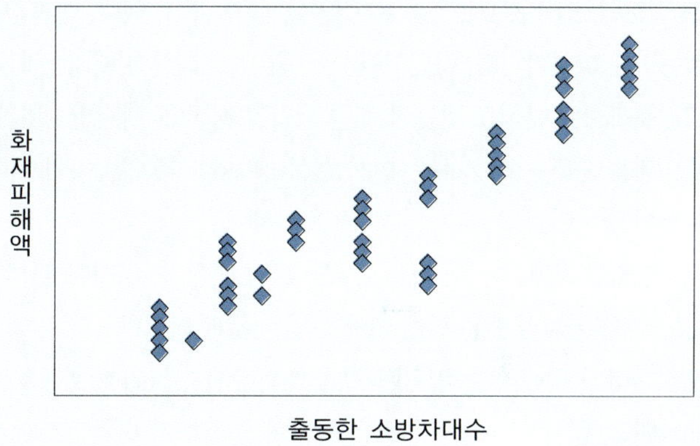

여러분이 보기에는 결과가 어떠한가? 보다시피 출동한 소방차대수와 화재 피해액 사이에는 우상향하는 관계, 즉 출동한 소방차가 많을수록 화재피해액도 크다는 관계가 발견되었다!

왜 이런 현상이 나타났을까? 화재피해를 줄이려면 소방차가 적게 출동해야 할까? 이런 현상이 나타난 것은 물론 '화재규모'라는 변수의 영향 때문이다. 즉, 대형화재일수록 소방차는 많이 출동하며, 대형화재일수록 피해도 크기 때문이다. 만일 '화재규모'의 영향을 통제한다면, 가령 동일한 규모의 화재사건끼리 비교한다면, 출동한 소방차대수와 화재피해액 사이에는 출동한 소방차대수와 화재피해액 사이에는 부(-)의 관계가 존재할 것이다. 혹

은 적어도 정(+)의 관계가 나타나지는 않을 것이다.[9)]

독자들은 이 예가 좀 황당한 것 같은가? 그렇다면 다음의 예를 보자.

사회학과 대학원생인 삼순이의 석사학위논문 주제는 부모의 이혼이 자녀들 비행에 미치는 영향 연구이다. 삼순이는 부모의 이혼이 자녀들 비행에 +의 영향을 미친다는 주장을 하고 싶어 한다. 그녀는 한국통계연감에서 1960년부터 1995년까지 매년의 이혼건수와 청소년 비행건수 자료를 찾아서 각 연도의 이혼건수를 X좌표, 청소년 비행건수를 Y좌표로 하는 점을 찍어본 결과 이혼건수가 증가할수록 비행건수도 증가하는 경향이 뚜렷함을 발견하였다. 삼순이는 이를 부모의 이혼은 자녀들 비행에 +의 영향을 미친다는 주장의 근거로 제시하려고 한다.

이러한 삼순이의 분석이 과연 타당할까?

틀렸다. 뭐가 틀린 것인지 잘 모르겠는가? 그렇다면 다음의 예를 보자. 1955년부터 1990년까지 우리나라의 교회 숫자는 꾸준히 증가하였다. 하지만 같은 기간에 범죄건수도 꾸준히 증가하였다. 따라서 각 연도의 교회 숫자를 X좌표, 범죄건수를 Y좌표로 하는 점을 찍어보면 교회숫자가 증가할수록 범죄건수도 증가하는 경향을 볼 수 있다. 하지만 그렇다고 교회의 증가가 범죄 증가에 +의 영향을 미친다고 할 수 있겠는가? 물론 말도 안 되는 얘기다. 이 예는 얼토당토 않으므로, 잘못된 것임을 금방 알 수 있다. 이혼건수와 비행건수의 관계도 분석논리는 마찬가지다. 다만 이 경우는 부모의 이혼이 자녀들 비행에 영향을 준다는 결론이 그럴듯하므로 분석도 맞는 것처럼 생각될 뿐이다. 하지만 비록 부모의 이혼이 자녀들 비행에 영향을 준다는 것 자체는 설사 사실이라도 이를 입증하기 위한 삼순이의 방법은 명백히 잘못된 것이다.[10)]

통상의 실증분석에서는 이러한 오류를 흔히 범한다. 하지만 결론이 상식과 부합한다고 해서, 그러한 결론이 도출된 과정 자체도 맞는 것은 아니다.

참고로 한마디 덧붙이면, 이처럼 시계열 자료에 의하여 인과관계를 파악할 때는 상당히 조심해야 한다. 많은 사회경제 현상은 시간의 흐름에 따라 일정하게 증가 혹은 감소하는 경향이 있기 때문에, 두 개의 시계열자료는 서로 간에 강한 상관관계를 보이는 경우가 많다. 그렇다고 해서 이 둘 사이에 어떤 인과관계가 있다고는 할 수 없다.

---

9) 다른 예를 들어 보자. 미국 도시 중에 덴버라는 도시와 워싱턴 D. C.라는 도시가 있는데, 두 도시의 인구는 비슷하다. 그런데 워싱턴의 경찰관 수는 덴버의 3배이며, 살인사건 발생률은 8배이다. 이게 무엇을 의미할까? 경찰관이 많을수록 살인사건이 많이 발생한다???(괴짜 경제학(2005)에서 인용).

10) 그렇다고 부모의 이혼이 청소년 비행에 영향을 준다는 것은 결코 아니다. 필자는 이에 대해서 아는 바가 전혀 없다. 하지만 부모의 이혼 여부에 상관없이 부모의 (긍정적인) 관심은 중요하다고 생각한다.

보기 6.4

다음은 2005년도 행시 · 외시 PSAT 언어논리 영역 기출문제이다. 역시 본 장의 논의와 관련이 있으니 함께 살펴보도록 하자.

다음 글에 제시된 원인 진단에 대한 평가로 적절하지 않은 것은?

> 근래에 와서 청소년의 교내외 폭력이 점점 더 증가하고 있으며, 갈수록 다양하고 잔인한 형태를 띠고 있다. 장차 우리 사회를 짊어지고 나갈 청소년에게서 나타나는 이런 폭력의 증가와 심화는 우리 사회의 미래에 어두운 그림자를 드리우는 심각한 문제가 아닐 수 없다. 따라서 이러한 폭력의 원인을 제대로 진단하여 해결책을 모색하는 일은 더 이상 미룰 수 없는 시급한 사회적 과제이다. 이와 관련하여 우리는 최근 TV 드라마와 영화에 폭력물이 난무하고 있다는 사실을 학교 내외의 폭력 증가의 원인으로 지적하지 않을 수 없다.

① 학교 내외의 청소년 폭력과 대중 영상 매체의 폭력적 내용 사이에 아무런 인과 관계가 없을 가능성도 검토해 봐야 한다.
② 기성세대가 암암리에 가지고 있는 폭력적 성향이 청소년 폭력과 대중 영상 매체에서의 폭력적 내용, 양자에 공통적으로 영향을 미쳤을 가능성도 검토해 봐야 한다.
③ 위 글의 결론과는 반대로 청소년을 비롯한 우리 사회 전반에서의 폭력적 성향이 대중 영상 매체에서 폭력적 내용을 증가시키는 데 영향을 주었을 가능성도 검토해 봐야 한다.
④ 위 글에서의 진단은 청소년 폭력 증가와 영상 매체의 폭력적 내용 증가 사이의 인과 관계를 설정하기 위해 다양한 인과적 상황을 고려하지 않고 있으므로 적절한 원인 진단이라 보기 힘들다.
⑤ 청소년 폭력 증가의 원인이 최근의 영상 매체의 폭력성 증가에 있다는 것을 입증하기 위해 교내외 청소년 폭력이 증가하고 있다는 구체적이고 충분한 통계 자료를 확보할 수 있다면 적절한 원인 진단으로 보아야 한다.

'TV 드라마와 영화의 폭력물'을 X, '청소년 폭력'을 Y라고 하면 제시문은 X의 증가라는 원인이 Y 증가라는 결과를 가져왔다고 주장하고 있다. 그런데 실제로 드러난 현상은 X와 Y가 둘 다 증가하고 있다는 것으로 앞에서 설명한 인과관계 성립을 위한 세 가지 조건 중에서 '공동변화의 원칙'만 충족되고 있는 셈이다. 따라서 X → Y의 인과관계가 성립하려면 그 밖에 '시간적 선행성의 원칙'과 '허위적 관계의 배제 원칙'도 충족되어야 할 것이다. ①과 ②는 X와 Y의 공동변화가 허위적 관계일 가능성을 검토해 봐야 한다는 것이다. 굳이 둘의 차이를 구분한다면 ①은 앞에서 설명한 교회숫자 증가와 범죄건수 증가의 관계처럼 아무런 관련이 없는 두 현상이 시간의 흐름에 따라 증가하는 경향이 있을 가능성을 검토해야 한다는 뉘앙스가 좀더 강하고 ②는 X와 Y 사이에 '기성세대의 폭력적 성향'이라는 허위변수가 개입하였을 가능성을 검토해 봐야 한다는 것이다. ③은 둘 사이의 공동변화가 X→Y 때문이 아니라 Y→X 때문에 발생했을 가능성을 검토해 봐야 한다는 것이다. 그리고 ④는 ①, ②, ③의 가능성 및 교란변수의 존재 가능성 등을 두루 검토해 봐야 한다는 것이다.

따라서 ①~④는 모두 타당한 지적인 반면에 ⑤는 Y가 증가한다는 구체적인 증거만 있으면 인과관계가 성립한다는 것으로서 인과관계 성립 조건과는 별 상관이 없는, 생뚱맞은 지적이다.

보기 6.5

이번에는 조금 다른, 그리고 다소 헷갈리는 사례를 들어 보자. 내키지 않는 독자는 건너뛰어도 무방하다.

삼순이와 같은 과에 다니는 금순이는 '복지비 지출의 결정요인 분석'이란 연구를 한다. 금순이는 선후진국을 포함한 50여개국의 1990년도의 1인당 GDP와 정부 예산에서 복지 지출의 비중 자료를 구하여 복지비 비중을 y로, 1인당 GDP를 x로 하여 그래프 위에 점을 찍은 결과, 1인당 GDP가 높을수록 복지비의 비중이 높아지는 경향이 뚜렷함을 발견하였다. 이로부터 금순이는 "한 나라의 경제가 발전하면 복지에 대한 지출의 비중도 증가한다"라고 결론을 내렸다. 이러한 금순이의 분석은 과연 타당할까?

이러한 분석은 흔히들 하고 있다. 하지만 이는 많은 허점을 갖고 있다. 이에 대한 가상의 예로서 아래 그림을 보자. 그림은 A, B, C 세 나라에 대하여 10여년 동안의 1인당 GDP규모와 예산에서의 복지비 비중을 보여주고 있다.

1인당 GDP규모와 예산에서의 복지비 비중 사이의 가상적 관계

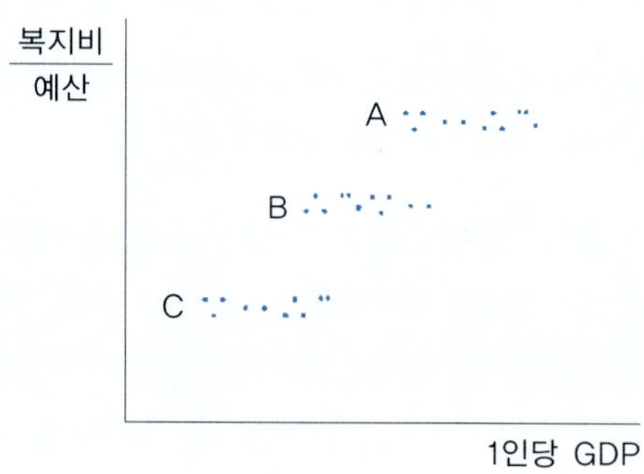

이 그림을 보면, 각 나라 내에서는 1인당 GDP규모가 증가한다고 해서 예산 내에서의 복지비 비중이 증가하는 경향을 발견할 수 없다. 하지만 특정 연도에 대한 세 나라의 자료를

보면 1인당 GDP규모와 복지예산비중 간에 뚜렷한 +의 관계를 발견할 수 있을 것이다. 특정연도에 각 나라들 사이에서 나타나는 관계가 한 나라에 대한 복수의 시기 간에도 동일하게 나타난다고는 할 수 없다. 하지만 흔히 이러한 분석들을 한다. 가령 지금 1인당 소득이 2만불인 나라의 모습을 우리나라의 1인당 GDP가 2만불이 될 때의 모습으로 상정하는 경우가 많다. 물론 타당성이 아예 없는 것은 아니지만 이러한 분석은 항상 주의를 요한다. 1인당 GDP가 1만불인 우리나라의 현재 모습은 과거 선진국들의 1인당 GDP가 1만불이었을 때의 모습과 상당히 다르다는 점을 보아도 이러한 분석의 위험성을 알 수 있을 것이다(가령 우리나라의 복지지출 비중과 다른 OECD 국가들의 소득이 1만불이었을 때의 복지지출 비중을 비교해 보라).[11] 물론 이 밖에도 여러 가지 허점이 있다. 어떤 것들이 있겠는가 각자 생각해 보자.

생각해 보기

정부 발표에 의하면 (어느 해인지는 잊어버렸다) 농어촌 인구 10만명당 1년간 사망자수는 998명인 데 비하여 도시지역은 407명으로 농어촌 지역의 사망률이 도시지역에 비하여 약 2.5배 높다고 한다. 장수하기 위해서는 농어촌보다 도시지역에 사는 것이 더 유리하다고 할 수 있겠는가?

4. 허위적 관계 배제 원칙(조건 3)이 충족되지 않는 사례들

조사방법론 교과서들을 보면 실험설계에 의한 연구가 아닌 경우 제3조건이 충족되지 않는 경우의 사례로서 흔히 성숙요인, 역사요인, 회귀요인, 선발요인, 상실요인 등을 들고 있다. 이런 게 뭔지 알아 두면 올바른 인과관계를 판단할 때 유용하므로, 간략히 설명하도록 한다.

1) 성숙요인과 역사요인

성숙(maturation)요인과 역사(history)요인은 비교(통제)집단이 없이 대상집단, 즉 실험집단만 존재할 경우에 발생하는 문제점들의 예이다.

성숙요인은 시간의 경과 때문에 발생하는 대상집단의 특성변화를 말한다. 가령

11) 더 웃기는 것은 신문 등에서 하고 있는 비교를 보면 화폐가치를 현재가치로 비교하고 있다는 점이다. 하지만 현재의 1만불과 20년 전의 1만불이 동일한 가치라고 할 수 있겠는가? 이런 논의를 할 때는 최소한 화폐가치라도 동일하게 맞추고 난 다음에 하자.

달리기에 관심이 많은 중학교 체육교사가 1년 동안 학생들에게 달리기만 시키고 이의 효과를 측정한다고 하자. 이를 위하여 3월 초에 학생들의 100m 달리기 시간을 측정하고, 이듬 해 3월 초에 다시 측정해서, 이의 변화를 달리기 훈련의 효과로 간주한다고 하자. 중학생들은 한창 성장기에 해당하므로 1년의 시차가 있다면 특별히 훈련을 하지 않아도 달리기 속도가 빨라질 것이다. 따라서 1년간의 달리기 속도 변화가 전적으로 훈련의 효과라고 하기는 어려울 것이다. 다른 예를 보자. 양로원에 들어 온 노인들에게 사회복지 전문요원이 3년간에 걸쳐 전문서비스를 제공하였다. 그런데도 이들의 건강 상태는 양로원에 들어오기 이전인 3년 전에 비하여 오히려 더 나빠졌다고 하자. 그렇다면 전문서비스의 제공이 오히려 건강에 부정적인 영향을 미쳤다는 말인가? 물론 아니다. 다만 노인들의 건강상태가 세월이 지나면서 더 나빠졌을 뿐이다.

역사요인은 조사기간 중에 관심을 갖는 요인(원인) 이외에 다른 요인이 대상집단의 변화(결과)에 영향을 미치는 것을 의미한다. 가령 1년 동안 이루어진 직업훈련의 효과를 훈련 참여 직전과 훈련 마친 뒤 1년 뒤의 참여자의 취업률 또는 소득변화(즉, 2년의 시차 존재)로 측정한다고 하자. 그런데 직업훈련의 참여할 당시는 불황기였는데, 2년 후에는 경기가 좋아졌다고 하자. 이 경우 참여자의 참여 이전과 이후의 취업률 또는 소득변화에는 '직업훈련'의 효과 이외에 경기변동도 영향을 미쳤을 것이다.

성숙요인이나 역사요인은 너무나 당연해서 설마 인과관계를 추론할 때 이런 오류를 범할까라고 생각하는 독자들이 있는가? 그렇다면 다음의 신문기사를 보자.

안전띠 의무화 후 사망 23% 줄어(OO일보. 2001. 11. 08)

안전띠 착용이 생활화되면서 올해 교통사고 사망자가 작년에 비해 23.1%나 감소한 것으로 나타났다. 경찰청은 지난 6일 현재 올해 교통사고 사망자가 6,653명으로, 작년 같은 기간의 8,654명보다 무려 2,001명(23.1%)이나 줄어든 것으로 잠정 집계됐다고 8일 밝혔다. 경찰은 지난 3월 안전띠 단속 시작 후 착용률이 90% 이상을 유지하고 있다고 말했다. 미국안전협회(NSC)는 지난 98년 안전띠 착용률이 90%를 넘으면 교통사고 사망자 수가 40%나 감소한다는 연구결과를 발표했었다.

경찰은 이 추세라면 연말까지 교통사고 사망자는 지난 해(1만 236명)보다 2,236명이 줄어든 8,000명 선이 될 것이며, 교통사고 사망에 따른 사회적 비용 7,600억원(사망자 1인당 3억 4,000만원 추산)이 절약될 것이라고 전망했다.

이 기사는 '안전띠 착용 의무화' 정책으로 인하여 교통사고 사망자수가 23.1% 감소한 것으로 추정하고 있다. 글쎄, 안전띠를 착용하면 안 하는 것보다 교통사고 사망자 수가 감소하기는 할 것이다. 하지만, 작년과 올해의 교통사고 사망자 수의 차이를 전적으로 안전띠 착용의 효과라고 주장하는 것은 좀 이상하지 않을까? 그리고 이건 딴 얘기지만, 기사에서 이 추세라면 연말까지의 사망자수가 작년보다 2,236명이 줄어들 것이라고 예측하고 있는 것도 놀랍지 않은가? 2,200여명도 아니고 끝자리까지 정확하게 2,236명이 줄어들 것으로 예측하고 있다! 상식이 통하는 분석을 하자.[12]

2) 회귀요인

성숙요인과 역사요인은 실험집단만 존재하고 통제집단이 없기 때문에 생기는 문제이다. 이에 비하여, 회귀요인, 선발요인, 상실요인은 통제집단이 존재하더라도 통제집단과 실험집단이 동질성을 갖는다고 할 수 없기 때문에 발생하는 왜곡 현상이다.

먼저 회귀요인이 뭔지 알아보자. 50명 정원의 어느 중학교 학급에서 IQ test를 한 후, 하위 25명에 대하여 머리가 좋아지는 훈련을 6개월간 시켰다고 하자(글쎄, 어떻게 하는 것인지는 모르겠지만 그런 게 있다고 하자). 6개월 후에 다시 IQ test를 했더니 훈련을 받지 않은 상위 25명의 IQ 점수는 처음 측정했을 때보다 평균 5점이 감소한 반면에, 훈련을 한 하위 25명의 IQ 점수는 처음 측정했을 때보다 평균 5점이 증가하였다고 하자. 이 경우 훈련을 받은 집단은 실험집단인 셈이고 훈련을 받지 않은 집단은 통제집단인 셈이다. 따라서 실험집단과 통제 집단의 훈련 전후 IQ 점수 변화의 차이인 5-(-5)=10점이 머리 좋아지는 훈련의 효과라고 할 수 있을까? 그렇다고 하기에는 뭔가 찜찜하지 않은가? 몇 가지 이유가 있지만 그 중의 하나가 회귀요인의 존재이다. IQ test는 그 날의 컨디션에 따라 ±10점 정도는 차이가 날 수 있다고 한다(나도 들은 말이니까 정말로 그런지를 너무 따지지는 말자). 즉, 진짜(?) IQ는 100 정도인 사람도 IQ 검사를 하면 그 날 컨디션에 따라서 110이나 90 정도로 나올 수 있다는 말이다.

따라서 만일 한 학급 학생들의 실제 IQ가 모두 동일하게 100이라고 해도 그 날

12) 그나저나 미국에서는 안전띠 착용률이 90%를 넘으면 교통사고 사망자 수가 40% 감소한다는 것을 어떻게 규명했을까? 독자들이 만약 안전띠 착용이 교통사고 사망 감소에 미친 효과를 분석한다면 어떻게 할지 한 번 생각해 보는 것도 좋겠다. 그리고 우리나라의 2001년도 실제 교통사고 사망자 수는 8,097명이었다고 한다. 어쨌든 경찰의 예측은 얼추 들어 맞은 셈이긴 하다.

의 컨디션에 따라 90부터 110까지 다양하게 측정점수가 나올 수 있을 것이다. 물론 첫번째 test에서 상위 25등에 든 학생들의 진짜 IQ는 하위 25등에 포함된 학생들의 진짜 IQ에 비하여 평균적으로는 더 높을 것이다. 하지만 상대적으로 상위 25등까지에는 그 날 컨디션이 좋아서 평소 실력보다 더 높게 나온 학생이 많을 것이며, 하위 25등까지에는 그 날 컨디션이 나빠서 평소 실력보다 더 낮게 나온 학생이 많을 것이다. 즉, 통제집단인 상위집단에는 평소 실력보다 높게 나온 학생이 더 많이 포함되어 있으며, 실험집단인 하위집단에는 평소 실력보다 낮게 나온 학생이 더 많이 포함되어 있을 것이다. 이 두 집단에 대하여 6개월 후에 다시 측정하면 어떻게 될까? 처음 측정에서 평소보다 높은 점수가 나온 학생이 또다시 평소보다 높은 점수가 나올까? 처음 측정에서 평소보다 낮은 점수가 나온 학생이 여전히 평소보다 낮은 점수가 나올까? 그렇지는 않을 것이다. 두 집단 모두 평소 실력에 가깝게 점수가 나올 것이다. 따라서 실험집단인 하위집단은 처음 측정 때보다 IQ 점수가 높게 나오는 경향이 있을 것이고, 통제집단인 상위집단은 처음 측정 때보다 IQ 점수가 낮게 나오는 경향이 있을 것이다. 따라서 IQ를 높이는 특훈을 받지 않더라도 하위집단의 점수변화에서 상위집단의 점수변화를 뺀 것은 양의 값으로 나올 것이다. 즉, 실험집단과 통제집단의 훈련 전후 IQ 점수 변화의 차이인 10점에는 훈련의 효과 이외에 이러한 회귀요인의 영향이 포함되어 있을 것이다. 참고로 회귀(regression)라는 말은 평소 상태로 되돌아간다는 뜻에서 붙인 말이다.

보기 6.6

프로 스포츠계에는 2년차징크스라는 게 있다. 이는 그 해의 신인들 중에서 제일 잘 해서 신인왕이 된 사람은 다음 해에는 이전 해보다 잘 못한다는 징크스이다.

그런데 이 2년차징크스도 회귀요인으로 설명할 수 있다. 즉, 대부분의 경우 신인왕 후보가 될 만한 신인, 즉 비슷하게 우수한 기량을 갖춘 신인들은 여러 명 있기 마련이다. 이 후보들 중에는 첫 해에 자신의 실력보다 더 잘한 사람, 자신의 실력 정도로 한 사람, 실력보다 못한 사람들이 있을 것이다. 이 중에서 그 해에 자기 실력보다 특별히 잘 한 사람이 신인왕이 될 것이다. 하지만 이러한 행운이 다음 해에도 반복되지는 않을 것이다. 따라서 신인왕을 탄 선수는 다음 해에는 첫 해보다 성적이 나쁠 가능성이 높으며, 나머지 선수들 중 누군가는 신인왕보다 더 성적이 좋을 가능성이 많을 것이다(물론 다른 선수들에 비하여 엄청나게 기량이 뛰어난 경우는 예외다^^;).

회귀요인의 작용은 일상생활에서도 흔히 볼 수 있다. 별로 점잖은 얘기는 아니지만, 고스톱 판에서는 첫 끗발이 개 끗발이라는 말이 있다. 처음에 딴 사람은 나중에는 잃게 된다는 말이다. 그런데 이것도 회귀요인으로 설명이 가능하다. 왜 그럴까?

처음 몇 판 운 좋게 패가 잘 들어와서 따더라도, 계속해서 패가 잘 들어오지는 않을 것이다. 참고로 고스톱 초보자들에게 충고 한마디. 흔히 고스톱은 운7기3이라고 해서, 초보자도 딸 수 있다고 한다. 그런데 이는 고수들이 초짜들 돈을 따려고 유혹하는 말이다. 과연 운7기3인지도 의심스럽지만 맞다고 하자. 운이라는 것은 무작위이므로, 초반에는 어느 한 사람에게 좋은 패가 연속으로 들어 올 수도 있다. 하지만 판이 길어지면 결국에는 누구에게나 비슷한 비율로 좋은 패와 나쁜 패가 들어올 것이다. 즉, 운7에 의한 승부는 판이 길어지면 참가자 모두가 비슷해진다. 그렇다면 결국 남는 것은 기3에 의한 승부인데, 기3은 사람마다 다르므로 결국에는 고수가 따게 되고, 하수는 잃기 마련이다.

이런 현상을 횟수가 증가할수록 평균에 수렴한다는 의미에서 평균의 법칙이라고도 한다.

3) 선발요인

선발(selection)요인은 '직업훈련'의 사례에서처럼 실험집단이 지원자로 구성됨에 따라, 실험집단과 통제집단이 동질성을 갖지 못해서 발생하는 왜곡현상이다. '직업훈련'의 사례에서 실험집단은 통제집단에 비하여 성취동기나 근면성이 높은 사람들로 구성되었을 가능성이 많은데, 이 경우 직업훈련의 효과를 실제보다 과대 추정할 수 있다고 하였다. 그리고 그 이유는 성취동기나 근면성 등의 차이로 인하여 직업훈련이 없더라도 실험집단의 취업률과 소득은 통제집단에 비하여 더 높을 수 있으며, 혹은 동일한 직업훈련을 통제집단이 받더라도 그 효과는 실험집단에 비하여 작을 수 있기 때문이라고 하였다. 이에 대해서는 이미 충분히 이해했으리라고 생각하지만, 조금만 더 논의를 이어가자.

실험집단과 통제집단이 모두 '직업훈련'에 참가한다고 해도 실험집단의 효과가 통제집단보다 더 크게 나타나는 이유를 좀더 생각해 보자. 앞에서는 성취동기나 근면성 등의 차이를 예로 들었다. 물론 이도 맞다. 하지만 '적성'의 차이라는 가능성도 한 번 생각해 보자. 무슨 말인가?

직업, 진학, 훈련 등 거의 대부분의 의사결정은 자발적으로 이루어진다. 이 경우 가령 A를 선택할 것이냐 말 것이냐라는 의사결정에서 A를 선택한 사람들은, 선택하지 않은 사람들에 비하여 선택으로 인한 편익이 더 큰 사람들일 개연성이 높다. 왜 같은 실업자나 저소득자인데 누구는 직업훈련을 신청하고 누구는 신청하지 않았을까? 성취동기나 근면성의 차이도 가능하지만, 이런 것이 동일한 사람들 중에서도 직업훈련을 통한 취업과 소득증대의 가능성이 더 높은 사람들이 신청했을 것 같다. 가령 직업훈련의 내용이 컴퓨터 프로그래밍이라고 하자. 그리고 우성이와 남진이는 둘 다 실업자인데, 우성이는 선천적으로 기계 만지는 것을 싫어하지만 요리에 재능이 있고, 남진이는 요리는 젬병이지만 기계 만지는 것을 좋아한다고 하자. 비록 돈을 벌고 싶은 욕구는 둘 다 마찬가지라도, 남진이는 직업훈련에 참여하지만 우성이는 참여하기를 꺼릴 것이다. 만일 우성이에게 억지로 컴퓨터 프로그래밍 교육을 받게 하더라도, 남진이 보다는 취업 또는 소득 증대 효과가 떨어질 것이다. 반면에 직업훈련의 내용이 요리라면, 우성이는 직업훈련에 참여하지만 남진이는 꺼릴 것이며, 남진이가 참여한다고 해도 그 효과는 우성이보다 떨어질 것이다.

가끔 대학교수들은 엄청난 고소득을 올리고 있는 기업 CEO나 경영 컨설턴트인 대학 동기생들을 보면서 '내가 공부하지 않고 저 친구들처럼 일찍 취업했다면 나도 지금쯤 저만큼 돈을 벌고 있겠지' 하면서 한숨을 쉬고는 한다. 하지만 대부분은 착각이다. 왜 같은 동기생인데 누구는 생활이 팍팍한 교수가 되었고 누구는 고소득의 경영인 또는 컨설턴트가 되었겠는가? 강제로 시킨 것도 아닌데. 필자가 보기에는 대학 시절부터 유능하고 이재에 밝은 친구들일수록 졸업하자마자 사회에 진출하는 경향이 있고, 공부 이외에는 그다지 사회생활에 소질이 없는 친구들일수록 계속 공부해서 교수가 되는 경향이 있다. 즉, 교수와 기업인의 직업 선택에는 선발요인이 작용하고 있다. 따라서 교수가 안 되었다면 잘 나가는 기업인 또는 경영 컨설턴트가 되었을 거라는 것은 대단한 착각이다.

다시 말하지만, 선발요인이 존재하는 이유는 실험집단과 통제집단에 무작위 배정이 이루어지지 않았기 때문이다. 하지만 정책문제를 포함한 대부분의 사회현상에 대한 연구는 무작위 배정이 불가능하다. 따라서 사회현상에 대한 연구에서는 많은 경우에 선발요인의 문제를 안고 있으며, 이에 따라 올바른 인과관계의 추론이 어렵다.

보기 6.7

우리사회에서 대학 학벌의 문제는 상당히 심각하다고 한다. 개인의 능력이 아니라 어느 대학을 나왔느냐에 따라서 지위와 소득에 큰 차이가 발생하며, 이러한 차별을 해소하는 것이 공정한 사회를 만드는 데 매우 중요하다고 한다. 필자도 이러한 의견에 전적으로 동의한다.

그런데 이번에는 논의의 방향을 조금 달리해서 순전히 '실증분석'이라는 측면에서 이 주제를 생각해 보자. 즉 학벌에 의한 차별 규모를 실증적으로 규명하려면 어떻게 해야 할까? 가령 가, 나, 다 세 대학이 세칭 일류대학이라고 하자. 그러면 가, 나, 다 대학 졸업생과 다른 대학 졸업생 중에서 각각 500명씩을 뽑아서 두 집단의 소득을 비교할 수 있을 것이다. 이 때 성별과 연령에 따라 소득 수준이 다른 것이므로, 성별과 연령분포는 두 집단에 유사하도록 하자. 이 두 집단의 소득 차이가 순전히 학벌에 따른 차별이라고 할 수 있을까? 그렇다라고 하려면, 두 집단이 서로 다른 대학을 나왔다는 것 외에는 소득에 영향을 미치는 나머지 조건들은 동등하다고 할 수 있어야 한다. 과연 그럴까?

학벌에 의한 차별 규모를 정말 올바르게 추정하려면, 고등학교 졸업생 중에서 일정 규모씩을 무작위로 뽑아서 가, 나, 다 대학 및 그 밖의 대학에 강제로 입학시켜야 한다. 즉, 대학의 선택이 개인의 선택이 아니라 무작위로 이루어져야만, 다른 조건의 영향은 배제한 상태에서, 단지 어느 대학 출신이냐가 지위나 소득에 미치는 영향을 올바르게 파악할 수 있다. 하지만 이런 게 가능하겠는가?

4) 상실요인

상실요인은 관찰 대상이 중간에 상실됨으로써 생기는 왜곡현상이다. '직업훈련'의 효과 측정에서 선발요인의 영향을 없애기 위하여 실업자 중에서 무작위(!)로 1,000명을 뽑아서 직업훈련 프로그램에 참여하게 하였다고 하자. 이 과정은 1년짜리인데, 중도에 포기한 사람들이 많아서 끝까지 이 과정을 마친 사람은 300명이었다고 하자. 이 300명의 취업률을 프로그램에 참여하지 않은 실업자들의 취업률과 비교에서 그 차이를 '직업훈련'의 효과라고 할 수 있을까? 최초의 1,000명은 무작위로 선정한 것이므로 선발요인은 존재하지 않을 것이다. 하지만 이 중에서 끝까지 남은 300명은 중도에 탈락한 700명과는 다른 특성을 가진 사람들일 것이다. 가령 중도 탈락자에 비하여 끝까지 남은 300명의 성취동기나 근면성이 더 높을 수도 있다. 즉, 끝까지 남은 300명과 프로그램 비참여자를 비교하면, 선발요인과 마찬가지의 영향이 발생한다.

생각해 보기

한국선거연구회에서는 국회의원 선거 일주일 뒤부터 약 보름 동안 투표에 참가한 사람들 중에서 1,000명을 무작위로 추출하여 유권자 개인의 특성과 여야 선호도의 관계에 대한 분석을 한 결과 다음과 같은 특징을 발견하였다(여야 하나씩만 존재하는 양당체제 가정. 무효표는 없고 조사에 사실대로 응답했다고 가정. 1,000명 중 여당 후보를 선택한 사람은 550이었음).

나 이	여당선택
20~34	30%
35~49	50%
50 이상	70%

이 결과에 대하여 야당 총재 A씨는 젊은 사람들이 투표에 기권만 하지 않았어도 야당의 득표율이 더 높았을 것이라고 했다. 그는 전체 유권자의 연령비율이 20~34세 40%, 35~49세는 40%, 50세 이상은 20%라는 사실을 근거로 하여 유권자 모두가 투표했다면 야당이 54% 정도의 지지를 얻었을 것이라고 했다. 과연 이러한 주장이 타당할까? 각자 생각해보자.

5. 교차분석

앞에서는 정책문제를 비롯한 사회현상의 연구에서 올바른 인과관계 추론이 어렵다는 얘기를 했다. 하지만 어렵다고 해서 그냥 두 손 놓고 있을 수만은 없지 않겠는가? 본질적인 한계를 인정하면서도, 그런 제약 내에서 가능하면 올바른 인과관계를 추론하도록 노력해야 하지 않겠는가?

비록 실험설계에 의한 연구가 어렵다고 해도, 사회현상 연구에서는 인과관계 추론은 반드시 필요하므로, 이를 위한 다양한 분석기법이 개발되어 있다. 이러한 분석기법에는 교차분석, 분산분석, 회귀분석, 경로분석, 공변량구조분석 등이 있다. 뭐, 이런 기법들을 본서에서 모두 소개하지는 않는다. 대부분의 기법은 PSAT 대비라는 본서의 목적에 비추어 그 범위를 벗어난 것들이다. 본서의 목적에 비추어 본다면 교차분석과 아주 초보적인 회귀분석 정도만 알아 두면 될 것 같다.

일단 본 장에서 교차분석에 대하여 설명하며, 회귀분석의 기초에 대해서는 7장에서 다루기로 한다.

교차분석은 교차표(cross table)를 만들어서 각 셀의 크기를 비교함으로써 변수 간의 관계를 분석하는 것이다. 예를 들면, 소득수준에 따라서 지지정당이 달라지는지에 관심이 있다면 소득수준에 따라 집단을 분류하고(가령 상, 중, 하), 각 집단별로 선호정당(가령 여당, 야당)을 다시 구분해서 3×2의 교차표를 만든 다음 각 셀의 크기를 비교하는 것이다. 이 때 소득수준이 높은 집단에서 여당지지율이 더 높고, 소득수준이 낮은 집단에서 야당지지율이 더 높다면, 소득수준에 따라서 지지정당이 달라진다고 판단하는 것이다.

굉장히 간단하지 않은가. 하지만 1절의 인과관계 추론에 대하여 착실히 공부한 독자라면 뭔가 찜찜할 수도 있겠다. '그렇게 쉽게 인과관계를 판단해도 되는 건가? 단순히 소득과 정당지지율만 비교하는 것으로는, 인과관계 성립을 위한 제3조건인 허위적 관계의 배제 원칙이 충족되었다고 하기는 어렵지 않겠는가?' 뭐, 이런 의문을 가질 것이다. 맞다. 이렇게 간단하게 인과관계를 판단할 수는 없다. 방금 설명한 것은 교차분석의 기본개요만을 말한 것이다. 실제로 교차분석을 통하여 인과관계를 판단할 때는 훨씬 더 신중해야 하며, 좀더 추가적인 분석이 이루어진다.

그럼, 이제부터 교차분석이 어떻게 이루어지며, 이를 통하여 어떻게 인과관계를 추론하는 가에 대하여 본격적으로 배워보기로 하자.[13)]

1) 기본적인 교차표의 작성 방법

소득계층에 따라서 지지정당에 차이가 있는가를 분석하는 가상의 연구사례를 꾸며 보자. 이러한 연구의 첫 단계는 물론 표본을 추출하여 필요한 자료를 얻는 것이 되겠다. 이를 위하여 18세 이상 대한민국 사람들 중에서 3,700명을 잘 추출하였다(사실 조사대상을 어떻게 뽑아내는가는 연구의 타당성에 무척 중요하다. 이에 대해서는 7장에서 논의하기로 하고, 여기에서는 그냥 잘 뽑았다고 치고 넘어가자). 다음으로 이 3,700명에 대하여 소득수준, 지지정당, 기타 인적 수준(교육수준, 연령, 성별, 출신지역 등등) 등을 조사하였다.

우리의 관심사항은 개인의 소득수준이 정당선호에 어떤 영향을 주는가이다. 즉, 소득수준이라는 원인과 정당선호라는 결과 간의 인과관계를 파악하는 것이 연구의 목적이며, 소득수준은 독립변수, 정당선호는 종속변수가 된다.

지지정당의 차이는 여러 가지 방법으로 정의할 수 있지만 여기서는 논의의 편의를 위하여 A정당에 대한 지지 여부를 묻는 것으로 하자(A정당이 여당인지 야당인지는 따지지 말자. 민감한 문제가 될 수 있다^^;). 그리고 소득수준은 상(월소득 350만원 이상), 중(월소득 200~350만원), 하(월소득 200만원 미만)의 세 계층으로 구분하여 조사하였다고 하자.

조사 결과 61%가 A정당을 지지하였고, 나머지 39%는 지지하지 않았다(무응답이나 그저그렇다 등의 응답은 없다고 하자). 그리고 조사대상 중 소득이 '상'인 계층은 22%, '중'인 계층은 54%, '하'인 계층은 24%였다. 그런데 이런 정보들만으로

13) 교차분석의 설명은 노화준, 전계서(1989)의 설명방식을 참고하였다.

[표 6-3] 소득수준과 정당지지간의 교차표

(단위: 명)

정당지지 \ 소득수준	상	중	하	총인원
예	396	1,200	652	2,248
아니오	404	800	248	1,452
총 인원	800	2,000	900	3,700

는 소득계층의 차이에 따라 정당선호가 어떻게 다른가를 알 수 없다. 이를 위해서는 소득수준별로 A정당 지지 여부가 어떻게 다른가를 봐야 한다. 〈표 6-3〉은 가로 범주에 독립변수인 소득수준의 가능한 결과들(상, 중, 하)을 넣고, 세로 범주에 종속변수인 A정당 지지 여부(예, 아니오)의 가능한 결과들을 넣어 작성한 교차표이다. 꼭 그래야 할 이유는 없지만, 교차표를 작성할 때는 독립변수를 가로 범주로, 종속변수를 세로 범주로 하는 것이 관행이다. 그리고 교차표를 이용하여 독립변수가 종속변수에 미치는 영향을 파악한다는 측면에서 교차표(cross table)를 영어로는 contingency table이라고도 한다. 우리말로는 뭐라고 번역할 수 있을까? 각자 생각해 보라.

〈표 6-3〉을 보면 3,700개의 자료가 소득수준과 정당지지라는 두 변수에 따라 동시에 분류되어 있는 것을 알 수 있다. 그러나 보다시피 이 표만으로는 두 변수 간의 관계를 명확히 알기 어렵다. 중간계층에서 A정당을 지지한다는 응답자가 제일 많으며, 그 다음이 하위계층이고, 상위계층에서 제일 적다. 하지만 계층별 총인원도 중간계층이 제일 많으며, 그 다음이 하위계층이고 상위계층이 제일 적다. 따라서 절대수의 차이만으로는 소득수준에 따른 정당선호의 차이를 한 눈에 파악하기 어렵다. 그럼 어떻게 해야 할까? 4장에서 배운 대로 절대수가 아닌 백분비로 나타내면 훨씬 이해하기에 편리할 것이다. 〈표 6-4〉는 〈표 6-3〉의 정보를 백분비로 바꾸어 나타낸 것이다.[14)]

교차표를 백분비로 나타낼 때는 독립변수의 각 범주별로 전체를 100%로 하여 백분비를 계산한다는 점에 유의하자. 예를 들어서, 중간계층에서 A정당을 지지한

14) 이 표에서 정당지지는 예, 아니오의 두 범주로만 되어 있다. 그리고 백분비로 나타내기 때문에 한 범주의 값만 알면, 다른 한 범주의 값은 계산할 필요도 없이 바로 알 수 있다. 가령 중위계층에서 A정당을 지지한다고 응답한 비율은 60%이므로, 지지하지 않는다고 응답한 비율이 40%라는 것은 굳이 또 하나의 범주로 제시하지 않더라도 쉽게 알 수 있다. 따라서 예, 아니오 같이 범주가 두 개만 있고, 비율로 제시하는 경우에는 굳이 두 범주를 모두 제시하지 않아도 상관없다. 물론 세 범주 이상일 때도 한 범주의 값은 나머지 범주의 값만 알면 계산할 수는 있지만, 좀 복잡하므로 이 경우는 모두 제시하는 게 더 좋을 것이다. 마찬가지로 〈표 6-3〉처럼 절대값으로 제시하는 경우라면, 두 범주로만 구성되어 있더라도, 한 범주만 제시할 때 다른 한 범주의 값을 바로 알기는 어려우므로 둘 다 제시하는 게 좋을 것이다.

[표 6-4] 백분비 분포로 나타낸 소득계층과 정당지지간의 교차표

정당지지 \ 소득수준	상	중	하	총인원
예 아니오	50% 50%	60% 40%	72% 28%	61% 39%
총 인원	100%(800)	100%(2,000)	100%(900)	100%(3,700)

( )는 절대수치

다는 응답자의 비율은 (1,200/2,000)×100 = 60%가 된다.

〈표 6-4〉의 소득수준별 A정당 지지 비율 분포를 비교하면, 소득수준에 따라 A정당 지지 여부에 차이가 있으며, 구체적으로 소득이 낮은 계층일수록 A정당 지지율이 더 높다는 것을 알 수 있다. 이에 따라 소득과 A정당 지지 사이에는 부(–)의 관계가 있다고 할 수 있다. 그런데, 이 대목에서 세심한 독자는 이런 의문을 가질 것이다. '어느 정도 차이가 날 때 두 변수가 관계가 있다고 할 수 있을까?' 사실 소득수준과 정당선호 간에 아무런 관계가 없더라도 소득수준별 정당지지율이 모두 똑같은 값으로 나오지는 않으며, 약간씩은 차이가 있을 것이다. 즉, 소득계층별로 정당지지율이 '제법' 다르다면 소득수준에 따라 정당선호가 다르다고 하겠지만, '조금' 다르다면 소득수준에 따라 정당선호가 다르다고 판단하기는 주저될 것이다. 약간씩의 차이는 둘 사이에 아무런 관계가 없더라도 우연히 발생할 수 있을 테니까. 그런데 구체적으로 어느 정도면 서로 관계가 있다고 할 만큼 '제법' 차이가 있는 거고, 어느 정도면 관계가 없다고 할 정도의 '조금' 차이일까? 가령 10%포인트의 차이는 제법 차이고, 1%포인트의 차이는 조금 차이라고 할 수 있겠지만 4%포인트의 차이는 어떨까? '제법'일까 '조금'일까? 어떤 사람은 '제법' 차이라고 할 수 있고 어떤 사람은 '조금' 차이라고 할 수 있다. 하지만 이처럼 사람에 따라 판단이 달라진다는 건 곤란하다. 당연히 이를 판정하는 공인된 기준이 있다. 이를 통계적인 검정이라고 하며, 모든 기초통계학 교과서에 설명되어 있다.

PSAT 대비라는 본서의 목적에 비추어 보면, 이에 대하여 자세하게 알 필요는 없다. 그러나 대충 어떤 것이라는 감 정도는 있는 것이 좋은데, 이에 대해서는 7장에서 설명하고 있다.

어쨌든 〈표 6-4〉에 제시된 소득계층별 정당지지율은 상식적으로 생각해도 그렇고, 통계적으로 검정해도 서로 뚜렷이 다르며, 소득수준이 낮은 계층에서 A정당 지지율이 높다고 할 수 있다.

자, 여기까지의 해석에는 별 문제가 없다. 하지만 이제부터가 문제다. 이러한 결

과에 대하여 소득수준이 정당선호에 영향을 미친다고 할 수 있을까? 소득수준에 따라 지지정당에 차이가 있다는 것은 맞는 것 같다. 하지만 이에 대하여 소득수준이 원인이 되어 지지정당 차이라는 결과를 가져왔다고, 즉 인과관계가 성립한다고 할 수 있을까? 소득수준에 따라 지지정당에 차이가 있다는 것은 앞에서 설명한 인과관계 성립을 위한 세 가지 조건 중에서 시간적 선행성과 공동변화 조건을 충족하는 것이라고 할 수 있다.[15] 하지만 허위적 관계 배제 조건은 어떨까?

소득과 지지정당의 인과관계에 영향을 미치는 제3의 변수가 있다면, 그 변수의 영향을 통제해야만 소득과 지지정당간의 인과관계를 올바르게 파악할 수 있을 것이다. 이러한 제3의 변수에는 어떤 것이 있을까? 그리고 이의 영향을 교차분석으로 어떻게 파악할 수 있을까? 가령 교육수준이 소득수준과 지지정당 간의 관계에

보기 6.8

종속변수가 수치자료인 경우에는 위와 같이 몇 개의 범주로 나누어서 교차분류를 할 수도 있지만, 평균과 같은 대표값을 사용해서 독립변수의 영향을 알아볼 수도 있다. 즉, 독립변수의 범주가 달라짐에 따라 그 범주에 속한 자료들의 종속변수 평균값이 차이가 난다면 두 변수 사이에는 어떤 관계가 있다고 할 수 있다.

아래 그림은 홍콩대에서 지난 2004년 4~5월 두 달 동안 66개 초등학교 4학년생 4,300명을 상대로 외국어 독해 능력 시험을 치른 결과를 나타낸 것이다. 집에 책이 몇 권 있는가에 따라 종속변수인 시험 점수가 전체 평균과 평균적으로 몇 점이나 차이 나는지를 조사하였다. 참고로 홍콩에서 쓰이는 말은 사투리인 광둥화(廣東話)로서, 중국 표준말인 푸퉁화(普通話)와는 큰 차이가 있기 때문에 중국어도 외국어로 취급된다.

학생 가정의 장서량과 외국어 독해 점수간의 관계

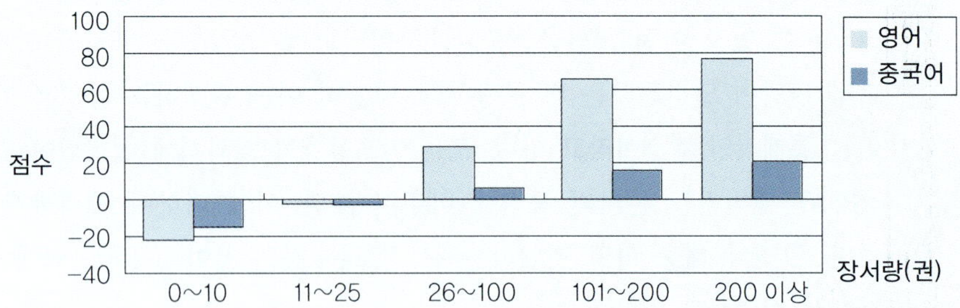

중앙일보, 2004년 9월 8일

15) 물론 소득수준에 따라 지지정당에 차이가 있다는 것 자체는 공동변화의 조건만 충족하는 것이며, 시간적 선행성 조건을 충족하는 것은 아니다. 하지만 상식적으로 생각하면 소득수준이 지지정당의 차이보다 시간적으로 앞선다고 할 것이다. 즉, 두 변수 사이에 인과관계가 성립한다면 소득수준이 원인이고 정당선호가 결과라고 생각하지, 그 반대라고 생각하지는 않을 것이다.

이 그림을 보면 한눈에 장서량과 외국어 독해 점수 간에 강한 양(+)의 상관관계가 있음을 알 수 있다. 즉, 집에 책이 많을수록 외국어 독해 점수가 높아지는 경향이 있는 것이다.

그리고 여기에는 제시하지 않았지만, 과외여부와 외국어 독해 점수와의 관계도 보았는데 과외를 받는 학생(전체의 44%)은 중국어에선 48%, 영어에서는 39%만이 합격점을 넘은 반면에, 오히려 과외를 받지 않는 학생의 시험 합격률(중국어 57%, 영어의 45%)이 더 높았다고 한다. 이런 결과에 따라 연구진들은 "초등학생의 외국어 독해 능력을 키우려면 과외를 시키기보다 스스로 책을 골라 읽게 하라"라는 조언을 하였다. 여러분이 보기에는 위의 자료만 갖고 이런 결론 - 집에 책이 많을수록 외국어 독해 점수가 높아진다 - 이 타당하다고 생각되는가?

그렇지 않은 경우를 얼마든지 생각해 볼 수 있다. 가령 인과관계가 반대로 작용했을 수도 있다. 즉, 독해실력이 좋은 아이들이 그렇지 않은 아이들보다 책 읽기를 더 좋아하기 때문에 부모에게 더 많은 책을 구입하도록 졸랐을 수도 있다. 또한, 부모의 교육수준이 허위변수로 작용했을 수도 있다. 즉, 부모의 교육수준이 높을수록 집에 많은 책이 있으며, 부모의 교육수준이 높을수록 자녀의 독해능력이 더 높기 때문에, 장서량과 외국어 독해 능력 사이에는 직접적인 관계가 없지만, 마치 뚜렷한 양(+)의 관계가 있는 것처럼 나타났을 수도 있다.[16)]

장서량과 외국어 독해 능력 사이에 역의 인과관계가 존재하거나, 부모의 교육수준에 의한 허위관계가 존재하는 경우는 집에 장서량을 늘리거나, 혹은 아이들에게 책을 많이 사 준다고 해서 외국어 독해능력이 향상되지는 않을 것이다.

다시 강조하지만 변수간의 인과관계를 추론할 때는, 항상 인과관계 추론을 위한 세 조건이 충족되었는가, 그 중에서도 특히 허위적 관계 배제의 조건이 충족되었는가를 주의 깊게 살펴야 함을 명심하자.

영향을 미치는 제3의 변수, 즉 교란변수라고 하자. 교육수준을 포함한다면 이제 교차표에 의하여 분석해야 하는 변수는 소득수준, 교육수준, 지지정당의 세 변수가 된다.

2) 세 방향 교차분류 자료의 분석

세 변수를 고려한 교차표의 작성과 해석도 두 변수의 경우와 크게 다를 것은

16) 이 경우 부모의 교육수준을 통제해 준다면, 장서량이 많든 적든 상관없이 외국어 독해 점수는 일정하게 나타날 것이다.

[표 6-5] 소득수준, 교육수준, 정당지지간의 교차표 1

정당지지 \ 소득수준	상		중		하	
	고졸	대졸	고졸	대졸	고졸	대졸
예	74%㉠	46%㉡	75%㉢	45%㉣	76%㉤	44%㉥
아니오	26%	54%	25%	55%	24%	56%
총인원	100%(100)	100%(700)	100%(1,000)	100%(1,000)	100%(800)	100%(100)

없다. 교차표의 한 쪽 범주(보통 세로 범주)에는 종속변수의 가능한 결과들이 들어가고, 다른 쪽 범주에는 두 개의 독립변수가 들어가는데, 첫번째 독립변수의 각 범주들마다 두번째 독립변수의 가능한 결과들이 들어가도록 하면 된다.

앞에서의 논의대로 소득수준과 지지정당간의 관계에 교육수준이라는 제3의 변수를 추가하자. 교육수준은 논의의 편의를 위하여 고졸 이하와 대졸 이상의 두 범주로만 구별하도록 하자. 그러면 소득수준, 교육수준, 지지정당을 모두 고려한 교차표는 〈표 6-5〉과 같이 나타낼 수 있다.

〈표 6-5〉의 각 셀이 무엇을 의미하는지를 간략히 살펴보자. 예를 들어서, ㉡은 학력이 대졸 이상이면서 상위소득계층에 속하는 사람들 중에서 A정당을 지지하는 비율을 나타낸다. 마찬가지로 ㉤은 학력이 고졸 이하면서 하위소득계층에 속하는 사람들 가운데 A정당을 지지하는 비율을 나타낸다.

이제 〈표 6-5〉의 정보를 이용하여 소득수준이 정당지지에 미치는 영향을 판단하자. 앞에서 소득수준과 정당지지의 관계에서 학력은 교란변수의 역할을 한다고 하였다.[17] 따라서 소득수준과 정당지지 간의 인과관계를 올바르게 파악하려면, 학력의 영향을 배제해야 한다. 학력의 영향을 어떻게 배제하나? 이를 위해서는 같은 학력수준 내에서 소득수준이 달라짐에 따라 정당지지 성향이 바뀌는가를 보면 된다. 즉, 같은 고졸 이하 학력인 ㉠, ㉢, ㉤끼리 비교하고, 같은 대졸 이상인 ㉡, ㉣, ㉥끼리 비교하면 된다.

같은 학력수준 내에서 비교하면, 소득수준이 달라져도 정당지지 성향은 유사함을 알 수 있다. 즉, 고졸 이하인 경우에는 소득수준에 상관없이 A정당지지율이 대략 75% 정도로 유사하며, 대졸 이상인 경우에는 소득수준에 상관없이 45% 정도로 유사하다.

따라서 우리는 소득수준은 정당지지 성향에 특별한 영향을 미치지 않는다고 판

17) 학력이 교란변수의 역할을 한다는 것은 학력이 소득수준에도 영향을 미치며, 정당 지지 여부에도 영향을 미친다는 것을 의미한다.

[표 6-6] 소득수준, 교육수준, 정당지지간의 교차표 2

정당지지 \ 소득수준	상		중		하	
	고졸	대졸	고졸	대졸	고졸	대졸
예	60%㉠	48%㉡	66%㉢	54%㉣	74%㉤	60%㉥
아니오	40%	52%	34%	46%	26%	40%
총 인원	100%(100)	100%(700)	100%(1,000)	100%(1,000)	100%(800)	100%(100)

단할 수 있다. 그리고 소득수준에 따라 정당지지 성향에 차이가 있는 것은 단지 학력에 따라 소득수준이 차이가 있는데, 학력에 따라 정당지지 성향도 달라지기 때문임을 알 수 있다.

〈표 6-5〉의 예에서는 교육수준을 통제하는 경우 소득수준과 정당지지 성향 사이에는 별 관계가 없는 것으로 나타났다. 즉, 소득수준과 정당지지 성향 간에는 관계가 없지만 교육수준의 영향으로 인하여 관계가 있는 것처럼 보였던 것이다. 이처럼 실제로는 관계가 없음에도 제3의 변수의 영향으로 둘만을 보았을 때는 관계가 있는 것처럼 보이는 경우를 허위적 관계(spurious relation)라고 한다는 것은 앞에서 이미 설명했다.

이처럼 제3의 변수의 영향을 통제했을 때 두 변수 사이의 인과관계가 없는 것으로 나타나는 경우도 있지만, 인과관계는 존재하지만 그 강도가 달라지는 경우도 있다. 예를 들어서, 〈표 6-6〉을 보자.

〈표 6-6〉에서는 고졸 이하인 ㉠, ㉢, ㉤끼리 비교하고, 대졸 이상인 ㉡, ㉣, ㉥끼리 비교하더라도 소득수준에 따라 정당지지 성향에 차이가 있음을 알 수 있다. 다만, 그 정도가 교육수준을 통제하기 전보다 작아졌다. 즉, 교육수준을 고려하지 않은 〈표 6-4〉에서는 상, 중, 하의 소득계층간 A정당지지율이 50%, 60%, 72%였지만, 교육수준을 통제한 후에는 상, 중, 하의 소득계층간 A정당지지율이 60%, 66%, 74%(고졸 이하) 및 48%, 54%, 60%(대졸 이상)로 감소하였다. 따라서 이 경우는 교육수준이 소득수준과 정당선호 경향 사이에 교란변수로 작용하여, 소득수준이 정당선호에 미치는 영향을 실제보다 크게 보이도록 한 셈이다.

보기 6.9

〈표 6-4〉와 〈표 6-6〉을 통하여 소득수준이 정당지지에 미치는 영향을 분석할 때 교육수준이 교란요인으로 작용함을 보았다. 즉, 교육수준을 고려하지 않고 소득계층에 따른 정당지지율 차이만을 봤을 때는 소득계층에 따른 차이가 상당히 컸으나, 교육수준의 차이를 통

제한 후에는 격차가 줄어들었다.

이번에는 교육수준이 정당지지에 미치는 영향을 분석해 보자. 이를 위해서 우선 〈표 6-6〉의 동일한 소득계층 내에서 교육수준의 차이에 따른 정당지지율 차이를 보자. 대졸-고졸 간 정당지지율 격차는 소득이 '상', '중', '하' 일 때 각각 12%포인트, 12%포인트, 14%포인트였다. 이번에는 〈표 6-6〉의 통계를 이용하여 학력격차와 정당지지율 차이간의 교차표를 만들어 보자. 이는 다음과 같다.

교육수준과 정당지지간의 교차표

	고졸 이하	대졸 이상
예	69%	52%
아니오	31%	48%
총인원	1,900	1,700

소득을 통제하지 않았을 경우 대졸-고졸 간 정당지지율 격차는 17%포인트로서, 소득을 통제했을 때(약 12.5%포인트)보다 더 증가했다.

그렇다면 교육수준 차이(고졸 이하 vs. 대졸 이상)에 따른 정당지지율 차이는 17%포인트라고 해야 할까, 아니면 12.5%포인트라고 해야 할까? 지금까지의 논의대로라면 당연히 소득수준 차이를 통제한 뒤인 12.5%포인트 해야 할 것이다. 물론 틀린 말은 아니다. 하지만 한 번 곰곰이 따져 보자. 소득과 정당지지간의 관계에서 교육수준이 교란요인으로 작용한다는 것은 교육수준이 정당지지에도 영향을 미치고, 소득에도 영향을 미침을 뜻한다. 즉, 소득, 교육, 정당지지간의 관계를 그림으로 나타내면 다음과 같다.

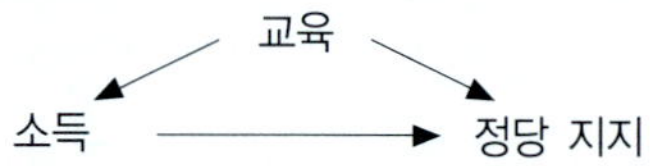

교육이 정당지지에 미치는 영향은 두 가지 경로가 있음을 알 수 있다. 하나는 소득과 상관없이 직접 미치는 효과이며, 하나는 교육이 소득에 영향을 주고, 소득이 다시 정당 지지에 영향을 주는 효과이다. 흔히 전자를 직접효과, 후자를 간접효과라고 한다. 그리고 후자의 경우 소득은 교육이 정당지지에 미치는 영향에서 매개변수의 역할을 했다고 한다.

앞에서 소득수준 차이를 통제한 뒤의 격차인 12.5%는 직접효과를 보여준다. 그리고 소득수준을 고려하지 않은 격차인 17%는 직접효과+간접효과(이를 총효과라고 한다)를 보여준다. 17%라는 것은 소득을 통하든, 통하지 않든 상관없이 좌우간 교육수준 차이에 따른 정당 지지의 차이를 보여주기 때문이다(따라서 간접효과는 4.5%라고 할 수 있다).

따라서 교육이 정당 지지에 미치는 영향은 총효과에 관심이 있는가, 아니면 직접효과에 관심이 있는가, 혹은 간접효과에 관심이 있는가에 따라 정답이 달라진다.

이처럼 변수간의 인과관계를 분석할 때 직접효과와 간접효과를 구분하고, 관심을 갖는 원인변수가 어떤 변수들을 경유하여 결과변수에 영향을 미치는가, 즉 영향을 미치는 경로를 분석하는 것을 경로분석이라고 한다. 구체적인 경로분석은 본서의 범위를 벗어나니 생략하고, 다만 직접효과와 간접효과의 의미에 대해서만 좀더 살펴보자. 이에 대한 것은 다음의 보기에 기술되어 있다.

보기 6.10

다음은 2004년도 외무고시 PSAT 언어논리 영역 기출문제이다. 앞에서의 논의와 관련이 있으니 함께 살펴보도록 하자.

[A]에서 정의한 인과 관계에 따라 [B]의 인지 지도를 올바르게 해석한 사람은?

[A]

'+' 인과 관계: 인과 관계의 증가

예) 폭우가 '증가' 하면 교통사고도 '증가' 하고, 폭우가 '감소' 하면 교통사고도 '감소' 한다.

폭우 (+) → 교통사고

'-' 인과 관계: 인과 관계의 감소

예) 항생제 남용이 '증가' 하면 면역력은 '감소' 하고, 항생제 남용이 '감소' 하면 면역력은 '증가' 한다.

항생제 남용 (-) → 면역력

[B]

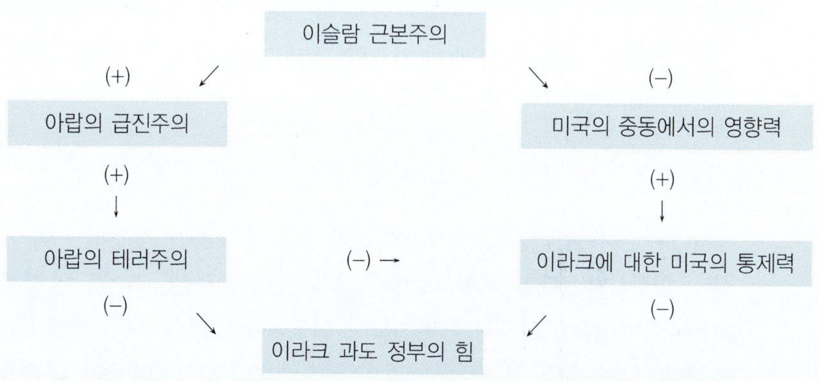

보기

- 일선: 이슬람 근본주의가 강화되면 이라크에 대한 미국의 통제력은 항상 약화될 것이다.
- 이종: 이슬람 근본주의가 강화되면 이라크에 대한 미국의 통제력은 강화되는 경우도, 약화되는 경우도 있을 것이다.
- 삼룡: 이슬람 근본주의가 강화되면 이라크 과도 정부의 힘은 항상 강화될 것이다.
- 사영: 이슬람 근본주의가 강화되면 이라크 과도 정부의 힘은 강화되는 경우도, 약화되는 경우도 있을 것이다.
- 오훈: 중동에서 미국의 영향력이 증대되면 이라크 과도 정부의 힘이 강화될 것이다.

① 일선, 삼룡 ② 일선, 사영 ③ 이종, 삼룡 ④ 삼룡, 오훈 ⑤ 사영, 오훈

그림 [B]에서처럼 각 변수간 인과관계가 몇 단계로 이어져 있고 +와 −가 섞여 있는 경우, 최종적인 인과관계의 방향은 각 단계 인과관계 부호의 곱셈으로 결정된다. 가령 '이슬람 근본주의'가 '아랍급진주의'와 '아랍테러주의'를 거쳐서 '이라크 과도정부의 힘'에 미치는 영향은 +, +, − 이므로 −가 된다. 이 경우 '이슬람 근본주의'가 강화되면, '이라크 과도정부의 힘'은 약화된다. 하지만 이는 '이슬람 근본주의'가 '아랍급진주의'와 '아랍테러주의'를 거쳐서 '이라크 과도정부의 힘'에 미치는 효과만을 본 것이다. '이슬람 근본주의'가 '이라크 과도정부의 힘'에 미치는 영향에는 다음과 같은 세 가지 경로가 존재한다.

ⓐ '이슬람 근본주의' → '아랍급진주의' → '아랍테러주의' → '이라크 과도정부의 힘'
ⓑ '이슬람 근본주의' → '아랍급진주의' → '아랍테러주의' → '이라크에 대한 미국의 통제력' → '이라크 과도정부의 힘'
ⓒ '이슬람 근본주의' → '미국의 중동에서의 영향력' → '이라크에 대한 미국의 통제력' → '이라크 과도정부의 힘'

각 경로별로 '이슬람 근본주의'가 '이라크 과도정부의 힘'에 미치는 영향의 방향을 보면 다음과 같이 된다.

ⓐ '+' × '+' × '−' = '−', ⓑ '+' × '+' × '−' × '−' = '+', ⓒ '−' × '+' × '−' = '−'

따라서 '이슬람 근본주의' 강화가 경로 ⓐ와 경로 ⓒ를 통해서는 '이라크 과도정부의 힘'을 약화시키는 데 비하여 경로 ⓑ를 통해서는 강화시킨다. 그렇다면 세 경로를 모두 고려했을 때, '이슬람 근본주의'가 '이라크 과도정부의 힘'에 미치는 영향의 방향은 무엇일까? 이는 알 수 없다. 이는 ⓐ+ⓒ과 ⓑ 중에서 어떤 것의 영향력이 더 큰가에 달려 있다.

ⓐ+ⓒ > ⓑ이면 최종 영향은 – 일 것이며, ⓐ+ⓒ < ⓑ이면 + 일 것이다.

이상의 설명을 바탕으로 답을 구해 보자. 일선이의 주장은 –×+ = – 이므로 맞다. 이종이의 주장은 (–×+)+(+×+×–)= – 이므로 틀렸다. 앞에서 본 것처럼 삼룡이 주장은 틀렸고 사영이 주장은 맞다. 오훈이 주장은 +×– = – 이므로 틀렸다. 따라서 정답은 ② 번이 된다.

지금까지의 설명에서 알 수 있듯이 교차분석은 변수간의 인과관계를 파악하려고 할 때 손쉽게 적용할 수 있는 방법이다. 특히 두 변수간의 인과관계에 영향을 미치는 제3의 변수가 존재할 때, 이의 영향을 통제하면서 두 변수간의 관계를 파악할 수 있다는 장점이 있다. 그런데 이 대목에서 우리의 사려 깊은 독자는 다음과 같은 의문이 들 것이다. '교란변수가 하나만 존재할 때는 손쉽게 통제할 수 있지만 교란변수가 둘, 셋 등으로 많아지면 어떻게 하나?' 교란변수가 둘, 셋 등으로 많아질 때도 앞에서의 교차분석 방법을 확장하면 교란변수의 통제가 가능하기는 하다. 하지만 이 경우 교차표가 매우 복잡해 질 것이며, 일목요연하게 파악하기가 어렵다.

따라서 실제의 인과관계 분석에서 통제해야 할 교란변수가 많은 경우 교차분석보다는 다중분산분석(MANOVA), 다중회귀분석 등의 기법을 사용하는 것이 보다 편리하며, 더 적절하다. 이 기법들의 방식은 교차분석보다 직관적으로 이해하기는 다소 어렵지만, 기본원리는 교차분석과 마찬가지이다. 본서의 목적에 비추어보면, 이런 기법들을 독자들이 알 필요는 없다. 다만, 그런 게 있다는 정도만 이해하고, 앞으로 기회가 있다면 배워보기 바란다.

전술하였듯이 사회현상의 인과관계는 매우 복잡하게 얽혀 있기 때문에 인과관계 추론에서 제3의 변수는 거의 모든 경우에 존재하며, 그것도 한 두 개가 아니다.[18] 우리의 소득수준과 정당선호 간의 인과관계에서도 교육수준만을 교란변수로 간주하고 통제하였지만, 그 밖에 연령, 성별, 직업, 출신지역 등도 교란변수의 역할을 할 수 있을 것이다. 따라서 교차분석을 통하여 올바른 인과관계를 추론할 수 있는 경우는 그리 많지 않다.

그럼에도 불구하고, 교차분석은 단순하며 직관적이라는 장점 때문에 학술연구가 아닌 일반사회에서 변수간의 인과관계를 파악할 때 가장 흔히 사용된다.[19] 이는 정책을 분석하는 공무원들도 마찬가지이다. 교차분석이 널리 사용되기 때문에, 교차분석을 통한 인과관계 추론에서 주의할 점을 명확히 인식하는 것은 더욱 중요

18) 교란변수가 몇 개나 존재하는지조차 알기 어려운 경우도 흔하다.

19) 학술연구에서도 본격적인 분석에 앞서 기초분석으로서 종종 사용된다.

하다. 본서에서 교차분석을 지금껏 장황하게 설명한 주목적도, 인과관계 추론을 위한 교차분석 방법을 익히라는 것보다는, 이 방법 적용시 주의점을 명확히 이해하여, 잘못된 추론을 하지 말라는 데 있다.

보기 6.11

우리는 중요한 변수들이 통제되지 않은 상태에서 인과관계를 추론하는 경우를 신문지상에서 어렵지 않게 접할 수 있다. 다음은 2003년도 모 일자 모 일간지 기사이다. 일단 기사를 읽고, 문제점을 함께 생각해 보자.

> **[여교수 고용목표제] 일부에서 "남교수 역차별" 논란**
>
> 교육인적자원부가 대학에서 여교수를 일정 비율로 채용하는 고용목표제 도입을 추진, 논란을 빚고 있다. 여성들의 대학교수 취업문은 크게 넓어지겠지만 대학교수 자리를 기다리는 남성들의 숫자가 월등히 많은 상황이어서 이 제도가 자칫 남성에 대한 역차별이 될 우려가 있다는 지적이다.
>
> 교육인적자원부 관계자는 31일 여성 박사 학위 취득자가 크게 늘고 있는데도 실제 교수 취업은 남자의 절반에 그쳐 대학사회가 아직 여성인력 활용에 뒤처져 있다며 관련법을 개정해 다른 정부부처와 같이 국공립대의 경우 일정 비율을 여교수로 충원하도록 할 방침이라고 말했다. 이 관계자는 현재 전임강사 이상의 여교수 비율이 국립대 9% 공립대 8%로, 사립대 16%의 절반 수준에 불과해 성차별이 이뤄지고 있다며 이런 상황이 유엔개발기구(UNDP)의 국제적 지표인 남녀권한지수(사회 각 부문에서 남녀평등을 나타내는 지표)에도 영향을 미치게 되는 만큼 적극적 대처가 필요하다고 말했다.

이 기사를 읽으면서 우리의 주제(교차분석을 통한 인과관계 추론)와 관련하여 좀 이상한 내용이 눈에 띄지 않는가? 필자가 이 기사를 읽었을 때, 황당하게 생각한 것은 국공립대의 여교수 비율이 사립대의 절반 수준에 불과해 성차별이 이루어지고 있다는 교육부 관계자의 발언이다. 이 발언은 국공립대가 사립대에 비하여 여교수 채용을 기피하며, 그 결과로 국공립대의 여교수 비율이 사립대의 절반수준이라는 의미를 담고 있다. 과연 그럴까? 물론 국공립대의 여교수 비율이 사립대의 절반수준이라는 점은 사실이다. 그런데 이의 원인이 정말 국공립대가 사립대에 비하여 여교수 채용을 기피했기 때문일까?

글쎄, 필자는 회의적이다. 이는 국공립대가 사립대에 비하여 여교수 채용을 기피하지 않더라도 사립대의 여교수비율이 더 높을 수 있는 이유는 얼마든지 있기 때문이다. 예를 들면, 여자대학들은 모두가 사립대학인데, 여자대학은 남녀공학 대학에 비하여 여교수의 수가 월등하게 많다. 따라서 여자대학의 존재로 인하여 사립대학의 여교수 비율은 국공립대에 비하여 더 높을 수 있다. 그 밖에도 개설학과의 특성 차이 등 다양한 이유가 있을 수 있다.[20] 국공립대가 사립대에 비하여 여교수 채용을 기피한다는 주장을 하려면, 최소한 남녀 공학 대학끼리, 그리고 동일 학과끼리 비교한 뒤에 해야 할 것이다.

국공립 대학의 여교수채용을 늘리는 것은 필요하다.[21] 하지만, 국공립대학의 여교수채용을 늘리겠다는 정책판단의 근거가 국공립대학이 사립대학에 비하여 성차별이 이루어지고 있기 때문이며, 따라서 정책목표가 사립대학의 여교수비율인 16%까지 높이는 것이라면 이는 좀 곤란하지 않을까?

여담이지만 이런 말을 한 교육부 공무원은 정말 국공립대학이 사립대학에 비하여 교수채용에서 성차별이 존재한다고 믿었을까? 아니면, 아니라는 것을 알면서도 정책의 필요성을 강조하려고 일부러 그런 해석을 한 것일까? 전자라면 능력에 문제가, 후자라면 도덕성에 문제가 있을 것 같은데…

3) 교차분석의 사례들

이제부터는 교차분석을 통한 인과관계 추론에서 오류를 범하지 않기 위하여 몇 가지 사례를 다루어보도록 하자.

(1) 교란변수 통제 후 두 변수간의 관계가 강화되는 경우

지금까지의 예에서는 두 변수간의 인과관계에 영향을 미치는 제3의 변수의 영향을 통제한 뒤에, 두 변수간의 인과관계가 사라지거나, 약화되었다. 그런데, 때로는 제3의 변수의 영향을 통제한 뒤에 두 변수간의 인과관계가 명확해 지는 경우도 있다. 다음의 가상사례를 보자.

TV 광고는 '15초의 묘미'라고 할 만큼 매우 짧은 시간만을 사용할 수 있기 때문에, 소비자의 구매심리를 자극할 수 있는 제품의 가장 큰 강점을 강조하는 것이 효과적이다. GD자동차에서는 새로 출시한 고급 세단 Q의 홍보 전략으로 제품의 외관, 즉 디자인과 스타일을 강조하려고 한다. 이것이 제품구매를 늘리는 좋은 전략인지를 확인하기 위해 실시한 설문조사의 결과가 〈표 6-7〉 및 〈표 6-8〉과 같았다.

〈표 6-7〉을 보면, 외관선호 여부와 구매의사는 큰 관계가 없어서 외관을 강조한 홍보 전략은 별로 좋은 전략 같아 보이지 않는다. 그러나 소득을 통제한 결과인 〈표 6-8〉을 보면 생각이 바뀌게 된다. 소득이 낮은 계층에서는 여전히 외관

20) 분야별로 보면 대체로 예능계에 여자교수 비율이 높다. 그런데 예능계 학과는 국공립대학보다는 사립대학에 월등하게 많다.

21) 물론 국공립대학뿐만 아니라 사립대학의 여교수비율도 늘릴 필요가 있다.

[표 6-7] 외관선호와 구매의사와의 관계

		외관선호	
		마음에 든다(O)	마음에 들지 않는다(×)
구매의사	yes	8%	4%
	no	81%	93%
	기타	11%	3%
합 계		100%(342)	100%(180)

[표 6-8] 외관선호 및 소득과 구매의사의 관계

		소 득			
		LOW		HIGH	
		외관선호		외관선호	
		O	×	O	×
구매의사	yes	3%	2%	60%	20%
	no	85%	95%	35%	75%
	기타	12%	3%	5%	5%
합 계		100%(312)	100%(160)	100%(30)	100%(20)

선호와 구매의사가 뚜렷한 연관이 있다고 보기 힘들지만, 소득이 높은 계층에서는 외관선호 여부에 따라 구매의사에 큰 차이가 나기 때문이다. 한편, 같은 외관선호의 범주 안에서 소득수준에 따른 구매의사의 차이는 매우 크게 나타난다.

이로 볼 때 소득수준이 구매의사에 매우 큰 영향을 미치며, 소득이 높은 계층에 한해서는 외관선호에 따라 구매의사가 달라진다고 할 수 있다. 〈표 6-7〉은 설문대상에 상대적으로 저소득층이 많이 포함되었기 때문에 나타난 결과인 것이다. Q의 주고객층이 고소득층이라고 했을 때 GD자동차의 전략은 효과적일 것으로 판단된다.

참고로 이와 같이 두 변수간의 인과관계를 강화시키거나 약화시키는 제3의 변수를 조절변수(moderating variable)이라고 부르기도 한다. 우리의 예에서는 소득을 고려하지 않았을 때에 비하여, 소득에 따라 분리했을 때 저소득층에 대해서는 외관의 영향이 약화된 반면에, 고소득층에 대해서는 외관의 영향이 강화되었다고 해석할 수 있다. 그리고 소득의 고저에 따라 외관의 영향이 달라진다는 면에서 소득과 외관의 영향 사이에는 교호작용(interaction effect)이 존재한다고 말하기도 한다.

[표 6-9] 2002년도 공무원과 민간근로자 종사자의 평균보수 (단위: 천원, 명, 세, %)

	민간근로자		공무원		격 차
	연봉평균	근로자수	연봉평균	공무원수	공무원/민간
전 체	34,400	100	36,925	100	107.3
30세	29,000	55	28,000	15	96.6
40세	41,000	45	38,500	85	93.9
평균연령	34.5		38.5		

민간근로자: 종업원 100인 이상 기업의 사무 · 전문직 종사자[22)]
공무원: 행정, 경찰, 소방, 교육직 공무원

(2) 두 변수의 관계가 새로운 변수를 도입했을 때 반대로 나타나는 경우

이번에는 제3의 변수의 영향을 통제했을 때 두 변수간의 인과관계의 부호가 바뀌는 경우를 보자. 이를 위하여 공무원과 민간기업 종사자의 급여수준을 비교하는 다음의 예를 보자.

일반적으로 공무원의 보수는 민간기업 종사자에 비하여 낮은 것으로 알려져 있다. 실제로 공무원의 보수는 어느 정도이며, 민간기업 종사자와 비교하면 격차가 얼마나 될까? 2002년도의 경우 공무원의 평균연간보수는 36,925천원이며, 민간기업 종사자의 평균연간보수는 34,400천원이었다. 즉, 공무원의 보수가 민간기업 종사자에 비하여 7.3% 정도 더 높은 것이다. 그렇다면 공무원의 보수가 민간기업 종사자보다 더 낮다는 것은 잘못 알려진 정보이고, 사실은 민간기업 종사자보다 공무원의 보수가 더 높은 것일까?

이런 판단을 내리기 전에 〈표 6-9〉를 보자. 〈표 6-9〉에는 연령대별로 구분한 공무원 및 민간기업 종사자의 평균보수가 제시되어 있다. 이는 물론 가상사례이지만 실제와 근사하게 설계한 것이다.

〈표 6-9〉를 보면 전체의 연봉평균은 공무원이 더 높지만, 연령을 통제한 결과는 그 반대임을 알 수 있다. 동일 연령대에서는 민간 기업 종사자가 더 높은 임금을 받음에도 불구하고 공무원이 민간기업 종사자에 비해 고연령층이 더 많기 때문에(연령이 더 많다는 것은 그만큼 경력이 더 많음을 의미한다), 전체를 비교하면 공무원의 보수가 더 많은 것처럼 나온 것이다. 이러한 경우 연령을 통제변수로 도입하지 않는다면 우리는 사실과는 정반대의 결론을 내리게 된다.

22) 민간기업을 종업원규모 100인 이상의 기업으로 제한하는 것은 중앙인사위원회에서 공무원의 급여수준을 민간과 비교할 때 사용하는 기준이다. 종업원이 2~3명 정도인 영세사업장종사자의 급여와 공무원 급여를 비교할 수는 없지 않겠는가!

이와 같이 두 변수만을 고려했을 때 나타났던 결과가 제3의 변수를 통제했을 때 정반대로 나타나는 경우를 심슨의 역설(Simpson's paradox)이라고 한다. 심슨의 역설은 재미있으면서, 중요하기도 하다.[23] 따라서 다음의 예를 통하여 이에 대하여 좀더 알아보자.

보기 6.12

심슨의 역설(Simpson's paradox)이란, 총괄자료를 이용하여 특정 범주에 해당하는 어떤 속성에 대한 비율을 비교한 결과가, 범주를 좀더 세분한 자료를 이용하여 해당 속성에 대한 비율을 비교한 결과와 서로 반대되는 결과를 보이는 경우를 말한다.

심슨의 역설에 대한 대표적인 사례는 버클리 대학원의 남학생과 여학생의 합격률에 대한 것이다.[24]

[표 A] 1973년 버클리 대학원의 남녀별 입학자료

	합 격	불합격	합 계
남학생	1,400(52%)	1,291(48%)	2,691(100%)
여학생	772(42%)	1,063(58%)	1,835(100%)
전체	2,172(48%)	2,354(52%)	4,526(100%)

[표 A]를 보면 남학생의 합격률은 52%인 데 비하여, 여학생의 합격률은 42%로서 남학생의 합격률이 여학생에 비하여 10%포인트 더 높다. 이 결과에 대하여 여성운동단체들은 버클리 대학원이 학생 선발에서 남녀 차별을 한다고 맹렬하게 비난하였다(참고: 미국 대학원은 수험생의 학부성적, 추천서, GRE(대학원수능시험) 점수 등을 종합적으로 고려하여 주관적으로 학생을 선발한다. 요즘은 우리나라도 대학원은 이렇게 선발하는 추세이다).

이러한 비난에 대하여 버클리 대학원에서는 [표 B]와 같은 분야별로 세분된 남녀 합격률 자료를 제시하였다. [표 B]에서 각 분야별로 남녀별 합격률을 비교하면, 4개 분야에서 여학생의 합격률이 더 높으며, 2개 분야에서는 남학생의 합격률이 더 높음을 알 수 있다. 더 나아가서 여학생의 합격률이 높은 분야에서는 남녀 합격률 격차가 상당히 큰 데 비하여, 남학생의 합격률이 더 높은 분야에서는 그 차이가 아주 작게 나타나고 있다. 따라서, 이 자료에 따르면, 만일 학생 선발에 성차별이 존재한다면, 불이익을 받는 쪽은 여학생이 아닌 남학생이라고 해야 할 것이다.

그렇다면 분야별로는 대체로 여학생의 합격률이 더 높은데도 불구하고, 왜 전체를 비교하면 남학생의 합격률이 더 높은 것으로 나타났을까? [표 B]에서 남학생이 가장 많이 지원

23) 단지 효과의 크기를 줄이는 정도라면 정책적 판단에서 큰 문제가 안 될 수 있다. 하지만, 사실을 반대로 인식하게 한다면 이는 큰 문제가 될 수 있을 것이다.

24) 이 사례는 허명회, 통계적 개념 · 방법 · 응용(2001)에 제시된 사례를 인용한 것이다.

[표 B] 버클리 대학원의 남녀별 · 분야별 입학자료

	합 격	불합격	합 계
남학생	1,400(52%)	1,291(48%)	2,691(100%)
분야 A	512(61%)	313(39%)	825(100%)
B	353(63%)	207(37%)	560(100%)
C	120(37%)	205(63%)	325(100%)
D	138(33%)	279(67%)	417(100%)
E	53(28%)	138(72%)	191(100%)
F	224(60%)	149(40%)	373(100%)
여학생	772(42%)	1,063(58%)	1,835(100%)
분야 A	89(82%)	19(18%)	108(100%)
B	17(68%)	8(32%)	25(100%)
C	202(34%)	391(66%)	593(100%)
D	131(35%)	244(65%)	375(100%)
E	94(24%)	299(76%)	393(100%)
F	239(70%)	102(30%)	341(100%)
전체	2,172(48%)	2,354(52%)	4,526(100%)

한 분야는 A와 B이다. 그런데 이 두 분야에 여학생은 상대적으로 적게 지원하였다. 그런데 공교롭게도 이 두 분야의 합격률은 다른 분야에 비하여 매우 높다.

합격률이 높은 분야에 남학생이 상대적으로 더 많이 지원하였기 때문에(따라서, 합격률이 낮은 분야에 여학생이 상대적으로 더 많이 지원하였기 때문에), 전체로 보면 남학생의 합격률이 여학생에 비하여 더 높게 나타난 것이다.

6. 올바른 인과관계 추론의 중요성과 어려움

본장에서는 지금까지 인과관계 추론이라는 것이 어떤 의미를 갖는가, 타당한 인과관계 추론을 위해서는 어떤 조건들이 지켜져야 하는가, 교차표를 통하여 인과관계를 어떻게 해석할 수 있는가, 이 때의 주의점은 무엇인가에 대하여 공부하였다.

본장을 읽은 독자들의 소감은 어떤지? 거듭 강조하지만, 사회과학에서 실증연구의 핵심은 사회현상을 구성하는 변수간의 인과관계를 파악하는 데 있다. 하지만 이를 올바르게 파악한다는 것은 참으로 어렵다.

물론 다중분산분석, 다중회귀분석, 경로분석, 공변량구조분석 등 인과관계 파악을 위한 다양한, 그리고 복잡한 기법들이 개발되어 있다. 독자들 중의 일부는 이런 기법들을 알고 있거나, 혹은 나중에 배울 기회가 있을 것이다. 하지만 어떤 분석기법을 사용한다고 해도, 대부분의 경우 실험설계에 의한 연구가 불가능하다는 사회현상의 특성상, 인과관계를 올바르게 파악하는 것은 매우 어려운 작업이며, 상당히 조심스럽게 해석해야 한다.

본장에서 강조하는 것은 이 점을 잘 이해하자는 것이다. 왜 사회현상의 인과관계 추론이 어려운가를 이해하고, 표나 그래프로 제시된 다양한 통계들로부터 변수 간의 인과관계를 파악하고자 할 때 어떤 점들에 주의해야 하는가를 알고 있자는 것이다.

아무쪼록 본장의 공부가, 독자 여러분이 주어진 자료로부터 인과관계를 판단할 때 발생하는 오류를 줄이는 데 도움이 되길 바란다.

기 • 출 • 예 • 제

01 {06 행 · 외시} 다음 〈표〉는 선거운동기간 중 전국 성인남녀 1,200명을 조사하여 신문과 TV에서 정치광고를 본 후 응답자들이 지지정당을 바꾼 경우만을 나타낸 것이다. | 보기 |의 설명 중 옳은 것을 모두 고르면?

정치광고에 따른 지지정당 변화

(단위: 명)

광고후 선택정당 \ 광고전 선택정당 / 광고매체	A당		B당		C당		전 체
	신문	TV	신문	TV	신문	TV	
A당	–	–	6	16	12	52	86
B당	11	29	–	–	9	28	77
C당	9	25	5	8	–	–	47
전 체	20	54	11	24	21	80	210

※ 이득은 지지자 수가 늘어난 것을 의미하며, 손해는 지지자 수가 줄어든 것을 의미함.

보 기

ㄱ. 신문과 TV광고를 합해서 볼 때 가장 큰 손해를 본 정당은 C정당이다.
ㄴ. TV광고를 통해서 가장 큰 이득을 본 정당은 A당이다.
ㄷ. A당은 TV광고를 통해서는 이득을 보았지만 신문 광고를 통해서는 손해를 보았다.
ㄹ. 신문 광고를 통해 가장 큰 이득을 본 정당은 B당이다.

① ㄱ, ㄴ ② ㄱ, ㄷ ③ ㄴ, ㄹ
④ ㄱ, ㄷ, ㄹ ⑤ ㄴ, ㄷ, ㄹ

02 { 06 행 · 외시 } 다음 〈표〉는 어느 연구원에서 자녀가 있는 부모를 대상으로 본인과 자녀의 범죄피해에 대해 얼마나 두려워하고 있는가를 조사 · 분석한 것이다. | 보기 | 중 이 자료에 근거한 해석으로 옳은 것을 모두 고르면?

본인과 자녀의 범죄피해에 대한 두려움

(단위: %)

응답내용 \ 응답자 \ 범죄피해 대상		본 인	아 들	딸
전혀 걱정하지 않는다	아버지	13.9	3.4	3.0
	어머니	4.8	2.3	1.7
걱정하지 않는 편이다	아버지	27.3	6.3	2.7
	어머니	11.5	5.7	3.4
그저 그렇다	아버지	31.7	13.2	4.7
	어머니	25.3	8.6	3.8
걱정하는 편이다	아버지	24.7	52.0	52.0
	어머니	53.1	50.4	43.5
매우 걱정한다	아버지	2.4	25.1	37.6
	어머니	5.3	33.0	47.6

※ '걱정한다'는 '걱정하는 편이다'와 '매우 걱정한다'를 합한 것임.

보 기

ㄱ. 본인의 범죄피해에 대해 걱정하는 비율은 어머니가 아버지에 비해 2배 이상이다.
ㄴ. 자녀의 범죄피해에 대해 걱정하는 비율은 아들과 딸 각각에 대해 어머니보다 아버지가 더 높게 나타난다.
ㄷ. 아버지와 어머니 모두 아들의 범죄피해보다 딸의 범죄피해에 대해 걱정하는 비율이 더 높게 나타난다.
ㄹ. 자녀의 범죄피해에 대해 걱정하는 비율에서 아버지와 어머니 간 차이는 딸에 대해서보다 아들에 대해 더 크게 나타난다.

① ㄱ, ㄴ ② ㄴ, ㄹ ③ ㄷ, ㄹ
④ ㄱ, ㄴ, ㄷ ⑤ ㄱ, ㄷ, ㄹ

03 { 05년 모의평가 언어영역 } 다음 글에 나타난 추리에 관한 평가로 적절한 것을 모두 고르면?

> Q박사는 최근 자신의 논문에서 새로 개발된 피임약이 인간의 지적 능력을 저하시킬 수도 있다고 주장했다. Q박사는 그 피임약에 들어있는 것과 동일한 호르몬을 60마리의 암컷 쥐 중 30마리에게 주사했는데, 그 쥐들은 그 호르몬을 주사하지 않은 다른 30마리의 쥐들에 비해 지적 능력을 관장하는 대뇌피질의 성장이 크게 저하되었음을 관찰하였다. 이 실험에 근거하여, Q박사는 그 피임약에 들어있는 호르몬이 인간의 지적 능력을 저하시킬 수 있다고 결론을 내렸다.

보 기

ㄱ. 쥐와 사람의 생리적 유사성은 이 양자의 대뇌피질이 같은 방식으로 특정 호르몬에 반응할 것이라는 논점과 관련성이 크므로 이 논증은 설득력 있는 논증이다.
ㄴ. 만일 Q박사가 쥐보다 인간과 생리적 유사성이 더 큰 원숭이를 대상으로 실험하여 동일한 결과를 얻었다면 이 논증의 설득력은 강화될 것이다.
ㄷ. 만일 Q박사가 애초에 10마리의 쥐를 대상으로 실험하여 동일한 결과를 얻었다면 이 논증의 설득력은 약화될 것이다.
ㄹ. 만일 Q박사가 실험 대상을 쥐, 토끼, 돼지 세 종류의 동물을 대상으로 실험하여 동일한 결과를 얻었다면 이 논증의 설득력은 약화될 것이다.

① ㄱ, ㄴ　② ㄴ, ㄹ
③ ㄱ, ㄴ, ㄷ　④ ㄱ, ㄷ, ㄹ
⑤ ㄴ, ㄷ, ㄹ

04 { 05년 입법 } 다음 〈표〉는 범죄의 소질(素質)이 유전되는지를 살펴보기 위하여 허칭스(Hutchings)와 메드닉(Mednick)이 덴마크의 코펜하겐에서 다른 가정에 입적된 4,068명의 양자(養子)를 대상으로 생부(生父), 양부(養父), 그리고 양자(養子) 본인이 범죄를 저지른 적이 있는가를 기록한 범죄기록부를 조사한 결과이다. 이 자료에 대한 진술 중 옳은 것을 | 보기 | 에서 모두 고른 것은?

생부와 양부의 범죄기록에 따른 양자의 범죄기록

구 분	범죄기록	양자수(A)	양자 중에서 범죄기록자의 수(B)	B/A(%)
생부	범죄기록 없음	2,499	336	13.5
양부	범죄기록 없음			
생부	범죄기록 없음	200	30	15.0
양부	범죄기록 있음			
생부	범죄기록 있음	1,226	245	20.0
양부	범죄기록 없음			
생부	범죄기록 있음	143	35	24.5
양부	범죄기록 있음			

보 기

가. 양자가 범죄를 저지르는 데에는 생부의 범죄기록 유무가 양부의 범죄기록 유무보다 더 큰 영향을 미친다.

나. 생부의 범죄기록 유무가 동일하다고 가정할 때, 양부가 범죄를 저질렀으면 그렇지 않은 경우에 비하여 양자들이 범죄를 저지르는 경향이 더 강하다.

다. 양부의 범죄기록 유무가 동일하다고 가정할 때, 생부가 범죄를 저질렀으면 그렇지 않은 경우에 비하여 양자들이 범죄를 저지르는 경향이 항상 강한 것은 아니다.

라. 양자가 범죄를 저지르는 데에는 생부의 범죄기록과 양부의 범죄기록 모두 영향을 미친다.

① 가, 나　② 가, 라　③ 나, 다
④ 가, 나, 라　⑤ 나, 다, 라

05 { 05년 입법 } 다음 〈표〉는 중 · 고등학생의 준법의식을 조사한 결과이다. 아래 〈표〉에서 얻을 수 있는 정보에 대한 기술로 옳은 것은?

〈표 1〉 성별 준법의식의 분포

(단위: 명)

준법의식	성 별	
	남학생	여학생
높다	319(43%)	153(46%)
중간	182(25%)	85(26%)
낮다	233(32%)	95(28%)
소계	734(100%)	333(100%)

〈표 2〉 학업성적별 준법의식의 분포

(단위: 명)

준법의식	학업성적		
	상	중	하
높다	174(49%)	220(44%)	78(35%)
중간	76(23%)	133(27%)	44(20%)
낮다	88(26%)	142(29%)	99(45%)
소계	337(100%)	495(100%)	221(100%)

〈표 3〉 교육단계별 준법의식의 분포

(단위: 명)

준법의식	교육단계	
	중학생	고등학생
높다	173(51%)	299(41%)
중간	76(23%)	191(26%)
낮다	88(26%)	240(33%)
소계	337(100%)	730(100%)

〈표 4〉 성별 · 학업성적별 · 교육단계별 준법의식의 분포

(단위: 명)

준법의식	남학생			여학생		
	학업성적			학업성적		
	상	중	하	상	중	하
	중학생					
높다	44(56%)	47(45%)	17(41%)	12(46%)	39(60%)	14(64%)
중간	16(20%)	28(27%)	11(27%)	5(19%)	12(18%)	4(18%)
낮다	19(24%)	29(28%)	13(32%)	9(35%)	14(22%)	4(18%)
소계	79(100%)	104(100%)	41(100%)	26(100%)	65(100%)	22(100%)

고등학생						
높다	85(51%)	96(40%)	30(29%)	33(42%)	38(44%)	17(30%)
중간	44(26%)	65(27%)	18(18%)	25(32%)	28(33%)	11(20%)
낮다	39(23%)	79(33%)	54(53%)	20(26%)	20(23%)	28(50%)
소계	168(100%)	240(100%)	102(100%)	78(100%)	86(100%)	56(100%)

① 여학생이 남학생보다 준법의식이 높다고 할 수 있으며, 학업성적과 교육단계를 고려해도 그러하다.
② 학업성적이 높은 학생은 그렇지 못한 학생에 비해 준법의식이 높다고 할 수 있으며, 성별과 교육단계를 고려해도 그러하다.
③ 중학생은 고등학생에 비해 준법의식이 높다고 할 수 있으며, 성별과 학업성적을 고려해도 그러하다.
④ 학업성적이 높은 학생은 그렇지 못한 학생에 비해 준법의식이 높다고 할 수 있으며, 여자중학생인 경우 그러한 경향을 더욱 분명히 찾아볼 수 있다.
⑤ 교육단계가 높을수록 준법의식이 높다는 것을 알 수 있다.

06

{ 05년 입법 } 다음 4개의 [그림]은 일정한 지역에서의 방범용 CCTV 설치시기와 범죄발생건수와의 관계를 가상적으로 나타낸 것이다. 다른 요소의 개입은 없었다는 전제하에 "CCTV 설치가 범죄예방에 효과를 갖고 있다"라고 평가할 수 있는 [그림]만을 연결한 것은?

[그림 1]

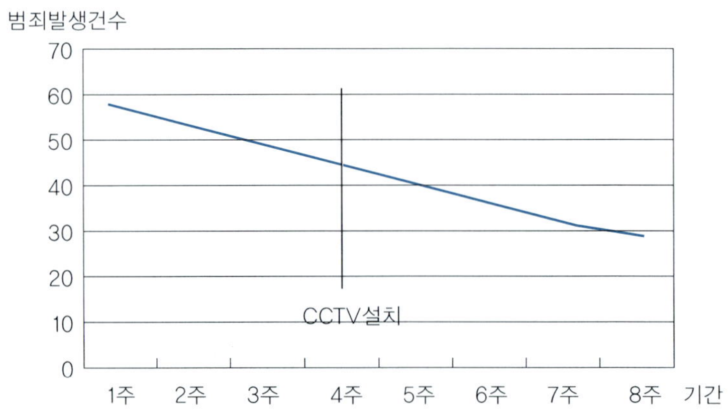

[그림 2]

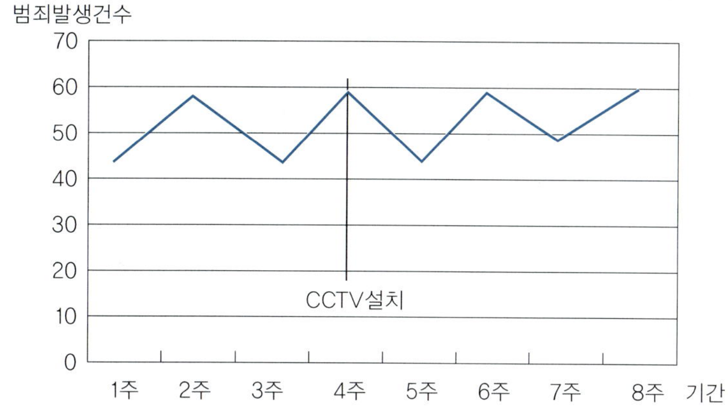
범죄발생건수
70
60
50
40
30
20
10
0
CCTV설치
1주
2주
3주
4주
5주
6주
7주
8주
기간

[그림 3]

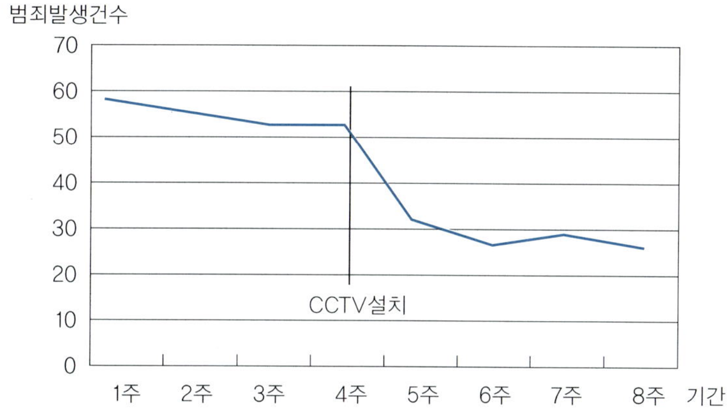
범죄발생건수
70
60
50
40
30
20
10
0
CCTV설치
1주
2주
3주
4주
5주
6주
7주
8주
기간

[그림 4]

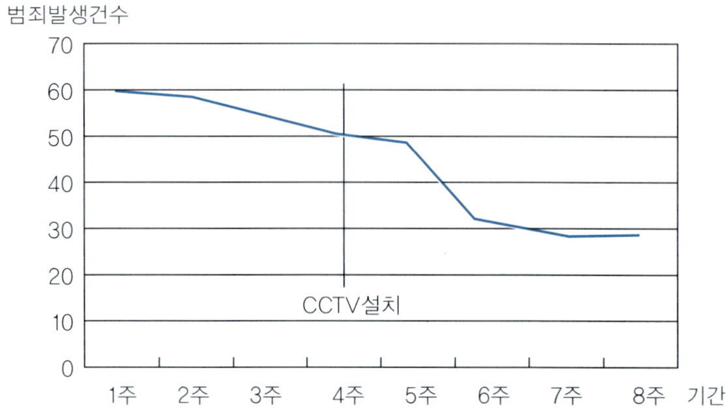

① [그림 1], [그림 2]
② [그림 2], [그림 3]
③ [그림 3], [그림 4]
④ [그림 1], [그림 3], [그림 4]
⑤ [그림 1], [그림 2], [그림 3], [그림 4]

07 { 05년 행시 · 외시 } 다음 〈표〉는 65세 이상의 남녀 노인 각각 1,000명을 대상으로 유형별 피학대 경험에 대해 조사한 결과이다. 이 〈표〉를 잘못 해석한 것은?

유형별 피학대 경험자 비율

(단위: %)

구 분		방임 피학대	정서적 피학대	언어적 피학대	신체적 피학대	경제적 피학대
성별	남	66.7	90.0	50.0	22.0	33.3
	여	59.8	92.9	68.8	35.7	31.3
나이	65~74세	63.5	95.9	68.9	33.8	29.7
	75~84세	57.3	88.0	52.0	29.3	36.0
	85세 이상	73.9	91.3	73.9	27.3	26.1
거주지	도시	69.7	95.0	65.5	31.9	31.7
	농촌	60.4	78.8	48.5	27.3	33.3
지병 여부	있다	59.4	94.4	61.1	29.6	33.3
	없다	63.9	87.5	64.1	33.3	29.7

교육 수준	초졸 이하	62.8	92.0	62.8	30.9	29.2
	중졸	66.7	83.3	50.0	25.0	50.0
	고졸	58.7	93.3	60.0	40.0	46.7
	대졸 이상	37.5	99.0	75.0	25.0	25.0
전체		63.3	91.5	59.4	28.8	32.3

① 농촌보다 도시에서 노인들의 방임 피학대, 신체적 피학대, 경제적 피학대 경험자의 비율이 높았다.

② 지병이 있는 노인의 경우는 그렇지 않은 경우보다 정서적 피학대 및 경제적 피학대 경험자의 비율이 더 높았다.

③ 다른 연령대와 비교하여 볼 때, 정서적 피학대 경험자의 비율은 65~74세의 경우에서, 언어적 피학대 경험자의 비율은 85세 이상의 경우에서 가장 높았다.

④ 남자 노인의 경우는 여자 노인에 비하여 방임 피학대와 경제적 피학대 경험자의 비율이 높았지만 정서적, 언어적, 신체적 피학대 경험자의 비율은 낮았다.

⑤ 교육수준이 초졸 이하인 노인과 대졸 이상인 노인을 비교해 볼 때, 정서적 피학대 경험자 비율의 차이보다 언어적 피학대 경험자 비율의 차이가 더 크게 나타난다.

08 { 05년 행시 · 외시 } 다음 〈표〉는 어느 미독립 분단국가의 국민들을 상대로 독립과 통일에 관한 견해를 설문조사한 결과이다. 이 〈표〉에 대한 해석으로 옳은 것을 | 보기 | 에서 모두 고르면?

독립과 통일에 관한 견해

(단위: %)

구 분		통일에 대한 견해			
		무조건 찬성	조건부 찬성	반 대	계
독립에 대한 견해	무조건 찬성	2.7	9.0	15.7	27.4
	조건부 찬성	9.3	25.4	11.3	46.0
	반대	8.5	13.6	4.5	26.6
	계	20.5	48.0	31.5	100.0

※ 찬성은 무조건 찬성과 조건부 찬성을 모두 포함함.

보 기

ㄱ. 독립에 무조건 찬성하는 사람의 비율이 통일에 무조건 찬성하는 사람의 비율보다 높다.
ㄴ. 독립에 찬성하거나 통일에 찬성하는 사람의 비율은 46.4%이다.
ㄷ. 통일에 찬성하는 사람들 중에서, 독립에 찬성하는 사람의 비율이 독립에 반대하는 사람의 비율보다 높다.
ㄹ. 독립에는 찬성하지 않지만 통일에는 찬성하는 사람의 비율은 22.1%이다

① ㄱ, ㄹ
② ㄴ, ㄷ
③ ㄱ, ㄴ, ㄷ
④ ㄱ, ㄷ, ㄹ
⑤ ㄴ, ㄷ, ㄹ

09 { 05년 행시 · 외시 } 다음 〈표〉는 한국국제협력단(KOICA)이 향후 어떤 지역을 중점적으로 지원해야 한다고 생각하는지를 알기 위해 설문조사한 자료이다. 이 〈표〉를 올바르게 설명한 것을 | 보기 | 에서 모두 고르면?

성별 · 연령별 향후 중점 지원대상지역 응답비율

(단위: %)

대상지역 / 응답자	아시아	아프리카	중남미	동유럽 및 구소련권	중 동	모 름	계
남성	40.7	38.2	2.7	3.9	5.7	8.8	100.0
여성	33.2	39.7	3.6	3.4	4.8	15.3	100.0
20대 이하	41.9	35.4	4.0	6.4	8.2	4.1	100.0
30대	39.9	41.9	3.1	3.5	5.5	6.1	100.0
40대	46.8	37.5	1.7	2.7	3.1	8.2	100.0
50대 이상	29.6	33.7	3.5	2.0	4.3	26.9	100.0

※ 남성과 여성의 표본 크기(응답자 수)는 동일함.

보 기

ㄱ. 남성은 아시아를, 여성은 아프리카를 중점 지원대상지역으로 가장 많이 응답하였다.
ㄴ. 연령대가 높아질수록 '모름'의 응답 비율이 높은 것은 연령대가 높아질수록 '모름'에 응답한 여성이 많기 때문이다.
ㄷ. 20대 이하 남성 1,000명 중 중남미를 중점 지원대상지역이라고 응답한 인원수는 약 1명꼴이다.
ㄹ. 응답자들은 향후 중점 지원대상지역으로 아프리카를 가장 많이 선택했다.

① ㄱ, ㄷ
② ㄱ, ㄹ
③ ㄴ, ㄹ
④ ㄱ, ㄷ, ㄹ
⑤ ㄴ, ㄷ, ㄹ

10 { 04년 외시 } 다음은 어떤 국가의 국회의원들(총의원정수 435명)을 대상으로 소속정당별 이념성향과 시장개방에 대한 태도를 조사하여 얻은 자료이다. | 보기 | 중 〈표〉를 통해서 얻을 수 있는 결론으로 옳은 것을 모두 고르면?

소속정당별 이념성향과 시장개방에 대한 태도

구 분		시장개방에 대한 태도				계/평균
		적극 반대	대체로 반대	대체로 찬성	적극 찬성	
A당	의원수	7	23	82	94	206
	ADA점수 평균	70.0	73.5	88.2	89.8	86.7
B당	의원수	170	53	4	2	229
	ADA점수 평균	8.4	14.3	18.8	30.0	10.1
계/평균	의원수	177	76	86	96	435
	ADA점수 평균	10.8	32.2	85.0	88.6	46.4

※ ADA점수란 전반적 이념성향을 측정한 점수로 점수가 높을수록 진보적 이고, 낮을수록 보수적인 성향이 강함을 의미한다.

보 기

ㄱ. A당 의원들은 B당 의원들에 비해 시장개방에 찬성하는 비율이 높다.
ㄴ. A당 의원들은 B당 의원들보다 진보적 성향을 나타내고 있다.
ㄷ. 이 국가의 총국회의원 중 시장개방에 찬성하는 의원의 비율이 반대하는 의원의 비율보다 높다.
ㄹ. A당, B당 모두 시장개방에 반대하는 의원들보다 찬성하는 의원들의 ADA점수 평균이 높다.

① ㄱ, ㄴ
② ㄱ, ㄴ, ㄷ
③ ㄱ, ㄴ, ㄹ
④ ㄱ, ㄷ, ㄹ
⑤ ㄴ, ㄷ, ㄹ

11 { 04년 외시 } 다음 〈표〉들은 우리나라의 20대 이상 성인들을 대상으로 분야별 부패정도와 부패의 원인에 대한 인식을 조사한 것이다. 조사결과를 바르게 해석한 것을 모두 고르면?

〈표 1〉 분야별 부패정도에 대한 인식

(단위: %)

분 야 / 조사대상	정치권	법조계	행정부	교육계	기 타
20~30대	64.5	15.8	7.3	5.9	6.5
40~50대	65.2	18.8	4.4	5.6	6.0
60대 이상	60.4	23.6	0.0	6.4	9.6

〈표 2〉 부패의 원인에 대한 인식

(단위: %)

부패원인 / 조사대상	저임금	정경유착	상납관행	온정주의	무응답
20~30대	11.2	44.4	36.0	8.4	0.0
40~50대	23.6	27.2	40.4	6.4	2.4
60대 이상	54.8	12.4	17.2	15.6	0.0

보 기

ㄱ. 모든 연령층의 응답자들이 가장 부패했다고 인식하는 분야는 정치권이다.

ㄴ. 다른 연령층에 비해 20~30대는 정경유착을 부패의 원인이라고 인식하는 비율이 높다.

ㄷ. 위 〈표〉에 의하면 부패척결을 위해서는 저임금 문제를 해결하는 것이 가장 중요하다.

ㄹ. 연령층이 높아질수록 부패의 원인이 온정주의라고 응답한 사람 수가 많아진다.

① ㄱ, ㄴ ② ㄴ, ㄹ ③ ㄱ, ㄴ, ㄷ
④ ㄱ, ㄴ, ㄹ ⑤ ㄱ, ㄷ, ㄹ

12 {03년 6월 모의평가} 다음 〈표〉는 IQ검사와 창의력 검사 점수를 근거로 하여 고지능 집단과 고창의력집단을 골라 두 집단간의 차이를 연구한 결과이다. 다음 〈표〉에 대한 해석으로 타당하지 않은 것은?

지능, 창의력에 따른 집단의 차이

구 분 \ 집 단	전 체 (N=449)	고지능집단 (N=28)	고창의력집단 (N=24)
IQ	132.00	150.00	127.00
성적	49.91	55.00	56.27
성취동기	49.81	49.00	50.04
교사평가	10.23	11.20	10.94

※ IQ와 창의력검사 점수가 동시에 높은 학생들은 포함시키지 않음.

① 고지능집단과 고창의력집단간의 IQ차이는 현저하나 그들의 성적은 두 집단이 거의 동등하며, 이것은 학교 전체 평균에 비하여 높다.

② 창의력 검사에서 좋은 점수를 받은 학생은 일반 학생에 비해 교사로부터 좋은 평가를 받을 가능성이 높다.

③ 교사는 창의력이 높은 학생보다는 지능이 높은 학생을 더 높이 평가하는 경향이 있다.

④ 연구를 통해 볼 때 창의력이 높은 학생은 학업성적이 높을 것이라는 추측을 할 수 있다.

⑤ 이 연구 결과는 지능이 상대적으로 낮은 고창의력집단의 성적이 높은 이유가 성취동기가 높기 때문이라는 것을 보여준다.

13 {03년 6월 모의평가} 다음은 조기교육 프로그램의 효과를 평가하기 위한 연구에서 얻어진 결과이다. 이 결과에서 유추할 수 있는 내용이 아닌 것은?

가장의 교육수준에 따른 조기교육 프로그램의 선택과 합격여부

구 분		프로그램	결 과		
			불합격	합 격	합 계
		총 계	355(72%)	136(28%)	491(100%)
가장의 교 육 수 준	하	비적용집단	119(79%)	31(21%)	150(100%)
		조기교육집단	16(94%)	1(6%)	17(100%)
		합 계	135(81%)	32(19%)	167(100%)
	중	비적용집단	83(75%)	27(25%)	110(100%)
		조기교육집단	23(64%)	13(36%)	36(100%)
		합 계	106(73%)	40(27%)	146(100%)

상	비적용집단	86(68%)	41(32%)	127(100%)
	조기교육집단	28(55%)	23(45%)	51(100%)
	합 계	114(64%)	64(36%)	178(100%)

① 참여아동 전체를 고려할 때 조기교육집단의 합격률이 비적용집단의 합격률보다 높음을 알 수 있다.
② 가장의 교육수준이 높은 가정의 아동들이 더 높은 합격률을 보여준다.
③ 가장의 교육수준이 높아질수록 조기교육 프로그램을 선택하는 정도가 높다.
④ 가장의 교육수준에 상관없이 조기교육집단보다는 비적용집단 프로그램을 선호하는 경향이 높다.
⑤ 가장의 교육수준에 상관없이 조기교육집단이 비적용집단에 비해 합격률이 높다.

14 {03년 6월 모의평가} 다음은 미국의 대통령선거 관련 설문조사의 결과이다. 이를 통해 내린 결론으로 가장 적절한 것은?

〈표 1〉 소속정당별 지지후보

지지후보 \ 소속정당	민주당원	무소속	공화당원	합 계
공화당 후보	69 (16.0%)	191 (53.4%)	370 (91.6%)	630 (52.9%)
민주당 후보	361 (84.0%)	167 (46.6%)	34 (8.4%)	562 (47.1%)
합 계	430 (36.1%)	358 (30.0%)	404 (33.9%)	1,192 (100%)

〈표 2〉 인종별 지지후보

지지후보 \ 인 종	백 인	흑 인	기 타	합 계
공화당 후보	61,4 (59.0%)	10 (8.2%)	6 (20.7%)	630 (52.9%)
민주당 후보	427 (41.0%)	112 (91.8%)	23 (79.3%)	562 (47.1%)
합 계	1,041 (87.3%)	122 (10.2%)	29 (2.4%)	1,192 (100%)

① 흑인 유권자보다 기타 소수민족이 민주당 후보를 지지할 가능성이 상대적으로 더 높다.

② 인종이 소속정당보다 후보자 지지율에 더 영향을 미친다.
③ 민주당원이 공화당원보다 상대적으로 결속력이 강하다.
④ 민주당 소속 흑인이 다른 후보보다 민주당 후보를 지지할 확률이 가장 높다.
⑤ 백인이 공화당을 선호하는 경향이 흑인이 민주당을 선호하는 경향보다 강하다.

15 { 03년 6월 모의평가 } 다음을 참고하여 볼 때, Ohio 대학교에서 내린 결론에 대한 비판들 중 타당한 것으로 모두 묶인 것은?

미국에서는 1965년에 가난한 집 자녀가 정규학교에서 성적을 올리기 위한 유치원 교육을 무상으로 실시하는 HSP(Head Start Program)를 실시하였다. 1969년 Ohio 대학교는 HSP의 효과를 평가하기 위하여 HSP 실시지역의 초등학교 1, 2학년 학생들 중에서 유치원 교육을 받았던 경험을 기준으로 실험집단과 통제집단을 구분하고, 두 집단간의 인지 및 정서능력을 측정하였다. 그 결과 읽기 능력이나 지능지수와 같은 인지능력에서 유치원에 다닌 경험이 있는 학생집단(실험집단)이 다니지 않았던 집단(통제집단)보다 높은 것으로 나타났다. 이에 따라 HSP의 정책효과가 있었다고 결론을 내렸다.

보 기

ㄱ. 실험집단과 통제집단을 구분하여 학생을 두 집단에 선발·배치함에 있어서 유치원 무상교육 여부 외의 요인들은 두 집단 모두 동등한 것으로 가정하였다.
ㄴ. 유치원 교육을 받은 경험이 초등교육과정에서 인지능력을 향상시킨다는 가정은 이론적 타당성이 없다.
ㄷ. 무상교육을 시킨 부모는 시키지 않은 부모에 비해 교육에 대한 관심이 더 높았다고 해석할 수 있고, 이러한 부모의 차이가 인지능력의 차이에 영향을 끼쳤을 것이다.
ㄹ. 유치원 교육을 받은 후 몇 년이 지난 학생들의 인지 능력 차이는 유치원 교육 효과 이외의 요인에 의해서 나타날 수도 있다.

① ㄱ, ㄴ
② ㄱ, ㄷ
③ ㄱ, ㄴ, ㄷ
④ ㄱ, ㄷ, ㄹ
⑤ ㄴ, ㄷ, ㄹ

Chapter 7

통계조사의 기초

1. 왜 이 장을 배우는가?

2장부터 6장까지는 주어진 자료를 이용하여 현상을 제대로(!) 파악하는 방법들에 대하여 설명하였다. 도표 및 통계치를 통하여 자료가 담고 있는 정보를 이해하기 쉽게 요약·정리하여 제공하는 것, 그리고 이로부터 관심을 갖는 현상의 인과관계를 추론하는 방법 등에 대하여 설명하였다.

이러한 것들은 자료해석 및 상황판단, 즉 현상을 이해하고 문제해결 방법을 찾기 위하여 매우 중요하다. 그런데 올바른 자료해석과 상황판단을 위해서는 그 밖에도 알아 두어야 할 사항들이 있다.

첫번째는 자료의 생산에 대한 것이다. 아무리 주어진 자료를 이용하여 해석을 잘 한다고 해도, 주어진 자료 자체가 잘못 되었다면 현상을 올바르게 파악하는 것은 처음부터 불가능할 것임은 자명하다. 영어 표현에 'GIGO: garbage in garbage out'이라는 것이 있다. 우리 말로 옮기면 '쓰레기를 넣으면 쓰레기가 나온다' 정도가 될 것이다. 멋있는 표현 아닌가! 구슬이 서 말 있으면 꿰어서 보배로 만들 수 있다. 하지만 자갈이 서 말 있으면 아무리 열심히 꿰어도 보배가 되기는 처음부터 글렀다. 올바른 자료를 생산하는 것! 이는 현상의 올바른 해석과 판단의 첫 단계이자, 가장 중요한 단계이다.

두번째는 통계적 추론에 대한 것이다. 통계적 추론이 무엇인지는 고등학교 때 배웠기 때문에 독자들도 잘 알고 있을 것이다. 예를 들면, 통상 언론에서 여론조사 결과를 발표할 때 말미에 '이 조사는 95% 신뢰수준에서 ±3%의 오차한계를 갖는다' 등의 말을 덧붙이는데, 이 95% 신뢰수준, ±3% 오차한계 등의 용어가 통계적 추론 결과로 나온 것이다.

어떤 현상을 파악하기 위하여 자료를 수집할 때는 대부분의 경우 해당 대상의 일부에 대한 자료만을 수집하여 조사한다. 즉, 전체의 일부만을 조사한 후, 이를 전체에 대한 특성인 것으로 간주한다. 예를 들어 보자. 정부에서는 매달 5천 가구 정도에 대한 소득과 소비 수준을 조사한 후, 이를 근거로 우리나라 전체 가구의 소득과 소비수준을 발표한다. 그리고 언론에서 다양한 여론조사를 할 때는 흔히 1,000여명 정도를 조사한다. 그런데 일부에 대한 조사결과는 전체에 대한 조사결과와 비슷하기는 해도 일치하지는 않을 것이다. 따라서 일부에 대한 자료로부터 전체에 대한 판단을 할 때는 항상 일부에 대한 결과와 전체에 대한 결과가 다를 가능성을 염두에 두어야 한다. 통계적 추론은 바로 이처럼 다를(혹은 틀릴) 가능성을 수치로 제공함으로써, 일부로부터 전체에 대한 판단을 할 때 도움을 주는 방법에 대한 것이다.

올바른 자료의 생산과 타당한 통계적 추론은 자료로부터 현상을 제대로 해석하고 판단하기 위하여 매우 중요하다. 하지만 이 주제에 대한 PSAT 문제는 2~6장까지의 주제에 대한 문제에 비하여 출제빈도는 적을 것으로 판단된다. 왜 일까? 한 가지 이유는 중견 공무원의 업무와 관련해 볼 때, 자료의 생산과 통계적 추론을 직접 하는 경우는 많지 않으며, 그보다는 2~6장까지 다룬 내용들이 훨씬 자주 쓰이기 때문이다. 또 다른 이유는 PSAT는 일종의 적성검사이며 지식을 묻는 것은 아닌데, 올바른 자료 생산과 통계적 추론을 위해서는 이 주제에 대한 지식 습득이 필요하기 때문이다. 즉, 해당 지식을 전제하지 않고는, 이 주제에 대한 질문을 하는 것이 부적절한 경우가 많기 때문이다.

그렇다고 안심하지는 말라. 비록 올바른 자료 생산과 통계적 추론 방법을 잘 알려면 상당한 지식이 필요하지만, 이의 기본적인 원리를 이해하는 데는 그다지 많은 지식이 필요하지 않다. 건전한 상식과 이해력만 있다면 충분하다. 따라서 PSAT에서도 특정한 지식이 요구되지 않는 범위 내에서, 자료 생산 및 통계적 추론과 관련된 질문을 할 수 있다. 실제로 PSAT 시험에서 이에 대한 문제가 출제되고 있다.

이에 따라 본장에서는 주로 건전한 상식과 이해력을 요구하고, 덧붙여서 약간의 지식을 필요로 하는 수준의 기초적인 자료생산 및 통계적 추론에 대한 내용을 설명하기로 한다. 늘 하는 말이지만, 굳이 내용을 암기하려고 애쓰지 말라. 그냥 차근차근 읽어 보면 무슨 말인지 이해할 수 있을 것이며, 그것으로 족하다.

2. 자료 생산의 기초

올바른 자료 생산을 위해서는 무엇을 주의해야 할까? 어떤 경우에 잘못된 자료를 얻게 될까? 여러 가지 경우가 있지만 조사방법론 교재에서 흔히 다루고 있는 것은 두 가지 유형이다. 하나는 표본추출이 부적절한 경우이며, 또 하나는 측정에 오류가 있는 경우이다.

1) 표본추출

(1) 올바른 표본추출의 중요성

자료를 통한 현상 파악을 위해서는 대부분의 경우 전체 대상 중에서 일부만을 수집하여 조사한다. 왜 일부만을 조사할까? 물론 전체에 대한 조사를 하는 것이 쉽지 않기 때문이다. 어떤 경우에는 전체에 대한 조사가 불가능한 경우도 있다.[1] 어떤 경우는 가능하지만 경제적 · 시간적으로 너무 많은 비용이 들기 때문에 일부만을 조사한다. 생각해 보라. 정부에서 분기별 소비자 물가수준을 조사하기 위하여 대한민국의 모든 시장(대형할인점, 백화점, 재래시장 등등)에서 판매되는 재화의 값을 석 달에 한 번씩 조사하기는 힘들지 않겠는가? TV 가요프로에서 인기가요 순위를 파악하기 위하여 전 국민에게 모두 물어보기는 어렵지 않겠는가?

잘 알고 있겠지만, 우리가 관심을 갖는 대상 전체를 모집단(population)이라고 하고 실제로 조사된 일부를 표본(sample)이라고 하며, 모집단으로부터 표본을 뽑는 것을 표본추출(sampling)이라고 한다. 또한 표본의 특성을 수치로 요약한 것을 통계량, 모집단의 특성을 수치로 요약한 것을 모수라고 한다. 가령 표본의 평균은 통계량이며, 모집단의 평균은 모수가 되겠다.

표본추출은 자료 생산의 첫 단계라고 할 수 있는데, 이 때 중요한 것은 표본이 모집단의 특성을 잘 반영할 수 있도록 추출하여야 한다는 점이다. 이를 보통 대표성이 있어야 한다고 말한다. 예를 들어서, 우리나라 가구의 평균소득을 알기 위하여 서울 강남구에서 1,000가구를 추출하여 이들의 평균소득을 조사한다고 하자. 이 결과를 우리나라 가구의 평균소득으로 간주할 수 있겠는가? 혼전동거에 대한 국민여론을 조사하는데 토요일 오후에 홍대 앞을 지나가는 사람들 중에서 500명

1) 예를 들어서, H사에서 새로 개발한 자동차가 충격에 얼마나 강한지를 알고 싶다고 하자. 이를 위해서는 실제로 부딪쳐보는 실험을 해야 한다. 그런데 이 경우 생산된 모든 자동차에 대하여 충격 실험을 할 수는 없지 않겠는가? 생산된 자동차 중에서 일부(물론 자동차는 비싸니까 몇 대만 하겠지?)만을 선택하여 실험할 것이다. 그리고 그 결과를 해당 모델 자동차 전체에 대한 것으로 간주할 것이다.

을 택해서 조사한다고 하자(아마 이 표본에는 개방적인 젊은 계층이 훨씬 많을 것이다). 이 결과를 전체 국민의 의견이라고 할 수 있겠는가?

표본추출이 잘못 되어 추론이 잘못된 사례로서 흔히 드는 것이 미국의 1936년 대통령 선거 예측이다. 미국의 대통령 선거는 통상 공화당과 민주당이라는 두 정당의 후보가 대결을 하는데, 이 선거에서 공화당 후보는 랜던이라는 사람이었고, 민주당 후보는 루즈벨트였다. 누가 이길 것인가를 예측하기 위하여 리터러리 다이제스트라는 잡지사에서 무려 240만명이라는 엄청난 규모의 표본을 추출하여 조사하였으며, 그 결과에 따라 57% 대 43%로 랜던이 승리할 것으로 예측했다. 그런데 실제 결과는 루즈벨트가 62% 대 38%로 승리했다. 그리고 이 잡지사는 망했다!

어떻게 이런 일이 발생했을까? 리터러리 다이제스트 사는 전화번호부와 클럽회원 명단의 주소로 설문을 보내서 여론조사를 하였다. 그런데 1936년 당시에 전화를 가지고 있거나, 클럽의 회원인 사람은 부유층에 해당한다(당시에는 네 가구당 하나 꼴로 전화가 보급되었다고 한다).

즉, 이 조사는 전체 국민에서 골고루 표본이 추출되었던 것이 아니라, 부유한 계층에서 표본이 추출된 셈이다. 미국은 지금도 그렇지만 부유한 계층은 공화당을 선호하고 중하위 계층은 민주당을 선호하는 경향이 있다. 특히 당시의 루즈벨트는 빈곤 계층에게 인기가 높았다고 한다. 따라서 부유한 계층을 주대상으로 한 표본조사에서는 랜던이 이기는 것으로 예측되었지만, 전체 국민이 참여한 실제 결과에서는 루즈벨트가 승리하였던 것이다!

물론 요즘은 대선 예측처럼 중요한 것을 이처럼 엉성하게 조사하지는 않는다. 하지만 이만큼 명백하지는 않더라도, 대표성 없는 표본추출이 이루어지고, 그에 따라 엉터리 추론이 이루어지는 사례는 지금도 비일비재하다.

(2) 무작위 추출

모집단으로부터 대표성 있는 표본을 추출하는 방법의 기본 원칙은 무작위 표본추출(random sampling)이다. 무작위 표본추출을 학문적으로 정의하면, "자료 수가 N개인 모집단에서 n개의 자료를 표본으로 추출할 때, 각 자료가 표본으로 뽑힐 가능성이 n/N으로 동일하게 추출하는 것"이다. 이는 다른 말로 확률 표본추출(probability sampling)이라고도 한다. 어쨌든 무슨 뜻인지는 알겠지만 구체적으로 어떻게 한다는 것인지 감이 잘 오지는 않는다. 반례를 통하여, 즉 무작위 추출이 아닌 추출의 예를 통하여 무작위추출 방법을 좀더 명확히 이해하도록 하자. 무작위가 아닌 표본추출은 곧 각 자료가 표본으로 뽑힐 가능성이 동일하지 않은 경우를 말하며, 비확률 표본추출이라고도 한다. 흔히 관찰되는 비확률 표본추출의 예에는 응답자의 자발적인 참여로 구성된 표본과 연구자가 뽑기 쉬운 개체들로 구성된 표본이 있다. 전자를 자발적 반응표본(voluntary response sample), 후자를 편의표본(convenience sample)이라고 한다.

TV 토론 프로그램에서 ARS에 의한 즉석 여론조사를 실시하거나, 인터넷 신문에서 인터넷 여론조사를 하는 것이 자발적 반응표본에 해당한다. 해당 TV 프로나 인터넷 신문을 보지 않는 사람들, 보더라도 조사 참여를 꺼리는 사람들은 처음부터 표본으로 뽑힐 확률이 없으므로 이는 무작위추출이 아니다. 우리나라 대학생의 특성을 연구하는 교수가 자기 수업 수강생들만을 대상으로 설문조사를 하거나, 대한민국 국민 전체의 의견을 파악해야 하는 연구에서 일요일 오후 명동에서 지나가는 행인들을 대상으로 조사하는 것은 편의표본에 해당한다. 해당 교수 수업을 듣지 않는 사람들, 그 시간대에 명동에 없는 사람들은 아예 표본으로 뽑힐 확률이 없으므로 이는 무작위추출이 아니다.[2] 이러한 비무작위 표본추출의 가장 큰 문제점은 이 표본들이 모집단 전체의 특성을 대표하는 대신에 한쪽으로 치우칠 수 있다는 점이다. 가령 오마이뉴스에서 남북문제에 대한 온라인 설문조사를 하는 경우, 이 결과는 국민 일반의 의견에 비하여 훨씬 진보적이지 않을까?[3] 토요일 오후 홍대 앞을 지나는 행인들에게 혼전동거에 대한 의견을 물으면 국민 일반에 비하여 찬성률이 훨씬 높지 않을까? 이처럼 모집단 전체의 특성을 대표하지 못하고 한쪽으로 치우치는 것을 편의(偏倚, bias)라고 한다.[4]

물론 비확률 표본추출이라고 해서 항상 표본추출에서 편의(bias)가 발생하는 것은 아니다. 그리고 연구자가 모집단의 특성을 잘 아는 경우는 연구자의 주관적 판단에 따른 표본추출이 무작위추출보다 오히려 모집단의 특성을 더 잘 반영할 수도 있다. 왜 그럴까? 이를 이해하기 위하여 일단 무작위 추출이 모집단을 얼마나 잘 대표하겠는가를 생각해 보자. 이를 위해서는 다음의 지시대로 한 번 해 보는 것이 도움이 된다.

---

2) 자발적 반응표본 역시 연구자가 뽑기 쉬운 개체들로 구성되었다고 할 수 있으므로 편의표본에 해당한다고 볼 수 있다. 되풀이하지만 명칭에 너무 구애받지 말자. 그보다는 의미를 이해하는 것이 중요하다.

3) 그리고 동일한 설문을 인터넷 조선에서 한다면 또 다른 결과가 나올 것이다.

4) 자발적 반응 표본에서 발생하는 편의와 유사한 것으로서 무응답편의(non response bias)가 있다. 가령 1,000명의 표본을 무작위추출하여 우편설문을 실시하였는데 이 중에서 200명만 회신을 하였다고 하자. 분석에는 당연히 응답을 한 200명의 결과만 사용될텐데, 이 200명은 1,000명의 표본 중에서 자발적으로 반응한 표본에 해당한다. 따라서 자발적 반응 표본과 마찬가지의 문제점이 발생한다. 대체로 설문의 주제에 대하여 적극적인 의견을 가진 사람들, 혹은 착실한(!), 또는 한가한 사람들이 주로 응답하였을 것이다. 그런데 이러한 성향과 결과 사이에 어떤 관련성이 있다면, 결과에 편의(bias)가 발생한다.

0 10

위의 직선 위에다가 무작위로 10개의 점을 찍어 보라. 책에다가 표시하는 것이 꺼려지면 종이에다가 그린 후에 찍어 보라. 일단 찍고 나서 다음 줄을 읽도록 하자.

자, 여러분은 어떻게 점을 찍었는가? 수업 시간에 시켜보면 대다수가 위의 직선 위에 일정한 간격으로 10개의 점을 찍으려고 노력한다. 그런데 나는 무작위로 찍으라고 했지, 등간격으로 규칙적으로 찍으라고 하지는 않았다. 0부터 10까지의 직선 위에 무작위로 점을 찍는데, 각각의 점이 일정한 간격으로 찍히는 경우는 정말 드물 것이다. 이는 엄청나게 작위적인 찍기가 아니겠는가?

무작위로 추출한다는 것이 반드시 골고루 추출된다는 것은 아니다. 무작위는 그야말로 모든 자료가 뽑힐 확률이 동일하기 때문에, 경우에 따라서는 어느 한쪽에 몰려서 뽑힐 수도 있다. 예를 들어서, 주사위를 6번 던진다고 하자. 1부터 6까지의 숫자가 모두 한 번씩 나오겠는가? 이런 경우는 정말 드물 것이다.

그렇다면 무작위 추출은 모집단을 잘 대표하는 추출방법이 아니란 말인가? 무작위 추출은 각 자료가 뽑힐 확률이 동등한 추출방법이다. 따라서 비록 우연히 어느 한쪽으로 몰릴 수는 있어도 체계적으로 어느 한쪽으로 몰리지는 않는다. 더구나 우연이란 것은 말 그대로 어디로 튈지 모르는 것이기 때문에 자료 수가 증가할수록 고르게 퍼지는 경향이 있다.

가령 주사위를 6번 던졌을 때 꼭 한 번 1이 나온다고 장담하기는 어렵다. 만일 한 번도 안 나오면 1이 나온 비율은 0이 될 것이고, 한 번 나오면 1/6, 두 번 나오면 1/3, 세 번 나오면 1/2이 될 것이다. 비록 이론적인 확률은 1/6이지만 정말 그 확률대로 실현되리라는 보장은 없다. 하지만 주사위를 600번쯤 던지면 1이 나오는 횟수는 대략 1/6 근처의 어느 비율로 실현될 것이다. 600번 던졌는데 한 번도 안 나와서 0이 되거나, 300번 이상 나와서 1/2 이상이 될 가능성은 거의 없을 것이다.

이처럼 무작위추출인 경우 표본 수가 적을 때는 전체 모집단에서 고르게 추출되었다고 장담할 수 없지만, 표본 수가 증가할수록 고르게 추출되는 경향이 있다. 따라서 표본 수가 웬만큼 크다면 무작위로 추출된 표본이 모집단을 잘 대표한다고 할 수 있다.

여기까지 이해했으면 아까의 질문, 즉 모집단의 분포 특성을 잘 안다면 연구자의 주관적 판단에 따른 표본추출이 무작위추출보다 모집단 특성을 더 잘 반영할 수 있는 이유에 대한 답을 알 수 있을 것이다. 즉 무작위 추출은 고르게 뽑는 것이 아니지만, 연구자가 모집단의 분포 특성을 잘 안다면 고르게 뽑을 수 있기 때문이다.

그럼에도 불구하고 연구자의 주관적 판단에 의존하는 추출보다는 무작위추출이 더 바람직하다. 왜일까? 이는 주관적 판단에 의존하는 것은 말 그대로 객관적이지 않기 때문에 연구자에 따라 결과가 왜곡될 수 있기 때문이다. 비록 연구자는 고르게 추출한다고 했지만, 모집단 분포 특성을 잘못 알고 있어서 극도로 편의된 표본이 추출되었다면? 혹은 연구자가 고의로 자기에게 유리한 표본만을 선별하여 추출했다면?

표본추출을 연구자의 판단에 맡길 경우 연구의 객관성을 담보할 수 없기 때문에 설사 무작위 추출보다 더 대표성이 높은 표본을 추출할 수 있다고 해도, 무작위 추출이 더 바람직한 것이다.

무작위 추출이 바람직한 또 한 가지 이유는 비확률 추출의 경우는 결과에 대한 통계적 판단을 할 수 없기 때문이다. 뒤에서 설명하겠지만, 통계적 판단이란 것은 확률이론을 이용하여 표본 분석 결과가 모집단의 결과와 얼마나 유사할 것인가(혹은 다르겠는가)를 판단하는 것을 말한다. 그런데 표본이 확률추출되어야만 확률이론을 적용할 수 있다. 실증연구의 핵심은 표본 특성을 분석함으로써 모집단의 특성을 추론하는 것이므로, 표본 분석 결과와 모집단의 결과가 얼마나 유사한가(혹은 다른가)를 아는 것은 매우 중요하다.

(3) 무작위 표본추출의 유형

앞에서 무작위 추출은 모집단으로부터 표본으로 선택될 확률이 모두 동일하도록 추출하는 방법이라고 했다. 이를 위해서는 어떻게 추출해야 할까? N개의 모집단에서 n개를 추출할 때 어떻게 하면 각 자료가 표본으로 뽑힐 가능성이 n/N으로 동일해질까? 손쉽게 떠오르는 생각은 N개의 자료 각각에 번호를 부여한 다음 이 중에서 n개를 뽑는 것이다.[5] 이러한 방법을 무작위 추출 중에서도 특히 단순무작위추출(simple random sampling)이라고 한다.

그런데 실제 분석을 위하여 표본을 추출할 때는 단순무작위추출이 어렵거나 비효율적인 경우가 많다. 가령 대통령 선거에서 누가 당선될 것인가를 알기 위하여 1,000명을 표본으로 추출하여 조사한다고 하자. 이 때 단순무작위추출을 적용하려

5) N개의 번호로부터 n개를 뽑는 구체적인 방법은 각자 생각해 보자. 가령 N개의 쪽지에 번호를 적어서 상자 속에 넣은 다음 n개를 뽑는 것도 한 방법이 될 수 있겠다.

면 투표권이 있는 대한민국의 성인남녀 전체(3,000만명은 넘겠지!)에 대하여 리스트를 작성해서 모두에게 번호를 부여한 다음에 난수표 등을 이용하여 1,000명을 추출해야 한다. 이는 꽤나 시간 및 인력(그리고 종이)의 낭비가 심할 것이다. 그리고 이렇게 힘들게 추출하여도 뒤에서 설명하는 다른 대안적 표본추출 방법에 비하여 대표성(표본 특성이 모집단 특성과 일치하는 정도)도 떨어진다. 따라서 실제로 이처럼 단순무식한 단순무작위 추출방법이 사용되는 경우는 많지 않다.

단순무작위 추출에 비하여 좀더 비용이 적게 들거나, 같은 수를 뽑더라도 대표성을 더 높일 수 있는 다른 표본추출방법들에는 다음과 같은 것들이 있다.

비용을 줄이는 방법: 계통추출(systematic sampling), 집락추출(cluster sampling)[6)]
대표성을 높이는 방법: 층화추출(stratified sampling)

계통추출이란 모집단에 대한 목록이 존재할 경우, 이 목록에서 매 k번째마다 하나씩 표본을 추출하는 것을 말한다. 예를 들어서, 모집단이 1만명인데 이에 대한 목록이 존재하고 1번부터 10000번까지 번호가 부여되어 있다고 하자. 이 경우 일단 1번부터 10번 사이에서 무작위로 하나를 뽑는다. 이 번호가 6번이었다고 하자. 그러면 그 다음부터는 16번, 26번, 36번과 같이 첫번째 뽑힌 번호 이후 매 10번째에 해당하는 사람을 추출해서 1,000명의 표본을 구성하는 것이다. 이 방법은 맨 처음에 한 명만 무작위로 추출하면, 나머지는 기계적으로 추출할 수 있으므로 단순무작위추출에 비하여 경제적이다. 그리고 각 자료가 뽑힐 가능성은 동일하므로 이 역시 무작위추출이다.

그러나 계통추출을 할 때 주의할 점이 하나 있다. 이는 목록의 자료 순서가 일정한 경향성을 갖고 있을 때 계통추출을 하면 편의(bias)가 발생할 수도 있다는 점이다. 무슨 말인가? 예를 들어 보자. 40명씩 50개 학급으로 이루어진 어느 고등학교에서 50명의 학생을 무작위로 선발하려 한다고 하자. 이 때 계통추출 방법을 적용해서 일단 한 반에서 단순무작위로 1명을 뽑은 후 나머지 49개 반에 대해서는 동일한 번호의 학생을 뽑기로 했다고 하자. 요새는 어떤지 모르겠지만 내가 학교 다닐 때는 일단 성별에 따라 남학생에게 먼저 번호를 붙이고 여학생은 그 다음부터 번호를 붙였다. 그리고 동일한 성별 내에서는 키 순서에 따라 번호를 부여했다. 즉 1번은 남학생 중에서 가장 키가 작은 학생이, 40번은 여학생 중 가장 키가 큰 학생이 되는 식이다.

6) 집락추출은 군집추출이라고도 한다.

이처럼 반이 구성되어 있을 때 한 반에서 단순무작위로 뽑힌 학생의 번호가 37번이었다고 하자. 이 학생은 키가 큰 여학생일 것이며, 다른 반에서도 동일 번호의 학생을 뽑는다면 모두 키가 큰 여학생으로만 50명이 선발될 것이다. 이는 물론 무작위가 아니며, 성별과 신장에 따라 극도로 편중된 표본이 된다. 그리고 응답결과가 성별과 신장에 따라 달라질 수 있는 내용을 조사하는 것(가령 넓이 뛰기 기록)이라면, 응답결과에 편의(bias)가 존재함은 물론이다.

집락추출이란 먼저 하위집단을 무작위로 추출한 다음, 하위집단 내의 개인을 추출하는 것을 말한다. 가령 대통령 선거 예측을 위해 1,000명을 추출하는 경우를 생각해 보자. 투표권이 있는 전 국민을 대상으로 단순무작위로 1,000명을 추출하기는 너무나 힘들다. 따라서 처음부터 개인을 추출단위로 해서 전 국민 중 1,000명을 뽑는 대신에, 전국의 시 · 군 · 구를 추출단위로 해서 이 중에서 일부 시 · 군 · 구를 선택한 다음, 여기에 속한 읍 · 면 · 동 중에서 다시 일부 읍 · 면 · 동을 선택하고, 여기에 속한 리 · 통 중에서 다시 일부 리 · 통을 선택한다. 그리고 이렇게 선택된 리 · 통의 주민들 중에서 무작위로 일부 주민을 선택하는 것이다. 이렇게 하면 처음부터 개인을 단위로 단순무작위 추출하는 것보다 훨씬 쉬울 것이다.

층화추출이란 모집단의 특성에 대한 사전지식을 이용하여, 모집단을 일정한 기준에 따라 분류한 후, 분류된 각 집단 내에서 무작위추출을 하는 것이다. 이번에도 대통령 선거 예측을 위해 1,000명을 추출하는 경우를 생각해 보자. 우리나라의 대통령 후보 지지 성향은 지역에 따라 상당히 다르다. 편의상 호남, 영남, 중부의 세 지역이 있으며, 모집단 분포는 중부 40%, 영남 30%, 호남 30%라고 하자. 1,000명을 추출하는데 우연히, 정말 우연히 영남 지역에서 모집단 분포보다 10%P 많은 표본이 추출되었고, 호남 지역에서는 10%P 적은 표본이 추출되었다고 하자. 이 표본에 대한 조사결과가 대통령 선거 결과를 제대로 예측할 수 있을까? 이러한 편중성을 방지하려면 어떻게 할까? 모집단의 지역별 분포와 동일하게 표본을 지역별로 할당한 후, 각 지역 내에서 무작위추출을 하면 될 것이다. 이게 층화추출이다.

물론 1,000명 규모의 표본을 추출하는데 우연히 한쪽으로 편중해서 표본이 추출되기는 힘들다. 하지만 그래도 모집단의 지역별 분포를 고려하지 않고 무작위추출을 하는 것보다는 이를 반영해서 지역별로 층화한 후, 표본을 추출한다면 좀더 대표성이 높아질 수 있을 것이다. 지역 이외에 연령, 소득에 따라서도 투표성향이 다르다면 마찬가지로 연령과 소득에 따라 층화한 후에 표본을 추출하면 된다.

실제의 표본추출에서는 몇 가지 추출방법을 함께 사용하는 경우가 많다. 앞에서 예로 든 대통령 선거 예측의 경우라면, 먼저 층화추출을 통하여 인구규모에 비례하여 지역별 표본 수를 할당한 다음에, 몇 단계의 집락추출에 의하여 리 · 통을 선정하고, 그 안에서 다시 연령, 성별 등에 따라 층화추출을 할 수 있을 것이다.

생각해 보기

집락추출과 층화추출은 모두 몇 개의 집단으로 구분한 후, 집단 내에서 무작위 추출을 한다는 면에서는 비슷해 보인다. 하지만 두 방법은 집단을 구성하는 원칙이 크게 다르다. 어떻게 다를까? 가령 20여개 중앙부처 공무원 만족도 조사를 위하여 1,000명을 표본추출한다고 하자. 이를 위하여 집락추출과 층화추출을 적용한다면 어떻게 해야 할까?

집락추출을 적용하여 먼저 20여개 부처 중에서 일부 부처를 선택하고, 이 중에서 다시 일부 국 · 과를 선택한다고 하자. 그런데 이 경우 대표성 있는 표본이 되려면, 부처 혹은 국 · 과간에(조사 내용에 대한) 성향이 유사해야 할 것이다. 예를 들어서, 만족도를 조사하는데, 부처간에 소속 공무원의 만족도 차이가 심하다면 어떤 부처가 선택되는가에 따라 조사 결과가 크게 달라질 수 있기 때문이다. 즉, 선택된 부처 혹은 국 · 과의 성향이 모집단 전체의 성향과 유사할수록 집락추출된 표본의 대표성은 높아진다. 기존연구에 의하면 입직직급, 재직, 성별에 따라 공무원의 만족도는 상당히 차이가 있다고 한다. 이 경우 부처 혹은 국 · 과간에 입직직급, 재직, 성별의 편차가 심하다면 집락추출은 그다지 대표성이 높은 추출방법은 못될 것이다.

다음으로 층화추출을 적용하는 경우를 생각해 보자. 입직직급, 재직, 성별에 따라 만족도 차이가 심하다면, 입직직급, 재직, 성별 기준의 모집단 비율대로 하위집단을 나누어서, 각 하위집단별로 무작위추출을 해야 할 것이다.

이쯤이면 집락추출과 층화추출의 차이에 대해서 감이 오지 않는가? 집락추출의 하위집단끼리는 동질적일수록 바람직하다. 그리고 각 집단 내의 개별표본의 구성은 모집단 전체에서의 구성과 동질적일수록 좋다. 즉, 모집단이 입직직급, 재직, 성별 등에 따라 다양한 개인들로 구성되어 있으면, 각 집단도 마찬가지로 구성되는 게 좋다.

반면에 층화추출의 하위집단들은 서로 이질적이다. 만일 동질적이라면 굳이 계층을 구분해서, 각 집단마다 일정 비율씩 뽑을 이유가 없다. 입직직급에 따라 만족도가 다르다면, 입직직급별로 하위집단을 구성해야 하고, 재직과 성별에 따라 만족도가 다르면 또 재직별로, 성별로 하위집단을 구성하는 것이 필요하다.

보기 7.1

효과적인 표본추출 방법에 대하여 얼마나 이해했는가를 보기 위하여 다음의 문제를 풀어보자.

삼송전자는 50개 부서에 15,000명의 직원이 근무하는데, 하급직이 11,000명, 중급직이 3,000명, 상급직이 1,000명이다. 인사부에서는 상·중·하의 직급에 따라 직무 만족도에 차이가 있는가를 조사하려고 한다. 이를 위하여 300명을 표본추출할 예정이다. 어떤 방법을 사용하는 것이 표본오차(모집단의 값과 표본 조사한 값과의 차이, 즉 통계량과 모수의 차이)를 줄이기 위하여 가장 좋을까?

① 직원 15,000명의 명단에서 제비뽑기로 뽑는다.
② 직원 15,000명 명단의 1~40번째 사람 중 한 명을 뽑은 다음, 그 다음부터 매 40번째마다 한 명씩 뽑는다.
③ 일단 50개 부서 중에서 5개 부서를 제비뽑기로 선택한 다음(5개 부서 직원의 총수는 300명보다 많다고 가정하자), 5개 부서 직원 중에서 300명을 제비뽑기로 선택한다.
④ 직원 15,000명의 직급별 분포인 11:3:1과 동일하도록 직급별로 표본 수를 할당한 다음, 각 직급 내에서 제비뽑기로 뽑는다.
⑤ 상·중·하의 세 직급별로 각각 100명씩을 제비뽑기로 뽑는다.

답이 뭘까? ①은 단순무작위추출이며, ②는 계통추출, ③은 집락추출에 해당한다. 그리고 ④는 층화추출이다. 같은 수의 표본을 추출할 때, 계통추출과 집락추출은 단순무작위 추출에 비하여 비용을 절감할 수 있는 방법이지만, 표본오차를 더 줄일 수 있는 방법은 아니다. 단순무작위추출에 비하여 표본오차를 줄일 수 있는 것은 층화추출이다. 그렇다면 답은 ④일까? 하지만 선택지가 다섯 개이니 ⑤도 검토해 보자. 어떤가? ⑤가 무슨 추출방법인지는 모르겠지만 좌우간 답은 아니며, ④가 답일 것 같다. 하지만 틀렸다. ⑤가 정답이다. 왜인가?

이 문제에서 알려는 것은 15,000명 직원 전체의 만족도 평균이 아니라, 각 직급별 만족도 평균의 차이이다. 이 둘은 조금 다른 개념이다. 만일 15,000명 직원 전체의 평균 만족도를 알고 싶은데, 직급별로 만족도가 다르다고 생각되면, 층화추출을 하는 것이 바람직하다. 하지만 직급별 평균 만족도가 어떻게 다른가를 알고 싶다면 그보다 더 효율적인 방법이 있다.

직급별 만족도 차이 파악이 올바르게 되려면, 먼저 각 직급별 만족도 자체를 올바르게 파악해야 할 것이다. 즉, 상·중·하 각 직급의 만족도를 올바르게 추정하는 것이 필요하다. 그런데 모집단의 직급별 인원분포에 따라 층화추출을 할 경우 하급직에서는 220명이 추출되는 데 비하여 중급직에서는 60명, 상급직에서는 20명만이 추출된다. 표본 수가 증가할수록 표본오차는 감소한다. 따라서 하급직의 만족도 추정에서는 표본오차가 작겠지만, 중급직과 상급직의 만족도 추정에서는 표본오차가 제법 클 것이다.[7] 이 경우 하급직 추출 규모

7) 물론 이는 표본 규모 이외에 표본오차에 영향을 미치는 다른 조건은 동일하다는 것을 전제하고 하는 말이다. 다른 조건이 다르다면, 가령 상급직 내에서는 개인간 만족도 차이가 거의 없는 데 비하여, 하급직

를 줄이는 대신에, 중급직과 상급직 추출 규모를 늘리면, 하급직의 표본오차가 증가하는 대신에 중 · 상급직의 표본오차는 감소한다. 이 경우 직급별 차이 추정의 오차는 어떻게 변할까? 전체 표본 수가 동일하다면, 한쪽이 감소하는 대신에 다른 쪽이 증가하니까 어차피 마찬가지일까?

그런데 그렇지가 않다. 표본수가 증가하면 표본오차는 감소하지만, 감소 속도가 표본수 증가 속도에 비하여 늦다. 정확하게 표현하면, 표본수가 k배 증가할 때, 표본오차는 $\frac{1}{\sqrt{k}}$ 배로 감소한다. 가령 표본수가 4배 증가하면, 표본오차는 절반으로 감소한다(바꿔 말하면 표본수가 $\frac{1}{4}$로 줄면 표본오차는 2배로 증가한다). 따라서, 층화추출에 비해서 하급직의 표본규모를 줄이는 대신 중급직과 상급직의 표본규모를 늘리면 직급별 차이 추정에서의 전체적인 표본 오차는 감소한다.

가령 하급직을 220명 추출하는 대신에 절반 110명만 추출한다고 하자. 남은 110명의 표본 중에서 80명은 상급직 추출로 돌리고, 30명은 중급직 추출로 돌리면, 상급직은 표본수가 5배로 늘어나는 셈이 되며, 중급직은 1.5배로 늘어나는 셈이 된다. 이는 하급직의 표본오차는 $\sqrt{2}$ 배로 증가하지만, 상급직의 표본오차는 $\frac{1}{\sqrt{5}}$로 감소하며, 중급직의 표본오차는 $\frac{1}{\sqrt{1.5}}$로 감소함을 의미한다. 따라서 직급별 만족도 차이를 추정할 경우, 표본수의 재배분에 의하여 표본오차는 줄어들게 된다. 이러한 논리를 연장하면, 각 직급별로 100명씩 추출할 때가 직급별 차이 추정의 표본 오차를 가장 작게 하는 경우임을 어렵지 않게 유추할 수 있을 것이다.

보기 7.2

우리나라는 여론조사를 할 때 대개 1,000명 정도를 조사한다. 그런데 중국이라면 몇 명 정도를 조사할까? 즉, 우리나라의 조사와 표본오차 크기를 동일하게 유지하려면 몇 명이나 조사해야 할까?

중국 인구가 얼마인지는 잘 모르겠으나 대략 우리나라 인구의 25배라고 하자. 즉, 각종 조사에서 모집단 규모가 우리의 25배라고 하자. 그렇다면 동일한 정도의 정확성을 갖는 추정값을 얻으려면 표본규모는 몇 배가 되어야 할까? 25배? 아니면 5배($=\sqrt{25}$)?

정답은 동일하게 1,000명을 조사한다는 것이다. 얼핏 생각하면 모집단이 크면 표본규모도 그만큼 더 커야 할 것 같지만 사실은 그렇지 않다. [보기 7.1]에서 설명하였듯이 표본수가 증가하면 표본오차는 감소한다. 하지만 모집단이 증가한다고 표본오차가 증가하지는 않는다. 즉, 표본오차는 표본규모와 관계되며, 모집단규모와는 별 관련이 없다.[8] 잘 이해가

에서는 개인간의 만족도 차이가 굉장히 크다면, 표본 수는 하급직이 더 많더라도 표본오차는 상급직에서 더 작을 수 있다.

안 가는가? 그렇다면 이 예는 어떤가? 대통령 선거의 모집단에 비하여 국회의원 선거의 모집단은 1/100도 안 되며, 기초의원 선거의 모집단은 1/1,000도 안 된다. 대통령 선거 예측을 위해 1,000명을 조사한다면, 국회의원 선거 예측은 10명, 기초의원 선거 예측은 1명만 조사하면 될까?

2) 측 정

앞에서 통계량은 표본의 특성을 숫자로 나타낸 것이며, 모수는 모집단의 특성을 숫자로 나타낸 것이라고 하였다. 어떤 사물의 특성을 수치로 표현하는 것을 측정(measurement)이라고 한다. 통계량으로부터 모수를 추정하는 것의 목적은 숫자 자체를 아는 데 있는 것이 아니라, 숫자로 표현된 모집단의 특성을 파악하는 데 있다. 그런데 만일 통계량의 측정이 잘못 되었다면, 즉 통계량이 표본의 특성을 제대로 반영하지 못하고 있다면, 그 통계량을 이용하여 추정한 모수 역시 모집단의 특성을 올바르게 반영하지 못한다. 따라서 통계량을 올바르게 측정하는 것은 타당한 실증분석을 위하여 매우 중요하다.

독자들은 측정이 뭐가 어려운가라고 생각할 수도 있지만 사실 올바른 측정은 매우 어렵다. 사회과학에서는 특히 더 그렇다. 예를 들어서, 가구소득을 조사한다고 하자. 여러분은 자기 집 월소득이 얼마인지 정확히 알고 있는가? 대부분은 정확히는 고사하고 개략적으로라도, 가령 200만원, 300만원처럼 100만원 단위로 끊더라도 대답하기 어려울 것이다. 여러분은 (대부분) 직접 돈을 벌지 않고, 타서 쓰는 처지라서 그렇다고 치자. 하지만 실제로 돈을 벌어 오는 사람들도 자기소득이 얼마인지 정확히는 잘 모른다. 그래서 소득을 조사하면 대개 250만원, 300만원처럼 50만원 단위로 응답하는 경우가 많다. 그나마 50만원 단위로라도 맞는 것이면 좋겠지만 이것도 정확하지는 않다(실제 소득보다 축소 응답하는 경우가 많다).[9)]

소득처럼 객관적인 특성도 올바른 측정이 어려운데, 행정서비스 수준이나 경쟁력 같은 추상적인 특성을 올바르게 측정하는 것은 얼마나 더 어렵겠는가? 예를 들어서, 구청의 행정서비스 수준을 측정한다고 하자. 어떻게 측정하면 좋을까? 구

8) 물론 모집단규모와 표본규모가 별 차이가 없다면, 모집단규모에 의하여 표본오차가 영향을 받을 수 있다. 하지만 표본규모에 비하여 모집단규모가 훨씬 큰 게 일반적이며, 이 경우는 모집단규모는 별 영향을 주지 못한다.

9) 미국의 센서스 조사에 의하면 연령도 20, 25살처럼 0이나 5로 끝나는 경우가 다른 숫자로 끝나는 연령보다 훨씬 사람이 많다. 이는 물론 실제로 그런 게 아니라 사람들이 연령마저도 5단위로 끊어서 답하는 경우가 많기 때문이다.

청 앞에 가서 민원처리를 마치고 나오는 사람들을 대상으로 "구청의 행정 서비스 수준을 100점 만점으로 평가한다면 몇 점에 해당한다고 생각하십니까?"와 같이 물으면 될까? 이렇게 묻는 것도 한 방법일 수는 있다. 하지만 이 결과가 얼마나 정확할까? 동일한 방식으로 서울시 모든 구청에 대하여 조사한 후, 이 점수를 근거로 구청별 행정서비스 순위를 매긴다면 각 구청들이 결과에 수긍할까?

추상적 특성을 측정하기 위한 좀더 세련된, 그럴 듯한 방법들이 개발되어 있기는 하다. 하지만 어떤 방법을 사용하더라도 추상적이라는 성격상 이를 올바르게 측정하는 것은 매우 어렵다. 이에 대한 상세한 논의는 본서의 주제가 아니므로 생략한다. 다만 올바른 측정이 그리 만만한 것은 아니라는 점을 기억해 두자. 그래서 나중에 자료를 보고 현상을 해석 · 판단할 때 주의할 수 있기를 바란다.

보기 7.3

설문조사시 주의사항

소득 소비 조사, 각종 만족도 조사, 의식 조사, 여론 조사 등등 사회과학 분야의 연구에서는 설문조사를 통하여 자료를 구하는 경우가 매우 많다. 그런데 설문조사는 조사대상 중 응답한 사람의 자료만 구할 수 있으며, 응답자가 나름대로 판단해서 답한 결과만을 얻는 것이므로 어떤 내용을 어떤 방식으로 묻는가에 따라 결과가 달라질 수 있다.

가령 대면면접, 전화면접, 우편조사, 인터넷조사 등 조사방식에 따라 응답률에 많은 차이가 있으며, 응답률의 차이에 따라 결과가 달라질 수 있다. 이에 대해서는 이미 앞에서 설명했다.

질문 내용이 사회적으로 또는 응답자 개인적으로 민감한 사안일 때는 어떤 방식으로 조사해야 사실을 끌어낼 수 있을까? 다음의 예를 보자.

예) 서울시는 구청 공무원들의 뇌물 수수실태를 조사하려고 한다. 특히 각 구청별로 실태를 파악해서, 청렴한 구청은 포상을 하고, 부패한 구청은 징계를 내리려고 한다.

이를 위하여 각 구청별로 공무원 100명씩을 무작위로 선정한 다음 설문조사(대면면접, 전화면접, 우편조사, e-mail, 기타 중 어떤 방식이었을까?)를 하였다. 조사내용은 지난 6개월간 민원인들로부터 뇌물을 수수한 빈도와 금액을 적으라는 것이었다. 물론 개인의 익명성은 철저하게 보장한다는 전제를 붙이는 것을 잊지 않았다! 그 결과는 어떻게 나타났을까?

설문조사를 통하여 올바른 자료를 획득하기 위해서는 주의해야 할 점들이 정말 많다. 표본추출도 잘 되어야 하고, 응답률도 높아야 하고, 대면면접이나 전화조사인 경우 조사원이 잘 훈련되어야 하고, 민감한 사항은 솔직한 답변을 끌어 낼 수 있는 방법(어떤 걸까?)을 써야 하고, 기타 등등, 정말 많다. 비록 본서에서 이들을 다루지는 않겠지만, 나중에라도 독자들 스스로 찾아서 공부해 보길 권하며, 여기에서는 설문 문항을 만들 때 주의할 점 몇 가지만 언급하고 마무리 하자. 필자도 자주 설문대상이 되는데(소위 전문가 조사라고 해서 교수들한테는 자주 설문이 온다. 인터넷 설문이 제일 많은데, 특별히 친분 있는 사람이 부탁한 것 혹은 관심분야가 아니라면 대부분 무시해 버린다), 도대체 설문 구성의 기본도 모르는 설문들이 흔히 발견된다. 다음은 설문 구성에서 주의해야 할 것들 중에서 기본적인 것들이다.

- **편향된 척도**: 응답 척도는 어느 한쪽으로 치우치지 않도록 해야 한다. 예를 들어, "아주 좋다", "좋다", "괜찮다", "나쁘다"와 같이 4점 척도를 구성한다고 하자. 네 개 중에 세 개가 긍정적인 답이다. 이렇게 되면 당연히 응답자들은 (실제 생각보다!) 긍정적인 대답을 하는 경향을 갖게 될 것이다.
- **유도질문**: 응답을 일정 방향으로 유도하는 질문이다. 가령 "지금 북한 동포들은 기아로 고통 받고 있습니다. 굶주림에서 벗어나는 것은 인간의 존엄성 실현을 위한 최소한의 기본 조건일 것입니다. 귀하는 인도적 차원에서 조건없는 대북식량지원에 대하여 찬성하십니까?"와 같이 묻는 것과 "최근 북한에 지원한 식량이 실제로 주민들에게 제공되기보다는 군량미 비축으로 사용되고 있다는 주장이 제기되고 있습니다. 귀하는 정부가 무조건으로 대북식량지원 하는 것에 대하여 찬성하십니까?"와 같이 물을 때 동일한 응답 결과가 나올까?
- **겹치기 질문**: 하나의 질문에 두 가지 이상의 것을 묻는 질문이다. 예를 들면, "동성동본 결혼을 허용하고, 호주제를 철폐하는 것에 대하여 찬성하십니까?"와 같은 질문이다. 동성동본 결혼 허용은 찬성하지만 호주제 철폐는 반대하는 사람이라면 어떻게 대답해야 할까?

3. 통계적 추론

표본추출도 잘 되고 측정도 성공적으로 마쳤으면 이제 남은 일은 주어진 표본자료의 특성을 분석함으로써 모집단의 특성을 파악하는 것인데, 이를 통계적 추론이라고 한다. 전술하였듯이 표본자료의 특성을 나타낸 것을 통계량이라고 부르며, 모집단의 특성을 나타낸 것을 모수라고 부른다. 따라서 통계적 추론이라는 것은 통계량을 분석하여 모수를 알려는 것이라고 정의할 수도 있겠다.

통계량은 표본, 즉 일부에 대한 것이므로 전체에 대한 것인 모수와는 차이가 있을 수밖에 없다. 따라서 통계량으로부터 모수를 판단할 때는 항상 틀릴 가능성이 존재한다. 이를 통계학이 없앨 수는 없다. 그 대신 통계학은 판단이 틀릴 가능성이 어느 정도인가를 알려 줄 수는 있다. 통상 언론에서 어떤 통계결과를 발표할 때 '이 조사는 95% 신뢰수준에서 ±?%포인트의 오차한계를 갖는다'와 같은 표현을 쓴다. 예를 들면, 선거여론 조사에서 "A 후보에 대한 지지율은 58%로 나타났습니다. 이는 95% 신뢰수준에서 ±3%포인트의 오차한계를 갖습니다"와 같이 말한다. 이 말은 A 후보에 대한 모집단(즉, 유권자 전체)의 지지율은 표본조사 결과인 58%로부터 ±3%포인트 이내에 존재할 것으로 추정된다는 것이며, 이러한 판단은 대략 100번 중에서 95번 정도는 맞을 것이라는 의미이다.[10)]

흔히 통계조사분석에 객관적 또는 과학적이라는 수사가 붙는 것은 이처럼 틀릴 가능성을 수치로 보여 주기 때문이다. 즉, 어떤 미지의 사실에 대한 판단을 조사자가 주관적으로 하는 것이 아니라 정해진 규칙과 절차에 근거하여 판단하는 것이며, 그러한 판단을 얼마나 신뢰할 수 있는가가 제공되기 때문에, 다른 사람들도 그러한 결과를 수용할 수 있게 되는 것이다.

1) 통계조사에서의 오차

우리가 관찰한 통계값과 실제로 알고자 하는 미지의 모수값과의 차이를 오차라고 한다. 그런데 이 오차는 발생 원인에 따라 표본(추출)오차와 비표본(추출)오차로 구분할 수 있다. 표본(추출)오차(sampling error)는 전체가 아닌 일부만을 조사하기 때문에, 즉 모집단 대신 표본을 조사하기 때문에 발생하는 오차이다.

표본오차는 다시 무작위 표본오차와 편의(bias)의 두 유형으로 구분할 수 있다. 무슨 말인가? 앞에서 표본추출 방법을 무작위추출과 비무작위추출로 구분하였다. 그리고 비무작위추출은 한쪽으로 치우쳐서 추출이 이루어지기 쉽기 때문에 편의(bias)가 발생할 수 있다고 하였다. 즉, 편의는 표본추출이 한쪽으로 치우쳐 이루어짐으로써 생기는 오차로서, 이는 무작위추출이라면 발생하지 않았을 오차이다. 이러한 편의와 구분하기 위해서 무작위추출인 경우 발생하는 표본오차를 특히 무작위 표본오차라고 부르기도 한다.

표본오차는 모집단을 조사했다면 발생하지 않았을 오차이다. 이에 비하여 비표본오차는 모집단 전체를 조사(이를 전수조사라고 한다)하더라도 발생했을 오차이다. 예를 들어서, 응답자가 설문지에 번호를 잘못 체크하거나, 응답한 설문지 결과를 연구자가 컴퓨터 파일로 옮길 때 번호를 잘못 기입하는 것처럼 자료처리 과정에서 오류가 발생하는 경우 등이 이에 해당한다. 또한 비록 전수조사이지만 조사대상이 응답하지 않아서 발생하는 오차(무응답 오차)도 비표본오차에 해당한다고 볼 수 있

10) 따라서 95% 신뢰수준은 '십중팔구'보다 더 확실성이 높다!

다. 그리고 앞에서 논의한 측정오차도 비표본오차에 해당한다고 할 수 있다.

이상에서 논의한 다양한 오차들의 관계를 정리하면 아래와 같이 나타낼 수 있다.

(모수) − (통계값) = (오차)
= (표본오차) + (비표본오차)
= (무작위오차) + (편의) + (비표본오차)

앞에서 통계적 추론은 통계값으로부터 모수를 추정하는 것이라고 하였으며, 이러한 판단이 틀릴 가능성을 수치로 제시해 주기 때문에 객관적 혹은 과학적이라고 하였다. 가령 어떤 정책에 대한 지지율 조사결과, "이 정책의 지지율은 57%로 나타났으며, 오차한계는 95% 신뢰수준에서 ±2.5%포인트이다"라고 발표하는 것과 같은 것이다. 이는 대략 '모집단(국민전체)의 지지율은 54.5~59.5% 사이에 있는 것으로 판단되며, 이러한 판단이 틀릴 확률은 5% 이하이다' 라는 뜻이다(이에 대한 보다 구체적인 설명은 뒤에 나온다).

그런데 이러한 해석에서 주의할 것은, 오차한계는 무작위 표본오차만이 존재한다고 가정하고 계산된다는 점이다. 다시 말하면 편의나 비표본오차는 없다고 가정하고 계산한 것이다. 그러나 앞에서 논의했듯이, 실제의 통계조사에서는 편의나 비표본오차가 흔히 발생한다. 따라서 오직 무작위 표본오차만이 존재한다는 가정하에서 계산된 오차한계는 실제로는 통계값이 모수와 얼마나 차이가 있는가를 제대로 보여주지 못하는 경우가 많다.

그렇다면 어떻게 해야 하나? 글쎄, 우선은 표본을 추출하고 측정을 할 때, 편의나 측정오차가 발생하지 않도록 주의해야 하겠지. 그래도 발생하면? 뾰족한 수는 없다. 다만, 통계분석 결과를 해석할 때 이러한 한계가 있음을 인식해서 조심스럽게 해석하는 습관을 갖는다면 조금은 잘못된 판단을 줄일 수 있지 않을까?

보기 7.4

기초통계학 교과서를 보면 통계적 추론에 대하여 설명하기 전에 항상 확률이론을 먼저 설명한다. 이는 통계적 추론 방법이 확률이론에 근거하기 때문이다. 하지만 본서의 목적에 비추어보면 확률이론 자체에 대한 설명은 별 필요가 없다고 판단되므로 이를 설명하지는 않으려고 한다. 만일 PSAT에서 확률과 관련한 문제가 나온다면 PSAT 성격상, 대학생 정도면 누구나 알고 있을 초보적인 이론을 바탕으로 논리적인 추론 능력만 있으면 풀 수 있는 것이 나올 것이다.

그런데 필자가 기출문제를 훑어보다가 확률이론과 관련된 재미있는 문제를 하나 발견하였다. 그래서, 이것만 잠깐 소개하려고 한다. 다음의 문제를 보자. 이는 2003년도 11월 모의평가 언어논리 영역 문제이다.

다음 중 논리적 오류를 범한 사람들을 모두 고르면?

> 철수: 폐암으로 인한 사망자의 90%는 흡연자라고 연구결과가 나왔어. 너 담배 피우지? 그렇다면 폐암으로 죽을 확률이 90%야.
>
> 영이: A사 신발의 90%는 말레이시아에 있는 공장에서 생산되고 10%만 국내에서 생산된대. 어제 A사 신발을 샀는데 이거 말레이시아에서 만들었을 확률이 90%네.
>
> 민지: 어제 병원에 가서 에이즈에 감염되어 있는지 검사해 보았는데, 감염자는 양성으로 나올 확률이 99%인 정확한 검사 방법을 사용했거든. 그런데 내가 양성으로 나온 거야. 내가 에이즈에 걸려있을 확률이 99%라니 믿어지지 않아.
>
> 유진: 통계 자료에 의하면 기상청에서 비올 거라고 예보한 다음 날 실제로 비가 올 확률이 90%고, 맑을 거라고 예보한 다음 날 실제로 맑을 확률이 90%래. 지난 번 소풍간 날 비 왔었잖아. 그렇다면 그 전날 비 올거라고 예보했을 확률이 90%겠네.

① 철수, 영이　　② 영이, 민지　　③ 민지, 유진
④ 영이, 민지, 유진　　⑤ 철수, 민지, 유진

답이 뭘까?

일단 철수 말이 틀렸다는 것은 쉽게 알 수 있다. 폐암으로 죽은 사람 중 흡연자가 90%라는 것이 흡연자 중에서 몇 %가 폐암으로 죽을지에 대한 정보를 주지는 않기 때문이다. 다음으로 민지하고 유진이 말도 틀렸을 것 같기는 한데, 무엇이 틀렸는지가 철수 경우보다는 분명하지 않을 것이다. 하지만 잘 따져보면 민지와 유진이 경우도 철수의 경우와 동일한 오류를 범하고 있다. 아래의 표를 보면 이를 명확히 알 수 있다.

	사 실	추 론
철 수	폐암 사망자 중 흡연자가 90%	흡연자 중 90%가 폐암으로 사망?
민 지	에이즈 감염자 중 양성 반응은 99%	양성 반응자 중 99%가 에이즈 감염자?
유 진	비 온다는 예보 중 실제 비오는 경우 90%	실제 비 오는 경우 중 90%가 비 온다는 예보?

사실 이 문제는 확률이론 중에서 베이즈 정리라는 것과 연관이 깊다. 베이즈 정리는 새로운 정보가 추가됨에 따라 처음에 생각했던 확률이 어떻게 수정되는가에 대한 것이다. 무슨 말인가? 민지가 검사를 받기 전에는 자신이 에이즈 환자일 확률을 어느 정도로 생각했을까? 만일 우리나라 국민 중 에이즈 환자의 비율이 0.5%라면, 본인의 경우도 0.5% 정도로

생각했을 수 있다.[11] 그런데 검사를 해 보니 양성이란다. 그렇다면 이제 민지가 에이즈 환자일 확률은 얼마일까? 물론 제시문처럼 양성 반응이 나왔다고 해서 에이즈 감염자일 확률이 99%라는 것은 틀린 추론이다. 그렇다면 몇 %일까? 이를 아는 것은 민지 입장에서는 정말 중요한 일이다. 입장 바꿔 생각해 보라. 안 그렇겠는가? 민지 사례에 몇 가지 정보를 추가하면 이를 알 수 있다. 다음과 같이 민지 사례를 바꿔 보자.

「민지가 받은 검사를 에이즈 감염자가 받으면 99%가 양성 반응을 보이며, 비감염자가 받으면 95%가 음성 반응을 보인다. 그리고 우리나라 사람 중 에이즈 감염자 비율은 0.5%이다. 민지의 검사 결과 양성 반응이 나타났을 때 민지가 에이즈 감염자일 확률은 얼마일까?」

이 문제는 어떤 사람이 에이즈 검사 결과 양성 반응이 나타났을 때, 그 사람이 실제 에이즈 감염자일 확률을 구하라는 것이다.

이 확률은 $\frac{(\text{어떤 사람이 에이즈 감염자면서 양성반응을 보일 확률})}{(\text{어떤 사람이 양성반응을 보일 확률})} = \frac{A}{B}$가 될 것이다. 그런데 어떤 사람이 양성반응을 보일 확률인 B는 (감염자면서 양성반응 보일 확률) + (비감염자면서 양성반응 보일 확률)과 같다. 따라서 (비감염자면서 양성반응 보일 확률)을 C라고 하면 $B = A + C$가 된다.

A는 어떤 사람이 에이즈 감염자일 확률인 0.005에다가, 에이즈 감염자가 검사에서 양성 반응을 보일 확률인 0.99를 곱해주면 구할 수 있다. 마찬가지로 C는 어떤 사람이 에이즈 감염자가 아닐 확률인 0.995에다가, 비감염자가 검사에서 양성반응을 보일 확률인 0.05(=1-0.95)를 곱해주면 구할 수 있다.

따라서 구하는 답은 $\frac{A}{(A+C)} = \frac{(0.005)(0.99)}{(0.005)(0.99)+(0.995)(0.05)} = 0.091$가 된다.

비록 민지가 양성반응을 보였다고 해도 실제 감염자일 확률은 9.1%에 불과하다! 따라서 불안하기는 해도, 공포에 떨 필요까지는 없다. 그렇다면 이 검사는 하나마나한 검사인가? 글쎄 이는 생각하기 나름이다. 일단 이 검사를 하기 전에는 감염자일 확률이 0.5%였으나 이 검사로 인하여 9.1%까지 18배 이상 높아진 것이다. 따라서 이 검사에서 양성 반응을 나타낸 사람들만을 대상으로 다시 정밀검사(이는 물론 훨씬 비용이 비쌀 것이다)를 한다면, 처음부터 모든 사람을 대상으로 정밀검사를 하는 경우보다 에이즈 감염자를 효율적으로 찾아낼 수 있을 것이다.[12]

11) 물론 에이즈 감염은 평소의 생활태도와 밀접하게 관련되어 있을 것이므로, 전체 평균을 자신의 확률로 간주하기보다는 개인마다 자신의 평소 생활태도에 견주어 나름대로 다양한 확률을 가질 것이다. 그래서 사실 에이즈보다는 좀더 무작위적으로 누구나 걸릴 가능성이 있는 것, 예를 들면 위암 같은 것이 더 좋은 예가 된다. 하지만 제시문에서 에이즈라고 했으니 그냥 에이즈로 밀고 나가자.

12) 베이즈 정리는 원래는 조건부확률 개념을 이용한 것이다. 본서에서는 조건부확률 개념을 도입하지 않은 채, 이를 설명하다 보니 다소 설명이 어색해졌다. 원래의 설명에 관심있는 독자는 통계학 교과서를 참고하기 바란다.

2) 정규분포의 의미[13)]

대부분의 독자들이 정규분포(normal distribution)라는 확률분포가 어떤 모양인지는 알고 있을 것이다. 정규분포는 아래와 같이 평균에서 가장 높은 봉우리를 이루는 좌우대칭의 종(Bell) 모양을 갖고 있다.

고등학교 때 정규분포를 배울 때는 막연히 세상의 많은 현상들이 이 분포를 따른다고, 그래서 정규(normal)라는 명칭이 붙었다고 배웠을 것이다. 하지만 우리가 관심을 갖는 사회 현상 중에는 정규분포를 따르지 않는 것들도 제법 있다.

가령 소득분포를 생각해 보자. 소득은 2장에서 설명했듯이 오른쪽으로 긴 꼬리가 있는 분포를 갖는다. 전국의 아파트 평수 분포는 어떨까? 혹은 각 가정이 보유하고 있는 자동차 대수는? 혹은 컴퓨터 또는 휴대폰 개수는? 각 국가의 인구수는? 글쎄, 이런 변수들이 무슨 분포를 할지는 모르겠지만 별로 정규분포를 할 것 같지는 않다.[14)]

우리가 관심을 갖는 사회 현상들 중에 정규분포를 따르지 않는 것들이 제법 있다면, 왜 정규분포라는 것이 모든 확률분포 중에서 제일 유명하고, 몇 시간 밖에 안 되는 고등학교 통계 수업시간에서도 반드시 이 분포를 배우고 넘어가는 걸까?

이는 '우연'하게, 다른 말로 하면 '무작위'로 발생하는 측정오차의 확률분포는

【그림 7-1】 정규분포의 형태

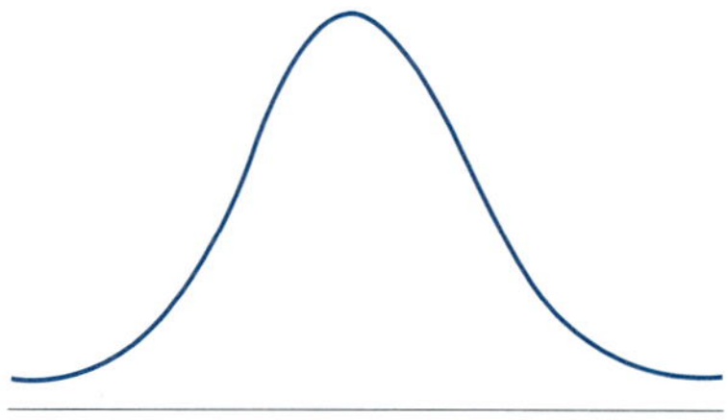

13) 이의 의미를 아는 것이 PSAT를 위하여 꼭 필요하지는 않겠지만, 그래도 상식 삼아 알아 두도록 하자.

14) 필자가 수업시간에 물어봤더니, 한 학생이 말하길, 고등학교 때 한 나무에 매달린 나뭇잎의 길이는 정규분포를 따른다고 배웠단다. 이처럼 흔히 자연 현상 중에는 정규 분포를 따르는 것이 많다고 한다. 키나 몸무게의 분포도 정규 분포의 예로 많이 사용된다. 그런데 필자 생각에는 몸무게가 정규 분포를 따르는가에 대해서 회의적이다. 우리나라 중년 남성의 평균 몸무게는 대략 70kg 정도라고 한다. 그런데 이보다 20kg 이상 더 나가는 사람들, 즉 무게가 90kg 이상인 사람들은 주위에서 제법 볼 수 있다. 하지만 이보다 20kg 이상 더 적은 사람들, 즉 몸무게가 50kg 이하인 성인남성은 찾기 어렵다. 예를 들면 필자가 소속된 학과에는 13명의 교수가 있는데, 이 중에서 가장 몸무게가 많이 나가는 분은 거의 100kg에 육박한다. 하지만 가장 날씬한 분도 60kg은 넘는다.

정규분포를 따르기 때문이다. 무슨 말인가? 예를 들어, 철희가 갖고 있는 볼펜의 길이를 반 학생들이 자를 갖고 잰다고 하자. 이 볼펜의 진짜 길이는 12.50342cm 라고 하자. 이 볼펜의 길이를 재면 12.5cm, 12.4cm, 12cm, 13cm, 12.6cm 등등 다양하게 나올 수 있을 것이다. 그런데 대부분의 측정값은 12~13cm 사이에 있을 것이다. 보다 구체적으로는 참값인 12.50342cm 근처에 밀집될 것이며, 엉뚱하게 10cm라거나 14cm라고 측정값이 나오는 경우는 별로 없을 것이다. 이 볼펜의 측정값들을 그림으로 나타내면 정규분포의 형태를 갖게 된다. 즉, 참값인 12.50342cm에 대하여 좌우 대칭이며, 이 값 근처에 다수의 측정값이 집중되어 있고, 이 값에서 멀어질수록 그런 측정값들이 나올 확률은 감소한다.

「우연」에 의하여 발생하는 측정오차의 확률분포라는 말에서 어떤 감이 오지 않는가? 눈치 빠른 독자라면 내가 무슨 말을 하려는지 알 수 있을 것이다. 답을 말하면 통계학에서 정규분포가 가장 널리 쓰이는 이유는 표본평균(이를 통상 $\overline{X}$라고 표시한다)의 분포는 정규분포를 따르기 때문이다.[15] 왜 그럴까?

가령 우리나라 남성 근로자의 월평균소득은 200만원(즉, 모집단의 평균은 200만원)이라고 하자. 전술하였듯이 개개인의 소득분포 자체는 정규분포가 아니다. 하지만 남성근로자를 무작위로 200명씩 표본추출하여 표본평균을 구하는 것을 100회 정도 반복 실시하였다고 하자. 이 경우 100개의 표본평균이 존재하게 되는데, 이들은 어떤 값을 가질까? 이들은 대개가 모집단의 평균인 200만원 근처에 모여 있을 것이며, 200만원보다 크거나 작은 값을 가질 가능성은 절반씩일 것이고, 200만원보다 +나 −로 크게 차이가 날 가능성은 적을 것이다. 가령 표본평균이 100만원, 300만원 등의 엉뚱한 값을 가질 경우(즉, 표본추출이 우연하게 저소득자 또는 고소득자만으로 이루어지는 경우)는 희박할 것이다.

정리하면 개개인의 소득에 대한 분포는 우측으로 긴 꼬리를 가지며, 모평균값에 비하여 아주 큰 값이나 작은 값도 얼마든지 가질 수 있다. 하지만 표본평균의 값은 모평균을 중심으로 좌우대칭이며, 모평균에서 멀어질수록 발생 가능성이 급격히 낮아지는 종모양의 정규분포를 따르게 된다.

이번에는 주사위 던지기에서 눈의 분포를 생각해 보자. 주사위 던지기에서 1부터 6까지의 눈이 나올 확률은 각각 1/6씩 동일하다. 즉, 주사위 던지기에서 나오는 눈의 확률분포는 균등분포이다. 하지만 주사위를 50번씩 던지는 실험을 100회 반복한다고 하자. 이 경우 표본규모가 50인 표본평균이 100개 발생한다. 이 100개의 표본평균들은 어떤 값을 가질까? 이들은 대개 기대값인 3.5 내외의 값을 지닐

15) 단, 표본수가 일정 규모(대략 30개 정도) 이상이어야 한다.

것이다. 3.5보다 크거나 작은 값으로 나올 가능성은 반반일 것이며, 3.5에서 멀어질수록 확률은 줄어들고, 1 또는 6 같은 극단적인 값을 가질 가능성은 거의 없을 것이다.

이상의 사례를 통하여 원래의 분포가 어떻든 상관없이, 표본평균의 분포는 정규분포를 한다는 것을 이해할 수 있을 것이다. 이러한 현상을 통계학에서는 “중심극한의 정리”라고 하는데, 이를 통계학적인 용어로 표현하면 다음과 같다.

「평균이 μ, 표준편차가 σ인 모집단에서 N개의 표본을 추출했을 때, 표본평균 $\overline{X}$는 N이 큰 경우(대략 30 이상), 모집단이 어떤 분포를 갖든지 근사적으로 평균이 μ이고 표준편차가 $\sigma_{\overline{X}} = \dfrac{\sigma}{\sqrt{N}}$인 정규분포를 따른다.」[16]

한편 선거 지지율 같이 관심 갖는 변수가 비율인 경우도 마찬가지로 “중심극한의 정리”가 성립하는데 이는 다음과 같이 표현된다.

「모비율이 p인 모집단에서 N개의 표본을 추출했을 때, N이 큰 경우(대략 30 이상) 표본비율 $\hat{p}$은 근사적으로 평균이 p, 표준편차가 $\sigma_{\hat{p}} = \sqrt{\dfrac{p(1-p)}{N}}$인 정규분포를 따른다.」

$\hat{p}$에 대한 것도 σ 대신 $\sqrt{p(1-p)}$가 사용되었다는 것 외에는 $\overline{X}$에 대한 것과 동일함에 유의하자.

다시 말하지만 통계적 추론의 목적은 표본의 특성을 관찰함으로써 모집단 특성에 대한 판단을 하며, 이러한 판단이 틀릴 가능성을 수치로 보여 주는 데 있다. 그런데 이러한 오판 가능성을 수치로 계산하려면 표본의 분포 형태를 알아야 한다(왜 그런지는 뒤에서 설명한다). 그런데 표본평균(표본비율)은 원래의 모집단 분포에 상관없이 정규분포를 한다. 따라서, 우리는 이러한 분포 특성을 이용하여 표본평균으로부터 모평균에 대한 판단을 할 때, 오판 가능성을 수치로 나타낼 수 있는 것이다.

이제 정규분포가 왜 중요한 분포인가를 이해했으면, 이제는 정규분포의 형태와 특성에 대하여 좀더 알아보자. 어떤 변수 X가 평균이 μ이고 표준편차가 σ인 정규분포를 한다는 것을 기호로 표시하면 다음과 같이 나타낸다.

$$X \sim N(\mu,\ \sigma^2)$$

---

16) μ와 σ는 그리스 문자로서 μ는 ‘뮤’, σ는 ‘시그마’라고 발음한다. 통계학에서는 모집단의 특성을 나타날 때는 그리스 문자를 사용하며, 표본의 특성을 나타낼 때는 영어 알파벳을 사용하는 경우가 많다.

【그림 7-2】 정규분포 면적과 평균, 표준편차의 관계

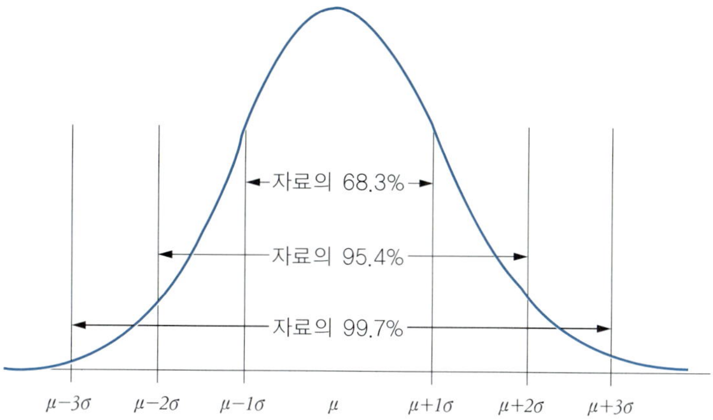

가령 200명이 수강하는 행정학 개론 시험점수(X)의 분포가 평균이 60점, 표준편차가 10점인 정규분포를 한다면 이는 $X \sim N(60, 100)$와 같이 나타낸다.

정규분포는 평균과 표준편차에 의하여 구체적인 모양이 정해지는데, 분포 형태와 평균 및 표준편차 사이에는 다음과 같은 관계가 존재한다.

① $\mu \pm \sigma$: 전체 면적의 68.3%

② $\mu \pm 2\sigma$: 전체 면적의 95.4%

②′ $\mu \pm 1.96\sigma$: 전체 면적의 95%

③ $\mu \pm 3\sigma$: 전체 면적의 99.7%

③′ $\mu \pm 2.58\sigma$: 전체 면적의 99%

무슨 얘기인가? 예를 들면, 행정학 개론 시험점수 X의 분포가 $X \sim N(60, 100)$을 따르면, 200명의 수강생들 중 한 명을 무작위추출했을 때 그 학생의 점수가 평균 ±2표준편차 사이, 즉 40~80점 사이일 확률이 95.4%라는 말이다. 정규분포는 좌우 대칭이므로 이는 40점보다 낮거나, 80점보다 높을 확률은 각각 2.3%로 합쳐서 4.6%라는 의미이기도 하다.

위에 제시된 평균으로부터의 거리와 발생 확률의 관계에서 ①, ②, ③은 거리의 수치가 σ, 2σ, 3σ처럼 단순해서 정규분포의 특성을 이해하는 데 좋기는 하다. 하지만 실제로는 거리가 단순한 것보다는 ②′, ③′처럼 발생확률이 단순한 것이 더 많이 쓰인다. 따라서 굳이 기억하고 싶다면 $\mu \pm 1.96\sigma$ 이내에 존재할 확률이 95%, $\mu \pm 2.58\sigma$ 이내에 존재할 확률이 99%라는 것을 기억하도록 하자.

【그림 7-3】 표준편차의 차이에 따른 정규분포의 형태

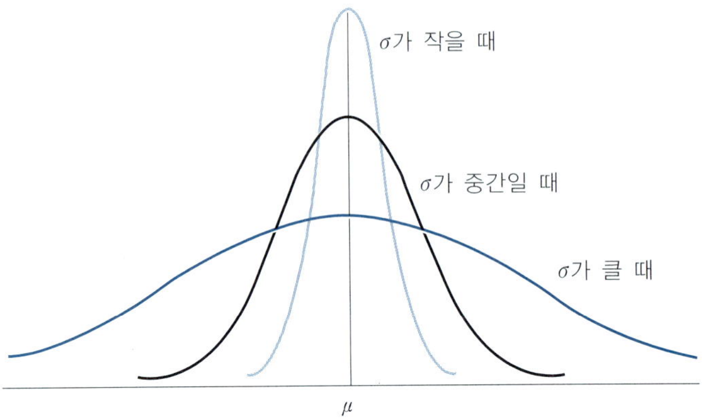

평균으로부터의 거리와 발생확률의 관계로부터 눈치 빠른 독자라면 어떤 변수가 정규분포를 따른다면, 평균에 비하여 상대적으로 표준편차가 크면 분포형태가 키가 작고 뚱뚱한 모양, 평균에 비하여 상대적으로 표준편차가 작으면 분포형태가 키가 크고 홀쭉한 모양임을 짐작할 수 있을 것이다(그림 7-3을 보고도 이해가 안 간다면 평균을 5라고 하고, 표준편차가 2인 경우와 8인 경우에 위의 ①, ②, ③을 충족시키려면 각각 어떤 형태를 갖겠는가 한 번 생각해 보라).

다양한 정규분포 유형 중에서 특별히 평균이 0, 표준편차가 1인 경우의 정규분포를 표준정규분포(standard normal distribution)라고 한다. 따라서 어떤 변수 Z가 표준정규분포를 한다는 것을 기호로 표시하면 다음과 같이 된다(왜 변수 기호로 X대신 Z을 사용했을까? 이유는 조금 뒤에 나온다).

$$Z \sim N(0,\ 1)$$

표준정규분포상의 각 변수값과 그에 대응하는 확률을 나타낸 표를 표준정규분포표라고 하는데, 이는 대부분의 통계학 책 말미에 제시되어 있다(하지만 본서는 통계학 교과서가 아니므로 제시하지 않는다!). 아무 통계학 책이나 뒷부분을 펼쳐 보고 확인해 보라. 구체적인 제시 방법은 교재마다 조금씩 다르지만 의미는 마찬가지이다. 내가 갖고 있는 통계학 책의 표준정규분포표는 표 위에 정규분포 그림과 함께 $P[Z < z]$이라는 식이 제시되어 있고, 표에는 각각의 z값에 대응하는 확률이 제시되어 있다. 가령 $z = -1.96$에는 0.025라는 확률이 대응되어 있다. 이는

$P[Z < -1.96] = 0.025$, 즉 변수 Z가 -1.96보다 작은 값을 가질 확률은 2.5%라는 의미이다.

왜 평균이 0, 표준편차가 1인 정규분포를 표준정규분포라고 할까? 2장에서 우리는 표준점수라는 것을 배웠다. 표준점수는 원래의 변수값을 평균이 0, 표준편차가 1이 되도록 전환해준 값이다. 따라서 어떤 변수가 정규분포를 따른다면, 이 변수값을 표준점수로 환산한 것의 분포는 표준정규분포를 따를 것임을 알 수 있다. 이런 관계를 수식을 이용하여 좀 멋있게 표현하면 아래처럼 되겠다.

$$X \sim N(\mu, \sigma^2)\text{이면, } Z = \frac{X-\mu}{\sigma} \sim N(0,\ 1)$$

표준점수는 통상 Z로 표시하므로, 표준정규분포를 따르는 변수를 Z로 나타낸 것이다. 이러한 표준점수의 특성을 이용하면, 정규분포를 따르는 임의의 변수값의 상대적 위치를 표준정규분포 표를 이용하여 쉽게 파악할 수 있을 것이다. 행정학개론 시험점수 예를 다시 들어보자. 이 시험점수는 $X \sim N(60,\ 100)$의 분포를 갖는다. 만일 75점 이상을 받은 경우에 A를 부여한다면, A를 받는 학생의 비율은 얼마나 될까? 이는 다음과 같이 풀 수 있다.

$$\begin{aligned} P\{X \geq 75\} &= P\{\frac{X-60}{10} \geq \frac{75-60}{10}\} \\ &= P\{Z \geq 1.5\} = 0.0668 \end{aligned}$$

따라서 전체 학생 중의 6.68%가 A학점을 받을 것임을 알 수 있다(학점이 짜다고 비난하지 말자. 예시일 뿐이다).

3) 신뢰구간과 오차한계 추정의 논리

여기까지 이해했으면, 이제부터는 통계적 추정의 논리, 즉 "유권자 1,000명을 조사한 결과 A후보에 대한 지지율은 54%인 것으로 나타났으며, 이의 오차한계는 95% 신뢰수준에서 ±3.1%포인트이다"라고 하는 게 구체적으로 무슨 의미이고, 어떻게 계산하는 것인지에 대하여 설명해도 되겠다.

우선 의미부터 파악하자. 이 말을 친절하게 풀어서 얘기하면 대강 이런 뜻이다.
「유권자 1,000명을 조사한 결과 A후보에 대한 지지율은 54%로 나타났다. 하지만 이는 표본조사 결과이므로 실제 모집단의 지지율은 이 조사결과와는 다소 다를

【그림 7-4】 가상적인 $\hat{p}$ 의 분포

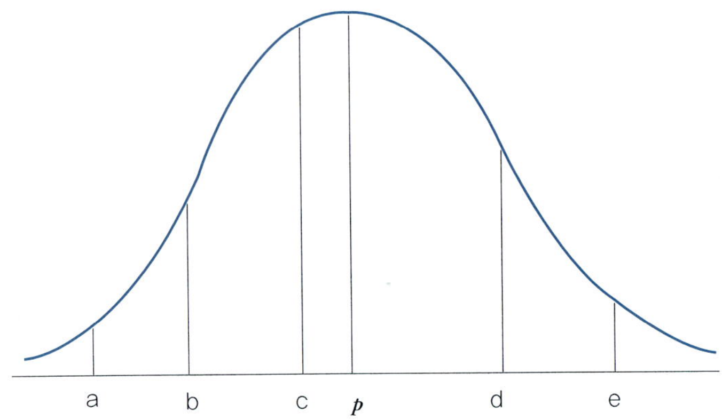

수 있다. 이를 감안하면 실제 지지율은 54±3.1%(즉, 50.9~57.1%) 사이에 있을 것으로 예측된다. 물론 이 예측도 틀릴 수 있다. 하지만 이게 틀릴 확률은 5% 이하일 것이다.」

이 정도 설명이면 95% 신뢰수준에서 ±3.1%포인트의 오차한계라는 것의 의미는 이해가 되었을 것이다. 그럼 이를 어떻게 계산하는지 알아 보자. 앞서 설명한 중심극한 정리에 따르면 유권자 1,000명에 대한 조사에서 얻어진 표본비율인 54%는 평균이 모비율인 p, 표준편차가 $\sqrt{\dfrac{p(1-P)}{1000}}$ 인 정규분포를 한다. 즉, 표본비율 $\hat{p}$ = 54%는 [그림 7-4]와 같은 정규분포에서 도출된 어느 한 값에 해당한다. 만일 $\hat{p}$ 이 c점에 해당한다면 모비율 p는 54%에 가까울 것이다. 반면에 $\hat{p}$ 이 a점에 해당한다면 모비율 p는 54%보다 제법 클 것이며, e점에 해당한다면 p는 54%보다 제법 작을 것이다.

물론 우리는 $\hat{p}$ 값만 알 뿐이며 p값은 모른다. 따라서, 평균이 p인 정규분포상의 어느 점에서 $\hat{p}$ 이 도출된 것인지는 알 수 없다. 하지만 $\hat{p}$ 이 이 정규분포상의 특정 구간에 위치했을 확률은 계산할 수 있다.[17] 가령 $\hat{p}$ 이 p의 좌우로 $1.96\sigma_{\hat{p}}$ 이내에 위치할 확률은 95%이며, 그보다 바깥에 위치할 확률은 왼쪽과 오른쪽 각각 2.5%이다. 이를 식으로 나타내면 다음과 같이 된다.

17) 여기에서 말하는 위치는 특정한 점이 아니라 구간을 의미한다. 정규분포는 연속분포이다. 그런데 연속분포에서 특정한 점은 길이가 0이므로, 발생확률은 항상 0이다. 즉, 정규분포에서의 발생확률은 구간으로만 나타낼 수 있다.

$$P\{p - 1.96\sigma_{\hat{p}} \le \hat{p} \le p + 1.96\sigma_{\hat{p}}\} = 0.95,$$

이는 표본비율 $\hat{p}$의 관점에서 나타낸 것인데, 이를 모비율 p의 관점에서 정리하면 다음과 같이 될 것이다.

$$P\{\hat{p} - 1.96\sigma_{\hat{p}} \le p \le \hat{p} + 1.96\sigma_{\hat{p}}\} = 0.95$$

즉, 모비율 p가 $\pm 1.96\sigma_{\hat{p}}$ 이내에 위치할 확률은 95%가 된다고 할 수 있다.[18] 이때 $\pm 1.96\sigma_{\hat{p}}$을 모비율 p의 95% 신뢰구간이라고 한다. 그리고 이는 「모비율 p의 추정값은 $\hat{p}$이며, 이의 오차한계는 95% 신뢰수준에서 $\pm 1.96\sigma_{\hat{p}}$이다」라는 것과 동일한 의미이다.

이제 이 식을 A후보 지지율 사례에 적용하면 다음과 같다.

$$P\{0.54 - 1.96\sigma_{\hat{p}} \le p \le 0.54 + 1.96\sigma_{\hat{p}}\} = 0.95$$

표준편차인 $\sigma_{\hat{p}}$의 값만 알면 모비율 p의 95% 신뢰구간 혹은 (95% 신뢰수준에서의) 오차한계를 구할 수 있다. 표준편차인 $\sigma_{\hat{p}} = \sqrt{\dfrac{p(1-P)}{N}}$인데, 우리는 $N = 1{,}000$이라는 것은 알지만 p의 값은 모른다. 어떻게 해야 할까? 한 가지 방법은 p 대신 $\hat{p}$값을 대입해서 표준편차를 계산하는 것이다. 물론 p와 $\hat{p}$은 같지 않다. 하지만 N이 제법 클 때는(대개 30 이상), 두 값의 차이가 크지 않을 것이므로, $\hat{p}$값을 대신 사용해도 큰 문제는 없다.

또 하나의 방법은 $p = 0.5$라고 가정하고 계산하는 것이다. 왜? $p = 0.5$이면 $p(1-p) = 0.25$가 되는데, 이는 $p(1-p)$이 가질 수 있는 최대값이다.[19] 따라서 $p = 0.5$를 대입하여 계산한 표준편차 및 오차한계는 실제의 p값을 이용하여 계산한 표준편차 및 오차한계보다 크거나 같게 된다. 그래서 어떻다는 건가? 우리가 95% 신뢰수준에서 오차한계가 m 이하라고 주장하는 것이 참이라면, 오차한계를 그보다 넓혀서 $m + k$(양수) 이하라고 주장하는 것은 항상 참이다. 따라서 $p = 0.5$를 사용하여 신뢰구간 혹은 오차한계를 계산함으로써, 모비율이 속할 범위에 대한 판단을

18) 보다 정확한 의미는 반복해서 표본을 추출하여 표본비율을 구하는 경우, 평균적으로 100번 중에 95번은 모비율이 $\hat{p} \pm 1.96\sigma_{\hat{p}}$ 범위 내에 포함된다는 뜻이다.

19) 이해가 안 가는 독자는 0과 1 사이의 어떤 값이라도 p에 대입하여 $p(1-p)$를 계산해 보라. 절대 0.25보다 큰 값은 나올 수 없다. 혹시 미분을 할 줄 안다면 p로 미분해서 극대값을 구해 보면 되겠다.

한다면 실제의 p값을 사용하였을 때보다 틀릴 가능성이 작거나 같을 것이다. 즉, $p = 0.5$를 사용하는 것은 보수적인, 안전한 추정 방법이라고 할 수 있다.

p 대신 $\hat{p} = 0.54$를 사용하여 표준편차를 계산하면 0.01576이 되며, 0.5를 대입하여 표준편차를 계산하면 0.01581이 된다. 두 값은 거의 동일하므로, 둘 중의 어느 값을 사용하든 소수 넷째 자리에서 반올림하면, 오차한계는 ±0.031(또는 ±3.1%)이 된다.

지금까지의 설명으로 "95% 신뢰수준에서 ±3.1%포인트의 오차한계"라는 것이 무슨 의미이고, 어떻게 도출하는가를 대강은 이해했을 것으로 믿는다. 만일 99% 신뢰수준이면 어떻게 될까? 99% 신뢰수준이면, [그림 7-2]에서 알 수 있듯이 오차한계는 $\pm 2.58\sigma_{\hat{p}}$이 되므로 우리의 예에서는 ±4.1%포인트가 된다. 신뢰수준이 높아진다는 것은 곧 신뢰구간 내에 모비율이 포함될 가능성이 높아진다는 것을 의미하며, 이를 위해서는 신뢰구간을 좀더 넓게 잡아야 함은 당연할 것이다. 한편 표본수 N이 증가하면 $\hat{p}$의 표준편차인 $\sigma_{\hat{p}}$값이 감소하므로 그만큼 오차한계는 감소함도 알 수 있다.

오차한계와 관련한 조금 다른 문제를 생각해 보자. 우리의 예에서 A후보는 실제 선거에서 승리할 수 있을까? 다른 말로 하면 실제 선거에서 A후보 득표율이 과반수를 넘길 수 있을까? (우리 예에서는 후보가 둘이며, 무효표가 없다고 가정한다.)

p에 대한 95% 신뢰구간은 54±3.1%, 즉 50.9~57.1%이므로 최소값도 50%는 넘는다. 따라서 실제 선거에서 A후보가 승리할 것으로 예측할 수 있으며, 이 예측이 틀릴 가능성은 5% 이하라고 할 수 있다(이걸 'A후보가 승리할 것이라는 판단은 5% 유의수준에서 통계적으로 유의미하다'라고 말하기도 한다).

신뢰수준을 99%로 높이면 어떻게 될까? 99% 신뢰구간은 54±3.1%, 즉 49.9~58.1%이므로 최소값은 50%보다 작다. 따라서 예측이 틀릴 가능성이 1% 이하가 되게 하려면, A후보가 승리할 것이라고 예측할 수 없다. 하지만 그렇다고 해서 A후보가 질 것이라는 것은 전혀 아니다. 여전히 A후보가 승리할 가능성이 더 높다. 다만 오판 가능성 1% 이하의 조건을 충족하려면, A후보가 승리한다고 장담할 수 없다는 얘기다. 즉, 표본값과 판단의 기준값의 차이가 오차한계 내에 존재하면 가부의 판단을 내리기가 곤란하다(이걸 'A후보가 승리할 것이라는 판단은 1% 유의수준에서 통계적으로 유의미하지 않다'라고 말하기도 한다). 참고로 표본에 대한 판단이 모집단에서도 유효한가를 따지는 것을 '통계적 검정'이라고 한다는 것도 알아 두자.

지금까지는 표본비율인 $\hat{p}$을 갖고 설명했지만, 표본평균 $\overline{X}$에 대해서도 동일하게 적용될 수 있음은 물론이다. 독자들 스스로 유추해 볼 수도 있고, 아니면 기초 통계학 교재 아무거나 참고해 봐도 되겠다.

통계적 추정에 대해서는 이보다 훨씬 다양한 이슈들이 많다. 하지만 본서에서는 기본 개념만 이해하는 것으로 만족하기로 하고, 마지막으로 다음의 기출문제를 풀어 보자.

보기 7.5

다음 문제는 통계적 추정과 관련된 2004년도 외시 문제이다. 이를 풀어봄으로써 오차한계에 대하여 좀더 잘 이해할 수 있을 것이다.

선거를 앞두고 어떤 선거구의 유권자 중 500명을 무작위로 뽑아 지지후보를 조사한 결과 A후보의 지지율은 52.5%, B후보의 지지율은 47.5%로 나타났다. 다음 중 가장 적절한 것은?

> 여론조사기관에서 일반적으로 사용하는 오차한계의 공식을 여기에 적용하면 다음과 같다.
>
> 오차한계(%) $= \pm Z$값 $\times \sqrt{2{,}500/\text{표본수}}$
>
> Z값 $= 1.96$(95% 신뢰수준일 때)
>
> Z값 $= 2.58$(99% 신뢰수준일 때)
>
> $\sqrt{5} = 2.24$, $\sqrt{2.5} = 1.58$

① 이 여론조사의 경우 99% 신뢰수준에서 오차한계는 ±4.39% 이다.

② 두 후보의 지지율 차이가 99% 신뢰수준에서 오차한계를 벗어나므로 A후보의 승리가 예상된다.

③ 표본수가 여론조사에서 흔히 사용되는 1,000명에 크게 못 미치기 때문에 이 조사결과는 믿을 수 없다.

④ A 후보에 대한 지지율은 95% 신뢰수준에서 오차한계를 고려하면 50% 이하가 될 수 없다.

⑤ 표본수를 2,500명으로 조사하였을 때에도 동일한 지지율을 얻었다면 95% 신뢰수준에서 A후보가 과반수 이상의 지지를 확보했다고 말할 수 있다.

문제를 풀기 전에 일단 상자 안에 제시된 오차한계 공식인 「오차한계(%) $= \pm Z$값 $\times \sqrt{2{,}500/\text{표본수}}$」을 이해하자. 이 오차한계 공식은 앞에서 설명한 것과 다소 모양이 다른 것 같지만, 실제로는 동일하다. 앞에서 95% 신뢰수준에서 오차한계는 다음과 같이 나타냈다.

$$\text{오차한계} = \pm 1.96\sigma_{\hat{p}} = \pm 1.96\sqrt{\frac{p(1-p)}{N}}$$

이 공식을 상자 안의 공식처럼 백분율(%)로 나타내기 위해 100을 곱하자. 그리고 $\hat{p}$ 값을 모르므로, 표준편차를 계산하기 위하여 $p = 0.5$를 대입하자. 그러면 아래와 같이 된다.

$$\text{오차한계}(\%) = \pm 1.96\sqrt{\frac{p(1-p)}{N}} = \pm 1.96 \times 100\sqrt{\frac{0.25}{N}} = \pm 1.96 \times \sqrt{\frac{2{,}500}{N}}$$

따라서 상자 안에 제시된 오차한계 공식은 앞에서 다룬 공식과 동일한 것임을 알 수 있다.

그럼 이제 답을 찾도록 하자.

$\sqrt{\frac{2{,}500}{500}} = \sqrt{5} = 2.24$이므로 99% 신뢰수준에서 오차한계는 $\pm 2.58 \times 2.24 = \pm 5.78$이다.

그리고 95% 신뢰수준에서 오차한계는 $\pm 1.96 \times 2.24 = \pm 4.39$이다. 따라서 ①은 틀렸다.

A후보의 지지율은 B후보의 지지율보다 5%포인트 높지만 이는 99% 신뢰수준의 오차한계 이내에 있으므로 ②도 틀렸다. 그런데 ②가 틀렸다는 것과 별도로 '두 후보의 지지율 차이가 오차한계를 벗어나면 A후보의 승리가 예상된다'는 게 무슨 의미인가를 생각해 보자. 이 문제는 두 후보만 존재하고 무효표는 없는 경우에 해당한다. 따라서 A후보가 B후보에 앞선다는 것은 A후보의 득표율이 50%를 넘는다는 것과 동일하다. 99% 신뢰수준의 오차한계는 ±6.56이므로 표본에서의 A후보의 득표율이 (50 + 5.78)%보다 크면, 모집단의 A후보 득표율은 99% 신뢰수준에서 50%를 넘을 것이라고 예상할 수 있다. 그런데 두 후보 득표율의 합은 100이므로, 표본에서의 A후보 득표율이 (50 + 5.78)%보다 크려면 표본에서의 B후보 득표율은 (50 - 5.78)%보다 작아야 한다. 따라서 A후보와 B후보의 득표율 차이가 2 × 5.78(즉 ±5.78)을 벗어나면, 99% 신뢰수준에서 A후보가 승리할 것으로 예상할 수 있는 것이다.

여론조사에서는 흔히 1,000명을 조사하지만 500명을 조사해서 안 될 것은 없다. 다만 표본수가 줄어들면 그만큼 오차한계가 커질 뿐이다.[20] 따라서 ③도 틀렸다.

A후보 지지율의 95% 신뢰구간은 52.5±4.39%이므로 48.11 ~ 56.89%이다. 따라서 ④도 틀렸다. 표본수가 2,500이면 $\sqrt{\frac{2{,}500}{N}} = 1$이므로 95% 신뢰수준의 오차한계는 ±1.96이다. 따라서 신뢰구간은 52.5±1.96%이므로 ⑤는 맞는 말이다.

20) 물론 표본수가 아주 적어서 30명도 안 된다면 중심극한 정리가 성립한다고 할 수 없으므로 문제가 된다.

4. 회귀분석

6장에서 사회과학 분야의 경우 학문적으로 그리고 정책적으로 실증분석의 목적은 대부분이 사회 현상의 인과관계를 파악하는 데 있다고 하였다. 그리고 사회 현상은 복잡하게 얽혀 있으며, 실험연구가 어렵기 때문에 올바른 인과관계의 추론이 매우 힘들다고 하였다.

무릇 세상 일이라는 게 힘들어도 필요하다면 최선을 다해야 하는 법! 인과관계 추론을 위한 실증분석에서 가장 많이 쓰이는 통계기법으로서 회귀분석이라는 게 있다. 앞에서 설명한 통계적 추론도 실제로는 모평균이나 모비율을 파악하려는 목적보다는 표본을 대상으로 실시한 회귀분석 결과가 모집단에서도 동일하게 적용된다고 할 수 있는가(즉, 통계적으로 유의미한가)를 판단하기 위하여 더 많이 활용된다.

본서의 목적상 회귀분석의 자세한 내용을 알 필요는 없다. 하지만 기출문제를 보면 회귀분석 결과의 해석에 대한 문제들이 몇몇 출제되고 있다. 이는 그래프나 식에 의한 회귀분석 결과의 해석은 통계기법이라기보다는 자료해석에 해당하기 때문이다. 비록 건전한 상식(!)과 사려 깊은 논리력만 갖추고 있다면 회귀분석 내용을 몰라도 문제를 풀 수는 있다. 하지만 회귀분석 내용을 알고 있다면 훨씬 수월할 것임은 당연한 일이다.

이에 따라 이하에서는 회귀분석의 기본 개념을 소개하고 어떻게 결과를 해석할 것인지에 대하여 간략하게 설명하도록 한다. 그런데 회귀분석은 기본적으로 변수 간의 상관관계에 기초하고 있다. 따라서 우선 상관관계에 대해서 설명하고, 다음으로 회귀분석에 대하여 설명한다.

1) 상관관계의 기본개념

한 변수 값이 증가할 때 다른 변수 값도 증가하는 경향이 있으면, 두 변수간에는 양(+)의 상관관계가 존재한다고 한다. 그리고 한 변수 값이 증가할 때 다른 변수 값이 감소하는 경향이 있으면, 두 변수간에는 음(−)의 상관관계가 존재한다고 한다.

이러한 상관관계의 개념은 대부분의 독자들이 익히 알고 있을 것이므로 더 이상 설명하지는 않겠다. 그보다는 상관관계에 대하여 알아야 할 특성 혹은 논점을 몇 가지 설명한다.

(1) 상관관계의 강도

[그림 7-5]에 제시된 산점도에서 a)와 b)는 모두 두 변수 X와 Y 사이에 +의 상관관계가 있음을 보여 준다. 하지만 누가 보더라도 a)보다는 b)에서 두 변수간의 상관관계가 훨씬 더 분명하다. 한편 c)의 경우는 X와 Y 사이에 상관관계가 존재하는지 여부가 불분명하다. 이처럼 두 변수간의 상관관계가 존재한다고 해도, 그 정도는 각 경우마다 다르다. 그리고 그 정도가 아주 약하다면 상관관계가 존재하는지 여부도 불확실하다. 따라서 변수간의 상관관계를 분석할 때는, 상관관계의 강도(strength)가 어느 정도인가에 관심을 갖게 된다.

상관관계의 강도는 상관계수(correlation coefficient)라는 것으로 측정한다. 상관계수는 보통 r이라는 기호로 나타내며 −1에서 +1 사이의 값을 갖는다($-1 \leq r \leq +1$). 상관계수의 부호는 상관관계의 방향을 나타낸다. 즉, +부호는 +의 상관관계가 존재함을, −부호는 −의 상관관계가 존재함을 의미한다. 상관계수의 절대값은 상관관계의 강도를 의미한다. 두 변수 X, Y 사이에 아무런 상관관계가 없이 산점도상에 점들이 흩어져 있으면 0의 값을 지니며, 점들이 모두 일직선 상에 놓이면 방향에 따라 +1 또는 −1의 값을 갖는다.

[그림 7-6]은 X, Y 산점도상에 점들이 흩어진 정도에 따라 상관계수값이 어떻게 달라지는가를 보여 준다.

상관계수의 해석에서 주의할 것은 상관계수는 두 변수간에 선형(linear)의 관계가 얼마나 강한가만을 보여 준다는 점이다. [그림 7-7]을 보면 X가 증가함에 따라 Y는 반원의 궤적을 그리고 있다. 즉, 두 변수 X, Y 사이에는 아주 밀접한 관계가 있다. 하지만 X와 Y의 상관계수를 구하면 0이 나온다. 이는 두 변수 사이의

【그림 7-5】 산점도와 상관관계

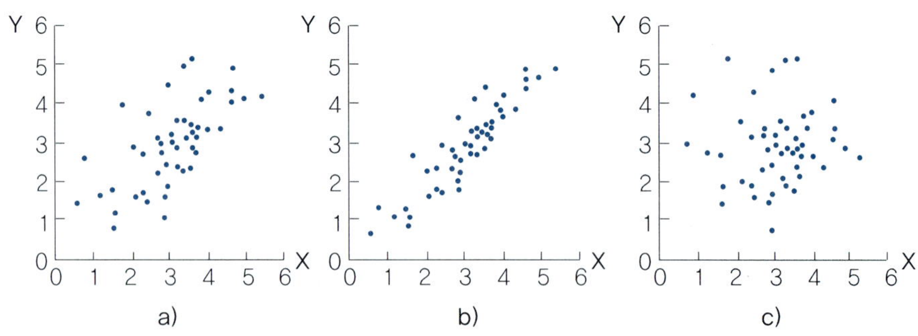

주) 이 표들은 류근관(2003), 104쪽 [그림 5-6]에서 발췌한 것이다.

관계가 일직선이 아니기 때문이다. 즉, 상관계수라는 것은 두 변수 사이의 일직선의 정비례 관계가 얼마나 존재하는가를 측정하는 지표이다.[21)]

복잡한 세상사에서 두 변수간의 관계가 어찌 일직선의 관계만 있겠는가? 실제로는 일직선이 아닌 관계도 많을 것이다. 하지만 상관계수라는 것은 일직선의 관

【그림 7-6】 산점도 형태와 상관계수

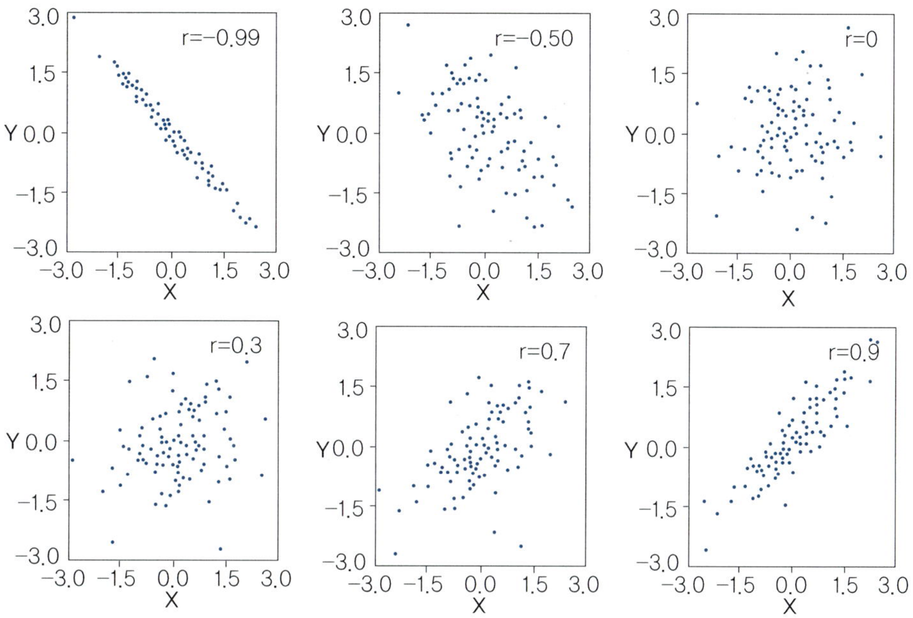

주) 김기영 외(2002), 135쪽의 [그림 5.5]를 옮겨온 것임.

【그림 7-7】 *X*와 *Y*의 관계가 밀접하지만 상관계수는 0인 경우

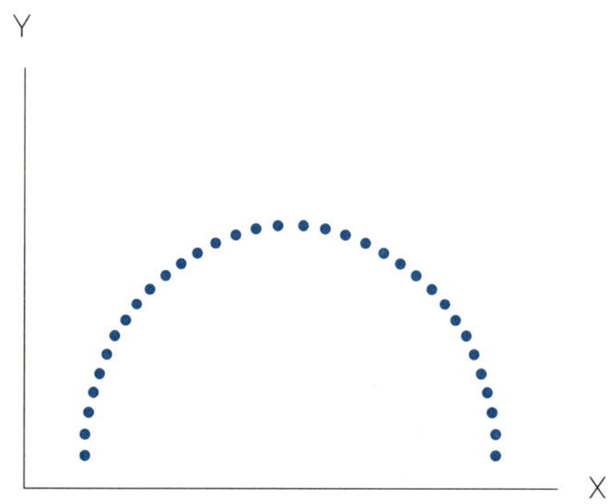

계가 얼마나 강한가만을 측정할 뿐이며, 통상 상관관계의 강도는 상관계수로 판단한다. 따라서 일반적으로 두 변수간의 상관관계를 분석한다는 것은 두 변수간의 직선 관계 분석을 의미한다는 것을 염두에 두자.

(2) 상관관계와 인과관계

두 변수간에 상관관계가 존재한다는 것은 6장에서 기술한 인과관계 성립을 위한 세 가지 조건 중에서 '공동변화의 원칙'이 충족된다는 것만을 의미한다. 따라서 두 변수간에 상관관계가 존재한다는 것이, 인과관계가 존재함을 의미하지는 않는다. 이에 대해서는 6장에서 누누이 강조했기 때문에 더 설명하지 않아도 충분하리라고 믿는다.

그렇다면 두 변수간에 상관관계가 존재할 때, 인과관계도 존재한다고 하려면 어떻게 해야 할까? 물론 나머지 두 조건(시간적 선행성의 원칙, 허위변수 배제의 원칙)이 충족됨을 보이면 된다. 시간적 선행성의 원칙은 두 변수간에 인과관계가 존재한다고 할 때, 어느 것이 원인이고 어느 것이 결과인가를 판단하는 것에 해당한다(물론 시간적으로 앞서는 것이 원인이다). 즉, 이 원칙은 *X*가 *Y*의 원인인가를 입증할 때는 필요하지만, *X*와 *Y* 사이의 인과관계 존재를 입증할 때는 별 필요가 없다. 또한 이 원칙은 상식적으로 판단할 수 있으며, 그렇게 어렵지는 않을 것이다.[22)]

결국 상관관계의 존재로부터 인과관계의 존재를 주장하려면, 허위변수 배제 원칙의 충족이 관건이 된다. 하지만 이게 쉽지 않다는 것도 이미 충분히 강조한 바 있다.

---

21) 노파심에서 한 마디 더 덧붙이면 상관계수 절대값의 크기는 산점도의 기울기가 0만 아니라면, 기울기와는 관계가 없으며, 얼마나 점들이 직선 형태를 갖추고 있는가에 좌우된다. 다음의 그림에서 a)와 b)를 비교하면, a)의 기울기가 더 가파르다. 하지만 상관 관계의 강도는 b)가 더 높으며, 이에 따라 상관계수 값도 b)가 더 크다.

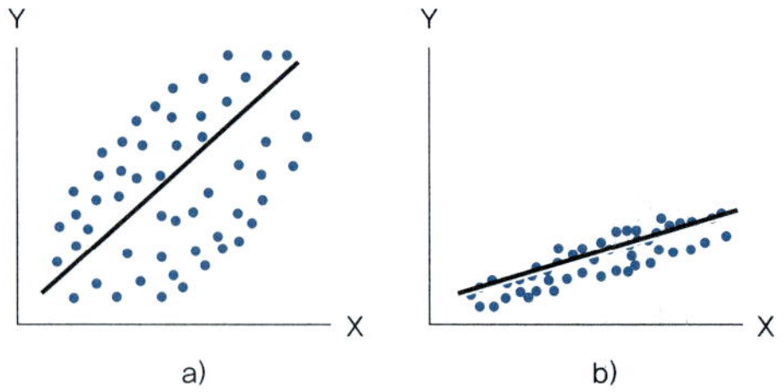

22) 물론 이러한 판단이 헷갈리는 경우도 존재할 수 있다. 가령, 조직이론에서는 직무만족과 업무성과 사이에 인과관계가 존재하는 것은 맞지만 어느 것이 원인이고 어느 것이 결과인가에 대해서는 논란이 있었다. 직무만족이 높으면 업무성과가 향상될까 아니면, 업무성과가 좋으면 직무만족도가 높아질까?

【그림 7-8】 학력과 보수간의 산점도

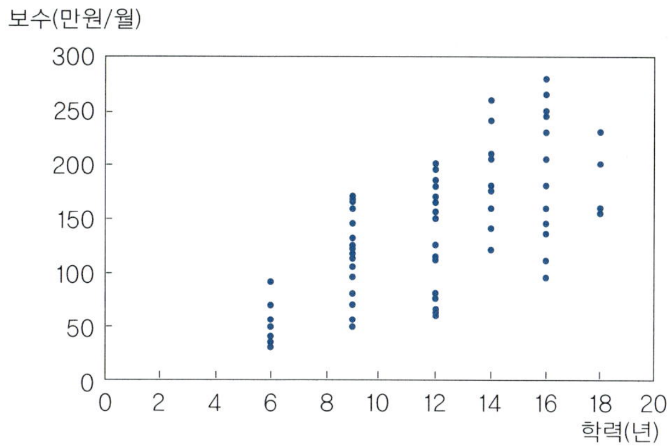

2) 회귀분석의 기본개념

개인의 학력(X = 교육년수)과 보수(Y = 월급) 사이에는 [그림 7-8]과 같은 +의 상관관계가 존재한다고 하자.

그런데 학력과 보수 수준 사이에 상관관계가 존재하는 이유는 학력이 원인변수로서 결과변수인 보수에 영향을 미쳤기 때문일 것이다. 이 경우 우리는 학력과 보수 사이에 단지 +의 상관관계가 존재한다는 것뿐만 아니라 학력이 증가함에 따라 보수 수준은 평균적으로 얼마나 증가할까에도 관심이 있을 수 있다. 이는 어떻게

【그림 7-9】 학력과 보수간 산점도와 회귀직선

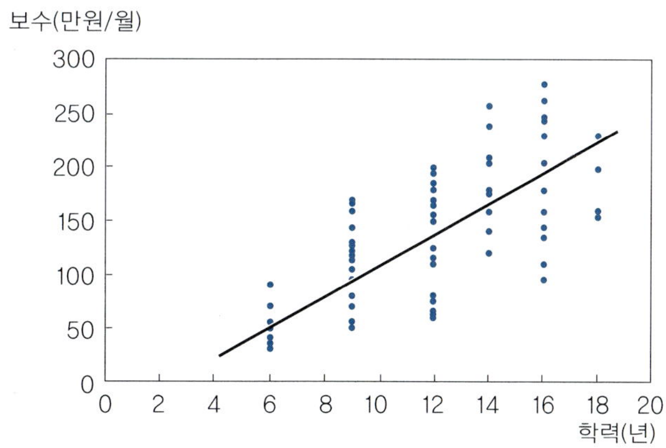

알 수 있을까? [그림 7-9]과 같이 학력과 보수의 산점도상에 두 변수간의 관계를 가장 잘 보여 주는 직선(이를 '회귀직선'이라고 한다)을 하나 그려 보자.

이 직선을 식으로 나타내면 다음과 같은 형태를 갖는데, 이런 식을 회귀식이라고 한다. 즉, 회귀식은 원인변수(이를 독립변수라고도 한다)를 우변, 결과변수(이를 종속변수라고도 한다)를 좌변에 놓고, 원인변수와 결과변수의 함수 관계를 표현한 것을 의미한다.

$$Y = \alpha + \beta X$$

두 계수 α와 β 중에서 중요한 것은 기울기인 β이다. [그림 7-9]의 직선을 이런 함수식으로 나타내면 기울기 β는 +값을 가질 것이다. β는 X가 한 단위 증가할 때 Y가 얼마나 변하는가를 보여 준다. 가령 $\beta = 10$만원이라면 학력수준이 1년 증가할 때 평균적으로 보수가 10만원 상승한다는 것을 의미한다. 그럼 $\beta = 0$이면 어떤 의미? 이 경우 X값이 어떤 값을 갖더라도, Y값에는 변화가 없다. 따라서 X는 Y에 아무런 영향을 미치지 않는다는 의미가 되겠다.[23)]

회귀분석이란 X와 Y관측값들로부터 α와 β값을 추정(estimate)하는 것을 의미한다. 어떻게 추정할까? 간략히 개요만 설명하면 다음과 같다.

회귀식이 $Y = \alpha + \beta X$일 때, 개별 관측값들은 이 직선을 중심으로 위 아래에 펴져있다. 따라서 개별 관측값들의 위치는 $Y_i = \alpha + \beta X + \varepsilon_i$으로 표현할 수 있다(개별 관측값이라는 것을 강조하기 위해 아래 첨자 $_i$를 붙였다). 이 식에서 ε_i는 오차항이라고 하는데, 특정 X_i에 대응하는 실제의 Y_i값과 회귀직선상의 $Y(= \alpha + \beta X)$값과의 차이(즉, $\varepsilon_i = Y_i - \alpha - \beta X$)를 나타낸다. X와 Y의 산점도를 관통하는 직선은 무수히 많이 그릴 수 있지만, 그 중에서 오차항 ε_i의 제곱합을 최소화(즉, min $\sum_n^i \varepsilon_i^2$) 하는 직선이 바로 추정하려는 회귀직선이 된다. 이 회귀직선은 대략 위 아래로 펴져있는 산점도의 가운데를 관통하는 직선이 된다. 회귀직선을 추정하는 자세한 방법을 알고 싶은 독자는 통계학 교과서를 참고하기 바란다.

학력과 보수의 관계를 나타내는 회귀직선의 추정 결과가 다음의 (식 7.1)과 같다고 하자.

---

23) [그림 7-9]에서 α는 어떤 부호를 가질까? 가운데 직선을 Y축까지 연장하면 아마도 -값을 가질 것 같다. 그렇다면 이게 무슨 의미일까? 무학(학력수준이 0)인 사람은 -의 보수를 받는다? 물론 그렇지는 않을 것이다. 현재 중학교까지 의무교육이고, 과거에도 초등학교는 의무교육이었으므로, 거의 모든 사람은 6년 혹은 9년 이상의 학력은 지니고 있다. 따라서 무학자가 자료에 없는 상태에서 무학일 경우의 보수를 추정한다는 것은 별 의미를 지니지 못한다. 즉, 회귀식에서 절편은 기울기를 추정하다 보니까 더불어 추정되는 것뿐이며, 그 자체가 특별한 의미를 갖지는 않는다.

$$Y = 120 + 10X \qquad \text{(식 7.1)}$$

이 식으로부터 고졸 근로자($X = 12$)의 평균월급은 대략 240만원이며, 대졸 근로자($X = 16$)의 평균월급은 280만원 정도임을 알 수 있다. 그런데 보수에 영향을 미치는 요인으로는 학력 이외에 다양한 것들이 있다. 가령 재직 기간도 보수에 +의 영향을 미칠 것이다. 학력과 재직 기간이 보수에 영향을 미치는 것을 반영하는 회귀식은, 예를 들면 다음과 같이 나타낼 수 있다. 이제 독립변수가 2개가 되었으므로 독립변수 X에 아래첨자를 붙여서 구별하였다.

$$Y = 50 + 6X_1 + 10X_2 \; (X_1\text{: 교육년수, } X_2\text{: 재직년수}) \qquad \text{(식 7.2)}$$

이 회귀식은 교육년수와 재직년수가 1년 증가하면 보수는 각각 6만원과 10만원이 증가함을 나타낸다. 그렇다면 대졸에 재직 10년인 민수와 고졸에 재직 12년인 태현이는 누가 얼마나 더 많이 벌까?(이 둘의 보수는 위의 회귀식을 따른다고 가정한다). 학력만 본다면 민수가 태현이 보다 24(= 6 × 4)만원 더 많이 벌며, 재직 기간만 본다면 태현이가 민수보다 20(= 10 × 2)만원 더 많이 번다. 따라서 학력과 재직 기간을 둘 다 고려하면 민수가 태현이 보다 4만원 더 많이 벌 것임을 알 수 있다.

학력과 재직 기간 이외에 보수에 영향을 미치는 것에는 또 어떤 것들이 있을까? 가령 노동시장에 성차별이 존재한다면 남녀의 성별에 따른 보수 격차도 존재할 수 있다. 이를 반영하여 학력, 재직 기간, 성별이 보수에 영향을 미치는 회귀식은 다음과 같이 나타낼 수 있다.

$$Y = 35 + 5X_1 + 9X_2 + 40X_3 \; (X_1\text{: 교육년수, } X_2\text{: 재직년수 } X_3\text{: 1 = 남성, 0 = 여성}) \qquad \text{(식 7.3)}$$

X_3는 성별을 나타내는 변수인데 남성이면 1, 여성이면 0의 값을 갖는다. 따라서 X_3의 계수값이 40이라는 것은, 성별만을 고려할 때, 남성의 보수가 여성보다 평균 40만원 더 많다는 것을 의미한다. 그렇다면 고졸에 6년간 재직한 철수와 대졸에 4년간 재직한 영희는 누가 얼마나 더 많이 벌까? 철수는 남자이고 영희는 여자이다(이 둘의 보수는 위의 회귀식을 따른다고 가정한다). 철수의 보수는 189(= 35 + 60 + 54 + 40)만원이며, 영희의 보수는 151(= 35 + 80 + 36)만원이다. 따라서 철수가 영희보다 38만원 더 많이 번다.

성별 변수인 X_3는 명목변수로서 단지 남성과 여성을 구별하기 위하여 임의의 숫자를 붙인 것이다. 남성 = 1, 여성 = 0의 숫자를 붙였지만 남성 = 0, 여성 = 1로 해도 상관없고 혹은 남성 = 1, 여성 = 2라고 해도 상관없다. 다만 남성 = 0, 여성 = 1로 하면 X_3의 계수값은 −40으로 바뀔 것이며, 절편은 35가 아니라 75가 될 것이다(남성 = 1, 여성 = 2로 하면 어떻게 바뀔까?).

회귀식에서 성별과 같은 명목변수가 독립변수이면 수량변수가 독립변수일 경우와는 다른 의미를 갖는다. 수량변수의 계수값은 기울기를 나타내지만, 명목변수의 계수값은 집단간 차이를 나타내며, 절편에 포함된다. 이게 무슨 말인지 이해하기 위해 다음의 회귀식에서 학력과 보수의 관계를 그래프로 나타내면 어떻게 될지 생각해 보자. 이 회귀식은 논의의 편의를 위해서 (식 7.3)에서 재직 기간 변수를 제외한 것이다.

$$Y = 60 + 7X_1 + 50X_3 (X_1\text{: 교육년수, } X_3\text{: 1 = 남성, 0 = 여성}) \qquad \text{(식 7.4)}$$

X_1의 계수값이 7이므로 기울기는 7이 될 것이다. 절편은 어떻게 될까? 이 식의 절편은 $60 + 50X_3$이다. 그런데 X_3은 남성 = 1, 여성 = 0이므로 여성 집단의 절편은 60이다. 그리고 남성 집단의 절편은 110 = (60 + 50)이 된다. 따라서 이를 그래프로 나타내면 [그림 7-10]과 같이 된다.

성별 변수에 의해서 남성과 여성 집단이 분리되어 학력과 보수의 관계가 그려졌다. 남성과 여성 집단의 기울기는 동일하며, 성별 변수의 크기만큼 남성 집단의 절편이 더 높다. 따라서 남성과 여성의 성별에 따른 보수 차이는 평균 50만원이며, 이는 학력 수준에 관계없이 일정하다는 것을 알 수 있다.

【그림 7-10】 **성별에 따른 학력과 소득의 회귀직선**

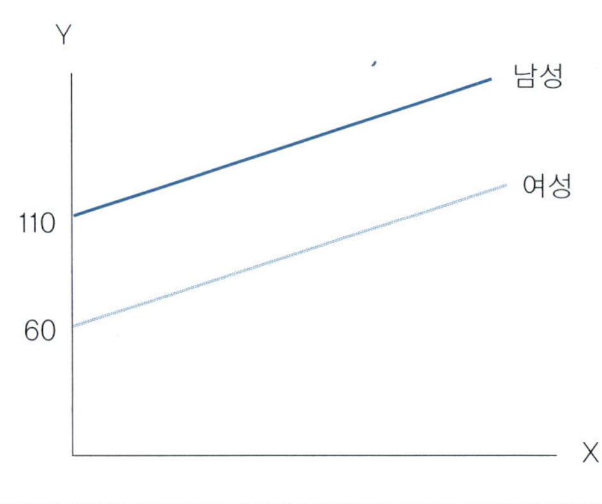

생각해 보기

[그림 7-10] 처럼 성별에 따른 보수 격차가 학력 수준에 상관없이 일정하다는 것은 어째 현실과 좀 안 맞는 것 같다. 보통은 저학력층에서는 남녀 보수 격차가 작은 편이고, 고학력층에서 남녀 보수 격차가 더 클 것 같다. 즉, 학력과 성별이 보수에 미치는 영향은 아래의 [그림 7-11]이 좀더 현실에 부합할 것 같다.

[그림 7-11]을 회귀식으로 나타내려면 어떻게 해야 할까? 이 그림에서는 남녀의 보수 격차가 학력 수준이 높아짐에 따라 증가하는데, 이는 절편뿐만 아니라 학력변수의 기울기도 남녀에 따라 다름을 나타낸다. 이를 어떻게 반영할까? 학력변수에도 남녀 성별 변수를 포함시키면 된다. 예를 들면 다음 식처럼 된다.

$$Y = 50 + 6X_1 + 10X_3 + 2X_1X_3 \ (X_1\text{: 교육년수, } X_3\text{: 1 = 남성, 0 = 여성}) \qquad \text{(식 7.5)}$$

(식 7.5)를 (식 7.4)와 비교하면, X_1X_3이 또 하나의 독립변수가 되어 추가되었음을 알 수 있다. (식 7.5)를 여성 집단에만 적용하면 어떻게 될까? 그리고 남성 집단에만 적용하면? 여성의 경우 $X_3 = 0$이며, 남성의 경우 $X_3 = 1$이다. 따라서 여성은 $Y = 50 + 6X_1$이 되며, 남성은 $Y = 60 + 8X_1$이 된다. 참고로 X_1X_3처럼 개별 독립변수가 곱해져서 또 하나의 독립변수로 모형에 들어가는 경우 두 변수 사이에 '교호작용(interaction)'이 존재한다고 말한다.

[그림 7-11] 성별에 따른 학력과 소득의 회귀직선

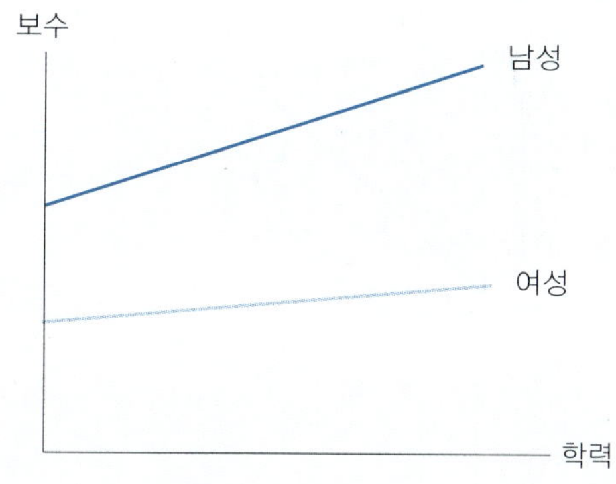

이상에서 회귀분석의 기본개념에 대해서 설명했고, 이하에서는 회귀분석을 해석할 때 주의할 사항 몇 가지를 언급하려고 한다.

(1) 영향력의 강도와 기울기

회귀식에서 독립변수의 계수값(즉, 기울기)은 독립변수가 한 단위 증가할 때 종속변수가 얼마나 변화하는가를 보여 준다. 가령 (식 7.4)에서 X_1의 계수값 7은 학력수준이 1년 증가할 때, 월 보수가 7만원 더 높아짐을 나타낸다. 그렇다면 계수값이 클수록 그만큼 독립변수가 종속변수에 미치는 영향력이 크다는 것을 의미할까? 정답은 꼭 그렇지는 않다는 것이다. 계수값이 크다는 것(즉, 기울기가 가파르다는 것)과 영향력이 크다는 것은 좀 다른 개념이다.

[그림 7-12]를 보자. a)와 b) 중에서 어느 경우가 X가 Y에 미치는 영향이 더 큰 걸까? a)는 b)에 비하여 기울기가 더 가파르다. 하지만 b)에 비하여 관찰값들이 회귀직선 주위에 넓게 퍼져있다. b)는 기울기가 완만하므로 X의 변화에 대한 개별 Y_i값의 변동 폭이 그리 크지는 않다. 하지만 Y_i값은 대부분 회귀직선 바로 위와 아래에 몰려 있다. 그런데 회귀직선상의 Y점의 위치는 X값에 의하여 기계적으로 정해진다($Y = \alpha + \beta X$을 기억하자). 따라서 개별 관찰값들이 회귀직선 근처에 몰려있다는 것은 개별 Y_i값은 대부분 X가 어떤 값을 갖느냐에 의해 정해진다는 것을 뜻한다. 그리고 이는 그만큼 X가 Y값에 미치는 영향력이 크다는 것을 나타낸다. 정리하면, X가 Y에 미치는 영향력은 기울기보다는 개별 Y_i값이 회귀직선의 위 아래로 얼마나 가까운가에 의해서 더 좌우된다고 할 수 있다.[24)]

【그림 7-12】 회귀식의 기울기와 영향력

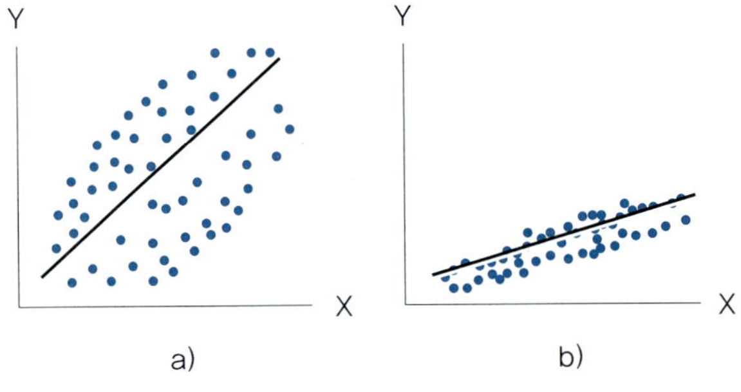

24) 다른 말로 하면, $Y_i = \alpha + \beta X + \varepsilon_i$이므로 개별 Y_i값은 회귀직선에 의해서 정해지는 부분($\alpha + \beta X$)과 그렇지 않은 부분, 즉 오차항 ε_i에 의하여 정해지는 부분으로 구분할 수 있는데, 이 중에서 회귀직선에 의하여 정해지는 부분이 클수록 X의 영향력이 더 크다고 할 수 있다. 참고로 영향력을 판단할 때 기울기가 전혀 의미가 없는 것은 아니다. 회귀식의 위 아래에 퍼진 정도가 동일하다면, 기울기가 가파른 편이 완만한 편보다는 영향력이 크다. 이 경우는 Y_i값의 결정에서 기울기가 가파른 편이 완만한 편에 비하여 $\alpha + \beta X$에 의해 정해지는 부분이 더 크기(즉, ε_i에 의하여 정해지는 부분이 더 작기) 때문이다. 이러한 X의 영향력을 판단할 때는 표준화 회귀계수라는 것을 사용한다. 설명하다보니 얘기가 너무 전문적으로

(2) 독립변수 계수값의 통계적 유의미성

회귀분석에서는 X의 계수값이 0인지의 여부(즉, $\beta = 0$?)가 매우 중요하다. $\beta \neq 0$이라면 X와 Y 사이에 인과관계가 존재하는 것을 의미하며, $\beta = 0$이라면 X와 Y 사이에 아무런 관계가 없다는 것을 의미하기 때문이다.

하지만 비록 X와 Y 사이에 아무런 관계가 없다고 해도, 주어진 표본자료를 이용하여 회귀직선을 추정할 때, X의 계수값, 즉 기울기가 0으로 나오는 경우는 거의 없다. 기울기가 0이 되려면, X와 Y의 산점도상에서 회귀직선이 완벽한 수평선이 되어야 한다. 하지만 이런 경우가 생기기는 참으로 어렵다. [그림 7-13]을 보자.

a)와 b)의 회귀직선을 보면, 기울기는 a)에서는 꽤 가파른 +의 값으로 나오며, b)에서는 꽤 가파른 −의 값으로 나온다. 하지만 비록 기울기는 0이 아닌 것으로 나왔더라도, 각 점들이 회귀직선과는 너무나 동떨어지게 흩어져 있다. 따라서, 이걸 보고 a)와 b) 모두 X, Y 사이에 어떤 관계가 존재한다고 말하기는 어려울 것 같다.

한편 c)를 보자. c)에서는 회귀직선의 기울기가 제법 가파른 +이며, 산점도상의 각 점들도 회귀직선에서 그렇게 동떨어져 있지는 않다. 따라서 X와 Y 사이에는 +의 관계가 있다고 할 수 있을 것 같다. 하지만 이런 결과는 겨우 6개의 자료로부터 도출된 것이다. 언제나 우리의 관심사는 표본의 결과가 아니라 모집단의 결과이다. 그런데 6개의 표본에서 나온 결과를 갖고 모집단에서도 마찬가지의 결과를 기대할 수 있을까?

【그림 7-13】 회귀식의 기울기와 유의미성

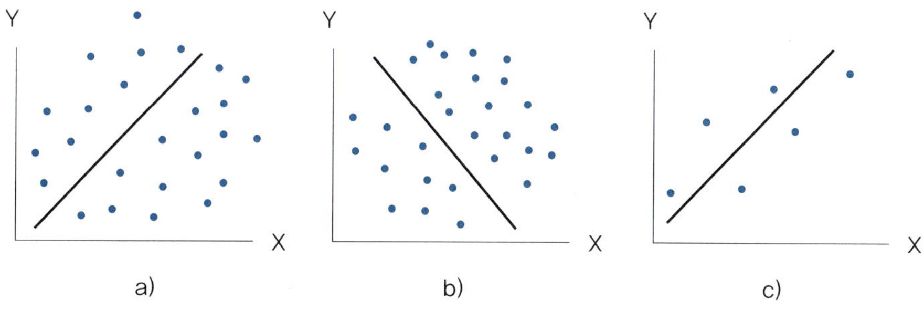

흘렀다. PSAT 대비를 위하여 이러한 내용들을 알 필요는 물론 없다. 관심있는 독자들은, 늘 그렇듯이, 알아서 통계학 책을 보면 되겠다.

앞에서 표본평균(비율)을 갖고 모집단 평균(비율)에 대한 통계적 추론을 한 것처럼, 표본으로부터 얻은 계수값을 갖고도 모집단의 계수값에 대한 통계적 추론을 해야 한다. 표본에서의 지지율이 과반수(50%)를 넘어도 모집단에서의 지지율은 과반수를 넘을 것이라고 할 수 없는 경우가 있다. 마찬가지로, 표본에서의 기울기는 0이 아니라도, 모집단에서의 기울기도 0이 아니라고 할 수 없는 경우가 흔하게 발생한다.

따라서 회귀분석을 하면 항상 표본에서 얻은 기울기 자료를 갖고서, 모집단에서의 기울기가 0인지의 여부($\beta \neq 0$ or $\beta = 0$)에 대한 판단, 즉 통계적 검정을 한다. 이 결과 $\beta \neq 0$인 것으로 판단되면, 이 기울기는 통계적으로 유의미하다고 말한다. 이 방법을 자세히 설명하는 것은 본서의 목적에 적합하지 않으므로 생략한다. 하지만 기본원리는 표본평균을 갖고 모집단 평균의 특성을 판단하는 것과 동일하다.

비록 자세한 방법을 설명하지는 않지만 어떤 경우에 기울기가 통계적으로 유의미한 것으로 나올 지를 한 번 생각해 보자. 우선은 산점도상의 각 점들이 회귀직선의 위 아래에 가깝게 모여 있을수록 유의미하게 나올 것이다. 또한 표본 수가 많을수록 유의미하게 나올 것이다. 설마 왜 그런지 이해가 안 가는 독자들은 없으리라고 믿겠다(만일 이해가 안 간다면 [그림 7-13]에 대한 설명을 다시 한 번 읽어 보라).

(3) 회귀분석과 인과관계

회귀식에서 독립변수의 계수값은 X가 Y에 미치는 영향을 보여준다고, 즉 회귀분석은 변수간의 인과관계를 분석하는 것이라고 했다. 하지만 실제로 계수값이 보여주는 것은 독립변수와 종속변수 사이의 상관관계일 뿐이다. 즉, 계수값이 통계적으로 유의미하게 0이 아니라면 이는 상관관계가 존재한다는 것을 의미하며, +면 +의 상관관계가, −면 −의 상관관계가 존재함을 의미한다. 단지 그러한 상관관계가 존재하는 이유가 바로 X가 Y에 영향을 미치기 때문이라고 연구자가 나름대로 해석하는 것이다!

앞에서 상관관계의 존재는 인과관계 성립을 위한 세 조건 중에서 공동변화의 원칙이 충족됨을 의미한다고 했다. 그리고 인과관계가 존재한다고 하려면, 나머지 두 조건인 시간적 선행성의 원칙과 허위변수 배제의 원칙이 충족되어야 한다고 했다. 따라서 실제로는 상관관계만을 보여주는 계수값으로부터 인과관계를 판단하는 것이 타당하려면, 우리가 설정한 회귀모형이 시간적 선행성의 원칙과 허위변수 배제의 원칙도 충족해야만 한다.

앞에서 학력을 독립변수로 우변에, 보수를 종속변수로 좌변에 놓고 회귀모형을 만들었지만, 거꾸로 학력을 종속변수로 좌변에, 보수를 독립변수로 우변에 놓고 회귀모형을 만든 다음에 실제 자료를 갖고 이를 추정했다고 하자. 이 경우도 보수의 계수값은 +값으로 나온다. 그렇다고 해서 보수가 원인이 되어 학력 차이라는 결과를 가져왔다고 할 수 있겠는가?

6장에서 소방차 출동대수와 화재피해액의 사례를 설명했는데, 소방차 출동대수를 독립변수 X로 하고, 화재피해액을 종속변수 Y로 해서 회귀식을 추정하면, X의 계수값은 +로 나올 것이다. 그렇다고 소방차 출동대수가 원인으로서 화재피해액이라는 결과를 산출하였다고 하겠는가?

회귀모형이 시간적 선행성과 허위변수 배제의 원칙을 충족하지 못한다면, 비록 독립변수의 계수값이 통계적으로 유의미하다고 해도, 이는 올바른 인과관계를 보여 주지 못한다. 그렇다면 시간적 선행성과 허위변수 배제의 원칙 충족 여부는 어떻게 알 수 있을까? 공동변화 원칙의 충족 여부는 통계적 추론(검정)으로 판단할 수 있지만, 이 두 원칙의 충족 여부는 통계적 검정으로 규명되지 않는다. 이는 다만 연구자 스스로 건전한 상식(!)에 의해 판단해야 한다.

회귀모형을 만들 때 연구자는 원인이라고 생각되는 변수를 독립변수로서 우변에 설정하고, 결과라고 생각되는 변수를 종속변수로서 좌변에 설정한다. 이 설정이 맞다면 시간적 선행성 원칙은 충족되는 것이며, 아니라면 위반하는 것이 된다. 두 변수간에 인과관계가 존재할 때, 어느 변수가 원인이고 어느 변수가 결과인지의 판단이 헷갈리는 경우도 물론 있기는 하다. 하지만 대부분의 경우 이러한 판단은 그리 어렵지 않다. 따라서 회귀분석에 의한 인과관계 추론에서 시간적 선행성 원칙의 충족 여부가 문제되는 경우는 많지 않다.

회귀분석에 의해서 사회 현상의 인과관계를 추론할 때, 문제가 되는 것은 대부분 허위적 관계 배제 원칙의 충족 여부이다. 왜 그런지는 더 설명 안 해도 알 것으로 믿는다. 허위적 관계 배제 원칙을 충족하도록 회귀모형을 구성하는 방법이 있기는 하다. 이에 대한 자세한 설명은 본서의 목적을 벗어난다. 하지만 궁금한 독자를 위해서 다음의 '생각해 보기'에서 기본원리를 간략히 설명했다. 궁금한 독자들은 읽어 보면 되겠다.

하지만 명심해야 할 것은, 비록 허위적 관계 배제 원칙을 충족하도록 회귀모형을 구성한다고 해도 이는 완전하지 못하다는 점이다. 상식적으로 생각해 봐도 사회 현상의 인과관계는 복잡 다양하게 얽혀 있을 텐데, 어떻게 두 변수만의 순수한 인과관계를 뽑아낼 수 있겠는가? 6장에서 설명하였듯이, 실험실에서의 연구가 아닌 이상, 사회 현상의 인과관계 분석이 완벽하게 이루어지는 것은 거의 불가능하다. 독자들이 나중에 회귀분석을 직접 하거나, 혹은 그 결과를 이용하여 정책 판단을 할 때는, 항상 이를 유념해서 신중하게 접근하길 바란다.

생각해 보기

회귀모형을 어떻게 구성하면 허위적 관계 배제 원칙을 충족할 수 있을까? 가령 [그림 7-14]처럼 X와 Y의 인과관계 분석에서 Z가 허위변수(a) 또는 교란변수(b)로 작용한다면, 어떻게 Z의 영향을 배제할 수 있을까?

【그림 7-14】 허위변수와 교란변수

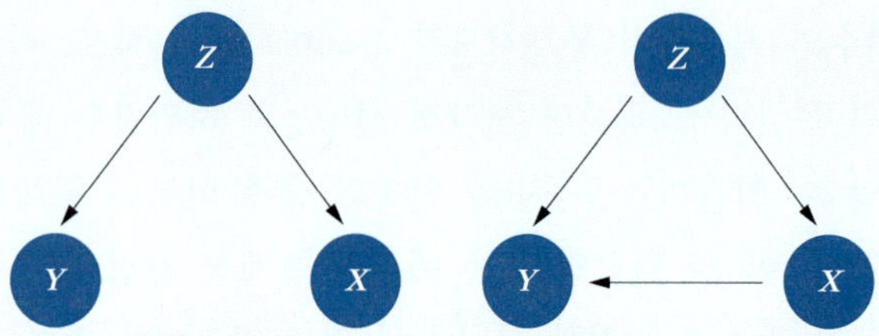

(a) 허위변수 (b) 교란변수

앞에서 예로 든 소방차 출동대수와 화재피해액의 관계를 생각해 보자. 이 사례를 [그림 7-14]의 형태로 나타내면, 소방차 출동대수는 X, 화재피해액은 Y, 그리고 화재규모는 Z에 해당한다. 만일 소방차 출동대수가 실제로는 화재피해액에 아무런 영향도 미치지 않는다면 (a)에 해당할 것이며, 실제로도 영향을 미치지만 화재규모 Z의 영향이 더 크다면 (b)에 해당할 것이다.

어느 경우에 해당하든 화재 규모 Z의 영향을 고려하지 않은 채 X와 Y만으로 아래와 같이 회귀식을 구성하여 추정하면, X의 계수값 β가 +의 값을 갖게 됨은 이미 설명한 바와 같다.

$$Y = \alpha + \beta X$$

그렇다면 화재규모 Z의 영향을 배제한 상태에서, 소방차 출동대수 X가 화재피해액은 Y에 미치는 영향을 분석하려면 어떻게 해야 할까? 이를 위해서는 다음과 같이 회귀식을 구성하면 된다.

$$Y = \alpha + \beta_1 X + \beta_2 Z$$

이 회귀식은 독립변수로서 소방차 출동대수 X뿐만 아니라 화재 규모 Z도 포함하고 있다. 회귀식에서 특정 독립변수의 계수값은 '다른 독립변수의 효과가 통제된 상태' 혹은 '다른 독립변수의 효과는 동일할 때' 해당 독립변수와 종속변수의 상관관계를 보여 준다. 즉, β_1은 화재규모의 영향이 통제되었을 때, 혹은 화재규모가 동일할 때 소방차 출동대수 X와 화재피해액 Y의 관계를 보여 준다.[25]

β_1은 어떤 부호를 가질까? 만일 소방차 출동대수와 화재피해액의 관계가 (a)에 해당한다면, β_1은 통계적으로 유의미하지 않을 것(즉, $\beta_1 = 0$)이다. 만일 (b)에 해당한다면, β_1은 $-$의 부호를 가져서, 화재규모의 영향이 통제되면, 소방차 출동대수가 많을수록 화재피해액은 감소할 것이다. 이처럼 Z를 독립변수로 포함함으로써 X의 계수값(β_1)은 포함하지 않은 경우의 계수값(β)과는 전혀 달라짐에 유의하자. 이는 Z를 제외했을 때의 β의 추정값에는 X의 영향(β_1) 이외에 Z의 영향(β_2)도 포함되기 때문이다.

이처럼 X와 Y 사이의 인과관계에서 제3의 변수로 작용하는 변수들을 다른 독립변수로서 회귀모형에 포함하면 이들의 영향을 통제(즉, 제거)할 수 있다. 하지만 복잡한 사회 현상에서 이러한 제3의 변수를 모두 찾아내서 모형 속에 포함하는 게 어찌 쉬운 일이겠는가?[26]

다시 말하지만, 중요한 것은 회귀분석이 인과관계 추론에 유용하기는 해도, 여전히 복잡한 사회 현상의 올바른 인과관계 파악은 어렵다는 점을 명심하는 것이다.

생각해 보기

주의 깊은 독자들은 혹시 눈치챘을 지도 모르겠지만, 보수 회귀식 사례에서 (식 7.1)~(식 7.3)을 보면 독립변수가 추가됨에 따라 기존 독립변수의 계수값이 줄어들고 있다.

$$Y = 120 + 10X \ (X: \text{교육년수}) \qquad \text{(식 7.1)}$$

$$Y = 50 + 6X_1 + 10X_2 \ (X_1: \text{교육년수},\ X_2: \text{재직년수}) \qquad \text{(식 7.2)}$$

$$Y = 35 + 5X_1 + 9X_2 + 40X_3 \ (X_1: \text{교육년수},\ X_2: \text{재직년수},\ X_3: \text{성별}) \qquad \text{(식 7.3)}$$

학력변수는 재직변수가 추가됨에 따라 계수값이 10 → 6으로, 다시 성별변수가 추가됨에 따라 6 → 5로 감소하였다. 그리고 재직변수 계수값은 성별변수가 추가됨에 따라

25) 'Z의 영향이 통제되었을 때'라는 것과 'Z의 영향이 동일할 때'라는 것은 회귀분석에서는 동일한 의미를 지닌다. 즉, 모든 관찰값에 대하여 Z가 동일한 영향을 미친다면, Z로 인한 관찰값들의 차이는 발생하지 않는다. 따라서 이는 Z의 영향이 통제된 것과 마찬가지이다.

26) 또한 이처럼 제3의 변수들이 포함되면 소위 '다중 공선성(multi collinearity)'이라는 문제가 발생해서, 계수값의 통계적 유의미성이 감소하게 된다.

10 → 9로 감소하였다. 또한 절편값도 계속 감소했다. 왜 그럴까? 바로 앞의 〈생각해 보기〉 설명을 생각해 보면 어렵지 않게 이해할 수 있을 것이다.

이해를 돕기 위해 하나만 같이 해 보자. (식 7.2)에서 학력변수 X_1의 계수값은 재직 기간이 통제된 상태에서(혹은 동일한 상태에서) 교육년수가 1년 많으면 보수가 얼마나 더 많은가를 보여 준다. 이에 비하여 (식 7.1)의 학력변수 X의 계수값은 재직 기간이 통제되지 않았다. 일반적으로 고학력자는 저학력자에 비하여 재직 기간이 더 긴 경향이 있다. 따라서 재직기간이 통제되지 않은 (식 7.1)에서 고학력자가 저학력자에 비하여 보수 수준이 더 높은 데에는, 학력 차이 이외에 재직 기간이 더 길다는 것도 반영되었을 것이다. 따라서 재직 기간을 통제한 (식 7.2)에 비하여 (식 7.1)의 학력 변수의 계수값이 더 크게 나타난 것이다. 비록 가상 사례지만 현실감을 살리기 위해서 신경 좀 썼다(!).

참고로, 관심있는 독자라면 회귀분석과 교차분석에서 각각 제3의 변수의 영향력을 통제하는 방법을 비교해 보는 것도 재미있을 것이다.

이상에서 회귀분석에 대한 개략적인 설명을 마치겠다. 이번 '회귀분석' 편의 설명은 다소 어렵게 느껴지기도 했을 것이다. 사실 PSAT 대비라는 측면에서만 본다면 이렇게까지 깊이 하지는 않아도 될 것이다. 하지만 회귀분석의 개념을 잘 이해하는 것은 사회현상의 인과관계 추론에서 매우 중요하므로, 다소 욕심을 부렸다.

마지막으로 회귀분석과 관련된 기출예제를 함께 보도록 하자. 이 문제들을 풀어봄으로써, 회귀분석과 인과관계에 대하여 보다 잘 이해할 수 있을 것이다.

보기 7.6

{05년 입법} 다음은 10개 국가들(A ~ J)의 GDP 대비 노령연금급여액의 비중과 노령연금급여 지급 후 측정된 노령인구의 빈곤율 사이의 관계를 나타낸 [그림]이다. 회귀식으로 추정해 본 결과 GDP 대비 노령연금급여액은 노령인구의 빈곤율에 통계적으로 유의미한 영향을 주는 것으로 나타났다. 제시된 [그림]을 바탕으로 | 보기 | 중 옳은 것만으로 연결된 것은?

[보 기]

가. 다른 조건이 동일하다면 C국가는 B국가에 비해 노령인구의 빈곤율을 낮추는 데 더 효과적인 노령연금정책을 가지고 있다.

나. GDP대비 노령연금급여액의 비중이 낮을수록 노령인구의 빈곤율은 높다.

다. 다른 조건이 동일하다면 H국가는 C국가에 비해 노령인구의 빈곤율을 낮추는 데 더 효과적인 노령연금정책을 가지고 있다.

① 가	② 가, 나	③ 가, 다
④ 나, 다	⑤ 가, 나, 다	

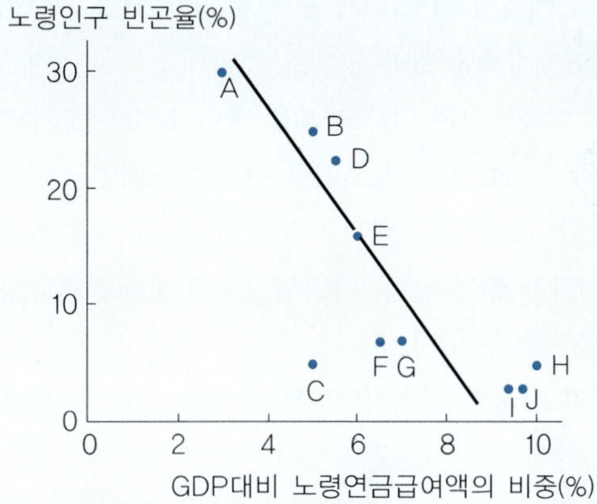

일단 문제를 이해하도록 하자. 여기서는 'GDP대비 노령연금급여액' 수준이 '노령인구 빈곤율' 크기에 영향을 준다는 가정하에 'GDP대비 노령연금급여액'을 독립변수인 X, '노령인구 빈곤율'을 종속변수인 Y로 하는 회귀식 $Y = \beta_0 + \beta X_1$을 설정하고, 10개 국가의 자료를 이용하여 추정한 후, 그 결과를 [그림]으로 나타낸 것이다. [그림]을 보면 β_1의 추정값은 －로 나와서 'GDP대비 노령연금급여액'이 많은 국가일수록 '노령인구 빈곤율'이 낮은 관계가 있음을 알 수 있다.

한편 〈보기〉의 '가'와 '나'에서 '다른 조건이 동일하다'는 전제가 나오는데 이의 의미에 대하여 잠깐 짚고 넘어 가자. '다른 조건이 동일하다'는 것을 영어로는 'other things being equal,' 라틴어로는 'ceteris paribus'라고 하는데 경제학 등에서 흔히 가정되는 조건이다. 이 조건을 보다 길게 기술하면 '관심 갖는 독립변수 이외에 종속변수에 영향을 미치는 다른 변수들의 효과는 각 국가간에 동일하다'라는 말로서, 이는 관심 갖는 변수의 순효과만을 파악하기 위한 것이다. 무슨 말인가? 종속변수인 노령빈곤율에 영향을 미치는 요인에는 연금정책 이외에도 다양한 것들이 있을 것이다. 그런데 다른 요인들의 영향력이 국가마다 다르다면 [그림]과 같은 관계만으로 연금수준이 높을수록 노인 빈곤이 감소한다고 할 수 없을 것이다. 가령 연금수준이 높은 국가는 그만큼 복지에 대한 관심이 높은 국가여서 공적부조 등 빈곤 감소를 위한 다른 정책들도 높은 수준으로 실행하고 있다고 하자. 이 경우 노령연금 수준 자체는 노인 빈곤율과 별 관련이 없더라도, 노령연금수준과 노인빈곤율간에는 －관계가 나타날 수 있다. 따라서 '다른 조건이 동일하다'는 가정을 통해 노령빈곤율에 영향을 미치는 다른 정책들의 효과는 국가간에 동일하다고 해야만 [그림]처럼 노령연금수준과 노인빈곤율간에 -관계가 나타난 것이 전적으로 노령연금수준이 노인빈곤율에 미친 영향으로 해석할 수 있는 것이다. 즉 '다른 조건이 동일하다' 고 가정하는 것은 6장에서 설명한 허위적 관계 배제의 원칙(다른 변수에 의한 설명 가능성은 배제되어야 한다)이 충족됨을 가정하는 것과 동일하다.[27]

여기까지 이해했으면 이제 문제를 풀어 보자. 〈보기〉에서 '가' 는 맞다. '다른 조건이 동일하다' 고 했으므로 [그림]의 관계는 노령연금정책이 노령빈곤율에 미치는 영향을 보여 준다. C국가와 B국가의 노령연금정책 수준은 거의 유사하다. 하지만 노령빈곤율은 C국가가 훨씬 낮다. 따라서 C국가의 노령연금정책이 빈곤율을 낮추는 데 더 효과적이라고 할 수 있다.

'나' 도 맞다. 물론 개별적으로는 예외가 있지만, 전체적인 경향은 노령연금급여액 비중이 낮을수록 노령빈곤율은 높다.

'다' 는 틀렸다. C국가와 H국가의 노령 빈곤율은 거의 유사하다. 하지만 노령연금급여 수준은 C국가가 훨씬 낮다. 즉, C국가는 H국가보다 훨씬 낮은 수준의 노령연금지출만으로도 H국가와 동등한 수준의 노령 빈곤율을 유지하고 있다. 따라서 C국가의 노령연금정책이 빈곤율을 낮추는 데 더 효과적이다.[28] 따라서 정답은 ②가 되겠다.

보기 7.7

이 문제도 2005년 입법고시 기출문제인데 [보기 7.6]과 유사해 보이지만 조금 다른 함의가 있다. 그리고 사실 좀 논란의 소지도 있다. 왜 그런지 한 번 풀어 보자.

다음 3가지 [그림]은 개인주의, 권위주의 및 대인간 신뢰와 국가투명성간의 관계를 나타낸 것이다. 이 [그림]에서 각 점들은 각 나라들을 의미하며, 그 중 몇몇 나라들에만 이름을 적어 넣은 것이다. 이 [그림]에 대한 설명으로 가장 옳지 않은 것은?

① 일본을 기준으로 볼 때, 국가투명성과 개인주의가 높은 나라들과 낮은 나라들을 분리하여 따로 분석해도 국가투명성과 개인주의간의 상관관계가 높게 나올 가능성이 크다.
② 개인주의가 증가할수록 권위주의가 감소할 가능성이 크다.
③ 높은 대인간 신뢰가 높은 국가투명성의 원인이라고 말할 수는 없다.
④ 개인주의 성향이 높은 나라가 국가투명성이 더 높은 경향이 있다.
⑤ 일본을 기준으로 볼 때, 대인간 신뢰와 국가투명성이 높은 나라들보다 낮은 나라들의 산포가 더 크다.

27) 되풀이하지만, 사회현상의 인과관계 분석에서 허위적 관계 배제의 원칙이 완벽하게 충족되는 경우는 많지 않다. 따라서 '다른 조건이 동일하다' 는 가정은 그다지 현실성 있는 가정은 아니다.

28) 물론 '다른 조건이 동일하다' 는 전제는 '가' 의 경우와 마찬가지다.

[그림 1] 개인주의와 국가투명성

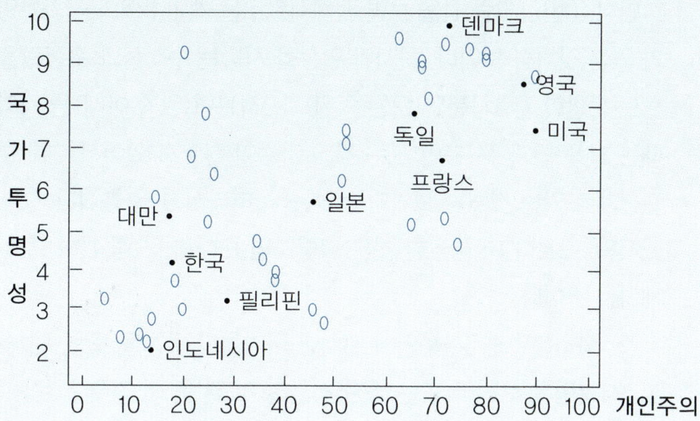

[그림 2] 권위주의와 국가투명성

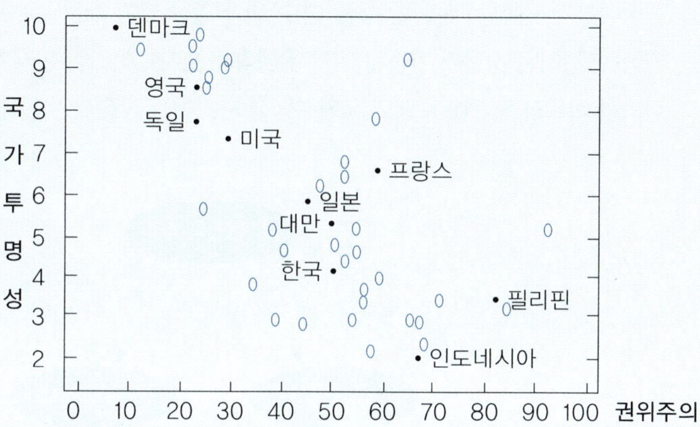

[그림 3] 대인간 신뢰와 국가투명성

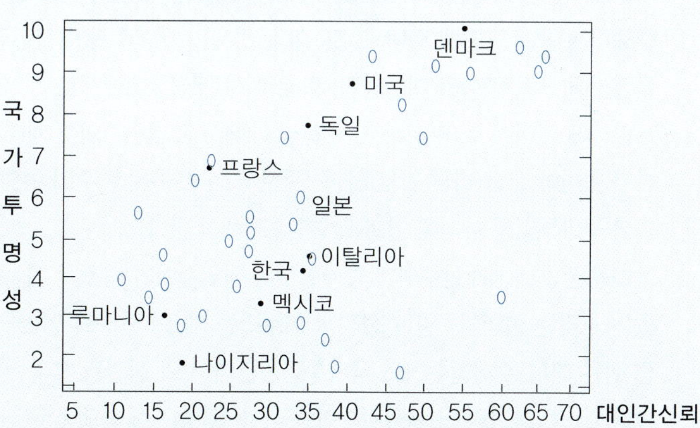

①~⑤까지 제시된 선택지들을 검토해 보자.

먼저 ①번. [그림 1]을 보면 전체적으로는 개인주의와 국가투명성간에는 +의 상관관계가 있는 것처럼 보인다. 하지만 일본을 지나는 수직선과 수평선을 그어서 전체를 4개의 면으로 분할한 후 1사분면(오른쪽 위)과 3사분면(왼쪽 아래)을 각각 별개로 보도록 하자. 이때는 1사분면과 3사분면 모두 각 국가들이 흩어져 있어서, 개인주의와 국가투명성간에 상관관계가 있는 것처럼 보이지는 않는다. 따라서 ①은 틀렸다. ①이 틀렸다는 건 쉽게 알 수 있지만, 그보다 더 중요한 것은 그렇다면 도대체 [그림 1]이 의미하는 것은 무엇인가를 이해하는 것이다.

각각 1사분면과 3사분면에 위치한 국가들의 이름을 보면, 대체로 1사분면은 선진국들이고 3사분면은 후진국(또는 중진국)들일 것 같다. 이 경우 [그림 1]은 선진국들은 개인주의와 국가투명성이 높고, 후진국(또는 중진국)들은 개인주의와 국가투명성 낮다는 것을 보여주는 것으로 해석할 수 있다. 이는 아래 그림처럼 개인주의와 국가투명성간의 관계에서 선진국여부가 6장에서 논의한 '허위변수'의 역할을 했기 때문일 수도 있다(물론 다른 경우도 가능하다. 어떤 경우가 가능할지 각자 생각해 보자). 이러한 관계가 [그림 1]과 같은 현상이 나타난 이유라면, 개인주의와 국가투명성 사이에는 직접적인 관계는 없음을 알 수 있다.

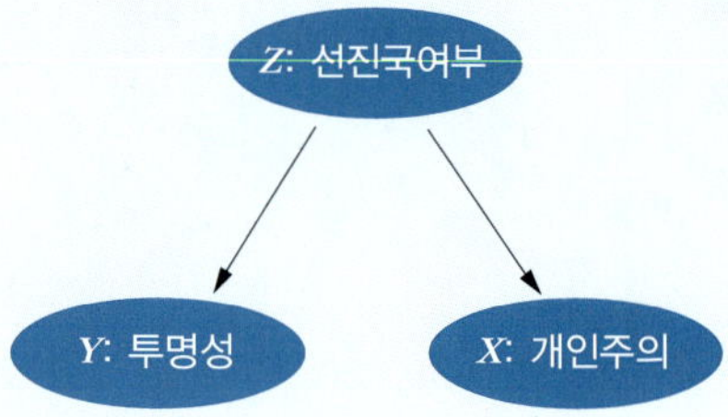

글쎄, 선진국 여부, 국가투명성, 개인주의라는 세 변수간의 실제 관계가 어떤 것인지에 대해서는 좀더 고민해 봐야 할 것 같다. 하지만 개인주의가(선진국 여부에 상관없이) 국가투명성에 직접 영향을 미친다면, 최소한 선진국들 내에서도 개인주의의 차이에 따라 국가투명성에 차이가 있어야 하고, 후진국 내에서도 개인주의의 차이에 따라 국가투명성에 차이가 있어야 한다(다른 말로 하면 '선진국 여부'라는 변수의 영향을 통제한 뒤에도 개인주의와 국가투명성 사이에 인과관계가 존재해야 한다).

다음은 ②번. 「개인주의가 증가할수록 권위주의가 감소할 가능성이 크다」라고 주장하고 있는데 맞는 말인가? 일단 선진국 여부라는 제3의 변수의 영향을 고려하지 않는다면, [그림 1]은 대체로 개인주의와 국가투명성간에 +의 상관관계가 존재하는 것으로 해석할 수 있다. 그리고 [그림 2]는 권위주의와 국가투명성간에 −의 상관관계가 존재하는 것으로 해석할 수 있다. 그렇다면 개인주의가 증가할수록 권위주의가 감소할 가능성이 크다는 것은 맞는 주장일까? 6장에서 배운 내용을 상기하자. 이 주장이 맞으려면, 엄격하게 따지자면, 두 가지 조건이 충족되어야 한다. 첫째는, 개인주의와 권위주의간에는 –의 상관관계가 존재해야 하며, 둘째는 –관계가 존재하는 이유가 '개인주의'가 독립변수로서 '권위주의'라는 종속변수에 영향을 미치기 때문이어야 한다.

개인주의와 권위주의간에는 –의 상관관계가 존재한다고 할 수 있을까? 꼭 그렇지는 않다. 개인주의와 국가투명성간에 + 상관관계가, 권위주의와 국가투명성간에 – 상관관계가 존재한다고 해도, 개인주의와 권위주의 사이에 –상관관계가 존재한다고 주장할 근거는 별로 없다. 왜 그런가? 예를 들어서, 머리가 좋은 학생은 그렇지 않은 학생보다 공부를 잘 하는 경향이 있을 것이며, 착실한 학생은 그렇지 않은 학생보다 공부를 잘하는 경향이 있을 것이다. 즉, 머리와 성적간에는 + 관계가, 성실성과 성적 간에도 + 관계가 존재하지만 그렇다고 해서 머리와 성실성 간에 +의 관계가 존재한다고 할 수 있겠는가? 아래 그림과 같이 머리와 성실성은 (상호간에 별 관련성이 없는) 독립변수들로서 각각 성적에 영향을 미칠 것이다. 따라서 머리와 성실성 사이에 어떤 관계가 존재할 이유는 없다. 물론 개인주의와 권위주의 사이에는 –의 관계가 있을 것 같기는 하다. 하지만 주의할 것은 이는 이론 또는 상식 등으로부터 판단한 것이지, [그림 1]과 [그림 2]만으로 도출될 수 있는 판단은 아니라는 점이다.

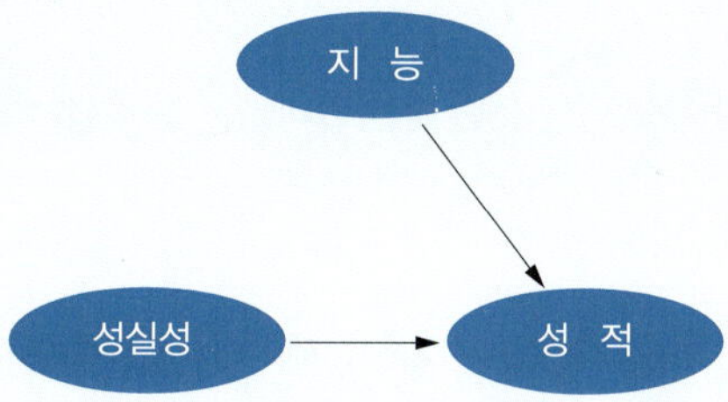

하지만, 건전한 상식(!)에 의해서, [그림 1]과 [그림 2]는 개인주의와 권위주의간에 –의 상관관계가 존재함을 보여주는 것으로 해석하다면, 이러한 관계가 '개인주의'가 독립변수로서 '권위주의'라는 종속변수에 영향을 미치기 때문이라고 할 수 있을까? 이거야 말로 정말 이론과 상식으로 판단해야 한다. 이는 상관관계의 존재로부터 인과관계의 존재를 주장하려는 것이기 때문이다. 개인주의가 증가하면 권위주의가 감소할까? 글쎄... 상식적으로 생각하면 개인주의가 증가하면 권위주의가 감소할 것 같기는 하다.

이상의 논의를 정리하면, 「개인주의가 증가할수록 권위주의가 감소할 가능성이 크다」는 ②번의 주장은 옳은 것일까, 아닐까? 이 주장 자체는 옳을 것 같기는 하다. 하지만 이러한 판단의 근거는 [그림 1]과 [그림 2]에 의해서만 도출될 수 없으며, 거기에다 이론이나 상식적인 판단이 더해져야만 내릴 수 있다.

그렇다면 ②번은 옳다는 건가, 틀렸다는 건가? 이 문제를 누가 출제했는지 모르겠지만 상당히 영리한 문제이다. 일단 ②번의 주장은 개인주의가 증가할수록 권위주의가 '감소한다'가 아니라 '감소할 가능성이 크다'로 되어 있다. 만일 '감소한다'로 되어 있으면 볼 것 없이 ②번은 틀렸다. 하지만 '감소할 가능성이 크다'는 것은 감소하지 않는 경우도 포함하고 있기 때문에 틀렸다고 하기는 어렵다. 그리고 문제에서는 가장 옳지 않은 것을 고르라고 했다. 즉, ②번이 완전히 옳다고 하기는 어렵지만 ①번은 ②번에 비해서 좀더 명확하게 틀렸다. 따라서 '가장' 옳지 않은 것을 고르라면 ②번보다는 ①번이 정답이 되겠다. 참으로 교묘하지 않은가!

이미 답은 나왔지만 남은 선택지도 한 번 검토해 보자. ③번을 보자. 「높은 대인간 신뢰가 높은 국가투명성의 원인이라고 말할 수는 없다.」 이것도 만일 '높은 대인간 신뢰는 높은 국가투명성의 원인이 아니다'라고 했으면 볼 것 없이 틀렸다. 또는 '원인이다'라고 했어도 틀렸다. 하지만 '원인이라고 말할 수는 없다'라는 것은 원인일 수도, 아닐 수도 있다는 애매한 말이니 나도 ③번이 '틀렸다고 말할 수는 없다.'

사실은 말의 유희 때문이 아니라, ③번의 의미는 필자가 입이 아프도록 설명했던 것, 즉 '상관관계의 존재가 반드시 인과관계의 존재를 의미하는 것은 아니다'라는 것을 다르게 표현한 것이므로 맞는 말이다. 덧붙여서 상식적으로 생각하더라도 신뢰와 국가투명성간에 + 관계가 있을 것 같기는 하지만, 투명성 높은 것이 꼭 신뢰가 높기 때문이라고 하기는 어려울 것이다.

④번과 ⑤번은 그림을 보면 맞는 말이라는 것을 쉽게 알 수 있을 것이다.

보기 7.8

이 문제는 2004년 외무고시 기출문제이다. 별로 어렵지는 않지만, 약간의 설명이 필요하므로 함께 보도록 하자.

다음 [그림]은 미국 내 흑인, 백인 및 아시아계의 교육수준별 주관적 계층의식에 관한 분석결과를 나타낸 것이다. 이에 대한 설명으로 적절한 것을 〈보기〉에서 모두 고른 것은?

[보 기]

ㄱ. 흑인, 백인, 아시아계 모두 교육수준이 높아질수록 주관적 계층의식이 높아진다.
ㄴ. 교육수준이 주관적 계층의식에 미치는 영향의 정도는 백인이 흑인보다 더 낮은 경향이 있다.
ㄷ. 교육을 많이 받을수록 상승하는 주관적 계층의식의 정도는 아시아계보다 흑인이 높다.
ㄹ. 교육수준은 아시아계와 백인의 주관적 계층의식의 차이를 별로 설명하지 못하고 있다.

교육수준별 주관적 계층의식

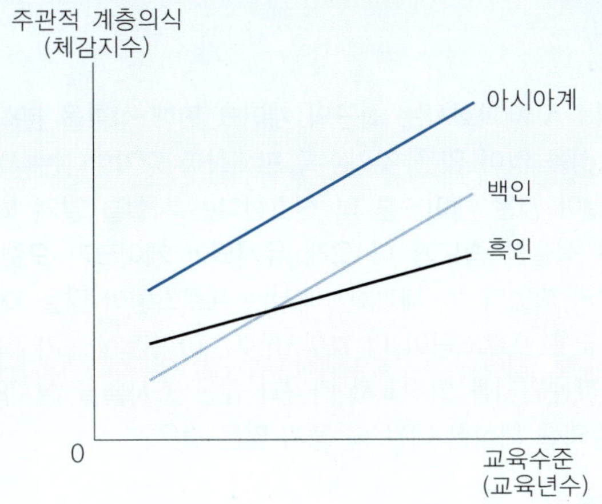

① ㄱ, ㄴ　　② ㄱ, ㄹ　　③ ㄴ, ㄷ

④ ㄱ, ㄷ, ㄹ　　⑤ ㄴ, ㄷ, ㄹ

'ㄱ'이 맞다는 것은 두 말하면 잔소리.

세 인종집단의 기울기를 보면 'ㄴ'과 'ㄷ'이 틀리다는 것도 자명할 것 같다. 하지만 이 선택지들은 좀더 음미할 필요가 있다. 'ㄴ'은 '교육수준이 주관적 계층의식에 미치는 영향의 정도'라고 표현했고, 'ㄷ'은 '교육을 많이 받을수록 상승하는 주관적 계층의식의 정도'라고 해서 두 선택지의 문장이 약간 다르다. 왜 다르게 표현했을까? 'ㄷ'의 제시문인 '교육을 많이 받을수록 상승하는 주관적 계층의식의 정도'는 기울기를 지칭하는 것이 맞다. 하지만 'ㄴ'의 제시문인 '교육수준이 주관적 계층의식에 미치는 영향의 정도'는 단지 기울기를 의미하는 것은 아니다. 318쪽의 '영향력의 강도와 기울기'에 대한 설명을 상기하라. 단지 X가 Y에 미치는 영향력의 강도는 기울기보다는 각 관찰값들이 얼마나 회귀직선 위 아래에 밀집해 있는가에 의하여 평가해야 한다. 이 때문에도 'ㄴ'이 틀린 것이다. 설사 제시문이 '백인이 흑인보다 더 높다'라고 했어도 이는 맞다고 할 수 없다. 즉, 영향력의 강도는 기울기만으로는 알 수 없다.

'ㄹ'은 아시아계와 백인은 기울기가 동일하므로 맞다. 두 집단의 주관적인 계층의식의 차이는 교육수준 이외의 다른 요인에 기인한 것이다.

기 • 출 • 예 • 제

01 { 06 입법 } A 제과회사는 최근의 케이크 판매 상황을 분석하여, 케이크 위에 프로스팅(frosting)을 많이 얹은 것일수록 판매량이 증가한다는 사실로부터 고객들이 프로스팅을 더 많이 얹은 케이크를 더 선호한다는 사실을 알게 되었다. 또한 프로스팅을 많이 얹으면 적절한 습도가 더 오래 유지되어 케이크가 오랫동안 부드럽게 유지된다는 사실도 알게 되었다. A 제과회사에서는 프로스팅이 많을 때 고객들이 그 케이크를 더 좋아하는 것은 프로스팅이 더 많아서인지, 아니면 습도가 더 높아져 케이크가 더 부드러워지기 때문인지를 밝히고자 다음과 같은 조사들을 실시하게 되었다. 다음의 세 가지 조사 결과를 해석한 내용 중 옳지 않은 것은?

조사 1

세 가지 유형 "a) 더 많은 프로스팅과 높은 습도의 케이크, b) 더 많은 프로스팅과 보통 습도의 케이크, c) 보통 프로스팅과 보통 습도의 케이크"를 만들어 고객 선호도를 조사한 결과 고객들의 선호도는 "a > b, a > c, b = c"로 나타났다.

조사 2

네 가지 유형의 케이크를 다음과 같이 만들었을 때, 고객들의 선호도는 각 cell 안에 표시된 바와 같이 "H(높음), M(보통), L(낮음)"로 나타났다.

프로스팅 \ 습도	높음	낮음
많음	H	M
적음	H	L

조사 3

다양한 유형의 케이크를 만들었을 때 직선 (가)는 습도가 높은 경우에 있어서 프로스팅의 양에 따른 고객 선호도를 나타내고 있으며, 직선 (나)는 습도가 낮은 경우에 있어서 프로스팅의 양에 따른 고객 선호도를 나타내고 있다.

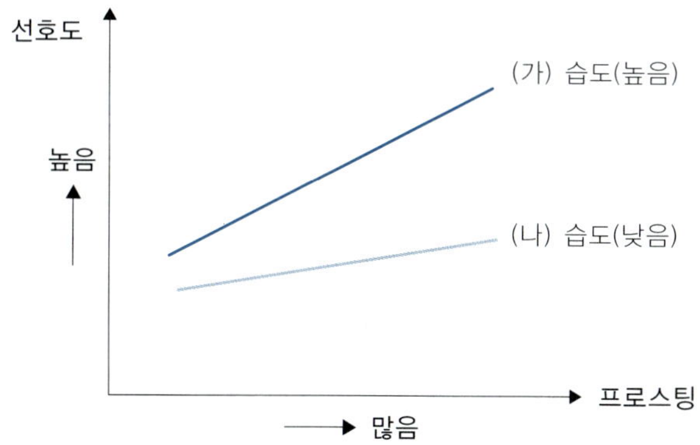

① 〈조사 1〉, 〈조사 2〉, 〈조사 3〉의 결과는 모두 습도가 높아질 때 고객 선호도가 높아진다는 결론을 제시하고 있다.

② 〈조사 2〉와 〈조사 3〉의 결과를 종합해 보면, 습도가 높아질 때 고객 선호도가 높아지고, 선호도가 높아지는 정도는 습도가 높고 낮음에 따라 달라질 수 있다는 것을 알 수 있다.

③ 〈조사 2〉의 결과는 습도가 낮은 경우에만 프로스팅이 고객선호도에 미치는 영향을 알 수 있고, 습도가 높은 경우에는 프로스팅이 고객선호도에 미치는 영향에 대한 결론을 내리기는 힘들다는 것을 보여주고 있다.

④ 〈조사 3〉의 경우에는 프로스팅과 습도가 각각 고객 선호도에 영향을 미치는 것은 물론, 프로스팅과 습도의 조합에 의해서도 고객 선호도가 영향을 받을 수 있다는 것을 보여주고 있다.

⑤ 〈조사 2〉의 결과로는 습도가 높아짐에 따라 고객선호도가 높아진다고 볼 수 없다.

02 { 06 입법 } 다음은 소득 결정 원인을 알아보기 위해 표본 1,000명을 대상으로 소득, 성별 나이, 교육수준을 이용하여 구한 모형식이다.

$$Y = -0.91 + 0.05AGE + 0.65SEX + 0.39HIGH + 0.98COL + 오차$$

Y는 백만원 단위로 나타낸 월소득, AGE는 나이, SEX는 남자이면 1, 여자는 0, HIGH는 최종학력이 고졸이면 1, 아니면 0, COL은 최종학력이 대졸 이상이면 1, 아니면 0을 의미한다. 다음 | 보기 | 중 옳은 것을 모두 고르면?

보 기

ㄱ. 다른 조건이 동일하면 남자는 여자보다 월소득이 65만원 많다.
ㄴ. 다른 조건이 동일하면 나이가 1살 많으면 월소득이 5만원 많다.
ㄷ. 다른 조건이 동일하면 최종학력이 중졸 이하인 자보다 고졸인 자의 월소득이 39만원 많다.
ㄹ. 다른 조건이 동일하면 최종학력이 고졸인 자보다 대졸인 자의 월소득이 98만원 많다.

① ㄱ, ㄴ　② ㄱ, ㄴ, ㄷ　③ ㄱ, ㄴ, ㄹ
④ ㄱ, ㄴ, ㄷ, ㄹ　⑤ 모두 틀림

03 { 05년 입법 } 다음은 15개 OECD국가의 여성노동참여율, 카톨릭신자비율 및 양성평등정도의 평균을 나타낸 것이다. 다음 중 〈표〉에 대한 해석으로 옳은 것을 | 보기 | 에서 모두 고르면?

〈표 1〉 여성노동참여율, 카톨릭신자비율 및 양성평등정도의 평균값

국가	여성노동참여율(%)	카톨릭신자비율(%)	양성평등정도
네덜란드	35.5	31.0	−0.412
뉴질랜드	39.5	15.0	0.270
덴마크	45.2	3.0	1.056
독일	39.6	34.0	−0.031
룩셈부르크	33.8	87.0	−1.507
미국	43.8	28.0	0.507
스웨덴	47.4	1.7	1.311
스위스	38.1	41.6	−0.393
아일랜드	32.6	91.6	−1.703
영국	42.4	10.0	0.651
이탈리아	33.1	99.4	−1.784
일본	39.9	0.7	0.538
캐나다	42.8	46.0	0.109
핀란드	47.4	1.0	1.316
호주	39.4	26.0	0.073
산술 평균	40.0	34.4	0.000067

※ 양성평등정도는 그 값이 클수록 평등정도가 높은 것을 의미한다.

〈표 2〉 상관계수

	여성노동참여율	카톨릭신자비율	양성평등정도
여성노동참여율	1.000	−0.822	0.951
카톨릭신자비율	−0.822	1.000	−0.957
양성평등정도	0.951	−0.957	1.000

※ 상관계수는 두 변수간 관계의 밀접함의 정도를 나타내는 척도이다. 양(+)이면 정(正)의 관계, 음(−)이면 부(負)의 관계를 의미한다. 상관계수의 절대값이 1에 가까울수록 두 변수간 관계가 높다는 것을 의미한다.

보 기

ㄱ. 카톨릭신자비율이 낮은 국가일수록 양성평등정도가 높은 경향이 있다.
ㄴ. 여성노동참여율이 높은 국가일수록 양성평등정도가 높은 경향이 있다.
ㄷ. 양성평등정도를 나타내는 데에는 카톨릭신자비율보다는 여성노동참여율이 더 큰 영향력을 발휘한다.
ㄹ. 여성노동참여율이 산술평균 이상인 모든 국가는 카톨릭신자비율의 산술평균 이하와 양성평등정도의 산술평균 이상을 기록하고 있다.

① ㄱ, ㄴ ② ㄴ, ㄷ ③ ㄷ, ㄹ
④ ㄱ, ㄴ, ㄷ ⑤ ㄱ, ㄴ, ㄹ

04 { 05년 입법 } 다음은 전자상거래 웹 사이트(Web Site)의 멀티미디어(Multimedia) 사용정도가 제품구매율에 미치는 정도를 상품유형과 소비자유형별로 분석해 놓은 가상도표이다. 여기서 제품구매율이란 고객 100명당 실제 구매행위를 한 고객의 비율을 말한다. 이 자료에 대한 해석으로 옳은 것을 | 보기 |에서 모두 고르면?

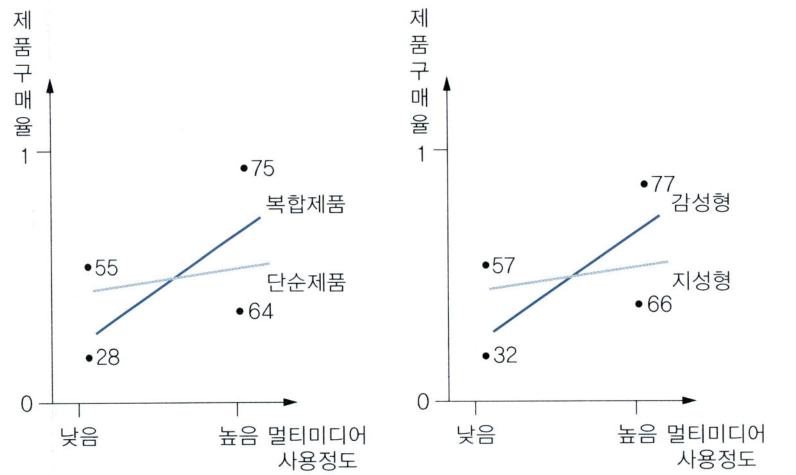

[그림 1] 상품유형별 구매율 [그림 2] 소비자유형별 구매율

보 기

가. 멀티미디어 사용이 많을수록 대체로 구매율도 높아진다.
나. 단순제품보다는 복합제품에서 멀티미디어 사용정도에 따른 제품구매율의 변화율이 더 크게 나타난다.
다. 감성형 소비자보다는 지성형 소비자에게서 멀티미디어 사용정도에 따른 제품구매율의 변화율이 더 크게 나타난다.

① 가 ② 가, 나
③ 가, 다 ④ 나, 다
⑤ 가, 나, 다

05 { 05년 행시 · 외시 } 어느 회사에서 신입 사원의 월급은 | 보기 |와 같이 계산된다. 이 회사의 신입사원 '갑'과 '을'이 입사하였다. '갑'은 군필자로 '을'보다 업무경력이 2년 많고 '을'은 군미필자로 '갑'보다 교육년수가 4년 많다. 이 경우 '갑'과 '을' 중 누가 얼마나 더 많은 월급을 받겠는가?

보 기

월급(단위: 만 원) = 120 + 5.3 × M + 2.2 × E + 6 × W
M: 군필자의 경우 1, 군미필자일 경우 0의 값을 가짐
E: 교육연수(단위: 년)
W: 업무경력(단위: 년)

① 갑, 21,000원 ② 갑, 85,000원
③ 갑, 131,000원 ④ 을, 25,000원
⑤ 을, 143,000원

06 { 03년 11월 모의평가 } 공무원 시험 점수로 구성된 모집단은 평균이 100, 표준편차가 20으로 정규분포를 이루고 있다고 가정하자. 이 시험에서 성적이 상위 20%에 속한 사람만이 면접을 보게 된다. 그런데 면접시험 할 자격을 얻기 위해 필요한 최소한의 점수를 구하는 계산은 다음과 같이 표준정규분포표를 이용할 수 있다. 그런데 올해는 유난히 신규공무원이 많이 필요했기 때문에, 점수가 108점 이상인 응시자들에게 모두 면접을 보도록 했다. 시험을 본 사람 중 몇 %가 면접을 보겠는가?

표준정규분포표

Z *	F(z)	z *	F(z)
.39	.652	.83	.797
.40	.655	.84	.800
.41	.659	.85	.802
.42	.663	.86	.805
.43	.666	.87	.808

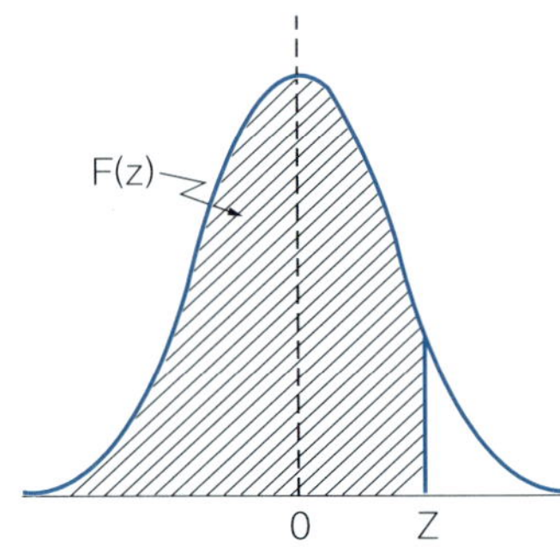

※ $Z = \frac{\text{점수} - \text{평균}}{\text{표준편차}}$

> 예를 들어, 면접 자격을 얻기 위해 필요한 최소한 점수를 구하기 위해서는 z값을 알아야 하며, 위의 표준정규분포표를 이용하여 상위 20% 지점에 해당하는 z값을 구할 수 있다. 상위 20%에 해당하는 z값은 0.84이다.
>
> 최소점수 = 0.84 × 20 + 100 = 116.8
>
> 즉, 면접을 치르기 위해서는 시험 성적이 117점 이상이 되어야 한다.

① 33.3
② 33.4
③ 34.1
④ 34.5
⑤ 34.8

07 { 02년 11월 실험평가 } 교육부에서는 사회 일각에서 제기되고 있는 초등학교 '보조교사제' 도입의 타당성을 검토하기로 하였다. 담당자 A는 이 제도에 대한 여론의 동향을 알아보기 위해 다음과 같이 여론조사를 실시하였다. A의 자료 수집과 해석 과정에 대한 비판으로 적절한 것은?

> A는 교육인적자원부의 홈페이지에 투표란을 개설한 후, 아래의 질문으로 '보조교사제' 도입의 찬반 여론을 조사하였다(한 사람에게는 한 번의 투표기회만 주어지는 것으로 가정한다).
>
> Q. 청년 실업문제를 해소하고 교육환경 개선을 위해 초등학교에 '보조교사제'를 도입하자는 제안을 어떻게 생각하십니까?
>
> 1. 찬성　　　　　　　　　　2. 반대
>
> 일주일 동안 진행된 이 여론조사에는 전부 12,414명이 참여하였고, 찬성의견은 68%인 8,842명, 반대의견은 24%인 3,572명으로 나타났다. 이를 근거로 A는 '여론조사 결과 국민의 2/3 이상이 보조교사제 도입을 찬성하고 있다'고 보고서에 기술하였다.

> 가. 보조교사제를 설명하면서 '청년 실업문제 해소', '교육환경 개선'과 같은 긍정적 측면을 제시하여 유도성 질문을 사용함으로써 조사결과에 왜곡이 있을 수 있다.
>
> 나. 여론조사에 참여한 사람이 12,000여명에 불과하기 때문에 이를 확대하여 국민 전체의 의견으로 해석하는 것은 무리가 있다.
>
> 다. 민감하고 사적인 내용과 관련된 질문이기 때문에 자연스러운 거짓말에 의해 응답결과가 왜곡되었을 가능성이 있다.
>
> 라. 무작위로 표출된 표본이 아니라 교육부 홈페이지 접속자 중 일부에 의해 표출된 의견이기 때문에 성급하게 일반화하기는 곤란하다.

① 가, 나　　　　② 가, 다
③ 가, 라　　　　④ 나, 다
⑤ 다, 라

Chapter 8

의사결정기법

1. 의사결정기법의 개념

1) 의사결정의 의의

우리의 삶은 선택의 연속이다. 그 중에는 배우자 선택, 직업 선택 등과 같이 일생에서 몇 번 경험하지 않는, 중요한 의미를 갖는 선택도 있지만 매일의 일상에서도 무수한 선택을 하게 된다. 가령, 필자는 매일 출근할 때 지하철을 이용할 것인가, 택시를 이용할 것인가를 선택한다. 지하철을 이용하면 교통비를 4,000원 정도 절감할 수 있는 이득이 있고, 택시를 이용하면 시간을 20분 정도 단축할 수 있는 이점이 있다. 점심 때는 어디서 점심을 먹을 것인가를 고민한다. A음식점은 맛있는 반면에 1,000원이 더 비싸고 5분 정도 더 걸어가야 한다. B음식점은 맛이 떨어지는 대신에 1,000원이 더 싸고 가깝다. 그리고 이런 것들보다는 좀더 중요한 선택으로서 필자는 연초에 그 동안 모아 두었던 목돈을 정기예금에 맡길 것인가, 증권에 투자할 것인가를 결정해야 했다. 정기예금은 안전한 반면에 수익률이 떨어진다. 증권은 예상되는 수익률은 더 높지만, 자칫 큰 손실을 볼 수 있는 위험도 있다.

교통수단이나 음식점의 선택은 설사 잘못했다고 해도 그로 인한 손실이 크지는 않을 것이다. 하지만 목돈 투자 선택이 잘못되면 꽤나 아쉬울 것이고, 배우자나 직업 선택을 한 번 잘못하면 무지하게 후회할 것이다(여러분은 아직 실감하지 못하겠지만 사실이다). 따라서 이러한 선택을 할 때는 음식점 선택 때보다는 심사숙고해서 결정하기 마련이다.

개인의 삶이 선택의 연속인 것처럼 조직의 삶도 선택의 연속이다. 연속되는 일련의 선택–물론 그 중에는 중요한 것도 있고 사소한 것도 있다–을 얼마나 잘 하는가에 따라 조직의 흥망과 성쇠가 결정된다. 잘 나가던 재벌기업이 한 순간(혹은 여러 순간 ^^;)의 잘못된 투자 선택으로 망하게 되는 경우를 가끔 신문지상에서 볼 수 있었을 것이다. 정부도 마찬가지이다. 경제 · 사회 · 교육 · 외교 등 다양한 분야에서 어떤 선택을 하는가에 따라 국민들이 큰 영향을 받게 되고, 나라의 발전이 좌우된다.

뭐, 이렇게 거창하게 생각하지 않더라도, 개인이든 조직이든 어떤 선택을 하는가가 매우 중요하다는 것은 다들 알고 있을 것이다. 의사결정(decision-making)은 여러 가지 대안들 중에서 특정 대안을 선택하는 것이라고 할 수 있는데, 정부의 중간관리자급 이상 관료들의 업무는 대부분이 의사결정에 대한 것이다. 이들의 의사결정은 정책을 결정하고, 이는 국민들에게 큰 영향을 미친다. 따라서 주어진 상황하에서 최적의 의사결정을 할 줄 아는 것은 관료들에게 매우 중요한 능력이다.

의사결정기법은 의사결정을 잘 할 수 있는 방법을 설명한 것이다. 구체적인 의사결정 내용이야 서로 다르겠지만 의사결정이 이루어지는 상황과 절차는 공통된 특성을 갖는다. 이러한 특성을 잘 이해하고, 의사결정에 도움을 줄 수 있는 기법을 알고 있다면, 그렇지 않은 경우보다는 좀더 나은 의사결정을 할 수 있다.

따라서 정부 관료들은 다양한 의사결정기법들을 습득할 필요성이 있으며, PSAT에서도 이런 점을 고려하여 의사결정기법과 관련된 문항들이 출제되고 있다. 대개는 의사결정 상황을 기술하거나 관련 도표를 제시한 후 올바른 해석을 찾는 것들인데, PSAT의 특성상 구체적인 의사결정기법을 모르더라도 논리적인 추론을 통하여 문제를 풀 수는 있다. 하지만 수 차례 강조하였듯이, 관련 의사결정기법을 알고 있다면 훨씬 부담 없이 문제를 풀 수 있을 것이다.

2) 의사결정의 상황과 기본논리

의사결정 문제의 구체적인 내용은 서로 달라도, 일반적으로 다음과 같은 공통된 특성을 갖는다. 우선 의사결정 문제에는 의사결정자에게 이용 가능한 복수의 대안이 존재한다.[1] 다음으로 각 대안들에는 이를 선택했을 때 발생하는 결과가

1) 이에 대하여, 가령 애인이라고는 용준이 한 명밖에 없을 때, 용준이와의 결혼 여부를 결정하는 것은 대안이 하나인 경우가 아니냐고 생각할 수도 있을 것이다. 즉, 용준이와 동건이 중에서 누구와 결혼할 것인가는 복수의 대안 중에서 선택하는 것이지만 용준이 한 명에 대하여 결혼 여부를 결정하는 것은 대안이 하나인 경우라고 여겨질 수 있다. 그러나 이 경우에도 사실은 결혼할 것이냐, 말 것이냐 라는 두 대

존재한다. 통상적으로 이 결과들은 의사결정자가 통제할 수 없는 것으로 가정된다. 즉, 의사결정자는 대안만을 선택하며, 일단 대안을 선택하면 그에 따른 결과는 의사결정자가 변경할 수 없는 것으로 가정된다. 따라서 의사결정자의 목표는 복수의 대안 중에서 자신에게 가장 좋은 결과를 가져다주는 대안을 선택하는 것이 되는데, 이를 위해서는 대안들의 평가기준이 필요하다. 요약하면 의사결정 문제에는 복수의 대안, 대안들의 예상결과, 결과의 평가기준이 존재한다고 할 수 있다.

의사결정은 미래에 발생할 결과 상황을 예측하고, 이 예측결과에 따라 현재시점에서 대안을 선택하는 것이다. 그런데 미래 상황이라는 것은 가지각색이어서 거의 확실하게 예측할 수 있는 경우가 있는 반면에, 전혀 감도 못 잡을 정도로 불확실한 경우도 있을 것이다. 즉, 의사결정자가 미래 상황에 대해서 갖고 있는 정보는 거의 100% 확실한 경우부터 완전한 무지에 이르기까지 다양한 수준이 존재한다.

의사결정자가 직면하는 미래 상황이 어느 정도 예측 가능한가에 따라 확실성 상황, 위험 상황, 불확실성 상황으로 구분할 수 있다.

확실성 상황은 의사결정자가 미래에 발생할 상황을 완벽하게 예측할 수 있는 경우를 말한다. 다른 말로 하면 의사결정자가 특정 대안을 선택했을 때, 어떤 특정 결과가 발생할 지를 확실히 알고 있는 경우를 의미한다.

이에 비하여 위험(risk) 상황과 불확실성(uncertainty) 상황은 대안 선택 결과를 확실하게 알 수 없는 경우를 의미한다. 의사결정자는 특정 대안을 선택했을 때 발생 가능한 결과에는 어떤 것들이 있는지 알 수 있다. 하지만, 가능한 여러 결과 중에서 어떤 특정 결과가 발생할지는 모른다.

위험 상황과 불확실성 상황은 둘 다 미래 예측에 불확실이 존재하는 경우이다. 하지만, 그 중에서도 위험 상황은 어떤 특정 결과가 발생할지를 확실히는 몰라도 가능한 각 결과들의 발생 확률은 알고 있는 경우를 지칭하며, 불확실성 상황은 발생 확률조차 모르는 경우를 말한다.

의사결정의 문제는 이러한 확실성 상황, 위험 상황, 불확실성 상황 속에서 최적의 대안을 찾는 것이다. 그런데 이처럼 미래 상황에 대한 정보 수준이 다르다면, 그에 대응하는 의사결정의 방법도 달라진다.

확실성 상황에서는 각 대안들의 결과를 알고 있으므로, 이 중에서 의사결정자 입장에서 가장 바람직한 결과를 가져다주는 대안을 선택하면 된다. 일반적인 방법

안 중에서 하나를 선택하는 셈이다. 대안이 하나밖에 없다는 것은 무조건 용준이와 결혼해야만 하는 상황을 의미한다.

은 대안 선택시 요구되는 제약조건(예산 제약, 최소한 달성해야 하는 목표 등등)을 만족시키면서 각 대안의 실현에 들어가는 비용에 비하여 편익이 가장 큰 대안을 선택하는 것이다.

위험 상황에서는 각 대안마다 발생 가능한 복수의 결과가 존재하며, 이들이 실현될 확률이 주어진다. 따라서 각 결과들의 이익(편익-비용)에 대하여 발생확률을 가중치로써 가중평균하면 각 대안들의 기대이익을 계산할 수 있다. 언뜻 생각하면 기대이익이 가장 큰 대안을 선택하면 될 것 같지만 사실은 그렇지 않다. 이는 '위험' 의 존재 때문이다. 가령 재테크를 위한 대안으로서 은행예금과 벤처투자를 생각해 보자. 기대이익은 벤처투자가 더 클 수 있다. 하지만 위험도 벤처투자가 훨씬 더 크다. 따라서 '위험' 을 기피하는 사람이라면 기대이익이 작더라도 은행예금을 선호할 수 있다. 이처럼 위험 상황하에서는 '기대이익' 과 '위험' 이라는 두 요소를 고려하여, 의사결정자가 가장 바람직하다고 생각하는 대안을 선택하게 된다.

불확실성 상황에서는 어떨까? 불확실성 상황에서는 각 결과들의 발생확률도 모르기 때문에 기대이익을 계산할 수 없으며, 위험 정도도 가늠하기 어렵다. 그렇다면 어떻게 하나? 이 경우는 '기대이익' 과 '위험' 을 객관적으로 계산해서 사용하는 대신에, 주관적으로 판단해서 적용한다. 즉, 객관적 계산이 아닌 주관적 판단이라는 점을 제외하면 기본적인 논리는 위험 상황하에서의 의사결정과 마찬가지다.[2] 사실 따지고 보면 확실성하의 의사결정도 위험 상황하의 의사결정과 동일한 논리를 따르는 셈이다. 즉, 확실성하에서는 위험을 제로(0)로 놓고 '위험' 과 '기대이익' 을 고려한 의사결정을 하는 것으로 생각할 수 있다.

이처럼 기본적인 논리는 동일하지만 구체적인 의사결정 기법은 다양한데, 이러한 기법들의 기초이론에 대하여 본 장에서 공부하게 된다. 우선 확실성하의 의사결정기법들로서 선형계획법, PERT기법을 소개한 후, 위험상황하의 의사결정방법과 불확실성하의 의사결정방법을 소개한다.

각 기법들의 명칭이나 내용을 암기하려고 애쓸 필요는 없다. 다만, 천천히 내용을 음미하면서 읽어보라. 그래서 논리를 이해하고, 관련 문제들에 익숙해지면 족하다.

2) 사실상 위험 상황과 불확실성 상황은 명확히 구분하기 어려우며 상대적인 개념으로 해석할 수 있다. 특정 대안을 선택했을 때, 가능한 결과들의 발생 확률을 객관적으로 알 수 있는 경우는 거의 없을 것이며, 대부분 과거 경험 등을 통한 의사결정자의 주관적인 확률에 의지할 것이다. 이 주관적 확률에 대한 확신 정도에 따라 위험 상황과 불확실성 상황이 구분된다.

2. 확실성하의 의사결정

1) 선형계획법

전술하였듯이 확실성하의 의사결정은 복수의 선택 가능한 대안들 중에서 특정 대안을 선택하면 어떤 결과를 가져올 지를 의사결정자가 확실히 알고 있는 경우를 의미한다. 이런 경우에 적용할 수 있는 대표적인 의사결정기법이 선형계획기법(Linear Programming)이다.

선형계획기법은 최적화기법의 일종이다. 최적화기법이란 주어진 조건하에서 성과를 극대화하는 방법을 찾는 기법이다. 이 중에서 선형계획기법은 변수간의 관계가 선형으로 표현되는 1차연립부등식을 풀어서 최적화 방법을 찾는 기법이다. 이게 무슨 말인지 이해하기 위해 다음의 사례를 함께 보도록 하자.

'청량' 시는 최근 급격히 늘어난 인구로 인하여 기존의 쓰레기 소각장만으로는 수용 능력이 초과되었다. 이에 따라 신규로 쓰레기 소각장을 건설하려고 한다. 선택 가능한 소각장은 2개 유형이 있는데, 이들의 건설비용과 쓰레기 처리량은 〈표 8-1〉과 같다.

청량시는 신규 소각장을 통하여 하루에 100톤의 쓰레기를 처리할 예정이다. 또한 청량시는 7개의 구로 이루어져 있는데 적어도 각 구마다 1개씩의 소각장을 지으려고 한다(왜 그런지는 따지지 말자). 이러한 조건을 만족하면서, 최소의 비용으로 소각장을 건설하려면 소각장 A와 소각장 B를 각각 몇 개씩 건설해야 할까?

문제가 요구하는 것은 ① 소각장을 7개 이상 만들 것, ② 하루에 100톤 이상 처리할 수 있을 것이라는 두 조건을 만족하면서 비용을 최소화하는 것이다.

이 문제를 어떻게 풀까? 〈표 8-1〉로부터 동일한 양의 쓰레기를 처리할 때 들어가는 건설비용은 2:3으로 소각장 A가 저렴하다. 따라서 주어진 조건을 만족하는 한 소각장 A를 짓는 것이 소각장 B를 짓는 것보다 유리하다. 소각장 A만 5개 지으면 100톤을 처리할 수 있다. 그런데 조건은 7개를 짓는 것이다. 따라서 소각장 A의 수를 줄이고 소각장 B의 수를 늘려야 한다. 먼저, 소각장 1개 건설비용은 소

[표 8-1] 소각장 건설비용과 수용량

	건설비용(억원)	수용량(톤)
소각장 A	4	20
소각장 B	3	10

각장 B가 더 저렴하므로 소각장 A를 1개 줄이는 대신에 소각장 B를 2개 추가해 보자. 그래도 총 소각장 수는 6개이다. 따라서 이번에는 소각장 A를 한 개 더 줄이고 소각장 B를 2개 더 늘려보자. 그러면 소각장 A 3개, 소각장 B 4개를 짓게 된다. 이 경우 소각장 수는 7개이며, 총 100톤을 처리할 수 있어서, 주어진 조건을 충족하면서 비용을 최소화하게 된다.

이번에는 이렇게 하나하나 따져가면서 푸는 대신에 일반적인 선형계획법의 문제 풀이 논리에 따라 풀어 보자. 문제는 건설해야 할 소각장 A와 소각장 B의 개수를 묻는 것이므로 이들이 값을 구해야 할 변수가 된다. 소각장 A의 개수를 x_1, 소각장 B의 개수를 x_2라고 하면, 소각장 건설비용은 $k = 4x_1 + 3x_2$으로 나타낼 수 있다. 우리의 목표는 비용을 최소화하는 것이므로, $\min\ k = 4x_1 + 3x_2$가 된다. min은 minimization의 약자로서 최소화한다는 의미이다. 한편 문제에 주어진 제약 조건은 다음과 같이 나타낼 수 있다.

제약식, $20x_1 + 10x_2 \geq 100 (= 2x_1 + x_2 \geq 10)$ ··· ① 하루 평균 수용량

$x_1 + x_2 \geq 7$ ································ ② 신설된 시설의 총수(단위: 개)

x_1과 x_2는 0 이상의 정수

우리의 문제는 주어진 제약조건을 만족하면서 $k = 4x_1 + 3x_2$ 값을 최소화하는 x_1과 x_2의 값을 구하는 것이다. 이러한 관계를 그림으로 나타내면 다음의 [그림 8-1]과 같다.

【그림 8-1】 소각장 건설의 최적화 조건

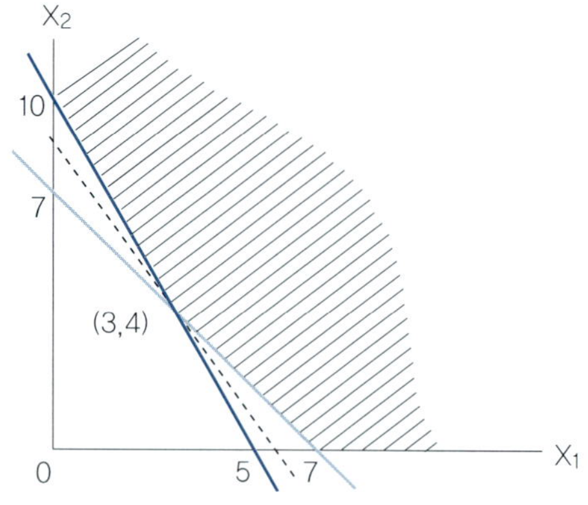

제약식, $2x_1 + x_2 \geq 10$ ………………………… ①

$x_1 + x_2 \geq 7$ ………………………… ②

[그림 8-1]에서 두 개의 가는 직선은 제약식을 나타내며, 빗금 친 부분은 두 개의 제약식을 동시에 만족하는 부분이다. 한편 최소화해야 할 목적함수식인 $k = 4x_1 + 3x_2$를 x_2에 대하여 정리하면 $x_2 = -\frac{4}{3}x_1 + \frac{1}{3}k$가 된다. k는 비용이므로 비용최소화를 위해서는 절편인 $\frac{1}{3}k$를 최소화해야 한다. 따라서 이 문제를 풀려면 위의 제약조건을 충족하면서, 절편이 최소화되는 목적함수 직선상의 점 (x_1, x_2)를 찾으면 된다.

직선 $x_2 = -\frac{4}{3}x_1 + \frac{1}{3}k$를 빗금 친 범위 내에서 수직 이동하면서 절편이 최소화되는 경우를 찾으면, $x_1 = 3$, $x_2 = 4$를 지날 때가 된다. 따라서 소각장 A는 3개, 소각장 B는 4개를 건설하는 것이 비용을 최소화하면서 주어진 조건들을 만족시키는 것이 된다. 그리고 이 때 소각장 건설비용은 총 24억원이 된다.

독자들은 처음의 방식처럼 하나 하나 따져 가면서 푸는 것과 선형계획법의 문제 풀이 방식대로 일련의 부등식을 만들고 해를 구하는 것 중에서 어느 것이 더 쉬운가? 대부분은 부등식으로 푸는 것보다 하나하나 따져 가면서 푸는 게 더 쉽다고 느낄 것이다. 사실 두 방식의 논리는 동일하다. 부등식으로 푸는 것은 하나하나 따져 가면서 푸는 논리를 수식으로 표현해서 답을 계산한 것뿐이다. 문제가 간단하면 하나 하나 따져가면서 푸는 게 가능하지만, 복잡한 문제라면 부등식으로 풀 수밖에 없다.

PSAT의 목적은 선형계획기법 자체를 아는가를 테스트하는 데 있지 않다. 다만 이러한 논리를 이해하고 있는가가 중요하다. 따라서 복잡한 계산 문제는 나오지 않을 것이다. 따라서 두 방식 중에서 본인에게 더 쉽게 느껴지는 방식을 택해서 문제를 풀면 된다. 다시 말하지만 중요한 것은 선형계획기법의 논리를 이해하는 것이다!

보기 8.1

선형계획법을 얼마나 이해했는가를 점검하기 위하여 다음의 문제를 풀어 보자. 주관식 대신에 PSAT처럼 객관식으로 한 번 만들어 봤다.

최근 "한국대학교"는 학생들의 면학 분위기 조성을 위한 열람실을 신설하기로 하였다.

고려하는 열람실 형태는 "조용히 책만 볼 수 있는 열람실(A형 열람실)"과 "노트북 사용이 가능한 열람실(B형 열람실)"의 두 유형이다. 학생들의 이동거리를 고려하여 "A형 열람실"과 "B형 열람실"을 합쳐서 최소한 6개 이상의 열람실을 분산 배치하려고 한다. 그리고 하루 총 11,000명 이상을 수용하도록 할 계획이다. 또한 노트북 사용이 가능한 좌석을 2,000석 이상 확보하려고 한다. 각 유형 열람실의 건설비용과 수용인원은 아래의 〈표 8-2〉와 같다.

[표 8-2] 열람실 확충비용과 수용인원

	확충비용(억원)	수용인원(명)
A형 열람실	40	2,000
B형 열람실	30	1,000

다음의 설명 중에서 옳은 것은?

① 수용인원 1인당 열람실 건설비용은 B형 열람실보다 A형 열람실이 더 많이 소요된다.
② 최소 비용으로 주어진 조건을 충족할 경우 신축해야 할 A형 열람실 수는 3개이다.
③ 최소 비용으로 주어진 조건을 충족할 경우 신축해야 할 B형 열람실 수는 2개이다.
④ 최소 비용으로 주어진 조건을 충족할 경우 신축해야 할 열람실 총 개수는 7개이다.
⑤ 최소 비용으로 주어진 조건을 충족할 경우 소요 예산액은 240억원이다.

문제가 요구하는 것은 ⓐ 열람실을 6개 이상 만들 것, ⓑ 하루 11,000명 이상을 수용할 수 있을 것, ⓒ B형 열람실(노트북 사용 가능 열람실) 좌석 2,000석 이상 확보라는 세 조건을 만족하면서 비용을 최소화하는 것이다.

일단 조건 ⓒ를 충족하려면 B형 열람실을 2개 지어야 한다. 이 경우 열람실 2개 확보와 학생 2,000명 수용이 이루어지며, 60억원이 소요된다.

이제 가능한 한 비용을 최소화하면서 열람실 4개 이상과 9,000명 이상 수용 조건을 충족하려면 어떻게 해야 할지 따져 보자. 동일한 학생수를 수용할 때 들어가는 열람실 건설비용은 2:3으로 A형 열람실이 더 저렴하다. A형 열람실은 1개당 2,000명을 수용하므로 4개를 지으면 8,000명을 수용할 수 있으며, 160억원이 소요된다.

여기까지 이루어지면 조건 ⓐ와 ⓒ가 충족된 셈이며 조건 ⓑ를 충족하려면 1,000명을 더 수용할 열람실을 지어야 한다. A형과 B형 모두 1개만 지어도 1,000명 수용 조건을 충족한다. 그런데 A형은 1개 짓는 데 40억원이 소요되는 반면에 B형은 30억원이 소요되므로, B형 열람실 1개를 짓는 것이 비용이 더 적게 든다.

이상의 결과를 종합하면 A형 열람실 4개, B형 열람실 3개 신축 및 소요 예산 250억원이 최소비용으로 주어진 조건을 충족하는 경우에 해당한다. 따라서 답은 ④가 되겠다.

물론 이렇게 하나하나 따져가면서 푸는 대신에 선형계획법의 문제 풀이방식에 따라 목적함수와 제약식을 세워서 풀 수도 있다. 의욕 있는 독자는 한 번 해 보길 권한다.

보기 8.2

이번에는 조금 다른 문제를 풀어 보자. 앞에서 설명한 선형계획법 사례와는 조금 다른 형식이지만, 역시 확실성하의 의사결정에 해당하는 사례이다.

강산구청은 최근 민원업무가 급증함에 따라 이를 담당할 공무원 4명을 충원하기로 하였다. 강산구청의 민원업무 처리부서는 A, B, C의 세 파트로 구성되어 있다. 공무원 충원에 따른 각 파트별 민원업무 처리건수 증가는 〈표 8-3〉과 같이 예상된다. 예를 들면, A파트의 경우 현재 하루에 14건 정도 처리하고 있는데, 1명을 더 충원하면 30건을, 2명을 더 충원하면 41건을 처리할 수 있게 된다.

[표 8-3] 민원업무 처리 전담 파트별 충원 공무원 수와 그에 따른 일일 민원업무 처리건수

일일 평균 민원업무 처리건수			
담당 파트	충원될 공무원 수		
	0	1	2
A	14	30	41
B	25	43	56
C	20	36	50

전체 민원처리 건수를 극대화하려면 4명을 어느 파트에 몇 명씩 배치하는 것이 좋겠는가? 단, 한 파트에 충원되는 인원은 2명을 넘을 수 없다.

이 문제는 선형계획기법으로도 풀 수 있지만, 논리적인 추론만으로도 쉽게 풀 수 있다. 어떻게 할까? 한 가지 방법은 〈표 8-4〉와 같이, 각 파트별로 1명이 충원될 때마다 증가하는 업무처리 건수를 비교하는 것이다. 예를 들면, A파트의 경우 처음에 1명 충원하면 16건을 더 처리할 수 있으며, 그 다음 1명을 더 충원하면 11건을 더 처리할 수 있게 된다.

[표 8-4] 1명 더 충원할 때 증가하는 업무 처리건수

담당 파트	1명	2명째
A	16	11
B	18	13
C	16	14

이 표를 보면 A, B에 각각 1명씩 충원하고, C에 2명을 충원할 때 총 처리업무건수가 극대가 됨을 쉽게 알 수 있다. 그리고 이 때 증가되는 처리업무건수는 64건임을 알 수 있다.

그렇다면, 충원할 공무원이 5명이라면 어떻게 될까? 어느 한 파트에 2명을 초과해서 배치할 수 없으므로, 5번째 사람은 A와 B 중의 한 곳에 배치해야 한다. 〈표 8-4〉에서 A에 배치하면 11건, B에 배치하면 13건을 더 처리할 수 있으므로, B에 배치해야 함을 쉽게 알 수 있다.

2) PERT 기법

PERT(Program Evaluation and Review Technique) 기법은 프로젝트를 수행할 때 일정계획을 수립하기 위한 기법이다. 어떤 일을 할 때, 일의 진행 순서 등을 미리 잘 짜 놓으면 그렇지 않을 때보다 효율적으로 일을 해낼 수 있다. 특히 많은 활동이 요구되는 복잡한 일일수록 일정을 얼마나 잘 짜는가가 중요하다. 가령 신도시를 건설한다고 하자. 부지매입부터 기반시설 설치, 공공시설 건립, 주거단지 조성에 이르기까지 무수히 많은 활동들이 요구되는데, 이러한 활동들이 어떤 순서로 어떻게 진행되는가에 따라 건설기간과 비용에 상당한 차이를 가져온다. 따라서 PERT 기법은 프로젝트의 완성이라는 주어진 목표를 효율적으로 달성하기 위한 최적의 일정을 찾는 방법이라고 할 수 있다. 일정계획을 수립하는 것 역시 중요한 의사결정의 하나이다.

이제 PERT 기법을 활용하여 사업계획을 수립하는 절차를 알아보자.[3] 첫번째 단계에서는 전체 사업 내에서 독립된 작업단위로 이루어지는 세부 활동을 정의한다. 활동의 단위를 너무 크게 잡으면 계획의 구체성이 상실되는 반면에, 너무 작게 잡으면 활동이 많아져서 계획 자체가 번거롭게 된다. 따라서 (모호한 말이지만!) 일의 특성을 고려하여 활동 단위를 적정 수준으로 정해야 한다. 활동에는 선행활동과 후행활동이 있다. A라는 활동의 선행활동은 그 활동이 완료되어야만 A 활동을 시작할 수 있는 활동이고, A 활동의 후행활동은 A 활동이 완료되어야만 시작할 수 있는 활동을 의미한다.

두번째 단계에서는 활동표를 작성한다. 활동표는 각 활동의 이름(또는 기호)과 각 활동의 선행활동과 후행활동, 그리고 각 활동의 완수에 필요한 소요시간을 하나의 표로 나타낸 것이다.

세 번째 단계에서는 활동표에 기초하여 PERT 네트워크라는 그림을 작성한다. PERT 네트워크에는 각 활동과 그 소요시간이 명시되어 있으며, 활동의 흐름을 나타내는 화살표를 통해 각 활동의 선후관계가 제시된다. 이제 각 단계의 내용을 구체적으로 살펴보기 위해 예를 하나 들어보자.

고시합격생 관리를 담당하고 있는 "최관리" 사무관은 내년부터 고시합격생들이 연수 기간 동안 자기개발을 위한 부대시설을 연수원에 만드는 프로젝트를 맡았다. 최사무관은 도서관, 어학교육실, 전산실습실, 헬스센터, 수영장, 소극장 등이 갖추어진 "최첨단 교양관"의 신축이 필요하다고 판단하고, 〈표 8-5〉와 같이 "최첨단

3) 이의 설명은 안문석, 계량행정론(2002)의 내용을 많이 참조하였다.

[표 8-5] "최첨단 교양관" 신축 활동표

활동이름	선행활동	후행활동	소요시간(단위: 개월)
A	–	B, C	2
B	A	D	2.5
C	A	D	2
D	B, C	H	2
E	–	F	1
F	E	G	2
G	F	H	1
H	D, G	I	3.5
I	H	–	4

교양관" 건립 사업 일정에 대한 활동표를 작성하였다.

교양관을 건립할 때는 설계부터 시작해서 땅 파기, 골조 쌓기, 상하수도 · 전력 끌어오기, 벽 쌓기, 내부치장하기 등등 무수히 많은 활동이 있을 것이다. 편의상 A부터 I까지 9개의 활동이 있다고 하자. 〈표 8-5〉에는 이런 활동들 간의 관계가 선행활동, 후행활동으로 표시되어 있으며, 각 활동의 시작부터 완료까지의 소요시간이 제시되어 있다. 활동의 소요시간은 해당 활동이 정상적으로 진행되었을 때 기대되는 시간을 나타낸다.

그런데 〈표 8-5〉의 활동표만으로는 각 활동들 간에 어떤 관계가 있는지, 시작부터 완성까지 얼마의 기간이 소요되는지 등을 쉽게 파악하기가 어렵다. 대신 이 활동표의 정보를 그림으로 나타내면 보다 쉽게 파악할 수 있다. [그림 8-2]

【그림 8-2】 "최첨단 교양관" 신축에 관한 PERT 네트워크

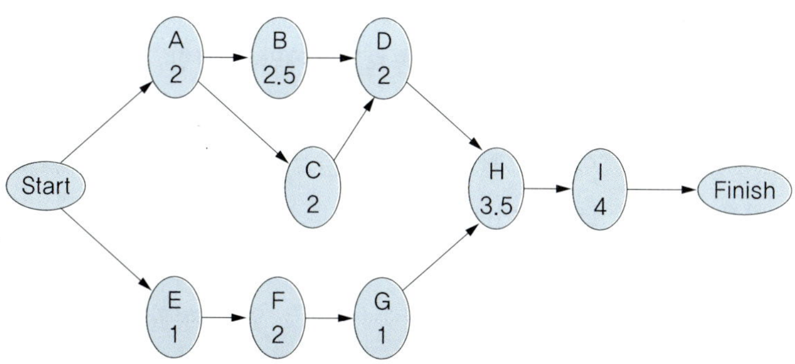

가 〈표 8-5〉의 활동표를 그림, 즉 PERT 네트워크로 나타낸 것이다.

동그라미 안에 있는 영문자는 활동 이름(기호)을 나타내고, 숫자는 그 활동을 수행하는 데 소요되는 시간을 나타낸다. 그리고 화살표는 각 활동의 순서를 보여 준다. 이 그림은 사업 일정에 관하여 다양한 정보를 주고 있다. 우선 이 그림은 어떤 활동들을 동시에 추진할 수 있는지, 특정 활동을 시작하려면 그 전에 어떤 활동들이 완료되어야 하는지를 보여 준다. 예를 들면, 맨 처음에 해야 할 활동은 A와 E이며, 이 두 활동은 동시에 진행될 수 있음을 알 수 있다. 그리고 D활동을 시작하려면 A, B, C 활동이 먼저 완료되어야 함을 알 수 있다.

이처럼 활동들 간의 관계와 각 활동의 소요시간이 알려지면, 이로부터 예정대로 이 사업을 완료하는 데 걸리는 기간을 계산할 수 있다. 그리고 이 기간 내에 사업을 마치려면 각 활동을 언제 시작해서 언제까지 끝내야 하는지 등을 계산할 수 있다. 이러한 정보들은 사업을 효율적으로 수행하기 위하여 필수적인 정보들이다. 이런 정보들을 어떻게 계산할까?

우선 "최첨단 교양관"을 완성하려면 얼마나 시간이 걸리는지를 계산해 보자. 이를 계산하기 위해서는 각 활동별로 "아무리 빨라도 시간(earliest time)"과 "아무리 늦어도 시간(latest time)"이라는 것을 먼저 계산하는 것이 편리하다.

"아무리 빨라도 시간"은 '아무리 빨라도' 그 시간 이전에는 특정 활동을 시작할 수 없음을 나타내는 시간이다. 이는 특정 활동은 그 활동의 선행활동이 종료된 이후에야 시작할 수 있기 때문에 나타난다. "아무리 늦어도 시간"은 특정 활동이 '아무리 늦어도' 그 시간까지는 시작되어야 함을 나타내는 시간이다. 이는 그 시간을 넘기면 전체 준공일자가 그만큼 늦어지기 때문이다.

이러한 두 유형의 시간을 계산하는 것이 왜 필요한가? 일단 각 활동별로 이 시간들을 계산한 후에 따져 보자. "아무리 빨라도 시간"은 시작점에서부터 종료점까지 순서대로 계산한다. 활동 A는 시작활동이기 때문에 아무리 빨라도 0이라는 시간 이전에는 착수할 수 없다. 즉, 활동 A의 "아무리 빨라도 시간"은 0이다. 활동 B의 경우는, 선행활동인 A가 종료되어야만 시작할 수 있다. 따라서 A의 종료까지 걸리는 2개월이 활동 B의 "아무리 빨라도 시간"이 된다. 동일한 방식으로 계산하면 활동 C의 "아무리 빨라도 시간"은 2개월이 되며, 활동 D의 아무리 빨라도 시간은 A+B인 4.5개월이 된다.

이런 식으로 각 활동마다 "아무리 빨라도 시간"을 계산하면 된다. 특정활동의 "아무리 빨라도 시간"은 그 활동의 바로 앞 선행활동의 "아무리 빨라도 시간"에 직전 선행활동의 소요시간을 더한 시간이 된다. 활동 H의 아무리 빨라도 시간은 얼마일까? 활동 H의 바로 앞 선행 활동은 D와 G 두 개가 있다. 활동 D의 아무리 빨라도 시간은 4.5개월이고 활동 D의 자체 소요시간은 2개월이므로 활동 D까지 활동이 완료되는 데는 6.5개월이 걸린다. 또한 활동 G의 아무리 빨라도 시간은 3개월이고 활동 G의 자체 소요시간은 1개월이므로 활동 G까지 활동이 완료되는 데는 4개월이 걸림을 알 수 있다. 두 개의 바로 앞 선행 활동인 D와 G 중에서 D의 완료까지 걸리는 시간이 더 길므로, 활동 H의 아무리 빨라도 시간은 D의 완료까지 걸리는 시간인 6.5개월이 된다.

종료점의 아무리 빨라도 시간은 활동 I의 아무리 빨라도 시간에 활동 I의 소요시간을 더한 14개월이 되는데, 이는 곧 전체 사업의 완료까지 걸리는 최소 소요시간이 된다.

전체 활동의 완료까지 걸리는 시간이 산출되면, 이제는 역으로 이 기간 내에 전체 사업을 차질 없이 완료하려면 각 활동을 적어도 언제까지는 시작해야 하는지를 계산할 수 있다. 이것이 곧 "아무리 늦어도 시간"이다. 이의 계산은 종료점에서 시작하여 시작점으로, 즉 역순서로 진행된다.

사업의 완료까지 걸리는 최소시간이 14개월이다. 그런데 활동 I의 소요시간은 4개월이다. 따라서 활동 I는 '아무리 늦어도' 사업 개시일부터 10개월 내에는 시작되어야 한다. 즉, 활동 I의 "아무리 늦어도 시간"은 10개월이다. 그리고 활동 H의 아무리 늦어도 시간은 활동 I의 "아무리 늦어도 시간"에서 활동 H의 소요시간을 뺀 6.5개월이 된다. 이런 방식으로 모든 활동의 "아무리 늦어도 시간"을 어렵지 않게 계산할 수 있을 것이다. 특정 활동의 아무리 늦어도 시간은 그 활동의 바로

[표 8-6] PERT와 여유시간

(단위: 개월)

활동이름	아무리 빨라도 시간	아무리 늦어도 시간	여유시간
A	0	0	0
B	2	2	0
C	2	2.5	0.5
D	4.5	4.5	0
E	0	2.5	2.5
F	1	3.5	2.5
G	3	5.5	2.5
H	6.5	6.5	0
I	10	10	0

뒤에 이어지는 활동의 "아무리 늦어도 시간"에 해당 활동의 자체 소요시간을 뺀 시간이 된다.

지금까지 각 활동의 "아무리 빨라도 시간"과 "아무리 늦어도 시간"을 계산하는 방식을 설명했는데, 이렇게 계산된 각 활동의 "아무리 빨라도 시간"과 "아무리 늦어도 시간"이 〈표 8-6〉에 제시되어 있다. 마지막 열의 "여유시간"은 "아무리 늦어도 시간"에서 "아무리 빨라도 시간"을 뺀 시간을 의미한다. 정의상 "아무리 늦어도 시간"은 "아무리 빨라도 시간"과 같거나 더 길기 때문에 여유시간은 0 이상의 값을 갖는다.

〈표 8-6〉을 보면 어떤 활동은 여유시간의 값이 0인 데 비하여, 어떤 활동은 +의 값을 갖는다. 어떤 활동의 여유시간이 0이라는 것은 선행활동이 마무리 되자마자, 바로 이어서 그 활동이 시작되어야만 전체 일정에 차질이 없다는 것을 의미한다. 이에 비하여 활동 F와 같이 여유활동이 2.5개월이라는 것은 선행활동이 아무리 빨라도 시간에 맞추어 수행되었다면, 활동 F는 선행활동이 끝나고 나서 2.5개월 이내에만 시작하면 전체일정 내에 사업을 마칠 수 있음을 의미한다.

따라서 예정된 기간 내에 사업을 완료하려면, 여유시간이 0인 활동들을 제 때에, 즉 선행활동이 끝나자마자 시작하는 것이 중요하다. 이런 의미에서 여유시간이 0인 활동들을 중요한 활동이라고 하며, 중요한 활동들의 진행 경로를 '중요 경로'라고 한다. 우리의 예에서는 시작점 → A → B → D → H → I → 종료점이 중요 경로가 된다. '중요 경로'에 속하는 활동에서는 예정일보다 하루라도 늦으면 준공일자가 그만큼 늦어진다.

위의 사례에서 알 수 있듯이 어떤 사업을 시작하기 전에 해당 사업 일정에 대한 PERT 네트워크를 작성하는 것은 효율적인 사업 수행을 위하여 필요하다. 사업이 간단하거나 정형화되어 있다면 PERT 네트워크 작성이 그리 어렵지 않겠지만, 대규모 사업이거나 처음 해 보는 비정형화된 사업이라면 PERT 네트워크를 만드는 것 자체가 큰 일이 된다.

보기 8.3 **각 활동의 소요시간이 불확실할 경우의 PERT활동표**

앞에서 제시한 "최첨단 교양관" 신축 사례에서는 프로젝트 관리자가 각 활동에 소요되는 시간을 확실히 알고 있다고 가정하고 PERT 기법을 적용하였다. 그런데 현실적으로는 각 활동의 예상 소요시간을 명확히 알기 어려운 경우가 더 많을 것이다. 즉, 과거의 예에 비추어 평균적인 소요시간은 추정할 수 있지만, 경우에 따라서는 그보다 더 빨리 끝나거나 늦게 끝나는 경우도 많을 것이다. 이처럼 소요기간을 명확히 알기 어려운 경우에는 어떻게 해야 할까?

통상적인 방법은 각 활동에 소요될 것으로 추정되는 시간을 비관적인 시간(가장 긴 시간), 보통 시간(통상적인 시간), 낙관적인 시간(가장 짧은 시간)의 경우로 구분하고, 이들의 평균으로서 기대소요시간을 계산하는 것이다. 기대소요시간 계산에는 일반적으로 다음과 같은 공식을 활용한다.

$$\text{기대소요시간} = \frac{\text{낙관적인 시간} + 4 \times \text{보통시간} + \text{비관적인 시간}}{6}$$

공식을 보면, 세 유형의 시간을 단순평균하는 대신에 낙관적인 시간과 비관적인 시간에는 1/6의 가중치를 두고, 보통 시간에는 4/6의 가중치를 두어서 가중평균하고 있다. 이는 보통의 경우가 극단적인 경우에 해당하는 낙관적인 경우와 비관적인 경우보다는 더 많이 발생하기 때문이다.[4] 앞의 예에서와 같이 각 활동의 소요시간을 확실하게 알고 있다고 가정하는 경우를 확실성하의 PERT, 소요시간이 불확실한 경우를 불확실성하의 PERT라고 구분하기도 한다.[5]

이제 앞에서 제시한 "최첨단 교양관" 신축 사례를 각 활동의 소요기간을 명확히 알지 못하는 경우, 즉 불확실성하의 PERT로 재구성해 보자. 다음의 〈표 8-7〉에는 "최첨단 교양관" 신축 사업의 각 활동에 대한 낙관적인 시간, 보통시간, 비관적인 시간 및, 이로부터 계산한 기대시간이 제시되어 있다.

[표 8-7] "최첨단 교양관" 신축과 관련된 각 활동과 기대시간

(단위: 개월)

활동이름	낙관적인 시간	보통 시간	비관적인 시간	기대시간
A	1.5	2	2.5	{1.5+4(2)+2.5}/6 = 2
B	2	2.5	6	{2+4(2.5)+6}/6 = 3
C	1	2	3	{1+4(2)+3}/6 = 2
D	1.5	2	2.5	{1.5+4(2)+2.5}/6 = 2
E	0.5	1	1.5	{0.5+4(1)+1.5}/6 = 1
F	1	2	3	{1+4(2)+3}/6 = 2
G	1.5	2	2.5	{1.5+4(2)+2.5}/6 = 2
H	3	3.5	7	{3+4(3.5)+7}/6 = 4
I	3	4	5	{3+4(4)+5}/6 = 4

4) 보다 엄밀하게 얘기한다면, 이는 낙관, 보통, 비관 시간이 베타 함수 형태를 갖는다고 가정하고 있음을 의미한다.

5) 물론 낙관적인 시간, 보통시간, 비관적인 시간의 발생 확률을 알고 있다면 이를 가중치로 해서 가중평균하면 된다. 이 경우는 굳이 제목을 붙이면 위험하의 PERT가 되겠다.

이처럼 기대시간을 구했다면 다음 단계부터는 앞의 예에서의 (확실한) 소요시간 대신에 기대시간을 사용한다는 것을 제외하면 동일하다. 즉, 기대시간에 기초하여 PERT 네트워크를 작성하고, 여유시간 및 중요활동, 중요경로 등을 계산할 수 있다.

그런데 소요시간 대신에 기대시간이라는 것을 사용하는 것 말고는 확실성하의 PERT와 불확실성하의 PERT의 내용 및 활용에 차이가 없다면 좀 싱겁지 않을까?

각 활동의 소요기간이 불확실한 경우에는 과연 기대시간에 기초하여 계산한 일정 이내에 사업을 마칠 확률이 얼마나 될까? 이보다 일정 시간 빠른 혹은 늦은 기간 내에 마칠 확률은 얼마나 될까? 등에 관심이 있을 것이다. 세 유형의 시간에 대한 확률분포를 알고 있으므로(이는 그냥 가정하거나, 혹은 과거의 경험에서 유추할 수 있다), 이를 이용하면 이러한 질문에 대한 답을 구할 수 있다. 이에 대한 구체적인 방법은 본서의 범위를 벗어나므로 생략한다. 궁금한 독자들은 관리분석 교과서를 참고하면 될 것이다.

보기 8.4

PERT의 개념을 얼마나 이해하였는지 점검하는 의미에서 다음 문제를 풀어 보자. 보건복지부 K 사무관은 기초생활보장 대상자의 정보화 교육 욕구 조사를 해야 한다. 통상적 방식에 따라 이 조사에 필요한 단계와 필요시간을 정리해 보니 [그림 8-3]과 같이 나타났다. 화살표 좌우의 알파벳은 각각 단위업무의 시작과 끝을 나타내고 선행하는 화살표가 나타내는 업무는 후속하는 화살표가 나타내는 업무보다 먼저 수행되어야 한다.

【그림 8-3】 기초생활보장 대상자의 정보화 교육 욕구 파악 조사

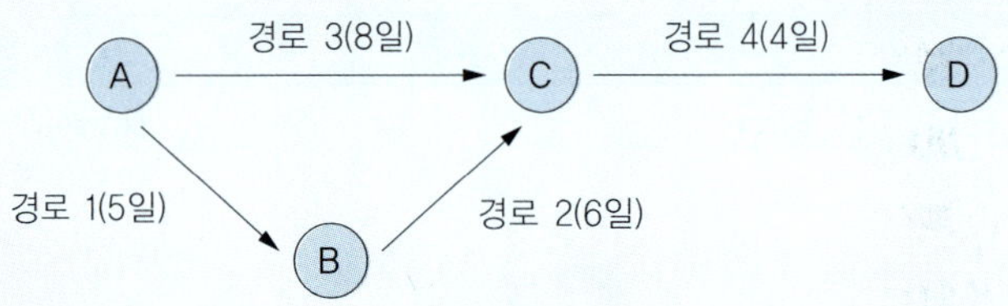

그런데 국회 보고 시일이 촉박해서 가능한 한 빨리 이 조사를 마치려고 한다. 조사 기간을 단축하기 위하여 각각의 작업의 표준일수 이외에 최단일수(더 이상 단축이 불가능한 일수) 및 표준일수를 하루 단축하는 데 추가로 소요되는 비용을 산출해 보았더니 다음의 〈표 8-8〉과 같았다. 만일 조사 일정 단축을 위한 추가지출이 500만원까지 인정된다면 이 범위 내에서 최단일수로 조사를 마칠 경우의 필요일수와 추가비용은?

최소비용으로 기간을 최대로 단축하기 위해서는 1일 단축비용이 가장 적게 소요되는 경로부터 단축해야 한다. 따라서 우선 경로 4부터 최대로 단축시킨 후, 경로 2를 단축시켜야

[표 8-8] 작업경로별 표준 및 최단 작업일수와 단축비용

작업 경로	작업일수(일)		1일 단축비용(만원)
	표준	최단	
경로 1: A → B	5	2	50
경로 2: B → C	6	2	40
경로 3: A → C	8	4	60
경로 4: C → D	4	2	30

한다. 그런데 경로 2를 최대로 단축시키는 경우, 경로 1과 경로 2를 합한 기간이 경로 3의 기간과 동일할 때까지는 상관없지만 경로 1과 경로 2를 합한 기간이 경로 3보다 작을 경우에는 경로 3도 동시에 단축시켜야 한다. 경로 3을 단축시키지 않으면 총 프로젝트 소요기간이 단축되지 않기 때문이다. 경로 4를 먼저 2일 단축시키고, 경로 2를 4일 단축시키면서 동시에 경로 3도 1일 단축시키는 데 추가로 소요되는 총 비용은 280만원(= 60만원 + 160만원 + 60만원)이다. 따라서 아직 추가로 더 기간을 단축시킬 수 있다. 이제는 남은 경로 1을 단축시켜보자. 경로 1을 단축시키기 위해서는 경로 3도 동시에 단축시켜야 한다. 따라서 경로 3을 하루 더 단축시키고, 경로 1도 하루 더 단축시켜보자. 그러면 추가로 110만원이 더 소요된다. 그래도 아직 110만원이 남는다. 따라서 경로 1과 경로 3을 하루씩 더 단축시키면 총 500만원의 추가비용이 발생한다. 각 경로의 단축일수와 이에 필요한 비용을 정리하면 다음과 같다.

- 경로 4: 2일 단축, 60만원 소요
- 경로 2: 4일 단축, 160만원 소요
- 경로 1: 2일 단축, 100만원 소요
- 경로 3: 3일 단축, 180만원 소요

아울러 최종적인 단축기간을 고려하여 프로젝트 실시순서를 나타내 보면 다음과 같으며, 프로젝트를 수행하는 데 필요한 총 기간은 7일임을 알 수 있다.

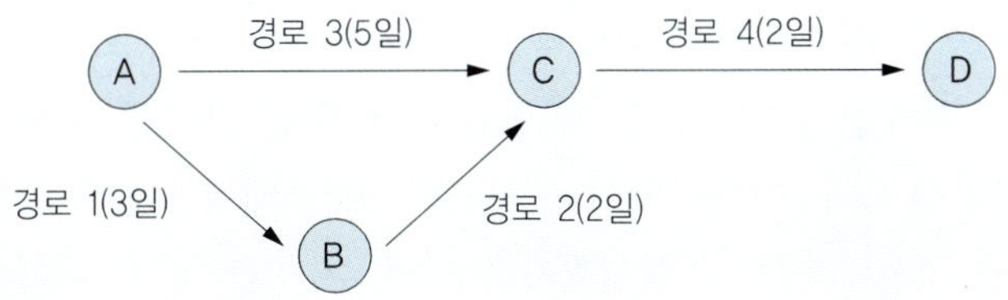

3. 위험하의 의사결정

1) 기본논리

위험 상황에서는 각 대안마다 발생 가능한 복수의 결과가 존재하며, 이들이 실현될 확률이 주어진다. 따라서 각 결과들의 이익(편익－비용)을 발생확률을 가중치로 가중평균하면 각 대안들의 기대이익을 계산할 수 있으며, 이를 이용하여 의사결정을 한다.

최적 대안은 기대이익이 가장 큰 대안일까? 반드시 그렇지는 않다. 이는 '위험'의 존재 때문이다. 가령 재테크를 위한 대안으로서 은행예금과 벤처투자를 생각해보자. 기대이익은 벤처투자가 더 클 수 있다. 하지만 위험도 벤처투자가 훨씬 더 크다. 따라서 '위험'을 기피하는 사람이라면 기대이익이 작더라도 은행예금을 선호할 수 있다.

즉, 위험 상황하의 의사결정은 '기대이익'과 '위험'이라는 두 요소를 고려하여, 의사결정자가 가장 바람직하다고 생각하는 대안을 선택하게 된다.

대부분의 사람들에게 '기대이익'은 클수록 좋을 것이다. '위험'은 어떨까? '위험'에 대한 사람들의 태도를 이론적으로는 셋으로 구분할 수 있다. 이는 위험선호, 위험중립, 위험회피이다. '위험선호'는 확실한 것보다 위험한 것을 더 좋아하는 것이며, '위험중립'은 확실한 것과 위험한 것 사이에 아무런 차이가 없는 것, '위험회피'는 확실한 것을 위험한 것보다 더 좋아하는 것을 말한다. 가령 대안 A는 확실하게 100만원을 받는 것이며, 대안 B는 각각 $\frac{1}{2}$의 확률로 50만원 또는 150만원을 받는 대안(따라서 기대수익은 100만원)이라고 할 때, 위험선호자는 대안 B를 택하며, 위험회피자는 대안 A를 택한다. 그리고 위험중립자는 대안 A와 B 사이에 선호의 차이가 없다.

이론적으로는 이처럼 위험에 대한 태도를 세 유형으로 구분할 수 있지만, 현실적으로 대부분의 사람들은 '위험회피'에 속할 것이다. 물론 복권이나 카지노 게임 등 도박의 경우 기대이익이 구입금액 또는 배팅액보다 작으므로, 복권 구입자나 도박을 하는 사람은 위험선호자라고 할 수 있다. 하지만 이는 미래에 대한 불확실성을 특성으로 하는 '게임'이 주는 재미 때문이지 본질적으로 위험을 선호하기 때문이라고 하기는 어렵다. 즉, 보통 사람들은 잃어도 그만인 정도의 금액이라면 재미삼아 복권이나 도박에 참여하지만, 생계에 지장이 있을 정도의 큰 금액이라면

참여하지 않을 것이다.[6]

정리하면, 대부분의 사람들에게 '기대이익'은 클수록 좋으며, '위험'은 작을수록 좋다. 따라서 어떤 대안이 다른 대안보다 '기대이익'은 더 크며 '위험'은 더 작다면 고민할 것 없이 이 대안을 선택하면 된다. 그런데 대부분의 경우는 이렇게 단순명료하지 않다. 재테크의 예와 같이 '기대이익'이 크면 '위험'도 크기가 십상이다. 즉, 위험하의 의사결정은 대체로 고수익-고위험 대 저수익-저위험 사이의 결정인 경우가 많다. 이런 경우 의사결정 결과는 수익과 위험 중 어느 것을 더 중요시하는가에 따라 달라질 것이다. 그런데 무엇을 더 중시하는가는 사람마다 다를 것이며, 어떤 것이 더 옳다고 할 수는 없는 노릇이다. 안전제일주의자에게는 위험을 최소화하는 대안이 최선일 것이며, 좀더 통이 큰 사람이라면 다소의 위험을 무릅쓰고라도 기대이익이 큰 대안을 택할 것이다.

이처럼 '위험'을 함께 고려하면 위험하의 의사결정에서 최선의 대안은 사람마다 달라진다. 즉, 객관적인 절차에 따른 단일의 최적 대안선택이 불가능하다. 이러한 문제를 피하기 위하여 위험하의 의사결정을 설명할 때는 일단 '위험'은 제외하고 기대이익만을 고려했을 때의 대안선택 방법에 대하여 설명한다. 기대이익만을 고려하면 물론 기대이익이 가장 큰 대안이 최적대안으로 선택된다. 이렇게 기대이익을 극대화하는 대안선택 방법에 대하여 이해한 후, 이러한 대안선택이 '위험'을 고려했을 때 어떻게 달라지는가를 살펴본다. 이는 이런 방식을 취하는 것이 위험하의 의사결정 행태를 이해하는 데 효과적이기 때문이다.

본 장에서도 마찬가지의 방식을 취한다. 우선 기대이익만을 고려했을 때의 의사결정 방법에 대하여 살펴 본 후, '위험'을 고려했을 때로 확장하여 논의한다. 그런데 기대이익만을 고려하여 의사결정을 한다는 것은 '위험중립'인 사람이 기대이익과 위험을 모두 고려하여 의사결정을 하는 것과 동일하다. 이는 위험중립인 사람은 위험이 적든 많든 영향을 받지 않는 것으로 정의되므로, 이 사람의 의사결정에서는 오직 기대이익만이 영향을 미치기 때문이다. 즉, 기대이익만을 고려한 위험하의 의사결정은 곧 위험중립자의 위험하의 의사결정이라고 할 수 있다.

6) 물론 도박에 빠져서 패가망신하는 경우도 있다. 하지만 이 경우에도 본인은 딸 것이라고, 즉 기대이익이 배팅액보다 더 크며 위험은 작다고 생각해서 도박을 하는 것이지, 기대이익이 배팅액보다 더 작고 위험이 크다는 것을 인식하면서 도박을 하지는 않는다. 즉, 이 경우에도 적어도 본인의 주관적인 판단에서는 위험회피자이다.

보기 8.5

성 피터스버그(St. Petersburg)의 역설

'성 피터스버그의 역설' 은 일반적으로 사람들은 위험회피자라는 것을 보여 주는 유명한 사례이다. 이는 베르누이라는 수학자가 제시한 게임인데 다음과 같은 규칙을 갖는다.

- 동전의 앞면이 나올 때까지 계속하여 동전을 던진다.
- n번째 시행에서 처음 앞면이 나오면, 2^n원의 상금을 받는다.

즉, 동전 던지기를 하는데 두번째 시행에서 처음 앞면이 나왔다면 $2^2 = 4$원의 상금을 받으며, 네번째 시행에서 처음 앞면이 나왔다면 $2^4 = 16$원의 상금을 받는다. 만일 이 게임의 참가비가 100만원이라면, 이러한 게임에 독자들은 참가하겠는가?

이 게임의 기대금액을 구해 보자. 기대금액은 모든 가능한 결과들에 대하여 해당 결과의 발생확률을 가중치로 해서 가중평균한 것이다. 가령 동전을 던져서 앞면이 나오면 100원, 뒷면이 나오면 200원을 주는 게임이 있다면 이의 기대금액은 $\frac{1}{2} \times 100 + \frac{1}{2} \times 200 = 150$원이 된다.

'성 피터스버그의 역설' 게임의 가능한 결과는 1번째 시행에서 처음 앞면(X_1), 2번째 시행에서 처음 앞면(X_2), 3번째 시행에서 처음 앞면(X_3), ... n번째 시행에서 처음 앞면(X_n) 등으로 나타낼 수 있으며, 각각의 결과에 따른 상금액도 $X_1 = 2$, $X_2 = 2^2$, $X_3 = 2^3$, ⋯, $X_n = 2^n$ 등으로 나타낼 수 있다. 또한 각각의 결과가 발생할 확률은 $\pi_1 = (\frac{1}{2})$, $\pi_2 = (\frac{1}{2})^2$, $\pi_3 = (\frac{1}{2})^3$, ⋯, $\pi_n = (\frac{1}{2})^n$과 같이 나타낼 수 있다. 이론적으로 n은 무한대로 확장이 가능하다. 따라서 이 게임의 기대금액은 다음과 같다.

기대금액 $= \sum_{i=1}^{\infty} \pi_i X_i = \sum_{i=1}^{\infty} 2^i (\frac{1}{2})^i = 2^1 \times (\frac{1}{2})^1 + 2^2 \times (\frac{1}{2})^2 + 2^3 \times (\frac{1}{2})^3 + \cdots = 1 + 1 + 1 + \cdots = \infty$

이 게임의 기대금액은 무한대이다! 100만원을 투자해서 1억도, 10억도 아닌 무한대의 수익을 올릴 수 있다. 당연히 참가해야 할까? 조금이라도 생각이 있는 사람이라면 이 게임에 참가하려고 하지는 않을 것이다. 무한대의 수익을 올릴 수 있음에도 참여하려 하지 않는다는 의미에서 이 게임을 '역설' 이라고 부른다.

하지만 이는 역설이 아니라 너무나 당연할 것이다. 비록 기대금액은 무한대라도 그것이 실현될 확률이 너무나 작기 때문에, 즉 위험이 너무나 크기 때문에 도저히 현실성이 없다고 판단해서 참가하지 않을 뿐이다. 가령 이 게임에서 1,000원 이상의 상금을 받을 확률을 한번 계산해 보라. 엄청나게 작다.

2) 기대이익만을 고려한 의사결정 - 위험중립자의 의사결정

(1) 단순의사결정

기대이익만을 고려하여 의사결정을 할 때는 기대이익-가능한 결과들의 이익을 해당결과의 발생확률로 가중평균한 것-을 극대화하는 대안을 선택하면 된다. 이를 좀더 분명하게 이해하기 위해 다음과 같은 가상의 사례를 생각해 보자.

중소기업에 근무하는 '나행운'은 로또복권에 당첨되어 5억원을 받게 되었다(당첨자가 많아서 금액이 얼마 안 된다 ^^;). 이 돈을 은행에 예금하면 1년 뒤에 5천만원의 이자를 받을 수 있고, 주식에 투자하면 경기가 호황인 경우에는 10억원으로 불려지지만, 보통인 경우에는 그대로 원금을, 불황인 경우에는 3억원을 손해본다. 그리고 벤처기업에 투자하면 경기가 호황인 경우에는 12억원으로 불려지고, 보통이라면 6억원으로 증가된다. 그러나 불황이 되면 원금을 몽땅 날리게 된다. 만일 경기가 호황, 보통, 불황일 확률이 각각 0.5, 0.3, 0.2라면 어느 대안을 선택하는 것이 좋을까?

각 투자대안에 대한 기대값을 구하면 다음과 같다.

① 벤처기업 : $12 \times (0.5) + 6 \times (0.3) + 0 \times (0.2) = 7.8$

② 주식 : $10 \times (0.5) + 5 \times (0.3) + 2 \times (0.2) = 6.9$

③ 예금 : $5.5 \times (0.5) + 5.5 \times (0.3) + 5.5 \times (0.2) = 5.5$

'벤처기업'에 투자했을 때의 기대값이 7.8억원으로 가장 크다. 따라서 의사결정자는 기대이익이 가장 큰 '벤처기업'에 투자하는 대안을 선택하게 될 것이다.

[표 8-9] 경기변동에 따른 보수표[7)]

보수(payoff)	호황(0.5)	보통(0.3)	불황(0.2)
벤처기업	12	6	0
주식	10	5	2
은행예금	5.5	5.5	5.5

( )안의 값은 미래의 경기 변동 확률을 나타냄.

7) 이런 표를 의사결정에 따른 비용과 편익을 제시하였다는 의미에서 보수표라고 한다.

(2) 연속적인 의사 결정－의사결정나무(Decision Making Tree)

앞에서의 투자사례는 한 번의 의사결정으로 대안을 선택하는 경우였다. 그런데 현실에서 부딪치는 의사결정 문제들 중에는 한 번의 의사결정으로 끝나는 것이 아니라, 일련의 연속된 의사결정을 요구하는 경우도 흔하다. 예를 들면, 첫번째 단계에서 대안 A, B 중에서 하나를 선택한 후, 두번째 단계에서 대안 가, 나, 다 중에 하나를 선택하는 경우를 생각해 보자. 만일 두 대안이 서로 독립적이라면, 즉 첫번째 단계에서 A, B 중에서 어떤 것을 택하는가의 여부가 두번째 단계의 대안 선택에 아무런 영향을 미치지 않는다면, 각각 별개의 의사결정 문제로 간주하면 된다.

하지만 첫번째 단계에서 어떤 대안을 선택하는가에 따라 두번째 단계의 대안 선택 결과가 달라진다면, 두 단계에 걸친 대안 선택을 하나의 의사결정 문제로 파악하고 최적 대안조합을 선택해야 한다. 즉, 첫번째 단계의 최적 대안과 두번째 단계의 최적 대안이 세트로서 한 번에 결정된다.

이처럼 일련의 연속적인 대안 선택을 한꺼번에 하나의 의사 결정 문제로 분석할 때는 하나 하나를 독립된 의사결정 문제로 분석할 때보다 고려해야 할 대안 및 대안의 가능한 결과 조합의 숫자가 많아지게 마련이다.

물론 최적대안을 선택하는 논리는 단순 의사결정 문제의 분석에서와 동일하다. 즉, 가능한 결과들의 가중평균으로서 기대이익을 계산해서, 기대이익이 가장 큰 대안 조합을 선택하면 된다. 단지 문제는 가능한 결과의 수가 많아져서 계산이 복잡하다는 점이다.

이런 경우에, 각 대안들의 순차적 결정 및 가능한 결과를 도출하는 과정을 그림으로 나타내면 이해하기가 한결 쉬울 것이다. 이러한 그림으로서 대표적인 것이 의사결정나무이다. 순차적으로 의사결정 문제를 푸는 과정을 나뭇가지 모양의 도표로 나타낸다는 의미에서 의사결정나무라고 한다. 다음의 예를 보면 의사결정나무가 어떻게 유용하게 사용되는지 이해할 수 있을 것이다.

정부가 기존의 공무원 인력관리 전산시스템이 구형이라는 지적에 따라 신형의 전산시스템으로 교체한다고 하자. 신형 시스템의 후보에는 A, B 두 개가 있다.

시스템 A는 기존의 인력관리 시스템을 약간 보완하는 것으로서 안정적이며, 이를 도입하면 대략 5억원 정도의 비용절감 효과가 있음을 알고 있다. 시스템 B는 민간기업 인력관리를 위해 개발된 전산시스템으로서, 민간기업에서는 매우 효율적임이 입증되었지만 정부부문 인력관리에서도 마찬가지의 효과를 가져올 지는 확실하지 않다. 시스템 B가 공무원 인력관리에서 성공할 가능성(민간기업과 동등한 효과 발생)과 실패할 가능성(민간기업보다 비효과적)은 각각 60%와 40%이다.

시스템 B가 성공적으로 운영되면 8억원의 비용절감효과를 가져오지만, 실패할 경우에는 단지 3억원의 비용절감효과를 가져온다고 한다. 그리고 시스템 A와 B의 도입비용은 동일하다. 그런데, 시스템 B를 도입하기 전에 한 부처만을 대상으로 시스템 개발업체에서 시험 운영하게 할 수도 있다. 이 사전 테스트를 거치면 B 시스템의 성공 여부를 확실하게 알 수 있지만 5천만원이 추가로 소요된다.

이 때 최적의 의사결정 대안은 무엇인가?

이 문제에서는 시스템 B에 대한 사전 테스트를 할 것인가 여부와 어느 시스템을 도입할 것인가라는 두 개의 의사결정을 해야 한다. 이 문제를 의사결정나무로 나타낸 것이 [그림 8-4]이다. 네모로 표시된 마디는 의사결정마디(decision node)라고 하며, 여기에서 뻗어 나가는 가지는 의사결정자가 선택해야 하는 대안을 나타낸다. 동그라미로 표시된 마디는 상황마디(chance node)라고 하며, 여기에서 뻗어 나가는 가지는 각 대안의 가능한 결과를 나타낸다. 그리고 그 아래에 표시된 숫자는 해당 결과의 발생확률을 의미한다.

【그림 8-4】 의사결정나무

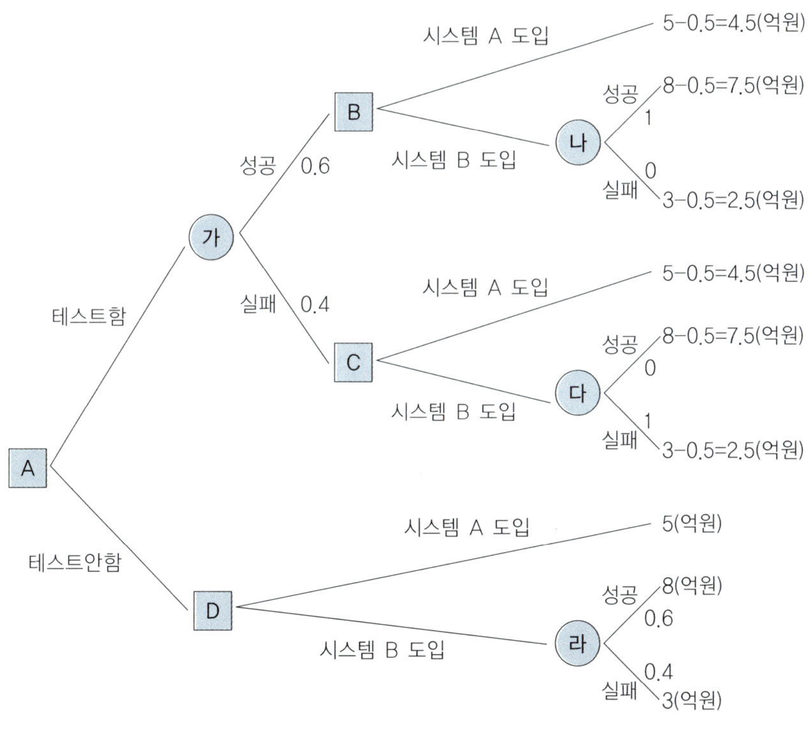

사전테스트를 할 경우, 그 결과가 성공이면 시스템 B를 도입했을 때 성공할 확률은 1이며, 그 결과가 실패이면 시스템 B를 도입했을 때 실패할 확률은 1이다. 따라서 각각 해당 결과 가지의 확률은 1이 되며, 이에 대응되는 결과 가지의 확률은 0이 된다. 가지의 제일 끝에는 각 대안의 발생 가능 결과들의 이익이 표시되어 있다.

이제 이 의사결정나무를 기초로 하여 최적의 의사결정방법을 구해보자. 전술한 대로 최적의 의사결정은 기대수익이 극대화되는 대안이 된다.

먼저 의사결정마디 B 에서 시스템 A를 도입하기로 하면 기대되는 이익은 4억 5천만원이고, 시스템 B를 도입하기로 하면 상황마디 ㉯에서 기대되는 이익은 7억 5천만원(= 7억 5천만원 × 1 + 2억 5천만원 × 0)이 된다. 따라서 B 에서의 최적대안은 시스템 B를 도입하는 것이다. 선택되지 않는 가지는 //로 표시하여 잘라버리고 마디 B 위에 기대이익은 7억 5천만원이라고 기입해 두자.

의사결정마디 C 에서 시스템 A를 도입하면 기대이익은 4억 5천만원이고, 상황마디 ㉰에서의 기대이익은 2억 5천만원(= 7억 5천만원 × 0 + 2억 5천만원 × 1)이

【그림 8-5】 의사결정나무를 이용한 최적의사결정

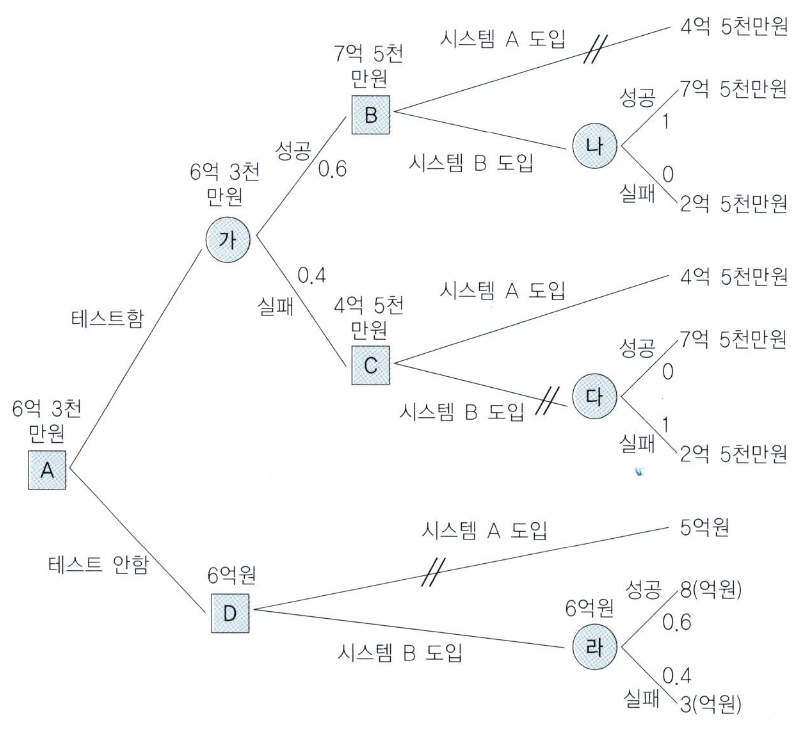

다. 따라서 이 경우의 최적대안은 시스템 A를 도입하는 것이고, 기대이익은 4억 5천만원이다.

그렇다면 상황마디 ㉮에서의 기대이익은 얼마나 될까? 이는 7억 5천만원 × 0.6 + 4억 5천만원 × 0.4 = 6억 3천만원이 되는데, 이 값을 ㉮위에 적어두자. 동일한 방식으로 상황마디 ㉯에서의 기대이익을 계산하면, 8억원 × 0.6 + 3억원 × 0.4 = 6억원이 된다. 따라서 의사결정마디 D 에서의 최적대안은 시스템 B를 도입하는 것이 된다.

다음에는 의사결정마디 A 에서의 최적대안을 구해보자. 이를 위해 각 대안의 기대이익을 비교하면 사전 테스트를 하는 경우가 6억 3천만원, 하지 않는 경우가 6억원이므로 사전 테스트를 하는 것이 최적 대안이 된다.

정리하면, 이 사례에서는 먼저 시스템 B에 대한 사전 테스트를 한 후, 성공하면 시스템 B를 도입하고 실패하면 시스템 A를 도입하는 것이 최적 의사결정이 된다. 그리고 이 경우의 기대이익은 6억 3천만원이 된다. 이상의 과정을 그림으로 나타낸 것이 [그림 8-5]이다.

3) '위험'을 고려할 때의 의사결정

앞에서는 '기대이익'만을 고려한 최적대안 선택에 대하여 알아보았다. 하지만 대부분의 사람들은 위험기피자이기 때문에 위험하의 의사결정에서는 '기대이익'과 '위험'을 모두 고려하여 의사결정을 하기 마련이다.

투자대안을 선택하는 앞의 사례(표 8-9)를 다시 생각해 보자. 이 사례에서 각 투자대안들의 경기변동에 따른 보수표는 아래와 같았다. 그리고 각 투자대안에 대한 기대값은 벤처기업이 7.8억원, 주식이 6.9억원, 예금이 5.5억원이었다.

'위험'을 고려하지 않을 때는 기대이익이 가장 큰 '벤처기업'이 최적 투자 대안으로 선택된다. 하지만 '위험'을 고려하면 상황이 달라질 수 있다. 비록 은행예금의 기대이익이 제일 작지만, 은행예금은 경기변동에 상관없이 고정된 수익을 보

보수(payoff)	호황(0.5)	보통(0.3)	불황(0.2)
벤처기업	12	6	0
주식	10	5	2
은행예금	5.5	5.5	5.5

( )안의 값은 미래의 경기 변동 확률을 나타냄.

장하므로 '위험'이 없다. 따라서 '위험'을 기피하는 사람에게는 은행예금이 최적 대안이 될 수 있다. 즉, 이 경우의 최적대안 선택 기준은 '기대이익'과 '위험'을 모두 고려해서, 자신에게 가장 큰 만족감을 주는 대안을 선택하는 것이다. 가장 큰 만족감을 주는 대안이라는 것을 다른 말로 표현하면 기대효용이 가장 큰 대안이라고 한다. 즉, 위험하의 일반적인 의사결정 원칙은 기대효용이 가장 큰 대안을 선택하는 것이다.

말은 간단하지만, 문제는 기대효용이라는 것을 어떻게 계산하겠는가이다. 기대효용은 개인이 기대하는 주관적인 만족도이므로 개인마다 다르다.[8] 어떤 사람에게는 고수익-고위험 대안이 저수익-저위험 대안보다 더 큰 기대효용을 주지만, 다른 사람에게는 반대일 수 있다. 따라서 기대효용은 특정 개인에 대한 것만을 구할 수 있으며, 일반화된 답을 구할 수는 없다.

그러므로 '위험'을 고려한 의사결정의 원칙이란 것을 굳이 설정한다면, ① 기대효용이 가장 큰 대안을 선택한다. ② 기대이익은 높을수록, 위험은 낮을수록 기대효용은 증가한다. ③ 위험에 대한 태도는 사람마다 다르므로 기대효용도 사람마다 다르다 라고 할 수 있겠다.

마지막으로, 이대로 끝내기는 아쉬우니, '기대이익', '위험', '기대효용' 간의 관계를 보여 주는 그래프를 몇 개만 살펴보자. 이는 자료해석 영역의 좋은 사례가 될 수 있으니까.

【그림 8-6】 동일한 기대효용을 주는 '기대이익'과 '위험'의 조합

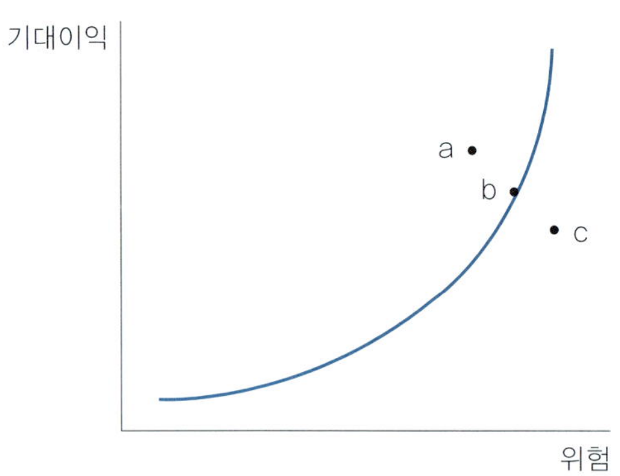

8) 위험을 고려하지 않은 의사결정이나 확실성하의 의사결정에서도 주관적인 만족도 즉 기대효용을 극대화한다는 원칙에는 변함이 없다. 다만 이 경우에는 위험을 고려하지 않으므로, 기대효용은 전적으로 기대이익에 의하여 결정된다. 따라서 기대이익이 가장 큰 대안이 곧 기대효용이 가장 큰 대안이 되는 것뿐이다.

기대이익은 높을수록, 위험은 낮을수록 기대효용이 증가하므로 동일한 기대효용을 주는 다양한 '기대이익'과 '위험' 간의 조합이 있을 수 있다. 이러한 조합을 그림으로 나타내면 [그림 8-6]과 같은 곡선 모양이 될 것이다.

기대이익이 증가하면 위험도 증가해야 동일한 기대효용을 줄 것이므로 동일한 기대효용을 나타내는 선은 우상향한다. 그리고 일반적으로 기대이익의 한계효용이 체감할 것이므로 위험이 증가할수록 기대이익이 증가되는 정도는 더 커져야 한다. 따라서 반달 모양 곡선 형태를 갖는다. 그림의 동일효용 곡선은 경제원론 교과서에 나오는 무차별 곡선의 일종이라고 할 수 있다. 다만 '위험'이라는 재화는 많을수록 효용이 감소하기 때문에, 우상향하는 무차별 곡선이 된 것뿐이다. 만일 '위험' 대신 '안전' 즉, '마이너스 위험'을 X축에 놓으면 일반적인 무차별 곡선과 동일한 형태를 갖게 될 것이다.

이 그림에서 동일 기대효용 곡선보다 왼쪽 위에 위치하는 점은 이 곡선상의 점들보다 높은 기대효용을 주며, 우측 아래에 위치하는 점은 이 곡선상의 점들보다 낮은 기대효용을 준다는 것을 쉽게 알 수 있다. 예를 들면, 점 a는 점 b보다 더 높은 기대이익과 낮은 위험을 주므로 당연히 b보다 기대효용이 높게 된다.

다음에는 '위험회피', '위험중립', '위험선호'의 세 경우에 기대이익과 기대효용 간의 관계가 어떻게 다른가를 보자. 이는 [그림 8-7]에 제시되어 있다. 위험하의 의사결정을 설명하는 교재들은 거의 전부가 이 그림을 싣고 있으므로, 본서에서도 짚고 넘어간다.

왜 '위험회피'는 위로 볼록한 곡선, '위험중립'은 직선, '위험선호'는 아래로 볼

【그림 8-7】 위험 선호도에 따른 기대효용함수

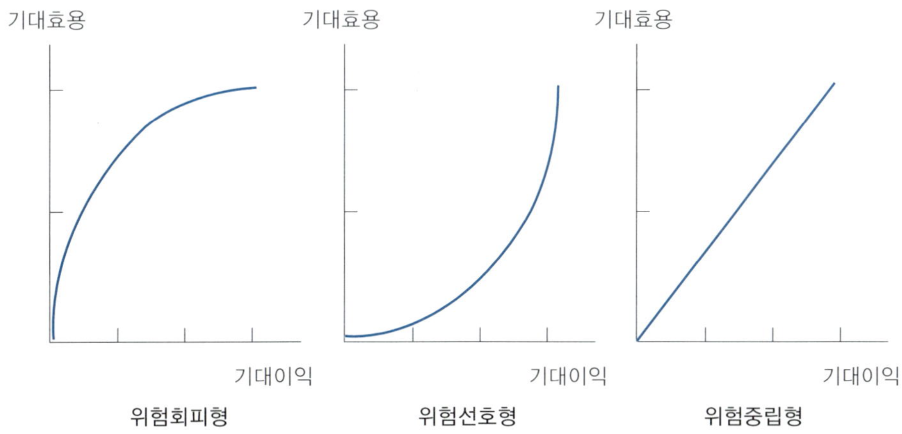

록한 형태를 갖게 될까? 이를 이해하기 위하여 예를 들어보자. 대안 '갑'은 확실하게 60만원의 이익을 얻을 수 있는 데 비하여, 대안 '을'은 각각 0.5의 확률로 20만원 또는 100만원의 이익을 볼 수 있다고 하자. 이 경우 두 대안의 기대이익은 60만원으로 동일하다. 한편 20만원, 60만원, 100만원이 주는 효용을 각각 $U(20)$, $U(60)$, $U(100)$으로 표시하면, 대안 갑의 기대효용은 $U(60)$이며 대안 을의 기대효용은 $0.5 \times U(20) + 0.5 \times U(100)$이다. 어느 대안의 기대효용이 더 클까? 이는 위험에 대한 개인의 태도에 따라 달라진다. 위험에 대한 태도에 따라 각 대안의 기대효용 크기는 다음과 같을 것이다.

위험회피자 : 갑 > 을, 위험중립자: 갑 = 을 　위험선호자 : 갑 < 을

즉, 위험회피자에게는 $U(60) > 0.5 \times U(20) + 0.5 \times U(100)$이며, 위험중립자에게는 $U(60) = 0.5 \times U(20) + 0.5 \times U(100)$이고, 위험선호자에게는 $U(60) < 0.5 \times U(20) + 0.5 \times U(100)$이다.

위험회피자의 경우 $U(60) > 0.5 \times U(20) + 0.5 \times U(100)$이 성립하려면, 기대이익에 대한 기대효용의 증가는 체감하는 형태를 가지게 됨을 아래의 그림에서 이해할 수 있을 것이다. 즉, $U(60) > 0.5 \times U(20) + 0.5 \times U(100) = \frac{U(20) + U(100)}{2}$의 높이는 Y축에서 $U(100)$과 $U(20)$의 중간에 해당하는데, 이 높이는 기하학적으로 (20,

【그림 8-8】 위험회피자의 기대효용곡선

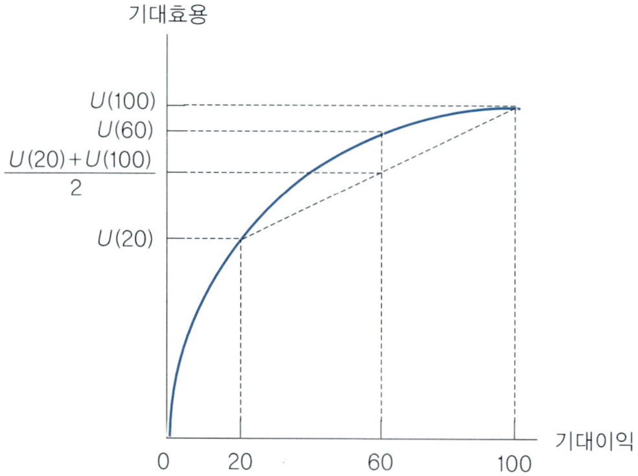

$U(20)$)과 (100, $U(100)$)을 잇는 직선상에서 X축의 60(= $\frac{20+100}{2}$)에 대응하는 Y축 값이 된다. 따라서 이 높이보다 $U(60)$이 더 큰 값을 지니려면, 위험회피자의 기대효용곡선은 그림과 같은 곡선 형태가 되어야 함을 쉽게 알 수 있다.

4. 불확실성하의 의사결정

위험 상황은 의사결정자가 특정 대안을 선택했을 때 어떤 상황이 발생할 것인가를 완벽하게 예측할 수는 없지만, 가능한 상황들의 발생 확률은 알고 있는 경우를 말한다. 이에 비하여 불확실성 상황은 각각의 상황이 발생할 확률조차 알 수 없는 경우이다. 의사결정자는 단지 어떤 상황들이 발생 가능한가만을 알고 있다. 이러한 불확실성하의 의사결정 방법을 이해하기 위해, 위에서 보았던 로또 복권 당첨금의 투자처를 결정하기 위한 '나행운'의 예를 다시 한 번 살펴보자.

다른 조건은 위험하의 단순 의사결정의 경우와 모두 똑같다. 편의를 위해 다시 한 번 이야기하면, 중소기업에 근무하는 '나행운'은 로또복권에 당첨되어 5억원을 받게 되었다(당첨자가 많아서 금액이 얼마 안 된다). 이 돈을 은행에 예금하면 1년 뒤에 5천만원의 이자를 받을 수 있고, 주식에 투자하면 경기가 호황인 경우에는 10억원으로 불려지지만, 보통인 경우에는 그대로 원금을, 불황인 경우에는 3억원을 손해 본다고 하자. 벤처기업업자에게 맡기면 경기가 호황인 경우에는 12억원으로 만들어 주지만 불황이 되면 원금을 하나도 돌려받지 못하게 될 수도 있다. 앞에서와 다른 점은 '위험하의 의사결정'에서는 호황, 보통, 불황이 어느 정도의 확률로 발생하는지 알고 있었지만, 불확실성하에서는 앞으로의 경기상황을 예측케 하는 확률 정보가 전혀 없다는 것이다.

각 투자 대안과 경기 상황에 따른 기대수익을 표로 나타내면 〈표 8-10〉과 같다. 불확실성하에서는 각각의 경기상황이 발생할 확률을 알 수 없기 때문에 기대

[표 8-10] **보수표**

보수(payoff)	호 황	보 통	불 황
벤처기업	12	6	0
주식	10	5	2
은행예금	5.5	5.5	5.5

수익을 계산할 수 없다. 그렇다면 어떻게 할까? 이 경우에는 일정한 답이 없다. 사람에 따라 서로 다른 결정기준을 적용해서, 다른 대안을 선택하게 된다.

1) Maximin 결정기준

이 기준은 평소에 자신이 '운이 없다' 고 생각하는 사람이 선택하는 결정기준이다. '운이 없다' 고 생각한다는 것은, 자신에게는 발생 가능한 여러 상황 중에서 항상 가장 나쁜 상황이 발생한다고 생각하는 것을 말한다. 다른 말로 하면 가장 나쁜 상황이 발생할 경우에 대한 대비를 가장 중시하는 사람이 되겠다. 이런 사람이 선택할 대안은 '가장 나쁜 상황이 발생했을 때의 이익을 극대화(또는 피해를 최소화)하는' 것이 될 것이다. 이 상황을 표로 나타내면 〈표 8-11〉과 같다.

맨 마지막열의 최소값(min)은 가장 나쁜 상황에서 의사결정자가 얻게 되는 대안별 보수이다. 가장 나쁜 상황이 발생했을 때 의사결정자에게 가장 이익이 많은 대안은 5.5의 보수를 주는 예금이 된다. 따라서 운이 없다고 생각하는 의사결정자는 예금이라는 대안을 선택할 것이다.

Maximin이라는 말은 최소값(min) 0, 2, 5.5 가운데에서 가장 큰 값(max)을 취한다는 것을 의미한다.

[표 8-11] Maximin 기준

보수(payoff)	호 황	보 통	불 황	최소값(min)
벤처투자	12	6	0	0
주 식	10	5	2	2
은행예금	5.5	5.5	5.5	**5.5**

[표 8-12] Maximax 기준

보수(payoff)	호 황	보 통	불 황	최대(max)
벤처투자	12	6	0	**12**
주 식	10	5	2	10
은행예금	5.5	5.5	5.5	5.5

2) Maximax 결정규칙

이 기준은 평소에 자신이 '행운아' 라고 생각하는 사람이 선택하는 결정기준이다. 자신이 행운아라고 생각하는 사람은 예를 들어 자신이 벤처기업에 투자하면 경기는 호황이 되어서 12억원을 받게 되며, 주식에 투자해도 경기가 호황이 되어 10억원을 받게 될 것이라고 믿는다. 즉, 항상 좋은 쪽으로만 생각하는 사람이 선택하는 결정기준이다.

이렇게 믿는 의사결정자라면, 당연히 자신이 최고의 상금을 받을 수 있는 대안을 선택할 것이다. 이 상황을 표로 나타내면 〈표 8-12〉와 같다.

맨 마지막열의 최대값(max)은 행운이 있을 경우, 즉 가장 유리한 상황에서 의사결정자가 얻게 되는 보수이다. 물론 이 중에서 의사결정자는 보수가 가장 큰 벤처기업 투자 대안을 선택할 것이다. Maximax이라는 말은 최대값(max) 12, 10, 5.5 가운데에서 가장 큰 값(max)을 취한다는 의미이다.

3) Minimax regret 기준

이 기준은 선택한 대안의 결과가 실현된 이후에 "이럴 줄 알았으면 다른 대안을 선택할 것을..." 하는 후회를 최소화하는 선택 기준이다. 이 기준을 활용하려면 우선 후회표(regret table)를 작성한 뒤, 각 대안의 최대후회값들을 고른다. 그리고 난 뒤, 이 최대후회값들 중에서 최소값에 해당하는 대안을 선택한다.

무슨 말인가? 일단 후회표를 만들어 보자. 경기가 호황일 때 벤처기업에 투자하면 12억원을 받지만 주식에 투자하면 10억원, 예금을 하면 5.5억원을 각각 받는다. 따라서 주식투자 대안을 선택했는데, 경기가 호황이 되었다면 벤처기업투자보다 2억원이 적은 수익을 올린 것이며, 예금을 선택했다면 벤처기업보다 6.5억원 적은 수익을 올린 셈이다. 이들이 각 대안의 후회값이다. 즉, 가능한 각각의 상황에서 최대수익을 올리는 대안과 해당 대안의 차이가 각 대안의 후회값이 된다. 각각의

[표 8-13] 후회표 기준

후회(regret)	호 황	보 통	불 황	최대후회값(max)
벤처투자	0	0	5.5	5.5
주 식	2	1	3.5	**3.5**
은행예금	6.5	0.5	0	6.5

경기 상황에 따른 대안별 후회값은 〈표 8-13〉과 같다.

마지막 열의 최대 후회값(max)은 각 대안들의 경기 상황에 따른 후회값 중에서 최대값이다. 세 대안의 최대 후회값 중에서 주식 투자의 후회값이 3.5로서 가장 작으므로, 이 대안을 선택한다. 즉, Minimax regret이라는 말 그대로 최대후회를 최소화하는 대안을 선택한다.

4) Hurwitz-α 기준

이 기준은 과거의 경험을 토대로 나름대로의 확률을 구한 후에 이를 이용하는 것이다. 투자 대안 선택 사례의 경우, 과거 경험에 따르면 10번의 투자 중에서 2번은 호황, 5번은 보통, 3번은 불황이었다고 하자. 이에 기초하여 앞으로도 경기상황이 불황일 확률은 0.2, 보통일 확률은 0.5, 불황일 확률은 0.3이라고 간주하고, 각 대안의 기대수익을 구해서 의사결정을 하는 것이다. 각 경기상황별 확률이 이처럼 주어졌을 때, 각 대안별 기대수익은 아래와 같이 구할 수 있다.

① 벤처기업 : 0.2 × 12 + 0.5 × 6 + 0.3 × 0 = 2.4 + 3 + 0 = 5.4
② 주식 : 0.2 × 10 + 0.5 × 5 + 0.3 × 2 = 2 + 2.5 + 0.6 = 5.1
③ 예금 : 5.5

Hurwitz-α 기준을 따를 때 예금의 기대이익이 가장 크므로, 의사결정자는 이 대안을 선택하게 될 것이다.

5) Laplace-Bayes 기준

Hurwitz-α 기준은 과거 경험을 토대로 확률을 구하는 것이지만, 과거 경험이 없으면 어떻게 할까? 하나의 방법은 무조건 각 상황이 발생할 확률은 동일하다고 간주하고 기대수익을 구하는 것이다. 이것이 Laplace-Bayes 기준이다. 이 기준에 따라 각 대안별 기대수익을 구하면 아래와 같다.

① 벤처기업 : 12 × (1 ÷ 3) + 6 × (1 ÷ 3) + 0 × (1 ÷ 3) = 6
② 주식 : 10 × (1 ÷ 3) + 5 × (1 ÷ 3) + 2 × (1 ÷ 3) = 5.7
③ 예금 : 5.5

Laplace-Bayes 기준에 따르면, 벤처기업투자의 기대수익이 가장 크기 때문에 의사결정자는 이 대안을 선택하게 될 것이다.

6) 불확실성하의 의사결정 방법 정리

불확실성하에서는 미래에 발생할 상황의 확률을 알 수 없으므로 기대이익을 계산할 수 없다. 따라서 의사결정자가 미래에 대하여 어떤 태도를 취하는가에 따라 다양한 의사결정이 가능하다. 앞에서 살펴 본 다섯 가지 기준은 의사결정자의 태도에 따라 가능한 의사결정기준들 중 대표적인 것들을 예시한 것이다. 나름대로는 모두 합리적인 대안이어서, 어떤 것이 더 좋은 것이라고 하기는 어렵다.

여러분들이라면 어떤 대안을 선택하겠는가? 안전제일주의자라면 항상 Maximin 기준을 선택할 것이고, 모험주의자라면 항상 Maximax 기준을 선택할 것이다. 하지만 대부분의 경우는 상황에 따라서 다른 기준을 선택할 것이며, 또 여러 기준을 혼합한 결정 기준을 사용할 수도 있을 것이다. 예를 들면, '이 돈을 날리면 큰일 나는' 경우는 Maximin 기준을 선택할 것이며, '이 돈을 날려도 별 지장 없는' 경우라면 Maximax 기준을 선택할 수 있을 것이다. 혹은 과거의 경험을 토대로 대강이나마 각 상황이 발생할 확률을 정한 다음에, 이에 기초한 기대이익과 안전성을 고려해서 선택할 수도 있을 것이다. 이 경우는 Hurwitz-α 기준에 따른 위험회피자의 의사결정 형태가 되겠다.

어떤 경우든 의사결정의 기본논리는 동일하다. 주어진 조건하에서 의사결정자의 효용을 극대화하는 결정을 한다는 것이다. 이는 확실성하의 의사결정이든, 위험하의 의사결정이든, 불확실성하의 의사결정이든 마찬가지이다.

기 • 출 • 예 • 제

01 { 06 행 · 외시 } 어느 한 업무담당자에게 7월 1일 이전에 5개의 업무가 배정되었고, 업무 시작일은 7월 1일이다. 각 업무에 대한 도착순서, 업무처리 소요일 및 마감기한일은 〈표〉와 같다. 각 업무의 순서를 결정하기 위한 〈우선순위 결정규칙〉이 다음과 같다고 할 때 옳지 않은 것은?

업무별 도착순서, 업무처리 소요일 및 마감기한일

업 무	도착순서	업무처리 소요일	마감기한일
A	1	6	7월 8일
B	2	2	7월 6일
C	3	8	7월 18일
D	4	3	7월 15일
E	5	9	7월 23일

〈 우선순위 결정규칙 〉

- FCFS(first come first serve): 먼저 도착한 순서대로 업무를 처리한다.
- SPT(shortest processing time): 업무처리 소요일이 적은 순서대로 업무를 처리한다.
- EDD(earliest due date): 마감기한일이 이른 순서대로 업무를 처리한다.

1) 업무처리 소요일 1일은 당일업무시작시부터 당일업무마감시까지로 함.
2) 업무는 휴일 없이 계속 진행되고, 동시에 두 가지 업무를 수행할 수 없으며, 주어진 업무 이외에 다른 업무는 없음.

① FCFS 규칙으로 업무의 순서를 배정한 경우, A–B–C–D–E순서이고 업무 D까지의 업무처리 완료일은 7월 19일이다.

② SPT 규칙으로 업무의 순서를 배정한 경우, B–D–A–C–E순서이고 업무 D까지의 업무처리 완료일은 7월 5일이다.

③ EDD 규칙으로 업무의 순서를 배정한 경우, B–A–D–C–E순서이고 업무 D까지의 업무처리 완료일은 7월 11일이다.

④ FCFS 규칙으로 업무의 순서를 배정한 경우, 마감기한일을 넘겨서 완료된 업무는 C, D, E이다.

⑤ EDD 규칙으로 업무의 순서를 배정한 경우, 마감기한일을 넘겨서 완료된 업무는 C, E이다.

02 {06 행·외시} 다음의 〈표〉는 공무원 갑의 교육훈련 이수현황을 나타낸 것이다. 〈공무원 평정규칙〉에 의하여 2006년 2월 22일 현재 6급 공무원인 갑의 교육훈련 평정점수를 계산하면?

공무원 갑의 교육훈련 이수현황

구 분	교육과정명	교육이수일자	이수 당시 직급	성적평가점수 (100점 만점)	평정점수
공통	정책형성과정	2005. 3. 11	6급	90	( )
공통	조직관리과정	2003. 1. 18	6급	80	( )
선택	홍보실무과정	2003. 12. 25	6급	88	5
선택	리더십양성과정	2002. 6. 8	6급	55	5
선택	창의적 사고혁신과정	2002. 1. 21	6급	65	4
선택	영어훈련과정	2000. 5. 20	6급	80	4
선택	EXCEL 활용과정	1996. 7. 3	7급	75	3

〈 공무원 평정규칙 〉

- 평정대상이 되는 교육과정은 공통전문교육과 선택전문교육으로 구분하며, 교육훈련 평정점수는 각 교육과정의 평정점수를 합하여 계산한다.
- 성적평가점수가 만점의 6할 미만인 경우에는 평정대상에서 제외한다.
- 공통전문교육은 성적평가점수를 1개 과정당 5점 만점으로 환산한 점수를 평정점수로 부여하고, 선택전문교육과정은 교육을 이수하면 정해진 평정점수를 부여한다.
- 공통전문교육은 이수당시의 계급 내에서 유효하나, 선택전문교육은 교육이수일로부터 5년이 경과하면 그 평정점수를 인정하지 아니한다.

① 17.5　② 22.5　③ 24.5
④ 26.5　⑤ 29.5

03 { 06 행 · 외시 } 다음은 각 도시간의 물류비용을 〈표〉로 나타낸 것이다. A시에서 출발하여 F시까지 10톤의 화물을 최소비용으로 운송할 때 지나지 않아야 하는 도시를 모두 고르면?

각 도시간 물류비용 행렬표

(단위: 만원/톤)

	A	B	C	D	E	F
A	–	7	6	∞	∞	∞
B	7	–	∞	10	3	6
C	6	∞	–	∞	7	∞
D	∞	10	∞	–	∞	4
E	∞	3	7	∞	–	1
F	∞	6	∞	4	1	–

※ ∞는 비용이 무한히 소요된다는 것을 의미함.

① B, C ② B, D ③ C, D

④ C, E ⑤ D, E

04 { 06 행 · 외시 상황판단 } 다음의 상황에서 아래의 결론을 도출하기 위해 필요한 가정들을 | 보기 |에서 모두 고른 것은?

상황: 불임부부의 임신 가능성을 높이기 위한 방법으로 두 가지 방법이 있다. 우선 '전통적인 식이요법'은 불임부부의 체질검사를 통해 임신 가능성을 높일 수 있는 식단과 함께 건강식품을 제공하는 방법이다. 반면, '불임시술 방법'은 시험관 아기 또는 인공 수정을 통해 불임여성의 임신가능성을 높이는 방법이며, 과학기술의 급격한 발달로 인해 현재는 25년 전 시술비의 1/5이면 시술이 가능하다.

결론: 현재 불임시술 방법이 전통적인 식이요법보다 비용이 더 적게 든다.

보 기

ㄱ. 25년 전 식이요법은 불임시술 방법보다 임신 성공률이 5배 높았다.
ㄴ. 과거 25년 동안 식이요법의 비용은 감소하지 않았다.
ㄷ. 식이요법의 비용은 앞으로 증가하겠지만 불임시술 비용은 계속 인하될 것이다.
ㄹ. 현재 식이요법보다 불임시술을 선택하는 불임부부가 더 많다.
ㅁ. 25년 전 불임시술 비용은 식이요법 비용에 비해 5배 이상 더 비싸지 않았다.

① ㄱ, ㄴ ② ㄴ, ㄷ ③ ㄴ, ㅁ
④ ㄷ, ㄹ ⑤ ㄹ, ㅁ

05 { 06 행 · 외시 상황판단 } 부서 체육대회를 준비하는 김 사무관은 서로 비슷한 실력을 가진 네 개의 농구팀을 만들려고 한다. 김 사무관은 20명을 초급 실력인 1점에서부터 선수급 실력인 5점까지 평가했다. 5점의 실력을 가진 사람은 두 명, 4점의 실력을 가진 사람은 세 명, 그리고 3점, 2점, 1점의 실력을 가진 사람은 각각 다섯 명이었다. 김 사무관은 한 팀에 동일한 실력을 가진 사람들이 최대 1쌍까지만 포함되도록 하며, 총점으로 볼 때는 같은 점수를 지닌 네 팀을 만들었다. 특히 두 팀은 구성원의 개별점수가 완전히 똑같았다. 김 사무관이 만들어 낸 농구팀의 특성으로 잘못된 것은?

① 어떤 팀은 2점 선수가 두 명이다.
② 어떤 팀은 3점 선수를 한 명도 가지지 않는다.
③ 모든 팀들은 적어도 한 명의 1점 선수를 가진다.
④ 어떤 팀은 5점 선수 한 명과 4점 선수 한 명씩을 가진다.
⑤ 팀 내에 같은 실력을 가진 선수들이 있는 경우는 세 팀이다.

06 { 06 행 · 외시 상황판단 } 다음 상황들 중에서 이익을 극대화하는 결정을 한 사람을 모두 고르면?

〈 상황 A 〉

'갑'은 3년 전에 1,000만원을 들여 기계를 구입하였으나 현재 이 기계는 노후되어 정상적으로 사용하기 위해서는 수리가 필요한 실정이다. 현재 시장상황을 확인하여 보니 선택 가능한 대안은 다음과 같았고, '갑'은 대안 '다'를 선택하였다.

가. 500만원을 지불하고 일부 수리할 경우 기계를 이용하여 100만원짜리 상품 10개를 생산하여 판매할 수 있다. 생산이 끝난 기계는 중고상에 200만원에 팔 수 있다.
나. 기계를 전혀 수리하지 않으면 800만원에 중고상에 팔 수 있다.
다. 1,000만원을 들여 기계를 완벽하게 수리할 경우 1,900만원에 중고상에 팔 수 있다.

〈 상황 B 〉

'을'은 여의도 증권가에서 10년째 식당을 운영하고 있다. 어느 날 인근 증권사에서 매월 150그릇의 설렁탕을 한 그릇당 1만원에 판매해 줄 것을 요청하였다. 관련 비용을 확인해 본 결과, 재료비는 그릇당 2,000원이며 설렁탕을 추가 준비하기 위해서는 월급이 50만원인 종업원을 새로 고용해야 하고 현재 점포 임대료로 매월 100만원을 지불하고 있다. '을' 은 다음 대안들 중 '나' 를 선택하였다.
가. 신규주문을 수락한다.
나. 신규주문을 거절한다.

〈 상황 C 〉

'병' 은 목재 450만원어치 중 1/3로 의자 10개를 생산하고 나머지로는 식탁 10개를 생산하였다. 시장에서 의자 가격은 개당 5만원에, 식탁 가격은 개당 40만원에 형성되어 있다. 만약에 의자와 식탁에 각각 개당 3만원과 5만원의 비용을 추가로 들여 장식하면, 의자 판매가격은 12만원, 식탁 판매가격은 50만원이 된다. '병' 은 다음 대안들 중 '다' 를 선택하였다.
가. 의자와 식탁 모두 추가장식 없이 판매한다.
나. 의자와 식탁 모두 추가장식을 하여 판매한다.
다. 의자는 추가장식 없이 팔고 식탁은 추가장식을 하여 판매한다.
라. 의자는 추가장식을 하여 팔고 식탁은 추가장식 없이 판매한다.

① 갑 ② 을 ③ 갑, 을
④ 갑, 병 ⑤ 을, 병

07 { 06 입법고시 상황판단 } ○○시의 사무관 K씨는 3월 1일자로 현 부서에 부임하자마자 새로운 환경시설 유치에 대한 주민공청회를 개최하는 업무를 시작하였다. 주민공청회를 개최하기 위해서는 다음과 같은 활동들과 소요기간(일)이 필요하다. 여기서 각 활동들은 직전 활동들이 완성되어야만 시작된다. 가장 빠른 공청회 개최일은? (단, 휴일에도 근무하는 것으로 한다)

활동	활동내용	직전활동	소요기간(일)
1	공청회 개최 담당조직 결정		2
2	예산 확보	1	4
3	공청회 장소 물색	1	3
4	공청회 장소 결정 및 계약	3	2
5	사회자, 발표자 및 토론자 선정	2	10
6	초청장 인쇄 및 발송	2, 5	5
7	공청회 자료 작성	1, 5	15
8	공청회 자료 운반	7	1
9	공청회 회의실 정비	4	1
10	공청회 개최	6, 8, 9	1

① 3월 9일　② 3월 19일　③ 3월 22일
④ 4월 2일　⑤ 4월 13일

08 { 06 입법 상황판단 } (가), (나), (다), (라), (마)시가 있다. 5개 중 하나의 시에 반드시 쓰레기 소각장을 유치해야만 한다. 쓰레기 소각장을 입지시키는 시에 그 외의 시들은 각각 일정한 금액을 제공해야 한다. 각 시들이 제공한 금액의 합은 쓰레기 소각장을 유치한 시에게 주어진다. 각 시들이 쓰레기 소각장을 다른 시에 유치시키기 위해 지불할 의사가 있는 최대한의 금액과 자신의 시에 유치하는 대신 다른 시들로부터 반드시 받으려고 하는 최소한의 금액은 다음과 같다. 최소예산을 고려한다면 쓰레기 소각장이 건설될 것으로 예상되는 시는? (단, 쓰레기 소각장 건설비용은 모든 시에서 동일하다)

구 분	다른 시에 유치시키기 위해 지불할 의사가 있는 최대 금액	자기 시에 유치하는 대신 다른 시들로부터 받으려고 하는 최소 금액
(가)	1억원	5억 2,000만원
(나)	6,000만원	8억원
(다)	3억원	4억원
(라)	6,000만원	5억원
(마)	9,000만원	5억 2,000만원

① (가)　② (나)　③ (다)
④ (라)　⑤ (마)

09 { 06 입법 상황판단 } 민주는 A, B, C, D, E 회사 중 한 회사에 투자하려고 한다. 투자수익은 석유가격에 따라 다음과 같이 결정되지만 석유가격이 어떻게 될지는 아무도 확실히 모른다. 민주의 목적이 투자이익을 극대화하는 것이라 할 때, 민주가 할 수 있는 최선의 선택으로 바른 것은? (표에서 양수는 이득을, 음수는 손해를 나타낸다)

구 분	유가가 오른다	유가가 현 상태를 유지한다	유가가 내린다
A	−10	+5	+15
B	+1	+5	+10
C	−5	+10	+5
D	+1	+10	+15
E	0	+10	+15

① 유가가 내릴 가능성이 높다고 여겨지면, A회사에 투자한다.
② 유가가 오를 가능성이 높다고 여겨지면, B회사에 투자한다.
③ 유가가 현상태를 유지할 가능성이 높다고 여겨지면, C회사에 투자한다.
④ 자신의 선택이 유가에 영향을 주지 않는다고 여겨지면, D회사에 투자한다.
⑤ 유가가 오를 가능성이 낮다고 여겨지면, E회사에 투자한다.

10 { 06 입법 } 정부는 쌀 농가의 소득안정을 위하여 새로운 쌀소득보전 직접지불제를 시행하며, 보조금 지급방식은 다음과 같다고 한다. | 보기 |의 'ㄱ', 'ㄴ'과 'ㄷ'에 대한 옳은 답으로만 묶인 것은? (단, 직접지불금은 소수점 첫째자리에서 반올림해서 구한 값이다)

- 고정직접지불금: 산지 쌀값에 관계없이 1ha당 60만원의 고정직접지불금을 지급한다.
- 변동직접지불금: 고시된 목표가격(170,070원/80kg)과 산지 쌀값과의 차이의 85%에서 고정직접지불금을 차감한 금액을 지급한다. 고시된 목표가격과 산지 쌀값과의 차이의 85%가 고정직접지불금보다 작을 경우에는 변동직접지불금은 지급하지 않는다. 1ha당 생산량은 4,880kg을 적용한다.
- 직접지불금은 고정직접지불금과 변동직접지불금의 합계이다.

보 기

ㄱ. 산지 쌀값이 160,014원/80kg인 경우 1ha당 직접지불금은 얼마인가?
ㄴ. 산지 쌀값이 156,781원/80kg인 경우 1ha당 직접지불금은 얼마인가?
ㄷ. 산지 쌀값이 145,467원/80kg인 경우 1ha당 직접지불금은 얼마인가?

	ㄱ	ㄴ	ㄷ
①	0원	189,035원	675,666원
②	521,404원	689,035원	1,275,666원
③	600,000원	689,035원	1,275,666원
④	600,000원	689,035원	1,875,666원
⑤	1,121,404원	1,289,035원	1,875,666원

11 { 06 입법 } X 자동차는 1년 후에 가격이 1,100만원이 될 예정이며, 만일 권리금을 즉시 지불하고 1년 후에 현물을 건네받는 조건으로 계약할 경우 현 시점에서 권리금을 1,000만원만 지불하면 된다고 한다. 국내 연간 대출금리는 6%, 예금금리는 3%로 고정되어 있고, 현재 원/달러 환율은 1,000원/달러이다. 그리고 1년 후 원/달러 환율은 현재에 비해 7% 상승한 1,070원/달러이고, 미국의 연간 대출금리는 7%, 예금금리는 4%로 고정되어 있다고 하자. 다음 A, B, C 투자전략을 투자 수익금이 가장 높은 순으로 배열한 것은? (단, 이 자동차에 대한 시장의 수요는 충분하다고 가정한다)

보 기

A. 국내 은행에서 1,000만원을 대출받아서 X 자동차의 권리금을 지불하고 1년 후에 자동차를 건네받아서 이것을 제3자에게 판매하고 은행 대출금을 갚는다.

B. 국내 은행에서 500만원을 대출받아서 모두 달러로 교환한 후 미국은행에 예금, 1년 후 인출해서 전부 원화로 다시 바꾸고 은행 대출금을 갚는다.

C. 미국은행에서 2만 5,000달러를 대출해서 모두 원화로 교환, X 자동차 2대의 권리금을 지불하고 나머지는 국내 은행에 예금한다. 1년 후 X 자동차 2대를 제3자에게 판매하고 예금은 전부 인출, 일부를 환전해 미국 은행에 대한 대출금을 갚는다.

① A – B – C
② B – A – C
③ B – C – A
④ C – A – B
⑤ C – B – A

12 { 05년 모의평가 } 홍길동 사무관은 정책 A에 대한 다섯 가지 대안들을 검토하여 다음과 같이 정리하였다. 주어진 〈표〉에는 각 대안들에 대해 10점 만점을 성취해야 하는 '절대 목표'와 어느 정도 성취해도 되는 '희망 목표'로 구분하여 제시되어 있다. 각 항은 10점 만점에 대한 '성취도'를 나타내고 희망 목표 네 항목에 대해서는 각 목표의 '가중치'가 주어져 있다. 정책 A에 대한 대안으로서 최선인 것은?

목표의 분류		가중치	대안별 성취도				
			가	나	다	라	마
절대목표	1년 이내 성과 창출	–	10	8	10	10	10
	소요경비는 500억원 이내	–	10	10	10	8	10
희망목표	청년실업 감소	100	8	10	9	10	9
	수입대체효과	80	7	8	9	10	8
	내수 진작	60	10	10	8	9	10
	과학기술의 진흥	40	9	9	10	10	8

※ 각 목표와 가중치는 목표의 비중을 점수화한 것이다.

① 가 ② 나 ③ 다 ④ 라 ⑤ 마

13 { 05년 모의평가 } 투자 가능성이 있는 단위사업 또는 투자계획을 투자안이라 하며, 투자대안이란 일련의 조치를 의미하는 의사결정이다. 하나의 투자대안은 여러 가지 투자안의 집합으로 구성되거나, 아무 투자안도 선택하지 않는 행위를 의미한다. 올해 △△부에서 100억원의 예산규모 내에서 추진하고자 하는 사업 A에 대해서 다음과 같은 조건의 5개의 투자안과 선택기준이 있다. 다음 설명 중 옳은 것은?

투자안	P1	P2	P3	P4	P5
투자액	42억원	45억원	12억원	53억원	13억원
기대편익	39억원	42억원	14억원	52억원	12억원

- 투자대안에서 각 투자안은 한 번씩만 선택할 수 있다.
- P1과 P2는 상호 배타적인 투자안이다. 즉, P1과 P2를 동시에 선택할 수 없다.
- P3는 P1에 의존적인 투자안이다. 즉, P3채택을 위해서는 P1도 채택되어야 한다.
- 대안의 효과는 (총기대편익 – 총투자액)이다.

① P1, P2, P5를 선택하여 투자대안을 구성하였다.
② P2, P4, P5를 선택하여 투자대안을 구성하였다.
③ P3, P4, P5를 선택하여 투자대안을 구성하였다.
④ 어떤 투자안도 선택하지 않는 것이 최선의 투자대안이다.
⑤ 손해가 없는 투자대안을 구성하기 위하여 P1, P3, P5를 선택하였다.

14 { 05년 모의평가 } 신입사원 채용지침과 지원자의 성적은 다음과 같다. 이에 따라 선발될 수 있는 사람(들)은 누구인가?

ㄱ. 모든 조건에 우선하여 어학 성적이 90점 이상인 어학 우수자를 최소한 한 명은 선발해야 한다.
ㄴ. 최대 3명까지만 선발할 수 있다.
ㄷ. A를 선발할 경우 D를 같이 선발해야 한다.
ㄹ. A를 선발할 수 없는 경우 C도 F도 선발할 수 없다.
ㅁ. D를 선발할 경우 B를 선발해야 하지만 C는 선발할 수 없다.
ㅂ. B를 선발하면 F를 선발해야 한다.
ㅅ. 합격한 사람이 불합격한 사람보다 학업성적이 나쁘면 안 된다.
ㅇ. 어느 점수든 70점 미만이 있으면 선발할 수 없다.

지원자	어학성적	학업성적	적 성
A	95	90	80
B	80	91	75
C	80	80	75
D	70	95	75
E	95	95	90
F	85	90	70
G	85	85	65

① A, B, D ② A, D, G ③ B, D, F ④ D, E ⑤ E

15 {05년 모의평가} 어느 대학의 신입생 선발기준은 |보기|와 같다. 이 대학의 선발기준에 다른 A, B 학생의 총점이 올바르게 짝지어진 것은?

보 기

1. 총점은 1,000점 만점으로 한다.
2. 총점의 구성비율은 내신성적 40%, 수학능력시험 50%, 면접점수 10%로 한다.
3. 내신성적은 9개 등급으로 나누되 최고 등급인 1등급의 경우 만점을 부여하고 등급이 하나씩 내려갈 때마다 내신만점을 부여하고 등급이 하나씩 내려갈 때마다 내신만점의 5%를 감한다.
4. 수능은 10개 등급으로 나누되 최고 등급인 1등급에 만점을 부여하고 등급이 하나씩 내려갈 때마다 수능만점의 10%를 감점한다.
5. 면접점수는 결시자의 경우 0점으로 하고, 전공예약자에게는 취득한 면접점수의 20%를 가산하되 가산점이 포함된 면접점수가 100점을 초과할 경우 100점으로 한다.

A학생: 내신 2등급, 수능 3등급, 면접 85점, 전공예약자
B학생: 내신 3등급, 수능 2등급, 면접 60점, 전공예약자 아님

	A학생	B학생
①	832	840
②	865	840
③	880	840
④	880	870
⑤	882	870

16 {05년 모의평가} A시에서는 시내 교통량 증가에 대비하여 도시 고속화도로 건설을 계획하고 있다. 이 건설 사업은 민간기업인 B회사가 담당하기로 되어 있다. 아래의 자료로부터 도출할 수 있는 적절한 결론이 아닌 것은?

도시고속화도로 건설비용은 100억원으로 예상되며 완공 이후 B사의 수익은 장래에 예상되는 A시의 교통량 증가와 투자방식에 영향을 받는 것으로 알려져 있다. B사에서는 교통량 증가와 투자 방식에 따라 자사의 이익을 아래와 같이 예상하였다.

교통량이 향후 20년 동안 50% 이상 증가하고 B사에 도로건설비용을 전액 부담할 경우 150억원의 수익이 예상되며, 30%의 외국자본 투자를 활용했을 경우 130

억원의 수익이 예상된다. 또한 교통량이 향후 20년 동안 50% 미만 증가하고 B사에서 도로건설비용을 전액 부담할 경우 100억원의 수익이, 30%의 외국자본 투자를 활용했을 경우 120억원의 수익이 예상된다. 그리고 교통량이 감소하고 B사에서 도로건설비용을 전액 부담할 경우 400억원의 손실이, 30%의 외국자본 투자를 활용했을 경우 200억원의 손실이 예상된다.

－교통 전문가가 예상한 A시의 향후 교통량 증가 확률
- 교통량이 향후 20년 동안 50% 이상 증가할 확률 = 0.6
- 교통량이 향후 20년 동안 50% 미만 증가할 확률 = 0.35
- 교통량이 향후 20년 동안 감소할 확률 = 0.05

－B사의 순이익 계산식
- 순이익 = B사의 수익 － B사의 투자비용

① 향후 교통량이 50% 미만 증가하면 외국자본을 유치하는 방안의 순이익이 B사에서 전액 부담하는 방안의 순이익보다 많다.
② 향후 교통량이 50% 이상 증가하면 B사에서 전액 부담하는 방안일 때의 B사의 순이익이 외국자본을 유치하는 방안일 때의 그것보다 작다.
③ 향후 교통량이 감소하면 양 투자 방안 모두 B사의 순이익은 부(−)의 값을 지닌다.
④ B사에서 전액 부담하는 방안일 때의 B사의 기대되는 순이익이 외국자본을 유치하는 방안일때의 그것보다 많다.
⑤ B사에서 전액 부담하는 방안일 때 B사의 기대되는 순이익은 5억원이다.

17 { 05년 모의평가 } 다음을 근거로 할 때 A국의 전쟁 개시 가능성이 두번째로 큰 것은?

A국의 전쟁개시 결정은 전권을 쥐고 있는 최고 정책결정자가 내린다. 이 정책결정자는 기대효용(Expected Utility: EU)을 극대화하는 합리적인 행위자이다.

정책결정의 전쟁 개시 결정은 다음의 등식으로부터 계산된 기대효용에 의해 좌우된다.

$$EU = P(win)U(win) - P(lose)U(lose)$$

※ P(win)는 A국이 전쟁에서 승리할 가능성이며, P(lose)는 A국이 전쟁에서 패배할 가능성이다. U(win)는 A국이 전쟁에서 승리할 경우의 효용의 크기이며, U(lose)는 A국이 전쟁에서 패배할 경우의 효용의 크기이다.

전쟁에서의 효용의 크기 [U(win)과 U(lose)는 동일함]	전쟁 승리 가능성		
	100%	70%	50%
100	ㄱ	ㄴ	
50	ㄷ	ㄹ	ㅁ

① ㄱ ② ㄴ ③ ㄷ ④ ㄹ ⑤ ㅁ

18 { 05년 모의평가 } 다음 〈표〉는 회원이 30명(1번~30번)인 단체의 대표선출 선거에서 후보자로 출마한 A, B, C, D에 대한 선호도 조사 결과이다. 대표선출 방법은 1차 투표에서 득표수가 많은 상위 두 명을 선택한 후 이 두 후보에 대하여 2차 투표를 실시하여 다득표한 후보를 최종당선자로 결정하는 방식이다. 예상되는 최종당선자는? (단, 회원들은 조사된 선호도에 따라 각 투표에서 1명의 후보에게 투표한다)

조사대상자(총 30명)	1순위	2순위	3순위	4순위
1번~7번(7명)	A	D	B	C
8번~16번(9명)	B	A	C	D
17번~22번(6명)	C	D	B	A
23번~26번(4명)	C	B	A	D
27번~28번(2명)	D	A	B	C
29번~30번(2명)	D	C	B	A

① A ② B
③ C ④ D
⑤ 당선자 없음

19 { 05년 행시 · 외시 } 다음 설명을 읽고 | 보기 | 중 옳은 것을 모두 고르면?

ㅇㅇ지방자치단체는 지역 내 생활체육을 위하여 아마추어 축구단을 대상으로 축구대회를 개최하기로 하였다. '팀당 참가비'는 '팀당 예선경기 횟수×15만원'이다. 그리고 '경기당 축구장 대여료 및 음료수 제공 등의 경비'(비용 A)는 7만원, '팀별로 제공되는 기념품 구입비'(비용 B)는 팀당 5만원이다. 비용 A와 비용 B는 ㅇㅇ지방자치단체가 부담하는 것이며, 그 외에 소요되는 경비는 없다고 가정한다. 한편 지역 내 활용 가능한 축구장은 3곳이며, 각각 하루에 최대 4경기를 치룰 수 있다(한 팀이 하루에 두 경기 이상을 할 수도 있다고 가정한다). ㅇㅇ지방자치단

체의 담당 사무관은 다음과 같은 다섯 개의 대안을 고안하였다.

	참가팀수	예선진행방식 각조당 예선경기수	본선진출 방식	본선진행 방식 본선 경기수
대안 1	24	각조 3개팀 풀리그 3	각조 1위팀 8강 진출	토너먼트 7
대안 2	32	각조 4개팀 풀리그 6	각조 1, 2위팀 16강 진출	토너먼트 15
대안 3	48	각조 3개팀 풀리그 3	각조 1위팀 16강 진출	토너먼트 15
대안 4	48	각조 6개팀 풀리그 15	각조 1, 2위팀 16강 진출	토너먼트 15
대안 5	64	각조 4개팀 풀리그 4	각조 1, 2위팀 32강 진출	토너먼트 31

※ 모든 대안에 있어서 3, 4위전은 치루지 않는다.

※ 이 대회에서 풀리그란 참가한 각 팀이 같은 조에 있는 다른 팀과 각기 한 번씩 대전하는 방식이며, 토너먼트는 각 경기마다 패자는 탈락하고 최후에 남는 두 팀이 우승을 겨루는 방식이다.

보 기

ㄱ. 5개 대안 중 팀별로 내야하는 참가비가 최소인 것은 대안 1과 대안 3이며 그 경우 팀별 참가비는 45만원이다.

ㄴ. 대안 2의 경우 ○○지방자치단체가 받는 참가비 수입은 1,440만원이며, 소요경비는 601만원이다.

ㄷ. 대안 4의 경우는 대회 기간은 10일을 초과한다.

ㄹ. 대안 5의 경우 대안 4보다 많은 경기를 치러야 한다.

① ㄱ, ㄴ　② ㄱ, ㄹ

③ ㄴ, ㄷ　④ ㄱ, ㄴ, ㄷ

⑤ ㄴ, ㄷ, ㄹ

20 { 05년 행시 · 외시 } 어떤 온라인 게임을 하려면, 사용자는 타임쿠폰제와 정액제 중 하나를 선택하여 요금을 지불하여야 한다. 이 온라인 게임의 요금체계는 다음 〈표〉와 같다. 타임쿠폰은 세 종류를 원하는 대로 구입할 수 있지만 잔액이 남더라도 다음 달로 이월되지 않는다. | 보기 | 의 'ㄱ'과 'ㄴ'에 대한 옳은 답으로만 묶은 것은?

온라인 게임 요금체계

종 류	타임쿠폰제			정액제 (1개월)
	3시간	5시간	10시간	
요금	3,000원	5,000원	8,000원	29,700

보 기

ㄱ. 현재 어떤 사람이 가장 적은 비용으로 매달 22시간씩 게임을 즐기고 있다. 이 사람이 다음달부터 게임 시간을 25시간으로 늘리고자 할 때, 가장 적은 비용으로 게임을 하려면 다음 달에 추가로 지불해야 하는 금액은 얼마인가?

ㄴ. 1개월 동안 최소 몇 시간을 초과하여 게임을 할 경우 정액제가 타임쿠폰제보다 더 유리한가?

	ㄱ	ㄴ		ㄱ	ㄴ
①	2,000원	34시간	②	2,000원	35시간
③	2,000원	36시간	④	3,000원	35시간
⑤	3,000원	36시간			

21 { 05년 행시 · 외시 언어영역 } 공정거래위원회의 김 사무관은 '독점규제및공정거래에관한법률' 상의 '시장지배적 사업자' 추정조항과 관련하여 아래 설명에서 제시되고 있는 HHI지수(허핀달-허쉬만 지수)를 추가하는 방안을 모색중이다. | 보기 | 중 올바른 설명을 모두 고른 것은?

독점규제및공정거래에관한법률(이하 '법률' 이라 한다)에서 규정하는 시장지배적 사업자를 판단함에 있어서는 시장점유율, 진입장벽의 존재 및 정도, 경쟁사업자의 상대적 규모 등을 종합적으로 고려한다. 이러한 취지로 법률은 시장지배적 사업자의 추정조항을 규정하고 있는데, 일정한 거래분야에서 1개 사업자의 시장점유율이 100분의 50 이상이거나 상위 3개 이하의 사업자의 시장점유율의 합계가 100분의 75 이상(단, 이 경우에 시장점유율이 100분의 10 미만인 자를 제외한다)인 경우에 해당하는 사업자는 시장지배적 사업자로 추정한다. 한편, 학계에서는 시장의 집중도를 표현하는 지수로서 HHI지수를 이론적 분석에 널리 사용하고 있으며, 미국의 합병가이드라인에서도 20년 전부터 산업 집중도의 척도로서 HHI지수를 사용하였다. HHI지수는 산업 내 모든 기업의 점유율을 제곱하여 합계한 값으로 정의된다. 예컨대, 시장을 두 개 기업이 같은 비율로 양분하고 있는 경우 HHI지수는 '0.5×0.5 + 0.5×0.5 = 0.5' 가 된다.

보 기

ㄱ. 1, 2, 3, 4위 사업자의 시장점유율이 각각 40%, 30%, 8%, 5%인 상황인 경우 3위 사업자는 현행 법률의 규정상 시장지배적 사업자로 추정되지 않는다.
ㄴ. 'ㄱ'의 경우에서 3위 사업자가 4위 사업자와 합병하게 되면 3위 사업자는 시장지배적 사업자로 추정된다.
ㄷ. 'ㄴ'에서 합병 전보다 합병 후에 HHI지수는 크다.
ㄹ. 1, 2, 3, 4위 사업자의 시장점유율이 각각 40%, 40%, 10%, 10%인 상황(상황 1)과 30%, 30%, 30%, 10%인 상황(상황 2)이 있을 때, HHI지수에 따르면 상황 1의 시장 경쟁의 정도가 큰 것으로 나타났다.
ㅁ. 1개 기업의 시장점유율이 100%인 경우 HHI지수는 가장 큰 값을 갖는다.

① ㄱ, ㄴ, ㄷ
② ㄴ, ㄷ, ㅁ
③ ㄷ, ㄹ, ㅁ
④ ㄱ, ㄴ, ㄷ, ㅁ
⑤ ㄱ, ㄴ, ㄹ, ㅁ

22 { 05년 행시 · 외시 언어영역 } A국은 자동차 수출을 확대하기 위해 새로운 해외시장을 개척하려 하고 있다. 현재 A국은 해외시장 개척 대상으로 B국과 C국을 고려하고 있으며, B국과 C국은 자동차의 환경친화도를 나타내는 환경점수와 성능우수성을 나타내는 성능점수를 기준으로 자동차 수입을 규제하고 있다. 다음 자료를 기준으로 볼 때 올바른 설명을 | 보기 | 에서 모두 고른 것은? (단, 현재 기준으로 A국의 기술력은 환경점수 65점, 성능점수 64점을 획득할 수 있는 수준이고, 환경친화도를 높이는 연구와 성능향상을 위한 연구가 동시에 추진될 수 없는 상황이며, 두 연구는 연구기간에 상관없이 각각 한 번만 추진된다)

〈표 1〉 B국과 C국의 자동차 수입 허용 기준

	환경점수	성능점수
B국	69	78
C국	73	69

〈표 2〉 연구기간에 따른 예상 도달점수

	3개월	6개월	9개월
환경점수	70	74	78
성능점수	69	74	79

보 기

ㄱ. 성능점수 5점을 향상시키기 위한 기회비용은 연구기간과 무관하게 일정하다.
ㄴ. 두 국가 중 한 국가에 진출하는 것을 목표로 하는 경우 B국보다는 C국에 진출하는 것을 목표로 연구를 진행하는 것이, 새로운 해외시장 개척에 소요되는 연구기간을 단축시키는 데 유리하다.
ㄷ. 두 국가에 모두 진출하는 것을 목표로 연구를 진행하는 경우 최소한 12개월의 연구기간이 소요된다.
ㄹ. 두 국가에 모두 진출하는 것을 목표로 연구를 진행하는 경우 환경친화도 연구보다는 성능우수성 연구를 선행하는 것이 한 국가 진출 후 나머지 국가에 진출하기 위해 필요한 연구기간을 단축시키는 데 유리하다.
ㅁ. 두 국가에 모두 진출하는 것을 목표로 연구를 진행하는 경우 C국 진출을 위한 준비가 먼저 완료되도록 연구를 진행하면 C국 진출 후 3개월의 연구기간이 더 필요하다.

※ 기회비용: 어떤 행위를 하지 않고 다른 행위를 했을 때 포기해야 하는 재화나 기회의 가치

① ㄱ, ㄷ
② ㄴ, ㄹ
③ ㄱ, ㄴ, ㄷ
④ ㄱ, ㄷ, ㄹ
⑤ ㄴ, ㄹ, ㅁ

23

{ 03년 11월 모의평가 } 홍길동씨의 집과 회사를 왕복하는 버스노선은 다음 〈표〉와 같고, 버스의 평균 운임소요시간(Tr*)은 아래 식과 같이 계산된다. 이에 대한 설명으로 옳은 것만 모두 묶은 것은? (다만, 홍씨는 운행시간이 최소인 버스를 선호하며 집, 회사에서 버스정류장간 거리는 고려하지 않고 버스는 정시에 도착한다)

버스노선별 승하차객수, 연장길이, 버스정류장 수

구간	승객수(명)	연장길이(km)	버스정류장수(개)
(가)	90	20	15
(나)	120	22	11
(다)	100	26	12

※ Tr = 0.3A + L + 0.4S
Tr : 버스 평균 운행소요시간(분)　　L : 연장길이(km)
A : 승하차객 수(명)　　S : 버스정류장 수(개)

ㄱ. 버스 대기시간이 동일할 경우 홍씨는 (가)버스를 탈 것이다.
ㄴ. (다)버스가 현재 도착해 있고, (가)버스가 10분 후에 도착하는 것을 안다면 홍씨는 (다)버스를 탈 것이다.

ㄷ. (가)버스 노선에 아파트가 건립되어 승차객이 20명 증가한다면 홍씨는 (다)버스를 탈 것이다.
ㄹ. 최단시간 노선과 최장시간 노선의 차이는 9.4분이다.

① ㄱ, ㄴ ② ㄴ, ㄷ ③ ㄴ, ㄹ ④ ㄱ, ㄴ, ㄷ ⑤ ㄱ, ㄴ, ㄹ

24 {02년 11월 실험평가} 행정자치부의 S사무관은 지방자치단체 공무원의 업무추진 능력 향상과 당면하고 있는 현안 문제를 토론하고 정책방향을 결정하기 위한 연찬회 행사를 기획하는 임무를 맡게 되었다. S사무관은 연찬회 행사를 자치단체 공무원, 관련 학계 및 업계의 인사 등 400여명이 참석하는 대규모 행사로 계획하고, 행사를 준비하는 과정에서 수행해야 될 업무를 모두 나열한 뒤 업무의 선후관계를 고려하여 아래와 같은 그래프를 작성하였다.

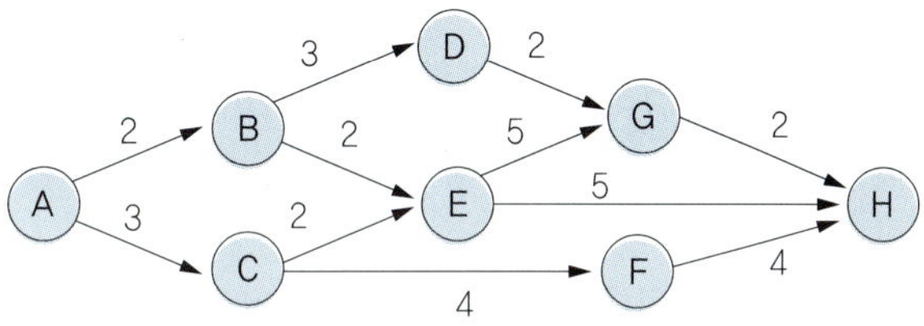

그래프에서 화살표는 단위업무를 나타내며 화살표 위의 숫자는 그 업무를 수행하는 데 소요되는 일수를 타낸다. 화살표 좌우의 알파벳은 각각 단위업무의 시작과 끝을 나타내고 선행하는 화살표가 나타내는 업무는 후속하는 화살표가 나타내는 업무보다 먼저 수행되어야 한다고 할 때 다음 중 옳은 내용만 짝지은 것은?

㉠ 연찬회 준비에 최소 9일이 소요된다.
㉡ 단위작업 EH를 4일로 단축하면 전체 준비기간이 짧아진다.
㉢ 단위작업 AC를 2일로 단축하는 것은 전체 준비기간에 영향을 주지 않는다.
㉣ 단위작업 EG에 소요되는 시간을 4일로 단축하면 전체 준비기간이 짧아진다.
㉤ 연찬회 준비에는 아무리 적어도 12일이 소요된다.

① ㉠, ㉡ ② ㉠, ㉢ ③ ㉢, ㉤ ④ ㉣, ㉤ ⑤ ㉡, ㉤

25 { 02년 11월 실험평가 } 두 종류의 대체재가 있을 때 사람들은 어떻게 구매 선택할까? 여기서는 구입시 이웃에게 물어 본 후 어떤 판단기준을 가지고 선택할 것인가의 문제를 다루기로 한다. 6명의 이웃을 고려해 보자. 제품의 불량 또는 이웃의 기호에 따라 이들은 같은 제품에 대해 서로 다른 평가를 내릴 것이다. 그러나 만약 이웃이 추천하는 제품이 각각 다르다면 어떤 제품을 선택할 것인지 판단하기 곤란할 것이다. 이 때 각 이웃이 자신이 사용하고 있는 제품에 대해 10점 만점으로 점수를 매긴다고 할 때 다음의 표를 얻었다고 하자. 이와 같은 상황에서 구매자는 다음과 같은 판단기준들을 사용할 수 있다고 하자

	이웃 1	이웃 2	이웃 3	이웃 4	이웃 5	이웃 6	평 균
제품 A	8		6				7
제품 B		7		8	9	3	6.75

(ㄱ) 최소값 기준: 가장 낮은 점수를 받은 제품을 배제한다. 여기서는 제품 A를 택한다.
(ㄴ) 평균 기준: 평균이 높은 쪽을 택한다. 여기서는 제품 A를 택한다.
(ㄷ) 최고값 기준: 가장 높은 점수를 받은 제품을 택한다. 여기서는 제품 B를 택한다.
(ㄹ) 인기도 기준: 더 많은 사용자가 사용하는 제품을 택한다. 여기서는 제품 B를 택한다.
(ㅁ) 총점 기준: 총점이 높은 쪽을 택한다. 여기서는 제품 B를 택한다.

다음은 위 판단기준들에 대한 평가이다.

(a) 점수라는 정보를 쓰지 않았으므로 비효율적인 판단기준이라고 할 수 있다.
(b) 위험을 기피하는 사람이 주로 쓸 수 있는 판단 기준이다.
(c) 위험을 선호하는 사람이 주로 쓸 수 있는 기준이다.
(d) 일견 불합리해 보이지만 점수와 인기도를 모두 반영한 효율적인 기준일 수도 있다.
(e) 가장 일반적인 경우의 판단 기준이다.

다음 중 판단기준과 그에 대한 평가가 맞게 연결된 것은?

① (ㄱ)-(c), (ㄴ)-(e), (ㄷ)-(b), (ㄹ)-(a), (ㅁ)-(d)
② (ㄱ)-(e), (ㄴ)-(a), (ㄷ)-(d), (ㄹ)-(c), (ㅁ)-(b)
③ (ㄱ)-(b), (ㄴ)-(c), (ㄷ)-(e), (ㄹ)-(a), (ㅁ)-(d)
④ (ㄱ)-(d), (ㄴ)-(e), (ㄷ)-(a), (ㄹ)-(b), (ㅁ)-(c)
⑤ (ㄱ)-(b), (ㄴ)-(e), (ㄷ)-(c), (ㄹ)-(a), (ㅁ)-(d)

Chapter 9

공공정책의 의사결정

8장에서 다룬 의사결정기법들은 기업을 대상으로 하는 경영학 분야에서 발전한 것들이지만, 정부의 의사결정에도 유용하게 쓰일 수 있음은 물론이다. 그런데 공공정책의 의사결정은 기업경영의 의사결정과는 다소 다른 특성들을 지니고 있다. 가령 기업의 CEO는 자기 기업의 이익을 극대화하는 관점에서만 의사결정을 하면 된다. 하지만 정부정책의 의사결정은 원칙적으로는(!) 공공의 이익을 극대화하는 관점에서 이루어져야 한다. 민간기업 CEO라면 자기 기업 제품이 많이 팔리는 바람에 경쟁 기업이 손실을 보더라도, 이를 고려해서 자기 기업 제품 공급량을 조정할 필요는 없다. 하지만 건교부 장관은 고속전철노선을 정할 때, 생태계 교란도 함께 신경 써야 한다. 기업 이익 극대화를 목표로 하는 기업 의사결정에서는 효율성이 가장 중요한 기준이 된다. 하지만 공익 극대화를 목표로 하는 정부 의사결정에서는 효율성과 함께 형평성도 매우 중요하다.

본 장에서는 8장에서 다룬 내용과는 별도로 공공정책의 의사결정과 관련하여 독자들이 알아두는 게 좋겠다고 생각되는 것들을 몇 개 소개한다. 이들은 비용편익분석, 게임이론, 효율성과 형평성, 정책결정의 오류에 대한 것이다.

1. 비용편익분석(Cost Benefit Analysis)

비용편익분석은 각 대안들이 초래하는 비용(cost)과 편익(benefit)을 계산하여 비용 대비 편익, 즉 순편익이 가장 큰 대안을 선택하는 기법이다. 상식적으로 생각하면 순편익을 극대화한다는 것은 정부보다는 민간기업 경영에서 더 중요한 원칙일 것이다. 하지만 기업의사결정을 설명하는 경영학 교과서에서 비용편익분석이라는 것을 별도로 다루고 있지는 않다. 반면에 공공정책의사결정을 다루는 정책학 교과서에서는 '비용편익분석'을 하나의 독립된 장으로 중요하게 다루고 있다.

왜일까? 첫번째는 순편익을 극대화 한다는 것은 기업 경영에서는 너무나 당연한 기본 전제이기 때문에 새삼 이를 별도로 논할 필요조차 없기 때문일 것이다. 경영학 교과서에서 다루는 모든 내용은 결국은 어떻게 기업을 운영하면 순편익을 극대화할 수 있는가에 대한 것이라고 할 수 있다. 반면에 정부 행정에서는 '비용'과 '이익'이라는 개념이 상대적으로 약하다. 돈이 필요하면 '세금'을 거두면 되고, 비용을 절감한다고 해서 나한테 남는 것도 없기 때문에 '비용'과 '이익'이라는 개념에 둔감해지기 쉽다. 따라서 '비용'과 '편익'을 고려한 의사결정이 안 되기가 쉽기 때문에 이를 강조하느라고 별도로 다루는 것이다.

두번째는 기업경영에서는 '비용'과 '편익'이 명확하고 측정하기가 수월하지만, 공공정책에서는 그렇지 않기 때문이다. 기업경영에서는 '비용'과 '편익'은 투자비와 매출액처럼 거의가 돈이기 때문에 '비용', '편익', '순편익'이 회계장부로부터 명확하게 계산된다. 하지만 공공정책은 그렇지 않다. 어떤 정책이 채택되었을 때 발생하는 비용과 편익은 매우 다양해서 이를 제대로 가려내고 측정하는 것이 그리 간단한 문제는 아니다. 이 두번째 이유는 중요하니까 좀더 상세하게 설명하도록 하겠다.

정책의 비용과 편익에는 화폐적인 것도 있지만 비화폐적인 것도 많다. 그리고 직접적인 것도 있지만 간접적인 것도 많다. 예를 들어서, 유흥업소 영업을 밤 12시까지로 제한하는 정책을 실행한다고 하자. 이 정책의 실행으로 인하여 정부가 부담할 화폐적 비용은 그리 많지 않을 것이다. 하지만 비화폐적 비용으로서 관련 공무원들에게는 12시 이후 영업 단속이라는 업무 부담이 발생할 것이다. 그리고 규제대상인 유흥업소들은 막대한 수입 감소가 있을 것이다. 뿐만 아니라 심야손님이 줄어서 택시기사들의 수입도 감소할 것이며, 술 소비량 감소로 주류업계도 손실을 볼 것이다. 한편 주당들은 더 이상 술을 밤 늦도록 마실 수 없으니 삶의 즐거움이 감소했을 수도 있겠다. 반면에 술을 적게 마시게 되니 그만큼 건강은 좋아졌을 것이다. 새벽까지 술 마시고 회사에서 조는 일도 줄었을 테니, 업무능률도 제법 오를 것이다. 그리고 사회 전반의 도덕성도 조금 올라갈지 모른다. 집에 일찍 들어오니 부부 싸움도 줄어들었을 것이고, 유흥비 지출 감소 대신 가족들과 외식이나 주말여행을 더 자주 한다면 가족 간의 유대가 더욱 돈독해질 수 있을 것이며, 외식업계와 여행사의 수입이 증가할 수도 있겠다.

이 밖에도 심야영업 제한 정책으로 인한 변화는 많을 것이다. 비용편익분석에서는 정책의 실시로 인하여 달라지는 모든 변화를 분석대상에 포함해야 하며, 그 중에서 긍정적인 것은 편익으로 부정적인 것은 비용으로 간주한다. 심야 정책의 예에서도 알 수 있듯이 정책이 초래하는 비용과 편익에는 비화폐적인 것들이 많이 있다. 삶의 즐거움 감소, 건강 증진, 업무능률 향상, 가족간 화목 증대 등등. 이처럼 다양한 효과들의 크기를 합하거나 서로 비교하려면 일단은 각각의 크기를 공통된 척도로 전환하여 나타내주어야 한다. 공통된 척도로서 대표적인 것은 물론 화폐가치이다! 그런데 삶의 즐거움 감소, 건강 증진, 업무능률 향상, 가족간 화목 증대를 화폐가치로 환산하면 얼마나 될까? 이를 계산하는 것이 그리 쉽지는 않을 것이다.

또한 정책 효과에는 의도한 것도 있지만 의도하지 않은 것도 있다. 타당한 비용편익분석이 되려면 의도한 것이든 아니든 해당 정책으로 인한 모든 변화를 포함해야 한다. 하지만 그게 그리 간단하지 않을 것임은 심야영업 제한 정책의 예만 보더라도 짐작할 수 있다.

반복해서 말하지만, 어떤 정책의 긍정적 효과(편익)와 부정적 효과(비용)를 제대로 가려내고, 각각의 크기를 올바르게 추정하는 것은 매우 어렵다. 사실 이것만 제대로 할 수 있다면 모든 사회문제에 대하여 최선의 대안을 제시할 수 있을 것이며, 행정의 성과는 엄청나게 향상될 것이다. 비록 이를 제대로 하는 것은 어렵지만, 그렇다고 포기할 수는 없지 않겠는가? 주어진 여건 내에서나마 최선을 다해서 가능한 한 타당한 비용편익분석을 수행하려는 것! 이런 마음가짐이 공무원에게는 매우 중요하다.

비용편익분석의 구체적인 내용을 자세히 설명하는 것은 본서의 범위를 벗어나므로 생략하고, 여기서는 비용편익분석의 일반적인 절차만을 제시하고 마치도록 하자. 독자들도 지금 당장은 어렵겠지만, 나중에라도 비용편익분석에 대하여 제대로 공부해 보길 적극 권한다.

비용편익분석의 일반적인 절차는 ① 편익과 비용 항목의 확인, ② 편익과 비용을 화폐가치로 측정, ③ 편익과 비용을 현재가치로 환산, ④ 대안평가의 기준선택으로 이루어진다.

1) 편익과 비용 항목 가려내기

전술하였듯이 어떤 정책을 실행할 때 발생하는 모든 긍정적인 효과와 부정적인 효과를 파악해서 긍정적인 것은 편익으로, 부정적인 것은 비용으로 설정해야 한다. 직접적인 것은 물론이며 간접적인 것도, 유형적인 것은 물론이며 무형적인 것도 포함해야 하기 때문에 모든 편익과 비용을 제대로 가려내는 것은 매우 어려우며, 타당한 비용편익분석을 위하여 가장 중요하다.

편익과 비용을 확인할 때 중요한 것은, 누구 입장에서의 비용과 편익인가이다. 가령 강원도 속초에 휴양시설을 만든다고 하자. 민간기업이 하는 것이라면, 이의 편익은 해당 기업이 휴양시설로부터 벌어들이는 수입이 될 것이다. 비록 휴양시설에 모인 관광객들로 인하여 인근 주민들의 수입(식당, 노점 등)이 증가했더라도 이는 기업 입장의 비용편익분석에서는 고려되지 않는다. 하지만 휴양시설 건설의 주체가 속초시라면 물론 인근주민의 편익도 포함해야 한다. 그런데 새로운 휴양시설로 인하여 속초시의 관광수입이 증대하였지만, 그만큼 강릉시 등 다른 지역의 관광객이 감소하였다고 하자. 속초시 입장에서는 다른 지역에 발생하는 영향을 고려할 필요는 없을 것이다. 하지만 강원도 전체 입장에서의 비용편익분석이라면 이를 물론 고려해야 한다. 그리고 국가 전체 입장에서의 비용편익분석이라면 속초시의 휴양시설 건설이 강원도뿐만 아니라 전국에 미치는 모든 효과를 고려해야 한다. 가령 속초시의 휴양시설이 세계적인 명소라서, 이를 찾아서 해외 관광객이 많이 몰린다고 하자. 이들이 속초휴양시설뿐만 아니라 기왕 한국에 온 김에 경주와 서울도 패키지로 둘러본다면, 이로 인한 수입 증대 역시 편익 항목에 포함되어야 한다.[1)]

통상 공공부분의 비용편익분석은 국가 입장에서 이루어지는 경우가 많다. 따라서 국가 전체에 미치는 모든 영향이 비용과 편익 항목에 포함되어야 한다. 국가 전체 입장에 서는 경우 한 집단에 발생하는 이익은 다른 집단의 불이익을 유발하는 경우가 흔하게 발생한다. 따라서 모든 경우를 다 고려해야만 올바른 비용과 편익 항목을 가려낼 수 있다.

2) 편익과 비용을 화폐가치로 측정하기

편익과 비용을 가려냈으면, 그 다음으로 중요한 것은 각 항목들의 화폐가치가 얼마인가를 측정하는 것이다. 정책의 편익과 비용에는 유형적인 것뿐만 아니라 무형적인 것도 많기 때문에, 이의 크기를 화폐가치로 나타내는 것은 쉽지 않다.

가령 고속전철 건설로 서울에서 부산까지 가는 시간이 2시간 단축된 것을 화폐가치로 환산하면 얼마일까? 고속전철이 천성산을 관통하여 이 지역의 환경생태계

1) 만일 전 지구적 관점에서 비용편익 분석이 이루어진다면 어떻게 될까?

가 파괴되었다면 이의 화폐가치는? 음주단속 강화로 연간 30명의 사망자 발생을 방지할 수 있다면 이의 화폐가치는? 월드컵 유치로 인한 국위선양 효과의 화폐가치는?

시간, 환경, 생명, 홍보의 가치 측정은 비용편익분석에서 종종 부딪치는 문제인데, 언뜻 생각해도 이를 타당하게 측정하는 것이 쉽지는 않을 것이다. 거듭 말하지만 이들의 측정방법이 궁금한 독자들은 관련 교과서를 참조하면 되겠다.

비용과 편익의 화폐가치 측정이 어려운 것은 무형적인 것의 화폐가치 환산이 어렵기 때문인 면도 있지만, 그보다는 미래에 발생할 것을 미리 추정하는 데 따른 어려움이 더 크다. 비용편익분석은 정책 실시 여부를 판단하기 위하여 사전에 실시하는 경우가 대부분이다. 따라서 비록 비용과 편익 항목은 타당하게 설정하였다고 해도, 각 항목이 과연 어느 수준으로 발생할 것인가를 예측하는 것은 매우 어렵다. 서울－부산 간 고속전철로 개통으로 기존의 고속도로나 기차에 비하여 몇 시간 운행 시간이 단축될 지를 계산하는 것은 쉽다. 하지만 기존에 다른 교통수단을 이용하던 사람들이 얼마나 고속전철로 옮겨올지를 예측하는 것은 쉽지 않다. 고속전철이 천성산을 관통하면 환경이 파괴될 것이라는 것은 명확하지만 그 수준이 어느 정도인지는 알기 어렵다.

비용편익분석은 정책의 채택 여부를 결정할 때 가장 중요한 의사결정기법이지만, 실제로는 매우 많은 비판의 대상이 되기도 한다. 비판의 가장 큰 이유는 정책결정자의 입맛에 따라서 비용과 편익의 크기가 결정된다는 데 있다. 정책을 채택하고 싶다면 될 수 있는 대로 편익은 크게 하고 비용은 작게 하고 싶을 것이며, 채택하기 싫다면 그 반대의 유혹이 있을 것이다. 문제는 유혹에 그치는 것이 아니라 실제로 그렇게 한다는 데 있다!

이를 위하여 비용과 편익 항목 중 일부를 임의로 추가하거나 제외하기도 한다. 하지만 이는 남들이 알아채기 쉽다. 생명, 시간, 환경의 가치를 화폐가치로 환산하는 것은 비록 논란의 여지는 있으나 일정한 방법이 정해져 있기 때문에 맘대로 계산하기는 어렵다. 가장 간편한 방법은 비용과 편익의 수준 · 크기를 확대하거나 축소하는 것이다. 아직 발생하지 않은 미래의 일이므로, 너무 터무니없는 확대나 축소가 아니라면, 이에 대해서는 명확하게 반박하기가 어렵기 때문이다. 관심이 있는 독자들은 고속전철을 처음 계획할 때 추정한 비용과 지금까지 소요된 비용을 한 번 비교해 보라. 시화호나 새만금호의 경우도 마찬가지이다.

비용편익분석은 매우 객관적이고 과학적인 분석기법처럼 보이지만, 실제로는 아주 주관적이며 정책분석가의 윤리가 중시되는 분석기법이다.

3) 편익과 비용을 현재가치로 환산하기

오늘 100만원이 생기는 것하고 5년 후에 100만원이 생기는 것은 가치가 다르다. 따라서 편익과 비용 각 항목의 발생시기가 다르다면, 이를 동일한 시점, 즉 현재 시점의 가치로 재평가하여 비교를 해야 타당한 분석이 된다.

대규모 건설사업의 경우 비용은 단기간에 왕창 들어가지만 편익은 장기간에 걸쳐서 서서히 발생하는 경우가 많다. 가령 어떤 사업의 경우 비용은 1년간 100억이 들지만 편익은 그 다음 해부터 20년간 10억씩 발생한다고 하자. 이 사업은 비용이 더 클까, 편익이 더 클까? 1년 후의 10억은 현재 시점에서 얼마의 가치를 지닐까? 가령 9억 5천만원 정도의 가치를 지닌다고 하자. 이 경우 10억 ÷ 9.5억 = 1.0526이므로 1년 후의 금액을 현재가치로 환산하기 위한 할인율(discount rate)은 5.26%인 셈이다. 바꾸어 말하면 1년 뒤의 10억을 (1 + 0.0526)으로 나누어주면 9억 5천만원이 된다. 할인율이 시기에 따라 일정하다면 2년 뒤 10억의 현재가치는 $(1 + 0.0526)^2$으로 나누어 주면 된다.

할인율이 얼마인가에 따라서 미래 금액의 현재가치는 달라진다. 할인율이 클수록 미래금액의 현재가치는 작아진다. 20년간 10억씩 발생하는 것의 현재가치는 할인율을 8% 이상으로 잡으면 100억보다 작아지며 7% 이하로 잡으면 100억보다 커진다. 따라서 할인율을 얼마로 정할 것인가도 타당한 비용편익분석을 위한 중요한 요소가 된다.

4) 대안평가의 기준 선택하기

비용과 편익 항목을 잘 가려내고, 이들의 현재 화폐가치를 추정하였으면, 남은 절차는 명확하다. 비용편익분석의 관점에서는 총편익이 총비용보다 크면 채택 가능한 정책이고 반대면 아니다. 그런데 편익과 비용의 크기를 비교하는 데는 몇 가지 방법이 가능하다. 우선 차이를 비교하는 것이 가능하다. 즉, 편익 − 비용 > 0이면 채택 가능한 정책이 된다. 다음으로는 비율을 비교하는 것이다. 즉, $\frac{\text{편익}}{\text{비용}} > 1$이면 채택 가능한 정책이 된다. 차이 비교를 순현재가치(NPV: net present value) 방법이라고 하며, 비율 비교를 편익비용비(Benefit-Cost Ratio: BCR) 방법이라고 한다. 두 방법의 결과는 대체로 동일하지만 경우에 따라서는 다른 결과가 나올 수도 있는데, 궁금한 독자는 관련 교과서를 참고하기 바란다.

보기 9.1

다시 말하지만 비용편익분석은 의사결정기법의 기본원칙이다. 그리고 의사결정은 행정을 하거나 기업을 경영할 때만 하는 것이 아니며, 우리의 일상생활도 의사결정의 연속이다. 즉, 올바른 비용편익분석을 하는 것은 일상생활을 잘 꾸려 나가는 데도 중요하다. 이에 대해서는 이미 200여년 전에 프랭클린이라는 사람(제법 유명한 사람이라서 독자 여러분도 누군지 알고 있을 것이라고 생각된다)이 지적한 적이 있다. 아래의 편지를 한 번 읽어 보라.

런던, 1772년 9월 19일

Dear Sir,

당신은 당신에게 매우 중요한 일에 대해서 나에게 조언을 구해 왔지만, 내가 그 일에 관한 충분한 사전지식을 갖고 있지 않기 때문에 어떤 결정을 내리라고 충고하기가 어렵습니다. 그러나 당신이 양해를 한다면, 당신이 어떤 방법으로 결정을 내려야 할지에 관해서는 말씀드리겠습니다. 사실 그러한 어려운 문제가 발생한다면, 그것은 정말 어려운 일일 것입니다. 왜냐하면 우리가 그러한 문제를 생각하는 동안에 그것의 좋고 나쁜 점들이 동시에 머리에 떠오르지 않기 때문입니다. 어떤 때는 하나의 생각이 떠오르기도 하지만, 이내 그것이 사라지고 또 다른 생각이 대두됩니다. 그래서 여러 가지 목적이나 생각들이 교차하게 되고, 또한 불확실성이 우리들을 당황케 합니다. 이러한 상황에 부딪칠 때 그것을 극복하는 나의 방법은 다음과 같습니다. 우선 한 장의 종이를 꺼내 가운데에 세로로 줄을 그어 양쪽으로 나눕니다. 그리고서 오른쪽에는 좋은 것들(pros)을, 왼쪽에는 나쁜 것들(cons)을 적어 넣습니다. 그리고 3-4일 동안 생각하면서 그 문제의 좋고 나쁜 점(pro and con)에 관해 순간순간 떠오르는 여러 가지 생각들을 각기 다른 제목하에 기입합니다. 그러한 모든 요소들을 한 눈에 볼 수 있도록 정리했을 때, 나는 그들 각각의 중요성의 정도에 따라 비중을 추정하려고 애씁니다. 그래서 똑같은 비중을 지니는 두 항목을 오른쪽 난과 왼쪽 난에서 하나씩 발견한다면, 나는 그 두 항목을 동시에 지워버립니다. 만약 오른쪽에 있는 좋은 점 한 항목이 왼쪽에 있는 나쁜 점 두 항목과 동일한 비중을 갖는다고 생각하면, 나는 세 항목을 모두 지워 버립니다. 그리고 좋은 점 두 가지 항목이 나쁜 점 세 가지 항목과 같은 비중을 지닌다고 생각하면, 그 다섯 가지 항목을 모두 지워 버립니다. 이런 식으로 하면 마침내는 양쪽에 몇 개씩의 항목만 남을 것입니다. 그 때 하루 이틀쯤 더 생각해서 양쪽 난에 새롭게 추가할 중요한 항목이 더 이상 생기지 않으면, 그것을 바탕으로 결정을 내립니다. 비록 그러한 각 항목의 비중이 엄밀한 산술적인 수치로서 주어지지는 않는다고 하더라도 그런 식으로 모든 것이 잘 구분되고 비교되어 고려된 후 전체가 내 앞에 주어진다면, 나는 더욱 더 잘 판단할 수 있게 될 뿐만 아니라 성급한 조치를 취할 가능성도 훨씬 줄어들게 됩니다. 사실 도덕적 또는 신중한 계산(moral or prudential algebra)이라고 할 수 있는 이러한 방법으로부터 지금까지 나 자신은 상당한 이점을 얻었습니다.

나는 당신이 가장 현명한 결정을 내리기를 진심으로 기원합니다. 당신의 영원한 친구로부터. B. Franklin

전상경, '정책분석의 정치경제(2005)' 에서 인용함.

2. 게임이론과 의사결정

1) 게임이론의 개념

8장에서 다룬 의사결정은 확실하든 불확실하든 간에 일방적으로 주어진 환경하에서 의사결정자의 효용을 극대화하는 대안 선택에 대한 것이다. 그런데 게임이론에서의 의사결정은 환경이 일방적으로 주어진 것이 아니라 상호작용을 한다는 점에서 의사결정 조건이 다르다. 즉, 이전의 의사결정 상황에서는 의사결정자가 어떤 선택을 하든 주어진 조건이 변하지 않지만, 게임이론에서는 의사결정의 상대방이 존재해서, 자신의 의사결정에 따라 상대방의 반응(즉, 주어진 조건)이 달라진다는 면에서 차이가 있다.

의사결정의 상대방이 존재하고, 자신의 의사결정에 따라 상대방의 반응이 달라지고, 이에 따라 결과가 달라지는 상황은 바둑이나 장기와 같은 게임에서의 전형적인 의사결정 상황이다. 이 때문에 상대방이 존재하는 의사결정 이론을 게임이론이라고 부른다.

국가간 분쟁, 기업간 경쟁, 개인간 협상 등 게임이론적 상황은 현실 의사결정에서 다양하게 발생한다. 그런데 의사결정의 상대방이 존재하고, 상대방도 자신과 마찬가지로 본인의 효용을 극대화하기 위한 행동을 취하며, 서로의 의사결정이 영향을 주고받기 때문에, 게임이론에서의 의사결정방법은 일방적으로 주어진 환경에서의 의사결정보다 복잡한 경우가 대부분이다. 이에 따라 게임이론은 수학자와 경제학자를 중심으로 발전해 왔다. 그리고 경제학은 물론 정치학, 행정학, 경영학 분야 등에 널리 적용되고는 있지만, 이를 제대로 이해하려면 공부를 제법 많이 해야 한다. 고도의 수학적 지식이 필요한 것은 아니지만, 논리적으로 하나 하나 꼼꼼하게 따지는 것을 참고 견뎌야 한다.[2)]

본 장에서 게임이론의 자세한 내용에 대한 소개는 하지 않겠다. 다만 게임이론 중에서 가장 널리 알려진 죄수의 딜레마(prisoner's dilemma) 게임에 대하여 간략하게 설명하고, 이 게임이 공공정책과 관련하여 갖는 시사점에 대하여 설명하기로 한다.[3]

2) 죄수의 딜레마(prisoner's dilemma) 게임

많은 독자가 이에 대해서는 알고 있겠지만 그래도 한 번 더 정리하자. '갑'과 '을'은 공범자이다. 즉, 두 명이 함께 범행을 저질렀다. 검찰은 갑과 을이 범행을 저질렀다고 확신하지만 이에 대한 물증이 부족해서, 범행에 대한 증인이 필요한 상황이다.

검찰은 공범자 둘에게서 각각 상대방 범행에 대한 증언을 확보하기 위하여 둘을 분리하여, 서로 다른 방에서 취조한다. 즉, 갑에게서는 을의 범행을, 을에게서는 갑의 범행을 자백 받으려고 하는데, 갑과 을의 자백 여부에 따라서 둘의 형량은 달라진다. 즉,

① 갑이 을의 범죄를 증언했는데 을이 입을 다물고 있으면, 을 혼자 죄를 뒤집어쓰게 된다. 이 경우 갑은 무죄 방면되는 데 비하여 을은 10년 형은 살아야 한다(물론 반대의 경우는 반대의 상황이 된다).

② 갑과 을이 모두 상대방의 범죄를 증언하면, 둘은 공범임이 입증되며, 똑같이 6년 형을 살아야 한다.

③ 갑과 을이 모두 묵비권을 행사하면, 둘의 범죄는 입증되지 못한다. 하지만 검찰도 체면이 있어서 그냥 물러서지는 않으며, 이미 알고 있는 작은 범죄행위(가령 불법무기소지죄 등)를 들쳐 내어서 둘 다 2년 형을 살게 할 작정이다.

이러한 상황을 표로 제시하면 〈표 9-1〉과 같다.

이러한 상황을 갑과 을도 잘 알고 있다. 이 경우 갑과 을은 어떤 행동을 취할까?

둘 모두의 입장을 고려한다면 둘 다 모른다고 버텨서 각각 2년씩의 형을 사는 것이 바람직할 것이다. 하지만 갑과 을이 합리적인 의사결정자라면 이런 상황은

---

2) 존 내쉬(John Nash)라는 학자가 게임이론에 기여한 공로로 노벨경제학상을 수상하였음은 영화 '뷰티플 마인드'를 통해서 제법 알려졌다.

3) 죄수의 딜레마는 prisoner's dilemma라는 영어를 직역한 것인데, 뒤에 소개되는 내용을 보면 '죄수'보다는 '용의자'가 좀더 타당하다. 이에 따라서 어떤 책들은 용의자의 딜레마라고 번역하기도 한다.

[표 9-1] **갑과 을의 보상표**

갑 \ 을	자 백	묵비권
자백	갑(6), 을(6)	갑(0), 을(10)
묵비권	갑(10), 을(0)	갑(2), 을(2)

발생하지 않을 것이다. 왜 일까? 갑의 입장에서 한 번 생각해 보자. 게임이론에서 대안을 선택하는 기본 방식은 우선 상대방의 대응을 생각하고 그 때 내가 취할 수 있는 대안의 결과를 따져 보는 것이다.

상황 1: 을이 자백 할 경우-나도 자백을 하면 나는 6년 형을 산다. 하지만 내가 묵비권을 행사하면 나는 10년형을 살아야 한다.

상황 2: 을이 묵비권을 행사할 경우-내가 자백을 하면 나는 형을 살지 않아도 된다. 하지만 나도 묵비권을 행사하면 나는 2년형을 살아야 한다.

어떤 상황이든, 즉 을이 자백을 하거나 하지 않거나 간에, 갑의 입장에서는 자백을 하는 편이 항상 더 적은 형을 살게 된다. 따라서 갑의 입장에서 합리적인 의사결정은 자백을 하는 것인데, 이는 을의 입장에서도 마찬가지이다. 따라서 결말은 둘 다 자백하는 것을 선택하게 되고, 둘은 각각 6년 형을 살게 된다는 이야기이다.

결말이 다소 상식과 안 맞는 것처럼 보이기도 하지만, 이 얘기는 개인 입장에서 최선의 선택이 집단 입장에서는 최선이 아닐 수 있음을 보여 주는 것으로서 이러한 예는 사회현상에서 흔히 발견된다. 어떤 것들이 있을까?

가령 입시 과외에 대하여 생각해 보자. 과외는 대다수 학부모들의 가계에 상당한 부담이 되고 있다. 과외가 대학 입학에 얼마나 효과가 있는지는 모르겠지만, 설문조사에 의하면 많은 학부모들은 남이 시키니까 나도 시킨다고 한다. 즉, 모두가 과외를 받지 않는다는 보장만 있으면 자기도 과외를 안 시키겠다고 한다. 이러한 측면에서 과외가 만연한 현상을 죄인의 딜레마 상황으로 설명할 수 있다. 즉, 대입 경쟁에서 '갑'과 '을' 둘만 존재하고, 과외를 받는 것은 일정한 비용이 드는데, 상대방이 과외를 안 받고 나만 받으면 대입에서 상대적으로 유리해지고 이로 인한 편익은 비용보다 크지만, 둘 다 과외를 받으면 상대적으로 유리할 게 없다(즉 편익이 없다)는 상황을 설정하자. 그리고 어떤 결론이 나올까를 〈표 9-1〉처럼 보수표를 만들어서 따져 보자. 결론은 '갑'과 '을' 모두가 과외를 받는 것으로

나올 것이며, 이는 사회 전체적으로는 최선의 대안이 아니다.[4)]

이 밖에 뇌물(또는 촌지!)을 주는 행위, 교통질서를 안 지키는 행위, 공공시설이 남용되는 행위 등도 마찬가지로 분석할 수 있다. 관심있는 독자는 한 번 분석해 보고, 또 다른 사례들도 한 번 생각해 보자.

죄수의 딜레마 상황이 갖는 정책적 시사점은 무엇일까? 여러 가지가 있겠지만 그 중에 하나는 이런 것이다. 죄수의 딜레마 상황은 개인 입장에서 최선의 선택이 집단 전체로는 그렇지 않은 경우를 보여 준다. 따라서 어떻게 하면 개인 입장의 최선책이 사회 전체적으로도 가장 바람직한 결과가 되도록 할 수 있을까를 규명하고 적절한 조치를 취하는 것이다.[5)] 구체적인 방법은 서로 다르겠지만, 기본 논리는 개인의 최선책이 집단의 최선책이 되도록 보상의 구조를 바꾸는 것이다. 즉, 〈표 9-1〉에서 자백을 하는 경우 당장 형은 짧게 살겠지만, 나중에 둘이 속한 조직으로부터 배신에 대한 처절한 응징을 당한다고 하자. 이 응징의 가혹성은 형을 20년 사는 정도의 고통에 준한다고 하자. 이를 감안해서 〈표 9-1〉을 재구성하면 둘 다 묵비권을 행사하는 것이 최선의 대안이 된다. 마찬가지로 뇌물 공여 행위에 대하여 철저하게 적발하고 가혹한 처벌을 한다면 뇌물 공여의 비용이 크게 증가하므로 모두가 뇌물을 주지 않는 것이 최선의 대안이 된다.[6)]

보기 9.2

죄수의 딜레마 상황과 관련하여 다음의 문제를 함께 풀어보자.

2년 뒤에 열리는 "전통문화축제"의 최종 후보지역으로 A와 B지역이 남았다. 작년까지 두 지역 모두 "전통문화축제" 개최지로 선정되기 위해 많은 홍보비용을 지출했다. 이제 A와 B지역 자치단체장은 올해도 적극적인 홍보를 해야할 지 여부를 결정해야 한다. A와 B

4) 이 예는 과외가 만연한 이유의 한 측면을 설명하기 위하여 현실을 단순화한 것이다. 이에 대하여 과외의 편익이 대입 가능성을 높이는 것 외에는 없는가, 과외 안 받는 학생도 많지 않은가 등등으로 따지지 말자.

5) 노파심에서 한 마디 하면, 죄수의 딜레마 예에서는 둘 다 자백을 하는 것이 '공범자 집단'의 입장에서는 안 좋은 결과이지만 '사회 전체' 관점에서는 범죄자를 응징하는 사회정의 구현 차원에서 더 좋은 결과라고 할 수 있다. 즉, 게임 상황에서의 '집단'이 사회 전체의 이해와 다르다면 본문의 해석도 달라져야 한다. 무슨 말인지 이해하리라고 믿는다. 가령 유사 상품을 판매하는 기업들 간에 담합이 이루어지지 못해서 가격을 못 올리는 것은, 기업 입장에서는 안 좋은 결과이지만 소비자 입장에서는 바람직한 결과이다.

6) 보상의 구조를 바꾸는 데는 여러 가지 방법이 있을 수 있다. 법으로 강제하는 것도 있겠지만, 경제적 유인을 주는 방법, 이해 당사자 간의 자발적인 협상이 이루어지게 유도하는 것, 사회 규범에 의지하는 것 등 다양하다. 때에 따라서는 개인의 자발적 선택에 맡기는 것이 사회 전체적으로 최선책은 아니더라도, 정부가 개입해서 보상 구조를 바꾸려 시도하는 것보다는 차라리 더 나은 경우도 있다.

두 지역 중에서 한 지역만 홍보하면, 그 지역이 개최지로 선정될 가능성이 높아진다. 하지만 두 지역이 모두 홍보를 하면, 홍보 비용만 들어갈 뿐 두 지역의 개최지 선정 가능성에는 변함이 없다. 두 지역의 홍보 여부 및 그에 따른 개최지 선정 가능성에 따른 보수표를 만들면 〈표 9-2〉와 같다.

[표 9-2] 홍보 여부의 보수표

A \ B	홍보 함	홍보 안함
홍보 함	A(1), B(1)	A(5), B(0)
홍보 안함	A(0), B(5)	A(3), B(3)

아래의 ㅣ보기ㅣ 중에서 〈표 9-2〉에 대한 설명으로 옳은 것끼리 묶인 것은 무엇일까?

보 기

가. 서로에 대한 정보가 없다면, "전통문화축제" 유치를 위해 두 지역 모두 홍보를 하지 않을 것이다.

나. B지역이 홍보를 하지 않을 것이라는 정보를 A지역이 입수한다면, A지역은 홍보를 할 것이다.

다. B지역이 홍보를 할 것이라는 정보를 A지역이 입수한다면, A지역은 홍보를 할 것이다.

라. 각 지역만 고려하여 선택한 최선의 전략이 두 지역 전체를 고려했을 때에도 최선의 전략으로 이어진다.

① 가, 나　② 가, 다　③ 나, 다
④ 나, 라　⑤ 다, 라

답은 ③번이다. 서로에 대한 정보가 있든 없든, 상대방이 홍보를 하든 말든, 두 지역 모두 홍보를 하는 쪽으로 선택할 것이다. 이것은 마치 죄수의 딜레마 상황에서 상대방의 묵비권을 행사 여부에 상관없이 내 입장에서는 자백하는 게 최선의 선택인 것과 마찬가지이다. 따라서 '가'는 틀리며 '나'와 '다'는 맞다. '다'에 대해서는 설명이 필요없을 것이다.

보기 9.3

외부경제의 존재와 죄수의 딜레마

경제원론 교과서에 제시되어 있는 공공재 공급에서의 무임승차자(free rider) 문제라든가, 공유지의 비극(tragedy of commons) 문제는 모두 개인의 선택에 맡겨둘 경우 사회 전체적으로 가장 바람직한 결과가 도출되지 않는 상황을 보여 준다. 그런데 이는 앞에서 설명한 죄수의 딜레마와 유사한 상황이 아닌가!

무임승차자 문제가 어떻게 죄수의 딜레마 상황으로 해석될 수 있는가는 조금만 생각해 보면 이해할 수 있다. 가령 '갑'과 '을' 둘만 사는 동네에서 다리 놓는 문제를 갖고 죄수의 딜레마 상황의 보상 구조를 만들어 보라. 어렵지 않다. 공유지 비극 문제도 마찬가지인데 이 문제는 같이 검토해 보자. 다음과 같은 예를 들어 보면 어떨까?

마을 앞 바닷가에 황금 홍어 어장을 갖고 있는 어촌에 100명의 어부가 있다. 현재 이 어장에는 10,000마리의 홍어가 살고 있는데, 먹이 문제로 인하여 이 지역에 더 많은 홍어가 살지는 못한다. 그리고 이 마을 어부들이 1년에 5,000마리를 잡는다면, 번식을 통해서 항상 10,000마리를 유지할 수 있다. 다시 말해서 5,000마리보다 더 많이 잡는다면 다음 해의 홍어 숫자는 10,000마리보다 줄어든다. 그런데 어부 1인이 1년간 잡을 수 있는 최대량은 100마리이다. 따라서 홍어 숫자를 항상 10,000마리로 유지하려면 어부들이 잡을 수 있는 최대량의 절반만 잡는 데 만족해야 한다.

이런 상황에서 아무런 제재가 없이 어부 개인의 연간 어획량을 스스로 선택하게 한다면 어떤 결과가 나올까? 어부 1명을 '갑'으로 놓고 나머지 99명의 어부들을 '을'로 놓고 죄수의 딜레마 상황의 보상 구조를 만들어 보라. 이 때의 선택 대안은 편의상 최대량을 잡는 것과 절반만 잡는 것 두 가지로 하자. 어부들 개인의 입장에서는 최대량을 잡는 것이 더 나은 대안이 됨을 쉽게 알 수 있다.

이처럼 죄수의 딜레마 상황은 현실의 다양한 사례에서 발견할 수 있다. 따라서, 죄수의 딜레마 상황의 이해는 이러한 사례들을 설명하고, 대안을 제시하는 데 도움을 줄 수 있다. 하지만, 한 가지 염두에 둘 것이 있다. 사례로 든 공유지의 비극 문제처럼, 공공정책과 관련한 죄수의 딜레마 상황은 많은 경우 시장실패 상황에 해당한다. 따라서 정부개입이 필요할 수 있다. 그러나 주의할 것은 시장실패 상황은 정부개입에 대한 필요조건은 되지만 충분조건은 아니라는 점이다. 즉, 때에 따라서는 시장실패가 있더라도 그대로 놔두는 편이 정부가 개입하는 것보다는 문제가 적은 경우도 있다.

끝으로 한 마디 덧붙인다면, 본서에서는 가장 기초적인 게임이론인 죄수의 딜레마 상황만을 설명했지만, 그 밖의 다양한 게임이론 상황들이 현실을 설명, 예측하고 처방을 내리는 데 적용될 수 있으므로, 관심있는 독자들은 스스로 더 깊이 공부해 보길 권한다.

3. 공공정책 의사결정의 두 기준 -효율성과 형평성

1) 효율성과 형평성의 상충성

행정학 교과서를 보면 행정 또는 정책 결정의 대표적인 두 기준으로서 효율성과 형평성을 들고 있다. 그런데 8장에서 배운 의사결정기법들은 모두 효율성 기준에 따른 것이라고 할 수 있다. 전술하였듯이 의사결정기법은 대부분 경영 분야에서 발전되어 온 것이기 때문에 효율성 기준을 따르는 것이 당연하다.

하지만 공공정책에서는 효율성과 함께 형평성도 중요한 의사결정의 기준이 된다. 왜 그런가? 개인이나 기업의 의사결정 문제는 하나의 입장에서만 고려하면 된다. 개인이야 혼자니까 당연히 하나의 입장이지만, 기업도 마찬가지다. 삼성전자면 삼성전자의 이익 극대화만을, 현대자동차면 현대자동차의 이익 극대화만을 신경 쓰면 되는 것이지, LG전자나 대우자동차의 이익도 함께 고려할 이유는 없다.

그러나 공공정책의 의사결정은 다르다. 공공정책 의사결정에서 고려해야 하는 것은 그 결과가 국민에게 미치는 영향이다. 그런데 국민은 단일한 이해관계를 갖는 집단이 아니며, 모든 국민에게 동일한 영향을 미치는 정책이란 없다. 한 집단에게는 이득이 되지만 다른 집단에게는 손해가 되기도 한다. 대다수 국민에게 이득이 되는 경우에도 어느 집단에게는 특히 더 많은 이득이 되며, 다른 집단에게는 상대적으로 적은 이득이 돌아가기도 한다.

이처럼 공공정책이 국민들에게 미치는 영향(즉, 편익과 비용)이 동일하지 않기 때문에 '형평성'의 문제가 발생한다. 그런데 형평성 기준은 종종 효율성 기준과 충돌한다. 복수의 대안이 있을 때 효율성과 형평성 둘 다 가장 높은 대안이 있다면 주저없이 이 대안을 선택하면 될 것이다. 하지만 많은 경우는 효율성은 높은데 형평성은 떨어지는 대안과 형평성은 높지만 그리 효율적이지 못한 대안 사이에서 선택해야 한다.

이런 경우 어떤 대안을 선택해야 할까? 물론 구체적인 경우마다 달라질 것이다. 각각의 경우에서 효율성과 형평성을 비교 형량해서 선택해야 한다. 그런데 이를 비교 형량할 때는 어떤 기준으로 해야 할까? 형평성의 향상(또는 손실)을 화폐가치로 환산해서 비교할까? 그런데 이를 화폐가치로 환산한다는 게 가능하기는 할까?

이에 대해서는 정말 정답이 없다. 막연히 '공익 극대화'라는 관점에서 선택해야 한다고 말할 수는 있지만 어떤 게 공익을 극대화하는 것인가를 되묻는다면 답변이 궁색해진다. 결국에는 의사결정자의 가치판단에 크게 의존할 수밖에 없을 것이다.

2) 롤스의 형평성 기준

형평성은 가치 판단이 필요한 주관적 기준이기 때문에 무엇이 형평한 것인가에 대하여 사람마다 입장마다 견해가 다르기 마련이다.

정부가 다루어야 할 형평성 문제에서 가장 기본이 되는 것은 '분배의 형평성'이라고 할 수 있다. 즉, 한 사회의 부와 소득이 사람들 사이에 어떻게 나누어지는 것이 형평한 분배인가에 대한 문제이다. 이를 둘러싸고 무수한 갈등과 대립, 혹은 반목과 투쟁이 있었음은 역사 교과서를 통해서 잘 알고 있는 사실이다. 이에 따라 고래의 현인들과 철학자들도 형평한 분배가 무엇인가에 대하여 저마다의 견해를 피력하여 왔지만, 아직까지도 합의된 기준은 없다.

정부의 역할과 관련하여 '분배의 형평성'은 두말할 필요없이 중요한 기준이며, 영원한 화두이다. 따라서 장차 엘리트 공무원을 희망하는 독자들도 이에 대하여 잘 공부하고 많이 고민해 보길 권한다. 여유가 있다면 본서에서도 이 문제를 좀 더 길게 다루고 싶지만, 이는 본서의 목적을 벗어나는 일이 될 것이다. 비록 본서에서 다루지는 않더라도 이 주제에 대해서 제법 괜찮은 책들이 시중에 꽤 있으니, 나중에 공무원이 된 후에라도 찾아서 읽어 보길 적극 권한다.

그런데 이대로 끝내기는 좀 허전한 감이 든다. 해서 딱 하나만 설명하고 끝내자. '분배의 형평성'을 논할 때 빠지지 않고 등장하는 것이 롤스(John Rawls)라는 사람의 주장이다. 독자들 중에도 아는 사람이 꽤 있을 것이다. 이 사람의 주장을 소개할 때는 항상 '원초적 상태', '무지의 베일', '최소최대의 원칙' 등의 용어가 나오는데, 이 사람의 주장이 무엇인지 알기 위해 다음과 같은 우화를 한 번 꾸며 봤다.

「때는 서기 2100년. 환경오염으로 인한 엄청난 기상이변을 겪은 후 불과 10여 만명만 살아 남은 인류는 하나의 나라를 이루고 평화롭게 살아왔습니다. 그런 어느 날 커다란 행성이 지구를 향해 오고 있는데, 1년 후에는 지구와 정면충돌해서 지구는 산산조각이 난다고 합니다. 이제 인류가 살아남을 수 있는 유일한 해결책은 다른 행성으로 이주하는 것뿐입니다. 발달된 과학의 힘으로 지구와 유사한 행성(이름을 '유토피아'라고 지었답니다)을 발견했고 온 인류가 이주할 거대한 우주선(이름을 '노아의 방주'로 지었답니다)도 만들었습니다. 그런데 행성 '유토피아'는 너무나 멀리 있어서 거기까지 도달하는 데 무려 100년하고도 3개월이나 걸린답니다.

이 문제를 해결하기 위해 과학자들은 우주여행중에 동면하는 약 '쿨쿨이'를 만들었습니다. 쿨쿨이를 먹으면 100년 뒤에 깨어나는데 동면중에는 성장과 노화 진행이 정지되어서 시간이 얼마가 흐르든 약을 먹기 전과 동일한 신체 상태로 깨어납니다. 그런데 깨어난 뒤에는 이전 기억을 모두 상실하게 됩니다. 따라서 다시 '똑똑이'라는 약을 먹어야 이전의 기억을 찾을 수 있다고 합니다.

온 인류는 각자의 재산 및 그 밖의 온갖 동식물을 비롯한 꼭 보존해야 할 기념비적 유물들(과연 어떤 것들이 선정되었을까요?)을 실은 우주선 '노아의 방주'에 탑승한 후 쿨쿨이를 먹고 긴 잠에 들었습니다.

이 이야기의 본론은 이 인류이송 프로젝트의 실무 책임자인 롱스(롤스의 고손자입니다)로부터 시작합니다. 고조할아버지 롤스의 사상을 신봉하는 롱스는 이번 프로젝트가 고조할아버지의 사상을 실현할 절호의 기회임을 알았습니다. 그래서 우주선에 약간의 장치를 했습니다. 어떤 장치일까요? 다음 얘기를 들어 보세요.

서기 2200년. 용준이는 다른 모든 사람들과 마찬가지로 100년간의 긴 잠에서 막 깨어났습니다. 아직 몽롱한 상태인데, 눈 앞에 커다란 스크린이 펼쳐지더니 하얀 수염을 길게 늘어뜨린, 산신령같이 생긴 할아버지가 나타나서 지금의 상황을 설명합니다.

'당신은 지구로부터 새로운 보금자리를 찾아서 100년간 여행을 했다. 지금 당신은 과거에 당신이 누구였는지(재산이 얼마인지, 학벌과 직업이 뭐였는지, 어떤 능력을 갖고 있는지 등등)에 대한 기억이 전혀 없을 것이다. 하지만 걱정할 필요는 없다. 얼마 후에 나눠줄 '똑똑이'를 복용하면 예전 기억이 되살아날 것이다...'

이런 얘기를 한 후에 예전에 살았던 지구의 삶을 화면자료와 함께 설명합니다. 특히 서로 다른 사회계층간 생활상, 즉 잘 사는 사람, 못 사는 사람의 생활을 상세하게 보여 주고 해설까지 합니다(빈부격차를 조금 과장했을 수도 있겠지요). 그리고 나서는 이제 행성 유토피아에서 희망찬 새 삶을 개척해야 하니, 계층 간 분배 구조에 대해서도 한 번쯤 다시 생각해 봐야 한다고 역설합니다.

그리고는 '똑똑이'를 복용하기 전에 한 가지 절차를 거쳐야 한다고 말합니다. 즉, 사람들끼리 모여서 행성 유토피아의 분배 구조(조세, 교육, 주택, 임금, 사회보장체계 등)에 대한 설계를 먼저 하라고 합니다(물론 예전의 체계를 그대로 유지하는 것도 한 대안이 될 수 있습니다).

이제 사람들이 행성 유토피아에서의 분배 구조를 설계하기 위해 모여서 회의를 합니다. 과연 이들은 어떤 분배 구조를 선택했을까요? 용준이는 새 세계의 분배 구조에 대해 어떤 생각을 갖고 있는지 한 번 볼까요?

'내가 누구였는지 전혀 모르겠네. 어떤 분배구조를 지지해야 하나? 기존의 체계를 유지하는 안에 찬성할까? 아까 화면에서 보니까 상류층은 무지하게 잘 살더군. 내가 상류층이었을까? 혹시 하류층이었을까? 하류층 사람들은 너무 살기 힘들어 보이던데…

자, 이제 냉철하게 따져 보자구. 만일 내가 상류층이라면 기존 체계가 제일 좋겠지만 분배를 좀더 강화해서 내 재산 중 일부를 가난한 사람들에게 나눠준들 뭐 그리 크게 곤란하지는 않을거야. 하지만 내가 하류층이라면 어떨까? 기존 체계에서 사는 건 너무 힘들테지. 아무래도 분배 정책을 강화해서 최소한 먹고 사는 문제로 고민하지 않을 정도는 되어야겠지? 그래, 내가 제일 하류층이라고 가정했을 때 가장 유리한 분배 구조 대안을 선택하자구. 그게 제일 안전한 방법일거야.'

용준이 생각은 이런데 다른 사람들은 어떨까요? 다른 사람들도 마찬가지여서 자기가 누군지, 어떤 위치에 있는지 전혀 모르는 상태에서 선택하는 상황이 되자 안전한 대안 즉, 자신이 그 사회에서 제일 열악한 계층이라고 가정했을 때 가장 유리한 대안을 선택하는 사람들이 대부분이었습니다.

이리하여 행성 유토피아의 새로운 사회체계로는 예전 지구에서와는 다른 분배구조, 즉 하위계층의 삶이 훨씬 윤택해지는 분배구조가 압도적인 지지로 선택되었답니다. －끝－」

여러분이 재미있게 읽었는지 모르겠다. 롤스는 이 이야기처럼 사람들이 재산, 직업, 능력 등 자신의 위치를 전혀 모르는 상태(이를 무지의 베일에 싸인 원초적 상태라고 불렀다)에서 사회의 분배 구조에 대하여 논의한다면 합의에 도달할 수 있는데, 이 때 합의된 체계는 그 사회에서 가장 열악한 계층에게 가장 큰 혜택이 돌아가게 하는 분배구조일 것이라고 한다.[7)]

여러분도 동의하는가? 그 사회에서 가장 열악한 계층에게 가장 큰 혜택이 돌아가게 한다는 의미에서 이를 최소최대원칙(maximin principle)이라고 부르기도 한다. 그런데 최소최대원칙은 우리가 앞에서 논의했던 불확실성하의 의사결정 기준 중 하나이기도 하다. 8장에서 maximin 기준을 설명하면서 이는 가장 나쁜 상황을 설정하고, 그 때 가장 나은 대안을 선택하기 때문에 안전제일주의자의 의사결정 원칙이라고 했다. 하지만 롤스가 주장하는 최소최대원칙은 반드시 안전제일주의자만의 의사결정 원칙은 아니다. 한계효용이 체감한다는 것, 부유한 사람보다는 가난한 사람이 더 많다는 것, 분배구조의 결정은 매우 중요한 문제라는 것 등을 고

7) 물론 롤스의 주장에는 이 밖에도 여러 가지 내용이 담겨 있다. 궁금한 사람은 스스로 알아보자.

려하면 이는 유별난 모험주의자가 아니라면 대부분의 사람이 동의할 수 있는 원칙일 것이다.

롤스의 주장에 대해서는 찬반이 분분하다. 독자 여러분은 어떤가? 롤스의 주장에 동의하는지? 필자는 롤스가 가정한 상황에서라면 롤스가 주장한 대로의 결론이 도출될 수 있다고 생각한다. 하지만 문제는 롤스가 가정한 상황은 현실에서는 발생하지 않는다는 데 있다. 우화 속에서야 무지의 베일에 싸인 원초적 상태가 존재할 수 있겠지만, 어디 현실이 그런가? 비현실적인 가정하에서만 가능한 결과가 얼마나 현실성을 담보할 수 있을까?

어쨌든 롤스의 주장은 분배의 형평성과 관련하여 가장 많이 언급되는 원칙이며, 그만큼 큰 영향을 끼치기도 했다. 따라서 현실성은 차치하고라도, 그 주장을 곰곰이 음미해 볼 가치는 있을 것이다.

3) 효율성과 형평성 기준의 재음미

지금까지 정책결정의 두 기준인 효율성과 형평성에 대해서 얘기하면서, 이 기준들의 정의를 명시적으로 언급하지는 않았다. 안 그래도 이미 이 기준들의 의미를 알고 있을 것으로 믿기 때문이었다.

누구나 효율성과 형평성이 무엇인지 대강은 알고 있을 것이다. 그런데 사회과학 분야에 따라 이 두 기준은 조금씩 다르게 정의되기도 한다. 예를 들어서, 경제학 교과서에서 공공정책결정과 관련한 효율성과 형평성 기준은 '자원배분의 효율성'과 '소득분배의 형평성'으로 구체화된다. 이 기준들은 자본주의 사회에서 경제에 대한 정부의 기능으로 논의되는데, ① 시장에서 효율적인 자원배분이 이루어지지 않을 경우 정부가 개입해서 효율적인 자원배분을 이루어야 하는 것으로, 그리고 ② 시장에서 소득격차가 심화될 경우 정부가 개입해서 소득분배의 형평성을 이루어야 하는 것으로 설명된다.[8] 따라서 경제학에서 관심을 갖는 공공정책의 효율성과 형평성 기준은 대체로 거시적인 정책목표 설정단계에서의 기준이라고 할 수 있다.

반면에 행정학 교과서에서의 효율성 기준은 능률성과 동의어로, 혹은 능률성 + 효과성으로 정의되며 통상 투입 대비 산출(또는 성과)을 극대화하는 것으로

8) 경제학에서 효율성이라고 하면 어김없이 등장하는 게 파레토 효율성인데, 자원배분의 효율성은 파레토 효율성과 거의 동일한 개념으로, 즉 자원배분의 효율성이 충족되었다는 것은 자원배분이 파레토 효율적으로 이루어진 것으로 이해해도 되겠다.

이해된다.[9] 그리고 형평성 기준은 흔히 수평적 형평성과 수직적 형평성으로 구분해서 설명한다. 수평적 형평성은 "동등한 여건에 있는 사람들은 동등하게 취급하는 것"으로서 일정 연령 이상인 사람들에게는 누구나 한 표의 투표권이 부과된다든가, 동일 소득수준인 사람들에겐 동일한 소득세액을 부과하는 것 등이 이에 해당한다. 그리고 수직적 형평성은 "서로 다른 여건에 있는 사람들은 서로 다르게 취급하는 것"으로서 서로 다른 소득수준인 사람들에게 서로 다른 소득세액을 부과한다든가, 국민연금 보험료를 많이 낸 사람이 급여도 더 많이 받는 것 등이 이에 해당한다.

행정학에서 말하는 효율성과 형평성도 경제학에서 말하는 효율성과 형평성 기준을 포함하고 있다. 즉, 투입 대비 산출을 극대화하려면 자원배분의 효율성이 충족되어야 하며, 소득분배의 형평성은 소득이 서로 다른 계층을 정부가 다르게 대우함으로써 계층간 소득격차를 완화하는 것을 의미하기 때문이다.

하지만 행정학에서의 효율성과 형평성은 이러한 정책목표 설정 단계에서뿐만 아니라 정책 집행 단계의 의사결정에서도 중요한 기준으로 작용한다.

가령 정책목표 설정단계에서 효율성 기준(즉, 자원배분의 효율성)에 따라 고속철도 건설을 결정했다면, 집행단계에서는 어떤 방법으로 건설할 때 가장 예산을 절감하고, 성과를 극대화하겠는가를 결정해야 할 것이다. 즉, 투입 대비 산출(성과) 극대화는 정책 집행 단계에서도 매우 중요한 기준이다.

정부 정책에 대한 사람들의 불만은 많은 경우에 같은 사람을 같게(수평적 형평성), 다른 사람을 다르게(수직적 형평성) 대우해야 한다는 원칙이 집행 단계에서 안 지켜지기 때문에 발생한다. 예를 들면, 나는 6개월 전에 공장 건설 승인을 신청했지만 아직 검토중인데 모 국회의원 사촌동생은 신청한 지 보름만에 승인이 났을 때, 옆 동네는 신도시건설로 땅값이 급등한 반면 우리 동네는 개발제한구역에 묶여서 20년 전이나 지금이나 땅값이 변함없을 때 사람들은 불만을 갖는다. 건강한 병태가 현역으로, 허약한 준혁이가 단기사병으로 군 복무를 하는 것에 대해서는 사람들이 뭐라고 하지 않는다. 하지만 과 대항 농구시합에서 가드로 맹활약하는 병원장 아들 순욱이가 '허리디스크'로 면제 받은 것에 대해서는 불만을 갖는다. 자식도 없이 사글세 방에서 노환으로 누워있는 옆 집 할머니에게 정부가 생계와 의료 지원을 하는 것에 대해서는 누구나 정부가 좋은 일을 한다고 생각한다. 하지만 월급쟁이로 팍팍한 삶을 사는 나는 매달 소득세를 40만원 이상 내는데, 나

9) 책에 따라서는 투입 대비 산출 극대화는 능률성 기준으로, 목표 달성도(즉 성과)는 효과성 기준으로 정의하며, 이 둘을 합한 개념이 효율성이라고 설명하기도 한다.

보다 훨씬 잘 사는 슈퍼마켓 주인과 이비인후과 원장은 소득세를 나의 절반도 안 낼 때, 나는 정말 화가 난다.

즉, 사람들은 정책(또는 법) 적용이 공정하게 이루어지지 않는다고 느낄 때 정부 정책에 불만을 갖고 불신하게 되는데, '공정한 정책(또는 법) 적용'이란 것은 바로 집행단계에서의 수직적 · 수평적 형평성의 충족을 의미한다.[10)]

이론적인 정답보다 현실적인 해결책에 관심을 갖는 행정학의 특성상 효율성과 형평성 기준도 거시적이고 추상적 수준에서뿐만 아니라 미시적이고 구체적인 일상의 행정에서 중요하게 다루어진다는 것(혹은 다루어져야 한다는 것)을 명심하도록 하자.

4. 공공정책 의사결정의 오류 – 1종 오류와 2종 오류

정책 결정자가 첨단의 의사결정기법에 능통할 뿐만 아니라, 정말로 공정하고 성실하다고 해도, 정책 혹은 사회 현상에 내재한 본질적인 불확실성으로 인하여 정책결정에는 오류가 있기 마련이다. 이에 따라 어떻게 정책 오류를 줄일까? 만일 정책 오류를 피할 수 없다면 어떤 대비를 해야 할까? 등등의 질문에 답하는 것은 정책 결정에서 매우 중요하다.

이에 대해서는 다양한 이슈가 있지만, 여기서는 한 가지만 살펴보고 넘어 가자. 이는 1종 오류와 2종 오류에 대한 것이다. 1종 오류는 알파(α)오류, 2종 오류는 베타(β)오류라고도 하며 원래는 통계학의 가설검정에서 사용되는 말인데, 서로 상반되는 두 가지 가설(혹은 대안) 중에서 하나를 선택할 때 발생하는 두 가지 오류 유형을 의미한다. 무슨 말인가? 다음의 예를 보자.

살인 혐의로 기소된 피고인 A가 있다. 살인 의심이 드는 몇 가지 증거가 있기는 하지만 확정적인 것은 없는 상황에서 재판장은 A의 살인 여부를 판단해야 한다. 살인을 했다면 A는 무기징역이 선고되며, 아니라면 무죄방면이 된다. 이와 같은 재판장의 판결은 다음과 같은 상반되는 두 가지 가설 중에서 하나를 선택하는 것으로 생각할 수 있을 것이다.

10) 사실 정책 집행의 형평성이 이루어지지 않고, 사람들이 불만을 갖는 데는 적용되는 법규의 비현실성이 큰 몫을 한다. "우리나라에서 건축법을 모두 준수하면서 건물을 짓는 게 가능한가", "세법대로 세금내면서 사업하는 사람 있으면 나와 보라고 해" 등의 말을 하는 것은 건축주나 기업가들이 비도덕적이기보다는 법규 자체가 비현실적인 데 기인하는 게 더 많다. 비현실적인 법규를 만들어서 대다수 대상자가 위반하게 해 놓고서는 선별적으로 처벌하기 때문에, 당하는 사람은 억울하다고 생각하고 아닌 사람들은 불신하게 된다.

가설 1: A는 살인을 하지 않았다. 가설 2: A는 살인을 했다.

이 때 재판장의 의사결정(판결)이 잘못될 수 있는 오류에는 두 가지가 있다. 하나는 A가 실제로는 살인을 하지 않았는데 살인자로 판단해서 무기징역을 선고하는 것이며, 다른 하나는 A가 실제는 살인자인데 아닌 것으로 판단해서 무죄방면하는 것이다. 이를 가설 선택의 측면에서 본다면 첫번째 것은 가설 1이 참인데 가설 2를 선택한 경우이며, 두번째 것은 가설 2가 참인데 가설 1을 선택한 경우이다. 첫번째 유형의 오류를 1종 오류, 두번째 유형의 오류를 2종 오류라고 한다(왜 그런지는 뒤에 나온다). 1종 오류와 2종 오류 중에서 어느 것이 더 문제가 될까? 물론 1종 오류가 더 큰 문제이다. 살인자를 무죄방면하는 2종 오류도 문제이기는 하지만, 멀쩡한 사람을 살인자로 몰아서 평생 감옥에서 살게 하는 1종 오류가 발생하면 이는 정말 큰 문제가 된다.

다른 의사결정도 그렇지만 정책의사결정도 이처럼 (~했다, ~안 했다) 혹은 (~이다, ~아니다) 중에서 하나를 선택해야 하는 경우가 많은데, 이 때는 앞에서 본 것처럼 두 유형의 오류가 발생 가능하다. 가능하면 두 유형의 오류를 모두 줄이는 것이 좋겠지만, 어느 수준에서는 더 이상 둘 모두를 줄일 수는 없으며, 하나를 줄이면 하나가 증가하는 상충(trade-off) 상황에 직면한다. 재판의 예에서, 멀쩡한 사람을 살인자로 오인하는 1종 오류를 줄이려면, 정말 명명백백한 증거가 있을 때만 살인자로 판단하고 그 외에는 모두 무죄방면하면 된다. 하지만 이는 곧 2종 오류의 증가를 의미한다. 따라서 둘 중에 어떤 오류가 더욱 피해야 할 중요한 오류인가를 판단해서, 오류로 인한 피해 크기가 최소화되도록 각 오류의 발생 가능성을 선택해야 한다.

이는 다른 말로 하면, 의사결정의 오류로 인한 기대피해(1종 오류의 기대피해 + 2종 오류의 기대피해) 규모를 최소화하는 전략을 선택해야 한다는 것이다. 각 오류의 기대피해 규모는 (각 오류의 발생확률 × 피해규모)에 의해 정해진다. 따라서 1종 오류의 피해규모가 2종 오류의 피해규모보다 크다면, 2종 오류 발생확률이 증가하더라도 1종 오류 발생확률을 줄여야 총 기대피해 규모를 줄일 수 있다.[11]

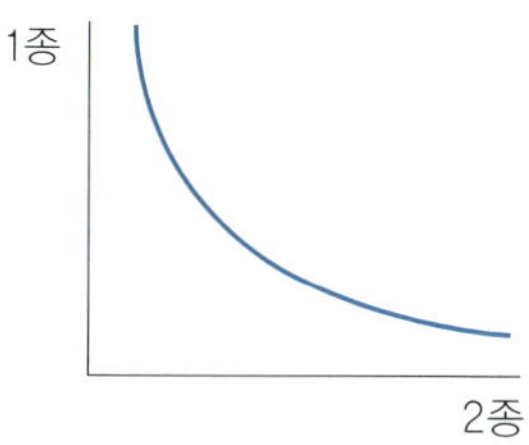

11) 혹시 독자들 중에는 1종 오류와 2종 오류의 발생확률이 trade-off 관계이며, 1종 오류의 피해규모가 2종 오류보다 크다면 무조건 1종 오류의 가능성은 0으로 하고, 2종 오류의 가능성을 1로 하는 것이 피해규모를 최소화하는 것이라고 생각할 수 있다. 1종 오류와 2종 오류 발생확률의 trade-off 관계가 선형이며(즉, 1종 오류 확률 = k − 2종 오류 확률), 피해규모가 발생확률에 상관없이 고정되어 있다면 이러한 추론이 맞다. 하지만 현실은 그렇지 않다. 즉, 1종 오류

재판에서는 무죄인 사람을 유죄로 판정하는 오류가 유죄인 사람을 무죄로 판정하는 오류보다 훨씬 더 중대한 잘못이므로, 2종 오류의 발생 가능성이 증가하더라도 될 수 있는 한 1종 오류를 줄이도록 해야 한다. 그래서 소위 '무죄추정의 원칙'이라는 것이 존재해서, 명백한 증거가 있어야만 범인으로 단정하도록 하고 있다.

참, 앞에서 별다른 설명 없이 무죄인 사람을 유죄로 판정하는 것을 1종 오류, 유죄인 사람을 무죄로 판정하는 것을 2종 오류라고 했는데, 사실 1종이냐 2종이냐는 아무렇게나 붙인 것은 아니고 일정한 기준이 있다. 이를 이해하려면 앞에서의 가설 유형을 다시 한 번 보자.

가설 1: A는 살인을 하지 않았다. 가설 2: A는 살인을 했다.

임의로 가설 1, 가설 2라고 했지만, 사실은 각 가설의 유형에 따른 공식명칭이 있다. 가설 1과 같은 형태를 귀무가설이라고 하고, 가설 2와 같은 형태를 대립가설이라고 한다. 재판의 목적은 범죄혐의가 있는 사람에 대하여 정말 범인인가를 가리는 데 있다(바꿔 말하면, 아무런 범죄혐의가 없는 멀쩡한 사람을 데려다가 정말 범인이 아닌가를 가리지는 않다). 즉, 재판의 목적은 '피고가 범인이다'는 가설이 사실인가를 알려는 데 있다. 이처럼 사실인가를 알려는 가설을 대립가설이라고 하며, 그와 반대되는 가설을 귀무가설이라고 한다. 가령 수입산 김치를 조사해서 발암물질 존재 여부를 판단한다고 하자. 이 의사결정은 발암물질이 있다, 발암물질이 없다라는 두 가설 중에서 하나를 선택하는 것에 해당할텐데, 어느 것이 귀무가설이고 어느 것이 대립가설일까? 이 조사는 수입산 김치에 발암물질이 존재할지 모른다는 의심이 있기 때문에 하는 것이다. 따라서 '발암물질이 있다'가 대립가설이 되며, '발암물질이 없다'가 귀무가설이 된다.

이렇게 귀무가설과 대립가설이 정해지면, 1종 오류와 2종 오류는 기계적으로 정해진다. 즉, 대립가설을 선택했는데 귀무가설이 참인 경우를 1종 오류라고 하며, 귀무가설을 선택했는데 대립가설이 참인 경우를 2종 오류라고 한다.

재판의 예에서는 1종 오류의 발생이 2종 오류의 발생보다 훨씬 더 중요한 문제

와 2종 오류의 발생확률이 선형으로 반비례하지 않으며, 발생확률에 따라 피해규모도 변하는 게 일반적이다. 가령 재판의 경우를 생각해 보자. 모든 범죄 용의자에 대하여 무조건 무죄로 판결하면, 1종 오류는 발생하지 않는다. 하지만 범죄행위에 대해 아무런 처벌이 없다면 범죄가 급격히 증가할 것이며, 이에 따른 사회혼란은 엄청날 것이다. 즉, 2종 오류의 발생확률이 증가함에 따라 '범죄로 인한 사회적 비용'이라는 피해도 증가한다. 또한 1종 오류와 2종 오류의 trade-off는 일반적으로 그림과 같이 비선형이다. 이 경우에도 어느 한쪽 오류의 발생가능성을 0으로 만드는 것은 최선의 대안이 못 된다.

여서, 2종 오류가 증가하더라도 1종 오류의 발생을 최소화하는 것이 필요했다. 하지만 이는 항상 그런 것이 아니며, 의사결정의 내용에 따라 달라진다. 예를 들어서, 재난 경보 시스템에 대하여 생각해 보자.

필자의 미국 유학 시절, 대학원 건물에는 화재경보기가 설치되어 있었다. 필자가 재학중 그 건물에서 화재가 발생한 적은 없었다. 하지만 화재경보기는 매 학기마다 한 두 번은 울렸다. 이 때마다 사람들은 건물 밖으로 대피를 했다가, 화재가 아닌 것으로 알려지면 다시 건물로 들어와 하던 일을 계속했다.

편의상 화재경보기가 경비원의 판단에 따라 울리는 것이라고 하자. 건물 안에 화재 위험 징후가 나타났을 때, 경비원은 두 가지 대안 중 하나를 택해야 한다.

대안 1: 화재경보를 발동한다. 대안 2: 화재경보를 발동하지 않는다.

대안 1을 선택했는데, 실제로 화재가 발생했다면 이는 옳은 선택이라고 할 수 있으며, 대안 2를 선택했는데 화재가 발생하지 않았다면 이 역시 옳은 선택이라고 할 수 있다. 역으로 대안 1을 선택했는데 화재가 발생하지 않았다면 1종 오류를 범한 셈이며, 대안 2를 선택했는데 화재가 발생했다면 2종 오류를 범한 셈이 된다.

이 경우 1종 오류와 2종 오류 중에서 어느 것이 더 큰 문제일까? 물론 2종 오류가 훨씬 더 큰 문제이다. 화재가 발생하지 않았는데 경보가 울렸을 때는 사람들이 잠시 대피했다가 다시 들어오는 수고만 하면 된다. 하지만 화재가 발생했는데 경보가 울리지 않는다면, 이는 인명과 재산에 큰 피해를 가져올 수 있다.

이에 따라 약간의 화재 위험 징후만 있어도 화재경보가 울리도록 조치를 했으며, 그래서 필자는 매 학기마다 한 두 번은 대피를 해야 했다!

생각해 보기

의사결정의 1종 오류와 2종 오류와 관련하여 떠오르는 얘기 한 토막. 이는 좋은 공무원인 한 후배가 몇 년 전 내게 해준 얘기다.

설화나 민담 등 옛 이야기 중에는 처음에는 실화였던 것이 윤색되고 각색되어 전해오는 것들이 종종 있다. 이솝 우화 중에 양치기소년 이야기도 그런 관점에서 애초의 실화는 어떤 내용이었을까를 생각해 보자.

실화는 혹시 이런 게 아니었을까. 늑대가 자주 출몰하는 동네의 양치기 소년에게는 양치는 것 이외에 경비임무도 주어져 있다. 마을 주변을 잘 살피다가, 늑대가 출몰하면 이를 알려서 피해를 방지하도록 하는 임무였다.

성실한 양치기 소년은 열심히 마을 주변을 감시하였다. 어느 날 저녁, 어둑한 저 멀리서 마을 쪽으로 다가가는 희끗한 물체를 본 소년은 늑대라고 생각하고 마을에 알렸다. 결과는 이솝 우화가 전하는 대로 늑대가 아니었으며, 늑대를 잡으려고 몰려든 마을 사람들은 공연히 부산을 떤 셈이 되었고 양치기 소년은 거짓말을 한 셈이 되었다. 며칠 후 저녁에도 비슷한 물체를 목격한 소년은 망설이다가 다시 늑대가 나타났다고 마을에 알렸다. 역시 늑대가 아니었으며, 마을 사람들은 또 한 번 헛소동을 벌인 셈이며 양치기 소년은 또 거짓말을 한 셈이 되었다.

다시 며칠이 지난 어느 날 저녁, 양치기 소년은 마을로 다가가는 물체를 목격했다. 실수를 되풀이 하지 않기 위하여 좀더 다가가서 확인한 결과 늑대가 확실했다. 그 동안의 실수를 만회할 수 있다는 생각에 양치기 소년은 늑대가 나타났음을 열심히 알렸다. 하지만 이번에는 아무도 나타나지 않았으며, 마을 사람들은 많은 양을 잃게 되었다.

자, 이 얘기를 1종 오류와 2종 오류의 관점에서 해석하면 어떻게 될까? 늑대가 아닌데 늑대가 나타났다고 알리는 것은 1종 오류이며, 늑대가 나타났는데 알리지 않으면 2종 오류를 범하는 셈이다. 이 경우는 1종 오류보다 2종 오류의 발생이 더 심각한 문제이다. 따라서 임무에 충실한 양치기 소년은 비록 1종 오류가 증가하더라도 2종 오류를 저지르지 않기 위하여 약간의 의심만 가도 열심히 경보를 한 것이다. 하지만 이처럼 성실한 양치기 소년은 1종 오류와 2종 오류 개념에 무지했던 이솝 때문에 불쌍하게도 그토록 오랫동안 거짓말쟁이의 대명사로 매도되어 온 것이다.

이솝 우화의 재해석에 대한 여러분의 생각은 어떤가? 후배가 이 이야기를 한 것은 단지 이솝 우화를 한 번 비틀어 보기 위한 것은 아니었다. 그보다는 공공정책의 의사결정에서는 1종 · 2종 오류의 크기뿐만 아니라 반복되는 오류에 대한 사람들의 반응도 함께 고려해야 함을 말하기 위해서였다.

유학 시절 대학원 건물에 화재 경보가 자주 울렸고, 그 때마다 사람들이 대피했다가 들어오는 일을 반복했지만 그 때문에 불평하는 사람은 없었다. 사람들이 재난 경보의 의미에 대해 잘 이해했기 때문일 수도 있고, 아니면 잠시 나갔다가 오는 정도야 별로 수고스럽지 않기 때문일 수도 있겠다. 어쨌든 이 사례를 확대해서, 우리나라의 경우로, 그리고 위해식품이나 재난 등 다양한 위험에 대한 정부의 안전경보시스템 운영인 것으로 가정하고 그에 대한 관료와 국민의 반응을 한 번 생각해 보면 어떨까?[12)]

12) 필자가 이 원고를 집필할 당시, 중국산김치에서 납 성분이 과다검출되었다는 국회의원의 발표, 양식송어에서 발암 물질이 검출되었다는 식약청의 발표 때문에 한바탕 난리가 났었다. 글쎄, 이 사건들은 여

1종 · 2종 오류에 대한 정책 사례를 하나만 더 생각해 보자. 가령 정부에서 벤처 창업자금을 지원하는 정책을 생각해 보자. 한때 무분별한 지원으로 문제가 되기도 했지만, 좋은 아이디어와 출중한 능력, 그리고 성실성을 지닌 유망 벤처기업을 지원한다는 취지 자체야 그다지 탓할 것은 아니겠다. 어쨌든 과거의 문제점을 인식하고 이제는 정말 적격자에게 지원이 이루어져, 국민의 세금이 효과적으로 쓰여지길 바란다고 하자. 어떤 사람이 벤처자금 지원을 신청했을 때, 담당 공무원은 다음과 같은 두 대안 중의 하나를 선택해야 한다.

대안 1: 이 사람은 적격자이다. 따라서 자금을 지원한다.

대안 2: 이 사람은 적격자가 아니다. 따라서 자금을 지원하지 않는다.

대안 1은 대립가설, 대안 2는 귀무가설에 해당할 것이며, 1종 오류는 적격자가 아닌데 적격자인 줄 오인해서 자금을 지원하는 것, 2종 오류는 적격자인데 아닌 줄 알고 자금을 지원하지 않는 것이 되겠다.

담당 공무원인 명 사무관 입장에서는 두 오류 중 어떤 게 더 중요할까? 과거 부적격자에 대한 지원으로 혈세 낭비라는 비난을 들었던 터라, 이번에는 그런 말을 안 듣는 게 명 사무관에게는 가장 중요하다고 하자. 즉, 1종 오류의 발생이 2종 오류 발생보다 훨씬 더 중요하다고 하자.

이 경우 명 사무관은 신청자들을 어떻게 대할까? 적격자임을 증명하기 위해 상당히 복잡한 절차와 까다로운 준비를 요구하지 않을까? 그래서 부적격자가 지원받는 경우는 줄일 수 있겠지만, 적격자이지만 준비가 부족해서 지원을 거절당하거나, 혹은 다수의 적격자들이 준비하는 게 힘들어서 아예 신청 자체를 포기할 수도 있지 않을까?[13)]

여러분이 나중에 공무원이 되면, 1종 오류와 2종 오류의 의미를 잘 기억했다가, 국민의 입장에서 바람직한 의사결정을 하기 바란다.

러 측면에서 비판의 소지가 있지만 1종 오류 2종 오류의 측면에서 본다면 어떻게 평가할 수 있을까?

13) 이와 관련하여 공무원을 비판할 때 흔히 사용되는 용어인 무사안일, 선례답습, 복지부동에 대해서 잠깐 생각해 보자. 이에 대해서는 공무원들이 비판받을 소지도 물론 있다. 하지만, 다른 측면에서 생각하면 공무원의 입장도 어느 정도는 이해할 수 있다. 공무원이 적극적으로 소신껏 행동해서 좋은 결과가 나왔다면 당연히 해야 할 일을 했다는 정도로, 혹은 잘했다고 칭찬을 듣더라도 특별한 보상이 주어지지는 않는다. 하지만 결과가 잘못되면 상당한 비난과 질책을 감수해야 하는 경우가 많다. 글쎄, 이런 상황이라면 안전하게, 선례를 답습해서, 주어진 일만 하려는 경향을 가질 법도 하지 않을까?

기 • 출 • 예 • 제

01 { 06 행 · 외시 상황판단 } 다음 글은 조세정책에 관해 A와 B가 벌인 논쟁이다. 이 글에 나타난 정책방향에 비추어 볼 때 B의 주장과 부합하는 정책만으로 묶은 것은?

> A가 9조 원 감세안을 주장하면서 감세 논쟁이 불거졌다. A는 '서민을 위한 감세'로 소득세율 2%포인트 감세안을 주장하였다. 그러나 B는 이 안이 '부자를 위한 조세 정책'이라고 비난하였다. 이미 직장인의 47%, 자영업자의 51%가 소득세 면제 대상자이기 때문에 이들에게는 실질적 도움이 되지 않는다는 것이다. 또 다른 분석결과에 따르면 일률적인 2%포인트 감세안을 적용할 경우 1천만 원 이하 소득자는 최대 9만원이 절감되지만 8천만 원 초과 소득자는 최소 3백 9십만 원이 인하되어 오히려 부자들이 큰 혜택을 본다고 한다. 따라서 B는 A가 제시한 감세안에 대해 반대하며 서민에게 더 유리한 조세정책이 수립되어야 한다고 주장한다.

보 기

ㄱ. 소득세 면제 대상자를 줄인다.
ㄴ. 소형 임대아파트 거주자의 주민세를 면제한다.
ㄷ. 승용차 10부제 참여시 자동차세를 10% 감면한다.
ㄹ. 주택거래에 대한 취득세 및 등록세의 세율을 0.5%포인트 인하한다.
ㅁ. 국민기초생활보호대상자가 생활필수품을 구매한 경우 해당 부가가치세액을 환급해 준다.

① ㄱ, ㄴ ② ㄱ, ㄷ ③ ㄴ, ㅁ
④ ㄱ, ㄹ, ㅁ ⑤ ㄴ, ㄷ, ㅁ

02 { 06 행 · 외시 상황판단 } 정부는 공기업 지방 이전을 추진하면서, 갑, 을, 병 3개 도시에 이전되는 공기업의 수를 달리하는 네 개의 안을 아래의 〈표〉와 같이 마련하였다. 각 도시의 대표자들은 비교되는 두 안 중 자신의 도시에 더 많은 공기업을 이전하는 안에 투표한다고 가정한다. 다만, 두 안의 비교 시 자신의 도시로 이전할 공기업 수가 동일한 경우, 공기업이 여러 도시로 분산되는 안에 투표한다. 〈결정방식〉이 다음과 같을 때, | 보기 | 중 올바른 것을 모두 고르면?

도시별 공기업 배치안

도시 \ 대안	A안	B안	C안	D안
갑	2개	3개	0개	1개
을	2개	0개	0개	1개
병	0개	1개	4개	2개

〈 결정방식 〉

가. 투표는 다음 예시와 같은 방식으로 이루어진다.

예시) 투표의 순서가 CDAB라면, 먼저 C와 D를 비교하여 선택된 안을 다시 A와 비교하고 여기서 선택된 안을 B와 비교하여 최종안을 선택한다.

나. 각 단계의 투표에서는 다수 도시의 표를 얻은 안이 선택된다.

보 기

ㄱ. 투표순서가 BADC로 정해진다면 갑이 공기업을 유치하는 데 가장 유리하다.
ㄴ. 병이 4개의 공기업을 모두 유치할 수 있는 투표순서는 전혀 없다.
ㄷ. 투표순서를 CDAB로 하는 것보다 CDBA로 하는 것이 갑에게 더 유리하다.
ㄹ. 투표순서를 ACBD 또는 DBCA로 하면 갑과 을이 최소 1개 이상의 공기업을 유치할 수 있다.

① ㄱ, ㄴ　② ㄱ, ㄷ　③ ㄴ, ㄷ
④ ㄴ, ㄹ　⑤ ㄷ, ㄹ

03 { 06 행 · 외시 상황판단 } 다음과 같이 변경된 제도로 인해 나타날 수 있는 현상은?

> ○○국은 의회에서 과반수 의석을 가진 정당 또는 정당 연합에 의해 정부가 구성되어 왔다. 의회구성을 위해 이 나라에서는 전국을 하나의 선거구로 하여 유권자들이 자신이 지지하는 정당에 투표했다. 그리고 각 당의 당선자는 전국단위의 정당별 득표율에 따라 각 당에서 정한 순서에 의해 결정되었다. 지난 50여 년 간 두 개의 정당이 번갈아 과반수 의석을 확보하며 정권을 장악해 왔다.
>
> 이 나라는 최근 선거제도를 변경했다. 새 선거제도에서는 총 800명의 의원을 8개의 권역으로 나누어 선출하며 각 권역에서 인구비례에 따라 50명에서 150명의 의원이 선출된다. 선거에 참여한 정당은 각 권역별로 할당된 의원 수만큼 후보자를 추천한다. 유권자들은 자신이 원하는 정당을 선택하여 그 정당에서 추천한 후보 중 자신이 지지하는 후보에게 투표한다. 권역별로 각 정당이 얻은 득표율을 바탕으로 정당별 당선자수를 결정한다. 다음으로 동일정당에서 추천한 후보별 득표순에 따라 정당별로 배정된 의원 수만큼 당선자를 결정하게 된다. 예를 들면, 갑(甲)권역에 50명의 의원이 배정되었다면 A당은 50명의 후보를 추천한다. A당이 50%의 득표율을 올린다면 A당에는 25명의 의원이 해당 권역에서 배정되며 A당의 당선자는 50명의 후보자 중 득표순에 따라 25위까지 의원으로 당선된다.
>
> 최근 치러진 총선결과를 보면 전국에서 모두 30개의 정당이 선거에 참여했고 15개의 정당이 의회에 5석 이상의 의석을 확보하였다. 이 중에서 제1당을 차지한 정당조차 전체의석의 25%밖에 얻지 못했고, 50석 미만의 의석을 가진 정당이 10개에 이르는 결과가 나타났다.

① 유권자와 후보자의 유대관계가 약화된다.
② 정치적 소수집단의 의견이 제대로 반영되지 못한다.
③ 개인 선거 운동의 필요성이 증가하여 후보자의 선거자금 수요가 높아진다.
④ 특정 정당의 강세 지역에서 유권자의 선거 관심이 낮아져 투표율이 하락한다.
⑤ 정당의 득표율과 의석율의 괴리가 발생하여 지역주민의 의사가 제대로 전달되지 못한다.

04 { 06 행 · 외시 상황판단 } 비슷한 크기의 두 국가인 갑, 을은 상호 무역 장벽을 완전히 철폐하기 위한 자유무역 협상을 진행하고 있다. 다음과 같은 〈가정〉하에서 양국이 자유무역 협정을 효과적으로 유지, 실현할 수 있는 방안으로 가장 적절하지 않은 것은?

〈 가정 〉

- 각 국가는 상대국의 무역장벽을 철폐하고 싶어 한다.
- 각 국가는 상대국이 무역장벽을 철폐하고 자기 나라의 무역장벽은 그대로 유지하는 경우 가장 큰 혜택을 보며 이런 상황을 원한다.
- 각 국가는 상대국이 무역장벽을 은밀하게 유지하는데 자기 나라만 일방적으로 무역장벽을 없애는 경우를 가장 우려한다.
- 협정 체결에도 불구하고 자국만 독자적으로 무역장벽을 유지하고 싶은 유혹은 계속해서 존재한다.

① 양국 간 자유무역 협정 위반여부를 감시하기 위해 상호간에 감독관을 파견한다.
② 양국이 각각 자국의 자유무역 협정 준수를 감독할 기구를 자국 내에 설치한다.
③ 양국의 무역장벽 철폐 여부를 감시할 독립적이고 규제 가능한 국제기구를 설치한다.
④ 한 국가가 협정을 위반하면 다른 국가도 이에 상응하는 보복 조치를 취할 수 있도록 양국이 합의한다.
⑤ 갑국은 A산업 분야에서, 을국은 B산업 분야에서 먼저 무역 장벽을 철폐하기로 하고, 갑국은 B산업에 대해 그리고 을국은 A산업에 대해 상대방의 무역장벽 철폐 여부에 따라 그에 상응하는 조치를 취한다.

05 { 06 행 · 외시 상황판단 } Y국가에서는 대통령 선거에서 과반수 득표를 한 당선자가 나올 때까지 최하위 득표자를 제외하면서 투표를 계속 진행하는 방식의 선거제도를 두고 있다. 아래의 〈전제〉하에서 나타날 수 있는 결과로 옳은 것은?

〈 전제 〉

- 1차 투표 결과, 후보 A, B, C, D의 득표율은 각각 33%, 28%, 21%, 16%이다.
- 유권자는 자신이 지지하는 후보가 탈락하지 않는 경우 지지 후보를 바꾸지 않는다.
- 후보 B와 C를 지지하는 유권자들의 이념적 성향이 유사하다. 따라서 두 후보 중 한 사람이 탈락하는 경우 탈락한 후보의 지지자는 모두 다음 투표에서 이념적 성향이 유사한 후보에게 투표한다.

① 1차 투표 이후 D후보를 지지하는 유권자의 선택과 상관없이 최종적으로 A후보가 선출된다.
② D후보를 지지하는 유권자의 75%가 1차 투표 이후 C후보를 지지한다면 최종적으로 C후보가 선출된다.
③ 1차 투표 이후 D후보를 지지하는 유권자가 모두 A후보를 지지하는 경우 2차 투표에서 A후보가 선출된다.
④ D후보를 지지하는 유권자가 1차 투표 이후 모두 기권한다면 2차 투표에서 당선자가 결정되어 3차 투표는 불필요하다.
⑤ 1차 투표 이후 D후보를 지지하는 유권자의 절반은 A후보를 그리고 절반은 B후보를 지지하는 경우 3차 투표는 불필요하다.

06

{ 06 행 · 외시 상황판단 } 다음에 설명된 위기유형과 | 보기 |의 위기관리방법을 적절하게 연결한 것은? (다만 예측가능성이 높은 위기일 경우, 예방효과성이 높은 것으로 가정한다)

> 효율적인 위기관리 시스템을 구축하기 위해 재난발생의 예측가능성과 피해발생정도(피해규모 또는 횟수)에 따라 4가지 위기 유형을 상정할 수 있다. 위기유형 Ⅰ은 재난발생의 예측가능성은 상대적으로 낮으나 피해발생정도는 높은 유형이다. 위기유형 Ⅱ는 재난발생의 예측가능성은 상대적으로 높고 피해발생정도도 높은 유형이다. 위기유형 Ⅲ은 재난발생의 예측가능성이 상대적으로 낮으며 피해발생정도도 낮은 유형이다. 위기유형 Ⅳ는 재난발생의 예측가능성은 높으나 피해발생정도는 낮은 유형이다.

보 기

A: 사전예방보다 사후수습에 중점을 두어 관리한다.
B: 사후수습보다는 사전예방에 중점을 두어 관리한다.
C: 사전예방과 사후수습 모두에 중점을 두어 관리한다.
D: 특정한 위기관리지침을 두지 않고 일반관리지침에 따라 관리한다.

	위기유형 Ⅰ	위기유형 Ⅱ	위기유형 Ⅲ	위기유형 Ⅳ
①	A	C	B	D
②	A	C	D	B
③	B	C	D	A
④	C	A	D	B
⑤	C	B	D	A

07 { 06 행 · 외시 언어논리 } 다음 글의 밑줄 친 부분에 대한 논평 중에서 롤즈의 입장에 동의하는 사람이 받아들일 수 없는 것은?

> 자유주의 패러다임 내에 자유지상주의 대 평등주의의 논쟁은 '정의' 개념에 대한 상이한 해석에 기인한다. 노직(R.Nozick)은 소유권 보호를 통한 시민들의 자유로운 삶에 관심을 두고 있는 데 반해, 롤즈(J.Rawls)는 소득 재분배를 통한 시민들의 평등한 삶에 관심을 갖고 있다. 노직에 따르면, ㉠ 한 개인이 자기 소유물을 합법적 수단으로 취득할 경우 그에 대한 소유권을 가진다. 노직은 각 개인에게 어느 누구에게도 양도할 수 없는 권한이 있으며, 모든 사람들이 자기 소유물에 대해 소유권이 있을 경우 그 소유권을 존중하는 분배는 정당하다고 전제한다. 이것을 '권한(entitlement)으로서의 정의'라 한다. 반면 롤즈는 ㉡ 어떤 사회 체제에 대한 정의 원칙은 '무지의 베일' 배후에서 합리적 행위자가 선택하는 그런 원칙이어야 한다고 전제한다. 여기서 '무지의 베일'이란 합리적 행위자가 사회 내에서의 자기 지위가 무엇이 될 것인지 알지 못하게 하는 장치이다. 이 장치 하에서 사람들은 사회의 빈곤층을 소외시키지 않는 분배 원칙을 선택하리라는 것이다. 이러한 정의의 원칙을 '공정(fairness)으로서의 정의'라 한다.
>
> ㉢ 재분배는 정당한 취득과 권한의 원리의 테두리 내에서 이루어져야 한다고 노직은 주장한다. 모든 개인은 자신의 삶을 자율적으로 기획하고 이를 실현하기 위하여 노력한다. 그래서 그가 취득한 부와 재산이 정당한 노력의 대가로 이루어진 것이라면 그 결과가 비록 현저한 불평등으로 나타나더라도, 그것은 정의를 위하여 치러야 할 대가이다. 그 결과가 아무리 불평등하다 해도, 결과의 정당성은 취득 수단과 과정에 달려 있다는 것이다. ㉣ 재분배는 오히려 개인 권한에 대한 간섭과 사회 정의에 대한 침해로 인식된다. 이에 반하여 롤즈는 취득과 권한은 정당한 재분배 원리의 테두리 내에서만 정당화될 수 있다고 주장한다. 만약 정당한 재분배 원리의 적용이 이제까지 사회에서 정당한 취득과 권한으로 통용되었던 것에 대한 간섭이라면, 그것은 정의의 실현을 위해 치러야 할 대가라는 것이다. ㉤ 노직이 양도할 수 없는 개인의 권리를 통해 사회적 불평등을 정당화했다면, 롤즈는 분배 정의를 통해 기존의 불평등한 사회관계를 최소화하고자 했다.

① ㉠: '합법적 수단'의 구체적 내용이 무엇인가에 따라 평등주의 원칙에 맞추어 '소유권'을 제한할 수 있다.
② ㉡: 이 '합리적 행위자'는 불평등을 최소화하는 분배 원칙에 동의할 것이다.
③ ㉢: '정당한 취득의 원리'는 정의로운 재분배 원칙을 구현해야 한다.
④ ㉣: 개인이 정당하게 획득한 권한에 대한 간섭이나 침해는 어떤 명분으로도 정당화될 수 없다.
⑤ ㉤: 그 불평등으로 인해 소외된 계층이 있다면, 이런 사회는 진정으로 자유로운 사회가 아니다.

08 { 06 행 · 외시 언어논리 } 다음 상황에서 교수는 영수에게 10점을 더 주기로 한 자신의 결정을 아래 논증과 같이 정당화하였다. 교수와 동일한 도덕적 원칙에 입각하여 교수의 결정을 비판하고자 할 때 가장 적절한 것은?

> 체육과 4학년 영수는 자신이 행정학 과목에서 10점이 모자라서 F학점을 받게 된다는 것을 알게 되었다. F학점을 받으면 영수는 졸업을 할 수 없고 그에게 보장된 코치직도 맡을 수 없게 된다. 그래서 영수는 담당 교수를 찾아가 "교수님께서 제게 10점을 더 주신다고 하더라도 저는 아무에게도 그 사실을 말하지 않을 것입니다. 저는 결혼을 했고 아이도 하나 있습니다. 졸업을 하지 못하면 저는 예정된 직장을 잃게 되고 저의 가족은 상당한 어려움을 겪게 될 것입니다. 사실 저는 돈이 없어 중퇴를 해야 할지도 모릅니다. 저는 이번 학기에도 일주일에 40시간씩 일했습니다"라고 말했다.

> 〈 교수의 논증 〉
>
> 인간의 행위를 평가하는 원칙은 개별 행위가 결과적으로 최대의 유용성 또는 다른 행위보다 더 많은 유용성을 산출해야 한다는 것이다. 내가 영수의 요청대로 10점을 더 준다면 최대의 유용성이 산출될 것이다.
>
> 우선 영수는 졸업할 수 있을 것이고 약속된 직장을 얻어 남편 · 아버지로서의 역할을 제대로 할 수 있을 것이다. 그러므로 영수와 그의 가족에게는 당연히 이익이 될 것이다.
>
> 한편 다른 학생들의 점수에는 아무 변화도 없을 것이므로 영수가 발설하지 않는 한 아무도 나를 비난하지 않을 것이다. 또 행위의 도덕적 정당성은 최대의 유용성에 있으므로 나는 양심의 가책을 느낄 필요도 없다. 따라서 영수에게 10점을 더 주는 것이 옳다.

① 영수가 연민에 호소하고 있다는 사실을 간과했다.
② 영수가 얻는 이익보다 다른 학생들이 입는 피해가 클 수 있다는 사실을 간과했다.
③ 성적 평가에서는 공정성이 제1의 원칙이 되어야 한다는 사실을 간과했다.
④ 이런 결정을 내리는 데 드는 정신적 비용은 영수의 이익에 비해 미미하다는 점을 무시했다.
⑤ 이런 일을 심각하게 고민한다고 해서 교수 자신의 이익이 증대되는 것은 아니라는 점을 간과했다.

09 { 06 입법 언어논리 } 다음에 제시된 상훈과 형진의 대화 내용을 읽고 | 보기 |에서 상훈의 입장에 대한 해석으로 볼 수 없는 것을 모두 고르면?

> 상훈 : 자유민주주의를 표방하는 우리 사회에서는 누구나 '동등하게' 대접받아야 합니다. 그것이 바로 정의나 공정성이라는 덕목이 요구하는 바이지요. 윤리적인 교육자들은 공정성을 가장 중요한 의사결정의 원칙으로 삼습니다.
>
> 형진 : 하지만 교육에서 우리가 정말 사람들을 동등하게 대우할 수 있을까요? 장학사는 교사보다 더 높은 보수를 받지요. 그리고 교사는 어떤 학생에게는 A라는 성적을 주고 다른 학생에게는 D라는 성적을 줍니다. 또 집안 형편이 좋지 못한 학생에게 방과 후 보충 수업도 해주고 영재에게는 특별한 교육의 기회도 주려고 합니다. 이렇게 보면 교육에서는 동등하게 대우해야 하는 것이 아니라 그 반대로 해야 하는 것 같습니다.
>
> 상훈 : 그것은 바로 선생님께서 동등하게 대우한다는 것을, 관련된 차이와 상관없이, 단순히 '동일하게' 대우하는 것으로 생각하기 때문입니다. 장학사는 교사보다 더 큰 책무를 맡고 있기 때문에 더 많은 보수를 받습니다. 그리고 어떤 학생은 D를 받은 학생보다 더 높은 수준의 학업을 성취하였기 때문에 A를 받은 것입니다.
>
> 형진 : 그렇다면 동등한 대우가 아니라 차이가 중요한 것이군요.
>
> 상훈 : 그렇지 않습니다. 제가 그렇게 말한 것은 아닙니다. 동등한 대우는 두 가지 방식으로 아주 중요한 의미를 가집니다. 첫째, 우리는 모든 사람들은 동등하게 대우받아야 한다고 가정해야 합니다. 그리고 관련된 차이가 존재하지 않는 한 사람들을 그렇게 대우해야 합니다. 둘째, 일을 A 수준으로 수행한 사람의 경우처럼, 관련된 차이를 가진 모든 이들을 동등하게 대우해야 합니다. 즉, 학생들이 동일한 수준의 업적을 달성했을 때 어떤 학생에게는 B를 주고 나머지 학생에게는 A를 주는 식으로 행동해서는 안 됩니다.
>
> 형진 : 다소 혼란스럽군요. 선생님의 말에 따르면, 동등한 대접은 차이가 존재하지 않는 한 중요하게 고려해야 한다는 것이군요. 그리고 사람들을 다르게 대우하는 것은 우리가 그들을 공정하게 대하는 한 괜찮다는 말씀이군요.
>
> 상훈 : 네, 바로 그것입니다!

보 기

ㄱ. 동등한 대우는 '동일한' 대우를 의미할 때 가장 적절하다.
ㄴ. '동등한' 대우를 '공정한' 대우로 정의함으로써 '동등한 대우'의 의미를 재해석하고 있다.
ㄷ. 다르게 대우해야 하는 준거가 되는 '관련된 차이'를 무엇으로 볼 것인가는 교육적으로 고려해야 한다.
ㄹ. 동등성의 개념은 모든 이를 동등하게 대해야 한다는 상위 동등성 개념과 차이

에 따라 다르게 대우해야 한다는 하위 동등성 개념 간에 개념적 우선순위를 인정할 때 제대로 이해될 수 있다.

ㅁ. 능력주의적 입장을 '평등주의'라는 옷을 입혀 정당화하고 있다.

① ㄱ ② ㄱ, ㄴ, ㄹ ③ ㄱ, ㄷ ④ ㄱ, ㄴ, ㄷ ⑤ ㄱ, ㅁ

10 { 06 입법 상황판단 } 다음 4개의 노인복지관련 정책은 가칭 '노인복지연대회의'라는 시민단체에서 정부에 건의한 것이다. 다음 4개 대안 중 정책대상 노인의 소비자 선택권(혹은 소비자 주권)이 가장 많이 보장될 것으로 예상되는 정책 순서대로 나열한 것은?

대안 (가) : 대한민국에 합법적으로 거주하는 만 65세 이상 남녀 모두에게 2006년부터 월 15만원씩 정액으로 연금수당을 현금으로 지급한다. 연금 급여는 물가에 자동으로 연동되도록 설계하여 현재가치가 보존되도록 한다.

대안 (나) : 노인부양 소득공제 제도를 2006년부터 대폭 확대 도입한다. 만 65세 이상 노부모를 부양하며 함께 사는 근로소득자를 대상으로 하며, 부양노인 일인당 연간 최대 180만원까지 소득을 공제하여 주어 월 15만원의 노인수당 지급효과를 내도록 한다. 배우자 부모도 동일 세대에 거주할 경우 부양 노인에 해당한다. 한 가구에 최대 2인까지 연간 360만원까지만 소득공제가 가능하다.

대안 (다) : 만 65세 이상 대한민국 국민 중에 2006년부터 월 소득평가액이 10만원 이하이거나 재산 기준 5,000만원 이하의 노인에게 월 15만원씩 경로수당을 현금으로 지급한다. 국민기초생활보장제도의 현금 급여에 부가하여 지급된다.

대안 (라) : 만 65세 이상 대한민국 국민 모두에게 2006년부터 가칭 '실버카드'를 지급한다. 실버카드는 제한적인 의미의 크레딧카드로 월 15만원이 충전되며 이 한도 내에서 자유롭게 사용할 수 있으나, 사용 가능한 재화와 서비스가 한정되어 있다. 이들 허용품목의 구매가 무료로 이루어지는 것이 아니며, 정해진 할인혜택만을 받을 수 있다. 할인액이 누적돼 월 15만원이 넘을 경우 카드 사용이 그 달은 일시 중지되며, 다음 달에 자동으로 재충전된다.

① (가) > (나) > (다) > (라)
② (가) 혹은 (다) > (라) > (나)
③ (나) > (라) > (가) > (다)
④ (라) > (나) > (가) 혹은 (다)
⑤ (라) > (다) > (가) > (나)

11 { 06 입법 상황판단 } 다음 글을 읽고 판단했을 때, 다음 중 옳은 것은?

〈 사례 〉

500가구가 사는 어떤 마을에 쥐가 들끓자, 시장은 부하 직원에게 쥐를 퇴치할 예산이 있는가와 쥐를 퇴치하기 위한 어떤 대안들이 있는가를 물었다. 직원은 조사 끝에 예산은 1,000만원이 있으며 대안은 세 가지가 있다고 보고하였다. 가구당 처치비가 10만원인 A 대안은 완전히 쥐가 퇴치될 확률이 90%이고, 가구당 처치비가 4만원인 B 대안은 퇴치확률이 50%이며, 가구당 처치비가 2만원인 C 대안은 퇴치확률이 10%라는 것이다. 쥐들은 각 가구에 골고루 분포되어 있고, 각 가구의 쥐들이 다른 가구로 옮겨 갈 가능성이 없다고 가정한다.

〈 이론 〉

예산배분을 경제적 측면에서 보면, '어떻게 예산상의 이득을 극대화시킬 것인가'에 초점이 모아진다. 합리적인 예산배분을 통해서 예산이 의도하고 있는 목적을 달성하고자 하는 것이다. 달리 표현하면, 합리적 예산배분에 의해 사회후생을 극대화하는 것, 즉 파레토최적을 달성하는 데에 관심을 갖는다. 따라서, 가장 바람직한 예산배분은 예산상의 이득을 극대화할 수 있을 때 달성된다. 예산배분을 정치적 측면에서 보면, '예산상의 이득을 누가 얼마만큼(how much) 향유할 것인가'라는 가치선호 문제와 관련된다. 예산배분과정의 참여자들은 서로 많은 예산상의 이득을 획득하기 위해 영향력을 발휘하게 된다. 이는 몫의 배분에 관련되며, 가장 바람직한 예산배분은 가장 많은 사람의 지지를 받을 때 달성된다.

① 경제적 측면에서 보면 대안 A가, 정치적 측면에서 보면 B가 가장 바람직한 대안이다.
② 경제적 측면에서 보면 대안 B가, 정치적 측면에서 보면 C가 가장 바람직한 대안이다.
③ 경제적 측면에서 보면 대안 C가, 정치적 측면에서 보면 A가 가장 바람직한 대안이다.
④ 경제적 측면에서 보면 대안 B가, 정치적 측면에서 보면 A가 가장 바람직한 대안이다.
⑤ 경제적 측면에서 보면 대안 A가, 정치적 측면에서 보면 C가 가장 바람직한 대안이다.

12

{ 05년 모의평가 } 다음은 두 국가의 정부정책과 기업전략 상황을 예측한 것이다. 이 중 가장 옳지 않은 것은?

> A기업('가' 국가의 기업)은 중형 항공기 시장에 진입하기 위해 시장 분석을 하고 있다. 중형 항공기의 수요국은 '가' 국가와 '나' 국가이며, 현재 중형 항공기 시장은 B기업('나' 국가의 기업)이 독점력을 유지하고 있다. 각가의 국가에서 한 개의 기업이 독점력을 행사하면 그 기업들은 각 국가에서 9억 달러씩의 이익을 얻을 수 있다. 한편 한 국가 내에서 두 기업이 경쟁을 하면 각각의 기업은 해당 국가에서 3억 달러씩 이익을 얻으며, 해당 국가의 항공 서비스 소비자는 낮아진 항공 요금 등으로 인해 7억 달러의 이익을 얻게 된다. A기업은 두 국가에서 취할 수 있는 기업이익의 합이 비용보다 큰 경우 시장에 진입하기로 결정한다. 시장에 진입하기로 결정할 때 투입되는 비용은 10억 달러이다. 각국 정부는 자국 기업을 보호하는 정책, 즉 독점력을 행사할 수 있도록 하는 정책을 시행할 수 있다.

① 양 국가가 보호정책을 시행한다면 A기업은 시장에 진입하지 않을 것이다.
② A기업이 시장에 진입한다면 B기업의 이익은 각국 정부의 보호정책 시행 여부와 관계없이 감소할 것이다.
③ '가' 국가의 정부가 자국 기업에 대한 보호 정책을 시행하지 않을 것이 예상되면 A기업은 시장에 진입하지 않을 것이다.
④ '나' 국가의 정부가 보호 정책을 시행할 것이 예상될지라도 '가' 국가 보호 정책을 시행할 것이 확실시된다면 A기업은 시장에 진입할 것이다.
⑤ A기업이 항공기 시장에 진입하고 '가' 국가의 정부가 보호정책을 시행한다면 '가' 국가의 소비자는 진입 이전과 이후 동일한 후생을 누리게 된다.

13

{ 05년 모의평가 } 다음은 공정거래위원회 강 사무관이 최근에 업무상 겪은 경험을 기술하고 있다. 다음 중에 강 사무관과 본질적으로 유사한 경험을 한 사람들이 선호할 만한 선택으로 가장 적합한 것은?

> 공정거래위원회 강 사무관은 통신회사들의 불공정거래 행위에 대한 감시를 담당하고 있었다. 다양한 경로를 통해 불공정거래에 대한 제보를 받고 그에 대한 나름대로의 조사를 통해 잠정적으로 결론을 내리고, 그에 대한 제재와 시정조치에 관한 안을 상부에 보고하는 것이 그의 주요 업무이다. 무수히 많은 제보 중 일부는 실제로 불공정행위로 결론이 나지만 일부는 전혀 근거가 없는 것으로 결론이 나기도 한다. 강 사무관의 대부분의 판단은 올바른 것으로 결론나지만 일부의 경우 불공정 행위로 오판하거나, 불공정 행위인 것을 불공정 행위가 아닌 것으로 오

판한 경우도 있었다. 얼마 전 유무선 통합상품 개발과 관련된 제보를 조사하여 본인 나름대로 불공정 행위라는 판단을 내리고 그에 대한 조치를 취하였는데, 결론적으로 불공정 행위가 아니었다는 법원의 최종판결에 따라 공정거래위원회의 권위가 크게 손상되었으며, 개인적으로 인사상의 불이익을 받았다.

① 투자회사에 근무하는 펀드매니저 최 부장은 안정된 회사보다는 신흥회사들을 대상으로 고수익 고위험 투자를 결정한다.
② 카센터 정비사 독고씨는 고객의 차량을 자신의 진단에 따라 즉각 수리하지 않고, 고객의 의사를 확인한 후 수리를 시작한다.
③ 대형마트에서 물건을 구입하는 가정주부 곽씨는 가능하면 평소에 사용하던 유명 브랜드 제품 대신에 중소기업의 새로운 제품을 사려 한다.
④ 재경부의 외환감시팀에 근무하는 황 사무관은 외환위기의 일부 징후가 보이면 국가경제의 보호를 위해서 신속히 경고시스템을 가동하려 한다.
⑤ 군 레이더 기지에 근무하는 박 병장은 적기 출현을 경보하는 업무를 맡고 있는데 레이더에 나타난 미확인 물체도 적기로 간주하고 조기에 대응하려고 노력한다.

14 { 05년 모의평가 } 다음을 읽고 핵심적인 내용을 가장 적절하게 추론한 것은?

어떤 사람들은 경제적 효율성을 다른 가치에 비하여 중시하고, 또 다른 사람들은 구성원들 간의 형평성을 중시한다. 사람들은 대개 자신이 처해 있는 상황에 따라 효율성과 형평성 중에서 선택하는 것으로 보인다. 그러나 이것이 반드시 사실이 아닐 수도 있다. 예컨대, 피자만을 생산하는 두 개의 국가, A와 B가 있다고 가정하자. 국가 A는 매우 가난하기 때문에 스몰 사이즈의 피자를 만들어 낸다. 한편 국가 B는 매우 부유하여 라지 사이즈의 피자를 만들어 낸다. 그러나 국가 A에서는 사람들이 비교적 평등하게 피자를 나누어 갖는 시스템을 갖추고 있기 때문에 부자들이 5쪽을 갖고 나머지는 3쪽을 가난한 사람들이 갖는다. 한편 국가 B에서는 매우 큰 피자를 만들어 내지만 상대적으로 불평등하게 나누어 갖는다. 국가 B에서는 부자들이 7쪽을 갖고 가난한 사람들이 나머지 한쪽을 갖는다. 그런데 국가 B에서는 가난한 사람들이 갖는 한쪽의 피자가 국가 A의 피자 전체와 크기가 비슷하거나 그것보다 더 크기 때문에 반드시 국가 A가 더 바람직하다고도 할 수도 없다. 국가 A와 국가 B 중에서 선택해야 하는 상황에 직면한다면 난감하게 될 것이다. 말하자면 큰 나라의 1/8을 취해야 할 것인지, 작은 나라의 3/8을 취해야 할 것인지 고민할 것이라는 의미에서다.

① 가난한 사람들은 형평성을 선호하는 경향이 있다.
② 부유한 사람들은 효율성을 중시하는 경향이 있다.
③ 효율성과 형평성을 선호하는 기준은 개인의 성향과 연계되어 있다.
④ 효율성과 형평성을 선호하는 기준은 자신의 경제수준과 연계되어 있다.
⑤ 가난한 사람들의 효율성과 형평성에 대한 선호도는 자신의 경제 수준에 따라 결정된다.

15 { 04년 외시 언어영역 } 다음 상황에 대해 옳게 기술한 것을 | 보기 | 에서 모두 고르면?

어느 지하철역에서 화재가 발생하여 많은 사람들이 사망하는 사고가 발생하였다. 경찰은 허위 신고 등의 오류를 고려하여 다음과 같이 조사 결과를 발표하였다.

집 단	상 황	신고자수 (명)	사고로 사망했을 확률(%)
(가)	시체 또는 유골에서 DNA가 확인된 사망자	200	100
(나)	시체는 확인되지 않았지만 감시 카메라, 휴대폰위치 추적 또는 통화 내역 등으로 사고를 당한 지하철에 탑승했음이 확인된 실종자	50	90
(다)	(가), (나)집단에 해당되지 않지만 유품이 확인된 실종자	50	80
(라)	(가), (나), (다)집단에 해당되지 않고 실종신고가 접수된 사람	100	50

※ 신고되지 않은 사망자는 없는 것으로 가정함.

사고 수습의 일환으로 유족에 대한 보상 심의를 하는 과정에서 보상 대상의 범위를 어디까지 인정할 것인가 하는 문제가 제기되어 다음과 같은 방안이 제시되었다.

• (가)집단만 보상하는 방안
• (가), (나)집단만 보상하는 방안
• (가), (나), (다)집단만 보상하는 방안
• (가), (나), (다), (라)집단 모두 보상하는 방안

실제로 화재로 사망한 사람 1인이 보상을 받지 못하는 경우 생기는 문제의 크기를 'A' 라고 하고, 허위로 실종신고된 사람 1인이 보상을 받을 경우 생기는 문제의 크기를 'B' 라고 한다. A를 1이라고 할 때, B를 각각 1, 0.5, 0.2, 0.1로 할 것인지 논란이 있지만 전체 문제의 크기를 최소화하여야 한다는 것에는 이의가 없었다.

보 기

ㄱ. (가)집단만을 보상 대상으로 할 경우 부당하게 보상금을 지급하는 사례는 많지 않다.
ㄴ. A를 B보다 상대적으로 크게 평가할수록 보상 범위를 확대하는 것이 바람직한 방향으로 결론이 나온다.
ㄷ. B를 A의 0.1배로 볼 때 문제의 크기를 최소화하는 방안은 위에서 제시된 방안 중 (가), (나), (다), (라)의 모든 집단을 보상하는 방안이다.
ㄹ. A와 B를 동일하게 볼 때 (가)집단만을 보상하는 방안이 위의 네 가지 방안 중에서 전체 문제의 크기가 제일 크다.

① ㄱ, ㄷ
② ㄴ, ㄹ
③ ㄱ, ㄴ, ㄷ
④ ㄱ, ㄴ, ㄹ
⑤ ㄱ, ㄴ, ㄷ, ㄹ

16 { 04년 외시 } 다음은 순편익을 극대화하기 위한 프로젝트에 관한 자료이다. 아래의 설명 중 옳지 않은 것은? (단, 중복투자는 불가능하고 예산 내에서 집행한다)

프로젝트별 편익과 비용 자료

(단위: 억원)

프로젝트	편익(B)	비용(C)	순편익(B−C)
㉠	52	40	12
㉡	145	110	35
㉢	45	30	15
㉣	100	70	30
㉤	74	50	24

① 70억원의 예산을 가지고 하나의 프로젝트만을 추진할 수 있는 경우 최적의 프로젝트는 ㉣이다.
② 300억원의 예산을 가지고 하나의 프로젝트만을 추진할 수 있는 경우 최적의 프로젝트는 ㉡이다.
③ 110억원의 예산을 가지고 동시에 여러 프로젝트를 추진할 수 있는 경우 최적의 프로젝트는 ㉠과 ㉣이다.
④ 300억원의 예산을 가지고 동시에 여러 프로젝트를 추진할 수 있는 경우 모든 프로젝트의 수행이 가능하다.
⑤ 편익/비용 비율이 가장 높은 프로젝트는 ㉢이다.

17 { 02년 11월 실험평가 } 다음의 상황에서 양 측의 행동예측에 대해 틀리게 진술한 것은?

> 남한과 북한은 군비를 증강할 것인가, 축소할 것인가를 놓고 고민중이다. 무기가 많을수록 남북관계에서 영향력이 증대되기 때문에 상대방보다 더 많은 무기를 소유하고 싶어 한다. 그러나 동시에 양쪽 모두 상대의 군사적 위협으로부터 자유로운 안전한 세계에서 살기를 원한다(남한과 북한 양쪽의 국가안보와 영향력은 자국의 군사력뿐만 아니라 상대방의 군비상황에 의해 영향을 받으며, 상대방의 행동에 대해서는 확실한 정보를 얻을 수 없는 상황이다).

① 남한이 군비를 증강할 것으로 예상되는 경우에는 북한도 군비를 증강하는 것이 유리하다.

② 북한이 군비를 감축할 것으로 예상되는 경우에도 남한도 군비를 감축하는 것이 유리하다.

③ 남한과 북한 사이에 군축협상이 성공적으로 이루어져 지켜진다면 그렇지 않은 경우보다 더 바람직한 결과를 가져올 수 있다.

④ 상대방의 행동예측에 대한 정보가 충분하지 않은 경우 양쪽 모두 군비를 증강하는 행동을 취할 가능성이 높다.

⑤ 군축협정이 체결된 이후에도 군비경쟁이 재개될 가능성은 남아있게 된다.

18 { 02년 10월 PSAT 예제집 } 다음의 글을 읽고 물음에 답하시오.

> ASEM에서 논의중인 아시아 지역에서의 무역자유화를 위해 한국정부에서는 A와 B, 두 가지 협상안 중 한 가지를 선택하고자 한다. A안이 선택되었을 때, 다른 회원국들의 협조가 있다면 한국은 연간 약 30억의 경제적 이익을, 다른 회원국들은 230억의 경제적 이익을 볼 수 있다. 그러나 A안이 선택되었을 때, 다른 회원국들의 협조가 없다면 한국이 얻을 수 있는 경제적 이익은 거의 없고, 다른 회원국들의 이익은 150억 정도가 된다. B안이 선택될 경우, 다른 회원국들의 협조가 있다면, 한국은 연간 20억의 경제적 이익을, 다른 회원국들은 200억의 경제적 이익을 얻을 수 있다. 그러나 다른 회원국들의 협조가 없다면, 한국은 연간 10억의 경제적 손실을, 다른 회원국들은 180억의 경제적 이익을 얻을 수 있다.

위의 사실들을 근거로 하여 다음 진술 중 틀린 것을 고르시오.

① 한국의 입장에서는 다른 회원국들이 협조할 것이라고 판단되면, A안을 선택하는 것이 유리하다.
② 제안국인 전체 아시아 지역의 경제적 이익을 모두 고려하는 ASEM은 다른 회원국들이 협조할 것으로 판단되면, A안을 선택하는 것이 유리하다.
③ 한국의 입장에서는 다른 회원국들이 비협조할 것이라고 판단되면, B안을 선택하는 것이 유리하다.
④ 아시아 전체적으로 보아 A안이 선택되면, 모든 회원국들이 협조하는 것이 유리하다.
⑤ ASEM이 다른 회원국들의 경제적 이익만 고려한다면, 회원국들이 비협조할 것으로 판단되면 B안을 선택하는 것이 유리하다.

19 { 02년 정부예시문제 } 다음 지문을 읽고 P지방경찰청에서 자원배분기준으로 채택할 수 없는 것을 고르시오.

> P지방경찰청은 예산의 배정과 관련한 새로운 정책목표를 결정해야 할 필요가 생겼다. 지방경찰청은 일정한 예산으로 시 전역에 걸쳐 발생하는 총 범죄건수를 줄여야 하는 능률성의 목표를 추구해야 하며, 동시에 각 지역의 주민들이 범죄로부터 보호받을 가능성을 같게 해야 하는 형평의 목표를 달성해야 한다. 그런데, 문제는 능률성을 추구하면 형평성에 문제가 생기고, 형평성을 추구하면 능률성에 문제가 생기는 능률과 형평의 교환관계(trade-off)가 있다는 점이다

① 각 하위 관할구역에 주민 수에 기초를 두고 최소한의 기본경비를 배정한다.
② 기본경비 배정에 있어 각 하위 관할구역의 면적비율도 배정의 기준이 될 수 있다.
③ 각 하위 관할구역의 범죄발생 수준이 허용할 수 있는 어떤 수준을 넘는 경우 그 수준까지 낮추는 데 필요한 경비를 각 관할구역에 배정한다.
④ 각 하위 관할구역의 범죄발생건수와 범죄억제를 위해 사용된 예산 사이의 관계를 분석하여 예산을 배정한다.
⑤ 경찰관 1인당 주민 수를 산출하여, 이 수치가 낮은 지역부터 경비를 우선 배정한다.

20 { 02년 정부예시문제 } 서울시는 날로 심각해지는 생활폐기물 문제를 해결하기 위해 쓰레기 소각장과 하수처리장을 설립할 계획을 세웠으며, 서울시내의 A지역과 B지역을 후보지역으로 선정하였다. 다음과 같은 상황을 가정하자.

> 만약 각 지역에 한 가지씩의 시설을 설치할 경우 생활 폐기물 처리가 효율적으로 이루어져 각각의 지역은 10억원의 경제적 이득을 얻게 된다. 그렇지만 한 지역에 두 가지 시설을 모두 설치할 경우에 시설 설치지역은 처리능력 초과로 인해

20억원의 경제적 손실을 가져오지만 설치하지 않은 지역의 경우에는 상대 지역의 시설을 이용할 수 있으므로 20억의 경제적 이득을 가져온다. 그렇지만 두 시설을 설치하지 않을 경우에는 생활폐기물처리가 제대로 이루어지지 않아서 각각 10억 씩의 손해를 보게 된다.

위와 같은 조건하에서 ① A지역과 B지역의 주민들은 어떻게 반응을 할 것인가? ② 그리고 이 때에 서울시가 취해야 할 조치가 있다면 어떤 것이 있겠는가? (단, 제시된 금액은 해당지역관점에서 보았을 때의 금액이며, 사회적 관점에서 보았을 때는 이 두 시설의 설치가 바람직하다고 가정)

① A, B지역 주민 모두 각각 하나의 시설의 설치에 찬성할 것이며, 서울시는 별도의 조치를 할 필요가 없다.
② A지역 주민은 자기 지역에 하나의 시설의 설치만을 찬성할 것이며, B지역의 주민은 모든 시설의 설치를 반대할 것이다. 이 때 서울시는 A지역에 5억원의 보조금을 지급하여 A지역에 모든 시설을 설치를 하도록 한다.
③ A, B지역 주민 모두 시설의 설치를 반대할 것이다. 이 때에 서울시는 시설 설치시 각각 8억원의 보조금을 지급하여 폐기물 시설 설치를 유도할 수 있다.
④ B지역의 주민들은 두 시설의 설치를 찬성할 것이다. 이 때에 서울시는 A지역으로부터 4억원의 비용을 징수하여 B지역에 보조금으로 지급하여야 한다.
⑤ A, B지역 주민 모두 시설의 설치를 반대할 것이다. 이 때에 서울시는 시설 설치시 각각 12억원의 보조금을 지급하여 폐기물 시설 설치를 유도할 수 있다.

21

{ 02년 정부예시문제 } L사는 반도체 산업의 진입을 검토중이다. 그러나, 기존의 반도체 산업을 주도하는 S사는 L사의 반도체 산업 진입으로 인해 수익률 하락을 우려하여 L사의 진입을 원하지 않고 있다. 다음과 같은 조건이 주어질 때 예상되는 결과로서 바르지 않은 것을 고르시오.

1. 반도체 산업시장은 완전경쟁시장이 아님을 가정한다.
2. L사가 진입을 하지 않고, S사가 기존의 높은 산출량을 유지한다면, S사는 15억의 이윤을 남길 수 있다.
3. L사가 산업에 진입할 경우, S사가 기존의 높은 산출량을 유지한다면, L사는 2억의 손해를 보지만 S사는 8억의 이윤을 남길 수 있다.
4. 3의 경우에 S사가 산출량을 낮춘다면, L사는 10억의 이윤을 남길 수 있고 S사도 10억의 이윤을 남길 수 있다.
5. L사가 진입을 하지 않고 S사가 산출량을 낮추게 되면, S사의 이윤은 11억으로

하락한다.
6. 조건 2, 조건 5의 경우에 L사의 이윤은 0으로 가정한다.

① S사의 경우, L사가 시장에 진입하면 낮은 산출량으로 대응하고, 진입하지 않으면 높은 산출량으로 대응하는 전략을 구상할 수 있다.
② S사는 또한 L사의 진입여부에 관계없이 높은 산출량으로 대응하겠다는 전략을 구상할 수도 있다. 그렇지만 이러한 전략은 L사로부터 신뢰를 얻을 수 없을 것이다.
③ L사의 경우, 제시된 조건하에서라면 시장에 진입할 것이다.
④ L사가 실제로 시장에 진입하게 된다면, S사는 높은 산출량을 유지할 수 없을 것이다.
⑤ S사는 미리 생산시설을 확장하여 비용구조를 낮추는 작업을 하였다. 즉, 조건 2의 경우에는 16억의 이윤을, 조건 3의 경우 9억의 이윤을, 조건 4의 경우 11억의 이윤을, 조건 5의 경우 12억의 이윤을 얻을 수 있게 되었다. 이 경우에 S사는 L사의 진입여부에 관계없이 높은 산출량을 유지하겠다는 전략을 구사할 수 있게 되고, 실제로 L사의 진입을 막을 수 있게 된다.

Chapter 10

경영 전략의 기초

미래의 불확실한 상황 속에서 조직의 경영 전략을 짜는 것은 공공분야보다는 치열한 생존경쟁에 놓여 있는 기업에서 훨씬 더 다급한 문제이다. 이에 따라 조직의 경영전략기법은 민간기업을 연구 대상으로 하는 경영학에서 먼저 발달하였다. 그런데 공공분야에서도 경영 마인드가 강조됨에 따라 경영 분야에서 사용되는 경영전략기법들이 도입되기 시작하였다.

기업도 마찬가지지만 정부조직 중간관리자의 주요 업무는 조직운영과 사업에 대한 구체적인 계획을 입안하는 일이다. 따라서 상황에 따라 적절한 경영전략기법을 사용할 줄 아는 것은 유능한 중간관리자가 되는 데 필요한 능력이다.

이에 따라 PSAT에서도 경영전략기법과 관련된 문항들이 출제되고 있다. 물론 PSAT는 구체적인 지식을 묻는 시험이 아니므로, 특정 경영전략기법의 내용을 묻지는 않는다. 다만 경영전략기법에 따른 분석표나 그림을 제시하고 이를 해석하는 것을 묻고 있다. 구체적인 경영전략기법의 내용을 모르더라도, 지문의 설명만 숙지하면 풀 수 있도록 문제를 출제하지만, 이의 내용과 의미를 미리 알고 있다면 훨씬 수월하게 풀 수 있을 것이다.

따라서 본 장에서는 기초적인 경영전략기법의 논리와 내용을 소개한다. 구체적으로는 사업포트폴리오 분석, SWOT분석, 고객가치분석 기법을 소개한다. 경영전략기법들의 종류와 내용은 다양하지만, 기본논리는 유사하다. 따라서 본 장에서 소개하고 있는 것들만 숙지한다면, 경영전략기법과 관련된 문제들을 푸는 데는 큰 어려움이 없을 것이다.

기업경영전략을 수립하는 기법의 기본 아이디어는 자신의 장단점과 상대방 또는 외부환경의 장단점(유 · 불리)을 파악한 다음, 외부의 기회와 위협 속에 자신의 장점을 극대화하고 단점은 최소화하자는 것이다. 손자병법에 "자신을 알고 남을 알면 백전백승"이라는 말이 있다는데, 바로 이것이 기업의 경영전략을 세우는 기본 아이디어이다.[1]

경영전략을 세우는 참모나 외부 컨설턴트는 자신의 전략이 타당하고 꼭 필요한 것이라고 상관 또는 고객 기업의 최고경영자(CEO)를 설득하는 것이 매우 중요하다. 아무리 좋은 전략을 세워도 채택되지 않는다면 무슨 소용이 있겠는가? 같은 내용이라도 간단명료하게, 이해하기 쉽게 설명하는 것이 그렇지 않은 경우보다 사람들을 설득하기에 좋음은 물론이다. 따라서 기업경영전략기법에서는 어떤 내용이든 간단명료하게, 이해하기 쉽게 제시하는 것이 굉장히 중요하다. 즉, 좋은 경영전략분석에는 자신과 남(외부)의 장단점을 어떻게 일목요연하게, 보기 좋게 정리하여 보여 줄 것인가 하는 것이 핵심이 되겠다.

1. 사업 포트폴리오 분석

사업 포트폴리오 분석이란 기업이 보유하고 있는 다양한 사업부(Strategic Business Unit : SBU)들 중에서 어떤 것을 계속 보유하며, 어떤 것을 확장 또는 축소하는 것이 유리한가를 분석하는 것이다. 이는 마치 개인이 가지고 있는 주식 포트폴리오 중 어디에 얼마나 투자하는 것이 좋은가를 판단하는 것과 유사하다고 할 수 있다. 사업 포트폴리오 분석에 사용되는 대표적인 기법에는 BCG 매트릭스와 GE 매트릭스가 있다.

생각해 보기

매트릭스의 유용성

매트릭스는 가로축과 세로축이 있는 평면, 즉 2차원상에 자료를 배치하는 것이다. 2차원의 평면상에 자료를 배치하면 시각적으로 이해하기 쉽기 때문에 경영학에서는 매트릭스를 자주 사용한다. 그러나 실제로 의사결정에서 고려해야 할 기준이 어찌 두 개뿐이겠는가? 하지만 두 개를 넘어서서 3차원, 4차원으로 전략을 분석하게 되면 그리기도 힘들지만 이해하기도 어렵다.

같은 내용이라도 일목요연하게, 보기 좋게 제시하는 것이 중요하기 때문에, 기업경영전

1) 원전에는 백전백승이 아니라 백전불태로 쓰여 있다는 사람도 있지만, 뭐 아무려면 어떤가? 우리가 백전백승으로 알고 있고, 그 말로부터 교훈을 얻고 있으면 그만이지.

략 기법에서는 가능하면 기준을 두 개만 세워서 2차원에 배열하는 것을 흔히 사용한다. 매트릭스로 제시하는 것은 이해하기 쉽다는 장점을 지닌 반면에, 복잡한 현실을 과도하게 단순화함에 따른 위험도 함께 지니고 있다.

1) BCG 매트릭스(성장-점유율 매트릭스)

BCG 매트릭스는 미국의 경영자문회사인 Boston Consulting Group에 의해 개발된 기법으로서, 이 회사의 이름을 따서 BCG 매트릭스라고 한다. 또한 시장 성장률과 시장 점유율이라는 두 기준에 의하여 분석하기 때문에 성장-점유율 매트릭스(Growth-Share Matrix)라고도 불린다. BCG 매트릭스의 기본 개념을 그림으로 나타내면 [그림 10-1]과 같다.

세로축의 시장성장률(MGR : Market Growth Rate)은 개별 사업부가 속한 시장의 매출성장률(전년대비 금년의 매출증가율)을 나타낸다. 그리고 가로축은 개별 사업부의 상대적 시장점유율(RMS : Relative Market Share)을 나타낸다. 상대적 시장점유율이란 해당 시장에서 가장 큰 경쟁자의 시장점유율에 대한 자사의 시장점

【그림 10-1】 BCG 매트릭스

유율을 의미하는데, 해당 사업의 경쟁력을 반영한다고 할 수 있다.

시장성장률과 시장점유율이라는 두 기준에 의하여 [그림 10-1]은 4개의 사분면으로 분할된다. 각 사업부가 이 4개의 사분면 중에서 어디에 위치하는가에 따라 적합한 전략이 달라진다. 개별 사분면의 명칭과 해당 전략은 다음과 같다.

① 스타(Star) - 높은 시장성장률, 높은 시장점유율

시장성장률이 높은 시장, 즉 빠르게 성장하고 있는 시장에서 자사 사업부가 높은 시장점유율을 차지하고 있다면 매우 좋을 것이다. 이 경우 앞으로 높은 이윤이 창출될 것이기 때문에 발전 가능성이 매우 높은 스타라고 할 만한다.

이런 시장에서 계속 높은 시장점유율을 차지하려면 기업은 이 사업부에 집중투자하는 전략을 세워야 한다. 즉, 다른 경쟁자에게 추격당하지 않도록 집중투자를 하여 시장점유율을 유지 혹은 더욱 높이도록 한다.

② 젖소(Cash Cow) - 낮은 시장성장률, 높은 시장점유율

시장성장률이 낮은 시장, 즉 이미 성숙되어 더 이상의 성장 가능성이 적은 시장에서 자사의 사업부가 높은 시장 점유율을 차지하고 있다면 어떻게 하는 것이 좋을까? 성장 가능성이 적으므로 투자를 늘려봐야 별 재미를 못 볼 것이다. 이런 경우에는 자사의 시장점유율을 유지하는 수준으로만 재투자하면서, 여기에서 생기는 이윤은 따로 챙기는 게 좋다. 그리고 여기에서 챙긴 이윤은 보다 발전 가능성이 있는 다른 곳에 투자하는 것이 바람직할 것이다. 다른 곳에 투자할 재원을 창출한다는 의미에서 젖소(cash cow)라고 부른다.

③ 개(Dog) - 낮은 시장성장률, 낮은 시장점유율

시장성장률이 낮은 시장에서는 자사 사업부의 시장점유율이 낮다고 해도, 시장점유율 확대를 위하여 노력할 유인은 별로 없을 것이다. 이 시장에서 시장점유율 증가를 위하여 투자한다는 것은 무의미하다. 이러한 경우에는 현재 창출되는 잉여는 회수하면서 서서히 투자를 줄여서 나중에는 중단, 철수하는 전략이 타당할 것이다. 이 경우는 4개의 가능한 경우 중에서 가장 안 좋은 경우로서 '개'에 해당한다. 왜 하필 개인가? 잘 모르겠다. 그냥 동서양 모두 안 좋은 것은 개에 비유한다고 생각하자.

④ 문제아(Question Mark/Problem Child) - 높은 시장성장률, 낮은 시장점유율

시장성장률은 높은데 자사 사업부의 시장점유율은 낮다면 어떻게 해야 할까?

【그림 10-2】 BCG 매트릭스

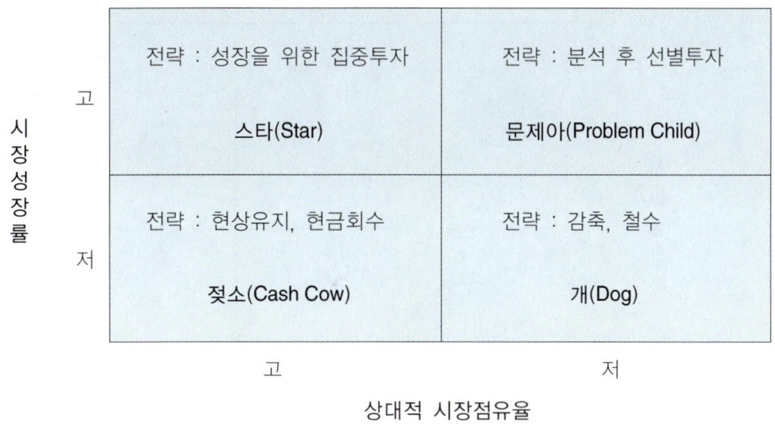

이 경우에는 분명한 답이 없으며, 상황에 따라 정반대의 전략이 가능하다. 따라서 이 경우는 물음표 또는 문제아라고 부른다. 문제아는 두 가지 경로 중 하나를 따르게 될 것이다. 만일 시장점유율을 확대할 수 있다면, 문제아는 스타가 될 수 있다. 하지만 시장점유율을 늘릴 수 없다면, 문제아는 영원한 문제아로 남거나 개가 될 것이다.

따라서 문제아에 대한 전략은 선별투자가 되겠다. 즉, 시장점유율을 높일 수 있다고 자신하면 투자를 통해 스타로 만들지만, 자신이 없다면 투자를 중단하고 퇴출시키는 전략을 세워야 한다.

이상과 같은 네 경우의 전략을 요약하면 [그림 10-2]와 같다.

이제 BCG 매트릭스 분석의 예를 들어 보자. K회사는 여러 사업부들을 갖고 있는 기업이고, [그림 10-3]은 BCG 매트릭스상에 K회사 사업부들의 현 상황을 나타낸 것이다(원의 크기는 각 사업부의 매출규모를 나타낸다).

K회사의 주력 업종은 브라운관 TV 산업으로, 브라운관 TV 시장 전체는 성장이 정체되어 있지만, K회사의 브라운관 TV 사업부의 시장점유율은 상당히 높다. 즉, 브라운관 TV 사업은 K회사의 젖소에 해당한다.

K회사는 종합상사도 갖고 있는데, 종합상사는 시장성장률과 점유율 측면에서 모두 좋지 않다. 따라서 종합상사는 K회사 사업부 포트폴리오상에서 개에 해당한다.

K회사는 PDP TV도 만들고 있는데, PDP 사업의 시장성장률은 빠른 편이며, K회사는 일찍부터 PDP 산업에 관심을 갖고 뛰어들어 시장점유율도 굉장히 높다. 즉, K회사는 PDP TV 사업부를 회사의 스타로 키워냈다.

【그림 10-3】 K회사 사업부의 BCG 매트릭스 분석

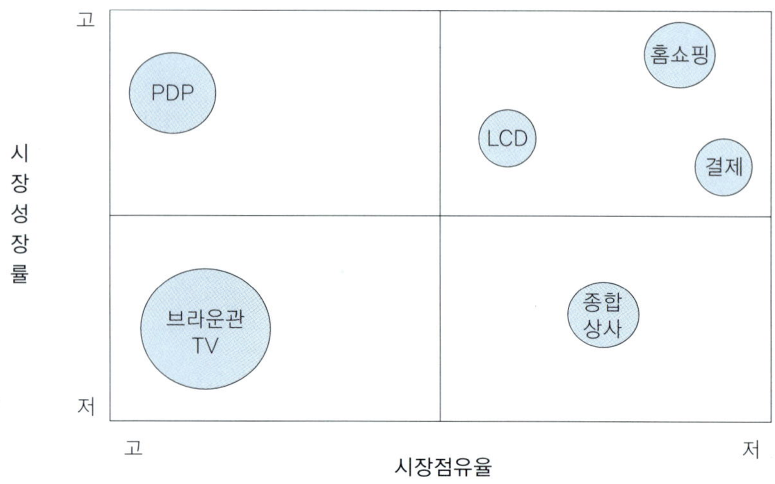

K회사는 LCD 사업부도 갖고 있는데, LCD 시장의 성장률은 빠른 편이지만, K회사는 LCD 사업 경쟁에서 조금 뒤쳐져, 점유율을 그리 많이 확보해 놓지 못했다. 따라서 LCD 사업부는 K회사에 있어서 문제아이다.

또한 최근 K회사는 홈쇼핑채널을 운영하기 시작했는데, 홈쇼핑 시장의 성장률은 높지만 K회사는 사업 초기 단계이기 때문에 업계 내에서의 시장점유율은 굉장히 낮다. 이 경우에도 홈쇼핑 사업부는 K회사의 문제아라고 할 수 있다. 또한 K회사는 홈쇼핑 채널을 야심차게 준비하면서, 결제서비스업도 함께 시작하기로 했는데, 결제서비스업 시장도 성장률이 평균 이상이지만, K회사는 후발주자인 탓에, 기존의 다른 경쟁 업체와의 경쟁에서 매우 뒤쳐져 있는 상태이다.

이와 같은 상황에서 K회사는 각 사업부에 대하여 어떤 전략을 짜야 할까?

우선 브라운관 TV 사업은 젖소로서 현금을 창출해 내는 창구이지만, 시장 점유율을 유지하는 것 이상의 투자를 하는 것은 좋지 않다. 따라서 여기에서는 자금을 회수하고, 이 자금은 시장성장률과 시장점유율이 모두 높은 PDP TV 사업부에 집중 투자하는 것이 좋다.

종합상사는 어떻게 하는 게 좋을까? 이 사업부는 BCG 매트릭스에 의하면 개에 지나지 않으므로, 퇴출시키는 것이 바람직하다.

LCD, 홈쇼핑채널, 결제서비스업의 경우에는 선별투자에 들어가야 한다. 투자를 할 경우에는 스타로 키우는 것이고, 투자를 하지 않기로 결정한다면, 서서히 퇴출

시키는 전략을 세우는 것이 된다. 어떻게 할 것인가? LCD TV의 경우 다른 경쟁업체를 모방하여 만들고 있을 뿐이어서, 앞으로 다른 경쟁업체에 비해 우위를 점하려면(즉, 스타로 키우려면) 너무 많은 투자가 필요하므로 비효율적이라고 분석했다고 하자. 그렇다면 앞으로 발전가능성이 적기 때문에 철수하는 전략을 세우는 것이 현명할 것이다. 홈쇼핑채널의 경우는, 향후 성장 전망도 좋고또 K회사의 매출규모가 상당하므로, 이 경우 투자를 통해 스타로 키우는 전략을 세우는 것이 타당할 것이다. 그러나 결제서비스업의 경우에는 시장성장률도 평균정도인데다가, K회사의 점유율은 최하위 수준이므로 스타보다는 개에 더 가까우므로 철수하는 것이 유리하다고 판단할 수 있다.

정리하면, K회사는 브라운관 TV로 돈을 벌어서 PDP TV와 홈쇼핑채널 사업부에 투자하고, 종합상사를 철수하고, 결제서비스, LCD TV 사업부를 서서히 철수하는 전략을 짜게 될 것이다.

어떤가? 향후의 투자 전략이 명쾌하게 세워졌다고 생각되는가? 그런데 조금만 더 생각해 보도록 하자. 위의 설명을 읽어보면서, BCG 매트릭스에 의한 사업 구조조정 판단이 어딘가 이상하다고 생각한 독자가 있을 것이다. 사실, BCG 매트릭스를 실제 사업 구조조정에 활용하기에는 많은 한계를 지니고 있다. 예를 들면, 앞의 예에서 K회사는 BCG 매트릭스의 제안대로 종합상사, 결제서비스, LCD TV 사업부를 철수하는 것이 정말 최선의 전략일까?

BCG 매트릭스에 의하면, K회사는 종합상사 사업부를 퇴출해야 하지만, 원래 K회사의 종합상사 사업부의 목적이 돈을 벌려는 것이 아니라, TV 수입과 수출의 창구 기능을 위해 존재하는 것이었다면, 이렇게 간단히 퇴출시키는 것은 곤란하다. 또한 결제서비스업 역시 돈을 벌 목적이기보다는, K회사가 홈쇼핑 채널을 준비하면서 이 사업을 돕기 위해 도입했던 것이라면, 이 사업을 지금 철수시켜버리는 것은 거래비용을 최소화하려던 당초 기획을 무시하는 결과를 가져올 것이다. LCD TV 사업의 경우에도 현재 시장 성장률은 PDP TV에 비해서 낮지만, 기술개발이 계속 이루어져 단가를 낮출 수 있다면, 누구나가 유망 산업으로 꼽기를 마다하지 않을 것이므로 지금 철수하는 것은 성급한 판단일 수 있다. 또한 브라운관 TV를 통해 TV 분야에서 상당한 브랜드 파워를 가지고 있을 것이라고 보이는 K회사가 LCD TV에 투자를 하지 않는 것은 스스로의 마케팅 능력을 간과하고 있는 격이 될 것이다.

BCG 매트릭스를 적용할 때 드러나는 한계점은, BCG 매트릭스를 통해 나오는 경영전략의 결정이 시장성장률과 시장점유율의 두 가지 기준으로만 이루어진다는 것에서 비롯한다. 여러 다른 요인, 예를 들면 수출입창구 등의 역할이라든지, 다른 사업부와의 시너지 효과, 점유율 이외의 자사의 다른 역량 등에 대한 고려는 이루어지지 않는다. 따라서 BCG 매트릭스를 사용할 때에는 이러한 한계를 염두에 두고 기본적인 상황 분석에만 사용해야 한다. 즉, BCG 분석틀은 사업부의 현재 위치에 대해서 간단하고 명확하게 분석해 주고, 미래를 준비하는 데 유용한 정보를 주지만, 이것에만 의존해서 사업의사결정을 내리는 것은 위험하다. 이를 위해서는 여러 다른 요인들을 함께 고려해야 한다.

2) GE 매트릭스(GE Business Screen Matrix)

앞에서 BCG 매트릭스는 시장성장률과 시장점유율이라는 두 가지 기준에 의해서만 중요한 사업 구조조정 결정을 하게 됨에 따른 한계가 존재한다고 하였다. 이러한 약점을 보완하기 위해서 나온 것이 GE 매트릭스이다.

GE 매트릭스는 BCG 매트릭스의 시장성장률 대신에 시장매력도, 시장점유율 대신에 시장경쟁력이라는 기준을 사용하며, 각 기준의 수준에 따라 고 · 중 · 저의 3개로 구분한다. 시장성장률과 시장점유율이라는 개념은 구체적이고 단순명료하지만, 시장매력도와 시장경쟁력이라는 개념은 어째 좀 추상적이고 포괄적이라고 느껴지지 않는가? 명칭에서 짐작할 수 있듯이, 시장매력도와 시장경쟁력 수준을 결정하는 데는 다양한 요인들이 고려된다. 가령 시장성장률은 시장매력도를 결정하는 하나의 요인이지만, 그 밖에도 유동성 확보, 수출입창구 역할 등도 시장매력도를 결정하는 데 고려해야 할 요인에 포함될 수 있다. 마찬가지로 시장점유율은 시장경쟁력을 결정하는 하나의 요인이 되지만, 그 밖에 다양한 요인들이 시장경쟁력의 구성요인으로 포함될 수 있다. 만일 현재의 시장점유율은 작지만, 마케팅 등을 통해 성장할 수 있는 잠재력을 보유하고 있다면, 이 사업은 시장경쟁력이 있다고 판단할 수 있다.

이처럼 GE 매트릭스는 시장성장률과 시장점유율 이외에 다양한 요인들을 함께 고려할 수 있으므로, BCG 매트릭스보다 융통성을 발휘할 수 있는 분석이라고 볼 수 있다. 어쨌든 정리하면, 시장매력도와 시장경쟁력이라는 두 차원이 결합된 매트릭스상에 각 사업의 현 위치를 나타내는 것이 GE 매트릭스이다.

GE 매트릭스상의 위치 파악을 위해서는 먼저 해당산업의 시장매력도 구성요인과 해당 사업부의 시장경쟁력 구성요인들을 결정하고, 각 구성요인들의 중요도에 따라 가중치를 결정한다. 이들의 구성요소에는 정성적 및 정량적 요소들이 모두 포함될 수 있다. 이를 예시하면 [그림 10-4]와 같다. 가로축인 시장경쟁력은 기업이 통제할 수 있는 내부 요인에 해당하며, 세로축인 시장매력도는 기업이 통제하기 어려운 외부 요인에 해당한다.

각 구성요소들에 대하여 평가하고, 부여된 가중치에 따라 시장매력도와 시장경쟁력의 총점수를 산출한 다음에, 이에 의거하여 고 · 중 · 저 중에서 적절한 위치를 부여한다.

【그림 10-4】 허위변수와 교란변수

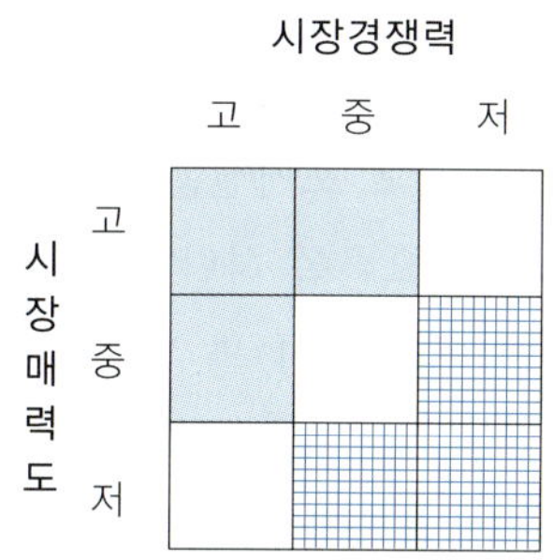

분 류		대응 전략
전반적 포지션 : 상	→	투자 / 성장
전반적 포지션 : 중	→	선택적 개선 / 방어
전반적 포지션 : 하	→	회수 / 퇴출

시장매력도 요소	시장경쟁력 요소
- 절대적 시장 규모	- 사업부 규모
- 시장잠재력	- 시장점유율
- 시장성장률	- 업계에서의 위치(포지셔닝)
- 경쟁구조	- 경쟁우위
- 재무적 요인	- 브랜드 파워
- 경제적 요인	- 인적 자원
- 기술적 요인	- R&D 능력
- 사회적 요인	- 제조 공정
- 정치적 요인	- 품질
- 환경적 요인	- 마케팅
	- 학습역량

출처: Craig S. Fleisher & Babette E. Bensoussan, 강영철 · 김은경 · 소자영 외 공역(2004), 전략 · 경쟁 분석, p. 51 참조

예를 들어보자. S회사가 자동차 사업을 시작하려고 하는데, 자동차 산업의 시장 매력도가 중간이라고 하자. 그런데 S회사는 이제 시작 단계이므로 시장 점유율은 0이지만 우수한 마케팅과 브랜드 파워를 앞세워 상당한 잠재력을 갖고 있다고 하자. 이 경우 시장점유율은 낮지만, S회사가 가진 이미지, 마케팅, 커뮤니케이션 능력 등으로 인해 시장경쟁력이 높은 편이라고 판단할 수 있다. 즉, 시장점유율로만 시장경쟁력을 판단한다면, 이 회사는 GE 매트릭스의 가장 오른쪽에 있어야 하며 전반적 포지션이 우하단의 격자무늬 영역에 속하는 것으로 평가되었겠지만, 사업부가 가진 잠재력으로 인해 상당히 왼쪽으로 포지셔닝되어 색망 부분에도 속할 수 있다.

GE 매트릭스에서 가장 이상적인 포트폴리오는 왼쪽 상단, 색망으로 된 영역이며, 중간 정도의 포트폴리오 포지션은 흰색 부분에 분포되어 있는 경우이며, 가장 좋지 않은 포트폴리오는 오른쪽 하단 격자무늬 영역이다. GE 매트릭스의 각 셀에 대한 전략을 예시하면 〈표 10-1〉과 같다.

[표 10-1] 비즈니스 스크린 매트릭스의 각 셀을 위한 구체적 전략

산업 매력도	사업강점		
	고	중	저
고	- **프리미엄:** 성장을 위해 투자 - 최대한 투자 - 세계적으로 다각화 - 포지션 공고화 - 완만한 단기수익 수용	- **선택적:** 성장을 위해 투자 - 선택된 부문에 집중 투자 - 점유율 상한 - 강점을 적용할 새로운 매력적인 부문을 찾음 - 수익을 위해 선택적으로 투자	- **보호/재집중:** 수익을 위해 선택적으로 투자 - 강점 방어 - 매력적인 부문에 재집중 - 산업 재활력 가능성 평가 - 수확 또는 퇴출시점 파악
중	- **도전:** 성장을 위해 투자 - 강점을 선택적으로 육성 - 리더십 도전의 의미 정의 - 취약성 회피, 약점 보완	- **프라임:** 시장 세분화 - 취약성에 대한 컨틴전시 플랜 수립	- **구조조정:** 수확 또는 퇴출 - 불필요한 투입 중지 - 퇴출을 위한 포지션 - 매력적인 부문으로 이행
저	- **기회 관망:** 수익을 위한 선택적 투자 - 시장 유지 - 니치시장, 전문화 추구 - 인수를 통한 강점 극대화 기회 모색	- **기회 관망:** 수확을 위해 보존 - 현금흐름을 보존하거나 촉진하기 위해 행동 - 판매기회를 추구 - 강점 강화를 위한 기회적 · 합리적 추구	- **수확 또는 퇴출** - 시장에서 퇴출하거나 생산라인 축소 - 현재가치를 극대화하기 위한 시점 결정

출처: Craig S. Fleisher & Babette E. Bensoussan, 강영철, 김은경, 소자영 외 공역(2004), 전략 · 경쟁 분석, p. 51 인용.

GE 매트릭스의 한계점은 주로 시장매력도와 시장경쟁력에 대한 주관적인 측정 때문에 발생한다. 즉, 시장매력도와 시장경쟁력은 정량 및 정성적인 다양한 요소로 구성되기 때문에, 이의 측정은 대체로 전문가설문조사(Expert Survey) 등과 같은 주관적인 방법에 의존하게 된다. 주관적인 측정이 반드시 나쁘다고 할 수는 없지만, 평가자에 따라 달라질 수 있다는 점에서는 아무래도 한계가 있다고 봐야 할 것이다.

보기 10.1

이번에는 BCG 매트릭스와 GE 매트릭스를 결합한 문제를 풀어보도록 하자. 객관식으로 만들어 봤다. GE 매트릭스가 BCG 매트릭스를 보완하여 나왔다는 점을 고려하면, 쉽게 풀 수 있을 것이다.

다음은 H회사가 새로 도입하려고 하는 사업의 포트폴리오 분석이다. 이 자료를 바탕으로 한 설명 중 옳지 않은 것으로만 묶인 것은?

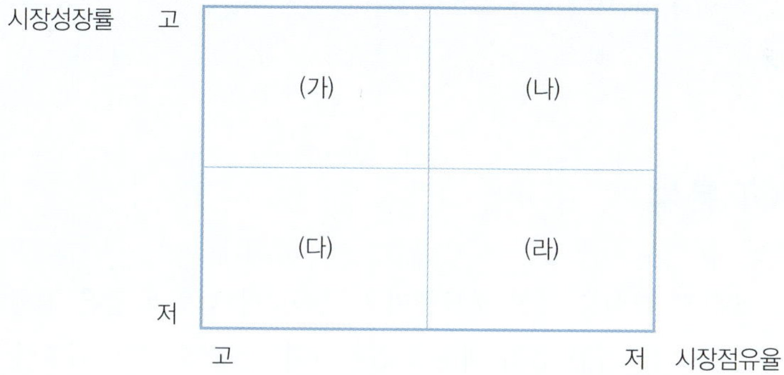

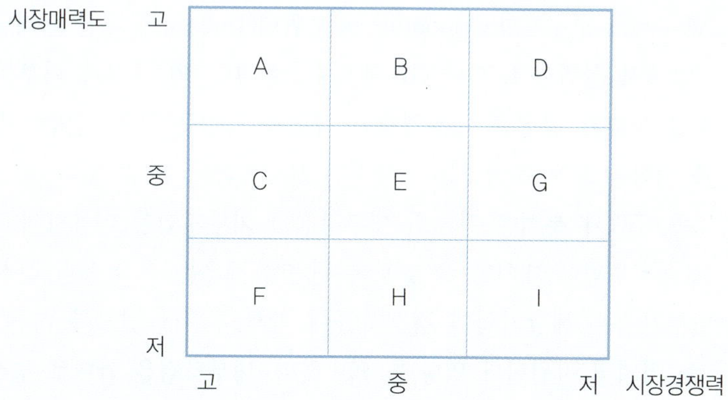

ㄱ. 영역 (라)에 위치한 사업은 영역 I에 반드시 포함된다.
ㄴ. 가장 이상적인 포트폴리오 구성은 사업부들이 (가)에만 분포할 때이다.
ㄷ. 영역 F에 위치한 사업에 집중 투자하는 것은 바람직하지 않다.
ㄹ. 영역 (나)와 영역 D에 속하는 사업은 비슷한 상황에 처해 있다고 분석된다.

① ㄱ, ㄴ ② ㄱ, ㄹ ③ ㄴ, ㄷ, ㄹ
④ ㄱ, ㄴ, ㄷ ⑤ ㄱ, ㄴ, ㄹ

시장점유율이 낮아도 시장경쟁력은 높을 수 있고, 시장성장률이 낮아도 시장매력도는 높을 수 있기 때문에, 두 매트릭스상의 위치가 반드시 일치한다고 볼 수 없다. 따라서 ㄱ과 ㄹ은 틀렸다. 사업부 포트폴리오가 (가)에만 분포한 경우 자금 유동성의 문제가 생기기 때문에 반드시 가장 이상적이라고는 볼 수 없으므로 ㄴ도 틀렸다. 영역 F의 경우 시장매력도가 낮기 때문에 자사의 현재 수준만큼만 유지하는 것이 좋으며 과잉투자는 위험하므로 ㄷ은 맞다. 따라서 정답은 ⑤가 되겠다.

2. SWOT 분석

SWOT 분석은 사업 포트폴리오 분석보다 범위가 넓은 상황분석의 일종으로서, 기업의 강 · 약점 등의 내부역량과 기회 · 위협과 같은 외부의 가능성을 분석하여 전략을 세우기 위해서 사용된다. SWOT이라는 명칭은 강점(Strengths) · 약점(Weaknesses) · 기회(Opportunities) · 위협(Threats)에 대한 머리글자를 딴 것이다.

앞에서 설명한 BCG나 GE 매트릭스는 내부의 강점과 외부의 매력만을 평가했지만, SWOT 분석은 내부역량의 강점과 약점을 모두 파악하고, 외부환경의 기회와 위협을 모두 포착하는 포괄적인 분석이라고 할 수 있다.

즉, SWOT 분석은 자사의 내부강점과 외부기회를 이용하여, 내부약점을 보완하고 외부위협에 대처할 수 있도록 전략을 세우는 데 유용한 분석틀을 제공해 준다. 내부강점은 해당기업이 경쟁사들에 비해 우위에 있도록 하는 기업 내부적 요소(즉, 기업의 자원이나 역량)를 의미하며, 내부약점은 반대로 경쟁사에 비해 열등한 위치에 있게 하는 기업 내부적 요소를 의미한다. 외부기회는 제품수요의 확대 등 해당기업에게 유리한 외부 여건을 의미하며, 외부위협은 해당기업에게 불리한 외부 여건을 의미한다.

【그림 10-5】 일반적 SWOT 모델

a. 분석의 첫번째 단계 : S, W, O, T 요소 파악과 분석, 이슈의 우선순위를 세운다.

내부 강점	내부 약점
1. ____ 2. ____ 3. ____ 4. ____ etc.	1. ____ 2. ____ 3. ____ 4. ____ etc.
외부 기회	**외부 위협**
1. ____ 2. ____ 3. ____ 4. ____ etc.	1. ____ 2. ____ 3. ____ 4. ____ etc.

b. 분석의 두번째 단계 : SWOT 요소 구체화 및 요소조합을 통한 개선전략을 수립한다.

		내부요소	
		강 점	약 점
외부요소	기회	1. SO 전략 내부 강점을 통해 외부 기회를 이용한다.	2. WO 전략 내부 약점을 보완하여 외부 기회를 살린다.
	위협	3. ST 전략 외부 위협에 대해 내부 강점으로 대처한다.	4. WT 전략 내부 약점을 보완하여 외부 위협에 대처한다.

경 쟁 우 위

출처: Craig S. Fleisher & Babette E. Bensoussan, 강영철 · 김은경 · 소자영 외 공역(2004), 전략 · 경쟁 분석, p.98 참조.

SWOT 분석은 SWOT의 네 가지 요소에 대한 분석을 통해서 기업이 직면하고 있는 주요 이슈를 파악할 수 있게 하며, 이에 따라 경영자가 핵심이슈에 대한 전략을 수립하는 것을 도와준다. 이 과정은 [그림 10-5]에 요약되어 있는데, 풀어서 설명하면 다음과 같다.

SWOT 분석의 첫 단계는 기업 내부 역량의 강 · 약점 및 외부환경의 기회 · 위협

[표 10-2] SWOT의 구성요소

요 인	구 성 요 소
내부 강점	독특한 능력, 경쟁우위요인, 경쟁력 있는 프로그램, 조직의 혁신역량, 원가우위요인, 전문인력 및 독점적 기술의 보유여부, 높은 조직충성심
내부 약점	원가경쟁력의 취약성, 낮은 조직충성심, 취약한 자금조달능력, 마케팅능력의 부족, 진부한 프로그램 및 시설, 인력확보의 취약성, 독특한 능력부재
외부 기회	경쟁 마인드의 확산, 새로운 프로그램 및 서비스 개발, 서비스품질의 개선, 수직적 통합화, 소비자의 욕구증대, 경제적 이점
외부 위협	새로운 경쟁자의 출현, 원가부담의 증가, 인력난, 관련지식 및 기술의 변화, 시장의 흐름, 불리한 경제적 요인, 불리한 법률이나 시스템의 도입, 소비자단체의 강력한 압력

을 파악해서 평가하는 것이다. 내부 강점, 내부 약점, 외부 기회, 외부 위협을 구성하는 다양한 요소들을 예시하면 〈표 10-2〉와 같다.

한편, 다음과 같이 SWOT분석을 통해 기업 내부의 강점과 약점을 기업 외부의 기회 및 위협과 대응시킴으로써 기업목표를 달성하려는 전략을 세울 수 있다.

① SO 전략(강점-기회전략) : 외부 기회를 활용하기 위해 내부 강점 사용
② ST 전략(강점-위협전략) : 외부 위협을 회피하기 위해 내부 강점 사용
③ WO 전략(약점-기회전략) : 내부 약점을 극복하기 위해 외부 기회 활용
④ WT 전략(약점-위협전략) : 외부 위협에 대처하기 위해 내부 약점 최소화

이상의 설명을 보다 잘 이해하기 위하여 사례를 보도록 하자. 〈표 10-3〉에는 캠벨사의 SWOT 분석표가 제시되어 있다. 캠벨은 수프로 유명한 회사로서, 우리나라에서도 슈퍼나 할인점에 가면 이 회사 제품을 쉽게 볼 수 있다. SWOT 분석표를 보면 각각 강점과 약점, 그리고 기회와 위협을 분석하고, 이를 결합하여 전략을 도출했다는 것을 알 수 있을 것이다. 시간이 걸리더라도 각 전략과 함께 제시된 괄호 안의 요소들을 확인해 보면, 어떤 식으로 이루어지는 것인지 어렵지 않게 이해할 수 있다.

1) SO 전략

SO 전략의 첫번째는 유동비율과 시장점유율이 상승하고 있는 내부강점(S1, S5)과 유럽연합의 탄생이라는 외부기회(O1)를 결합한 것이다. 이 기업의 자산이 증가하고 시장경쟁력이 높아지고 있기 때문에 이를 토대로 유럽의 식료품회사를 합

[표 10-3] 캠벨 수프 회사의 SWOT 매트릭스

	강점(Strengths) 1. 유동비율[2]이 2.52로 상승 2. 이윤차액이 6.94로 상승 3. 고용원의 사기 충만 4. 최신 컴퓨터 정보시스템 5. 시장점유율이 24%까지 상승	약점(Weaknesses) 1. 법률소송의 미해결 2. 작물수확량 26% 감소 3. 전략경영 시스템의 부족 4. R&D 비용이 31% 증가 5. 딜러 인센티브의 비효과성
기회(Opportunities) 1. EU의 탄생 2. 웰빙 열풍 3. 아시아의 시장개방 4. 수프에 대한 수요가 연간 10%씩 상승 5. 미국과 멕시코의 자유무역협정	SO 전략 1. 유럽의 식료품 회사합병(S1, S5, O1) 2. 멕시코에 생산공장을 건설(S2, S5, O5) 3. 건강수프의 개발(S3, O2) 4. 아시아시장을 개척하기 위해 공동투자관계형성(S1, S5, O3)	WO 전략 1. 유럽시장을 개척하기 위해 공동투자관계형성(W3, O1) 2. 자회사의 신상품개발(W1, O2, O4)
위협(Threats) 1. 연간매출이 겨우 1% 상승 2. 경쟁업체의 냉동식품이 27.4% 시장점유율 확보 3. 아시아경제의 불안정성 4. 주석용기의 자연분해 불가 5. 달러의 저평가	ST 전략 1. 새로운 냉동식품 개발(S1, S5, T2) 2. 자연분해되는 새로운 용기개발(S1, T4)	WT 전략 1. 수익성이 없는 유럽공장폐쇄(W3, T3, T5) 2. 수프 외 상품의 다양화(W5, T1)

출처: Fled R. David(1995), Concepts of Strategic Management(5th)에서 인용.

병한 후 유럽시장을 공략하는 것은 좋은 전략이 될 수 있다. 다음으로 미국과 멕시코의 자유무역협정이 이루어진다는 기회(O5)를 이용하기 위해 현재 이 기업이 가지고 있는 시장경쟁력과 이윤으로(S2, S5) 멕시코에 공장을 건설하는 등의 투자전략이 성립될 수 있다. 또한 웰빙 열풍을 통해 건강에 좋은 수프를 개발하면 이윤을 창출해 낼 수 있을 것으로 보이는데(O2), 이를 위해 사기가 충만한 연구원들(S3)이 창의적인 아이디어를 낼 수 있도록 전략을 짜는 것이 좋을 것이다. 끝으로 아시아 시장이 개방되고 있으므로 아시아 시장을 공략하기에 좋은 호기이다(S3). 기업의 자산과 시장경쟁력이 뒷받침되고 있으므로(S1, S5) 공동투자관계를 형성하여 아시아 시장을 공략하는 것은 좋은 전략이 된다.

2) 유동비율이란 유동부채에 대한 유동자산의 크기를 말한다.

2) WO 전략

타기업에 비해 전략경영시스템이 부족하기 때문에(W3) EU 통합을 기회로 삼아(O1) 다른 기업과 공동투자관계를 맺으면서 벤치마킹해가는 전략이 요구된다. 또한 캠벨수프회사가 현재 법률소송에 휘말려있기 때문에 이미지가 좋지 않다(W1). 새로운 이미지 구축을 위해 자회사를 설립하고 자회사에서 신제품을 개발하는 것이 좋을 것이다. 이 때 웰빙 열풍과 수프수요상승의 기회를 이용하는(O2, O4) 전략을 세운다.

3) ST 전략

경쟁업체의 냉동식품이 인기를 얻고 있는 상황에서(T2) 이 기업이 가지고 있는 자산과 시장경쟁력을 이용해(S1, S5) 새로운 냉동식품을 개발, 경쟁업체의 냉동식품 시장을 탈환하기 위한 전략을 세워야 할 것이다. 그리고 주석으로 만들어진 용기는 자연분해되지 않고 환경단체로부터의 반발이 클 수 있기 때문에(T4) 이에 미리 대비하는 전략이 요구된다. 늘어난 기업의 자산을 투자해(S1) 자연분해되는 용기개발에 착수하는 전략이 필요하다.

4) WT 전략

아시아 경제가 불안정하고(T3), 달러가 저평가되는 등(T5) 시장에 위험요소가 많이 도사리고 있다. 그리고 위험에 대처하기 위한 전략경영시스템이 성숙되어 있지 않기 때문에(W3) 투자가 많이 필요하고 수익을 별로 얻을 수 없는 공장은 폐쇄하는 전략이 필요하다. 다음으로 수프 제품의 연간매출상승률이 크지 않으며(T1), 수프 상품을 거래하는 딜러와의 전망도 좋지 않기 때문에(W5) 수프 외의 상품 개발 전략이 요구된다.

보기 10.2 이제 SWOT 분석에 대하여 얼마나 이해했는지를 점검하기 위해 문제를 하나 풀어 보자.

다음은 한국 이동통신사업자의 SWOT분석이다. 아래의 A-H는 SWOT분석을 통해 도출된 전략이다. 다음 중 SO, WO, ST, WT전략을 알맞게 배치한 것은?

강점(Strengths)	약점(Weaknesses)
• CDMA 기술 우위 • 2.5G 상용화 Know-how 습득 • 아시아권 선두 이동통신 서비스기업 • 무선인터넷의 개발	• 세계 시장에서의 후발주자 • 신진외국기업에 비해 원천기술면에서 취약 • 규모면에서 상대적으로 열세 • 글로벌전략 실행 기반 미약
기회(Opportunities)	**위협(Threats)**
• CDMA 시장 확대(3G의 상용화) • 아시아 시장의 잠재력(중국의 CDMA 채택) • 무선데이터 시장 확대(무선 인터넷)	• 선진 기업의 제휴/인수 경쟁 • 선진 기업의 아시아 시장 진출 적극화 • 기술 표준화 경쟁 • 유무선통합

출처: 이광철 외(2003), "한국 이동통신서비스산업의 글로벌전략 방향"에서 인용.

A : 아시아 시장 확보를 바탕으로 세계시장으로의 순차적 진입
B : CDMA 기술우위를 바탕으로 신흥시장(중국 · 아시아) 공략
C : 해외시장 진출시 현지기업과의 제휴를 통한 진입
D : 무선 인터넷 서비스 강화를 통한 세계시장 진출
E : 아시아 시장에 진출한 선진 기업과의 제휴를 통한 해외시장 진출
F : 기술표준의 호환성 문제 극복
G : 이동통신 관련기업과의 동반진출
H : 2.5G 상용화 기술을 기반으로 3G기술의 우위확보

①

	S	W
T	AC	EF
O	HBD	G

②

	S	W
T	HBD	AC
O	G	EF

③

	S	W
T	AC	G
O	HBD	EF

④

	S	W
T	HBD	AC
O	EF	G

⑤

	S	W
T	G	HBD
O	EF	AC

정답은 뭘까? 각자 잘 생각해 보길 바란다. SWOT 전략은 어려운 것이 아니므로, 조금만 생각하면, 금방 답이 나올 것이다.

3. 고객 가치 분석(Customer Value Analysis)

기업 경쟁력의 기본은 고객들의 제품에 대한 평가일 것이다. 고객가치분석은 고객이 해당기업의 제품을 타기업의 제품에 비하여 어떻게 평가하고 있는가를 보여 준다. 제품에 대한 고객의 평가는 품질에 대한 것과 가격에 대한 것으로 구분할 수 있을 것이다. 〈표 10-4〉와 〈표 10-5〉에는 각각에 대한 예가 제시되어 있다.

이동통신의 품질만족도에 대한 평가를 하기 위한 항목으로는 통화품질, TV광고, 단말기, 부대서비스, 대리점의 수, 판촉이 고려되었다. 전체적인 품질만족도를 결정하는 데 각 항목의 중요도는 서로 다를 것이므로 이를 반영하기 위하여 가중치를 둔다. 즉, 가중치의 총합을 100으로 하고, 각 항목의 중요도에 따라 서로 다른 가중치를 부여하였다. 통화품질의 가중치가 30으로 가장 높으며, 그 다음으로 TV광고, 부대서비스, 판촉 순임을 알 수 있다. 품질만족도 평가항목과 각각의 가중치를 결정하고 나면 본격적인 고객가치평가가 시작된다.

먼저 평가대상인 A이동통신 및 경쟁사들의 점수를 10점 만점으로 평가한 후, 각 항목에 나열한다(2열과 3열).[3] 그 다음, 각 항목별로 A이동통신이 경쟁사들에 비하여 얼마나 우월한지 또는 열등한지를 파악하기 위하여 A이동통신 점수 대비 경쟁사 점수의 비율을 계산한다(4열). 이 비율이 1보다 높으면 평가대상(즉, A이동통

[표 10-4] A이동통신 제품의 품질에 대한 고객가치

품질속성 (1)	만족도 점수 가중치 (2)	 A이동통신 (3)	 경쟁사 평균 (4)	비율 (5)=(3)/(4)	가중치×비율 (6)=(2)×(5)
통화품질	30	8.0	8.8	0.90	27.0
TV광고	20	9.3	9.0	1.03	20.6
단말기	10	8.5	8.8	0.97	9.70
부대 서비스	20	7.5	7	1.07	21.4
대리점의 수	5	7.8	8.2	0.95	4.75
판촉(포인트카드, 행사 등)	15	6.2	7.8	0.79	11.85
합계	100				95.3

3) 경쟁사들이 복수이므로 개별 경쟁사 점수를 산출한 후, 이의 평균을 사용한다.

신)이 경쟁사들의 평균보다 우월한 것이고, 비율이 1보다 낮으면 평가대상이 경쟁사들의 평균보다 열등한 쪽에 위치한다고 판단할 수 있다. 마지막으로, 각 항목별 비율과 가중치를 곱한 값을 더하면 평가대상의 경쟁사와 비교한 상대적인 고객만족도 점수가 도출된다(6열의 제일 아래). 이 점수는 경쟁사의 평균점수를 100으로 했을 때의 상대적인 점수를 나타낸다. 이 점수가 95.3이므로 A이동통신의 전반적인 품질만족도는 경쟁사들의 평균에 조금 못 미치는 수준이라고 볼 수 있다.

A이동통신의 강점을 살펴보면 비율(5열)에서 1보다 높은 점수를 받은 것은 TV광고, 부대서비스이므로 이들 항목에서 경쟁사보다 상대적으로 강점을 갖는다는 것을 알 수 있다. 반면 비율의 값이 1보다 낮은 항목인 통화품질, 단말기, 대리점의 수, 판촉 면에서 경쟁사보다 상대적으로 약하다는 것을 볼 수 있다. 특히 판촉의 경우 비율 점수가 0.79로 경쟁사보다 꽤 낮은 수준에 머물고 있다고 평가되고 있다.

종합적으로 판단할 때 A이동통신의 경우 강점인 TV광고와 부대서비스는 현 상태를 유지하거나 높이는 전략을 추구해야 하며, 약점을 보완해야 할 것이다. 이때 특히 이동통신의 만족도에 많이 반영되는, 즉 가중치가 높은 통화품질(가중치 = 30), 판촉(가중치 = 15) 항목에 더욱 신경 써서 관리해야 할 것이다.

〈표 10-5〉를 보는 방법 역시 〈표 10-4〉와 같다. 가격만족도를 평가하는 항목으로 기본요금, 통화요금, 중고단말기 가격, 부대서비스 요금을 설정하였고 각각의 가중치의 합이 100이 되도록 하였다. 각각의 평가항목에 대한 A이동통신의 점수와 경쟁사 평균을 10점 만점으로 하여 나열하자.

A이동통신의 경우 기본요금, 통화요금의 항목이 경쟁사평균보다 우월하다고 분석할 수 있다. 부대서비스 요금은 경쟁사와 대등하며, 중고단말기 가격에 있어서

[표 10-5] A이동통신 제품의 가격에 대한 고객가치

	만족도 점수				
가격만족도 속성 (1)	가중치 (2)	A이동통신 (3)	경쟁사 평균 (4)	비율 (5) = (3)/(4)	가중치×비율 (6) = (2) × (5)
기본요금	20	9	7	1.29	25.8
통화요금	50	8	7	1.14	57
중고단말기 가격	10	5	8	0.63	6.3
부대서비스 요금	20	7	7	1.00	20
합계	100				111.1

매우 열등하다는 것을 도출해낼 수 있다. 그러나 가중치가 높은 통화요금을 포함한 요금항목에서 점수가 좋기 때문에 전반적인 점수는 111.1로 A이동통신에 대한 고객들의 가격만족도는 상당히 좋다고 평가할 수 있겠다.

품질만족도에서는 약간 저조한 성적을 받고, 가격만족도에서는 우수한 성적을 받은 A이동통신사는 앞으로 어떤 전략을 세워서 실행해야 할까? 품질과 가격이라는 두 가지 면을 모두 고려하여 전략을 세우는 데 도움을 주는 것으로서 고객가치맵이란 것이 있다. 고객가치맵은 고객이 인지하는 품질과 가격 수준을 4분면의 매트릭스에 배치시킨 것이다. [그림 10-6]에서 품질은 가로축에, 가격은 세로축에 표시되어 있다.

가로축의 품질비율은 〈표 10-4〉의 점수를 100으로 나눈 것을 표시한 것으로 해석할 수 있다. 1이 평균점수를 나타내므로 1보다 크면 품질이 평균보다 높음을, 1보다 작으면 평균보다 낮음을 의미한다. 마찬가지로 세로축의 가격비율은 〈표 10-5〉의 점수를 옮겨 놓은 것으로 해석할 수 있다. 단, 〈표 10-5〉에서는 가격에 대한 '만족도' 점수이므로 높을수록 가격만족도가 좋은 것이지만 [그림 10-6]에서는 비싸다, 싸다와 같이 고객이 인식하는 가격 수준을 나타내므로 점수가 높을수록 가격만족도가 떨어지는 것으로 해석해야 한다는 점에 주의해야

【그림 10-6】 시장별 고객가치맵 - 이동통신

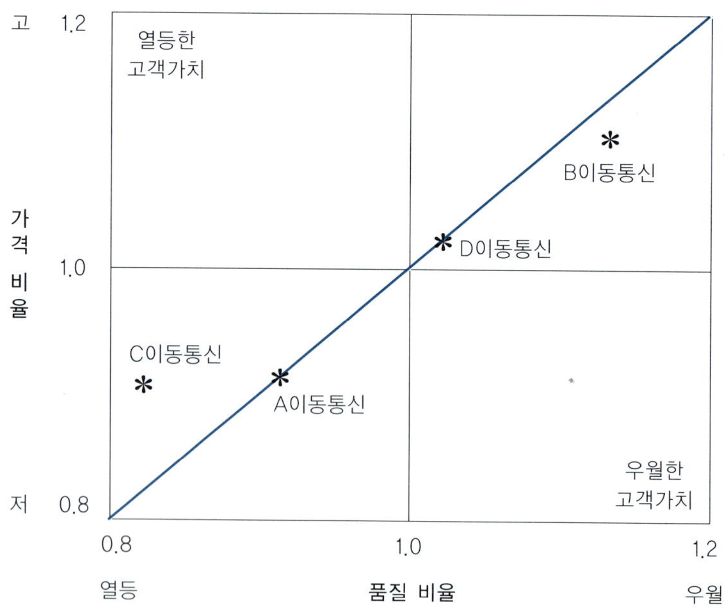

한다.

이 그래프에서 대각선은 공정가치선이라고 한다. 이 선에서는 가격과 품질이 균형을 이루는 것으로 해석할 수 있기 때문이다. 이 선에서 높은 가격은 높은 품질과, 낮은 품질은 낮은 가격과 대응된다. 따라서 품질에 합당한 가격, 또는 가격에 상응하는 품질 정도를 나타낸다는 의미에서 공정가치선이라고 하는 것이다. 그렇다면 이 선보다 위 또는 아래에 위치하면 어떤 상태를 의미할까?

공정가치선 아래에 위치하고 있는 기업은 가격에 비하여 품질이 우수한 것으로 고객들이 평가하는 것이므로, 현재의 가격수준에서 시장점유율을 증가시키기에 좋은 위치에 있다. 공정가치선 위쪽에 있는 기업은 품질에 비하여 가격이 높은 것으로 고객들이 평가하는 것이므로, 점차 시장점유율을 잃게 될 것이다. 이 기업이 시장점유율을 확대하려면 가격을 낮추어야 할 것이다.

A이동통신의 품질과 가격점수에 맞춰 고객가치맵에 표시하면 품질은 평균보다 조금 낮지만 상대적인 가격은 좋은(상대적 가격 '저'에 속함) 쪽에 속하게 된다. 이를 표시하면 아래와 같다. 다른 경쟁사들의 품질과 가격점수도 같은 방식으로 산출한 후, 이를 고객가치맵에 표시하였다.

A와 D회사는 품질과 가격 수준이 공정가치선에 있으며, C회사는 가격이 낮지만 품질은 그보다 더 형편없어서 공정가치선 위(품질에 비하여 높은 가격)에 위치한다. 이에 비하여 B회사는 가격은 평균보다 높지만 품질이 상당히 우수해서, 공정가치선 아래(가격에 비하여 우수한 품질)에 위치한다.

이상에서 〈표 10−4〉, 〈표 10−5〉, [그림 10−6]를 통하여 고객가치분석에 대하여 설명하였다. PSAT 준비라는 관점에서 본다면 이 내용 자체는 별로 중요하지 않을 것이다. 그보다는 이러한 형식의 표를 해석할 줄 아는 게 중요하다. 〈표 10−4〉나 〈표 10−5〉처럼 어떤 포괄적인 개념(만족도 등)을 측정하기 위하여 이를 구성하는 하위요소를 도출하고, 이들의 가중평균으로 측정한다든가, [그림 10−6] 처럼 매트릭스상의 위치를 비교하는 것 등은 2장에서 다룬 '도표의 해석'에 해당한다. '도표의 해석' 중에서도 주어진 정보들을 조합하여 새로운 정보를 도출하는 것에 해당한다.

이러한 유형의 도표는 비록 처음에는 약간 복잡해 보이지만, 익숙해지면 효과적으로 정보를 제공하는 방법임을 알 수 있을 것이다. 따라서 이러한 도표를 잘 익혀두면 PSAT 대비를 위해서도 좋지만, 나중에 정부나 기업의 관리자가 되었을 때도 유용하게 사용할 수 있다.

보기 10.3

이제 고객가치분석에 대한 간단한 문제를 풀어 보자. 표를 읽을 줄 아는지를 주로 보는 문제로서 앞의 예시를 이해했으면, 금방 풀 수 있다.

다음은 G의류회사 제품의 품질과 가격을 통합한 고객가치를 분석한 것이다. 아래의 설명 중 옳지 않은 것은?

	성 과 점 수				
제품속성 (1)	가중치 (2)	G의류회사 (각각 10점 만점) (3)	경쟁사 평균 (4)	비율 (5=3/4)	가중치×비율 (6=2×5)
디자인	35	8.5	7.5	1.133	39.66
옷감	10	6	7.5	0.8	8
가격	20	9	6.5	1.38	27.6
광고	20	8.3	8	1.037	20.7
판촉(할인판매, 상품권, 경품 등)	15	4.8	6.8	0.706	10.59
합계	100				106.55

① G의류회사의 제품은 경쟁사보다 전반적으로 앞서있다고 판단할 수 있다.
② G의류회사의 제품은 가격면에서 경쟁사보다 월등히 앞선다.
③ G의류회사 제품의 각 속성에 대해 1점씩 올리는 데 같은 비용이 든다면, 디자인에 투자하는 것이 효과적이다.
④ G의류회사의 제품은 판촉면에서 경쟁사보다 상당히 밀려있다.
⑤ G의류회사의 제품점수는 106.55이므로 어떤 경쟁사 제품보다도 고객가치가 높음을 알 수 있다.

①~④는 타당한 설명들이라고 할 수 있다. 비교 대상이 경쟁사의 평균이기 때문에 위의 자료를 통해 G의류회사의 제품이 모든 의류 회사의 제품보다 뛰어나다고 할 수 없으므로 ⑤는 틀렸다.

지금까지 본 장에서는 경영학 분야에서 사용되는 경영전략기법의 기초적인 내용을 설명하였다. 본 장을 읽고 난 여러분의 소감은 어떤지? 경영전략기법을 익혀두면 나중에 조직의 관리자가 되었을 때 유용하게 사용할 수 있을 거라는 생각이 들지 않는가?

경영전략기법은 뭐든지 2차원의 매트릭스상에 제시하길 좋아하기 때문에 복잡한 현실의 과도한 단순화에 따른 위험이 있기는 하다. 하지만 그럼에도 불구하고 이러한 분석은 상당히 유용하다. 의사결정을 할 때 가장 중요하게 고려해야 할 점들을 명확하게 제시함으로써 보다 합리적인 결정을 할 수 있도록 도와준다.

두 가지 기준에 의한 2차원의 매트릭스로 제시하는 것은 여러 가지로 응용이 가능하다. 예를 들면, 해야 할 일들을 긴급성(urgency)과 중요성(importance)이라는 두 기준의 매트릭스상에 위치시키는 것도 무엇부터 어떻게 할 것인가를 결정할 때 유용하게 활용될 수 있다. 여러분도 이러한 긴급성-중요성 매트릭스를 이용해서 앞으로 무엇을 해야 하는가에 대한 계획을 세워 보라. 시간을 효율적으로 사용하는 데 도움을 줄 것이다.

기 • 출 • 예 • 제

01 { 06 입법 상황판단 } 다음 그림은 경합가치 프로파일(competing value profile)을 활용한 두 공공조직에 대한 평가결과를 나타내고 있다. A와 B 각각의 조직 효과성을 균형적으로 제고하기 위한 제안으로 가장 적절하게 연결된 것은?

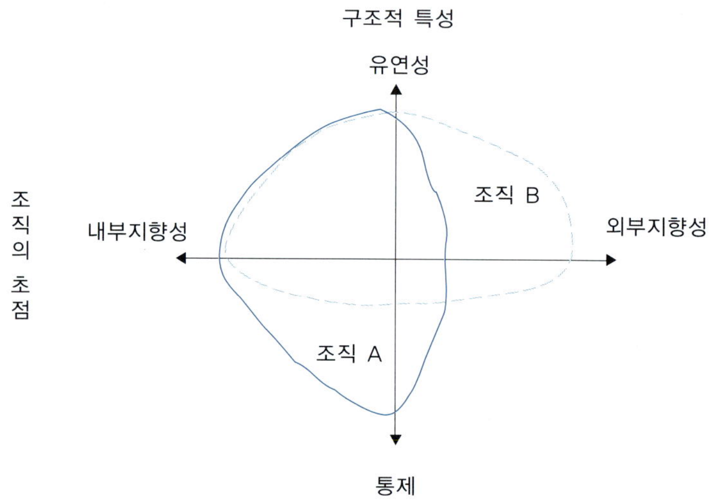

보 기

ㄱ. 참여적 의사결정구조를 확립하여 조직 내부의 긍정적인 변화를 적극적으로 유도한다.
ㄴ. 환경의 변화를 조직의 목표와 구조 그리고 작업관리에 즉시 반영하는 것을 고위관리자의 주요 임무로 설정한다.
ㄷ. 경험이 많은 선배직원이 신입직원에 대하여 조언하고 충고할 수 있는 제도를 마련한다.
ㄹ. 고객들과의 지속적인 정보교환을 통하여 조직에 변화를 창조하고 환경과의 협상을 담당하는 고객관리자를 지정한다.
ㅁ. 개인별 성과를 엄밀하게 측정할 수 있는 성과관리시스템을 도입한다.

① A - ㄱ, B - ㄴ
② A - ㄴ, B - ㄹ
③ A - ㄷ, B - ㄹ
④ A - ㄹ, B - ㅁ
⑤ A - ㅁ, B - ㄱ

02 {06 입법} 다음 [그림]은 어떤 제품의 품질과 시장에서의 판매가격을 기업별로 비교하고 품질과 가격이 투자수익률에 미치는 영향을 나타낸 것이다. 이에 대한 설명으로 옳은 것을 | 보기 |에서 모두 고르면?

[그림 1] 기업별 품질-가격 비교

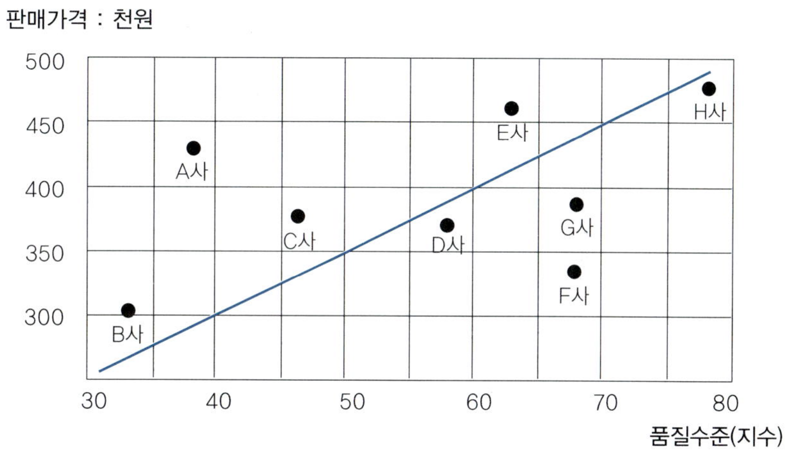

[그림 2] 품질-가격과 투자수익률

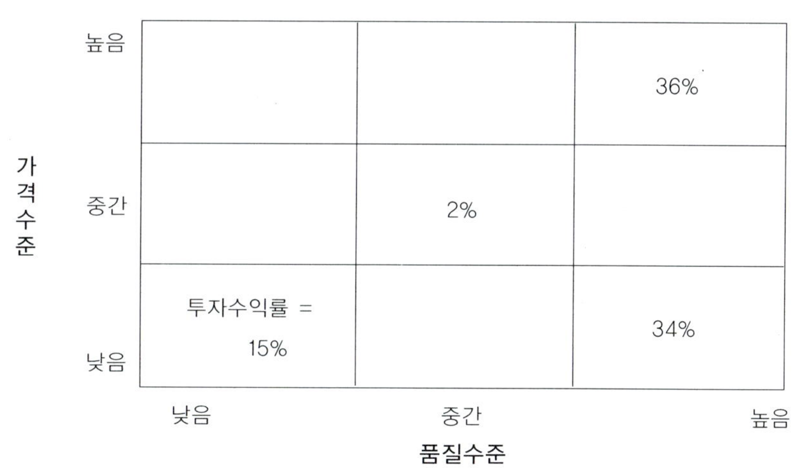

1) 투자수익률(%) = (순이익/투자액) × 100
2) 가격의 중간수준은 350~450천원이고, 품질수준(지수)의 중간수준은 40~70이다.

보 기

ㄱ. 위의 두 그림으로 판단할 때 D사는 B사에 비해 이 제품에서의 투자수익률이 높을 것으로 추정된다.

ㄴ. 위의 두 그림으로 판단할 때 D사는 H사에 비해 이 제품에서의 투자수익률이 낮을 것으로 추정된다.
ㄷ. F사의 이 제품은 G사와 비슷한 품질수준임에도 불구하고 시장에서 상대적으로 낮은 가격에 판매되고 있다.
ㄹ. 이 제품에서의 투자수익률이 가장 높을 것으로 추정되는 기업은 G사이다.

① ㄷ ② ㄱ, ㄴ ③ ㄴ, ㄷ
④ ㄱ, ㄴ, ㄷ ⑤ ㄴ, ㄷ, ㄹ

03 { 05년 모의평가 } 다음은 경제통합을 구상중인 국가들과 그 이외 국가(갑, 을)의 통상관계에 대한 것이다. 〈표〉는 현재 갑, 을 국가가 경제통합 추진 국가들과 맺고 있는 통상관계 방식을 말한다. 향후 이들 추진국가의 경제가 통할될 것으로 예상됨에 따라 갑과 을 국가가 취할 전략으로 | 보기 |에서 골라 가장 바르게 짝지은 것은?

경제통합이란 경제통합을 이룩한 역내국(경제통합 회원국)에 대해서는 무역, 산업, 금융 등의 여러 분야에서 상호 간의 장벽을 완화하거나 제거함으로써 일국 내의 거래와 동일한 상황을 추구하려는 형태를 의미한다. 결국 경제통합이란 경제통합을 체결한 역내국에 대해서는 하나의 국가 내 거래와 동일하게 무역제한을 철폐하면서, 역외국가(비회원국)에 대해서는 차별적인 무역제한조치를 부과하는 제도이다.

	수 출	현재생산
갑	100%	0%
을	0%	100%

보 기

ㄱ. 관세를 피하기 위한 방어적 해외직접투자전략
ㄴ. 경제통합 회원국들 간의 비교우위를 고려한 합리적 해외직접투자 재배치 전략
ㄷ. 경제통합지역의 잠재적 수요증가가 예측될 때의 공격적 해외직접투자 전략

	갑	을		갑	을
①	ㄱ, ㄴ	ㄴ, ㄷ	②	ㄱ, ㄴ	ㄱ, ㄷ
③	ㄱ, ㄷ	ㄴ, ㄷ	④	ㄴ, ㄷ	ㄱ, ㄴ
⑤	ㄴ, ㄷ	ㄱ, ㄷ			

04 { 05년 모의평가 } 다음은 기업들이 추구할 수 있는 대표적인 경쟁전략에 관한 설명이다. | 보기 |에서 저원가 전략을 효과적으로 실행할 수 있는 조직관리 방안을 골라 모은 것은?

전 략	정 의	경영통제 시스템	보상정책
저원가 전략	원가를 경쟁기업보다 낮게 함으로써 우위를 획득하는 전략	– 엄격한 원가통제 시스템 – 양적인 원가 목표 – 노동, 재고, 기타비용에 대한 철저한 감독 – 현장 인력 중심	– 원가절감에 대한 보상 – 모든 종업원들을 원가절감에 참여하도록 유도하는 인센티브
차별화 전략	제품이나 서비스의 지각된 가치를 증가시킴으로써 우위를 획득하는 전략	– 통제활동의 우연성 – 창의적 개인에 대한 인내심 – 실패로부터 학습하는 능력	– 위험감수에 대한 보상 – 창의적 재능에 대한 보상 – 주관적이고 질적인 성과측정

보 기

ㄱ. 계량화된 성과관리
ㄴ. 탄력적 업무시간 활용
ㄷ. 소규모의 기업본부 인력
ㄹ 창의적 노력을 위한 독립된 지원체제

① ㄱ, ㄴ ② ㄱ, ㄷ ③ ㄴ, ㄷ
④ ㄴ, ㄹ ⑤ ㄷ, ㄹ

05 { 04년 외시 } 한 국가가 국가경쟁력을 제고하기 위해 취할 수 있는 정책방향은 공격성 중시전략과 매력도 중시전략으로 나누어진다. | 보기 |에서 공격성 중시전략에만 해당되는 정책을 고른 것은?

한 국가가 경쟁력을 제고하는 데는 공격성(aggressiveness)을 제고하는 방향과 매력도(attractiveness)를 제고하는 방향이 존재한다.

공격성 중시전략은 자국기업이 국내외 시장에서 높은 경쟁력을 유지할 수 있도록 과감하게 지원하고 보호하는 중상주의적 성향의 진출전략이다.

매력도 중시전략은 자국을 기업 활동하기 좋은 매력적인 환경으로 만들어 자국기업이나 외국기업들이 자국에서 자유롭게 활동하도록 하는 개방적 유인전략이다.

공격성과 매력도에서 모두 강해질 때 국가경쟁력의 향상을 기대할 수 있을 것이다.

보 기

ㄱ. WTO 협정에 부합하는 방향으로 자유 경쟁을 제한하는 각종 규제를 완화한다.
ㄴ. 자국기업의 해외 진출을 국가적으로 지원한다.
ㄷ. 전통적인 수출 기반 산업을 고부가가치화한다.
ㄹ. 외국기업에 대한 법인세율 인하 등의 세제혜택을 부여한다.
ㅁ. 자국 벤처기업에 대한 금융지원을 확대하고 개발된 기술의 상용화를 확대한다.
ㅂ. 경제특구를 만들어 입주기업에게 필요한 인프라와 저가의 부지를 제공한다.

① ㄱ, ㄹ, ㅂ
② ㄱ, ㅁ, ㅂ
③ ㄴ, ㄷ, ㅁ
④ ㄴ, ㄹ, ㅁ
⑤ ㄷ, ㄹ, ㅁ

06 { 03년 11월 모의평가 } 다음의 자료를 바탕으로 한 설명 중 옳지 않은 것으로만 묶은 것은?

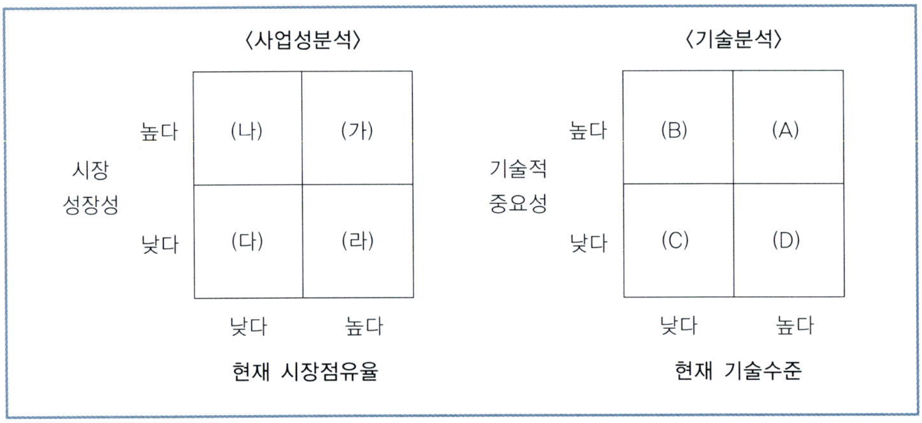

보 기

ㄱ. 현재 영역 (라)에 포함되는 제품으로부터 벌어들이는 수익은 다른 제품보다도 영역 (라)의 제품으로 다시 재투자하는 것이 바람직하다.
ㄴ. 영역 (다)에 포함되는 제품이나 영역 (C)에 포함되는 기술은 현재로선 투자를 보류하는 것이 바람직하다.
ㄷ. 영역 (가)에 해당되는 제품을 개발하기 위해, 동일한 조건에서 영역 (A)기술 또는 영역 (B)기술 모두가 가능하다면 영역 (B)기술에 투자하는 것이 효과적이다.
ㄹ. 앞으로는 (D)영역기술보다는 (B)영역기술에 대한 투자가 우선적으로 이루어지는 것이 바람직하다.

① ㄱ, ㄴ　　② ㄱ, ㄷ　　③ ㄴ, ㄷ

④ ㄱ, ㄴ, ㄷ,　　⑤ ㄱ, ㄴ, ㄹ

07 {03년 11월 모의평가} 과학기술부는 국가 핵심사업으로 나노기술개발을 위한 계획을 수립하려고 한다. 이 과정에서 과학기술부 OO과에서는 우리나라의 나노기술개발 여건을 분석하기 위해 SWOT 분석을 실시하려고 한다. 다음의 SWOT 분석의 정의에 따라 | 보기 |의 환경분석결과를 가장 바르게 분류한 것은?

SWOT 분석의 정의

SWOT 분석이란 조직의 환경을 분석하기 위해 사용되는 정책환경분석기법으로, 조직내부환경과 관련된 강점(Strength: S), 약점(Weakness: W), 조직외부환경과 관련된 기회(Opportunity: O), 위협(Threat: T)을 분석하는 방법이다.

보 기

ⓐ 세계 최고의 반도체공정기술 축적
ⓑ 세계 최고기술만이 생존 가능
ⓒ 나노기술로 반도체산업 경쟁력 유지
ⓓ 다학제적 협력연구체제 취약
ⓔ 학문적, 경제적 가치창출 기회
ⓕ 나노기술 연구인력 및 장비부족
ⓖ 선진국, 경쟁상대국도 집중투자
ⓗ 나노 소재분야 연구 잠재력 보유

①
ⓒ ⓔ　　ⓑ ⓖ

강점(S)	약점(W)
기회(O)	취약(T)

ⓐ ⓗ　　ⓓ ⓕ

②
ⓐ ⓒ　　ⓑ ⓓ

강점(S)	약점(W)
기회(O)	취약(T)

ⓔ ⓗ　　ⓕ ⓖ

③
ⓐ ⓗ　　ⓓ ⓕ

강점(S)	약점(W)
기회(O)	취약(T)

ⓒ ⓔ　　ⓑ ⓖ

④
ⓔ ⓗ　　ⓓ ⓕ

강점(S)	약점(W)
기회(O)	취약(T)

ⓐ ⓒ　　ⓑ ⓖ

⑤
ⓐ ⓓ　　ⓕ ⓖ

강점(S)	약점(W)
기회(O)	취약(T)

ⓑ ⓒ　　ⓔ ⓗ

08 {03년 11월 모의평가} 다음 [그림]은 소매점을 유형설비, 가격의 저렴성, 영업시간의 편리성을 기준으로 표시한 것이다. [그림]에 대한 분석 중 옳은 것으로만 모두 묶은 것은?

[그림 1] 가격의 저렴성과 유형설비에 따른 소매점의 분포

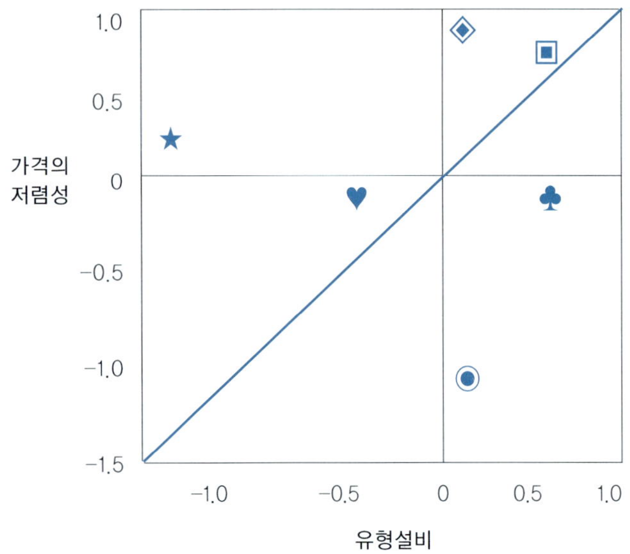

[그림 2] 영업시간의 편리성과 유형설비에 따른 소매점의 분포

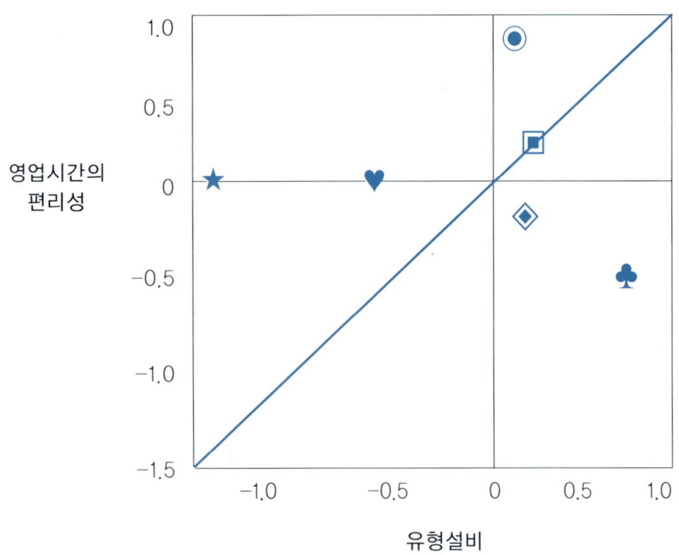

♥ 슈퍼마켓 ★ 재래시장 ♣ 백화점 ◉ 편의점 ◈ 할인점 ▣ 멤버십클럽

보 기

ㄱ. 유형설비는 재래시장과 슈퍼마켓이 백화점, 할인점, 그리고 편의점에 비해 낙후되어 있다.
ㄴ. 가격의 저렴성에 있어 멤버십 클럽과 할인점이 매우 좋은 위치에 있으나 편의점은 그 반대로 인식되고 있다.
ㄷ. 모든 차원에서 긍정적인 위치에 있는 소매점은 멤버십클럽과 백화점으로 나타났다.
ㄹ. 모든 기준에서 가장 바람직하지 못한 위치에 있는 소매점은 슈퍼마켓으로 나타났다.

① ㄱ, ㄴ ② ㄴ, ㄹ ③ ㄱ, ㄴ, ㄹ
④ ㄱ, ㄷ, ㄹ ⑤ ㄴ, ㄷ, ㄹ

09 { 02년 11월 실험평가 } 정부는 21세기 동북아 물류 중심 국가 실현을 위해서 다양한 정책을 추진하고 있다. 이와 같은 취지에서 해양수산부도 해운항만 부문에서 다양한 정책을 모색하고 있다. 동북아 물류 중심 국가 실현을 위한 세부 정책의 수립을 지시받은 해양수산부 담당사무관 L은 SWOT 분석에 의해서 우리나라 해운항만산업의 여건을 분석했다. 아래의 SWOT 분석에 대한 설명과 직접적인 관련이 없는 것은?

강점요인(S)	약점요인(W)
- 천혜의 지정학적 위치 - 저렴한 항비	- 시장지향적 항만물류정책 미흡 - 물동량 증가에 부합하는 물류인프라 미흡 - 선박확보 금융 및 해운세제 선진경쟁국에 비해 열위
기회요인(O)	**위협요인(T)**
- 부산항의 높은 인지도 - 물동량 증가 추세	- 중국의 급성장 - 주변국 항만간 경쟁 심화

① 부산항과 광양항은 세계 주요 간선항로상에 위치하고 있으며 주변 1,200km 이내에 인구 7억 명 이상의 거대 배후시장이 존재한다.
② 부산항은 세계 3위의 컨테이너 항만으로서 위치를 점하고 있다.
③ 해운항만산업은 수출입 물동량의 99% 이상을 수송하는 국가기간산업이며 해운 운임수입은 국제수지개선에 크게 기여한다.
④ WTO 가입 등 최근 중국경제의 급성장에 따라 중국의 컨테이너 물동량은 연평균 11.5%씩 증가하고 있다.
⑤ 도로 · 철도 · 공항 등 타 교통관련 SOC 시설과 달리 국제물류의 99.7%를 처리하는 항만시설의 시설확보율이 크게 부족하다.

기출예제 정답 및 해설

[제2장 • 도표에 의한 자료 요약]

01 ▸▸▸ ⑤

해설

① 그래프를 보면 A국은 B국보다 노동투입량과 자본투입량이 모두 적다. 문제에서 각 국가들의 총생산량은 같다고 기술하였으므로, 보다 적은 노동투입량과 자본투입량으로 동일한 총생산량을 산출한 A국의 생산성은 B보다 높다고 할 수 있다. 따라서 옳은 기술이다.

② 주어진 공식을 이용하면 쉽게 도출할 수 있다. A국과 C국의 총생산량은 동일하고, 자본투입량은 A국이 좀더 적다. 따라서 A국의 자본생산성이 C국보다 높으므로 옳은 기술이다.

③ A, B, C, D, E 5국의 총생산량은 모두 같고, 이 중 가장 노동력을 많이 투입한 나라는 E국이다. 따라서 E국의 노동생산성이 가장 낮다는 기술은 타당하다.

④ B국과 C국의 자본생산성을 비교해보면, 보다 적은 자본투입으로 동일한 총생산량을 산출한 C국의 자본생산성이 보다 높다고 할 수 있다. 같은 방식으로 노동생산성을 비교하면 B국의 노동투입량이 더 적기 때문에 노동생산성은 B국이 더 높다. 한 국가가 다른 국가보다 생산성이 높다는 것은 자본생산성과 노동생산성이 모두 높은 경우를 의미하기 때문에 B국과 C국의 생산성 비교는 이 자료만으로는 어렵다. 따라서 타당한 기술이다.

⑤ A국은 D국에 비해 노동생산성은 높지만 자본생산성은 낮다. 따라서 A국과 D국 중에서 어느 국가가 더 생산성이 높은지는 알 수 없기 때문에 생산성이 가장 높은

국가를 A라고 하는 것은 옳지 않다.

02 ▸▸▸ ②

해설 주어진 공식을 정리하면 다음과 같다.

$$\text{매출액} = \frac{\text{부가가치}}{\text{부가가치율}}$$

$$\text{매출액} = \frac{\text{연구개발투자규모}}{\text{연구개발투자율}}$$

따라서 부가가치를 구하는 공식은 다음과 같이 나타낼 수 있다.

$$\text{부가가치} = \frac{\text{연구개발투자규모} \times \text{부가가치율}}{\text{연구개발투자율}}$$

ㄱ. A산업의 부가가치는 520×0.2÷0.02=5,200이고 B산업의 부가가치는 1,040×0.4÷0.04=10,400이다. 따라서 B산업의 부가가치가 더 크기 때문에 옳은 진술이다.

ㄴ. 각 산업의 매출액을 구하기 위해서는 매출액=연구개발투자규모÷연구개발투자율 공식을 이용하면 된다. 따라서 C산업의 매출액은 282÷0.02=14,100이 되고, D산업의 매출액은 141÷0.02=7,050으로 C산업의 매출액이 D산업의 매출액보다 더 크다. C산업의 부가가치는 282×0.3÷0.02=4,230이다. D산업의 경우 141×0.6÷0.02=4,230으로 두 산업이 동일하다. 따라서 틀린 진술이다.

ㄷ. E산업의 부가가치는 408×0.5÷0.04=5,100이고, F산업의 부가가치는 102×0.5÷0.01=5,100이다. 따라서 두 산업의 부가가치는 서로 동일하기 때문에 옳은 진술이다.

ㄹ. C산업의 연구개발투자규모가 520으로 증가했을 때 A산업과 C산업의 부가가치는 다음과 같다. 즉, A=520×0.2÷0.02=5,200이고, C=520×0.3÷0.02=7,800으로 C산업의 부가가치가 A산업보다 더 크다. 따라서 틀린 진술이다.

03 ▸▸▸ ①

해설 ① 얼핏 보기에 인구 1,000명당 국내인터넷 이용자수를 계산하는 지표로 사용된 것 같지만, 보고서는 세계 각국의 인구 100명당 초고속 인터넷 이용자수를 비교하고 있는 것으로, 이 보고서 내용에 직접적으로 사용된 자료가 아니라는 것을 알 수 있다.

② 인터넷 뱅킹의 비중 변화를 언급하는 부분에 사용되었다.

③ 전체 인터넷 이용률 중 무선인터넷 이용률이 얼마의 비중을 차지하는지 언급하는 부분에서 활용되었다.

④ 1999년 한국의 이동전화 가입자수가 유선전화 가입자수를 추월했음을 주지시키는 부분에서 이용되었다.

⑤ 한국이 인구 100명당 초고속 인터넷 이용자수가 세계에서 가장 많은 나라라는 것을 확인시켜주는 자료이다.

04 ▶▶▶ ④

해설

ㄱ. (평균 선박톤수)=(총선박톤수)÷(선박수), 따라서 인천지역 선박들의 평균 선박톤수는 221(톤)÷3=73.67(톤)이 된다. 대산지역의 경우 182÷4=45.5(톤), 마산 지역의 평균 선박톤수는 218÷4=54.5(톤), 그리고 전국 평균은 2,417÷29=83.34(톤)이므로 옳은 진술이다.

ㄴ. 수송인원 일인당 보조금액이 가장 적은 지역은 제주이다. 수송인원 일인당 취항거리=총취항거리÷수송인원으로 구할 수 있다. 각 지역의 수송인원 일인당 취항거리를 모두 구해보면 제주의 경우가 약 0.00032(마일)로 가장 짧다는 것을 알 수 있다.

ㄷ. [그림]을 보면, 1997년의 경우 전년대비 총수송인원 비율은 전년대비 40%(=400÷1,000=0.4) 감소, 1998년은 약 33%(=200÷600=약 0.33) 감소, 1999년은 50%(=200÷400=0.5) 증가, 2000년은 약 17%(=100÷600=약 0.17), 2001년에는 약 24%(=120÷500=0.24) 감소, 2002년은 전년대비 거의 동일, 2003년은 약 3%(=10÷380=0.03) 증가, 2004년은 전년대비 거의 동일하므로 전년대비 총수송인원의 변화가 가장 큰 경우는 약 50% 증가한 1999년의 경우이다.

ㄹ. 2004년 마산지역 수송인원은 70,923(명)으로 전체 373,885(명)의 약 18.97%를 차지하고 있다. 1999년 각 지역별 수송인원의 비율이 2004년과 동일하다고 가정하면, 1999년의 총수송인원은 60만명이므로 이의 18.97%를 계산해보면 약 113,820명이다. 따라서 10만명 이상이므로 타당한 진술이다.

05 ▶▶▶ ④

해설

ㄱ. 〈표 1〉에 따르면, 2001년과 2002년에는 서울의 지가변동률이 전국의 지가변동률보다 더 높음을 알 수 있다. 따라서 틀린 진술이다.

ㄴ. 〈표 1〉에 따르면, 광주의 경우 2001년도의 지가는 2000년에 비해 하락하였음을 알 수 있다. 따라서 틀린 진술이다.

ㄷ. 〈표 2〉에 따르면, 1996년의 경우 순전입인구의 합은 줄어들었다. 따라서 틀린 진술이다.

ㄹ. 경기도의 순전입인구당 주택건설실적을 계산하기 위해서는 주택건설실적을 순전입인구로 나누어주면 된다. 1999년의 경우 166,741÷174,734=약 0.95(호)로 전입인

구 1인당 0.95호의 주택이 건설되었다. 2000년의 경우에는 123,578÷184,026=약 0.67(호)이며, 2001년의 경우에는 133,259÷248,947=약 0.54(호)이다. 마지막으로 2002년에는 141,473÷315,782=약 0.45(호)로 1999년 이후 경기도의 순전입인구당 주택건설실적은 지속적으로 감소하고 있음을 알 수 있다. 따라서 옳은 진술이다.

06 ▸▸▸ ④

해설

ㄱ. 제시된 표를 살펴보면, 보기의 글과 같이 사망자의 수가 변하고 있으므로 옳다.

ㄴ. 표에 제시된 수치들은 인구 10만명당 평균 사망자수이므로 인구추세에 대해서 충분히 반영하고 있다고 볼 수 있으므로 옳지 않다.

ㄷ. 제시된 표에 따르면 질병으로 인한 사망률이 1995년 이후 감소하다가 2003년에 증가하였으므로 옳은 진술이다.

ㄹ. 제시된 표에 따르면, 2001년과 비교하여 2002년의 질병으로 인한 사망자수는 증가하였으나 사망률이 감소한 원인은 5세 이상 인구의 증가로 인한 것이라 볼 수 있으므로 옳은 진술이다.

07 ▸▸▸ ②

해설

ㄱ. 제시된 [그림]을 보면, 후방연쇄효과(영향력계수)가 약 2%보다 적음을 알 수 있다.

ㄴ. 비금속광물제품의 감응도계수와 도시가스 및 열공급업의 감응도계수의 변화 추이는 각각 약 2%, 약 −2%이며, 영향력계수의 변화 또한 각각 약 −2%, 2%이므로 방향이 반대이다. 따라서 옳은 진술이다.

ㄷ. 제시된 [그림]을 통해서는 감응도계수와 영향력계수 자체에 대해서는 알 수 없으므로 옳지 않다.

ㄹ. 영향력계수와 감응도계수 모두 감소하고 있으므로 옳다.

ㅁ. 전기전자제품(+)과 철강제품(−)의 영향력계수 변화가 크기 때문에 옳은 설명으로 볼 수 있다.

08 ▸▸▸ ②

09 ▸▸▸ ①

10 ▸▸▸ ①

11 ▸▸▸ ④

해설

① 여성의 경우, 인식점수가 높을수록 피로점수도 높은 경향이 존재하고 있으며 피로점수가 8점 이상인 경우는 여성 전체 20명 중에서 11명이 이에 해당하기 때문에 전체의 50%를 상회한다고 볼 수 있다.

② 제시된 [그림]을 보면, 인식점수가 10점인 여성의 경우 피로점수 역시 10점에 가깝게 나타나고 있다.

③ 남성의 경우, 피로점수가 인식점수보다 낮은 사례의 수는 12명 정도이며, 피로점수가 인식점수보다 높은 사례의 수는 8명 정도이다.

④ 인식점수와 피로점수가 모두 8점 미만인 경우는 16명인데, 그 중에서 남성은 7명, 여성은 9명이다. 따라서 남성의 비율(7/20)이 동일한 조건의 여성의 비율(9/20)보다 낮기 때문에 틀린 표현이다.

⑤ 제시된 [그림]을 보면, 여성의 경우에는 인식점수가 높을수록 피로점수도 높은 경향이 비교적 뚜렷하게 존재하고 있으나 남성의 경우에는 인식점수와 피로점수 간에 특정한 관계가 존재하지 않고 임의적(random)으로 분포되어 있는 것을 볼 수 있다.

12 ▸▸▸ ②

해설

① 1996년 조사와 2003년 조사를 비교할 때 기관별 신뢰도는 3위, 4위, 5위, 7위, 8위, 9위의 순위 변동이 있었다.

② 2003년 조사는 1996년 조사에 비해 정부, 대기업, 군을 제외한 모든 사회기관에 대한 신뢰도가 떨어졌다. 따라서 사회기관에 대한 신뢰도가 대체로 떨어졌음을 보여주고 있다.

③ 1996년 조사와 2003년 조사를 비교할 때 대학에 대한 신뢰도의 하락폭이 12.87로 가장 크다.

④ 1996년 조사와 2003년 조사를 비교할 때 군에 대한 신뢰도 상승폭이 4.77로 가장 크다.

⑤ 1996년 조사에 비해 2003년 조사에서 지수가 하락하긴 했지만 양 조사 모두에서 신뢰를 받는(양의 신뢰도 지수)기관은 대학과 시민단체뿐이다.

13 ▸▸▸ ④

해설

① 우리나라의 인구증가율이 0에 근접하거나 마이너스 수준으로 떨어지면서, 65세 이상 노인인구의 비율은 계속 증가하고 있다는 사실을 쉽게 알 수 있다.

② 1980년에서 2045년 사이에 0세～14세의 유소년인구가 차지하는 비율은 계속 줄어드는 추세이다.

③ 1990년~2020년의 약 30년 동안 우리나라 총인구 중에서 0세~14세의 유소년인구가 차지하는 비율은 계속 줄지만, 15세~64세의 생산가능인구가 차지하는 비율은 69.3%에서 72.1% 사이의 값을 보이고 있어서 상대적으로 크게 변화하지 않는다.

④ 우리나라에서 인구감소가 일어나는 시기에는 65세 이상 노인인구의 비율이 상대적으로 빠르게 증가하고 있다.

⑤ 우리나라의 총인구가 0의 성장을 경험하는 경우는 2020~2025년 사이인데, 이 때에는 0세~14세의 유소년 인구수는 감소할 것으로 예상된다.

14 ▸▸▸ ③

해설 ㄱ. 경쟁력 지수의 정의에 따르면, 품질에 대하여 해외 바이어의 약 22%가 강점이라고 평가한 것이 아니라 강점이라고 평가한 응답자의 백분율에서 약점이라고 평가한 응답자의 백분율을 뺀 값이 22%라는 뜻이다. 따라서 적절하지 못한 분석이다.

ㄴ. 가격의 경우, 해외 바이어가 평가한 경쟁력 지수(약 15%)와 국내 수출기업이 평가한 경쟁력 지수(약 −25%) 간의 차이가 약 30%p를 초과하고 있어 다른 경쟁요소들에 비해 가장 크다고 볼 수 있다. 따라서 적절한 분석이다.

ㄷ. 제품 다양성에 대해서는 해외 바이어들의 평가는 0에 가깝지만, 국내 기업들은 −10 이하로 평가하여 국내 기업의 평가가 더 작은 값을 나타내고 있다. 따라서 적절하지 못한 분석이다.

ㄹ. 디자인과 가격의 경우, 해외 바이어가 평가한 경쟁력 지수는 0보다 크지만, 국내 기업들이 평가한 경쟁력 지수는 0보다 작다. 따라서 해외 바이어가 평가한 경쟁력 지수가 국내 기업의 평가보다 더 높다. 따라서 적절한 분석이다.

ㅁ. 국내 수출기업은 신속 대응력과 신뢰성을 0보다 큰 강점이라고 평가한 반면에 해외 바이어들은 신속 대응력과 신뢰성을 0보다 작은 약점이라고 평가하고 있다. 따라서 적절하지 못한 분석이다.

15 ▸▸▸ ④

해설 ① 일 년 중에서 양복과 코트의 판매량 차이가 가장 많이 나는 달은 11월이다.

② 통학시간이 10분 미만인 학생의 수는 2명+7명=9명이고, 10분 이상인 학생의 수는 5명+2명=7명이다. 따라서 통학시간이 10분 미만인 학생수는 전체 학생수의 절반보다 많다.

③ 들국화길에 있는 주택수는 30채이고 그림에 나타난 ⇧의 수는 5개이므로 ⇧ 한 개당 주택수는 6채이다.

④ 청소년 생활의 구독료는 20개월×3,000원=60,000원이고, 청소년 소식의 구독료는

18개월×3,500원=63,000원이다. 따라서 청소년 생활의 구독료보다 청소년 소식의 구독료가 더 비싸다.

⑤ [그림]을 보면, 줄의 길이가 90cm일 때, 진자가 20번 흔들리는 데 걸리는 시간은 35초와 40초 사이임을 알 수 있다.

16 ▸▸▸ ②

해설

ㄱ. 금속막 두께 개선에 X만큼의 비용을 투자한 상태에서 90%의 수율을 달성하려면 점선 (가)와 수율 90% 곡선이 만나야 하는데, 그렇지 못하므로 틀린 설명이다.

ㄴ. 가로축과 세로축 상의 같은 거리는 동일한 비용을 의미하므로 각 점에서 각각 가로축과 세로축까지의 거리의 합을 구하면 B점보다 A점의 길이가 훨씬 짧기 때문에 개선비용이 적게 든다고 할 수 있다.

ㄷ. 예를 들어서 다음의 그림을 보면 B점보다 수율 70% 곡선상의 C점을 선택할 경우 줄어든 길이가 늘어난 길이보다 크므로 B점보다 더 적은 비용으로 수율 70%를 달성할 수 있음을 알 수 있다. 따라서 틀린 표현이다.

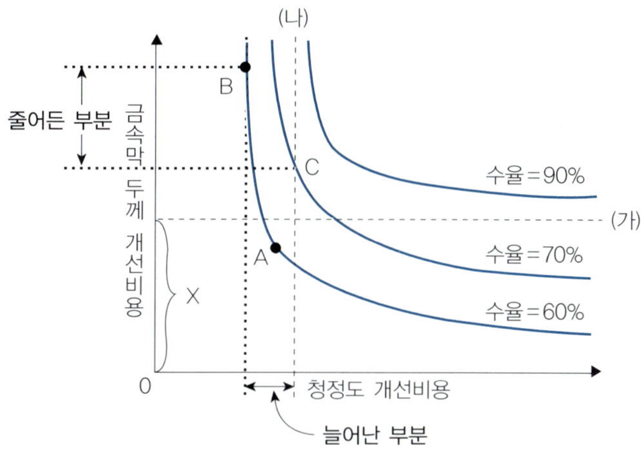

17 ▸▸▸ ③

해설

ㄱ. 각 국의 농촌상수접근율은 모두 상승하고 있다. 반면에 도시상수접근율은 A국과 C국에서 하락하고 있으나 B국과 D국에서는 상승하고 있다. 따라서 틀린 설명이다.

ㄴ. 2015년 D국의 인구증가율은 2.3~2.4%로 가장 높으므로 맞는 내용이다.

ㄷ. 도시와 농촌간의 상수접근율의 그래프 차이가 가장 큰 국가는 D국가이며, 가장 작은 국가는 C국가이다. 따라서 맞는 내용이다.

ㄹ. 인구증가율이 가장 높은 D국의 농촌상수접근율은 40% 정도로 가장 낮다. 따라서 틀린 설명이다.

18 ▸▸▸ ②

해설 ㄹ. [그림 2]에서 세 종류의 교육과정 중에서 공무원 직무수행에 가장 도움이 된다는 평가를 받은 것은 환경교육이다.

19 ▸▸▸ ①

해설 ① OECD 국가들 가운데 전체 여성 취업률이 가장 낮은 나라는 실선의 높이가 가장 낮은 나라를 의미하는데 이는 터키이다.

② 한국은 고등학교 졸업자와 전문대학 이상 졸업자의 취업률 차이가 거의 없으므로 옳은 해석이다.

③ 스페인은 전체 취업률이 고졸 이상 여성의 취업률보다 낮기 때문에 고졸 이상 여성의 취업률이 중졸 이하 여성들보다 높을 것이다.

④ 이탈리아는 중졸 이하 여성의 취업률이 낮기 때문에 전체 취업률이 고졸 이상 여성의 취업률보다 낮다고 볼 수 있다.

⑤ 한국을 제외하고 [그림]에 나타난 모든 OECD 국가에서 전문대학 이상 졸업 여성의 취업률이 고등학교 졸업 여성의 취업률보다 높다.

20 ▸▸▸ ⑤

해설 일인당 금속소비량(M/POP)은 10,000달러를 기점으로 상승하다가 감소하는 형태를 보이게 되므로 〈가〉는 옳고 〈마〉는 틀렸다. 또한, 연간 금속소비량(M)은 인구수의 변화가 없으므로 일인당 금속소비량 그래프와 비슷하다. 따라서 〈라〉는 옳고 〈나〉, 〈다〉는 틀렸다.

21 ▸▸▸ ④

해설 ㄱ. 1999년 여성의 인터넷 이용률은 14.8%, 남성의 이용률은 30%로 여성의 인터넷 이용률이 남성 이용률의 절반에도 미치지 못하였으며, 2001년 12월의 경우를 살펴보면 여성의 인터넷 이용률은 41.6%, 남성의 인터넷 이용률은 55.6%로 인터넷 이용에 있어서 여성의 증가율이 남성의 증가율보다 빠르게 증가하고 있음을 볼 수 있다. 그러나 전체 이용자의 성비를 알 수 없어 전체 인터넷 이용자 가운데 여성이용자의 비율은 알 수 없다.

ㄴ. 연령별 인터넷 이용률을 살펴보면 1999년 이후 20대 이하의 이용률이 급격히 상승하고 있는 것을 확인할 수 있으며, 이용률 증가에 따른 인터넷 이용자수의 증가로 인해 1998년 이후 전체 인터넷 이용자수가 급격히 증가하였다고 볼 수 있다. 따라서 올바른 사실의 기술이다.

ㄷ. [그림 1]을 통해 1999년 이후 전체 인터넷 이용자 수가 증가하였음을 확인할 수 있다. 또한 [그림 3]의 연령별 인터넷 이용증가율을 살펴보면 1999년 이후 모든 연령대에서 인터넷 이용률이 증가하였으며, 10대 이용률의 변화가 가장 크게 나타나는 것은 사실이다. 그러나 이용률은 인터넷이용자수를 인구수로 나눈 것을 의미한다는 측면에서 보았을 때 연령별 인구수를 알 수 없기 때문에 전체 이용자의 변화에 10대 이용자의 변화가 차지하고 있는 비중을 알 수 없다.

ㄹ. 1999년 12월부터 2001년 12월 사이의 인터넷 이용 증가율을 연령별로 살펴보면, 7~19세의 증가율은 (93.3−33.6)÷33.6, 20대의 증가율은 (84.6−41.9)÷41.9, 30대의 증가율은 (61.5−18.5)÷18.5, 40대의 증가율은 (35.6−2.8)÷2.8, 50세 이상은 (8.7−2.9)÷2.9 이다. 대략 계산하더라도 42.7/41.9인 20대의 인터넷 이용 증가율이 가장 낮음을 알 수 있다. 그리고 같은 기간 인터넷 이용자수는 10,860,000명에서 24,380,000명으로 두 배 이상 증가하였다.

ㅁ. 주어진 자료에는 연령대별 인구 혹은 연령대별 인터넷이용자수에 대한 정보가 제공되고 있지 않다. 따라서 2000년 12월 인터넷 이용자들 가운데 30대가 얼마나 포함되었는지 알 수 없다.

제3장 • 수치에 의한 자료 요약

01 ▸▸▸ ③

해설

ㄱ. 옳은 진술이다.

ㄴ. Ⅳ분위 계층과 Ⅴ분위 계층의 소득 점유율을 합산하면 2002년의 경우 62.5%, 2003년 62%, 2003년 62.3%로 소득 상위 2분위 계층의 소득이 60% 이상을 점유하고 있는 것을 확인할 수 있다.

ㄷ. 2003년에 Ⅰ분위 계층의 소득점유율 증감율은 0.3÷7.7=약 0.0390, Ⅱ분위 계층은 0.5÷12.7=약 0.0393, Ⅲ분위 계층은 0.3÷17.1=약 0.0175, Ⅳ분위 계층은 0.3÷22.9=약 0.0131, Ⅴ분위 계층은 0.8÷39.6=약 0.0202로 Ⅱ분위 계층의 증감률이 가장 크다.

ㄹ. 2004년도에는 모든 계층의 평균소득이 증가하였다.

ㅁ. 옳은 진술이다.

02 ▸▸▸ ②

해설

ㄱ. 1975년 대비 2000년의 대졸이상자 월평균 임금의 상승률은 1,490%(=1,789÷120×100)이고, 고졸자 월평균 임금의 상승률은 2,117%(=1,186÷56×100)이다. 따라서 옳

은 진술이다.

ㄴ. 1975년 대비 2000년의 여자 월평균 임금의 상승률은 3,815%(=954÷25×100)이고, 남자 월평균 임금의 상승률은 2,456%(1,474÷60×100)으로 여자의 임금상승률이 훨씬 높다. 따라서 그른 진술이다.

ㄷ. 2000년 고졸 남성과 대졸 남성의 임금차이는 554(천원)이고, 고졸 여성과 대졸 여성의 임금차이는 510(천원)이다. 따라서 옳은 진술이다.

ㄹ. 5년 단위로 전체월평균 임금상승률을 살펴보면 1975년 대비 1980년의 임금상승률은 321%(=151÷47×100), 1980년 대비 1985년의 임금상승률은 178%(=269÷151×100), 1985년 대비 1990년의 임금상승률은 186%(=502÷269×100), 1990년 대비 1995년의 임금상승률은 184%(=928÷502×100), 1995년 대비 2000년의 임금상승률은 141%(=1,314÷928×100)이다. 따라서 임금상승률이 가장 큰 기간은 1975~1980년이다. 따라서 그른 진술이다.

03 ▸▸▸ ④

해설 ㄱ. 간단한 방정식을 이용하여 A를 구해보면 다음과 같다. 365(총점)={6.0×20(1반 남학생 수)+6.5×10(1반 여학생수)}+{A×15(1반 남학생 수)+6.0×15(2반 여학생수)}이므로 A는 6이다. 같은 방식으로 B를 구해보면 5임을 알 수 있다. 따라서 A는 B보다 크다.

ㄴ. 국어과목의 1반 평균은 185÷30=6.5이고 2반 평균은 180÷30=6점이다. 따라서 틀린 진술이다.

ㄷ. 3개 과목 전체 평균의 경우 1반 여학생 평균은 (6.5+5.5+5.0)÷3=5.66이고, 1반 남학생 평균은 (6+5+5)/3=5.33으로 여학생 평균이 좀더 높다. 따라서 옳은 진술이다.

ㄹ. 전체 남학생의 수학평균은 {(5.0×20)+(6.0×15)}÷35=5.43점이고, 전체 여학생의 수학평균은 {(5.0×10)+(5.0×15)}÷25=5점이다. 따라서 남학생의 수학평균이 여학생의 수학평균보다 더 높다.

04 ▸▸▸ ①

해설 K가 단독 1위를 하기 위해서는 K의 종합평점을 가장 크게 해야 하며 이를 위해 상대적으로 낮은 점수를 받은 Q1과 Q3에 가중치를 낮게 적용해야 한다. 보기에서 볼 때, ㄴ과 ㄷ이 이에 속하므로 정답은 ①이다.

05 ▸▸▸ ③

06 ▸▸▸ ①

해설 ㄱ. 만일 어느 한 가구의 소득이 엄청나게 높다면 평균값 이상인 가구수가 평균값 이하의 가구수보다 적어도 평균값은 높아지게 된다.

ㄴ. 제시된 〈표〉에서 중앙값이 3,520만원이다. 따라서 3,520만원 이상의 연간소득을 올리는 가구는 15가구다. 이는 3,520만원보다 낮은 최빈값 3천 4백만원 이상의 연간 소득을 올리는 가구는 15가구 이상임을 의미한다. 그렇기 때문에 옳은 설명이다.

ㄷ. 아주 작거나 큰 값이 존재하게 되면 평균값은 아주 작거나 아주 큰 값과 같은 치우친 자료에 의해 달라지기 때문에 매우 불안정적인 속성을 지니게 된다.

07 ▸▸▸ ②

해설 ㄱ. 이 수험생의 듣기영역은 T점수는 50점이므로 말하기 영역과 쓰기 영역의 T점수보다 더 낮다. 따라서 이 수험생은 듣기 영역에서 원점수가 가장 높지만 듣기 영역이 다른 영역에 비하여 우수하다고는 말할 수 없다.

ㄴ. T점수가 50점이므로 듣기 영역의 응시집단 전체 평균점수는 91점이다. 따라서 90점보다 높다.

ㄷ. 쓰기영역은 T점수는 52점이므로 해당 영역의 응시집단 전체 평균점수보다 높다.

ㄹ. 읽기영역은 T점수는 48점이므로 해당 영역의 응시집단 전체 평균점수보다 낮다.

08 ▸▸▸ ④

해설 추가되는 각 사원의 월간 생산량을 계산해보면 다음과 같다.

A : 15

B : (15+X)÷2=14 따라서 B의 생산량은 13이다.

C : (15+13+X)÷3=12 따라서 C의 생산량은 8이다.

D : (15+13+8+X)÷4=12 따라서 D의 생산량은 12이다.

E : (15+13+8+12+X)÷5=13 따라서 E의 생산량은 17이다.

따라서 월간 생산량이 가장 많은 사원은 E이고, 가장 적은 사원은 C이다. 물론, 총생산량에서 이전의 생산량을 빼는 과정에서 추가된 사람의 생산량을 구할 수도 있다.

A=15

B=28−15=13

C=36−28=8

D=48−36=12

E=65−48=17

따라서 E의 생산량이 가장 크고, C의 생산량이 가장 작음을 쉽게 구할 수 있다.

09 ▸▸▸ ④

해설 표준점수 구하는 공식을 이용하여 빈 공간을 모두 채워보면 다음의 표와 같다.

과 목	원점수			표준점수		
	영희	철수	종미	영희	철수	종미
과목 A	19	19	11	+1.0	+1.0	(−1.0)
과목 B	34	26	38	+0.5	−0.5	+1.0
과목 C	6	(16)	(14)	−1.0	+1.5	+1.0

ㄱ. Q_1, 즉 원점수 총점은 종미가 63점이고, 철수가 61점이므로 종미가 철수보다 원점수 총점이 더 높다. 따라서 옳은 설명이다.

ㄴ. 학생별로 각 과목에서의 상대적 능력을 평가할 때, 철수는 세 과목 중에서 C과목을 가장 잘 했고, 영희는 A과목을 가장 잘했다. 그리고 종미는 A과목을 가장 못했다. 따라서 틀린 설명이다.

ㄷ. Q_2는 철수가 가장 높고, 그 다음은 종미, 영희의 순이다. 따라서 옳은 설명이다.

10 ▸▸▸ ①

해설 가. A학생의 원점수는 48점, 전체 응시생의 평균이 46, 표준편차를 2라고 하였으므로 두 번째 식에 그대로 대입하면 된다. $(48-46)\div 2\times 10+50=60$ 즉, A학생의 표준점수는 60점이다.

나. 수리영역에서 B학생이 75점을 받았고, 전체 응시생의 평균이 50이다. 첫 번째 식에 대입하면 $(75-50)\div$표준편차$\times 20+100$이 나온다. 여기서 분모 부분이 작을수록 B학생이 받을 표준점수가 높아진다. 따라서 표준편차가 작을수록 좋은데, 그래프에서 ㄱ의 분포형태가 표준편차가 가장 작은 것이므로 답은 ㄱ이다.

11 ▸▸▸ ⑤

해설 ㄱ. 모든 사원의 평균 연봉은 모든 사원의 연봉의 합을 사원수로 나누어 준 것이므로 모든 사원의 연봉을 동일하게 500만원씩 인상하면 평균 연봉도 500만원 증가하게 된다.

ㄴ. 사원들의 연봉에 대한 분포가 넓게 퍼지기 위해서는 사원들간 연봉의 차이가 커져야 한다(표준편차가 커져야 한다). 이 경우 모든 사원의 연봉을 동일하게 500만원씩 인상한 경우이므로 사원들간 연봉의 차이는 변화하지 않는다.

ㄷ. 모든 사원의 연봉을 5%씩 인상해줄 경우 연봉이 많은 사원의 경우가 연봉이 적은 사원의 경우보다 연봉 증가액이 더 커진다. 따라서 사원들의 연봉의 분포는 인상

전의 분포보다 더 넓게 퍼지게 된다.

ㄹ. 모든 사원의 연봉을 5%씩 인상해 주는 것은 전 사원의 연봉 합계의 5%를 인상하는 것과 같은 결과를 갖는다. 따라서 전 사원의 연봉 합계를 사원수로 나눈 평균 연봉액도 동일하게 5% 증가하게 된다.

12 ▸▸▸ 1) ④

해설

가. 그림을 보면 '어려웠음'의 비율과 제2외국어별 평균점수 간의 관계가 부(−)의 상관관계를 보이고 있으며, 이는 '어려웠음'이라고 반응한 학생들의 비율이 적을수록 그 과목의 평균점수가 높다는 것을 의미하는 것이다.

나. 표준편차가 작다는 것은 학생들간의 점수차가 다른 과목들에 비해 상대적으로 작다는 것을 의미하며, 따라서 서어(서반아어) 능력이 유사한 학생들이 많다는 것을 의미한다.

다. 일어의 표준편차(11.9)나 중어의 표준편차(11.2)에 비해 두 집단의 평균간 차이(0.6점)가 비교적 작으므로, 두 집단의 평균간 차이가 같다고 할 수 있다(두 집단의 평균간 차이가 0.6이며, 두 집단의 평균간 차이에 대한 검증통계치(t값)는 0.56이다. 두 집단의 평균간 차이가 양측검증시 $\alpha=0.01$ 수준에서 통계적으로 유의하기 위해서는 t값이 1.96 이상이 되어야 하며, 0.56은 1.96보다 작은 값이므로 이 두 집단의 평균간 차이는 통계적으로 같다고 할 수 있다).

2) ②

① 그림에는 표준편차가 드러나지 않고 있다.

② 서어는 다른 제2외국어들의 평균과 '어려웠음'의 비율간의 부(−)의 상관관계에서 벗어나 있다. 즉, 서어는 '어려웠음'의 비율이 2번째로 높음에도 불구하고 과목평균도 2번째로 높은 형태를 보이고 있다.

③ 한문은 '어려웠음'의 비율이 가장 높았고, 반면에 평균점수는 가장 낮았다.

④ 불어는 평균점수가 가장 높게 나타났다.

⑤ 일어는 서어에 비해 학생들이 쉽다고 느꼈지만, 실제 평균은 12.3점이 낮은 것으로 나타났으며, 이는 일어가 서어에 비해 실제로는 더 어려웠다는 것을 의미한다.

01 ▶▶▶ ④

해설 ㄱ. 흡연자의 폐암발생률=300÷1,000×100=30%. 비흡연자의 폐암발생률=300÷10,000×100=3%. 따라서 흡연자의 폐암발생률은 비흡연자에 비해 10배 더 높다.

ㄴ. 흡연자의 폐암발생률은 30%이므로, 100명의 흡연자 중 폐암이 발생할 사람 수는 30명이다. 비흡연자 100명 중 폐암이 발생할 사람의 수는 3명이다. 따라서 흡연자 100명 중 폐암이 발생할 사람의 수는 비흡연자 100명에서 폐암이 발생할 사람의 수보다 27명 더 많다.

ㄷ. 흡연의 폐암발생 기여율을 공식에 따라 대입해보면, (30－3)÷30×100=90%이다.

ㄹ. 조사 대상의 전체 인구 중 폐암 발생자의 비율=600÷11,000×100=5.45%이다. 조사 대상의 전체 인구 중 흡연자 비율=1,000÷11,000×100=약 9.09%이다. 따라서 조사 대상의 전체 인구 중 흡연자의 비율이 더 높다. 그래서 틀린 기술이다.

02 ▶▶▶ ①

해설 ㄱ. 〈표 1〉에 따르면, GDP 대비 국가물류비 비율=국가물류비÷GDP×100이다. 이 때 국가물류비와 GDP 대비 국가물류비 비율은 주어져 있으므로 각 연도의 GDP를 구할 수 있다.

ㄴ. 〈표 2〉에 따르면, 국가물류비 중에서 2000년 대비 2001년에 감소한 비용은 재고유지관리비, 물류정보비, 일반관리비였는데, 그 중에서 재고유지관리비가 2000년 대비 2001년에 약 10.27%(=(13,752－12,339)÷13,752×100=1,413÷13,752×100=약 2.3)로 가장 크게 감소했다는 것을 알 수 있다.

ㄷ. 2001년에 단위당 도로화물 수송비가 단위당 철도화물 수송비의 3배라면 2001년도 철도화물수송비에 3배를 한 뒤 그 값에 다시 20배 한 값(=701×3×20=42,060)과 2001년도 도로화물 수송비 42,859(10억원)을 비교하면 된다. 이를 구해보면, 2001년도 도로화물 수송비가 더 크므로 20배를 넘는다고 볼 수 있다. 따라서 틀린 진술이다.

ㄹ. 도로부분에서는 한국의 수송비가 가장 높지만, 철도부분에서는 미국이 가장 높은 등 차이를 보이고 있기 때문에 틀린 진술이다.

03 ▶▶▶ ②

해설 제시문을 정리하면 다음과 같다.

• 민원을 제출한 20세 이상의 민원인은 총 150명이다.
• 20~39세가 50명, 40~59세가 60명, 따라서 60세 이상은 40명이다.
• 민원을 제출한 총 150명 중에서 100명이 남성이므로 여성은 50명이다. 또한 민원을 제출한 100명의 남성 중에서 20~39세의 남성은 30명이고 60세 이상이 30명이므로 40~50세 남성은 40명이다. 뿐만 아니라 20~39세에 해당하는 50명 중에서 남성이 30명이므로 여성은 20명이다.
• 민원을 제출한 민원인 중에서 행정처리 결과에 만족한 사람은 60명이었으며 그 중에서 남성이 50%이므로 여성도 50%이다. 따라서 행정처리 결과에 만족한 사람 중 30명은 여성이다. 또한 민원을 제출한 전체 여성은 50명이므로 그 중에서 행정처리 결과에 만족한 여성은 30명이므로 만족하지 못한 여성은 20명이다.

가. 민원을 제출한 20~39세 여성 민원인의 수는 20명이다.

나. 민원을 제출한 여성 민원인 중 행정처리 결과에 만족하지 못한 민원인의 비율은 40%이다.

다. 민원을 제출한 60세 이상의 민원인 수는 40명이다.

04 ▸▸▸ ⑤

해설 ㄱ. 질병발생자의 비율은 70%이고, 오염된 물을 마신 사람의 비율은 40%이다. 따라서 질병발생자의 비율이 오염된 물을 마신 사람의 비율보다 크다.

ㄴ. 오염된 물을 마신 사람(4명) 중에서 질병에 걸린 사람(4명)의 비율은 100%이고, 오염된 물을 마시지 않은 사람(6명) 중에서 질병에 걸린 사람(3명)은 50%이기 때문에 2배라고 볼 수 있다.

ㄷ. 전체 인구의 40%가 오염된 물을 마셨고, 이들 모두가 질병에 걸렸기 때문에 마을 인구가 100명이라면 오염된 물을 마신 사람 중 질병에 걸린 사람은 40명이라 볼 수 있다. 그리고 오염된 물을 마시지 않은 사람 중의 50%가 질병에 걸렸기 때문에 마을 인구가 100명이라면 이 중에서 30명이 이에 해당할 것이다.

05 ▸▸▸ ③

해설 ㄱ. 1980년 임금비는 2.05 정도이고, 고용비는 0.35 정도이다. 이는 대졸자의 임금이 고졸자의 임금보다 약 두 배 정도 많으며, 대졸 취업자수는 고졸취업자수의 약 35%라는 것을 의미한다. 즉, 대졸취업자수가 35명이라면, 고졸 취업자수는 100명이라고 볼 수 있다. 따라서 1980년 고졸자 임금의 총액과 대졸자 임금의 총액 비율을 비교해보면 1:0.717(=2.05×0.35)의 비율로 고졸자 임금의 총액이 더 많음을 알 수 있다.

ㄴ. 임금비의 하락은 고졸자 임금과 대졸자 임금 사이의 격차가 줄어들었다는 것을 의미하기 때문에 틀린 진술이다.

ㄷ. 옳은 진술이다.

ㄹ. 1994년 이후 같은 방향으로 증가하고 있는 것을 볼 수 있기 때문에 옳은 진술이다.

ㅁ. 대졸취업자수와 고졸취업자수가 동일하다면 고용비는 1이 되어야 한다. 그래프는 약 0.525를 가리키고 있으므로 고졸취업자수가 더 많음을 알 수 있다.

06 ▸▸▸ ④

해설

ㄱ. 도시가스 소비의 증가율은 19.5%이므로 옳지 않다.

ㄴ. 제시된 〈표〉를 보면, 1992년과 1995년의 경우 가정용과 상업용 도시가스 소비가 산업용보다 높으므로 가정용과 상업용 소비가 도시가스 소비를 주도하였다고 볼 수 있다. 따라서 옳지 않은 진술이다.

ㄷ. 도시가스의 전체소비량과 LNG사용량을 비교하면 그 비율이 점점 증가하고 있으므로 옳은 진술이다.

ㄹ. 제시된 〈표〉에 따르면, 가정용 도시가스 소비 점유율은 1995년 이래로 점점 감소하고 있으므로 옳지 않은 진술이다.

ㅁ. 제시된 〈표〉에 따르면, 1992년과 2003년을 비교해 볼 때, 상업용 소비가 다른 용도에 비하여 차지하는 비중이 상대적으로 낮아지고 있으므로 옳다.

07 ▸▸▸ ③

해설

① 각 광물의 가격은 제시되지 않았기 때문에 알 수 없다.

② 미국에 수입되는 다이아몬드의 생산지 및 수입량에 대한 비교표가 아니기 때문에 알 수 없다.

③ 제시된 〈표〉에 따르면, 전 세계 광물 보유량 중 남아프리카공화국 광물 생산량 중 금의 생산량은 55%로 점유율 측면에서 그 이상의 수치가 나올 수 없으므로 금 생산량은 세계에서 가장 많다고 볼 수 있다.

④ 제시된 〈표〉를 통해서는 알 수 없다.

⑤ 제시된 〈표〉는 비율에 대한 것이지 광물의 양에 대한 것이 아니므로 알 수 없다.

08 ▸▸▸ ②

09 ▸▸▸ ②

10 ▸▸▸ ②

11 ▸▸▸ ②

12 ▸▸▸ ④

13 ▸▸▸ ⑤

14 ▸▸▸ ②

해설 가. 다음에 제시된 표에서와 같이 빈곤선보다 낮은 가구는 가구번호가 3, 6, 7, 9, 10번이다. 따라서 이 자료를 통해 추정한 개인 빈곤율은 약 37%(=11/30×100)이다.

가구번호	가구소득	가구원	가구번호	가구소득	가구원
1	65만원	2명	6	**80만원**	**4명**
2	70만원	2명	7	**20만원**	**2명**
3	**25만원**	**1명**	8	150만원	4명
4	100만원	3명	9	**20만원**	**2명**
5	120만원	3명	10	**10만원**	**2명**

나. 빈곤한 가구의 평균 가구원수는 약 2.2(=11명/5가구)명이며, 빈곤하지 않은 가구의 평균 가구원수는 약 3.8(=19명/5가구)명이다. 따라서 빈곤가구의 평균가구원수는 빈곤하지 않은 가구의 평균가구원수보다 적다.

다. 이 자료를 통해 추정한 개인 빈곤율은 약 37%(=11/30×100)이며, 가구 빈곤율은 50%(=5/10×100)이다. 따라서 가구 빈곤율이 개인 빈곤율보다 더 높다.

15 ▸▸▸ ⑤

해설 ㄱ. 이용률 100% 소요교실수를 구하는 방법은 다음과 같다. 즉, 교과목 중에서 소비와 경제는 (450명÷30명)×(8시간÷40시간)=3개, 확률과 통계는 (330명÷30명)×(8시간÷40시간)=2.2개, 생태와 환경은 (220명÷20명)×(4시간÷40시간)=1.1개이다. 이용률 100% 소요교실수가 가장 적은 과목은 '생태와 환경'이다.

ㄴ. '소비와 경제'의 실제 필요교실수는 교실의 효율적 이용을 위해 최소한의 필요교실수를 제안하되 이용률이 70%를 넘지 않도록 해야 하므로, 4개일 경우에 식에 대입해보면, (3÷4)×100=75%를 넘기 때문에 실제로 5개가 필요함을 알 수 있다.

16 ▸▸▸ ①

해설 ㄱ. 현금보유비중은 그래프를 통해 확인이 가능한데, 1991년부터 1998년까지 6%대를 유지하다가 1999년 5%대로 낮아진 후 지속적인 상승세를 보이고 있다. 따라서 옳은 내용이다.

ㄴ. 2002년 총자산규모는 $\frac{\text{현금보유액}}{\text{현금보유비중}}\times 100$으로 구한다. 따라서 2002년 총자산규모는 $\frac{45\text{조}}{0.08}=562.5$조원이다. 따라서 틀린 내용이다.

ㄷ. 1999년부터 2002년까지 매출액의 증가율은 모두 양의 값을 나타내고 있으므로 1999년에 비해 증가하였다고 할 수 있다. 그리고 유형자산은 2000년에 증가하였지만 2001년과 2002년에 더 큰 값으로 감소하고 있으므로 1999년에 비해 감소하였다고 볼 수 있다. 따라서 옳은 내용이다.

ㄹ. 2002년 매출액 영업이익률은 (영업이익÷매출액×100)=7.4%로서 2001년의 5.5%에 비하여 증가하였으며, 매출액도 함께 증가하였으므로 영업이익도 증가하였다고 볼 수 있다. 따라서 2002년의 영업이익은 전년 대비 감소하였다는 내용은 틀린 내용이다.

17 ▸▸▸ ④

해설 건물의 층수는 연면적÷건축면적이고, 건축면적을 구하기 위해서는 건폐율 공식을 이용해야 한다. 건폐율은 (건축면적÷대지면적)×100이므로 건축면적은 (건폐율×대지면적)÷100이다. 따라서 각 건물의 층수를 계산해보면 다음과 같다.

A=600÷150=4층

B=1,080÷180=6층

C=720÷120=6층

D=800÷100=8층

E=1,260÷210=6층

따라서 D건물의 층수가 8층으로 가장 높다.

18 ▸▸▸ ④

해설 ㄱ. 연구원수의 국가별 순위는 미국, 일본, 독일 등의 순서인 데 비해, 특허등록수의 국가별 순위는 미국, 일본, 한국 등의 순서이다. 따라서 연구원수와 특허등록수의 국가별 순위는 서로 일치하지 않는다.

ㄴ. 노동인구=연구원수÷노동인구 천명당 연구원수, 따라서 스웨덴의 노동인구는 약 57/13이고 아일랜드의 노동인구는 약 78/56이므로 스웨덴의 노동인구가 더 많다고

볼 수 있다. 따라서 옳은 해석이다.

ㄷ. 총 R&D 비용 대비 특허 등록수는 한국의 경우 약 53/8 정도이지만 이는 아일랜드의 71/6보다 적다. 따라서 총 R&D 비용 대비 특허 등록수가 가장 많은 국가는 한국이 아니다. 그러므로 옳지 않은 해석이다.

ㄹ. GDP=총 R&D 비용÷GDP 대비 총 R&D 비용으로 구한다. 따라서 프랑스의 GDP는 약 30,675/2.45이며, 독일의 GDP는 46,405/2.43이므로 독일의 GDP가 더 크다고 볼 수 있다. 그러므로 옳지 않은 해석이다.

19 ▶▶▶ ③

해설 ㄱ. 농가소득 중 농업소득의 비중은 1971년에 41/106이었는데, 1981년에는 64/244였다. 따라서 분모는 2배 이상 증가한 반면에 분자의 증가는 그에 미치지 못하였으므로 감소하였다고 볼 수 있다. 따라서 농가소득 중 농업소득의 비중은 지속적으로 증가하였다고 볼 수 없으므로 틀린 설명이다.

ㄴ. 가구당 인구수=가구당 소득÷1인당 소득으로 나타낼 수 있다. 따라서 2001년 비농가의 가구당 인구수는 1,136/321이며, 1971년 비농가의 가구당 인구수는 135/30이다. 따라서 2001년 비농가의 가구당 인구수는 1971년에 비해 감소하였다고 볼 수 있으므로 옳은 설명이다.

ㄷ. 2001년 농가의 가구당 인구수는 881/224이며, 비농가의 가구당 인구수는 1,136/321이다. 따라서 농가의 가구당 인구수가 더 많다고 볼 수 있으므로 옳은 설명이다.

ㄹ. 농가와 비농가 간의 가구당 소득의 차이는 계속 증가하고 있는 추세이다. 그러므로 틀린 설명이다.

20 ▶▶▶ ⑤

해설 ㄱ. 〈표〉는 지역별 비율을 나타낸 자료이기 때문에 '나' 지역의 A상표 총판매량과 B상표 총판매량을 알 수가 없으므로 비율의 값만으로는 어느 상표가 더 많이 팔렸는지는 알 수 없다. 따라서 틀린 분석이다.

ㄴ. '다' 지역의 전체 담배판매량의 지역별 비율이 15%인데, A상표와 B상표의 판매비율이 각각 20%와 15%이다. 따라서 '다' 지역의 전체 담배판매량의 지역별 비율 15%를 충족시키기 위해서는 C상표 판매량의 지역별 비율이 15%보다는 낮아야 한다. 그러므로 옳은 분석이다.

ㄷ. '라' 지역의 인구비율은 10%인 데 비해, 전체 담배판매량의 지역별 비율은 25%에 달한다. 따라서 인구비율 대 전체 담배판매량의 지역별 비율을 비교해 볼 때 다른 지역 주민들에 비해 '라' 지역 주민들의 1인당 담배 구입량이 많다고 볼 수 있다.

따라서 옳은 분석이다.

21 ▸▸▸ ②

해설 국토 면적=인구수÷산술적 인구밀도이며, 경지 면적=인구수÷경지 인구밀도이다. 따라서 국토면적, 경지면적, 경지율을 각각 구해보면 다음의 표와 같다.

국 가	인구수	산술적 인구밀도	경지 인구밀도	국토면적	경지면적	경지율
A	1,000	25	75	40	13.3	33.3
B	1,500	40	50	37.5	30	80
C	3,000	20	25	150	120	80
D	4,500	45	120	100	37.5	37.5

① 국토 면적은 C국이 가장 넓다. 따라서 옳은 진술이다.
② 경지 면적은 A국이 가장 좁다. 따라서 틀린 진술이다.
③ B국의 경지율은 D국보다 높다. 따라서 옳은 진술이다.
④ 경지율이 가장 낮은 국가는 A국이다. 따라서 옳은 진술이다.
⑤ 인구 1인당 경지 면적이 가장 넓은 국가는 경지 인구밀도의 역수가 가장 큰 국가를 의미하는데 이는 C국이다. 따라서 옳은 진술이다.

22 ▸▸▸ ④

해설 ㄱ. 어업비용 중 연료비의 비중은 20%이다. 따라서 연료비가 20% 증가하면 어업비용의 평균은 (20÷100)×(20÷100)=4% 증가한다. 따라서 올바른 설명이다.
ㄴ. 연료비가 50% 상승하면 어업비용의 평균은 (50÷100)×(20÷100)=10% 증가한다. 따라서 연료비가 50% 이상 상승하면 어업비용이 약 160(천원) 이상 상승한다. 그런데 경상이익의 평균은 159(천원)이므로 6개 업종 내 모든 어선의 경상이익의 총합은 0보다 작아진다. 따라서 올바른 설명이다.
ㄷ. 대형기선저인망 어업의 경우, 연료비가 20% 상승하면 어업비용은 다음과 같이 약 5.78%(=0.2×0.289×100=5.78%) 상승한다. 따라서 약 106(천원) 정도의 어업비용이 상승하게 된다. 그런데, 경상이익은 여전히 160(천원)이므로 56(천원)의 경상흑자가 존재한다. 따라서 올바르지 못한 설명이다.

23 ▸▸▸ ①

해설 스위스에서 빅맥 가격은 6.4 스위스 프랑이고 같은 날 미국에서 빅맥 가격은 2.13달러라고 한다면 빅맥지수에 의하면, 미국달러 1달러는 3.00 스위스 프랑의 가치를 갖는다. 그러나 실제 환율이 달러당 2 스위스 프랑이라고 하였으므로 스위스 프랑은 약 33% 고평가되어 있다.

24 ▸▸▸ ②

해설 ㄱ. 다음의 표를 보면 국내 전자상거래 시장의 규모가 세계시장에서 차지하는 비중은 2005년에 비해 2010년에 더 커질 것으로 전망된다.

구 분		2005년	2010년	증가율
세계시장(억 달러)	B to B부문	1,540	3,000	94.8%
	B to C부문	660	1,000	51.5%
	합 계	2,200	4,000	81%
국내시장(억 원)	B to B부문	700	3,000	328.6%
	B to C부문	1,300	2,900	23.1%
	합 계	2,000	5,900	195%

ㄴ. 2010년의 세계시장대비 국내시장의 B to B 비율은 3,000 : 3,000이고 B to C 부문의 세계시장대비 국내시장의 비율은 1,000 : 2,900이다. 따라서 B to C 부문의 세계시장대비 국내시장 비율이 더 높을 것이다.

ㄷ. 2010년 세계시장의 경우 B to B 부문이 전체 전자상거래규모의 75%(=3,000/4,000)를 차지할 것으로 전망된다.

ㄹ. 2005년 대비 2010년 세계시장 규모는 (3,000+1,000)/(1,540+660)으로 약 81% 증가하고 국내시장 규모는 (3,000+2,900)/(700+1,300)으로 약 195% 증가할 것으로 전망된다.

25 ▸▸▸ ②

해설 ㄱ. [그림 1]에서 2005년~2015년 동안 연간 세계 인구 증가수의 그래프 기울기가 거의 0에 가까우므로 옳은 주장이다.

ㄴ. [그림 2]에서 2005년 이후 10년간 연간 세계 인구 증가율 그래프의 기울기가 감소하는 것으로 보아 세계 인구 증가율은 낮아질 것으로 보이므로 틀린 주장이다.

ㄷ. [그림 3]에서 1950년부터 1980년까지 증가한 세계 총인구수는 약 20억명이며, 2020년부터 2050년까지 증가할 것으로 예상되는 세계 총인구수는 약 15억명이므로 옳은 주장이다.

ㄹ. [그림 1]에서 연간 세계 인구 증가수는 감소추세에 있으므로 2050년부터 2060년까

지 연간 세계 인구 증가수는 매년 하락할 것으로 예상된다. 따라서 틀린 주장이다.

ㅁ. [그림 2]의 추세가 지속된다고 가정한다면 2050년부터 2060년까지 연간 세계 인구 증가율은 0.5%보다는 낮을 것으로 예상되므로 틀린 주장이다.

ㅂ. [그림 3]의 추세가 지속된다고 가정한다면 2040년~2050년 사이 세계 인구가 약 5억명 정도 증가한 것으로 미루어 볼 때 2060년의 세계 총인구수는 약 95억명이 될 것으로 예상된다. 따라서 옳은 주장이다.

26 ▶▶▶ ⑤

해설 주어진 자료는 담당직원수, 직원당 체납건수, 직원당 체납자수, 체납자당 체납액, 총정리 비율, 현금정리 비율이다.

① 총체납액은 [담당직원수×직원당 체납자수×체납자당 체납액]으로 계산된다.

② 체납자 1인당 체납건수는 $\frac{\text{총체납건수}}{\text{체납자수}} = \frac{\text{담당직원수}\times\text{직원당 체납건수}}{\text{담당직원수}\times\text{직원당 체납자수}} = \frac{\text{직원당 체납건수}}{\text{직원당 체납자수}}$로 계산된다.

③ 체납 1건당 체납액은 $\frac{\text{총체납액}}{\text{총체납건수}} = \frac{\text{담당직원수}\times\text{직원당 체납자수}\times\text{체납자당 체납액}}{\text{담당직원수}\times\text{직원당 체납건수}}$으로 계산된다.

④ 총현금정리액은 체납된 세금 중 현금으로 징수한 것을 의미하며, [총체납액×현금정리비율]로 계산된다.

⑤ 체납발생비율은 $\frac{\text{총체납액}}{\text{총세액}}$인데 주어진 데이터로는 총세액이 얼마인지 알 수 없으므로 구할 수 없다.

27 ▶▶▶ ⑤

해설 ㄱ. 대형점에서의 음식료품 1인당 매출액의 경우, 특별시 · 광역시 평균(845,199원)이 9개도 평균(338,017원)보다 크다.

ㄴ. 충청남도의 경우 음식료품 1인당 매출액은 소형점(224,676원)이 대형점(200,377원)보다 크다.

ㄷ. 주어진 자료는 9개도의 평균 1인당 매출액이다. 따라서 9개도 각각의 인구수를 알아도 9개도 각각의 대형점과 소형점의 1인당 매출액을 알아야 각각의 대형점과 소형점의 매출액을 산정할 수 있다.

ㄹ. 상대적 선호도(소형점/대형점)가 0.581이라는 것은 대형점에 대한 선호가 만일 1이라면 소형점에 대한 선호가 0.581이라는 것을 의미한다. 따라서 소형점보다는 대형점에 대한 선호도가 크게 나타난다.

28 ▸▸▸ ①

해설 잡음률은 검색된 모든 정보(HIDJ) 중에서 부적합정보(HIFG)가 차지하는 비율이므로 $\frac{\text{HIFG}}{\text{HIDJ}}$이다.

29 ▸▸▸ ④

해설 보기에서 주어진 [그림]을 표로 표시하면 다음과 같다.

구분 \ 연도	1980	1985	1990	1995	2000
의사 1인당 인구(A)	1,690	1,379	1,007	789	648
병상당 인구(B)	586	408	320	230	164
B/A	0.35	0.30	0.32	0.29	0.25

의사 1인당 인구는 $\frac{\text{인구}}{\text{의사의 수}}$로 계산되며, 병상당 인구는 $\frac{\text{인구}}{\text{병상}}$로 계산된다. 여기에서 인구는 의사 1인당 인구×의사의 수=병상당 인구×병상이 된다. 따라서 $\frac{\text{의사}}{\text{병상}} = \frac{\text{병상당 인구}}{\text{의사 1인당 인구}}$가 된다. 따라서 주어진 보기는 다음과 같이 판단될 수 있다.

ㄱ. 병상과 의사의 비율(B/A)은 일정하게 유지되지 않았다. 따라서 올바르지 못한 설명이다.

ㄴ. 병상당 인구(B)가 감소한 것으로 병원의 입원시설 증가가 인구증가보다 빨랐음을 알 수 있다. 만일 인구증가가 입원시설 증가보다 빨랐다면 병상당 인구 수치는 증가하였을 것이다. 따라서 올바른 설명이다.

ㄷ. 1990년에 의사 1인은 1,007명을 담당하였고 2000년에는 648명을 담당하였다. 만일 1990년에 의사 1인이 100명을 담당하였다고 가정할 경우 다음과 같은 등식이 성립한다.

[1007 : 100=648 : X], 1,007X=64,800 (X=약 64.35) 따라서 2000년에는 약 65명을 담당한 셈이 된다. 따라서 올바른 설명이다.

ㄹ. 1990년대의 경우 1980년대의 경우보다 그래프 기울기가 감소하고 있음을 확인할 수 있다. 이는 1990년대의 경우 1980년대에 비해 인구증가 정도에 비한 의사배출 정도가 줄었음을 의미한다. 따라서 올바른 설명이다.

ㅁ. 1985년 이전의 자료가 있어야만 판단할 수 있는 지문이다. '더욱 활발해졌다'는 표현은 비교대상이 존재해야 사용할 수 있다. 현재 제시된 자료는 1980년 이후 자

료로서 1980년 이전에 병원 설립이 어떠했는지에 대한 판단이 불가능하다. 따라서 올바르지 못한 설명이다.

30 ▶▶▶ ④

해설

ㄱ. 주어진 공식을 통해 실질소득을 계산해보면, 1998년 2,199.0천원, 1999년 2,275.1천원, 2000년 2,387.0천원, 2001년 2,521.6천원, 2002년 2,611.8천원이다. 2000년을 기준으로 하여 볼 때, 그 이전에는 실질소득이 소득보다 크고 그 이후에는 실질소득이 소득보다 작다. 따라서 올바른 설명이다.

ㄴ. 2001년과 2002년의 평균소비성향을 보면 2001년의 경우 1,752/2,319(75.5%), 2002년의 경우 1,827/2,483(73.6)이다. 따라서 올바르지 못한 설명이다.

ㄷ. 가계지출을 제외한 나머지 소득을 모두 저축한다고 한다면, 맞벌이 가구의 경우 1,000천원, 비맞벌이 가구의 경우 500천원을 저축한다. 따라서 올바른 설명이다.

ㄹ. 맞벌이와 비맞벌이 가구 모두에서 가계지출은 가구주 근로소득 금액보다 많다. 따라서 올바른 설명이다.

31 ▶▶▶ ④

해설

- 2000년을 기준으로 전년도 대비 권리별 출원증가율이 가장 높은 것은 B(특허)이다.
- 1998년도에 출원이 감소하였고 1999년도에 출원건수가 50% 이상 대폭 증가한 것은 C(상표)이다.
- 2000년 출원건수가 특허(B)의 약 1/3 수준이며, 최근 5년간의 출원건수가 타 권리출원 건수보다 전반적으로 낮은 것은 D(의장)이다.
- 1998년 출원감소율이 컸고(A, C), 2000년에는 실용신안 출원건수 증가율이 의장보다 높은 것은 A(실용신안)이다.

32 ▶▶▶ ②

해설

① 연도별 자동차 수는 발생건수와 차 1만대당 사망자수의 조합으로 추론할 수 있다.

② 운전자 1만명당 사고 발생건수를 알기 위해서는 운전자의 수에 대한 정보가 있어야 한다. 따라서 추론이 불가능하다.

③ 자동차 1만대당 사고율은 사고발생건수와 차 1만대당 사망자수의 조합으로 추론이 가능하다.

④ 자동차 1만대당 부상자 수는 사고발생건수와 차 1만대당 사망자수의 조합으로 추론한 연도별 자동차수와 부상자수의 조합으로 추론이 가능하다.

⑤ 자동차 사고의 사망률은 사망자수를 발생건수로 나눈 값으로 추론이 가능하다.

01 ▸▸▸ ⑤

해설 ㄱ. 1995년 성비는 약 0.59(=987÷1,670)이고, 2005년의 성비는 약 0.67(=1,760÷2,623)이기 때문에 높아졌다.

ㄴ. 2005년의 노년부양비는 12.6%, 2020년의 노년부양비는 21.8%이다. 이는 15~64세 인구 1명당 0.126명의 노인을 부양한다는 의미이므로 이는 노인 1명을 15~64세 인구 약 7.9(=1÷0.126)명이 부양한다는 것과 동일한 의미이다. 같은 방식으로 2020년을 계산해보면, 15~64세 인구 약 4.6(=1÷0.218)명이 1명의 노인을 부양할 것으로 예상된다.

ㄷ. 2020년의 노령화지수는 124.2%로 1990년의 20.0%에 비해 6배 이상 높아졌음을 알 수 있다.

ㄹ. 2005년의 노년부양비는 1995년에 비해 4.3%P(=12.6−8.3) 증가하였고 2020년에는 9.2%P(=21.8−12.6) 증가할 것이다.

02 ▸▸▸ ⑤

해설 ㄱ. A지역의 15~64세 인구를 구해야 한다. 알고 있는 것은 총인구수, 총부양비, 유년부양비이다. 세 가지 식을 적절히 만들어보자. 먼저 0~14세의 인구=a, 15~64세 인구=b, 65세 이상 인구=c로 두고 식을 만들어보자. ① a+b+c=4000 ② (a+c)÷b×100=60, 즉 (4000−b)÷b×100=60이다. 계산해보면 b=2500이다.

ㄴ. 노년부양비를 구해야 한다. 표 밑에 있는 식을 자세히 보면 노년부양비와 유년부양비의 합이 총부양비임을 알 수 있다. 따라서 노년부양비는 A지역이 30, B지역이 5, C지역이 20임을 쉽게 구할 수 있다. 따라서 노년부양비가 큰 순서는 A−C−B가 된다.

ㄷ. 총인구수는 B−A−C 순으로 줄어든다. 총부양비는 A−C−B 순으로 줄어든다. 따라서 둘 사이에 특별한 관계가 있지 않다.

ㄹ. 노령화지수는 노년부양비÷유년부양비로 계산된다. 따라서 A지역은(60÷30) 2, C지역도(40÷20) 2이다.

ㅁ. 앞서 ㄴ지문에서 구한 노년부양비를 찾아 보면 A지역의 노년부양비는 30, B지역의 노년부양비는 5였다. 따라서 6배가 맞다.

03 ▸▸▸ ④

해설 ㄱ. (노년부양비)=(노년인구 / 생산가능인구)×100=5,354,200/35,852,347=14.934이므로

옳다.

ㄴ. 유년인구의 구성비는 감소하고 있는 추세지만, 생산가능인구와 노년인구의 구성비는 증가하고 있으므로 옳지 않다.

ㄷ. 1992년도의 노년인구 구성비는 약 5.4(=2,345,856/43,747,962×100)%이므로 약 8%P 정도 증가할 것으로 볼 수 있다.

ㄹ. 제시된 〈표〉를 보면 총부양비는 계속 감소하고 있으나 감소폭이 줄어드는 추세에 있으며, 앞으로 인구고령화로 노년부양비 증가폭이 계속 커진다면 총부양비는 오히려 증가할 수도 있다.

04 ▸▸▸ ①

해설 전년대비 인구 증가율은 인구증가량과 전년도의 인구수와 관계되어 있고, 인구증가량은 양수값으로 일정하다는 전제가 있으므로 전년도의 인구수와 전적으로 관계있다고 볼 수 있다. 또한 전년도의 인구수와 전년대비 인구 증가율은 반비례 관계에 있으므로 그래프는 [그림 2]와 같은 모형을 하게 된다. 조출생률의 경우 출생자의 수를 판단할 수 있는 조건이 제시되지 않았으므로 추측하기 어렵다.

05 ▸▸▸ ①

06 ▸▸▸ ③

07 ▸▸▸ ③

08 ▸▸▸ ②

해설 ① 2000년도의 소비자물가지수가 모두 100으로 표시되어 있기 때문에 2000년을 기준으로 작성되었음을 알 수 있다.

② 총지수를 계산할 때, 가중치가 같은 경우라면 총지수는 103.9가 되어야 한다. 그러나 다음의 표와 같이 총지수는 104.1로 가중치가 같을 때의 경우보다 더 크게 제시되어 있다. 따라서 식료품이외 품목의 가중치가 더 높게 반영되었음을 알 수 있다.

	2000년	2001년
총지수	100	104.1
식료품	100	103.5
식료품 이외	100	104.3
가중치가 같을 때 총지수		103.9

③ 과실의 경우, 1999년과 2003년 사이에 소비자물가지수가 7.4 정도 증가되었으나 어패류의 경우에는 13 정도 증가되었다. 따라서 과실의 물가상승률이 어패류의 물가상승률보다 낮다고 볼 수 있다.
④ 2003년의 물가는 과실을 제외하면 전년도 물가에 비해 모두 상승하였다. 따라서 물가상승률이 가장 낮은 품목은 과실이다.
⑤ 낙농품의 경우, 1999년부터 2003년 중에서 2000년도의 소비자물가지수가 100으로 다른 해에 비해 가장 낮게 나타났다. 따라서 낙농품의 가격이 가장 낮은 해는 2000년이다.

09 ▸▸▸ ③

해설
가. 조세부담률을 통해 조세수입액을 구체적으로 알 수 없다. 따라서 제시된 〈표〉와 [그림]만으로는 조세수입이 가장 크게 증가한 기간을 알 수 없다.
나. 2000년 이후 조세부담률은 상승하는 추이를 보이고 있다.
다. 소득분배가 가장 불평등한 해는 지니계수값이 가장 큰 해인데, 이는 2002년이다.
라. 직접세에 대한 간접세의 비중 추이와 지니계수 간에는 뚜렷한 방향성이 없는 것으로 나타난다.
마. 간접세 대비 직접세 비중 추이를 통해 직접세의 크기를 정확히 알 수 없다. 따라서 직접세 수입이 가장 크게 증가한 기간을 알 수 없다.

10 ▸▸▸ ④

해설
① NAFTA 가입 이후 수출과 수입(교역량)이 지속적으로 증가하고 있다.
② 실업률은 NAFTA 가입 전에 9.3%가 최고였으나 가입 후에는 9.7% 이상으로 높아졌다.
③ 다음에 제시된 표를 살펴보면, 1995년과 1997년의 금액과 환율의 단위는 동일하므로 단순히 수치를 비교해보면 멕시코 화폐인 페소화로 표시된 외채는 1997년이 1207.12로 1995년 1085.44보다 높은 수준임을 알 수 있다.

연 도	1995	1997
외채(10억 달러) = A	169.6	152.8
환율(페소/달러) = B	6.4	7.9
페소로 표시된 외채 = A×B	1085.44	1207.12

④ 1998년을 제외하면 NAFTA 가입 이후 전년대비 경상수지 적자가 줄어들면 경제성장률은 줄어들고, 경상수지 적자가 늘어나면 경제성장률도 증가하는 경향이 있다. 따라서 경상수지 적자와 경제성장률은 반비례관계에 있다고 볼 수 있다.

	1994년	1995년	1996년	1997년	1998년	1999년
경제성장률(%)	4.5	−6.2	5.1	6.8	4.9	3.7
경상수지(10억 달러)	−29.7	−1.6	−2.5	−7.7	−16.1	−14.0

⑤ 소비자물가상승률은 NAFTA 가입 이후에도 7%에서 35%에 이르러 안정세를 보이지 못하고 있다.

11 ▸▸▸ ③

해설

가. 1998년 우리나라 조혼인율은 8이다. 따라서 1998년 우리나라 총인구=375,600×1,000÷8=375,600,000÷8이다. 따라서 1998년 조이혼율=116,700÷총인구×1,000={116,700÷(375,600,000÷8)}×1,000=약 2.5이다.

나. 제시된 〈표〉는 2003년도의 혼인건수와 조혼인율, 이혼건수와 조이혼율에 관한 내용만을 포함하고 있다. 그렇기 때문에 2003년도에 결혼한 부부의 몇 % 정도가 이혼을 하였는지에 대해서는 알 수 없다. 만일 2003년도에 결혼한 부부의 55% 정도가 이혼을 하였다라고 해석하고자 한다면 혼인대상자와 이혼대상자가 같아야 한다. 그런데 제시된 〈표〉에는 이에 관한 내용이 언급되어 있지 않다.

다. 1993년 우리나라 총인구수는 약 44,733,333명이며, 혼인건수는 402,600건이었다. 따라서 1993년에는 우리나라 인구 100명이 아니라 1,000명당 약 9명이 혼인했다고 볼 수 있다.

라. 다음에 제시된 표를 살펴보면, 1998년과 2003년을 비교할 때, 이혼건수의 증가비율을 동거기간별로 보면 '20년 이상' 집단이 가장 큰 증가를 보이고 있음을 알 수 있다.

연 도	이 혼						
	이혼건수(1,000건)	조이혼율	동거기간별 이혼건수(1,000건)				
			0~4년	5년~9년	10년~14년	15년~19년	20년 이상
1998	116.7	2.5	36.8	28.0	22.7	18.2	10.8
2003	167.1	3.5	41.0	38.6	32.8	24.9	(29.8)

12 ▸▸▸ ③

해설

ㄱ. 하위소득계층(1분위, 2분위)일수록 식료품비, 주거비, 광열수도비 지출 비중이 높게 나타나고 있다.

ㄴ. 소득 5분위배율=4,890.2/992.7=4.926이므로 틀린 설명이다.

ㄷ. 상위소득계층일수록 평균 소비성향이 낮게 나타나고 있다.

ㄹ. 가구가사용품의 경우 상위계층일수록 비중이 높게 나타나지만, 교통통신비의 경우 3분위와 4분위 중에서는 3분위가, 4분위와 5분위에서는 5분위가 비중이 높게 나타난다.

ㅁ. 1분위계층의 소비지출은 1,059.4천원으로 평균적으로 처분가능소득 992.7천원을 초과한다.

13 ▸▸▸ ③

해설

① 1997년에서 1998년 사이 실업률이 가장 큰 폭으로 증가한 연령층은 30~59세 층이다.

② 실업률=실업자수÷경제활동인구수이며, 주어진 자료는 도시별 · 연도별 · 연령별 실업률을 나타낸 자료이다. 따라서 연령별 실업률이 높다고 해서 이를 통해 인구비율이 높다고 할 수는 없다.

③ 〈표 1〉에서 특별시 · 광역시의 실업률이 전국평균보다 크므로 특별시 · 광역시보다 그 외 지역의 실업률이 대체적으로 더 낮다고 볼 수 있다.

④ 부산의 경우 1999년의 실업률이 1998년의 실업률보다 높기 때문에 옳지 않은 설명이다.

⑤ 60세 이상의 실업률은 60세 이상의 인구 중에서 60세 이상의 실업자수의 비율로 구하는 것이고 노년노동인구의 많고, 적음을 가지고는 60세 이상 실업률이 낮은 것을 설명할 수 없다.

14 ▸▸▸ ②

해설

ㄱ. 다음의 표를 보면 알 수 있듯이 2002년의 전년동기대비 임금상승률은 2001년에 비해 높았다.

연도 \ 분기	1/4	2/4	3/4	4/4	연간
2001	7.8	4.1	4.2	4.6	5.1
2002	8.4	11.0	11.2	11.4	10.5

ㄴ. 아파트매매가 상승률을 보면 그 비율이 2001년이나 2002년에 일정하게 오르지 않고 변동하고 있음을 알 수 있다. 그리고 아파트매매가의 연간 상승률을 보면 2001년에 11.0, 2002년에 22.8로 연간상승률은 2002년이 더 좋다. 따라서 2002년에 오름세가 둔화되었다고 할 수 없다.

ㄷ. 2002년 초(1/4분기) 원화 환율은 달러당 1,320원이었으며, 3/4분기부터가 아니라 2/4분기부터 하락하기 시작하였다.

ㄹ. 2002년의 분기별 전년동기대비 근원인플레이션율은 2001년에 비해 항상 낮은 상태이며, 2002년 물가안정목표(3%±1%) 내에서 유지되고 있다.

ㅁ. 전년에 비해 2002년에는 GDP성장률은 더 높고 물가상승률은 완화되었으나, 임금상승률(5.1에서 10.5)이나 아파트 매매가로 본 부동산가격 상승률(14.5에서 22.8)은 더 높았다.

15 ▸▸▸ ③

해설 ① 주부를 위한 한글교실을 운영한다: GDI(문자해독률)

② 혼자 자식을 기르는 저소득층의 어머니에게 세제혜택을 준다: GDI(교육수준 또는 소득수준)

③ 고위공무원선발시험에 여성할당제를 도입한다: GEM(고위직에서의 남녀평등)

④ 전국 보건소에서 노인여성을 위한 건강관리 프로그램을 운영한다: GDI(소득 및 의료수준)

⑤ 같은 일을 하는 남성보다 여성에게 적은 임금을 주는 기업에 대해 시정명령을 내린다: GDI(남녀소득차)

16 ▸▸▸ ⑤

해설 ① 01년 2/4~3/4, 02년 2/4~3/4의 경우 월평균 소득이 증가하였으나 평균소비성향은 감소

② 월평균 소득과 평균소비성향의 변화 양상은 분기에 따라 비례와 반비례 관계가 일정하게 나타나지 않는다.

③ 평균소비성향 곡선을 살펴보면 도시근로자 가구는 대략 소득의 70~76% 정도를 지출하였다.

④ 분기별 월평균 소비지출은 월평균 소득의 변화에 따라 일정한 비율의 증감을 거듭하고 있다.

⑤ 매년 1/4분기에는 동일연도 다른 분기에 비해 월평균 소비지출이 높게 나타난다.

17 ▸▸▸ ③

해설 ㄱ. 2003년 상반기의 경기전망은 2002년 6월 이후의 소비자기대지수를 통해 살펴볼 수 있다. 2002년 6월~9월 사이의 소비자기대지수는 100 이상으로 긍정적으로 보는 소비자가 더 많다. 따라서 올바르지 못한 설명이다.

ㄴ. 2002년 11월 이후의 소비자기대지수는 100 이하로 향후 경기에 대하여 부정적인 시각이 우세를 보이고 있다. 따라서 올바르지 못한 설명이다.

ㄷ. 2002년 9월 이후 소비자평가지수가 100 이하로 감소하였다. 따라서 옳은 설명이다.

ㄹ. 소비자기대지수와 소비자평가지수를 살펴보면 소비자평가지수곡선은 소비자기대지수 곡선보다 아래에 위치하는 것을 확인할 수 있다. 이는 소비자들이 현재 체감경기보다 미래의 경기를 낙관적으로 전망하고 있음을 의미한다. 따라서 옳은 설명이다.

18 ▸▸▸ ②

해설

ㄱ. 2002년 7월 현재 성비(여자 백명당 남성수)는 101.4이므로 남자 100명당 여자의 수는 [100 : 101.4=X : 100], [100×100=101.4X], [X=10,000/101.4] 따라서 98.6명이다.

ㄴ. 2001년 조출산율(인구 천명당 출생아수)는 전년도의 13.4명에서 1.8명 감소한 11.6명이므로 인구 만명당 출생아수는 116명이다.

ㄷ. 노인부양비는 65세 이상 인구/15~64세 인구이며, 65세 이상 인구수는 4,764만명×(7.9/100)으로 3,763,560명이고, 15세~64세 인구는 4,764만명×(71.5/100)으로 34,062,600이다. 따라서 노인부양비의 백분율은 11.0%이며 이의 10배수는 110.5이다.

19 ▸▸▸ ④

해설

ㄱ. 초등학생 자녀를 두고 있으리라 예상할 수 있는 연령대를 30~34세, 35~39세, 40~44세라 본다면 대상집단들의 교육비 항목별 증감률은 전년대비 증가하였다. 따라서 초등학생 대상 학원이 불황을 겪었을 가능성은 상대적으로 낮다고 할 수 있다.

ㄴ. 중년층이라 할 수 있는 40~54세 사이의 교양/오락비에 대한 가계수지는 전년대비 감소하였다. 따라서 중년층이 주고객인 음악까페의 경우 불황을 겪었을 가능성이 높다.

ㄷ. 상대적으로 젊은 층이라 볼 수 있는 34세 이하의 집단들의 피복/신발에 대한 가계수지는 전년대비 증가하였다. 따라서 젊은 층 대상의 옷가게가 불황을 겪었을 가능성은 상대적으로 낮다.

ㄹ. 50세 이상 집단의 보건/의료비에 대한 가계수지는 전년대비 감소하였다. 따라서 노인용 의료기기 판매점이 불황을 겪었을 가능성이 높다.

20 ▸▸▸ ①

해설 ㄱ. 주어진 표에서 [HDI 순위]와 [1인당 국민소득 순위－HDI 순위]를 더하면 1인당 국민소득 순위를 계산할 수 있다. 결과적으로 이디오피아의 일인당 국민소득 순위는 174위, 모잠비크는 173위, 르완다는 165위 등으로 이디오피아의 일인당 국민소득 순위가 가장 낮다.

ㄴ. 한국의 일인당 국민소득 순위는 38위이며, 코스타리카의 일인당 국민소득 순위는 60위이다. 따라서 일인당 소득순위는 한국이 높다.

ㄷ. HDI는 국민소득, 교육정도, 평균수명을 종합한 것이므로 HDI만으로 평균수명과 교육수준을 따로 비교할 수는 없다.

ㅁ. 일인당 국민소득 순위와 HDI의 격차는 [일인당 국민소득 순위－HDI순위]의 절대값의 차이와 같다. 따라서 격차가 가장 큰 국가는 사우디아라비아, 코스타리카, 파키스탄 순이다.

21 ▸▸▸ ②

해설 ① 경기와 생활형편에 대한 소비자들의 평가가 가장 부정적인 분기는 2000년 4/4분기로 올바른 진술이다.

② 지수를 결정하는 공식에 따라 긍정적인 응답자와 부정적인 응답자가 동수일 경우 지수는 100이 된다. 따라서 경기를 긍정적으로 보는 소비자가 경기를 부정적으로 보는 소비자보다 많아지는 경우는 지수가 100을 초과할 경우를 의미한다. 〈표〉에서 경기전망지수가 100을 초과하는 때는 2002년 1/4분기이다. 따라서 틀린 진술이다.

③ 표에서 확인하면 생활형편전망지수의 변화폭이 경기전망지수의 변화폭보다 작은 것을 확인할 수 있다. 따라서 올바른 진술이다.

④ 경기전망지수의 변화방향과 생활형편전망지수의 변화방향을 살펴보면 양자가 동일한 방향으로 변화함을 확인할 수 있다. 따라서 올바른 진술이다.

⑤ 모든 응답자들이 경기나 생활형편이 매우 나빠질 것이라고 응답한다면 전망지수는 $\frac{-\eta_4 \times 1.0 \times 100}{\text{전체응답가구수}+100}$으로 계산되며, 결과적으로 [−100+100]이 되어 전망지수는 0이 된다. 따라서 올바른 진술이다.

22 ▸▸▸ ③

해설 가. 소비자기대지수는 7월에 107.8, 8월에 106.2로 정도의 차이는 있지만 향후 경제상황을 긍정적으로 보고 있으며, 소비자평가지수 역시 7월에 105.2, 8월에 102.1로 정도의 차이는 있지만 현재의 경기, 생활형편에 대하여도 긍정적으로 보고 있다. 따라서 틀린 설명이다.

나. 4월중 경기에 대한 기대지수는 120.7로 3월의 122.1보다 약 1.4가 감소하여 3월에 비해 경제상황을 부정적으로 보고 있다. 따라서 맞는 설명이다.

다. 6월중 소비지출에 대한 기대지수는 110.5로 향후 소비지출을 늘이려는 소비자들이 증가하여 전월인 5월의 109.9보다 경제상황을 긍정적으로 보고 있다. 따라서 틀린 설명이다.

라. 7월중 경기에 대한 평가지수는 105.2로 6개월 전보다 경기가 좋아졌다고 인식하는 소비자들이 증가하였으나 전월의 평가지수인 108.1보다는 낮아 전월에 비해서는 경제상황을 부정적으로 보고 있다. 따라서 틀린 설명이다.

마. 8월중 경기에 대한 생활형편에 대한 평가지수는 96.1로 6개월 전보다 생활형편이 나아졌다고 인식하는 소비자들이 7월의 97.9보다 감소하여 전월에 비해 경제상황을 부정적으로 보고 있다. 따라서 맞는 설명이다.

[제 6 장 • 인과관계와 교차분석]

01 ▸▸▸ ④

해설

ㄱ. 표를 보면, A당에서 B나 C로 지지정당을 바꾼 사람의 수는 74명, B당에서 A나 C당으로 바꾼 사람의 수는 35명, C당에서 A나 B당으로 바꾼 사람은 101명이다. 따라서 광고 후 가장 손해를 입은 정당은 C이다.

ㄴ. 교차표를 주의해서 살펴보자. TV 광고 이후 A당으로 온 사람의 수는 68명, A당에서 B, C당으로 간 사람의 수는 54명으로, A당은 14명의 이득을 보았다. TV광고 이후 B당으로 온 사람의 수는 57명, B당에서 다른 당으로 옮긴 사람은 24명으로 B당은 33명의 이득을 보았다. TV광고 후 C당으로 온 사람의 수는 33명이다. 그러나 C당에서 다른 당으로 옮긴 사람은 80명으로 C당은 47명 손해를 보았다. 따라서 가장 이득을 본 정당은 B당이다.

ㄷ. 위에서 언급했듯이 TV광고 후 A당은 14명의 이득을 보았다. 그렇지만 신문광고를 통해서는 6+12명이 A당으로 오고 11+9명은 다른 당으로 갔다. 2명 손해이므로 A당은 신문광고를 통해서는 손해를 보았다.

ㄹ. 신문광고를 통해 A당은 18(=6+12)명이 A당으로 오고 20(=11+9)명은 다른 당으로 갔기 때문에 2명 손해를 입었다. B당은 20(=11+9)명만큼 이득을 보고 11(=6+5)명만큼 손해를 보았기 때문에 9명의 이익이 있다. C당의 경우에는 14(=9+5)

명만큼 이득을 보았고 21(=12+9)명만큼 손해를 보았기 때문에 7명을 손해 보았다. 따라서 신문광고를 통해 이득을 본 집단은 B당이다.

02 ▶▶▶ ⑤

해설 ㄱ. 본인의 범죄피해에 대해 걱정하는 아버지의 비율은 27.1(=24.7+2.4)%, 어머니의 비율은 58.4(=53.1+5.3)%로 어머니의 비율이 2배 이상 높다.

ㄴ. 아버지가 아들의 범죄피해에 대해 걱정하는 비율은 77.1(=52.0+25.1)%이고, 딸의 범죄피해에 대해 걱정하는 비율은 89.6(=52.0+37.6)%이다. 어머니가 아들의 범죄피해에 대해 걱정하는 비율은 83.4(=50.4+33.0)%이고, 딸의 범죄피해에 대해 걱정하는 비율은 91.1(=43.5+47.6)%이다. 따라서 어머니가 걱정하는 비율이 아들과 딸 모두에서 더 높게 나타나고 있다.

ㄷ. ㄴ의 설명에 따르면 옳은 진술임을 알 수 있다.

ㄹ. 아버지와 어머니가 아들에 대해 걱정하는 비율의 차는 6.3(=83.4−77.1)%포인트이고, 딸에 대해 걱정하는 비율의 차는 1.5(=91.1−89.6)%포인트이다. 따라서 차이는 아들에 대해 더 크게 나타난다.

03 ▶▶▶ ③

04 ▶▶▶ ④

해설 가. 생부의 범죄사실이 없는 경우의 양자의 범죄율(13.5%, 15.0%)보다 있는 경우의 양자의 범죄율(20.0%, 24.5%)이 더 높아졌다. 따라서 양자가 범죄를 저지르는 데에는 생부의 범죄기록 유무가 양부의 범죄기록 유무보다 더 큰 영향을 미친다고 볼 수 있다.

나. 생부의 범죄사실이 없는 경우에 양부가 범죄를 저질렀으면 양자들이 범죄를 저지른 비율은 15.0%로 양부가 범죄를 저지르지 않았을 때의 양자의 범죄율 13.5%보다 높게 나타났다. 마찬가지로 생부의 범죄사실이 있는 경우에도 양부가 범죄를 저질렀으면 양자들이 범죄를 저지른 비율은 24.5%로 양부가 범죄를 저지르지 않았을 때의 양자의 범죄율 20.0%보다 높게 나타났다. 따라서 생부의 범죄기록 유무가 동일하다고 가정할 때, 양부가 범죄를 저질렀으면 그렇지 않은 경우에 비하여 양자들이 범죄를 저지르는 경향이 더 강하다고 볼 수 있다.

다. 양부의 범죄사실이 없는 경우에 생부가 범죄를 저질렀으면 양자들이 범죄를 저지른 비율은 20.0%로 생부가 범죄를 저지르지 않았을 때의 양자의 범죄율 13.5%보다 높게 나타났다. 마찬가지로 양부의 범죄사실이 있는 경우에도 생부가 범죄를 저질렀으면 양자들이 범죄를 저지른 비율은 24.5%로 생부가 범죄를 저지르지 않았을 때의 양자의 범죄율 15.0%보다 높게 나타났다. 따라서 양부의 범죄기록 유무가 동일하다고 가정할 때, 생부가 범죄를 저질렀으면 그렇지 않은 경우에 비하여 양자들이 범죄를 저지르는 경향이 항상 더 강하다고 볼 수 있다.

라. 나와 다의 설명을 고려해 볼 때, 양자가 범죄를 저지르는 데에는 생부의 범죄기록과 양부의 범죄기록 모두 영향을 미친다는 사실을 알 수 있다.

05 ▸▸▸ ③

해설

① 〈표 1〉을 보면 준법의식이 높은 여학생의 비율이 남학생보다 많으나 아래에 제시된 표를 보면 학업성적과 교육단계를 고려하면, 학업성적이 '하'일 경우에는 준법의식이 높은 여학생의 비율이 남학생보다 많으나 학업성적이 '상'일 경우에는 준법의식이 높은 남학생의 비율이 여학생보다 더 많다. 따라서 틀린 기술이다.

준법의식	남학생			여학생		
	학업성적			학업성적		
	상	중	하	상	중	하
중학생						
높다	44(56%)	47(45%)	17(41%)	12(46%)	39(60%)	14(64%)
고등학생						
높다	85(51%)	96(40%)	30(29%)	33(42%)	38(44%)	17(30%)

② 〈표 2〉를 보면, 학업성적이 높은 학생은 그렇지 못한 학생에 비해 준법의식이 높다고 할 수 있으나 성별과 교육단계를 고려하면, 남학생의 경우에는 학업성적이 높은 학생이 그렇지 못한 학생에 비해 준법의식이 높으나 여자중학생의 경우에는 학업성적이 낮은 학생이 그렇지 못한 학생에 비해 준법의식이 더 높은 것으로 나타났다. 따라서 틀린 기술이다.

③ 〈표 3〉을 보면, 중학생은 고등학생에 비해 준법의식이 높음을 알 수 있으며, ①의 설명에서 제시된 표에서도 알 수 있듯이 성별과 학업성적을 고려해도 그러하다. 따라서 옳은 기술이다.

④ 〈표 2〉를 보면, 학업성적이 높은 학생은 그렇지 못한 학생에 비해 준법의식이 높다고 할 수 있으나, 여자중학생의 경우에는 학업성적이 낮은 학생이 그렇지 못한 학생에 비해 준법의식이 더 높은 것으로 나타났다. 따라서 틀린 기술이다.

⑤ 준법의식이 높은 고등학생의 비율이 중학생의 비율보다 낮으므로 교육단계가 높을수록 준법의식이 높다고는 볼 수 없다.

06 ▸▸▸ ③

해설 [그림 3]과 [그림 4]는 CCTV설치 이후 범죄발생건수가 급격히 줄어들고 있음을 보여주고 있다.

07 ▸▸▸ ①

해설 ① 노인들의 방임피학대, 신체적 피학대는 도시가 높고, 경제적 피학대의 경우는 농촌이 더 높기 때문에 틀린 설명이다.

② 지병이 있는 노인의 정서적 피학대와 경제적 피학대 경험자 비율은 각각 94.4%, 33.3%로 그렇지 않은 경우의 정서적 피학대와 경제적 피학대 경험자 비율인 97.5%, 29.7%보다 더 높게 나타났다. 따라서 옳은 설명이다.

③ 다른 연령대와 비교하여 볼 때, 정서적 피학대 경험자의 비율은 65~74세의 경우(95.9%)에서, 언어적 피학대 경험자의 비율은 85세 이상의 경우(73.9%)에서 가장 높다. 따라서 옳은 설명이다.

④ 남자 노인의 경우는 여자노인에 비하여 방임 피학대와 경제적 피학대 경험자의 비율이 높았지만 정서적, 언어적, 신체적 피학대 경험자의 비율은 낮다. 따라서 옳은 설명이다.

⑤ 교육수준이 초졸 이하인 노인과 대졸 이상인 노인을 비교해 볼 때, 정서적 피학대 경험자 비율의 차이는 25.3%P이며, 언어적 피학대 경험자 비율의 차이는 12.2%P로 정서적 피학대 경험자 비율의 차이가 더 크게 나타난다. 따라서 옳은 설명이다.

08 ▸▸▸ ④

해설 ㄱ. 독립에 무조건 찬성하는 사람의 비율은 27.4%이고, 통일에 무조건 찬성하는 사람의 비율은 20.5%이므로 독립에 무조건 찬성하는 사람의 비율이 통일에 무조건 찬성하는 사람의 비율보다 더 높다. 따라서 옳은 해석이다.

ㄴ. 독립에 찬성하거나 통일에 찬성하는 사람의 비율은 독립과 통일에 모두 반대하는 사람의 비율인 4.5%를 100%에서 빼주면 된다. 따라서 독립에 찬성하거나 통일에 찬성하는 사람의 비율은 95.5%이다. 그러므로 틀린 해석이다.

ㄷ. 통일에 찬성하는 사람들 중에서 독립에 찬성하는 사람의 비율은 (2.9+9.0+9.3+25.4)=46.4%이다. 그리고 독립에 반대하는 사람의 비율은 (8.5+13.6)=22.1%이다. 따라서 옳은 해석이다.

ㄹ. 독립에는 찬성하지 않지만 통일에는 찬성하는 사람의 비율은 (8.5+13.6)=22.1%이다. 따라서 옳은 해석이다.

09 ▸▸▸ ②

해설

ㄱ. 옳은 설명이다.

ㄴ. 주어진 데이터만으로는 연령대가 높아질수록 '모름'에 응답한 사람들의 비율이 높은 것이 남성 때문인지 여성 때문인지 정확히 알 수 없다.

ㄷ. 연령별 인구의 분포가 어떻게 이루어져 있는지 알 수 없으므로 20대 이하 남성 1,000명 중 중남미를 중점 지원대상지역이라고 응답한 인원수는 알 수 없다.

ㄹ. 남성과 여성의 표본 크기가 동일하다고 제시되어 있으므로 남성과 여성의 비율의 합으로 구할 수 있다. 즉, 향후 중점 지원대상지역으로 아프리카를 선택한 비율은 (38.2+39.7)=77.9%로 가장 높게 나타났다. 따라서 응답자들이 다른 지역에 비해 상대적으로 아프리카를 중점 지원대상지역으로 선택한 비율이 가장 높다고 볼 수 있다.

10 ▸▸▸ ③

해설

ㄱ. A당 의원들은 대체로 찬성 82명, 적극 찬성 94명이며, B당 의원들은 대체로 찬성 4명, 적극 찬성 2명으로 B당에 비해 A당 의원들이 시장개방에 찬성하는 비율이 높다.

ㄴ. A당 의원들(86.7)은 B당 의원들(10.1)보다 진보적 성향을 나타내고 있다.

ㄷ. 이 국가의 총 국회의원 435명 중 시장개방에 찬성하는 의원의 비율은 (182명/435명)이며, 시장개방에 반대하는 의원의 비율은 (253명/435명)으로 시장개방에 반대하는 의원의 비율이 더 높다. 따라서 틀린 설명이다.

ㄹ. A당, B당 모두 시장개방에 반대하는 의원들보다 찬성하는 의원들의 ADA점수 평균이 높게 나타나고 있다.

11 ▸▸▸ ①

해설

ㄱ. 분야별 부패정도에 대한 인식 중에서 정치권의 비율이 가장 높게 나타났다.

ㄴ. 다른 연령층에 비해 20, 30대 연령층의 경우에는 정경유착의 응답비율이 44.4%로 가장 높게 나타났다.

ㄷ. 부패척결을 위해서 저임금 문제를 해결하는 것이 중요하다고 느끼고 있는 집단은 60대 이상의 응답자 집단이다. 40대와 50대 응답자 집단의 경우에는 상납관행이, 20대와 30대 응답자 집단의 경우에는 정경유착이 부패의 원인 중에서 가장 높은 비중을 차지하는 것으로 나타났다.

ㄹ. 온정주의에 대한 응답비율이 다른 연령층보다 60대 이상 연령층에서 높은 것이 사실이지만 60대 이상의 인구비율을 알 수 없으므로 온정주의라고 응답한 사람

수의 변화는 구체적으로 알 수 없다.

12 ▸▸▸ ⑤

해설
① 고지능 집단과 고창의력 집단 간의 IQ 차이는 약 23으로 현저한 차이를 보이고 있으나, 성적 면에서는 고창의력 집단이 고지능 집단에 비해 1.27점 높은 것에 불과해 거의 동등하다고 할 수 있으나 일반 학생의 49.91보다는 두 집단 모두에서 높은 것을 확인할 수 있다. 따라서 타당한 해석이다.

② 교사평가에 있어 고창의력집단은 10.94점을 받았으며, 일반학생은 10.23점을 받아 창의력 검사에서 좋은 점수를 받은 학생은 일반학생에 비해 교사로부터 좋은 평가를 받을 가능성이 높다고 할 수 있다. 따라서 타당한 해석이다.

③ 교사평가에 있어서 고창의력집단은 10.94점을 받았으며, 고지능집단은 11.20점을 받았다. 따라서 고지능집단인 경우 고창의력집단에 비해 상대적으로 높은 점수를 받을 가능성이 높다고 볼 수 있어 타당한 해석이다.

④ 고창의력집단의 경우 학업성적이 56.27인 데 반해 일반학생의 경우는 49.91로 고창의력집단 학생의 경우가 학업성적이 높을 것이라는 추측이 가능하다. 따라서 타당한 해석이다.

⑤ 지능이 상대적으로 낮은 고창의력 집단의 성적이 고지능집단보다 높은 이유는 성취동기 이외의 다른 요인이 작용했을 수 있다. 성적의 차이가 단지 성취동기의 차이 때문에 발생한 것이라고 보기 어렵다.

13 ▸▸▸ ⑤

해설
① 합격자 136명 가운데 조기교육집단의 경우는 37명(전체 104명)으로 합격률은 34.6%이며, 비적용집단의 경우 99명(전체 387명)으로 합격률은 25.6%이다.

② 가장의 교육수준이 높은 가정의 아동의 경우 36%가 합격하였으며, 중간인 가정의 경우 27%, 가장의 교육수준이 낮은 가정의 경우 19%만이 합격하였다.

③ 조기교육 프로그램 선택비율을 가장의 교육수준을 기준으로 분류해보면 교육수준이 높은 집단의 경우 전체 178명 가운데 51명(28.7%), 중간인 집단의 경우 146명 가운데 36명(24.7%), 낮은 집단의 경우 167명 가운데 17명(10.2%)으로 교육수준이 높아질수록 조기교육 프로그램을 선택하는 정도가 높음을 알 수 있다.

④ 전체 연구대상에서 조기교육 프로그램을 선택한 집단보다 비적용집단의 수가 더 많다.

⑤ 가장의 교육수준이 높은 집단의 경우 조기교육집단의 합격률은 45%, 비적용집단의 합격률은 32%이고, 가장의 교육수준이 낮은 집단의 경우 조기교육집단의 합격률은

6%, 비적용집단의 합격률은 21%로 가장의 교육수준이 높은 집단의 경우 조기교육집단이 비적용집단에 비해 합격률이 높다. 따라서 올바르지 못한 설명이다.

14 ▸▸▸ ④

해설 ① 흑인 유권자가 민주당 후보를 지지할 가능성은 91.8%, 기타 소수 민족이 민주당 후보를 지지할 가능성은 79.3%로 흑인 유권자가 민주당 후보를 지지할 가능성이 상대적으로 더 높다.

② 민주당원이 공화당 후보를 지지할 가능성은 16.0%, 공화당원이 민주당 후보를 지지할 가능성은 8.4%이며, 백인이 공화당 후보를 지지할 가능성은 59.0%, 흑인이 공화당 후보를 지지할 가능성은 8.2%로 인종이 소속정당보다 후보자 지지율에 더 영향을 미친다고 할 수 없다.

③ 민주당원이 공화당 후보를 지지할 가능성은 16.0%, 공화당원이 민주당 후보를 지지할 가능성은 8.4%로 공화당의 결속력이 상대적으로 강하다.

⑤ 백인이 공화당을 선호하는 경향은 59.0%이며 흑인이 민주당을 선호하는 경향은 91.8%로 흑인이 민주당을 선호하는 경향이 백인이 공화당을 선호하는 경향보다 강하다.

15 ▸▸▸ ④

해설 ㄱ. 실험집단과 통제집단의 구분은 HSP 실시를 제외한 다른 조건은 모두 동일하게 구성되어야 한다. 반면 Ohio 대학교의 실험에서는 유치원 교육 이외의 다른 조건들은 무시되었다. 따라서 타당한 비판이다.

ㄴ. 실험결과 유치원에 다닌 경험이 있는 학생집단이 다니지 않았던 집단보다 읽기 능력이나 지능지수와 같은 인지능력이 높다는 결론은 이론적 타당성을 갖는다. 따라서 타당하지 않은 비판이다.

ㄷ. 실험결과를 통해 무상교육을 시킨 부모가 시키지 않은 부모보다 교육에 대한 관심이 더 높았다고 해석할 수는 없다. 유치원 교육이 무상으로 실시되었기 때문에 금전적인 문제로 인해 유치원 교육을 선택했을 가능성이 있다. 따라서 타당한 비판이다.

ㄹ. 실험은 유치원 교육을 받은 후 몇 년이 지난 학생들을 대상으로 이루어졌고, 해당 학생들은 그 사이 초등학교에 입학하여 교육을 받았다. 따라서 인지능력의 차이가 유치원교육이 아니라 초등학교 교육에 의해 영향받았을 가능성이 있다. 따라서 타당한 비판이다.

01 ▸▸▸ ⑤

해설 이 문제는 프로스팅의 양과 습도라는 두 변수가 원인이 되어 고객선호도의 차이라는 결과를 가져올 때, 각 변수의 영향력을 분리해서 파악하는 방법에 대한 것이다. 세 조사가 모두 이를 위한 정보를 제공하고 있지만, 〈조사 1〉보다는 〈조사 2〉가, 〈조사 2〉보다는 〈조사 3〉이 좀더 많은 정보를 제공하고 있음을 알 수 있다. 〈조사 2〉는 6장에 다룬 교차분석에 의하여 각 변수의 영향력을 파악하는 것이며, 〈조사 3〉은 본 7장에서 배운 회귀분석에 의하여 각 변수의 영향력을 파악하는 것이다. 참고로 〈조사 3〉에서 회귀모형은 어떤 형태일까? 종속변수는 고객선호도이며, 독립변수는 프로스팅이 될 것이다. 그리고 이 회귀모형을 습도가 높은 경우와 낮은 경우로 분리하여 각각 추정하였음을 알 수 있다.

① 〈조사 1〉, 〈조사 2〉, 〈조사 3〉 모두 습도가 높아질 때 고객 선호도가 높아진다는 것은 알 수 있다. 따라서 옳다.

② 이 지문은 다소 문제가 있다. 왜 그럴까? 일단 이 지문을 〈조사 2〉와 〈조사 3〉의 결과를 종합해 보면, ㉠ 습도가 높아질 때 고객 선호도가 높아지고, ㉡ 선호도가 높아지는 정도는 습도가 높고 낮음에 따라 달라질 수 있다 라는 두 부분으로 나눌 수 있다. ㉠이 맞다는 것은 쉽게 알 수 있다. 그런데 ㉡은 무슨 말인지 잘 모르겠다. 〈조사 3〉을 보면 습도가 높은 경우와 낮은 경우에, 프로스팅 양의 증가함에 따라 선호도가 높아지는 정도에는 차이가 있음을 알 수 있다. 그렇다면 ㉡은 맞는 말인가? 만일 ㉡ 앞에 '프로스팅 양이 증가함에 따라' 라는 문장이 있다면 맞는 말이다. 그런데 이 말이 없기 때문에 헷갈린다. 지문대로 해석한다면 습도가 높은 경우의 습도 증가에 따른 고객선호도 증가 정도와 습도가 낮은 경우의 습도 증가에 따른 고객선호도 증가 정도는 다르다는 말 같은데 이는 〈조사 2〉와 〈조사 3〉의 결과로부터 판단하기 어렵다. 아마 출제자가 약간 실수한 것 같다. 어쨌든 이 선택지는 엄격하게 따지면 맞다고 하기 어렵다. 하지만 찍는 문제는 항상 복수의 선택지 중에서 가장 틀린 것(또는 가장 맞는 것)을 골라야 함에 유의하자. 비록 이 선택지도 문제가 있지만 ⑤ 선택지는 틀렸다는 것이 더 명백하다.

③ 〈조사 2〉의 결과를 보면 습도가 높을 경우에는 프로스팅 양에 따른 선호도 차이를 볼 수 없으나 습도가 낮을 때는 차이가 발생하므로 옳다.

④ 〈조사 3〉을 보면 습도가 높은 경우의 프로스팅 증가에 따른 선호도 증가 정도가 습도가 낮은 경우의 프로스팅 증가에 따른 선호도 증가 정도보다 더 크다는 사실

을 알 수 있다. 따라서 옳은 설명이다. 이러한 관계를 유식한 말로 하면 습도와 프로스팅 양 사이에 (선호도에 대하여) 교호작용이 존재한다고 한다.

⑤ 〈조사 2〉를 살펴보면, 프로스팅의 많고 적음에 상관없이 습도가 높아질수록 선호도가 증가한다고 할 수 있으므로 틀린 설명이다.

02 ▸▸▸ ②

해설 회귀모형에서 특정 독립변수의 계수값은 모형에 포함된 다른 독립변수들의 효과를 통제한 상태에서(이를 "다른 조건이 일정할 때"라고 해석할 수도 있다) 해당 독립변수가 1단위 증가할 때 종속변수의 변화량을 나타낸다는 것을 상기하도록 하자.

SEX의 계수값이 0.65인 것은, 다른 독립변수(연령과 학력)의 영향을 통제한 상태에서, 여자(SEX=0)에 비하여 남자(SEX=1)의 소득이 0.65(백만원) 더 많다는 것을 의미한다. 따라서 ㄱ은 옳다. AGE의 계수값은 0.05이므로, 다른 독립변수(성별과 학력)의 영향을 통제한 상태에서, 나이가 1살 더 많으면 월소득이 0.05(백만원) 더 많다는 것을 알 수 있다. 따라서 ㄴ도 옳다.

학력수준을 나타내는 변수는 HIGH와 COL의 두 가지이다. 학력을 중졸 이하, 고졸, 대졸 이상의 세 카테고리로 구분하면, 각 카테고리별로 두 변수의 값은 다음과 같다.

	중졸 이하	고졸	대졸 이상
HIGH	0	1	0
COL	0	0	1

성별과 연령 변수의 영향을 통제한 상태에서, 학력수준의 차이로 인한 소득 차이는 0.39HIGH+0.98COL이다. 각 학력수준별로 이 값을 구하면 중졸 이하는 0, 고졸은 0.39, 대졸 이상은 0.98이다. 따라서 다른 조건이 동일할 경우 최종학력이 중졸 이하인 자와 고졸인 자의 소득 차이는 0.39(백만원)이므로 ㄷ은 옳다. 최종학력이 대졸인 자와 고졸인 자의 차이는 0.98−0.39=0.59(백만원)이므로 ㄹ은 틀렸다.

03 ▸▸▸ ①

해설 ㄱ. 카톨릭신자비율과 양성평등정도간에는 음의 상관관계(−0.957)가 있기 때문에 카톨릭신자비율이 낮은 국가일수록 양성평등 정도가 높은 경향이 있다.

ㄴ. 여성노동참여율과 양성평등정도간에는 양의 상관관계(0.951)가 있기 때문에 여성노동참여율이 높은 국가일수록 양성평등정도가 높은 경향이 있다.

ㄷ. 양성평등 정도와 여성노동참가율의 상관계수는 0.951이고, 양성평등 정도와 카톨릭신자비율의 상관계수는 −0.957이다. 따라서 양성평등 정도는 카톨릭신자비율에 더

큰 영향력을 발휘한다.

ㄹ. 캐나다의 경우에는 여성노동참여율이 42.8%로서 산술평균 이상인 국가임에도 불구하고 카톨릭신자비율이 46%로 산술평균 이상을 기록하고 있다.

04 ▸▸▸ ②

해설 가. 감성형 소비자든 지성형 소비자든 멀티미디어 사용 정도와 제품구매율간에는 양(+)의 상관관계가 있기 때문에 멀티미디어 사용이 많을수록 대체로 구매율도 높아진다고 볼 수 있다.

나. 단순제품보다는 복합제품의 직선 기울기가 더 크기 때문에 멀티미디어 사용정도에 따른 제품구매율의 변화율이 더 크게 나타난다고 볼 수 있다.

다. 지성형 소비자는 멀티미디어 사용 정도에 따른 제품구매율의 기울기가 감성형 소비자보다 더 작기 때문에 지성형 소비자는 감성형 소비자보다 멀티미디어 사용정도에 따른 제품구매율의 변화율이 더 작게 나타난다.

05 ▸▸▸ ②

해설 갑과 을의 월급을 각각의 공식에 대입하여 구해보면 다음과 같다.

갑 : $120+5.3\times1+2.2\times0+6\times2=137.3$만원

을 : $120+5.3\times0+2.2\times4+6\times0=128.8$만원

따라서 갑이 을에 비하여 85,000원 더 많이 받는다는 사실을 알 수 있다.

06 ▸▸▸ ④

해설 최소점수=0.84(z-score)×20(표준편차)+100(평균)으로 계산된다. 따라서 문제에서 구하고자 하는 것은 점수가 108점이 되는 z-score이다. 따라서 주어진 문제에 따라 방정식 [X×20+100=108]에서 X값을 구하면 면접에 볼 수 있는 수험생의 %를 구할 수 있다. 방정식을 통한 X값은 0.4(z-score)로 주어진 표준정규분포표를 이용하면 수험생의 34.5%가 면접을 볼 수 있음을 알 수 있다.

07 ▸▸▸ ③

해설 가. '보조교사제'를 도입하는 목적이 '청년실업문제 해소'와 '교육환경 개선'이라고 할지라도 질문지 구성과정에서 '보조교사제'를 실시할 경우 '청년 실업문제의 해소'와 '교육환경 개선'이 이루어지는 것과 같이 표현한 것은 유도성 질문으로 응답결과에 왜곡을 초래할 수 있다. 따라서 적절한 비판이다.

나. 표본의 수는 12,414명으로 부족하다고 볼 수 없다. 다만 설문에 응답한 응답자는 인터넷을 통해 교육인적자원부의 홈페이지에 접속한 사람 가운데 설문조사에 참여한 사람에 국한되기 때문에 응답결과를 확대하여 국민전체의 의견으로 해석하는 데 무리가 있다. 따라서 적절하지 못한 비판이다

다. 보조교사제 도입 문제는 사적인 내용이라 할 수 없다. 따라서 적절하지 못한 비판이다.

라. 설문에 응답한 응답자는 교육부 홈페이지 접속자 중 설문에 응답한 응답자에 국한되므로 무작위로 추출된 표본에 의한 응답결과라 볼 수 없다. 따라서 성급하게 일반화하기 곤란하다는 비판은 적절한 비판이다.

[제8장 • 의사결정기법]

01 ▸▸▸ ④

해설

① 각각의 우선순위에 따라 업무배정 순서를 살펴보면 된다. FCFS 규칙으로 우선순위를 배정하면 A－B－C－D－E의 순서가 된다. 업무 D까지의 처리 완료일자는 총 19(=6+2+8+3)일이 소요되어 7월 19일이 될 것이다.

② SPT 규칙으로 업무의 순서를 배정할 경우 B－D－A－C－E 순서가 된다. 업무 D까지의 처리 완료일은 총 5(=2+3)일이 소요된다.

③ EDD 규칙으로 업무의 순서를 배정할 경우 B－A－D－C－E 순서가 된다. 업무 D까지의 처리 완료에는 총 11(=6+2+3)일이 걸린다.

④ FCFS 규칙으로 배정할 경우 마감 기간을 넘기는 업무는 B, D, E 이기 때문에 틀린 진술이다.

⑤ EDD 규칙으로 배정할 경우 마감 기간을 넘기는 업무는 C, E이다. 처리 순서에 따라 날짜를 누적하여 대조해보자.

02 ▸▸▸ ①

해설

먼저, 성적평가 점수가 만점의 6할 미만인 경우에는 평정대상에서 제외하기 때문에 선택과정에 해당하는 리더십양성과정의 평정점수는 제외된다. 다음으로 선택전문교육은 교육이수일로부터 5년이 경과하면 그 평정점수를 인정하지 않기 때문에 선택과정에 해당하는 영어훈련과정과 EXCEL활용과정의 평정점수가 제외된다. 마지막으로 공통과정에 해당하는 정책형성과정과 조직관리과정의 평정점수를 5점 만점으로 나타내

보면 각각 4.5점과 4점이다. 따라서 6급 공무원인 갑의 교육훈련 평정점수를 계산해보면 17.5점이 된다.

03 ▸▸▸ ③

해설 A시에서 F시까지 10톤의 화물을 최소비용으로 운송하는 것을 가정하고, 다양한 운송경로를 생각해볼 수 있다. A시에서 F시로 직행하는 경우의 물류비는 무한대이다. 따라서 논의에서 제외된다. 이동시 무한대의 물류비가 드는 곳을 제외하면 A에서 이동 가능한 도시는 B와 C인데, 이를 구분해서 살펴보면 다음과 같다.

첫째, A에서 B로 가는 경로를 살펴보자. B에서는 D를 거쳐서 F로 가거나, E를 거쳐서 F로 가거나, F로 바로 가는 방법 3가지가 있을 수 있다. 3가지 방법을 비교해보면, E를 거쳐서 F로 가는 방법인 A→B→E→F의 경로가 11만원(7+3+1)으로 가장 저렴한 것으로 나온다. 둘째, A에서 C로 가는 경로를 살펴보자. C에서는 E를 거쳐서 F에 도착하는 방법이 한 가지 뿐이다. A→C→E→F의 경로는 14만원(6+7+1)의 경비가 소요된다. 따라서 A→B→E→F 경로가 최소운송비용 경로가 된다. 결과적으로 지나지 않아야 하는 도시는 C와 D인 것이다.

04 ▸▸▸ ③

해설 현재 불임시술 방법이 전통적인 식이요법보다 비용이 더 적게 든다는 결론의 도출을 위해 필요한 가정들만을 선택해야 한다.

ㄱ. 이는 비용과 관련된 가정이 아니다.

ㄴ. 과거 25년 동안 식이요법의 비용이 감소하였다고 가정한다면 비교대상인 불임시술 방법의 비용이 하락하였더라도 이와 비교가 불가능할 것이다. 따라서 식이요법의 비용이 과거 25년 동안 감소하지 않아야 한다는 가정하에서 25년 전의 불임시술 비용이 식이요법 비용의 5배 이상 더 비싸지 않았다는 가정만 충족된다면 현재 불임시술 방법이 전통적인 식이요법보다 비용이 더 적게 든다는 결론을 도출할 수 있다.

ㄷ. 비용관련 가정이며, 식이요법에 비해 불임시술비용의 인하를 시사하고 있다. 그렇지만 증가폭과 인하폭이 지정되지 않은 상태라서 이 가정만으로는 결론을 도출할 수 없다.

ㄹ. 비용과 관련된 가정이 아니므로 논의에 필요한 가정이 아니다.

ㅁ. 만약 25년 전의 불임시술 비용이 식이요법 비용의 5배 이상이었다면 불임시술 방법의 비용이 1/5로 줄어들었다 할지라도 여전히 불임시술 비용이 식이요법 비용보다 비쌀 것이다.

05 ▸▸▸ ⑤

해설 농구팀은 모두 4개이며, 총점은 4팀이 동일하다. 5점의 실력인 인원이 2명, 4점이 3명, 3점, 2점, 1점이 각각 5명씩이므로 4개 팀의 총점은 총 52점이다. 따라서 각 팀에서 플레이어들의 점수의 합은 13점씩일 것이다. 주어진 조건들을 적용하여 팀을 구성해보면 (5, 3, 2, 2, 1), (5, 4, 2, 1, 1), (4, 3, 3, 2, 1), (4, 3, 3, 2, 1)의 4개 팀을 만들 수 있다. 이를 차례대로 A, B, C, D팀으로 가정해보자.

① A팀의 경우 2점 선수가 2명이다.

② B팀의 경우 3점 선수를 한 명도 가지지 않는다.

③ A, B, C, D팀 모두 적어도 한 명의 1점 선수를 가지고 있다.

④ B팀의 경우 5점 선수 한 명과 4점 선수 한 명씩을 가지고 있다.

⑤ 팀 내에 같은 실력을 가진 선수들이 있는 경우는 A, B, C, D 4팀 모두 해당한다.

06 ▸▸▸ ①

해설 〈상황 A〉

가. 수리비로 500만원을 지불하고 1,000만원의 이익을 얻는다. 기기 처분비용으로 200만원을 돌려받으면 총이윤은 700만원이다.

나. 800만원 이익.

다. 1,000만원의 수리비가 소요되더라도 1,900만원에 중고상에 팔 수 있으므로 900만원의 이익을 가져 올 수 있다. 따라서 대안 “다”를 선택하는 것이 이익 극대화 결정이라고 할 수 있다.

〈상황 B〉

을이 주문을 수락할 경우 예상되는 이윤은 70만원의 추가 이윤이다. 즉, 신규주문 수락시 총판매액은 150만원이고 이로 인해 초래되는 추가비용은 재료비 30(=150×2,000)만원에 인건비 50만원이 추가되어 총 80만원의 비용이 추가된다. 따라서 을이 주문을 수락할 경우 70만원의 추가 이윤이 생기기 때문에 신규주문을 수락하는 것이 이익 극대화 결정이다.

〈상황 C〉

병이 장식이 없는 의자 1개를 생산하는 데 들어간 비용은 15만이다. 식탁제작에는 30만의 비용이 든다. 장식을 할 경우 의자 1개의 생산비용은 18만원이다. 장식한 식탁의 제작비용은 개당 35만이다. 장식이 없는 의자를 판매할 경우 병은 개당 10만원씩 손해를 볼 것이다. 장식이 없는 식탁을 판매하는 경우 개당 10만원의 이익을 볼 것이다. 반면, 장식이 있는 의자를 판매할 경우 손해는 개당 6만원으로 줄어든다. 장식이 있는 식탁을 판매할 경우 이윤은 개당 15만원으로 늘어난다. 따라서 병은 장식이 있는 의

자와 장식이 있는 식탁을 판매하는 경우에 가장 이윤을 극대화할 수 있을 것이다.

07 ▶▶▶ ④

해설 주민공청회 개최를 위한 각 활동들과 그 과정을 일련의 그림으로 나타내면 다음과 같으며, 공청회를 개최하기 위해서는 최소한 33일을 소요됨을 알 수 있다. 따라서 정답은 4월 2일이 된다.

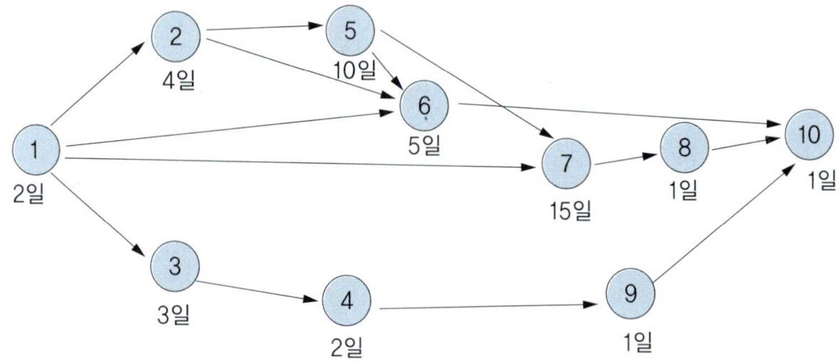

경로 A: ①→②→⑤→⑦→⑧→□ : 33일 소요

경로 B: ①→②→⑤→⑥→□ : 22일 소요

경로 C: ①→②→⑥→□ : 12일 소요

경로 D: ①→⑥→□ : 8일 소요

경로 E: ①→⑦→⑧→□ : 19일 소요

경로 F: ①→③→④→⑨→□ : 9일 소요

08 ▶▶▶ ④

해설 쓰레기 소각장을 입지시키는 데 유리한 시는 다른 시에 유치시키기 위해 지불할 의사가 있는 최대금액과 자기 시에 유치하는 대신 다른 시들로부터 받으려고 하는 최소금액이 가장 작은 시이다. 각 시들을 비교하면 (라)시가 최종적으로 결정될 확률이 높다.

09 ▶▶▶ ④

해설

① 유가가 내린다면 A회사, D회사, E회사가 똑같이 가장 높은 이득을 얻을 수 있으나 다른 상태의 손익을 동시에 비교한다면 D회사에 투자하는 것이 가장 현명하다고 할 수 있다.

② 유가가 오른다면 B회사와 D회사가 똑같이 가장 높은 이득을 얻지만, 이익의 극대화측면에서 볼 때, D회사를 선택하는 것이 가장 낫다.

③ 유가가 현 상태를 유지한다면 C회사, D회사, E회사를 선택하는 것이 이익을 극대

화할 수 있으나, 다른 상태의 손익을 비교한다면 D회사를 선택하는 것이 이익을 가장 극대화할 수 있다.

④ 자기가 어떤 선택을 하든 유가에 영향이 없다는 것은, 결국 유가가 향후 어떻게 될지 모른다는 의미이다. 그런데 유가가 어떻게 변하더라도(상승, 유지, 하락) D회사의 수익은 다른 회사에 비하여 높거나 같다. 따라서 D회사에 투자하면 가장 투자이익을 극대화 할 수 있다.

⑤ 유가가 현 상태를 유지하거나 유가가 내릴 경우의 투자이익을 고려하면 D회사와 E회사를 선택하는 것이 현명하지만 유가가 오를 경우도 고려해보면 D회사를 선택하는 것이 가장 현명하다.

10 ▶▶▶ ③

해설 고시된 목표가격과 산지 쌀값의 차이의 85%는 각각 8,548×61=521,428원, 11,296×61=689,035원, 20,913×61=1,275,666원이다.

ㄱ. 이 경우 고시된 목표가격과 산지 쌀값과의 차이의 85%가 고정직접지불금보다 작기 때문에 변동직접지불금은 지급하지 않으므로 직접지불금은 600,000원이다.

ㄴ. 이 경우 고정직접지불금 60만원과 변동직접지불금 89,035원을 더한 689,035원을 받게 된다.

ㄷ. 이 경우 고정직접지불금 60만원과 변동직접지불금 675,666을 더한 1,275,666원을 받게 된다.

11 ▶▶▶ ①

해설 A. 1,000만원을 국내은행에서 대출받아 자동차를 구매하고 1년 후 대출금을 갚는다고 가정하면, 은행에 갚아야 할 금액은 1,000만원+1,000만원×0.06=1,060만원이다. 따라서 60만원의 대출이자를 지불해야 한다. 반면에 1년 후 자동차의 금액은 1,100만원이므로 결국 40만원의 투자수익금을 얻게 된다.

B. A와 같은 방식으로 계산하면 1년 후 은행에 상환해야 할 금액은 500만원+500만원×0.06=530만원이다. 그런데, 5,000달러를 미국은행에 예금한 뒤 1년 뒤에 찾을 수 있는 금액은 5,200달러이다. 이를 원화로 바꾸면 약 5,564,000원이다. 결국 은행에 갚아야 할 금액을 제외하면 총 264,000원의 수익금을 얻게 된다.

C. 25,000달러를 원화로 교환하면 2,500만원이 되고, 자동차 두 대를 구매하면, 500만원을 국내은행에 예금하게 된다. 1년 후 예금액은 15만원이 증액된 515만원이며, 미국은행에 갚아야 할 돈은 26,750달러이다. 자동차를 판 돈인 2,200만원에 예금액 515만원을 합한 2,715만원은 달러로 계산하면 약 25,374달러이므로 1,376달러의 손해를 보게 된다. 따라서 수익금은 −1,472,320원이다.

12 ▸▸▸ ③

13 ▸▸▸ ④

14 ▸▸▸ ⑤

15 ▸▸▸ ④

16 ▸▸▸ ④

17 ▸▸▸ ③

18 ▸▸▸ ②

19 ▸▸▸ ③

해설

ㄱ. 5개 대안 중 팀별로 내야하는 참가비는 팀당 예선경기수×15만원이다. 이 때 팀당 예선경기수가 가장 작은 것은 대안 1과 대안 3이며, 각각 2경기씩 치르게 된다. 따라서 이 경우 팀별 참가비는 45만원이 아니라 30만원이 되므로 틀린 설명이다.

ㄴ. 대안 2의 경우 ○○지방자치단체가 받는 참가비 수입은 각 조당 예선경기수가 6경기이므로 8개조×6=48경기가 된다. 그러므로 48경기×15만원×2경기=1,440만원이다. 그리고 소요경비는 예선 48경기와 본선 15경기를 합한 63경기×7만원+32개팀×5만원=601만원이다. 따라서 옳은 설명이다.

ㄷ. 대안 4의 경우에 총 치러야할 경기 횟수를 계산해보면, 8개조×15(예선경기)+15(본선경기)=총 135경기가 된다. 또한, 지역 내에서 활용할 수 있는 축구장은 3곳이며, 각각 하루에 최대 4경기를 치를 수 있다. 뿐만 아니라 한 팀이 하루에 두 경기 이상을 할 수도 있다고 가정하였다. 그러므로 하루에 12경기까지 가능하다. 결국 총 135경기를 모두 치르기 위해서는 대회 기간은 10일 초과한다. 따라서 옳은 설명이다.

ㄹ. 대안 5의 경우에 총 경기 횟수는 16개조 6(예선경기)+31(본선경기)이므로 총 127경기를 치러야 한다. 따라서 대안 5의 경우에는 대안 4의 135경기보다 적은 경기를 치르게 되므로 틀린 설명이다.

20 ▸▸▸ ②

ㄱ. 22시간 게임을 즐길 경우 : 8,000원×2+3,000원=19,000원

25시간 게임을 즐길 경우 : 8,000원×2+5,000원=21,000원

따라서 추가로 지불해야 할 금액은 21,000원-19,000원=2,000원이다.

ㄴ. 35시간 게임을 즐길 경우에는 29,000원이 소요되고, 36시간 게임을 즐길 경우에는 32,000원이 소요된다. 따라서 35시간일 경우에는 29,900원의 정액제보다 타임쿠폰제가 더 유리하며, 35시간을 초과하여 게임을 즐길 경우에는 정액제가 더 유리해진다.

21 ▶▶▶ ④

22 ▶▶▶ ②

23 ▶▶▶ ⑤

해설 구간별 버스 평균 운행소요시간은 다음과 같다.

(가)=(0.3×90)+20+(0.4×15)=53(분)

(나)=(0.3×120)+22+(0.4×11)=62.4(분)

(다)=(0.3×100)+26+(0.4×12)=60.8(분)

ㄱ. 버스 대기시간이 동일할 경우 홍씨는 구간별 버스 평균 운행시간이 53분으로 가장 적은 시간이 소요되는 (가)버스를 탈 것이다. 따라서 옳은 설명이다.

ㄴ. (다)버스가 현재 도착해 있다면 (다)버스의 운행소요시간은 62.4분으로 예상되며, 10분 후에 (가)버스가 도착한다면 (가)버스의 운행소요시간은 63분이다. 따라서 홍씨는 보다 적은 시간이 소요될 것으로 예상되는 (다)버스를 이용할 것이다. 따라서 옳은 설명이다.

ㄷ. (가)버스의 승차객이 20명 늘어나면 운행소요시간은 (0.3×110)+20+(0.4×15)=59분으로 (다)버스보다 적은 운행소요시간이 필요하므로 홍씨는 여전히 (가)버스를 이용할 것이라 예상된다.

ㄹ. 최단시간 노선인 (가)버스는 53분의 시간이 소요되고, 최장시간 노선인 (나)버스는 62.4분이 소요된다. 따라서 두 버스노선 간의 차이는 9.4분으로 옳은 설명이다.

24 ▶▶▶ ④

해설 그래프에서 화살표는 단위 업무를 나타내며 선행하는 화살표가 나타내는 업무는 후속하는 화살표가 나타내는 업무보다 선행하여 수행되어야 한다고 하였으므로 연찬회 준비를 마치기 위해서는 다음의 과정이 모두 마무리 되어야 한다.

과 정	단위업무별 소요일	총소요일
A-B-D-G-H	2+3+2+2	9
A-B-E-G-H	2+2+5+2	11
A-B-E-H	2+2+5	9
A-C-E-G-H	3+2+5+2	12
A-C-E-H	3+2+5	10
A-C-F-H	3+4+4	11

㉠ 연찬회 준비는 모든 단위업무가 수행되어야 마무리되므로 가장 긴 시간을 필요로 하는 과정이 마무리되어야 한다. 따라서 A-C-E-G-H의 과정이 마무리되는 데 필요한 시간은 최소 12일이므로 연찬회 준비가 마무리되는 데는 최소 12일이 소요되므로 틀린 내용이다.

㉡ 단위 작업 E→H를 4일로 단축해도 가장 많은 시간이 소요되는 A-C-E-G-H의 일정은 변화가 없으므로 전체 준비기간에 영향을 주지 않는다. 따라서 옳지 않은 설명이다.

㉢ 단위작업 A→C를 2일로 단축하면, 가장 많은 시간이 소요되는 A-C-E-G-H의 일정이 앞당겨져 가장 많은 시간이 소요되는 과정이 A-B-E-G-H가 되어 전체 준비기간이 11일로 줄어든다. 따라서 틀린 설명이다.

㉣ 과정을 마무리하는 방법 가운데 E→H에 소요되는 시간이 4일로 단축된다면, A-C-E-G-H의 일정이 11일로 변해 전체 준비기간은 11일로 변하게 된다. 따라서 옳은 설명이다.

25 ▶▶▶ ⑤

[제9장 • 공공정책의 의사결정]

01 ▶▶▶ ③

해설 B의 주장은 서민층을 위한 보다 특화된 조세정책을 수립해 달라는 것이다.

ㄱ. 소득세 면제 대상자는 대부분 서민층일 것이다. 따라서 소득세 면제대상을 줄이면 저소득층에게는 부담이 가중될 것이다.

ㄴ. 소형 임대아파트 거주자의 대부분은 저소득층일 것이다. 따라서 이곳의 주민세를

면제하는 것은 저소득층에게 실질적인 도움이 될 것이다.

ㄷ. 승용차 10부제 실시로 교통 혼잡을 덜어보려는 정책의 일환으로 보인다. 따라서 B의 주장과는 관련성이 적다.

ㄹ. 주택거래를 주로 하는 집단은 저소득층보다는 부유층일 것이다. 그렇기 때문에 취득세와 등록세율을 낮추는 정책은 실제로 주택을 소유한 부유층에게 유리할 것이므로 B의 주장과는 거리가 멀다.

ㅁ. 국민기초생활보호대상자의 물품 구입시 부가가치세를 환급해주는 것은 저소득층에 대한 감세효과를 주는 정책이라 볼 수 있다.

02 ▸▸▸ ④

해설 ㄱ. 투표순서가 BADC라면 1) B안과 A안의 비교에서 갑은 B안에 투표할 것이고 을은 A안에, 병은 B안에 투표할 것이다(B안이 선택됨). 여기서 다시 B안과 D안이 비교되면 갑은 B 을은 D, 병도 D에 투표하게 되어 D가 선택된다. 마지막으로 D안과 C안의 비교에서는 갑, 을은 D안에, 병은 C안에 투표하게 됨으로써 최종적으로는 D안이 채택될 것이다. 이 경우 병이 가장 많은 수의 공기업을 유치하게 된다.

ㄴ. 옳은 진술이다. 마지막에 C안이 채택되는 경우에만 병이 4개의 공기업을 유치할 수 있는데 C안은 다른 어떤 안과 비교해보아도 채택확률이 없기 때문이다. B안과 C안의 비교에서도 을은 B안에 표를 던질 것이다. 왜냐하면, B안의 경우에 공기업이 더 여러 도시로 분산되기 때문이다.

ㄷ. 투표순서 CDAB의 경우 갑은 3개의 공기업을 유치하게 될 것이다. 투표순서 CDBA의 경우 갑은 2개의 공기업을 유치하게 된다. 따라서 전자가 더 유리하다.

ㄹ. 옳은 진술이다. 투표순서 ACBD의 경우 D안이 채택되어 갑과 을은 각각 1개씩의 공기업을 유치할 수 있다. 투표순서 DBCA의 경우에는 A안이 채택되어 갑과 을은 각각 두 개씩의 공기업을 유치하게 된다.

03 ▸▸▸ ③

해설 선거제도가 비례대표제로 변경된 이후의 변화를 바르게 예측한 문항을 선택하는 문제이다.

① 유권자와 후보자의 유대관계는 변경 이후에 더 공고해질 것이다. 기존과 달리 자신이 지지하는 후보에게 직접적으로 투표할 수 있게 변화하였기 때문이다.

② 정당의 득표율에 따라 단순히 의석을 할당했던 과거와 달리, 권역별로 득표수에 비례해 의석을 배정함으로써 소수정당도 의석을 배정받을 수 있는 가능성이 더 높아져 그들의 의견이 반영될 가능성이 높아졌다.

③ 기존에는 국민들의 인기나 인지도와 상관없이 정당에서 미리 정해놓은 우선순위에 따라 순서대로 의원이 될 수 있었다면, 제도변화 이후엔 국민들이 직접 자신이 선호하는 후보를 선택할 수 있게 되었다. 따라서 개인 선거운동의 필요성이 증가하고, 선거자금이 더 많이 필요해짐에 따라 자금수요가 늘 것으로 예상된다. 따라서 옳은 진술이다.

④ 이는 변화 이전의 현상을 나타내고 있다. 정당에 투표하던 시기에는 특정 정당의 강세지역에서는 압승이 기대되기 때문에 굳이 개인이 투표하러 갈 유인을 느끼지 못할 것이다.

⑤ 나눠진 권역의 정당 득표율이 그대로 의석률에 반영된다.

04 ▸▸▸ ②

해설

① 양국이 상호 감시, 감독함으로써 협정의 신뢰를 높이고 도덕적 해이를 감소시킬 수 있는 방안이다.

② 자국이 직접 자국의 상황을 감시하면 오히려 서로 신뢰를 위반하거나 약속을 은폐하려는 현상이 일어날 가능성이 크고, 상대국이 협정을 잘 준수하고 있는지에 대해서는 제대로 알 수 없기 때문에 적절하지 않은 방법이다.

③ 독립적인 국제기구나 제3국의 공정한 감시로 상호 신뢰를 높일 수 있을 것이다.

④ 협정 위반이 궁극적으로는 자국의 손실로 다가올 것이기 때문에 협정 위반의 유인을 줄일 수 있는 방안이 될 것이다.

⑤ 상호 순차적인 무역장벽 철폐는 각자 상대방의 협정 이행상황을 살펴본 후 협정을 지속할 것인지 아닌지를 결정할 수 있도록 해주기 때문에 일방의 무역장벽 철폐가 상대방의 무역장벽 철폐를 유도할 수 있는지에 대한 우려를 줄이고 상호 신뢰를 높일 수 있을 것이다.

05 ▸▸▸ ②

해설

① 1차 투표에서 D후보는 탈락할 것이다. 때문에 D후보를 지지하던 16%의 표의 행방에 따라 A, B, C 중 누가 승리할 것인지가 좌우될 것이다. 따라서 틀린 진술이다.

② 2차 투표에서 D후보를 지지하던 유권자의 표 중 75%가 C후보에게로 이동하면(전체의 12%) C후보의 득표율은 33%가 된다. 나머지 4%의 표가 A, B 중 어느 후보에게 몰리든 간에 B후보는 탈락한다. 최종적으로 A와 C후보의 대결에서 B후보를 지지하던 유권자의 득표는 모두 C후보에게로 이동하기 때문에 최종 승자는 C후보가 될 것이다. 따라서 옳은 진술이다.

③ A후보에게 표가 몰려도 49%로 과반수를 넘지는 못하기 때문에 이는 틀린 진술이다.

④ D후보 지지자가 모두 기권한다면 각 후보 지지도의 비율은 달라진다. 즉, 투표자 중 82%가 남기 때문에 이에 맞게 득표율을 재조정해보면 A후보 지지도는 약 40%, B후보 지지도는 약 34%가 된다. 그러나 여전히 A후보의 지지도는 과반수를 넘기지 못하기 때문에 3차 투표로 넘어갈 것이다.

⑤ 절반씩 이동해도 A후보나 B후보의 지지도는 과반수를 넘기지 못한다.

06 ▸▸▸ ②

해설

A: A유형 관리방식이 필요한 위기유형은 사전 예측가능성이 낮아 예방하기는 힘들지만 피해규모가 크기 때문에 사후수습이 중요한 위기일 것이다. 따라서 위기유형 Ⅰ이 적당하다.

B: 사후수습보다는 예방이 중요한 위기유형은 예측가능성이 높아서 예방효과가 높은 케이스에 적합할 것이다. 위기유형 Ⅳ는 이 영역의 관리지침에 적당하다.

C: 예방효과성도 높고, 사후피해액도 커서 예방과 사후수습 모두에 신경을 써야 하는 위기유형에 적합할 것이다. 위기유형 Ⅱ가 적당하다.

D: 재난 발생가능성도 낮고, 피해도 그다지 크지 않아 특별한 위기관리지침이 필요하지 않은 경우이므로 위기유형 Ⅲ이 적당할 것이다.

07 ▸▸▸ ④

해설

① '합법적 수단'이 지칭하는 것이 불분명하기 때문에 이 내용을 어떻게 정의하는가에 따라 개인의 소유권은 제한될 수 있을 것이라고 롤즈는 주장한다. 명확한 규정이 없다면 부동산 투기나 시세조작 등의 불공정 거래나 고리대금업 등에 대해서도 재산권 보장이라는 이유로 용납될 수 있기 때문이다.

② 무지의 베일에 가려진 상태라는 것은 향후 자신이 저소득층이 될지, 고소득층이 될지 전혀 알 수 없는 상황에 처해있다는 것이다. 따라서 이런 상황에서 합리적 행위자는 자신이 어떤 계층에 속하더라도 최소한의 의식주 등을 보장받을 수 있도록 저소득층의 환경에 대해서도 배려하게 될 것이다.

③ '정당한 취득과 권한'은 위에서 설명된 '합법적 수단'과 동일한 표현이다. 분배주의자라면 이 정당한 취득과 권한이라는 것이 어떻게 규정되는지, 이것이 정의로운 분배원칙을 위배하지는 않는지 신경 쓰게 될 것이다.

④ ㉣은 노직의 입장에 동의하는 사람의 발언으로 적합하다. 노직은 한 개인이 합법적 수단을 통해 부나 재산을 취득하였다면, 그에 대한 소유권의 침해는 어떤 명분으로도 정당화될 수 없다고 주장하고 있다.

⑤ 개인의 재산권이나 자유권의 보장도 중요하지만, 이것이 사회적 불평등을 외면한

다면 진정 그 사회가 바람직한 사회일지에 대해 생각해보자는 분배주의자의 주장으로 적합하다.

08 ▶▶▶ ②

해설 교수는 인간의 행위를 평가하는 원칙으로서 개별 행위가 결과적으로 최대의 유용성을 산출했는지 아닌지의 여부로 자신의 행위를 논증하고 있다. 이런 방식으로 개별행위의 총효용을 구하기 위해서는 총이득과 총비용을 모두 비교해주어야 한다. 이 원칙에 입각해 생각해보면, 교수가 영수의 점수를 10점 가산함으로써 영수와 그의 가족이 얻는 효용에 대해서 계산한 것까지는 무리가 없다. 그런데 영수의 점수가 올라감으로써 상대적으로 피해를 입을 다른 학생의 비효용은 고려하지 않았다. 영수와 동일하게 F 학점을 받았지만 영수만 D가 되었다는 사실을 알았을 때 느낄 다른 급우들의 상대적 박탈감이나 불쾌감 등은 비효용의 영역이 된다. 따라서 이 원칙에 입각한 가장 올바른 비판은 ②번이다.

09 ▶▶▶ ③

해설 ㄱ. 형진의 마지막 말에서 알 수 있듯이 상훈의 주장은 '동등한 대접은 차이가 존재하지 않는 한 중요하게 고려해야 한다는 것'이므로 항상 동일한 대우를 의미하는 것은 아니다.

ㄴ. 차이가 존재할 경우 다르게 대우하고 그렇지 않을 경우에는 중요하게 고려한다는 것은 '공정한 대우'와 일맥 상통하므로 옳게 해석했다고 볼 수 있다.

ㄷ. 주어진 글에서 차이에 따른 동등한 대우를 강조하였으나 그와 관련된 차이에 관한 논의에 대해서는 언급하지 않았다.

ㄹ. 상훈의 주장이 동등성의 개념과 관련이 있으므로 옳게 해석한 것이다.

ㅁ. 상훈의 주장은 능력에 따라 동등하게 대접해야 한다고 말하고 있으므로 올바른 해석이다.

10 ▶▶▶ ②

해설 보기에서 대안 (가)와 (다)는 현금으로 지급함으로써 사용자의 기호에 맞게 소비를 할 수 있으므로 가장 소비자 선택권이 많이 보장되고 대안 (라)의 경우 재화와 서비스가 제한되어 있으므로 대안 (가)와 (다)에 비해 상대적으로 그 폭이 작다. 마지막으로 대안 (나)는 소득을 공제해 줌으로써 수당 효과를 나타내는 것이므로 사용자가 재화나 서비스를 정할 수 있지 않으므로 소비자 선택권의 보장이 가장 적게 된다고 할 수 있다.

11 ▶▶▶ ②

해설 경제적 측면에서 볼 때 A대안은 가장 비싸며 쥐를 퇴치할 확률은 가장 큰 반면, B대안은 비용과 퇴치할 확률이 모두 중간이며, C대안은 비용이 가장 싸지만 쥐를 퇴치할 확률은 가장 낮다. 500가구 중 가장 효과적으로 쥐를 퇴치하기 위해서는 퇴치 확률이 어느 정도 있으면서 가격도 적당해야 할 것이다. 따라서 경제적 측면에서는 B대안이 가장 적당하다. 반면 정치적 측면에서 볼 때는 참여자들 모두에게 정책효과 즉, 예산 배분이 돌아가는 것이 우선이므로 C대안이 가장 바람직하다고 볼 수 있다.

12 ▶▶▶ ④

13 ▶▶▶ ②

14 ▶▶▶ ④

15 ▶▶▶ ④

16 ▶▶▶ ③

해설
① 70억원의 예산을 가지고 하나의 프로젝트만을 추진할 수 있는 경우 최적의 프로젝트는 비용이 70억원이고, 순편익이 30억원인 ㉣이다.
② 300억원의 예산을 가지고 하나의 프로젝트만 추진할 수 있는 경우 최대의 순편익을 얻을 수 있는 프로젝트는 150억원의 순편익을 가져오는 ㉡이다.
③ ㉠과 ㉣프로젝트는 110억원의 비용을 투자하여 42억원의 순편익을 낼 수 있는 프로젝트이다. 반면 110억원의 예산으로 ㉢과 ㉣프로젝트를 수행하였을 경우 비용이 100억원으로 110억원의 예산을 모두 사용하지 않으면서 총순편익은 45억원으로 ㉠과 ㉣프로젝트를 수행하였을 경우보다 편익이 높다. 따라서 이 경우의 최적 프로젝트는 ㉢과 ㉣이다.
④ 300억원의 예산을 가지고 동시에 여러 프로젝트를 추진할 수 있는 경우 모든 프로젝트의 수행이 가능하다. 즉, 각각의 프로젝트 비용을 모두 합하면 300억원이 된다.
⑤ 프로젝트 ㉢은 편익/비용 비율=45/30=1.5이다. 따라서 다른 프로젝트에 비해 편익/비용 비율이 가장 높다.

17 ▶▶▶ ②

18 ▶▶▶ ③

해설 각 경우에 따른 한국과 다른 회원국의 이익을 표로 나타내면 다음과 같다.

	다른 회원국이 협조하는 경우		다른 회원국이 비협조하는 경우	
	한국	회원국	한국	회원국
A안	30억	230억	0	150억
B안	20억	200억	10억 손실	180억

① 한국의 입장에서는 다른 회원국들이 협조할 것으로 판단되면 10억을 더 이득볼 수 있는 A안을 선택해야 한다.
② 회원국의 협조를 가정할 경우 A안은 총 260억, B안은 총 220억의 이득을 내므로, ASEM은 A안을 선택할 것이다.
③ 다른 회원국의 비협조를 가정할 경우 한국은 손실보다는 현상유지를 할 수 있는 A안을 선택해야 하는데 이 선택지는 A안을 선택하는 것이 유리하다고 했으므로 옳지 않다.
④ A안이 선택된 경우 협조하는 경우 총이득이 260억으로 협조하지 않는 경우의 150억보다 이득을 더 많이 창출하므로 회원국들은 협조할 것으로 예상할 수 있다.
⑤ 회원국들이 비협조할 것으로 판단되면 다른 회원국의 이익이 A안은 150억, B안은 180억이므로 B안을 선택하는 것이 유리하다.

19 ▶▶▶ ⑤

20 ▶▶▶ ③

21 ▶▶▶ ⑤

제 10 장 • 경영 전략의 기초

01 ▶▶▶ ④

해설 주어진 그림을 볼 때, 조직 A는 조직의 효과성을 균형적으로 제고하기 위해서는 외부지향성을 추구해야 하며, 조직 B는 통제적인 조직구조를 추구해야 한다고 볼 수 있다.
ㄱ. 주어진 그림에서 볼 때 참여적 의사결정구조의 확립과 조직 내부의 유도는 유연

성 및 내부지향성과 관련된다.

ㄴ. 환경변화에 관련되므로 외부지향성과 관련이 있고, 고위관리자의 임무를 언급하고 있으므로 통제와도 관련된다.

ㄷ. 경험 많은 선배직원이 신입직원에 대해 조언한다는 측면은 통제보다는 유연성의 측면을, 외부지향성보다는 내부지향성을 말하고 있다.

ㄹ. 외부지향성을 말하고 있기 때문에 조직 A에게 필요한 요건이라고 볼 수 있다.

ㅁ. 개인적 엄밀한 성과 측정을 위한 성과관리시스템은 통제적인 조직구조이므로 조직 B에게 필요한 요소라고 할 수 있다.

02 ▸▸▸ ③

해설 ㄱ. 두 그림을 비교해 볼 때 B사(낮은 품질수준과 낮은 가격수준=약 15%의 투자수익률)가 D사(중간수준의 품질과 가격=약 2%의 투자수익률)에 비해 투자수익률이 더 높으므로 옳지 않다.

ㄴ. 두 그림을 비교해 볼 때 H사(높은 수준의 품질과 가격=약 36%의 투자수익률)가 D사(중간수준의 품질과 가격=약 2%의 투자수익률)에 비해 투자수익률이 더 높으므로 옳은 설명이다.

ㄷ. [그림 1]을 보면 G사와 F사의 제품의 품질 수준은 중간수준으로 같다. 그러나 가격수준의 경우에는 F사가 낮은 수준에 해당하는 반면에 G사는 중간수준에 해당한다. 따라서 옳은 설명이다.

ㄹ. 투자수익률이 가장 높을 것으로 추정되는 기업은 H사로 볼 수 있다.

03 ▸▸▸ ③

04 ▸▸▸ ②

05 ▸▸▸ ③

해설 공격성 중시전략은 자국기업이 국내외 시장에서 높은 경쟁력을 유지할 수 있도록 과감하게 지원하고 보호하는 중상주의적 성향의 진출전략을 의미한다. 이런 의미에서 ㄴ. 자국기업의 해외진출지원, ㄷ. 전통적인 수출 기반 산업을 고부가가치화, ㅁ. 자국 벤처기업에 대한 금융지원확대와 개발된 기술의 상용화 확대 정책이 이에 해당할 수 있다.

06 ▸▸▸ ②

해설 ㄱ. (라)영역은 현재 시장점유율은 높지만 시장성장성은 낮은 영역에 해당한다. 따라서 시장성장성이 낮은 영역에 지속적인 투자보다는 시장 성장성이 높은 (가), (나) 영역에 투자하는 것이 바람직할 것으로 판단된다. 따라서 옳지 않은 분석이다.

ㄴ. 영역 (다)는 시장성장성이 낮고 현재 시장점유율도 낮은 영역, (C)영역은 기술적 중요성이 낮고 현재 기술수준도 낮은 영역으로 해당분야 제품이나 기술은 현재로선 투자를 보류하는 것이 바람직하다. 따라서 옳은 분석이다.

ㄷ. 영역 (가)는 현재 시장점유율과 시장 성장성이 모두 높은 영역에 해당한다. 해당영역의 기술중요성이 높은 (A)기술영역과 (B)기술영역 모두에 투자가 가능하다면 현재 기술수준이 낮은 영역인 (B)보다는 (A)영역에 투자하는 것이 투자효과성이 높다. 따라서 옳지 않은 분석이다.

ㄹ. (D)영역은 현재 보유하고 있는 기술수준은 높으나 기술적 중요성은 낮은 영역이며, (B)영역은 현재 보유하고 있는 기술수준은 낮으나 기술적 중요성은 높은 영역으로 장기적 관점에서 투자가 우선적으로 이루어져야 할 영역은 (B)영역이다. 따라서 옳은 분석이다.

07 ▸▸▸ ③

해설 ⓐ 조직내부환경과 관련하여 현재 갖고 있는 강점요인(S)

ⓑ 조직을 둘러싸고 있는 위협요인(T)

ⓒ 나노기술을 통해 반도체 산업을 육성시킬 수 있는 기회요인(O)

ⓓ 조직내부환경과 관련된 약점요인(W)

ⓔ 기회요인(O)

ⓕ 조직내부환경과 관련된 약점요인(W)

ⓖ 조직 외부환경과 관련된(경쟁상대국들의 집중투자) 위협요인(T)

ⓗ 조직내부환경과 관련하여 현재 갖고 있는 강점요인(S)

08 ▸▸▸ ①

해설 ㄱ. 유형설비의 경우 재래시장과 슈퍼마켓은 기준선인 0보다 왼쪽(−)으로 치우쳐 있으며, 백화점과 할인점, 그리고 편의점의 경우 기준선인 0보다 오른쪽(+)에 분포하고 있다. 따라서 옳은 분석이다.

ㄴ. 가격의 저렴성에 있어 멤버십 클럽과 할인점은 1에 가까운 위쪽(+)에 분포하고 있으며, 상대적으로 편의점은 −1에 가까운 아래쪽(−)에 분포하고 있다. 따라서 옳은 분석이다.

ㄷ. 백화점의 경우 가격의 저렴성과 영업시간의 편리성에 있어 기준선인 0보다 아래

쪽(−)에 분포하고 있다. 따라서 옳지 않은 분석이다.

ㄹ. 영업시간의 편리성에 있어서 슈퍼마켓은 기준선에 위치하고 있음을 볼 수 있다. 따라서 옳지 않은 분석이다.

09 ▶▶▶ ③

주요 참고문헌

김기영 외(2002), 「통계적 탐구」, 서울: 교우사.

김진호(1997), 「우리가 정말 알아야 할 통계상식 100가지」, 서울: 현암사.

남궁근(2003), 「행정조사방법론」, 서울: 법문사.

노화준(1989), 「행정계량분석」, 서울: 법문사.

안문석(2002), 「계량행정론」, 서울: 박영사.

이정우(1997), 「소득분배론」, 서울: 비봉출판사.

이광철 외(2003), "한국 이동통신서비스산업의 글로벌전략 방향", 「국제통상연구」, 8권 2호.

전상경(2005), 「정책분석의 정치경제」, 서울: 박영사.

허명회(2001), 「통계적 개념 · 방법 · 응용」, 서울: 自由아카데미.

Craig S. Fleisher & Babette E. Bensoussan, 강영철 · 김은경 · 소자영 외 공역(2004), 「전략 · 경쟁 분석」, 서울: 3mecca.com.

Fred R. David(1995), 「Concepts of Strategic Management」 5th, NJ: Prentice Hall.

Levitt, Steven D, 안진환 역(2005), 「괴짜 경제학」, 서울: 웅진지식하우스.

찾아보기(국문)

[ㅎ]

찾아보기(영문)

[저 자 약 력]

● **김 태 일**

서울대학교 경제학과 학사(1987)
서울대학교 행정대학원 행정학 석사(1989)
미국 Carnegie Mellon 대학교 정책학 박사(1995)

국내외 학술지에 정책학 및 방법론 관련 다수의 논문 게재
각종 고시 출제위원

경희대학교 행정학과 교수(1997~2001)
고려대학교 행정학과 교수(2001~현재)

공공정책의 자료해석과 상황판단

2006년 7월 20일 초판 인쇄
2007년 2월 15일 초판 2쇄발행

저 자 김 태 일
발행인 배 효 선

발행처 도서출판 法 文 社

413-832 경기도 파주시 교하읍 문발리 526-3
등록 1957년 12월 12일 / 제2-76호(윤)
전화 (031)955-6500~6 Fax (031)955-6525
e-mail(영업): bms@bobmunsa.co.kr
(편집): edit66@bobmunsa.co.kr
홈페이지 http : //www.bobmunsa.co.kr

조 판 한 미 문 화 사

정가 27,000원 ISBN 89-18-23107-5